KB006460

핵전쟁 위기

핵전쟁 위기

2022년 6월 30일 초판 1쇄 펴냄

옮긴이 허승철
편집 박은경
펴낸이 신길순

펴낸곳 (주)도서출판 삼인
전화 02-322-1845
팩스 02-322-1846
이메일 saminbooks@naver.com
등록 1996년 9월 16일 제25100-2012-000046호
주소 (03716) 서울시 서대문구 성산로 312 북산빌딩 1층

디자인 끄레디자인
인쇄 수이북스
제책 은정

ISBN 978-89-6436-221-1 93300

값 24,000원

쿠바 미사일 위기의 교훈

핵전쟁 위기

세르히 플로히 지음 | 허승철 옮김

삼인

옮긴이 서문

한반도 핵 위기의 반면교사, 쿠바 미사일 위기

"북한 핵위협은 쿠바 미사일 위기의 슬로 모션을 보는 것 같다."

《뉴욕타임스》

우크라이나 전쟁에서 핵무기 사용 가능성이 거론되고, 북한의 핵능력이 나날이 위협적으로 변해가는 현 시국은 1962년 쿠바 미사일 위기 이후 가장 핵전쟁 위험이 높아진 위기 상황으로 보여진다. 우크라이나 출신 역사학자 세르히 플로히가 저술한 이 책의 서문은 북한의 미사일 발사로 하와이에서 발생한 혼란에 대한 묘사로 시작하고 있고, 결론 부분에서도 한반도의 핵문제를 거론하며 책을 마치고 있다. 최근 《뉴욕타임스》는 북한의 핵위협을 "쿠바 미사일 위기의 슬로 모션(Cuban missile crisis in slow motion)을 보는 것 같다"라고 표현했다. 지구상에서 가장 공격적이고 예측이 어려운 정권의 핵위협을 머리에 이고 사는 한국 국민이나 지도자 중 일부는 이 위협을 애써 무시하거나, 공격 대상이 절대 남한이 아닐 것이라는 희망적 사고(wishful thinking)를 기본으로 대북정책을 이어왔다. **현시점에서 2차대전 후 미-소 양국이 가장 핵전쟁에 가까이 다가갔던 쿠바 미사일 위기 전개 과정과 양국 지도부의 의사 결정 과정, 국가 방어 의지를 다시 한번 주의 깊게 살펴보는 것은 단순히 유익한 공부가 아니라 절대적으로 필요한 일이다.** "전 세계가 1950년대와 1960년대 초를 특징지었던 **핵무기 '벼랑끝전술' 로 다시 빠져들고 있는 상황에서 새로운 세대에게 오늘날 세계의 불확실성을 설명하는 한 방법으로 그 시기의 극적인 사건에 대해 가르치는 것은 매우 중요하다"** 라는 저자의 말이 이 책의 가치를 요약해준다.

그간 국내에 쿠바 미사일 위기를 다룬 책이 여러 권 나왔지만, 이 책은 이

전의 다른 책들과는 구별되는 여러 장점을 갖고 있을 뿐 아니라 분석의 깊이도 남다르다. 기존의 책들이 주로 미국, 특히 케네디와 참모들의 위기 대응 과정을 다룬 데 반해, 이 책은 소련의 문서고 자료와 특히 우크라이나에 보관 중인 KGB 자료를 활용하여 당시 크렘린의 의사 결정 과정과 소련의 미사일 전력 동원과 파견 과정을 상세히 다루고 있다. 우크라이나 태생으로 현재 하버드대학교 역사학과 교수이자 우크라이나연구소장인 세르히 플로히는 러시아어 자료를 폭넓게 활용하여, 미국 자료에 의존한 기존의 연구서와 차별되는 서술을 하고 있다.

프롤로그에 나온 대로 쿠바 미사일 위기 수십 년 후 학술세미나에 다시 모인 맥나마라 전 국방장관, 슐레진저 백악관 보좌관은 당시 소련 전략 수립가였던 그립코프 장군의 말을 듣고, 그들이 얼마나 가까이 핵전쟁 발발까지 다가갔었는가를 깨닫고 큰 충격을 받았다. 쿠바에 1만 명 정도의 소련군 병력이 배치되었다고 판단하고, 핵탄두가 이미 소련 중거리미사일에 장착된 것을 알지 못했던 케네디는 처음에는 쿠바 공격 작전을 선호했었다. 아마 케네디와 강경파 참모들의 이 해결안이 실행되었더라면 세계는 핵전쟁에 돌입했을 것이다. 클린턴 행정부 시절 영변 핵시설 폭격 시나리오, 트럼프 시기 자국 미사일로 세계 어디든지 타격할 수 있는 '완전한 핵보유국'이 되었다는 북한의 위협과 '화염과 분노(fire and fury)'라는 대응이 벌어졌던 상황에서 **한국, 북한, 미국 지도부나 국민이 깨닫지 못한 위기 요인과 상대 의도에 대한 오판이 있지는 않은지 거듭 살펴보아야 할 것이다.**

이 책을 읽다 보면, 국가 수뇌부의 피 말리는 수 싸움과 신중한 결정으로만 핵전쟁이 일어나는 것이 아니라, 전방 지휘관의 잘못된 판단과 행동, 극도로 긴장된 군사 대치상황에서 발생하는 작은 사건으로도 발발할 수 있다는 것을 알게 된다. 쿠바 주둔 소련군 사령관이 낮잠을 자는 사이 부사령관 두 사람이 내린 U-2정찰기 격추 결정, 해상에서 소련 잠수함전단과 미 항모전단 사이에 발생한 오해로 핵 장착 어뢰가 발사될 뻔한 사건은 우리의 간담을 서늘하게 만든다.

쿠바 미사일 위기는 국가 지도부의 의사 결정 과정 측면에서도 다각도로 분석되었다. 올여름 국내에 출간되는 어빙 제니스의 『집단사고』에서 피그스만 침공 결정은 집단사고가 강하게 작용한 대실패의 사례로, 쿠바 미사일 위기 해결 과정은 집단사고의 폐해를 최대한 줄인 좋은 사례로 자세히 분석되었다. 미국의 이라크 침공 결정, 러시아의 우크라이나 침공 결정에서도 집단사고의 흔적은 쉽게 찾을 수 있다. 이 책이 서술한 위기 고조와 해결 과정은, **위기 상황에서 국가지도자와 참모들의 치열한 토론과 냉정한 분석이 얼마나 중요한지를 잘 보여준다.** 결국 흐루쇼프의 실각을 가져온 크렘린의 쿠바 미사일 배치 과정을 보면, 흐루쇼프의 충동적 아이디어에 의한 의사 결정, 지도자 입맛에 맞춘 현장 사전 답사단의 보고, 미사일 배치가 완료될 때까지 미국에 발견되지 않을 것이라는 허황된 전제, 미국이 쿠바 미사일 배치를 기정사실로 인정하지 않을 수 없으리라는 희망적 사고 등 수많은 문제점이 발견된다. **그러나 양국이 충돌 직전에 자제력을 발휘하고 서로의 입장을 고려하여 출구를 모색한 노력이 결국은 핵전쟁을 막은 결정적 요인이었다고 볼 수 있다.**

미소 냉전 시대에 고조되었던 핵전쟁 위기는 냉전 종식 이후 새로운 양상으로 전개되고 있다. 저자가 결론에서 말한 것처럼 우리는 "오래된 위협으로 돌아가는 것뿐만 아니라 새로운 위협이 현재 상황을 훨씬 더 불안정하고 위험하게 만드는 현실에 처해 있다. 핵무기와 미사일 기술의 전례 없는 확산은 핵공격을 개시할 수 있는 국가의 숫자를 크게 늘려놓았다. 북한을 통치하는 정권처럼 극도로 빈곤하지만 단호한 정권들도 핵무기로 강대국을 위협할 수 있다." 전술핵무기이건 대규모 살상 핵무기이건 전 세계 어느 곳에서도 핵무기가 사용되지 않도록 강대국들이 냉전 시대 이상으로 노력을 기울여야 하는 것은 너무도 당연하지만, 우리에게는 북한의 핵위협 제거와 완전한 비핵화 달성이 당면 과제이다. **협상 채널을 계속 유지하고 출구 전략을 모색하는 동시에 해상봉쇄 시행과 데프콘2 발령으로 강력한 안보, 자강 의지를 과시하는 결단을 보여줌으로써 흐루쇼프의 미사일 철수를 이끌어낸 케네**

디의 신중하면서도 결연한 지도력은 북한 핵위협을 해결하고 한반도에 평화를 정착시켜야 하는 한국 지도자들에게 훌륭한 반면교사이다.

연전에 국내에 출간된 『얄타: 8일간의 외교 전쟁』, 『체르노빌 히스토리』에 이어 세 번째로 플로히 교수의 책을 번역하게 된 것을 개인적인 영예로 생각한다. 조만간 출간될 『유럽의 문, 우크라이나의 역사(The Gates of Europe)』와 『잃어버린 왕국(Lost Kingdom)』까지 포함하여 플로히 교수 책의 전문 번역가가 되어간다는 느낌이다. 학문적 깊이를 놓치지 않으면서, 잘 쓰인 한 편의 소설을 읽는 것과 같은 책 읽기의 즐거움을 선사하는 그의 책은, 번역 작업을 노역이 아니라 즐거움으로 바꾸어주는 마력이 있다. 플로히 교수에게 이 책의 한국어판 저자 서문을 부탁하자 그는 그간 두 사람 사이의 많은 교신을 바탕으로 역자가 직접 서문을 쓰도록 위임해주었다. 매번 자신의 저서의 번역을 허락한 플로히 교수께 이 자리를 빌려 다시 한번 감사한다. 『상트페테르부르크』에 이어 이 책의 편집을 맡아준 도서출판 삼인의 홍승권 부사장님과 편집 담당자들에게도 감사를 표한다.

2022년 6월

허 승 철

차례

일러두기

- 단행본 제목은 『 』로, 신문·잡지 제목은 《 》로, 논문·시·단편 제목은 「 」로, 영화·방송·미술·음악·공연 제목은 〈 〉로 표기했습니다.
- 본문의 모든 미주는 원저자 주이고(숫자로 표시), 각주는 옮긴이 주(*로 표시)입니다. 괄호 주는 원칙적으로 원저자의 설명이며, 옮긴이의 설명일 경우엔 '옮긴이'로 표시했습니다.
- 본문에 나오는 외국어 표기는 국립국어원의 용례를 따르되, 몇몇 러시아어 고유명사의 경우 현지의 실제 발음을 고려하여 표기했습니다.
- 이 책에 실린 모든 도판은 원서에 수록된 것이 아니라, 옮긴이가 검색, 수집한 것입니다.

"

물러나는 용기를 가졌던 사람들에게

"

오늘날 이 지구에 사는 주민들은
이 별이 더 이상 살 수 없는 곳이 될지 모를 날에 대해 생각해야 한다.
모든 남녀노소가 사고나 계산 착오나 미친 짓에 의해
어느 순간에라도 절단될 수 있는 아주 가느다란 실에 매달린,
핵의 다모클레스 칼 아래 살고 있다.

존 F. 케네디, 1961년 9월[1]

물론 나는 무서웠다. 무섭지 않았다는 건 미친 소리다.
나는 우리나라를 비롯한 전 세계가 핵전쟁에 파괴될 때 일어날 수 있는
일에 대해 겁먹었다. 겁먹었다는 것이 내가 이 미친 짓이
일어나지 않는 데 기여했다는 것을 뜻한다면 나는 내가 겁먹었다는 것에
기쁘다. 오늘날 세계의 문제 중 하나는 핵전쟁의 위험에 충분히
겁먹는 사람들이 별로 많지 않다는 것이다.

니키타 흐루쇼프, 1962년 12월.[2]

'탄도미사일이 하와이로 날아오고 있습니다. 즉시 방공호로 대피하십시오. 이것은 훈련 상황이 아닙니다.' 2018년 1월 13일 아침 수만 명의 하와이 주민들이 받은 문자메시지는 이러했다. "첫 번째 본능은 침대에서 벌떡 일어나 무슨 일인지 알아보는 것이었죠"라고 마노아 소재 하와이대학 2학년생인 축구 선수였던 스물한 살의 루크 클레먼츠Luke Clements는 회고했다. 클레먼츠가 임시 피신처로 찾은 지하 강의실은 순식간에 사람들로 꽉 찼다. 몇 사람은 문을 닫으라고 소리치고 있었다. "족히 10분간은 아무런 규칙이 없었습니다. 모두 함께 살아남으려고 했어요. 고요한 혼돈이었죠"라고 클레먼츠는 회고했다.

그 메시지는 잘못된 경고라는 것이 밝혀졌다. 후에 정부 당국은 누군가 '버튼을 잘못' 눌렀다고 해명했다. 실제 이야기는 훨씬 복잡했다. 실수를 저지른 관리는 비상민방위국의 10년 베테랑이었고, 버튼 하나가 아니라 두 개를 다 누르는 바람에 하와이주 전체를 공포에 몰아넣은 실제 경보가 발해진 것이었다. 클레먼츠와 동급생들, 하와이 주민의 상당수로 하여금 존재하지 않는 방공호를 찾아 헤매다가 결국 건물 지하실로 대피하게 만든 미사일 공격 경보는 난데없이 일어난 일이 아니었다. 하와이 당국은 2017년 12월, 30년 만에 처음으로 민방위 경보장치를 시험하기 시작했다. 그 바로 전의 시험은 1987년에 있었다.[1]

2017년 비밀에 가려진 34세의 북한 지도자 김정은은 미국과 국제사회에 항거하며 미국 독립기념일인 7월 4일을 골라 알래스카까지 도달할 수 있는 대륙간탄도미사일을 시험 발사했다. 얼마 후 김정은은 북한이 자국 미사일로 세계 어디든지 타격할 수 있는 "완전한 핵보유국(full-fledged nuclear power)"이라고 선언했다. 2017년 10월 북한 언론이 수소폭탄 실험을 발표하자 미 대통령 도널드 트럼프Donald Trump는 "북한을 완전히 파괴하겠다"고 위협했다. 트럼프는 "로켓맨(김정은)은 자신과 정권에 자살 특공 임무를 행하고 있다"고 선언했다. 김정은은 트럼프를 "정신 나간 늙은이"라고 되받아쳤다. 2018년 5월 트럼프 대통령은 이란의 핵무기 개발을 막은 다자합의를 파기했다. 2020년 1월 이란도 이 합의 파기를 선언하여 이란의 신속한 핵전력 개발에 대한 우려를 야기했다.[2]

냉전(Cold War) 종식 후 미국이 최악의 핵 위기(nuclear crisis)를 경험하면서 지나간 역사가 갑자기 현재가 되었다. 2017년 8월 두 명의 영향력 있는 논평가가 한목소리로 김정은의 핵무기와 미사일 개발을 둘러싼 미국과 북한 간 대치는 쿠바 미사일 위기 이후 세계를 강타할 최악의 핵 위기라고 논평했다. 그중 한 사람은 공화당원으로 미래에 트럼프 대통령의 국가안보보좌관이 될 존 볼턴John Bolton이었고, 다른 한 사람은 민주당원으로 과거에 클린턴Bill Clinton 정부에서 백악관 비서실장, 오바마Barack Obama 정부에서 CIA 국장과 국방부 장관을 역임한 리언 패네타Leon Edward Panetta였다. 2019년 2월 블라디미르 푸틴Vladimir Putin도 이 논쟁에 가세하여, 자신이 새로운 쿠바 미사일 위기 상황에 이미 준비되어 있다고 선언하면서, 미국 해안을 공격할 함정과 잠수함 장착용 초음속 로켓을 가지고 위협했다. 그는 2020년 2월에도 같은 발언을 반복했다. 한 달 전인 2020년 1월 미국이 이란의 비밀 핵무기 개발자인 가셈 솔레이마니Qasem Soleimani를 암살하고 테헤란 당국이 핵 합의를 완전히 파기한다고 발표한 이후, 미국 언론은 트럼프 대통령의 핵 도박을 케네디John F. Kennedy 대통령의 쿠바 미사일 위기 때의 행동과 비교했다.[3]

쿠바 미사일 위기를 언급하는 관행은 세계 정치 무대나 언론에서 금방 사라질 것 같지 않다. 핵무기가 국제정치의 중심 무대에 복귀한 것은 불가피하게, 쿠바에서의 핵 대치에 대한 기억을 다시 불러왔다. 우리는 쿠바 미사일 위기를 다시 검토함으로써 새로운 핵 대결의 출현을 막거나, 최소한 핵전쟁 없이 이를 해결할 수 있을 것인가? 이 책에서 나는 이 위기를 만들어내고 또 이를 해결한 사람들의 경험에서 배울 것이 실제로 많다는 것을 논증하겠다. 그 역사로 다시 돌아가보는 데는 또 다른 이유가 있다. 전 세계가 1950년대와 1960년대 초를 특징지었던 핵무기 벼랑끝전술(brinkmanship)로 다시 빠져들고 있는 상황에서 새로운 세대에게 오늘날 세계의 불확실성을 설명하는 한 방법으로 그 시기의 극적인 사건에 대해 가르치는 것은 아주 중요하다.

쿠바 미사일 위기의 역사를 다룬 자료는 엄청나게 많지만, 나는 이 위기를 미국만의 문제가 아닌 국제적 문제로 보도하는 것과 이해하는 것 양쪽 모두에 커다란 구멍이 있음을 이제 보여주겠다. 이 위기의 역사에 대한 심층 분석은 1960년대에 로버트 케네디Robert Kennedy의 『13일: 쿠바 미사일 위기 회고록(Thirteen Days: A Memoir of the Cuban Missile Crisis)』으로 시작되었다. 이 책은 여전히 많이 읽히고 있다. 그러나 케네디 대통령이 비밀리에 녹음하고 아마도 그의 동생이 저술에 활용한 엑스컴ExCom(쿠바 미사일 위기 동안 소집된 국가안보회의 실행위원회) 녹음 파일이 일반에게 공개되면서 당시 정책 결정 과정에 대한 많은 기존의 '진실'에 질문이 제기되었다. 이후에 나온 연구들은 로버트 케네디의 설명이 종종 자기중심적이고, 딘 러스크Dean Rusk 국무장관이나 린든 존슨Lyndon Johnson 부통령 같은 당시 그의 정적과 경쟁자들이 이 위기에서 수행한 역할에 대해 정확하게 서술하지 않았음을 보여주었다.[4]

1971년 로버트 케네디의 책이 출간된 후 역사학자, 정치학자, 언론인에 의해 많은 진전이 이루어졌다. 위기 동안의 하버드대학 역사학자인 그레이엄 앨리슨Graham Allison(후에 필립 젤리코Philip Zelikow도 가담)의 의사 결정에 대한 고전적 저술은 그 시대 전 세계 국제관계 전공생들의 필독서가 되었다. 1990년대 미국 역사학자 티머시 나프탈리Timothy Naftali가 러시아 동료 알렉산드르 푸르센코Aleksandr Fursenko와 공동으로 수행한 연구는 모스크바에서의 의사 결정 과정을 우리가 이해하는 데 엄청나게 기여했다. 마이클 돕스Michael Dobbs의 뛰어난 탐사 보도식 저술은, 세 교전국에서 수십만은 아닐지라도 수십 명의 관련자들을 등장시키며 이 위기의 바텀-업 bottom-up 스토리를 소개했다. 오랫동안 접근할 수 없었던 쿠바 측 스토리는 최근 10여 년간, 쿠바 역사학자들의 연구물 출판과 영어 번역으로 알려지게 되었다.[5]

그러나 최근과 지난 몇십 년간 쿠바 미사일 위기를 다룬 학술적, 대중적 연구가 얼마나 많이 집필되고 출판되었는지와 상관없이 지배적인 담론은 변하지 않았다. 즉 존 케네디가 전혀 움츠러들지 않았고, 최측근 참모들이 관여한 의사 결정 과정 덕분에 소련의 의도와 역량에 대해 올바른 전제를 취하고 올바른 결론을 내리도록 이끌어 결국 위기를 해결했다는 것이다. 나는 쿠바 미사일 위기를 재구성하고 이해하기 위해 이전에 사람들이 거의 가보지 않은 길을 택해 이 기존의 담론에 도전한다. 이 위기에서 핵심 인물들과 관료들이 올바른 일을 했던 순간을 포착하고, 이들이 어떻게 맞는 결정을 내렸는지 밝히는 대신, 나는 이들이 일을 그르친 수많은 상황을 고려할 것이다.

적의 의도를 잘못 판단해 전쟁이 일어날 가능성에 대해 크게 경각심을 가진 존 케네디는 1962년 봄에 출간된 1차대전의 '우연한' 발발을 다룬 바바라 터크먼Babara Tuchman의 퓰리처상 수상작 『8월의 포성(The GUNs of August)』에 특히 감명받았다. 그는 이 책을 측근들에게 선사했을 뿐만 아니라 전 세계의 미군 지휘관들에게 보냈다. 그러나 내가 보기에 위기의 이야기는 터크먼의 다른 수상작인 『어리석음의 행진(The March of Folly)』에 잘 요약된 듯하다. 이 책에서 내가 보여주는 것처럼 케네디와 흐루쇼프Nikita Khrushchyov 둘 다 연속으로 실수를 저지르는 행진을 했다. 이것은 이념적

자만과 너무 앞서간 정치 의제에서부터, 상대의 지전략적(geostrategic) 목표와 의도에 대한 오독, 인재 부족에 뒤따르게 마련인 판단 실수, 문화적 오해에 이르기까지 다양한 요인에 의해 일어난 일이다.[6]

케네디는 흐루쇼프의 동기를 이해하는 데 어려움을 겪었고, 베를린을 둘러싼 핵 위기에 대한 우려로 진이 빠진 상태였다. 케네디는 쿠바에 있는 소련군 숫자와 핵전력을 파악하지 못한 상태에서 쿠바의 소련 미사일에 대한 공격을 제안했다. 케네디의 결연한 반응을 전혀 예상하지 못한 흐루쇼프는 처음에는 충격받았고, 다음으로는 가급적 빨리 위기를 해결하려는 자신의 바람을 전달하는 데 애를 먹었다. 흐루쇼프는 주도권을 잃었고, 결국 쿠바에 있는 소련군의 통제권을 피델 카스트로Fidel Castro에게 잃었다. 카스트로는 쉽게 충격받는 경향이 강했고 미국인들과의 싸움에 열의를 가졌던 인물이었다.[7]

나는 케네디, 흐루쇼프, 이들의 참모들과 부하들이 저지른 실수를 찾기 위해 최근 공개된 KGB 문서를 비롯한 사료를 검토하면서 무엇이 핵전쟁이 일어나는 것을 막았는가라는 의문을 제기하지 않을 수 없었다. 엄청나게 많은 것이—어쩌면 지나치게 많은 것이— 배경, 정치적 지향, 이념적 관점, 통치 스타일에서 극명하게 다른 지도자들의 결정에 달려 있었다. 그러나 내가 이 책에서 논증하는 것처럼, 두 사람은 결정적이라고 드러난 한 가지를 공유하고 있었다. 그것은 핵전쟁에 대한 공포였다. 케네디와 흐루쇼프 모두 핵무기를 두려워하고, 이것을 사용한다는 생각 자체를 무서워했기 때문에 쿠바 미사일 위기는 전쟁으로 이어지지 않았다.

쿠바의 소련 미사일을 선제공격하려던 케네디는 이 미사일이 발사준비가 되어 있다는 것을 안 다음 해상봉쇄로 돌아섰다. 처음에는 핵미사일을 이용해 쿠바에 대한 미국의 공격을 막으려고 했던 흐루쇼프는 해상봉쇄 전개 사실을 안 다음 소련 선박들을 회항하게 했고, 핵무기 탑재 미국 전략폭격기들이 비상 상태에 돌입한 것을 안 다음 소련 미사일을 쿠바에서 철수시켰다. 모스크바의 재가 없이 미국의 U-2기가 쿠바 상공에서 격추된 사실에 나타나듯이 지상과 공중에서 통제권을 상실하고 있다는 것을 깨달은 두 지도자는 터키에 배치된 미국 미사일에 대해 서둘러 타협했다. 후에 흐루쇼프는 또 다른 위기와 잠재적인 전쟁을 피하기 위해, 미국이 인지하지 못했던 핵무기도 쿠바에서 철수시켰다.

케네디, 흐루쇼프, 당시의 세계 지도자와 시민들 세대는 1954년 미국의 캐슬 브라보Castle Bravo 수소폭탄 실험과 1961년 소련의 차르 봄바Tsar Bomba 실험으로 입증된 믿을 수 없는 파괴력을 보았을 뿐 아니라 히로시마와 나가사키 원자폭탄 투하의 그늘에서 청년기를 보냈다. 그 세대는 원자폭탄과 특히 수소폭탄이 자국과 인류 전체를 파괴할 수 있다는 것을 통렬히 인식하고 있었다. 이 책에 기술된 두 지도자의 모든 행보는 핵무기 사용에 대한 이들의 두려움에 의해 결정되었다. 오늘날의 세계 지도자들이 1962년 케네디와 흐루쇼프보다 핵무기와 핵전쟁에 대해 더 무신경한 태도를 취한다는 것은 의심할 여지가 없다.

대부분의 세계 시민들이 알지 못하는 가운데 세계는 2019년 8월 2일 새로운 위험 시대에 들어섰다. 그날 3만 개의 핵탄두를 소유한, 지구상에서 가장 강력한 핵보유국인 미국과 러시아는 1987년 로널드 레이건Ronald Reagan과 미하일 고르바초프Mikhail Gorbachev가 서명한 중거리핵전력조약 탈퇴를 선언했다. 당시 이 조약은 냉전 시대의 마지막 무기 통제 합의로 유지되고 있었다. 이제 우리는 공식적으로 규제 없는 핵무기 경쟁이 시작되는 시점에 있다. 레이건-고르바초프 합의가 파기된 지 일주일도 지나지 않은 8월 8일에 이것은 분명해졌다. 스카이폴Skyfall이란 암호명을 가진 핵무장을 한 핵추진 러시아 크루즈미사일의 원자로가 바렌츠해에서 폭발하면서 다섯 명의 러시아 과학자들과 해군 장교들이 사망하고, 러시아 아르한겔스크 지역의 대기와 수역이 오염되었다. 푸틴 대통령이 1년 전 공표한 영상에서 보여주었듯 스카이폴의 궁극적 목표는 미국이었다.[8]

오늘날 우리가 목격하고 있는 것을 일부 저자들은 '두 번째 핵 시대'의 도래라고 규정했다. 그러나 현재 더 많은 국가들이 적국을 핵무기로 위협하고 있고, 냉전 초기에 체득된 핵무기에 대한 두려움이 상당히 둔감해졌기 때문에 우리는 냉전 시대보다 더 위험하고 더 예측할 수 없는 시대를 살고 있다. 우리는 과거의 교훈을 잊어버렸다. 작금의 핵 시대에서 살아남기 위해 우리는 그 교훈을 다시 배워야 한다.[9]

프롤로그

로버트 맥나마라Robert McNamara는 자신이 지금 막 들은 말을 믿을 수 없었다. 그 자리에 있었던 증인에 따르면 그는 뉴스를 들은 후 "몸을 지탱하기 위해 테이블을 붙잡아야만 했다." 때는 1992년 1월 9일, 존 F. 케네디 정부와 린든 B. 존슨 정부의 국방장관이었던 75세의 맥나마라는 쿠바 미사일 위기의 핵심 참여자로 쿠바의 아바나에서 열리는 학술대회에 참가하고 있었다.

이 회의에는 피델 카스트로를 포함해서 미국, 쿠바, 이제 막 해체된 소련의 당시 위기에서 핵심 역할을 수행했던 참가자들이 모여 있었다. 충격적인 발언을 한 사람은 전 바르샤바조약군 사령관이자, 1962년 쿠바 군작전 핵심 수립자 중 한 사람이었던 아나톨리 그립코프Anatoly Gribkov 장군이었다. 맥나마라를 경악시킨 것은 1962년 봄과 여름 소련이 4만 3천 명의 병력을 쿠바에 배치했었다는 그립코프의 증언이었다. 맥나마라와 그의 군사참모들은 쿠바에 1만 명 미만의 소련군이 있다고 확신했었다. 이것이 쿠바의 소련 기지를 공격하고 쿠바를 침공할지 결정하는 근거로 삼은 숫자였다.

그러나 이것은 그를 경악시킨 첫 폭로에 불과했다. 그립코프는 엄청난 병력 집중, 대공화기, 폭격기, 핵탄두를 장착하고 미국을 타격할 수 있는 중거리미사일 외에도 소련은 쿠바에 미국이 전혀 알지 못하는 전술핵무기를 배치하고 있었다고 차분히 진술했다. 6기의 루나Luna(미국명 프로그Frog)미사일 발사대에 핵탄두가 장착된 9기의 미사일이 설치되어 있었다. 이 단거리 미사일은 사정거리가 플로리다에 미치지도 못했지만, 쿠바를 침공하는 미군에 치명적인 타격을 줄 수 있었다. 각 핵탄두의 폭발력은 TNT 6~12킬로톤이었는데, 이것은 1945년 히로시마에 떨어진 15킬로톤 원자탄의 폭발력에 아주 조금 못 미치는 파괴력이었다. 이것 말고도 맥나마라가 알게 된 것은 위기 발생 1단계에서 소련 야전사령관이 루나미사일을 사용할지 말지를 결정할 권한을 가졌다는 사실이었다.[1]

"우리는 쿠바에 핵탄두가 있다고 믿지 않았습니다"라고 맥나마라는 며칠 뒤 말했다. "핵탄두가 있다는 증거를 찾을 수 없었습니다." 케네디 대통령의 보좌관이며 맥나마라와 같이 회의에 참석했던 아서 M. 슐레진저 2세 Arthur M. Schlesinger Jr.도 똑같이 경악했다. 그는 그립코프의 폭로가 미국인들을 놀라고 오싹하게 만들었다고 회고했다. 그는 이 뉴스에 대한 자신의 반응을 돌아보면서 "믿을 수 없었다"라고 기록했다. "전에 우리는 쿠바 미사일 위기의 위험성을 과대평가했다고 생각했다. 즉 미국의 전반적 핵전력과 카리브해에서의 재래식 전력의 우위를 잘 알고 있는 흐루쇼프가 절대 전쟁을 일으키는 모험은 하지 않으리라고 생각했다. 그러나 우리가 지금 들은 바로, 소련군은 무력 침공에 대해 전술핵미사일을 발사할 준비가 되어 있었던 것이다."[2]

이보다 몇 시간 전 맥나마라는 학술대회에서 쿠바 미사일 위기의 세 주인공의 액션이 "잘못된 정보, 잘못된 계산, 잘못된 인식으로 인해 왜곡된 바 있다"라고 말했다. 그러나 그조차 그 잘못된 이해와 인식이 얼마나 심각한지 깨닫지 못하고 있었던 것이다. "정말 무서운 일입니다. 이것은 만일 미국의 쿠바 침공이 감행되었고, 미사일이 철수되지 않았더라면, 핵전쟁이 발발했을 확률이 99퍼센트였다는 것을 의미했습니다." 맥나마라는 한 기자에게 이렇게 말했다.[3]

네메시스

"만일 미국이 독일을 놓고 전쟁을 벌이겠다면 그렇게 하시죠. […] 전쟁을 원하는 미치광이가 있다면 구속복을 입혀야죠." 케네디는 깜짝 놀랐다. 지금 흐루쇼프는 대통령을 전쟁으로 위협하고 있는 것이다. […] "무력에는 무력으로 대항할 것입니다." 케네디는 이 말로 대화를 마쳤다. "추운 겨울이 닥쳐올 것입니다."

1

견습 대통령

존 피츠제럴드 케네디는 1961년 1월 20일 추운 워싱턴 날씨 속에 거행된 대통령 취임식에서 인상적인 모습을 보였다. 큰 키에, 허리 통증에도 불구하고 곧게 세운 몸, 주변의 모든 이들이 겨울 외투를 입은 추운 날씨에 연미복을 입은 그는 젊음, 에너지, 낙관주의와 결단력을 투사했다. 미국 대통령에 취임한 가장 젊은 이 사람—당시 겨우 43세—이 자신의 모습과 말로써 임기뿐 아니라 앞으로 다가올 수십 년 동안, 미국과 전 세계에 새로운 노정을 개척해나갈 준비가 되었다는 것에는 의심의 여지가 없었다.[1]

머리가 벗겨지고 회색 외투로 따뜻하게 차려입은 이임하는 대통령 드와이트 아이젠하워Dwight David Eisenhower가 젊은 후계자와 같은 차를 타고 취임식장에 도착해서 대통령 취임 선서 후 케네디와 악수하는 모습이 TV로 중계되며 리더십이 한 세대에서 다음 세대로 넘겨지고 있다는 것을 보여주었다. 전쟁 영웅이자 미국 역사상 가장 성공적인 대통령 중 한 명이었던 아이젠하워는 당시 70세였다. 그러나 취임식 참석자 가운데 가장 연로한 사람은 아니었다. 새 대통령을 맞고 도덕적 리더십의 횃불을 넘겨주기 위해 온 이는 86세의 미국 문학의 대부 로버트 프로스트Robert Frost였다. 케네디는 프로스트가 취임식에 와주기를 바랐고, 그는 이 초청을 받아들였다. "만일 당신이 당신 나이에 미국 대통령이 되는 영예를 감당한다면, 나도 내 나이에 당신의 취임식에 참석하는 영예를 감당하겠습니다."[2]

프로스트는 케네디가 대통령으로서 직면할 도전이 만만치 않으리라는 것을 이해하고 있었지만, 그의 젊음을 자산으로 신뢰하며 첫 로마 황제인 아우구스투스Augustus의 시대를 모델로 한 미국의 영광된 시기를 그려보았다. 그것은 평화, 평온의 시대, 문화와 힘의 연합이 될 터였다. 프로스트가 취임식을 위해 특별히 쓴 헌정시는 전날 워싱턴에 쏟아진 눈의 반사광으로 그가 앞을 못 보게 되어 낭송하지 못했으나, 이렇게 예언했다. "새로운 아우구스투스 시대의 영광은/힘과 자신감에서 나온 지도력과/시험을 기꺼이 감당하는 젊은 야망으로 채워질 것이며/우리의 낙담 없는 자유로운 믿음은 확고하리라/국가들이 벌이는 어떤 시합에서도."[3]

프로스트가 담대한 비전을 가졌으나 좋은 시력이 결여되었다면, 그보다 훨씬 젊은 케네디는 두 가지를 모두 가졌다. 그의 취임사는 미국 정치사에서 가장 잘 알려진 글 중 하나가 되어 미국 전역의 초등학교 교실로까지 진출했다. 존 F. 케네디 도서관 및 박물관 웹사이트에 따르면 가장 많은 사람이 기억하는 "국가가 당신을 위해 무엇을 해줄 것인가를 묻기 전에 당신이 국가를 위해 무엇을 할 것인가를 물으십시오"라는 구절은 "수많은 어린이와 성인들에게 시민 행동과 공공 봉사의 중요성을 일깨워주었다." 실제로 그랬다. 그러나 미국 내에서의 공공 봉사는 케네디가 말하는 핵심이 아니었다. 핵심은 로버트 프로스트가 말한 아우구스투스 시대를 추구하기 위해 해외에서 치를 희생이었다. "우리는 자유의 존속과 성취를 보장하기 위해 어떤 대가도 치러야 하고, 어떤 짐도 감내해야 하고, 어떤 고난에도 맞서야 하며, 친구라면 누구든 지지하고 적이라면 누구든 반대할 것"이라고 케네디는 선언했다. 그의 연설은 대부분 세계 정치를 주제로 삼았다. 1960년대의 거대한 사회적 혼란이 아직 저 앞에 있었고, 당장의 관심사는 소련의 스푸트니크Sputnik 위성과 아시아, 아프리카, 그리고 가장 최근에는 라틴아메리카에서의 공산주의 세력 확장에 대한 우려였다.[4]

케네디는 미국 국민들과 세계 전체에, 그가 "인류의 마지막 전쟁"이라 일컬은 것의 가능성을 경고했다. 핵무기 경쟁과 그 결과가 그가 염두에 둔 것이었다. 연설의 핵심 부분은 소련 지도자인 니키타 흐루쇼프를 대상으로 한 것이었지만, 그의 이름과 국가명은 언급되지 않았다. 케네디는 대신 "우리의 적수가 되고자 하는 국가들"이라고 불렀다. 그는 거명하지 않은 적에게 "과학으로 촉발된 어두운 파괴력이 온 인류를 계획된 또는 우발적인 자멸로 몰아넣기 전에 새롭게 평화 추구를 시작하자"고 촉구했다. 연설문 작성을 도운 하버드대학 경제학 교수인 존 케네스 갤브레이스John Kenneth Galbraith의 말을 빌려 케네디는 선언했다. "두려움 때문에 협상하지는 맙시다. 그러나 협상하기를 두려워하지 맙시다."

케네디는 새로운 세계에서 새로운 미국의 부상을 약속했다. 이것은 자유에 바탕을 두고, 미국 국민의 헌신과 희생으로 이루어질 것이었다. 그는 라틴아메리카 국가들—그는 이들을 "자매 국가들(sister countries)"로 불렀다—에게 "좋은 말들을 좋은 행동으로 전환"하고 가난에 대항하는 "진보를 위한 새로운 동맹"을 만들겠다고 약속했다. "그러나 이 평화로운 희망의 혁명이 적대적 강대국의 먹이가 될 수는 없습니다"라고 케네디는 말을 이었다. "우리가 아메리카 대륙 어디에서든 힘을 합쳐 침략이나 전복에 맞설 것이란 점을 모든 이웃 국가에게 알립시다. 그리고 이 반구는 변함없이 자기 집의 주인 노릇을 할 작정임을 다른 모든 강대국에게 알립시다."[5]

서력기원의 전환기에 아우구스투스에 의해 개시된 팍스 로마나Pax Romana는 케네디의 팍스 아메리카나로 모방되어야 했다. 그러나 이 비전은 실현될 수 있을 것인가? 또한 젊고 경험 부족한 대통령에 의해 실행될 수 있을 것인가? 로버트 프로스트는 가능하다고 믿었다. 그의 비전, 그리고 케네디의 재능과 결단력에 대한 시험은 아직 치러지지 않았다. 이것은 그 누가 예측한 것보다도 빨리, 예상할 수 있던 것보다도 미국 해안과 더 가까운 데서 시작되었다. 이 시험의 이름은 쿠바였다.

20세기에 쿠바는, 미국이 스스로 내세운 반제국주의 주창의 높은 기준과 전 세계 반식민주의 혁명으로 상승한 기대에 부응하는 데 실패한 상징이 되었다. 이전에 스페인의 식민지였던 쿠바는 식민 통치에서 해방되자 나머지 지역을 따라잡는 시합에 뛰어들어 있었다. 이웃한 아이티는 1804년 프랑스 대군주의 지배에서 해방되었고, 멕시코도 1821년 스페인으로부터 독립을 선언했다. 같은 해 시몬 볼리바르Simón Bolivar는 스페인과의 치열한 전쟁 끝에 베네수엘라의 독립을 쟁취했다. 그러나 쿠바는 19세기 전반 내내 마드리드에 충성한 채 남아 있었다. 쿠바인들은 1868년 처음으로 스페인 지배자들에게 반기를 들었지만, 이 반란은 10년간의 항쟁 끝에 진압되었다. 쿠바인들은 1879년에 다시 반란을 일으켰지만 1895년에도 다시 진압되었다. 이번에는 강력한 동맹, 미국이 있었다.[6]

미군은 1898년 6월 쿠바 해안에 상륙했다. 미국 정부는 미국 언론에 널리 보도되고 자주 과장된, 쿠바인에 대한 스페인의 학정을 제지해달라는 주민들의 요구에 응답한다는 명목으로 이 분쟁에 개입했다. 그러나 이 움직임에는 수십 년간 유지되어온 먼로독트린Monroe Doctrine의 실행도 동기가 되었다. 1823년으로 거슬러 올라가 라틴아메리카에 혁명의 바람이 한창일 때 미국 대통령 제임스 먼로James Monroe는, 새로 독립하는 국가에 통제권을 수립할 의도로 그 지역에 유럽 국가가 간섭하는 것을 "미국에 대한 비우호적 태도의 표명"으로 간주한다고 선언했다. 이렇게 먼로독트린이 탄생했다. 1898년 먼로독트린은 새로운 의미를 획득했다. 미국인들이 라틴아메리카 국가들의 독립을 방어할 뿐만 아니라 독립시키는 것에도 준비되어 있다는 것이었다. 스페인인들은 쿠바에서 철수하고 쿠바에 대한 종주권을 포기하도록 강요되었다. 쿠바의 독립은—이 지역 대부분의 주권과 달리 미국의 손으로 건네져—1902년에 선포되었다.

1820년 토머스 제퍼슨Thomas Jefferson은 쿠바를 미국의 잠재적 새 주州로 여겼다. 1902년 워싱턴의 정치인들은 미국의 국경을 쿠바까지 확장할 의사가 없었지만, 쿠바를 완전한 독립 국가로 만들 생각도 별로 없었다. 법안 기안자인 오빌 H. 플랫Orville H. Platt 상원의원의 이름을 딴 1901년 플랫 미군세출예산법(US Army Appropriations Act) 개정안은 미국이 쿠바에 미군 기지를 설치하고, "양호 통치(good governance)"를 위해 쿠바의 내정에 간섭할 권한을 미국 정부에 부여함으로써 쿠바의 주권을 제한했다. 이 개정안은 쿠바를 사실상의 미국 보호령으로 만들었고, 이후 수십 년간 끊

임없이 쿠바 반군과 혁명군들을 결집시키는 계기가 되었다. 쿠바인들의 항쟁 대상이 된 새 주인은 스페인이 아닌 미국이었다.[7]

실질적으로 쿠바는 카리브해의 미국 식민지가 되었다. 농업, 광산, 서비스업, 금융업의 대부분 자산을 미국인이 장악했다. 쿠바에서의 미국의 전략적, 경제적 이익을 보호하기 위해 미국은 현지 지주계급 엘리트 및 군부와 손을 잡았다. 이 중 가장 미국이 신뢰하는 동지인 풀헨시오 바티스타 Fulgencio Batista 장군이 대통령직을 차지했다. 1940년부터 1944년까지 대통령을 지낸 그는 군사 쿠데타로 1952년 다시 권좌에 복귀했다. 그는 쿠바에서 가장 강력한 미국 경제 세력인 농업 대기업과 마피아 집단과의 밀착 관계를 발전시켰다. 미국 관광객을 대상으로 한 도박과 성매매가 번창하는 산업이 되었다.[8]

쿠바로 돌아온 바티스타는 임박한 대통령선거를 취소시켰다. 그의 부패한 통치는 빈곤층뿐만 아니라 중산층도 적으로 만들었다. 선거가 취소되고 민주주의가 위협받자 불만에 가득 찬 젊은이들은 무기를 들었다. 1953년 7월 23일 일군의 젊은 혁명가들이 산티아고에 있는 몬카다 병영Moncada Barracks을 공격했다. 공격은 격퇴되었고, 반군 지도자들은 체포되었다. 체포된 사람 중에는 26세의 변호사이자 부유한 지주 가족 후손인 피델 카스트로가 포함되어 있었다. 그는 재판에서 15년 형을 선고받았다. 그의 동생 라울Raúl Castro과 스물네 명의 가담자도 수감되었다.

1955년 5월, 바티스타가 국제적 이미지를 개선하려고 나서면서 카스트로 형제와 공모자들은 운 좋게도 석방되었다. 다시 체포될 것을 우려한 카스트로 형제는 쿠바를 떠나 멕시코로 갔다. 이렇게 몬카다 병영 습격의 스토리는 끝난 것처럼 보였다. 바티스타는 이 공격을 이겨내고 부정 선거를 실시하고 반군들을 쿠바에서 쫓아냄으로써, 미국과 세계 여론이 돌아서지 않게 하면서 자기 자산을 보호하길 바란 미국 동맹세력을 만족시켰다. 많은 이들이 놀라게 카스트로 형제가 1956년 11월 쿠바로 돌아왔고, 피델은 쿠바인과 라틴아메리카인 혁명가 집단을 이끌고 있었다. 이들은 물 새는 요트 그란마Granma(영어로 '할머니'의 애칭—옮긴이)를 타고, 새로운 반란을 시작하기 위해 불법으로 쿠바에 상륙했다.

후에 바티스타 정권을 무너뜨리게 될 게릴라 전쟁은 시작부터 큰 낭패를 보았다. 정부군은 상륙 직후의 그란마 반군을 공격하여 쿠바 남동쪽 오리엔테주의 시에라 마에스트라 산맥으로 피신하게 만들었다. 처음 81명의 반군 중 피델과 라울 카스트로, 이들의 가까운 동지인 아르헨티나 출신 의사 에르네스토 '체' 게바라Ernesto Che Guevara를 포함한 열아홉 명만이 산악의 안전지대까지 피신할 수 있었다. 결코 쉽지 않은 시작이었지만, 이 작은 집단은 불만에 가득 찬 쿠바인 도시 청년들과 지방 농민들을 끌어들이며 세력을 키워나가기 시작했다.

바티스타 정권은 반군들을 압제하기 위해 더욱 포악한 전술을 썼지만, 결국 반군 숫자를 늘리기만 했다. 이러한 조치들은 국제적으로 바티스타 정권의 이미지를 손상했고, 쿠바의 독재자에 대한 미국 여론이 등을 돌리게 만들었다. 미국 정부는 쿠바 주재 대사를 아바나로 소환하고 쿠바에 대한 무역금지조치를 시행할 수밖에 없었으며, 이는 바티스타 정권에 대한 무기판매를 중지시키고 반군 세력을 크게 확장시키는 결과를 가져왔다. 무기판매가 금지된 1958년은 카스트로가 이끄는 혁명의 전환점이 되었다. 여름에 정부군에게 큰 패배를 당한 후 카스트로는 잔여 병력을 다시 규합하여 공격에 나섰다. 12월 31일 여러 반군 집단이 합동 공격으로 산타클라라시를 장악하자 아바나는 충격에 휩싸였고 바티스타는 해외로 도주했다.

바티스타가 사라진 상태에서, 반년 전만 해도 거의 전멸되다시피 했던 혁명군에 대한 저항은 반년 만에 완전히 제압되고, 정권은 붕괴했다. 1959년 1월 8일 카스트로는 이미 반군이 장악하고 있는 아바나에서 승리의 행진을 하며 입성했다. 카스트로는 국제적 압력에 굴복해 자신을 석방한 바 있는 바티스타의 실수를 반복하려고 하지 않았다. 세계 여론에 상관없이 정권의 적은 가차 없이 처벌되었다. 수백 명의 구정권 인사들이 해임되고 재판에 회부되었다. 200명 가까운 인사가 총살당했다. 새 정권의 지도자인 라울 카스트로와 체 게바라는 숙청을 진행하며 적들을 처단했다. 부패하고 지지가 땅에 떨어진 독재자는 사라지고, 청렴하게 여겨지며 카리스마 넘치는 새로운 지도자 카스트로가 권력을 잡았다.

쿠바 혁명은 성공했지만, 이것이 무엇을 의미하는지는 혁명 지도자나 쿠바 안팎의 지지자와 반대자들에게 아직 분명하지 않았다. 카스트로 집권 초기 미국의 직접 투자는 늘어났지만, 쿠바가 절실히 필요했던 농업 개혁을 카스트로 정부가 시작하자 급격히 바뀌었다. 1959년 5월 카스트로는 농지 소유 면적을 1천 에이커로 제한하고 나머지는 몰수하여 지주에게 보상하지 않은 채 농민들에게 재분배했다. 1960년 7월 카스트로 정부는 미국 소유의 사업과 자산 모두를 국유화했다. 혁명 정부는 자원을 필요로 했지만 재원이 없었으므로, 몰수된 재산에 아무 보상도 하지 않았다. 이에 대한 대응으로 아이젠하워 대통령은 쿠바의 가장 중요한 수출품인 설탕이 미국 시장에 반입되지 못하도록 문을 닫았다.[9]

미국은 영국이나 프랑스 같은 옛 제국주의 권력이 아시아나 아프리카의 식민지와 종속국에서 직면했던 것과 유사한 상황에 봉착했다. 쿠바에도 공산주의나 친공산주의 성향과 소련의 직접 개입이 증가하고 있었던 것이다. 이것은 과거 식민지였던 세계에서 반복되던 패턴이었다. 1959년 4월 미국 신문편집인협회 초청으로 미국을 방문한 카스트로는 공산주의에 거리를 두는 선언을 했다. "나는 세계가 우리를 공산주의자들로 생각한다는 것을 안다. 나는 당연히 우리가 공산주의자가 아니라는 사실을 아주 분명히 밝혀왔다. 아주 분명히." 그러나 상황은 급박히 변했다. 1960년 2월 니키타 흐루쇼프의 최고위 측근이자 구 볼셰비키의 노련한 정치인 아나스타스 미코

* 아나스타스 미코얀(1895-1978)은 아르메니아계 정치인으로 러시아 혁명에 가담했고, 스탈린의 권력 쟁취에 도움을 주었지만, 흐루쇼프의 스탈린 격하 운동 때 흐루쇼프 편을 들었다. 소련 상무장관을 역임했고, 쿠바 미사일 위기 과정에서 수행한 역할로 서방에 널리 알려졌다. 조지아 출신인 스탈린, 오르조니키제와 함께 코카서스 3인방으로 알려졌다. 그의 동생 아르촘 미코얀은 소련 항공기 설계자로 이름을 남겼다.

얀Anastas Mikoyan*이 쿠바를 방문했다. 그는 모스크바의 자기 상사에게 신생 혁명 정권에 경제적 지원을 하도록 촉구했다. 5월 흐루쇼프는 쿠바의 독립을 놓고 미국을 핵무기로 위협하는 발언을 했다. 이것은 먼로독트린을 거꾸로 적용한 것이었다. 소련은 라틴아메리카의 독립국들을 미국으로부터 보호하는 데 나섰다.

아이젠하워의 입장에서는 미국의 이익이 위험에 처했고, 카스트로가 공산주의자이건 아니건 공산주의는 쿠바에 들어오고 있었다. 다행히도 아이젠하워의 참모들은 이 위기를 다룰 계획을 가지고 있었다. 몇 년 전인 1954년 6월 CIA는, 토지 개혁으로 미국 과일 회사들의 이익이 위협받은 과테말라에서 쿠데타를 성공시킨 바 있었다. 1960년 3월 쿠바에서 농업 개혁이 이미 진행 중이었지만 미국 상업 자산의 몰수가 아직 선언되지 않은 상태에서 아이젠하워는 쿠바의 정권 교체를 이루기로 결정했다. 카스트로는 자신이 권력을 쟁취한 것과 같은 방법으로 권좌에서 제거되어야 했다. 쿠바로 돌아오는 정치 망명자들의 민중 반란이 그 수단이었다. CIA는 계획을 세웠지만, 아이젠하워는 이 계획을 실행할 시간을 갖지 못했다. 대신에 이 과제는 새 대통령 존 케네디에게 넘겨졌다.[10]

앨런 덜레스Allen Dulles는 회색 머리칼에 파이프 담배를 피우는 미국 첩보전의 베테랑이면서 아이젠하워 정부에서 새 정부로 유임된 사람이었다. CIA 책임자인 그는 케네디 취임식 일주일 후인 1961년 1월 28일 쿠바 침공 계획을 처음으로 케네디에게 보고했다.

전후 독일에 대한 마셜계획의 책임자였던 CIA의 계획담당 부국장인 리처드 비셀Richard M. Bissell이 이 침공 계획 입안자였다. 이 계획은 쿠바 정부 망명자들과 과테말라의 CIA 기지에서 훈련되어 편성된 수백 명의 게릴라를 쿠바에 상륙시키기로 했다. 비셀은 쿠바 정부 수립을 위해 이후 작전

기지로 사용될, 해상접근이 가능하고 활주로가 있는 교두보를 쿠바 영토에 마련할 것을 제안했다. 그는 이 침공으로 카스트로 정권에 대항하는 민중 봉기가 일어날 것을 기대했지만, 이에 의존하지는 않았다. 비셀은 작전의 다음 단계로 "미국의 공개적인 주도로 미주연합기구(OAS, Organization of American States) 연합군이 내전 종식을 위해 쿠바를 군사적으로 점령하는 것"을 계획했다.[11]

작전 계획의 마지막 부분은 일부 케네디 참모들을 불안하게 만들었다. 합참의장인 라이먼 렘니처Lyman Lemnitzer 장군은 카스트로 정권의 지속적인 군사력 강화를 고려하면 현재 훈련받고 있는 6천~8천 명의 병력은 이 목표를 달성하기에 충분하지 않다고 말했다. 그는 "최종 계획 작성은 쿠바 병력에 대한 추가적 지원을 제공하는 합의안을 포함해야 하고, 이러한 지원은 아마도 미국이 제공해야 할 것"이라고 제안했다. 렘니처는 결국 미군이 개입해야 한다고 생각했고, 이 문제를 분명히 결정하기를 원했다. 딘 러스크 국무장관은 다른 우려를 했는데, 그것은 침공에 대한 국제적 비난이었다. 국무부 인사들은 "미주연합기구에 의해 승인되고 지원되지 않은 공개적 군사 작전을 전개하면 서방 세계 전체에서 우리의 입장에 대한 심각한 정치적 위험이 초래될" 것으로 예상했다.

케네디는 계획 입안자들로 하여금 다시 작전을 짜도록 만들었다. 국방부는 작전의 군사적 측면을 평가하고, 국무부는 라틴아메리카 국가들의 동참을 이끌어야 했다. "민주적 사회 혁명과 경제 개혁에 대한 적대감이 아니라, 아메리카 대륙의 공화국들에 공산주의가 침투하는 것에 대한 확고한 반대가 미국 정부의 쿠바 정부에 관한 분명한 입장이라는 점에 이의가 없었다." 쿠바의 상황에서 민주적 사회 혁명에 대한 지지와 공산주의에 대한 반대를 구별하는 방식이 완전히 분명하진 않았다.[12]

1961년 2월과 3월 케네디는 참모들과 숙의를 거듭하며, CIA가 제출한 침공 계획이 쿠바 문제를 해결하는 최선의 방법인지 판단하려 했다. 대통령은 몇 가지 서로 상충하는 사안들 사이에 갇혀 있었다. 그는 서반구로 공산주의가 확장되는 것을 저지하기로 결단했지만, 군사력 사용을 자제함으로써 라틴아메리카의 '자매 국가들'에게 새 모습을 보여주기를 원했다. 케네디가 개선하고 싶어 한 소련과의 관계도 위태로웠다. 그에게는 시간이 별로 남지 않았고 바로 행동을 취해야 했다. 어쩌면 그는 상충하는 사안들을 화해시키는 유일한 길은 쿠바에서 비밀 작전을 벌이는 것이라고 느꼈을지도 모른다.

1961년 2월 8일 참모들과의 회의에서 케네디는 '양키들이 보낸 군대의 침공'이 아니라 작은 선발대를 침투시킨 후, 본 작전은 쿠바 내 기지에서 실시하는 안을 제안했다. CIA나 군부 모두 이 제안을 좋아하지 않았다. 3월 11일 CIA의 비셀 부국장은 작은 집단을 침투시키는 케네디의 안을 사실상 거부하는 각서를 제출했다. 그는 공군의 지원과 탱크 없이 게릴라 집단이 해안지역에서 산악지역까지 이동할 가능성은 거의 없다고 주장했다. 비셀은 대신 "전 병력을 상륙시키는" 안을 권고했다. 그러나 케네디는 맘에 들어 하지 않았다. 재차 그는 CIA 관계자들에게 작전을 다시 짜도록 지시하며 미국의 관여가 '덜 드러나 보이는' 작전을 요구했다.[13]

4일 후인 3월 15일 비셀은 대안 작전을 제시했다. 그는 여전히 공군의 지원을 주장했지만, 작전에 사용되는 공군기들이 미국이 아닌 쿠바 공군으로 위장하는 방법을 제안했다. 이 위장이 제대로 먹히기 위해서는 쿠바 공군에서 소위 반카스트로 세력이 작전 기지로 쓸 쿠바 영토 내 활주로가 필요했다. 그러면 침공 세력이 즉시 상륙활주로가 있는 지역을 장악하리라는 것이 비셀의 제안이었다. 거기에다 '내피적 방식(endocuticular manner)'으로 병력 배치가 이루어지면 상륙군이 장악한 지역은 장기적 방어에 적합하게 될 터였다. 비셀은 늪지로 둘러싸인 피그스만Bay of Pigs(바이아 데 코치노스Bahía de Cochinos)을 상륙지점으로 제안했다. 이 장소는 산악 지대에서는 멀리 떨어져 있었지만, B-26폭격기가 사용할 수 있는 활주로 두 곳이 있었고, 비교적 적은 선발대로도 효과적인 방어가 가능했다. 케네디는 조건 한 가지를 달아 새 계획을 승인했다. 미국의 관여 부인을 위해 그는 야간상륙을 원했다. 즉 새벽까지 선발대를 수송한 함정들은 철수해야 했다.
케네디는 자신의 아버지*와 논의하고, 케네디가 준비되자마자 정상회담을 갖자는 흐루쇼프의 제안 수락을 확정한 다음에, 부활절 휴가 기간 중에 침공을 승인하기로 결정했다. 일요일인 4월 16일을 침공일로 정한 상태에서 케네디는 백악관에서 나와 버지니아주 글렌 오라에 있는 가족 별장에서 주말을 보내기로 했다. 언론이 그의 소재를 알고 있으므로 이것은 미군뿐만 아니라 대통령 측에서도 관여하지 않았다는 것을 주장하기 위한 각본이었다. 케네디는 휴가지에서 휴식을 취하기는커녕 수시로 전화기를 들었다 놨다 했다. 작전 착수 이후 불안감은 더해갔다. 암호명은 '사파타Zapata'였다.[14]

쿠바인 망명자 1,400명 가까운 병력으로 구성된 2506여단을 수송하는 배들은 4월 14일 밤 니카라과 해안을 출발해 쿠바로 향했다. 4월 15일 새벽 6시, 쿠바 공군기 색을 칠하고 쿠바인 망명자 조종사들이 모는 B-26 여덟 대가 니카라과의 활주로를 이륙해 쿠바 비행장으로 날아가면서 맡은 임무는, 카스트로의 공군이 지상에 있는 동안 그들을 파괴하는 것이었다. 습격은 성공한 것으로 보고되었다. 그러나 공격자들은 카스트로의 비행기 상당수가 손상되지 않은 채 남아 있다는 것을 미처 알지 못했다.[15]
피델 카스트로는 여론의 법정에서 반격을 가했다. 그날 마침 뉴욕에 와 있던 쿠바 외무장관 라울 로아Raúl Roa는 UN 지도부를 설득하여 쿠바 공습을 논의하기 위한 긴급 정치안보위원회(Political and Security Committee)를 소집하게 했고, 이 공습이 미국을 배후로 한 쿠바 침공의 서곡이라고 주장했다. UN 주재 미국대사인 애들레이 스티븐슨Adlai Stevenson은 사흘 전

* 케네디 대통령의 아버지 조지프 케네디Joseph P. Kennedy(1888~1969)는 1938~1940년 영국 주재 미국대사를 지냈다.

케네디 대통령이 쿠바 위기에 미국 군부나 민간이 관여하는 일이 없을 것이라고 확언한 사실을 반복했다. 쿠바를 공습한 비행기가 미군이었다는 로아의 주장을 반박하기 위해 스티븐슨은 그날 일찍 플로리다주 마이애미공항에 착륙한 비행기 한 대의 사진을 보여주었다. 그것은 쿠바 공군기 색을 칠한 B-26폭격기였고, 비행기 조종사는 자신의 나라 공군의 반카스트로 장교들이 조직하고 집행한 폭격에 참여했다고 기자들에게 말했다. 스티븐슨은, 이 비행기의 착륙이 국제 여론을 호도하기 위한 CIA 작전의 일부였음을 알지 못했다.[16]

해상의 함정과 공중의 비행기를 갖춘 CIA 훈련 부대는 케네디의 최종 승인을 여전히 기다리는 중이었다. 그의 결정 시한은 일요일인 4월 16일 정오였다. 그날은 불쾌한 일로 시작되었다. 그날 아침 미국의 주요 조간신문들은 마이애미에 착륙한 비행기가 미국 배후의 쿠바 공격을 감추기 위한 것이라는 내용을 포함한 CIA 작전을 폭로했다. 기자들은 B-26의 기관포가 발포한 흔적이 없고, 이 비행기가 쿠바인들이 사용하는 비행기와 다른 모델임을 알아차렸다. 케네디는 주저했다. 그는 부인 재클린Jacqueline Kennedy과 함께 휴양지의 성당 미사에 참석한 다음 가족들과 점심 식사를 했다. 그런 다음 대통령은 골프를 치러 갔다. 결정 시한인 정오는 훨씬 지났지만, 그는 마음을 정할 수 없었다. 결국 그는 오후 1시 45분경 귀가하여 CIA의 비셀에게 전화했다. 침공 작전이 시작되었다.

4월 16일 늦은 밤 2506여단은 쿠바의 여러 지점에서 상륙작전을 시작했다. 4월 17일 이른 시간 네 척의 수송선들이 피그스만 히론 해안Playa Girón에 접근했다. 이곳은 고립된 곳이었고, 인근에 쿠바군 부대는 없었다. 망명자들은 손쉽게 지역 민방위 병력을 제압했다. 그러나 이들은 대단히 당혹스러운 상황에 맞닥뜨렸다. 쿠바의 외진 지역 상륙은 기밀성을 상실했다. 한 쿠바인 무선 통신사가 자신의 부대가 제압당하기 전에 침공 뉴스가 방송되도록 조치했다. 경보를 받은 카스트로는 첫 공격에서 살아남은 공군기들(록히드 T-33전투기, B-26폭격기)로 하여금 작전에 돌입하도록 명령했다.

침략자들은 공중 엄호를 거의 받지 못했다. 폭격에서 살아남은 쿠바 공군기들은 2506여단을 지원하기 위해 CIA가 제공한 여섯 대의 항공기를 수적으로 압도했다. 침공군은 탄약, 의약품을 싣고 온 미 해군 함정 휴스턴호와 리오에스콘디도호를 곧 잃었다. 설상가상으로 침공군이 해초로 착각한 산호 암초로 덮인 해안이 나머지 수송선들의 해안 접근을 막았기에 망명자들은 보트를 이용해 상륙하면서 높은 파도에 무기와 탄약 일부를 잃을 수밖에 없었다. 이들이 육지까지 가져오는 데 성공한 무기와 탄약은 물에 젖어 작동 불능이 된 것이 많았다. 침공군은 무기, 보급품, 탄약이 부족한 상태에서 카스트로군 증원부대가 피그스만에 도착하자 역시 수적으로 크게 열세에 처했고, 화력도 비교가 되지 않았다. 쿠바 정부군은 경찰, 병사, 현지 민병대를 합쳐 2만 명 가까이 되었다. 이들은 소련제 T-34탱크의 지원을 받았다.[17]

CIA는 침공군을 돕기 위해 미 공군기 사용 재가를 케네디에게 요청했지만, 그는 거부했다. 딘 러스크 국무장관은 마이애미에 상륙한 연출된 쿠바 공군기에 대한 정보를 전달받지 못한 것에 격노했다. CIA가 애들레이 스티븐슨 UN 대사로 하여금 세계를 향해 거짓말을 하도록 만든 것이었다. 러스크는 쿠바의 비행장에서 이륙한 비행기들의 소행이라고 신뢰할 수 없는 모든 공중 습격에 대한 CIA의 계획을 저지하기로 작정했다. 4월 16일 밤 9시 러스크 장관과 전화 통화를 한 케네디 대통령도 같은 의견이었다. 그의 입장에서는 그러한 공습을 허용한 적이 없었고, 이제 CIA가 이미 계획했던 공습을 취소하도록 명령했다. CIA는 대통령의 지시에 따를 수밖에 없었다. 그러나 4월 17일 일찍부터 착륙이 시작되자 CIA의 찰스 캐벌Charles Cabell 장군은 러스크의 집에 전화를 걸어 결정을 재고하도록 요청했다. 그는 케네디에게도 똑같이 요청했다. 그러나 명령은 번복되지 않았다. 침공은 재가하되, 공중 지원은 불가였다. 피그스만 해안에 외롭게 남겨진 침공군은 자신들의 목숨을 건지기 위해 고군분투했다. 포위망을 뚫고 전국적인 봉기를 일으키는 것은 언감생심이었다.[18]

월요일인 4월 17일 케네디는 백악관으로 복귀하여 평상시대로 예정된 공식 회의와 식사에 참석하면서 다음 단계에 취할 조치를 생각했다. 정치적으로 큰 상처를 입었지만 아직 군사적으로는 그렇지 않았던 그는 쿠바 해안에서 사투를 벌이고 있는 침공군을 지원하기 위해 위장된 항공기를 투입하게 해달라는 CIA의 요청을 거부했다. 그러나 4월 19일 이른 시간 사태가 점점 악화되자 그는 한발 물러나 미군 조종사들이 조종하는 위장된 공군기들이 침공군을 돕는 것을 허용하되 적군기와 싸우는 것은 허락하지 않았으며, 이들의 임무 수행은 두세 시간으로 제한되었다. 군 지휘관들은 좋은 기회를 잡았으나 이를 제대로 살리지 못했다. 니카라과와 쿠바 사이의 시차를 착각한 공군기들은 예정된 시각보다 늦게 쿠바에 도착했다. 출격한 비행기 두 대가 격추되고 조종사 네 명이 실종되었다. 라디오 아바나는 쿠바인들이 미국 조종사 한 명의 시신을 회수했다고 방송했다. 이제 이 모험은 완전한 실패로 막을 내렸다.[19]

케네디는 미 공군의 제한적 사용도 허가하지 않았다. 목요일인 4월 20일이 되자 모든 것이 끝났다. 침공군은 이틀 반을 저항했으나 필연적인 결과를 맞았다. 공중 지원도 받지 못하고, 탄약도 부족한 상태에서 수적으로도 화력에서도 열세인 침공군은 점점 더 사기를 잃었고 결국 항복했다. 100명 이상의 전사자와 360명 이상의 부상자가 나왔고 1,200명 가까이 쿠바군에 포로로 잡혔다. 카스트로의 손실은 더 컸지만 문제가 아니었다. 카스트로도 그의 군대도 항복하지 않은 것이다. 이것은 카스트로와 그의 정권에 놀라운 승리였고, 케네디에게는 놀라운 패배였다.[20]

케네디는 군사와 정치 양쪽 전선에서 모두 패배했다. 군사적 승리 없이 정치적 승리를 얻는 것은 불가능한 것으로 판명됐다. 이후 몇 달에 걸쳐 피그스만 침공에서 무엇이 잘못되었는지를 분석한 케네디는 먼저 자신을 질책했고, 다음으로 CIA와 군부를 질책했다. 국무부와 공개적인 미국 군사 작전에 반대했던 사람들은 책임에서 벗어났다. 케네디가 생각하기에 CIA와 군부는 달성할 수 없는 작전을 그에게 제안했고 내키지 않는 군사 작전을 재가하도록 만들었다. "의회 정부 같았으면, 나는 사임해야 합니다. 그러나 이 정부에서 나는 그렇게 할 수 없습니다. 그러니 당신과 앨런(덜레스)이 사임하십시오"라고 그는 비셀에게 말했다.[21]

그해가 가기 전 비셀과 덜레스 모두 사임했다. 쿠바 침공을 계속 주장했던 합참의장 렘니처 장군도 1962년 9월 자리에서 물러났다. 피그스만 침공의 핵심 계획자들은 무대에서 사라졌지만 대통령과 군지휘관들 사이의 불신과 의심은 계속 남았다. 양측은 일어난 재앙에 대해 상대를 비난했다. 장군들은 자신들의 수치스러운 패배를 만회하기 위해 쿠바로 다시 돌아가 침공작전을 제대로 수행하기를 원한 반면, 대통령은 이들에게 그런 기회를 주지 않기 위해 노력했다. 미국의 상호비난 게임의 핵심 수혜자가 있었는데, 그것은 니키타 흐루쇼프였다.

게임의 주도자

존 케네디의 쿠바 침공 처리를 어느 지도자보다 세심하게 관찰하고 이로부터 지대한 영향을 가져올 결론을 내릴 준비를 한 것은 67세의 소련 지도자 니키타 흐루쇼프였다.

뚱뚱하고 대머리에 에너지 넘치고, 허세를 잘 부리고, 연기를 잘하고, 종종 떵떵거리곤 하는 흐루쇼프는 젊은 미국 대통령과는 완전히 다른 인물이었다. 가난한 하층계급 신분으로 태어난 그는 성장 과정, 경력 행적, 정치적 이념에서도 케네디와 완전히 대척점에 있었다. 젊은 케네디의 야망이 의지 강한 자기 아버지의 기대에 부응하기 위한 것이었다면, 흐루쇼프의 야망은, 가족의 실패자로 여겨진 남편과 달리 아들의 성공을 보고 싶어 한 어머니의 바람에서 비롯되었다. 케네디가 국가가 제공하는 최고의 교육을 받았다면, 흐루쇼프는 대학을 졸업하지 못했다. 케네디가 사람을 다룬 경험이 2차 대전 중 PT-109 순찰 어뢰고속정을 지휘한 것이 전부였다면, 흐루쇼프는 생애 대부분을 큰 프로젝트와 많은 사람들을 감독하면서 보냈다. 케네디가 평생을 국제 정치에 관여하기 위해 준비했다면, 흐루쇼프는 60세가 넘어서야 고위급 외교에 처음으로 관여했다. 두 사람 사이의 나이 차이도 컸다. 1917년 러시아 혁명은 흐루쇼프 인생과 경력의 전환점이었다. 그보다 스물세 살 젊은 케네디는 바로 그해에 태어났다.[1]

드와이트 아이젠하워와 그의 행정부가 명령한 소련 영공 U-2기 비밀 침투 비행에 불쾌했던 흐루쇼프와 참모들은 1960년 7월 매사추세츠 출신의 젊은 상원의원이 민주당 대선 후보에 낙점된 존 케네디를 눈여겨보았다. 모스크바에 있는 많은 사람들은 케네디가 공화당 후보가 될 리처드 닉슨 Richard Nixon보다 덜 강경하다고 보았다. 흐루쇼프는 그 전해에 모스크바를 방문한 닉슨을 평가해볼 기회가 있었다. 닉슨에 비해 케네디는 흐루쇼프의 속임수와 협박에 약해 보였다. 케네디는 소련과 미국의 미사일 격차를 믿는 듯했는데, 소련이 우위를 차지한다는 인식은 소련의 스푸트니크 위성 발사 성공뿐만 아니라 흐루쇼프의 화려한 언사로 강화되었고, 아이젠하워의 U-2첩보기는 이것이 잘못된 정보임을 폭로하려고 위협하고 있었다.

흐루쇼프는 케네디가 대선에서 승리하기를 바랐고 KGB에게 이 목표를 달성할 수 있도록 모든 것을 지원하라고 명령했다. 지시를 받은 KGB는 오늘날 기준으로 따지면 케네디 대선 운동과 크렘린의 '결탁'으로 볼 수밖에 없는 수많은 회합을 조직했다. 케네디가 민주당 후보 경선에서 승리한 직후 소련 신문 《이즈베스티야》의 기자로 위장한 KGB 요원 유리 바르수코프Yurii Barsukov는 형의 선거운동을 총괄하고 있던 로버트 케네디를 찾아갔다. 그는 로버트 케네디에게 그의 형을 돕기 위해 모스크바가 할 수 있는 일이 무엇인지 물었다. 워싱턴 주재 KGB 요원들 책임자였던 알렉산드르 페클리소프Aleksandr Feklisov의 회고록에 따르면 로버트 케네디는 미국 각 주의 예상 득표를 표시한 지도를, 가리고 있던 커튼을 옆으로 밀어서 보여주었다. 그는 바르수코프에게 각 주의 수치를 적도록 했고, 그는 그대로 했다. 그런 다음 로버트는 모스크바의 최상의 전략은 중립을 지키는 것이라고 했다. 일단 그의 형이 승리하면 양국 관계는 개선될 수 있다는 것이었다.[2]

1960년 여름 내내 니키타 흐루쇼프와 선전 기관은 로버트 케네디의 충고를 따라 존 케네디를 지지하는 목소리를 내지 않았다. 대신 흐루쇼프는 아이젠하워 행정부를 집중공격하며 케네디가 말하는 미사일 격차가 실제 존재한다고 주장했다. 1960년 9월 대통령선거 운동 중에 흐루쇼프는 UN 총회에 참석하기 위해 미국에 나타났다. 그는 공격을 계속하면서 질문했다. "우리가 군비경쟁을 시합으로 바꾸기를 원합니까? 우리는 그걸 원하지 않지만, 두려워하지도 않습니다. 우리는 당신들을 이길 것입니다! 우리의 미사일은 컨베이어 벨트에서 생산됩니다." 어떤 미국인이든 케네디가 말하는 미사일 격차가 잘못된 이해라고 생각했다면, 이제 소련의 지도자가 스스로 나서 매사추세츠 출신 젊은 정치인의 말을 확인해준 것이었다.[3] 미사일 격차 발언은 케네디가 대통령선거에서 이기도록 도왔다.

케네디가 대통령에 당선된 지 한 달도 지나지 않은 1960년 12월 1일 오전 10시 유리 바르수코프는 다시 한번 로버트 케네디를 찾아갔다. 그날 로버트 케네디의 일정 달력에는 "《이즈베스티야》 B 씨 방문"이라고 적혔다. 흐루쇼프에게까지 바로 전달된 그날 회동에 대한 바르수코프의 보고에 따르면, 로버트 케네디는 자신뿐 아니라 자신의 형을 대신해서 말할 준비가 되어 있었다. "케네디는 만일 양측이 서로를 수용하는 여러 단계를 밟는다면 빠르면 1961년에 핵실험 금지조약에 서명하기를 기대합니다." 로버트 케네디는 크렘린 사절에게 "대통령은 베를린 문제에 대한 합의를 이루기 위해 할 수 있는 모든 일을 할 것입니다"라고 확인해주었다. 로버트 케네디는 회동 막바지에 양측의 공동 관심사인 중국에 대한 미국-소련의 협력 가능성을 암시했다. "앞으로 몇 년간 근본적인 문제는 소련-미국 관계가 아니라 워싱턴과 중국 관계가 될 수 있습니다"라고 로버트 케네디는 말했다.[4]

바르수코프의 보고를 읽은 흐루쇼프는 기쁨을 감출 수 없었다. 케네디의 취임식 다음 날인 1961년 1월 21일, 그는 젊은 대통령의 취임연설문을 소련 언론에 싣도록 지시했다. 그는 아이젠하워에게는 하지 않은 일을 했다. 소련이 억류 중이었던 두 명의 미 공군 조종사를 석방한 것이다. 프리먼 브루스 올름스테드Freeman Bruce Olmstead 대위와 존 매콘John McCone 대위는 1960년 7월 1일 전자 장비로 가득 찬 RB-47H스트라토제트기를 몰고 바렌츠해의 콜라반도 외곽을 비행하다가 소련 공군의 MiG-19(나토 명칭은 '파머Farmer')에 의해 격추되었다. 케네디 대통령은 TV로 중계된 1월 25일 첫 대통령 기자회견에서 두 조종사의 석방 소식을 발표했다. 케네디는 1월 27일 앤드루 공군기지로 귀환하여 기뻐하는 배우자들과 함께한 조종사들을 환영하며 전국적인 주목과 인정을 한몸에 받았다.[5]

흐루쇼프는 이 젊은 대통령이 선거 승리에 대해 자신에게 빚을 졌다고 생각하고 뭔가 보상이 있을 것을 기대했다. "우리는 케네디가 당선되도록 도왔습니다"라고 흐루쇼프는 1961년 여름 일군의 소련 정치 지도자들과 과학자들을 만난 자리에서 선언했다. "우리가 그를 선출했다고 말할 수도 있습니다." 흐루쇼프는 워싱턴의 상대를 평가하기 위해 가능한 한 빨리 정상회담을 갖기를 원했다. 쿠바에서 미국의 대실패는 정상회담에 대한 희망을 꺾은 것이 아니라 오히려 흐루쇼프의 욕구를 높여주었다. 자신에 대한 확신이 약한 경험 없는 대통령은 세계 정세를 논하기에 더할 수 없는 최고의 상대였다. 쿠바에서의 실패로 상처를 입고, 국제무대에서 자신의 입지를 회복하려고 하던 케네디는 함정에 걸려들었다. 두 지도자는 가능한 한 빠른 시기에 만나기로 합의했다.[6]

흐루쇼프와 케네디는 1961년 6월 3일 처음으로 상대를 저울질해볼 수 있었다. 정상회담 장소는 오스트리아 빈의 미국대사관으로 결정되었다. 그러나 이 장소에서 더 여유를 보인 것은 케네디가 아니라 흐루쇼프였다. 그는 자신을, 더 어리고 그래서 아랫사람 같은 상대를 만나는 고참 정치인으로 보이게 했다. 흐루쇼프는 자신이 1959년 아이젠하워의 초청으로 미국을 방문했을 때 케네디가 늦게 온 것을 상기시켰다. 흐루쇼프는 "자신이 살아온 세월을 케네디와 공유할 수 있게 되어" 행복하다고 말했다. 화기애애한 시작이었지만 흐루쇼프는 이미 자신의 권위를 한껏 세웠다.[7]

지난 4월로 돌아가 쿠바에서의 대실패는 정상회담의 가능성을 완전히 없애버린 듯 보였지만 흐루쇼프는 5월 초 이 안건을 되살려내 케네디를 놀라게 할 참이었다. 1961년 5월 4일 소련의 안드레이 그로미코Andrei Gromyko 외무장관은 소련주재 미국대사 루엘린 톰슨Llewellyn Thompson을 자신의 집무실로 불러서 흐루쇼프가 정상회담을 할 용의가 있다고 알렸다. 쿠바 위기는 두 나라 사이에 다리를 놓아야 할 필요성을 보여주었다고 그로미코는 주장했다. 5월 16일 흐루쇼프는 케네디에게 전문을 보내, 양국

간 긴장을 완화하고 국제적 이견을 평화적으로 해결하기 위해 개인적인 회담을 하자고 그가 제안했던 내용을 환영한다고 밝혔다. 그는 케네디가 제안한 회담 장소와 시간에 동의했다. 정상회담은 1961년 6월 3일 빈에서 열리게 되었다.[8]

호루쇼프는 라오스 문제, 핵군축, 서베를린 상황을 의제로 제시했다. 국제무대에서 성취를 절실히 필요로 했던 케네디는 이를 받아들였다. 그는 양측이 내전에서 각각 다른 파벌을 지지하고 있던 라오스 문제에서 합의가 이루어지기를 희망했고, 군축 논의를 늘 그가 바라왔던 핵실험 금지조약 체결로 가는 디딤돌로 생각했다. 서베를린 문제는 훨씬 어렵게 보였지만, 케네디는 회담에서 이 문제에 대해서는 논의만 해보기로 했다. 그것은 희망사항임이 판명되었다. 흐루쇼프가 논의하기를 원했던 것은 오로지 베를린 문제였음이 드러났기 때문이다. 그는 미국이 베를린에서 손을 떼기를 바랐고 이 목적을 이루기 위해, 쿠바 실패로 흔들리고 사기가 저하된 젊은 대통령에게 심리적 공격을 가할 준비를 했다. 흐루쇼프는 케네디를 위협해 그를 굴복시키려고 했다.[9]

동독 사회주의 바다에서 외딴 자본주의 섬인 서베를린은 흐루쇼프와 케네디가 각각 스탈린Joseph Stalin과 트루먼Harry S. Truman으로부터 물려받은 유산이었다. 소련이 통제하는 독일 지역의 안쪽으로 160킬로미터 들어간 베를린의 서쪽 지역에 미국, 영국, 프랑스 군부대를 자리하게 한 협정은 포츠담 회담의 산물이었다. 1945년 이 회담에서 독일의 경계선이 그어졌다. 베를린시는 네 지역으로 나뉘어, 나치 독일과의 전쟁에서 승리한 소련, 미국, 영국, 프랑스가 각각 한 구역을 차지했다. 외형적으로 보면 이러한 분리는 합의된 연합국의 정책을 나타내는 듯했지만, 소련과 서방 연합국 사이의 실제 분열과 적대감은 실질적으로 베를린을 소련이 통제하는 동부 지역과 나머지 연합국이 통제하는 서부 지역으로 곧 양분시켰다.

1948년 6월, 냉전이 첨예해지는 가운데 소련 측은 독일의 서부 지역에서 베를린으로 연결되는 철도와 고속도로 운송 통로를 봉쇄해 서베를린을 봉쇄했다. 소련은 미국과 서방 연합국이 서베를린에서 나가도록 만들어 동독 전체를 소련의 통제하에 두려고 했다. 포츠담 회담과 함께 서명된 합의에서는 서베를린을 오가는 세 개의 항공로를 수립했다. 미국 측은 이 규정을 이용하여 봉쇄를 공중에서 돌파했다. 미 공군은 12개월간 매일 1만 3천 톤의 식품 공급과 총 20만 회 비행으로 서베를린의 225만 주민들을 위한 기적을 행했다.

소련 측은 결국 포기하고 1949년 5월 육상봉쇄를 풀었다. 같은 달 서방 연합국은 자신들이 장악하고 있던 독일 지역 점령을 끝내고 독일연방공화국(Federal Republic of Germany) 창설을 선언했다. 소련도 10월 이에 맞춰 자신들의 점령지에 독일민주공화국(German Democratic Republic) 창설을 발표했다. 두 독일 정부의 주권은 회복되었고 베를린만 4개국 관할로 남았다. 베를린에 서방 국가들이 남은 것으로 인해 소련이 당면한 최대 문제는 군사, 정치, 심지어 이념 문제도 아니었고, 경제 문제였다. 미국은 마셜플랜으로 170억 달러의 재건 지원금을 전쟁으로 파괴된 서유럽 국가들에 제공하여, 결과적으로 서독에 경제적 기적을 가져왔다. 소련은 농업이 주산업인 동독의 경제를 재건시킬 재원이 없었다. 서베를린은 곧 동독인들이 동경하는 곳이 되었고, 사회주의 '낙원'을 탈출해서 서방 자본주의 '지옥불'로 가려는 사람들의 탈출 경로가 되었다.[10]

베를린에서 전개되는 위기는 흐루쇼프가 소련에서 최고 권력자로 부상하는 데 중요한 역할을 하였다. 1953년 6월 동베를린의 노동자 파업이 동독의 공산주의 철권지휘자 발터 울브리히트Walter Ulbricht에 항의하는 대중 봉기로 확대되었으나 소련의 탱크로 끝내 진압되었다. 이 시기에 흐루쇼프는 라브렌티 베리야Lavrentii Beria를 체포하는 크렘린 쿠데타를 일으키고, 스탈린 사후 지도자 집단의 일인자가 되었다. 베리야에게 씌워진 죄목

중 하나는 동독에서 사회주의 실험을 포기하고 표면상 자본주의적이면서 중립적인 독일 국가 창설을 허용함으로써 서방에 항복하려고 추정된다는 것이었다.[11]

최고 권력을 굳히기 위한 흐루쇼프의 두 번째 결정적 단계인 1957년 7월 정치국 다수파와의 최종 대결은 독일 문제와 밀접한 관련이 있었다. 완고한 스탈린주의자들이 주도하는 반대파는 붕괴 상태에 있는 동독 경제에 30억 루블의 차관을 제공하자는 흐루쇼프의 제안을 거부했다. 흐루쇼프는 자기 주장을 관철했다. '반당' 분자들을 패배시키고 반대파를 지도부에서 제거하면서 크렘린에서 흐루쇼프의 권력 장악은 확고해졌고, 어떠한 대가를 치르더라도 동독을 경제 붕괴에서 구하겠다는 그의 의지도 확실해졌다.[12]

흐루쇼프는 1958년 11월 폴란드 공산주의자 대표단을 맞아 행한 연설에서 베를린에 대한 자신의 계획을 밝혔다. 소련의 지도자는 서베를린의 자유도시 선언을 제안했고 이는 미국, 영국, 프랑스의 군대 철수를 의미하는 것이었다. 흐루쇼프의 연설은 최후통첩이나 마찬가지였다. 만일 서방이 그의 제안을 받아들이지 않으면 그는 1945년 4개국 합의를 탈퇴하고 동독과 별개의 조약을 체결하여 베를린에 이르는 서방의 통로에 대한 통제권을 동독 하수인들에게 넘길 작정이었다. 이것은 연합국과 동독 사이의 무력 충돌을 가져올 수 있었고, 많은 이들이 전 지구적 군사 위기나 핵전쟁으로까지 확산될 것을 우려했다. 케네디와의 빈 정상회담을 준비하면서 그는 베를린을 가장 중요한 의제로 삼았다. 그의 계획은 케네디를 겁박해 베를린에서 물러나게 하는 것이었다.[13]

흐루쇼프는 1961년 6월 3일, 미국 제국주의에 대한 '바보들을 위한 마르크스주의(Marxism-for-dummies)'식 해석과 미래는 공산주의에 속했다는 자신의 확신을 선언하는 것으로 케네디에 대한 공격을 시작했다. 케네디는 이념적 논쟁에 말려들기는 했지만 현실정치(realpolitik)에 집중했다. 케네디는 '현대적 무기들'을 언급하며 흐루쇼프에게 "만일 우리 두 나라가 오판하면 두 나라는 앞으로 오랜 기간 패배하게 될 것"이라고 경고했다. 자신의 목표는 평화라고 대통령은 말했다. 흐루쇼프는 이 말을 심각하게 받아들이지 않았다. '오판'은 애매한 용어라고 소련 지도자는 되받아쳤다. 미국은 '소련이 책상에 손을 얹어놓은 학생처럼 얌전히 앉아 있기를 바랐'고 흐루쇼프는 말썽을 피울 태세가 되어 있었다.[14]

정상회담 둘째 날인 6월 4일 흐루쇼프는 '오판'에 대한 케네디의 우려를 이용했다. "만일 미국이 소련의 입장을 잘못 이해하면" 양국 관계는 큰 영향을 받을 것이라고 그는 대통령에게 말했다. 그는 2차대전을 공식적으로 종결하고, 두 독일의 존재를 인정하고, 서베를린을 자유시로 만드는 포괄적 평화조약 체결을 원했다. 소련은 서베를린이 전 세계 다른 곳과 자유롭게 접촉하는 것을 보장하려 했고 내정에 간섭하지 않을 것을 약속했다. 흐루쇼프는 더 이상의 베를린 봉쇄는 없을 것이라고 말했다. 미국은 서베를린에 군대를 계속 주둔시켜도 되지만, 그럴 경우 소련도 서베를린에 군대를 주둔시킬 것이라고 말했다. 그는 케네디와 합의를 이루고 싶다는 의사를 표현했다. 그러나 이것이 이루어지지 않으면 동독과 별도의 조약을 체결할 것이라고 위협했다. 흐루쇼프는 자신의 주장을 정당화하기 위한 도덕적 주장을 내세웠다. 소련은 2차대전에서 2천만 명을 잃었고, 이 전쟁은 종결되어야 하고, 적대 행위가 끝난 뒤 16년이 지난 평화조약 체결을 미룰 이유가 없다는 것이 그의 논리였다.

케네디의 방어는 정복자의 권리와 강대국 위신의 중요성에 뿌리를 둔 것이 다였다. "우리는 누가 용인해줘서 베를린에 있는 것이 아닙니다. 우리는 인명 피해가 소련만큼 크지 않았을지 모르지만 그곳까지 싸우면서 들어갔습니다"라고 케네디는 말했다. 그가 거론하지 않은 미국의 손실은 약 42만 명에 이르렀는데 이는 소련의 손실에 비해 훨씬 적은 것이었다. "만일 우리가 그 지역에서 쫓겨나 우리의 권리 상실을 받아들인다면 아무도 미국의 약속과 보장을 믿지 않게 될 것입니다"라고 주장하면서 대통령은 미군이 서베를린의 자유도시에 남아도 된다는 흐루쇼프의 제안을 무시했다. "만일 우리가 서베를린을 떠난다면, 유럽도 내팽개치는 것입니다"라고 케네디는 주장했다. "우리가 서베를린을 떠나면 그것은 미국이 고립되는 결과를 가져올 것입니다."

흐루쇼프는 격분했다. 그는 다시 소련의 전쟁 희생을 언급하고, 자신의 주장을 되풀이 요약하며 또 다른 최후통첩을 내놓았다. "소련은 동독과 평화조약을 체결하고 동독의 주권을 존중할 것입니다. 이 주권이 침해되는 경우 소련은 평화를 사랑하는 나라에 대한 공개적인 공격으로 간주하고 그로 인한 결과를 감당할 것입니다." 케네디가 소련-동독 조약이 서베를린에 대한 미국의 접근권에 영향을 미칠 것인가를 묻자, 흐루쇼프는 그렇다는 식으로 대답했다. 불쾌한 논쟁이 계속되면서 흐루쇼프는 소련은 기다리지 않을 것이고 연말까지 조약을 체결하여 동독에 서베를린 관할권을 부여할 것이라고 말했다.

긴장이 고조되고 두 지도자는 평화가 아니라 전쟁에 대해 얘기하기 시작했다. 케네디가 흐루쇼프의 2차대전 인명 손실에 대한 언급에, 바로 그러한 손실을 피하기 위해 미국은 또 다른 전쟁을 피하기를 원한다고 응답하자, 흐루쇼프는 화가 나서 이렇게 말했다. "만일 미국이 베를린을 놓고 전쟁을 벌인다면, 소련이 할 수 있는 일은 아무것도 없습니다"라며 소련 지도자는 폭발했다. 그는 다시 한번 오판의 문제를 언급했다. "우리는 공동의 계정을 가지고 있기에 각자 오판이 없도록 해야 합니다." 그는 전쟁이라는 주제를 벗어날 수 없었다. "만일 미국이 독일을 놓고 전쟁을 벌이겠다면 그렇게 하시죠. 아마 소련은 즉시 평화조약을 맺고 그에 따라 대처할 것입니다. […] 전쟁을 원하는 미치광이가 있다면 구속복을 입혀야죠." 케네디는 깜짝 놀랐다. 지금 흐루쇼프는 대통령을 전쟁으로 위협하고 있는 것이다.[15]

그날 늦게 흐루쇼프와의 사담에서 베를린으로 화제를 다시 돌리려던 케네디의 시도는 무산되었다. 흐루쇼프는 강경했다. "무력에는 무력으로 대항할 것입니다." 케네디는 이 말로 대화를 마쳤다. "추운 겨울이 닥쳐올 것입니다."[16]

케네디는 두 달도 안 되는 기간에 국제무대에서 두 번째로 크게 패배했다는 생각을 가지고 워싱턴으로 귀환했다. 그는 두들겨 맞았다고 생각했다. "아주 힘드셨습니까?"라고 《뉴욕타임스》의 제임스 레스턴James Reston은 흐루쇼프와의 회담 직후 물었다. "살면서 가장 힘들었습니다"라고 케네디는 솔직하게 대답했다. 그는 피그스만 실패로 인해 자신이 그런 대접을 받았다고 짐작했다. 흐루쇼프는 "그런 소동에 말려들 정도로 어리고 경험 부족이라면 이용될 만하겠다고 생각했"을 것이라고 케네디는 추정했다. "그리고 그런 소동에 말려들어 상황을 직시하지 못한다면 배짱이 전혀 없는 거라고 생각했을 겁니다. 그래서 저를 사정없이 몰아쳤을 테고요." 흐루쇼프는 사적인 자리에서나 공적인 자리에서나 케네디를 '사정없이 몰아쳤다고' 떠벌리지는 않았지만 참모 한 사람에게 이렇게 말했다. "이 친구는 아주 경험 부족에다 미숙해. 그에 비하면 아이젠하워는 지성과 비전이 있는 친구지."[17]

케네디는 육체적으로나 감정적으로나 완전히 망가졌다고 느꼈다. 회담 몇 주 전에 재발한 극심한 허리 통증을 안고* 정상회담에 간 것이었다. 약물과 뜨거운 물 샤워의 혼합제에 의지해 회담에 임했다. 이제 그 통증이 악화되어 몇 발짝을 가기 위해서도 목발에 의지해야 했다. 그는 카메라 앞에서 웃는 모습을 보이려고 애썼지만 원통함을 감출 길은 없었다. 6월 6일 케네디는 TV 시청자들 앞에서 정상회담 협상은 기대했던 결과를 만들어내지 못

* 케네디는 대학 시절 미식축구 경기 중 부상으로 허리를 크게 다쳐 나중에 이 문제로 육군 장교가 되지 못하고 2차대전 해군 고속정장으로 복무하게 되었다. 또한 전쟁 중에도 부상을 입어 허리 통증이 더욱 악화된 데다 어린 시절부터 호르몬 관련 질환을 앓아온 터라 늘 건강을 특별히 돌봐야 했다.

했고, 독일 문제에도 아무런 진전이 없었다고 밝혔다. "우리의 가장 암울한 대화" 주제였다고 그는 말했다.

흐루쇼프도 빈에서 자신이 바랐던 결정적 승리를 거두지 못한 채 돌아왔지만 케네디보다는 훨씬 기분이 좋았다. 그는 이 회담을 좋은 시작이라고 불렀고, 당 중앙위원회 동지들은 그의 외교적 기술과 "공격적 자세"를 칭송했다. 흐루쇼프는 6월 11일, 빈에서 케네디에게 6개월 내 동독과 평화조약을 체결할 것이라고 위협하며 전달했던 비망록을 공표했다. 정상회담에 대한 보고에서 이 비망록을 언급하지 않았던 케네디에게는 또 하나의 난국이었다. 6월 15일 흐루쇼프는 베를린 문제에 대한 협상에서 진전이 없었던 것을 "자본주의 독점가들" 때문이라고 공개적으로 공격하고 다시 한번 전쟁을 언급했다. "분명히 말하건대, 냉전은 전쟁을 위한 힘을 비축하는 준비 기간입니다"라고 소련의 지도자는 주장했다.[18]

전쟁의 가능성이 케네디의 머리에서 줄곧 떠나지 않았고 그를 겁먹게 했다. 케네디가 군사 전문가들에게 소련과의 핵전쟁이 일어날 경우 발생할 인명 손실에 대해 문의하자 7천만 명이라는 숫자가 답으로 돌아왔다. 1960년 미국 전체 인구는 1억 8천만 명을 조금 넘었으므로 이는 미국 국민 두세 명 중 한 명이 사망할 수 있다는 것을 의미했다. 주요 도시에 떨어지는 핵미사일 하나가 60만 명을 죽일 수 있었다. 이러한 추정치를 보고받은 케네디는 이것이 미국 남북전쟁 전체 희생자에 버금가는 숫자라는 것을 언급했다. 그런 다음 이렇게 덧붙였다. "우리는 100년이 지났는데도 아직 그 상처를 회복하지 못했습니다."[19]

케네디는 전면전을 야기할지 모를 긴장을 고조시키지 않으면서 흐루쇼프의 도전에 대응해야 했다. 소련의 지도자는 냉전이 전면전의 전주곡에 불과하다고 발언했었다. 그는 아이젠하워 대통령이 계획한 쿠바 침공 완수에 실패하고, 전임자들의 조언을 거스르고 라오스에서 소련과 타협할 용의가 있음을 내비쳤고, 빈에서 공개적 망신을 당한 상태였다. 케네디는 흐루쇼프의 인식을 바꾸기 위해서도, 더 중요하게는 자신을 연약한 대통령으로 볼 국내 정적들의 인식을 바꾸기 위해서도 무언가 해야 했다. 영국의 2차대전 준비 태세 부족에 대한 자신의 하버드대학 졸업 논문에서 나왔던 교훈들에 기대어* 대통령은 전쟁에 준비되어 있음을 공개하는 행사를 만들었다.

7월 25일 케네디는 목발에 의지한 채 집무실로 가서 심각해지는 베를린 위기에 대해 연설했다. 그는 TV 시청자들에게 소련의 위협에 당당히 맞설 준비가 되었다고 발언했다. 4일 전 미 의회는 케네디가 얼마 전 새 군용기, 미사일, 함정 구입을 위해 요청한 120억 달러가 넘는 예산을 승인했다. 이제 그는 추가로 32억 5천만 달러의 국방 예산을 요청했고, 해군과 공군 병력 9만 명 증강을 요구했다. 이러한 국방 예산의 급격한 증가로 아이젠하워 시기와는 극적인 결별을 하게 되었다. 케네디의 메시지는 미국이 2차대전 직전의 영국처럼 잠자지 않으리라는 것이었다. 미국은 완벽하게 제대로 무장할 예정이었다.

"우리는 싸우고 싶지 않습니다"라고 대통령은 선언했다. "그러나 우리는 과거에 싸웠습니다. 이전에 다른 이들은 서방이 다른 지역의 자유 침해에 저항하기에는 너무 이기적이고, 너무 유약하고, 너무 분열되어 있다고 전제하는 위험한 실수를 똑같이 저질렀습니다. 서베를린에 대한 분쟁을 놓고 전쟁의 무력 촉발을 위협하는 이들은 고대 철학자의 말을 기억해야 할 것입니다. '공포를 조장하는 자는 공포에서 자유로울 수 없다'는 말을."[20]

1961년 7월 하순 흑해 연안의 피춘다 휴양지를 방문하여 흐루쇼프를 만난 케네디의 수석 군축 협상가 존 매클로이John J. McCloy는 흐루쇼프가 "정말 화났었다"라고 회고했다. 흐루쇼프는 케네디의 연설을 "예비적 전쟁 선포"라고 불렀다. 그는 무슨 일이 있어도 동독과 평화조약을 체결할 것이

* 케네디는 하버드대학 졸업 논문에서 뮌헨회담의 서방의 유화정책을 비판했다.

라고 위협하면서, 작은 전쟁은 없을 것이고, 핵전쟁이 될 것이라고 경고했다.[21]

호루쇼프에게 케네디의 호전적 연설과 막 발표된 군비증강은 빈에서 케네디에게 가한 자신의 심리적 공격이 원하는 결과를 만들어내지 못했다는 것을 암시했다. 정상회담에서 위협을 당한 유약한 대통령이 귀국해서 참모들의 조종을 받은 듯 보였다. 케네디가 대통령에 선출되도록 도와주었다고 생각하는 흐루쇼프로서 이것은 매우 실망스러운 일이었다. "자, 우리는 작년에 케네디가 당선되도록 도왔습니다"라고 흐루쇼프는 1961년 7월 10일 일군의 관료와 과학자들에게 말했다. "그런 다음 빈에서 그와 만났습니다. 전환점이 될 수 있었던 만남이었지요. 그런데 그 친구가 뭐라고 말했습니까? '너무 많이 요구하지 말라. 나를 압박하지 말라. 내가 너무 많이 양보하면 쫓겨날 것이다.' 대단한 친구예요! 그는 회담에는 왔지만 제 역할을 못 했어요. 그런 친구는 어디에 쓸모가 있겠습니까? 그런 친구에게 얘기하느라 왜 시간을 낭비하겠습니까?" 그것이 7월 10일 흐루쇼프의 생각이었다면, 7월 25일 케네디의 연설은 흐루쇼프의 비관주의를 더 깊게 했을 뿐이다.[22]

흐루쇼프는 자신이 위협한 동독과의 평화조약 체결, 미국의 접근권 상실, 군사 대치를 수반하지 않는 베를린 위기 해결책이 필요했다. 이러한 시나리오는 강한 대통령보다 유약한 대통령을 상대할 때 더 쉽게 핵전쟁으로 이어질 수도 있었다. 흐루쇼프는 자신이 케네디에게 맞설 만한 것이 없다는 사실을 알고 있었다. '미사일 격차'는 실제로 미국에 유리한 상황이었던 것이다. 케네디의 전례 없는 군비증강을 따라갈 추가적 재원도 없었다. 그렇다고 베를린 문제 해결을 더 미룰 수도 없었다. 서방의 높은 생활 수준에 끌린 동독인들이 점점 더 많이 독일 사회주의 낙원을 떠나고 있었다. 연합국과 소련 지역 사이에는 자유 왕래가 가능했기 때문에 이들은 서베를린을 통해 쉽게 동독을 빠져나갈 수 있었다. 1961년 6월엔 1만 9천 명이 철의 장막에 난 베를린이란 구멍을 통해 서방으로 빠져나갔다. 7월에는 3만 명이 떠났다. 그해 7개월 동안에만 총 13만 명이 동독을 탈출했다.

동독 지도자인 발터 울브리히트는 한 가지 해결책을 생각해냈다. 서베를린을 장벽으로 둘러싸는 것이었다. 그러나 이것은 간단한 문제가 아니었다. 우선 동베를린과 서베를린은 공동으로 철도 중추의 연결지점을 구성했고, 이것이 없으면 동독 경제는 서서히 멈춰질 것이었다. 다음으로 소련 지도자들, 체코슬로바키아와 헝가리의 동지들은 장벽 건설이 동구권 전체의 경제 봉쇄를 초래해 경제 상황을 더욱 악화시키고 소련의 지원을 더 요구하게 될 것을 우려했다. 그러나 울브리히트는 이런 것을 신경 쓰지 않았다. 1961년 5월 그는 자신의 계획에 유리한 논리를 하나 더 갖게 되었다. 동독 노동자들이 외곽 철도 건설을 완료한 것이다. 서베를린을 동베를린과 차단하여도 동독 경제에는 해를 끼치지 않게 되었다. 이제 그가 필요로 하는 것은 흐루쇼프의 허가였다. 그러나 흐루쇼프는 마음을 정하지 못한 채 케네디를 협박해 굴복시키기를 원했다.[23]

케네디의 연설이 있고 6일 뒤인 8월 1일 흐루쇼프는 울브리히트에게 장벽 건설을 시작해도 된다고 말했다. 2주도 지나지 않은 8월 13일 일요일 이른 아침 동독 병력과 국경 경비대는 서베를린을 봉쇄하고, 노동자들은 서베를린을 철조망으로 두르기 시작했다. 흐루쇼프는 서베를린을 자유도시로 만들겠다고 제안했었다. 이제 이곳은 거대한 수용소로 변했다. 그는 건설 작업이 시작되기 전에 동베를린과 서베를린 모두를 방문해 미국이 취할 수 있는 반응에 대해 생각했다. 빈 회담에서 케네디는 미국의 접근권 유지를 주장했고, 흐루쇼프는 이를 방해할 생각이 없었다. 그는 동독과의 평화조약 체결 계획도 거의 묻어버렸다. 베를린 장벽은 평화조약 없이도 그의 주요 문제를 해결해줄 것 같았다. 그러나 여전히 초조했다.[24]

베를린 장벽에 대한 케네디의 첫 반응은 충격이었고 그다음은 안도의 한숨이었다. 그는 장벽이 건설되리라고 내다보지 못했고, 서베를린의 첩보원들도 건설 준비 작업을 눈치채지 못했다. 그러나 케네디는 이 장벽이 자신이 무력으로라도 수호하겠다고 약속한 미국의 접근권에 도전하는 것은 아니라는 사실을 곧 깨달았다. 케네디는 국무부가, 이 장벽의 건설이 베를린에 대한 4개국 합의를 위반하는 것이지만 "지금까지는 동베를린과 동독 주민들을 대상으로 취해진 것이지, 서베를린에서 연합군의 지위나 서베를린으로의 접근로를 겨냥하는 것은 아니다"라고 성명을 발표하는 것을 승인했다.

서베를린 주민들은 케네디의 낙관적 견해를 공유하지 않았다. 그들은 장벽 건설이 자신들을 겨냥한 것이라며 미국의 도움을 요구했다. 또 한 번 케네디는 유약하게 보였다. 다시 한번 그는 무책임하게 보이지 않으면서도 긴장을 고조시키지 않는 뭔가 과감한 일을 해야 했다. 국방 예산과 예비군 동원은 그런 역할을 할 수 없었다. 서베를린 시장인 빌리 브란트Willy Brandt가 미국의 병력증강을 요청하자 케네디는 이에 호응했다. 서베를린 봉쇄 일주일 후인 8월 20일 1,500명의 미군 병력이 케네디의 명령을 받고 서베를린과 서독을 연결하는 유일한 도로를 행진하여 서베를린으로 입성하여 미국의 접근권을 재확인하고, 미군 병력을 강화하고, 서베를린 주민들을 안심시켰다. 케네디와 흐루쇼프 모두 이 행진이 문제없이 끝나고 아무런 사고도 일어나지 않기를 바랐다. 아무런 사고도 일어나지 않았다.[25]

베를린 장벽이 무엇을 의미하는지 당시에는 분명하지 않았다. 그것은 즉각적인 충돌을 유발하지 않았지만, 장래에 새로운 충돌을 야기할 것인가? 흐루쇼프는 1961년 9월 하순 케네디에게 연락을 취해 여전히 평화조약 체결을 주장했다. 케네디는 이 아이디어를 거부했다. "나는 서베를린의 상황을 변화시킬 필요를 못 느끼겠습니다. 오늘날 서베를린 사람들은 자신의 생활방식을 선택할 자유가 있고, 그 자유의 보장을 선택할 자유가 있기 때문입니다"라고 그는 10월 17일 적어 보냈다. 케네디는 베를린 장벽은 수용했지만, 이것이 그의 유연성의 한계였다. 흐루쇼프는 10월 19일 케네디의 전문을 받아보았다. 3일 후인 10월 21일 모스크바의 22차 공산당대회에서 연설하면서 흐루쇼프는, 동독과 평화조약을 체결하겠다고 위협한 최후통첩에서 연말이라는 시한을 지웠다. 베를린 장벽을 앞으로 소련과 체결할 평화 조약, 아울러 동베를린 및 서베를린 접근권에 대한 동독 정부 주권 수립의 디딤돌로 생각한 울브리히트는 결코 유쾌하지 않았다. 그는 흐루쇼프에게 소련 지도자의 선언에 대한 자신의 불만을 암시하는 편지를 보냈다.[26]

흐루쇼프가 울브리히트를 다루는 데 어려움을 느끼는 동안, 케네디도 반란자들을 다루어야 했다. 그것은 루셔스 클레이Lucius Clay 장군이었다. 아이젠하워의 뒤를 이은 독일 주둔 미군 감독관이자 1948~49년 베를린 공수작전의 영웅인 클레이를 케네디는 자신의 자문관이자 서베를린 주민들을 안심시키는 사절로 1961년 8월 서베를린으로 보냈다. 클레이는 그 목표를 달성했지만 10월 27일 모든 사람을 대단히 초조하게 만들었다. 그날 그는 동베를린을 포함해 베를린 전체를 자유롭게 이동할 미국의 권리를, 2차 대전 종결 직후 4개국 합의에 의해 보장된 대로 집행하기 위해 서베를린과 동베를린 간 국경의 체크포인트 찰리Checkpoint Charlie에 미군 탱크를 보냈다. 소련은 자국 탱크를 그 지점에 보내는 것으로 대응했다.

초저녁 즈음 2열의 탱크부대가 체크포인트 찰리 경계선 양쪽으로 100미터 미만의 거리를 두고 서로 대치했다. 탱크에는 포탄이 장전되어 있었고, 만일 상대가 포격하면 대응 사격을 하라는 명령을 받은 상태였다. 미군을 지휘하는 클레이 장군은 탱크를 이용하여 새로 건설된 베를린 장벽 일부를 부술 생각이었다. 위기에 대한 해결책 없이 어둠이 내려왔다. 이튿날 아침까지 탱크들은 경계선에서 뒤로 물러나지 않았다. 소련군 탱크가 먼저 5미터 뒤로 움직였다. 미군 탱크가 이것을 따라 했다. 그러고서 양편 모두 다시 5미터 뒤로 움직였다. 그리고 또 5미터. 10월 27일 오후 5시에 시작되었던 대치 상황은 10월 28일 오전 11시에 종결되었다. 현장의 명령은 가장 최고위층, 즉 백악관과 크렘린에서 내려왔다. 케네디도 흐루쇼프도 모두 대치 상황이 전쟁으로 발전하는 것을 원하지 않았다.[27]

즉각적인 군사 대치의 위험이 제거된 것은 케네디와 흐루쇼프 사이 비밀 거래의 결과였다. 그 절차는 대통령의 동생인 로버트 케네디와 워싱턴에 주재하던 소련 군사정보관 게오르기 볼샤코프Georgii Bolshakov 대령 사이의 두 차례 대화로 정해졌다. 소련은 어떠한 공격적 행동도 피할 것을 요청받았고 미국도 똑같이 대응하기로 합의되었다. 흐루쇼프가 먼저 자국 탱크의 후퇴 시작을 명령했다. 미군 탱크가 이것을 따라 했다. 각국 통제 구역을 넘어 민간인들이 여행하는 것을 종결시키는 것이 미국이 지불한 대가의 일부였다. 소련이 이 점을 얻어낸 것이었지만, 소련 탱크가 먼저 뒤로 물러나는 것을 본 세계 여론은 다르게 생각했다. 양측 모두 깨닫지 못한 채, 이것은 후에 발생할 훨씬 더 심각한 위기를 해결하는 모델이 되었다.[28]

붉은 도박

"우리는 그곳에 많은 핵미사일을 배치해야 합니다. 내 생각에 이것만이 쿠바를 구할 수 있는 길입니다. [⋯] 우리는 핵전쟁을 할 필요는 없습니다. 우리는 싸우려는 것이 아닙니다." [⋯] 흐루쇼프는 대중들에게 자신을 세계 공산주의의 수호자로, 미사일 기술에서 미국을 능가하는 국가의 지도자로 내세워왔다. 이제 이것을 현실로 보여주어야 했다.

2

공산주의의 승리

니키타 흐루쇼프가 세계 공산주의의 지도자로 취임한 것은 1961년 10월 미군 탱크와 소련군 탱크가 분단된 베를린의 체크포인트 찰리에서 서로 대치하던 때였다. 공산주의 명예의 전당 헌당에 버금가는 행사는, 10월 17일부터 31일까지 소련 공산당대회가 열린 모스크바에서 진행되었다.

공산당 역사에서 스물두 번째로 기록된 당대회는 "공산주의 건설자들"의 대회로 편력에 기록되었다. 이 대회에서 레닌, 스탈린, 이제 흐루쇼프의 당은 세 번째이자 마지막 프로그램을 채택했다. 1902년에 채택된 첫 당 프로그램은 러시아 전제정치의 전복을 목표로 선언했다. 1919년 승인된 2차 프로그램은 공산당에 사회주의 국가 건설의 책임을 지웠다. 세 번째 프로그램은 공산주의의 건설을 선언했다. 공산주의의 임박한 승리를 축하하기 위해 흐루쇼프는, 러시아 마지막 차르 니콜라이 2세 대관식에 참석했었던 제정러시아 의회 두마Duma 의원 바실리 슐긴Vasilii Shulgin을 공산당대회에 참석하게 해 새 시대의 승리를 위한 길잡이 노릇을 하게 했다.[1]

5천 명 가까이 되는 당대회 참석자들 대부분이 모르는 가운데 이 행사와 함께 세계 역사에서 가장 큰 '불꽃놀이'가 벌어졌다. 베를린 탱크 대치 다음 날이자 당대회 폐막 전날인 10월 30일 북극 지역에서 공기 샘플을 수집하는 미국 정찰기는 소련 북부 지역에서 거대한 핵폭발이 있었던 증거를 탐지했다. 소련 사람들이 '빅 이반Big Ivan' 또는 '차르 봄바'라고 부른 수소폭탄이 북극해의 노바야 제믈랴Novaia Zemlia 군도에서 폭발했다. 수소폭탄은 58메가톤의 폭발력을 보였는데, 1954년 미국이 비키니환초에서 실험한 수소폭탄 '캐슬 브라보'의 15메가톤에 비교하면 어마어마한 폭발이었다. 역사상 가장 거대한 핵폭발이었던 이 수소폭탄 실험은 반경 8킬로미터의 불길을 대기 60킬로미터까지 솟아오르게 만들어 1천 킬로미터 밖에서도 관측될 정도였다. 의사들은 폭발 진원지의 100킬로미터 밖에서도 3도 화상을 관찰했고, 400킬로미터 밖에 있는 집들까지 완전히 파괴되었다.[2]

"노바야 제믈랴 핵실험은 성공적으로 진행되었다. 실험을 진행한 사람들과 지역 주민들의 안전은 보장되었다. 실험지와 실험에 참가한 모든 사람들은 조국이 제시한 과제를 완수했다"라고 실험지에서 모스크바로 전보를 낸 두 소련 관리는 소련 핵산업의 공룡부처인 중형기계제작부의 예핌 슬랍스키Yefim Slavsky 장관과, 1953년 베리야 체포에 조력하고 당시 소련 전략미사일군을 책임진, 흐루쇼프의 핵심 군사 협력자 키릴 모스칼렌코Kirill Moskalenko 원수였다. "우리는 당대회로 귀환합니다"라고 전보는 마무리되었다. 당대회 대표인 두 소련 관리는 당 지도자들의 연설을 듣지 않고 신종 무기 실험을 관장하기 위해 노바야 제믈랴로 왔다. 세계에서 가장 강력한 핵무기의 폭발은 소련 핵산업이 당대회에 보낸 '선물'이었다.[3]

차르 봄바가 폭발한 날 당대회 대표들은 1953년부터 붉은 광장 기념묘지의 레닌 시신 옆에 방부 처리해 놓여 있던 이오시프 스탈린의 시신을 치우기로 결정했다. 이제 흐루쇼프는 국내에서도 국외에서도 전임자의 그늘에서 완전히 벗어난 소련의 명실상부한 지도자가 되었다. 그러나 그가 세계 공산주의의 정상으로 올라가는 길에 시험이 없지는 않았다. 그 도전자들이 바로 이 회의장에 있었고, 중국 공산당 정부의 수장으로 오래도록 일해 온 저우언라이周恩來가 이를 이끌었다. 스탈린의 시신을 기념묘지에서 치우기 며칠 전 저우언라이는 그의 관에 헌화했다. 스탈린에 헌사된 말은 "위대한 마르크스주의자-레닌주의자"였다. 두 공산 국가는 흐루쇼프의 탈스탈린주의와 스탈린 '개인숭배'에 대한 공격을 놓고 갈등이 점점 더 커지고 있었다. 중국 공산주의 지도자이며 흐루쇼프의 도전자인 마오쩌둥毛澤東은 이를 자신과 자신의 정권에 대한 공격으로 보았다.

공산당대회에서 저우언라이는 소련이 서방에 유화적이라고 비판했던 반면, 흐루쇼프는 몇 년 전 시작된 자신의 "평화공존" 정책이 잘 작동하고 있고, 단지 "희망 없는 독단론자들"만이 비판할 것이라고 주장했다. 당대회에서 노정된 모스크바와 베이징(보고서에선 페이핑Peiping*으로 나옴) 사이의 긴장을 집중적으로 분석한 소련-중국 관계에 관한 CIA 보고서는 이를 다음과 같이 기술했다. "이 이견이 1961년에는 격론으로 나타나지 않았지만, 소련 공산당은 주로 비군사적 수단으로써 비공산주의 국가들의 토착적 정치운동을 활용하면서도 평화적 공세로써 서방의 저항을 유화하는 기회주의적 전략을 계속 선호하는 반면, 중국 공산당은 모든 전선, 특히 저개발 지역에서 세계적 운동을 위하여 더 전투적인 혁명 프로그램을 계속 옹호했다. 모스크바는 공산주의 블록이 세계 전쟁의 심각한 위험을 감수해서는 안 된다고 주장한 반면, 페이핑은 더 전투적인 프로그램도 기존의 위험을 증가시키지 않는다고 주장했다."[4]

두 명의 공산주의 지도자 흐루쇼프와 마오쩌둥은 세계 공산주의 운동과 제3세계에 대한 영향력의 주도권을 놓고도 서로 경쟁했다. 모스크바 당대회에서 카스트로의 쿠바보다 더 주목받은 제3세계 국가는 없었다. 반년 전 미국이 지원한 침공을 격퇴했던 이 나라는 이 대회에 대표단을 파견했다. "용맹한 애국자이자 혁명가인 피델 카스트로의 영도 하에 쿠바인들은 미국의 심복들을 신속히 제거하고 이들을 바이아 데 코치노스, 우리말로 피그스만에 처넣었습니다. 그곳이야말로 그들이 있어야 할 곳입니다!"라고 흐루쇼프는 선언했다. '공산주의 건설자들'의 대회는 웃음소리와 박수소리로 가득 찼다. 흐루쇼프는 쿠바 인민들의 '반제국주의' 투쟁을 치켜세우는 데 노력을 아끼지 않았다. 동시에 그는 쿠바대표단과 중국대표단이 인지하지 못하는 가운데, 쿠바 혁명을 사회주의 혁명으로 인식하고 카스트로를 마르크스주의자로 인정하거나 자신을 이념적으로 쿠바 방어에 연관시켜 자신의 나라를 미국과의 충돌 침로에 놓는 것을 극도로 주저했다. 쿠바 공산당의 오랜 지도자 블라스 로카Blas Roca가 흐루쇼프에게 볼셰비키 혁명의 이어짐의 상징으로 쿠바 국기를 증정했을 때조차 그는 사회주의가 아니라 쿠바

* 베이징의 옛 명칭인 북평北平을 가리킨다.

를 칭송하는 응대를 보였다.[5]

워싱턴과 베이징 사이에서 소련의 관계를 균형 잡아야 하는 과제에 직면한 흐루쇼프는, 미국과의 직접적 대결은 피하면서 세계 공산주의 지도자로 확고하게 자신을 내세우는 방식으로 쿠바 문제를 다룰 방안을 모색해야만 했다. 흐루쇼프와 참모들이 기대하지 못한 상태에서 카스트로가 피그스만 침공에서 살아남아 사회주의를 공개적으로 수용한 것은 워싱턴뿐만 아니라 모스크바에도 중대한 도전이었다. 쿠바 혁명에 대한 흐루쇼프의 조심스러운 접근은, 피델 카스트로 자신과 그의 측근 공산주의자들이 자신들의 혁명을 소련뿐만 아니라 마르크스주의와 사회주의와도 가능한 한 밀접하게 연결시킨 공개 선언과 조화를 이루지 못했다.

피그스만 침공으로 '죽을 고비의' 경험을 한 피델 카스트로는 정권의 공식적 수사를 극적으로 바꾸었다. 전 세계 공산주의자들이 그들의 상징적 축일로 채택한 국제노동자의 날인 5월 1일 아바나에서 행한 연설에서 카스트로는 자신의 혁명이 사회주의 혁명이라고 선언하고 법률가들에게 쿠바를 위한 새로운 사회주의 헌법을 만들도록 요청했다. 그는 자신과 국가를 분단 세계에서 확고히 사회주의 진영에 가담시켰다. "케네디가 사회주의를 싫어한다면, 그렇다면, 우리는 제국주의를 싫어합니다!"라고 카스트로는 선언했다. "우리는 자본주의를 싫어합니다! 그가 자신들의 해안에서 90마일 떨어진 곳에 수립된 사회주의 정권의 존재에 항의해야 한다고 느끼는 것과 마찬가지로, 우리도 우리 해안에서 90마일 떨어진 제국주의-자본주의 정권의 존재에 항의할 권리를 당연히 가지고 있습니다." 누군가 카스트로의 의도를 의심한다면, 그는 줄 맞추어 아바나 거리를 행진하는 아이들이 든 "우리의 사회주의 혁명 만세"라는 구호를 보여줄 수 있었다.[6]

피그스만 침공에 두려움을 느끼고 조만간 더 강력한 침공이 있으리라 예상했던 카스트로는 자신의 혁명을 구하기 위해서는 이것을 사회주의 혁명으로 만들어야 한다고 믿은 것으로 보였다. 그는 사회주의 연대를 절실히 필요로 했고, 이것이 단지 소련이 자국 설탕을 수입하고, 소련 무기 구입을 위한 차관을 제공하고, 원유를 공급해주는 것에 그치지 않기를 바랐다. 그는 무기, 특히 미사일을 원했다. 1961년 9월 4일 모스크바에 보낸 전문에서 카스트로는 1960년 5월 소련 영공에서 미국 U-2기를 격추시켰던 모델 같은 지대공미사일(SAM, Surface to Air Missile) 388기를 요청했다. 그가 군사원조를 위해 요청한 금액은 2억 달러에 이르렀다. 소련은 그의 생각을 수용했으나, 지원 규모는 약 1억 5천만 달러로 줄였다. 소련은 무기 인도에도 시간을 끌었다. 흐루쇼프는 시간을 벌고 싶어 했다.[7]

그해가 가기 전 절박한 카스트로는 자신을 마르크스주의자이자 레닌주의자로 선언했다. 1961년 12월 2일 그는 흐루쇼프가 한 달 전 열린 '공산주의 건설자들' 대회에서 행한 발언의 일부를 직접 인용했다. 카스트로는 흐루쇼프의 당대회 보고를 마르크스주의가 살아서 발전 중인 이념이라는 증거로 인용했다. 그는 마르크스가 사회주의 사회 건설을 위한 청사진을 남기지 않았다는 것을 지적했다. 카스트로가 이해하는 마르크스에 따르면 모든 반제국주의 혁명은 사회주의 혁명이었다. "단 하나의 반제국주의이자 사회주의 혁명만 있을 수 있습니다. 왜냐하면 오직 하나의 혁명만 존재하기 때문입니다"라고 카스트로는 선언했다.[8]

이 연설은 소련과 쿠바 관계에서 이념적 지분을 높였다. 카스트로는 자신을 마르크스-레닌주의자 혹은 소련형 마르크스주의자—학생 시절 마르크스와 레닌을 읽었지만, 최근에야 이들의 저작을 완전히 이해한 자—로 선언했다. 미국 신문들은 그가 공산주의자임을 진작에 알았다며 카스트로의 마르크스주의 신념 선언을 평가하는 데 열을 올렸지만, 소련 언론들은 이보다 훨씬 유보적이었다.

모스크바에서는 카스트로를 제국주의에 반대하는 제3세계 지도자의 넓은 집단의 일부로 파악했다. "쿠바의 대중적 영웅 피델 카스트로, 인도네시아의 수카르노Achmed Soekarno 대통령, 인도의 네루Jawaharlal Nehru 수상, 가나의 은크루마Kwame Nkrumah 대통령처럼 다양한 정치인들이 21차 공산당대회, 마르크스-레닌주의를 인용하고 있다, 물론 각자 자기 식대로" 라고 1961년 12월 소련의 대표적 신문《이즈베스티야》가 썼다. "미국 FBI조차 이들 모두를 공산주의자라고 선언하기를 꺼리고 있다. 이를테면 피델 카스트로가 자신을 마르크스주의자라고 선언한다면 수카르노는 그러지 않을 것이다."[9]

자신의 사위가 편집장을 맡은 신문의 논조에서 추측할 수 있듯이 니키타 흐루쇼프는 자칭 '숨어 있던 마르크스주의자' 카스트로의 자기 선언이 결코 유쾌하지 않았다. 개인적으로 흐루쇼프는 이러한 발전을 환영했지만, 카스트로가 자신의 사회주의 의제와 공산주의 목표를 대중에게 공표한 것은 시기상조였다고 보았다. 그는 자신의 회고록에 이렇게 썼다. "우리는 이러한 선언이 나온 시점에 의아함을 느꼈다. 카스트로의 선언은 그 자신과 사회주의에 반대하는 국민 사이의 간극을 즉각 벌려놓는 효과를 가져왔고, 침공에 맞서는 지원을 기대하는 이들의 범위를 좁혀놓았다." 그는 이렇게 이었다. "카스트로의 개인적 용기에 관해 말한다면, 그는 감탄스럽고 틀리지 않았다. 그러나 전술적 관점에서 본다면 잘 이해되지 않았다."[10]

그 공표는 흐루쇼프가 보기에 전술적으로 의미가 없었지만 카스트로에게는 대단히 중대한 의미를 지니는 것이었다. 그는 가능한 한 빨리 무기가 필요했다. 자신의 혁명을 사회주의 혁명이라고 선언하고 자신을 마르크스주의자라고 내세우면서 그는 흐루쇼프를 곤혹스럽게 만들고 있었다. 세계 공산주의 운동의 리더가, 제국주의의 한 괴물이 거의 보는 앞에서 사회주의 혁명을 이끈 한 마르크스주의자에게 '노'라고 할 수 있겠는가? 카스트로가 요청한 군사 지원에 대해 아직 모스크바는 분명한 답을 하지 않고 있었다. '나는 마르크스주의자'라는 연설을 하고 2주 지난 12월 17일 카스트로와 측근들은 크렘린과 직접 연결된 것으로 믿고 있는 한 사람에게 접근했다. 그는 쿠바에 주재하는 KGB 책임자인 알렉산드르 시토프Aleksandr Shitov

로 외부에는 알렉세예프Alekseev라고 알려져 있었다. KGB 요원은 쿠바의 불만을 알아차렸다. 그들은 소련 관리들이 미사일을 제공한다는 약속을 이행하지 않는 것에 대해 불만을 털어놓았고, "미국의 쿠바 기습 공격이 예상됩니다"라고 경고했다. 알렉세예프는 이 내용을 모스크바에 보고했으나 흐루쇼프는 답을 주지 않았다.[11]

1962년 쿠바는 전례 없는 경제적 어려움을 겪었다. 2월에 케네디 대통령은 쿠바에 대한 새로운 경제 제재 조치를 실시해 쿠바 설탕뿐만 아니라 시가도 수입을 금지했다. 소련과 중국이 카스트로에게서 구입하는 설탕으로는 쿠바의 커지는 재정 적자를 메울 수 없었다. 이제 모든 물품이 부족했다. 식량 부족을 해결하기 위해 카스트로는 배급제를 도입해야만 했다. "쿠바는 주로, 식품과 미국산 기계 부품, 장비를 수입하는 데 필요한 외화 경화의 극심한 부족으로 인한 경제 위기를 겪고 있다"라고 4월 초 작성된 CIA 보고서는 밝혔다.[12]

점점 더 안보 불안을 느끼고 소련의 무기 공급이 지연되는 데 초조해진 카스트로는 전술을 바꾸어 국내의 마르크스주의자인 쿠바 공산당에 시선을 돌렸다. 이것은 정권에 대한 정치적 통제력을 강화하고 전 세계 공산주의자들에게 불안의 신호를 보내기 위한 것이었다. 3월 25일 카스트로는 쿠바 공산주의자들의 파벌주의를 비난하는 긴 TV 연설을 했다. "무엇이 파벌주의입니까?"라고 질문을 던진 후 그는 스스로 이렇게 답했다. "그러니까, 오직 혁명가만이, 동지들(compañeros)만이 신뢰받는 자리를 차지할 수 있고, 인민농장, 협동조합, 정부 등에서 직책을 차지할 수 있다고 믿는 파벌주의는 구시대 마르크스주의 과격분자일 것입니다."[13]

카스트로의 주요 공격 목표는 오랜 공산주의 활동가이자 공산당 기관지 발행인 아니발 에스칼란테Aníbal Escalante였다. 1년 전 카스트로는 그를 통합혁명기구(Integrated Revolutionary Organizations) 책임자로 임명했다. 이 기구는 카스트로가 쿠바 공산주의자뿐 아니라 7월 26일 운동* 출신의 지지자들과 학생 기반 혁명집정국(Revolutionary Directory) 인사들을 모두 모아놓은 정치조직이었다. 에스칼란테는 이 직책들을 국가 위계질서에서 가장 중요한 위치로 바꾸어놓으며, 카스트로의 핵심 측근인 체 게바라 같은 인물의 인기에 혹은 그 권위에 도전했다. 게바라가 혁명을 라틴아메리카 전역으로 확산시키려는 열망으로 알려지고 중국 공산당에 대한 동정으로 의심받았다면, 에스칼란테는 강력한 모스크바 지지자로 알려졌다. 모스크바에 대한 항의의 표시로 카스트로는 에스칼란테의 모든 주요 지위를 박탈했다. 카스트로는 자신의 정권의 인기가 경제 악화로 하락하고 불만이 늘어날 때에도 공산주의 구세력을 희생양으로 삼고자 했다.[14]

심각해지는 쿠바 위기는 에스칼란테가 모스크바로 와서 자신의 입장을 하소연하면서 즉각 크렘린에까지 영향을 미쳤다. 아바나에서 중국의 영향력이 커지고 있다고 그는 주장했다. 자신은 이것을 억제하려고 하다가 자리를 잃게 되었다고 주장했다. 에스칼란테는 1962년 4월 3일 당 중앙위원회에서 보고했다. 전망은 어두워 보였고, 흐루쇼프는 행동을 취해야만 했다. 에스칼란테가 보고하고 8일이 지난 후 중앙위원회 대변지인 《프라우다》는 쿠바 지도부의 상황에 대한 기사를 길게 실었다. 에스칼란테가 실망, 아마도 충격받은 것은 소련 공산당 중앙위원회가 그를 비난하고, 정적인 피델 카스트로를 지지하기로 한 것이었다. 에스칼란테는 카스트로의 행동을 중국의 영향력 증가의 결과로 설명하려고 했었다. 《프라우다》는 제국주의 침략에 대항하여 단결의 필요성을 강조했다.[15]

구공산주의자 에스칼란테와 새로운 마르크스주의자인 카스트로 중 한 사람을 선택해야 하는 상황에서 흐루쇼프는 후자로 가기로 결정했다. 카스

* 1953년 7월 26일 당시 쿠바 바티스타 독재 정권의 붕괴를 목적으로 산티아고 데 쿠바의 몬카다 병영 습격을 감행했던 사건에 기원하여, 1955년 6월 12일 피델 카스트로 주도 아래 결성된 단체.

트로의 지도력에서 쿠바를 소련 진영에 묶어둘 가장 확실한 보장을 내다본 것이었다. KGB는 흐루쇼프에게 아바나에서의 중국의 위협이 과장되었다고 보고했으며, 흐루쇼프는 미국 침공의 위협을 실제적인 것으로 믿었다. 3월 12일 《이즈베스티야》 편집장이자 흐루쇼프의 사위인 알렉세이 아드주베이Aleksei Adzhubei는 그해 초 자신이 케네디와 가졌던 대화에 대한 보고를 당 중앙위원회에 올렸다. 다른 무엇보다 그들은 쿠바에 대해 논의했다. "심리적 관점에서 보면, 미국인들은 쿠바에서 진행되는 일을 용인하는 게 아주 힘듭니다." 케네디는 아드주베이에게 이렇게 말했다. "어쨌든 쿠바는 우리 해안에서 불과 90마일밖에 떨어지지 않았어요. 아주 힘든 일이죠." 케네디는 호의적으로, 소련이 1956년 헝가리에 취한 결단력 있는 조치를 CIA가 쿠바를 잘못 다룬 것과 비교했다. 이 기록이 전달한 인상은 케네디가 쿠바를 포기하지 않았고, 곧 군사적 개입이 있으리라는 것이었다.[16]

1962년 4월 12일 《프라우다》 사설이 나온 다음 날 니키타 흐루쇼프가 장악한 소련의 최고통치 기구인 당 중앙위원회 정치국(Presidium)*은 피델 카스트로와 그의 정부를 지원하는 긴급 프로그램을 승인했다. 정치국은 카스트로가 1961년 9월에 요청한 180기의 방공 지대공미사일을 쿠바에 신속히 보낼 것을 결정했다. 카스트로는 소련 미그-15기를 기반으로 개발된 공대지 크루즈미사일인 소프카Sopka 미사일도 함정 공격용으로 받게 되었다. 중앙위 정치국이 쿠바에 보내기로 결정한 미사일의 일부는 제3세계의 또 다른 소련 고객인 이집트의 가말 압델 나세르Gamal Abdel Nasser에게

* 1952년부터 1966년까지 공산당 정치국은 공산당 중앙위원회 최고회의(Presidium of the Central Committee of the Communist Party)로 불렸다. 이 명칭은 소련의 의회격인 소비에트 최고회의(Presidium of the Supreme Soviet)와 혼동될 수 있기에, 이 책에서는 '정치국'으로 번역했다.

보내기로 한 배정분에서 빼낸 것이었다. 쿠바는 소련 무기 공급 순위에서 이집트보다 우선권이 주어졌다.

미사일에 대해서라면 모스크바는 카스트로가 요청한 것보다 적은 미사일을 보냈지만, 카스트로가 요청하지 않은 것도 보냈다. 그것은 열 대의 IL-28중거리폭격기와 4기의 R-15크루즈미사일 발사대였다. 카스트로의 요구는 일부 삭감하고, 다른 무기와 장비를 보냄으로써 정치국은 돈을 아끼려 하지 않았다. 소련 지도부는 쿠바가 앞으로 있을지도 모를 공격을 격퇴하기를 원했다. 이를 위해서는 폭격기도 미사일만큼 중요했다. 무기 이외에도 소련 군사 요원들도 쿠바로 오게 되었다. 발사대를 운용하고 비행기를 조종하기 위해, 그리고 쿠바인들에게 이 두 가지를 다 하도록 가르치기 위해 650명의 장교, 부사관, 병사들, 조종사들이 파견되었다.[17]

4월 12일 당 정치국의 결정을 기반으로 쿠바에 제공할 미사일과 다른 장비 비용은 2,300만 루블이었다. 이것은 이미 제공하기로 한 상당한 군사 지원액 외에 추가적 지원이었다. 소련은 1960년부터 쿠바에 무기를 공급했고, 1962년 5월까지 총 2억 2,800만 루블의 원조 합의가 서명되었다. 1억 4,200만 루블 상당의 무기는 이미 아바나에 제공되었다. 이 중 일부는 무상으로, 일부는 할인가에 제공되었고, 또 일부는 쿠바에 제공된 차관을 이용하여 정상가로 제공되었다. 1962년 쿠바는 이미 받은 무기 대금으로 5천만 루블을 소련에 지불하기로 되어 있었지만, 경제 위기에 처한 국가는 새 무기 대금은 고사하고 이미 구입한 무기 대금도 갚을 수 없었다.

흐루쇼프는 이미 쿠바에 제공된 무기 대금을 면제해주기로 했을 뿐만 아니라 앞으로 제공될 새 무기도 양과 가격에 관계 없이 2년간 무상으로 제공하기로 했다. 소련은 자국이 파견하는 인력에 대한 비용도 부담하기로 하고, 쿠바군은 이들의 숙소와 이동 비용만 담당하기로 했다. 쿠바군은 앞으로 2년간 모든 보급품을 소련으로부터 무상으로 지원받기로 했다. 이 비용은 쿠바군을 10만 명으로 계상한 것에 바탕을 두었다. 이런 내용에 대한 공식 결정이 5월 7일 당 중앙위원회에 제출되었다.[18]

그날 흐루쇼프는 아바나 주재 소련대사로 새로 임명된 알렉산드르 알렉세예프를 접견했다. 이전까지 쿠바의 수도에서 KGB 책임자로 일한 그는 전임자 세르게이 쿠드랴체프Sergei Kudriavtsev와 달리 카스트로가 높이 평가하는 인물이었다. "나는 더 이상 양두 정치(diarchy)를 원하지 않습니다. 우리는 한 명의 대사를 인정하는데, 쿠바인들은 또 다른 대사도 인정합니다"라고 흐루쇼프는 말했다. 분명히 그는 카스트로와 친밀한 관계에 있는 대사를 원했다. 자신이 경제 전문 지식이 없어 대사직에 맞지 않는다는 알렉세예프의 사양은 묵살됐다. 흐루쇼프는 소련-쿠바 관계에서 불행한 시기의 페이지를 넘기기 위해 새 사람을 원했다. 그는 알렉세예프를 당 중앙위원회로 보내 카스트로에게 보내는 편지 작성을 돕게 해, 모스크바가 제공하는 새로운 원조 패키지를 설명하게 했다.[19]

1962년 5월 11일이 되자 알렉세예프가 작업한 편지가 당 정치국의 재가를 받을 준비가 되었고 이것은 지체 없이 승인되었다. 쿠바의 무기 채무 면제뿐 아니라 새로운 무기 무상 제공 외에도 이 편지에는 경제, 운영 지원책도 포함되어 있었다. 소련은 지하 라디오방송국 개설과 쿠바가 원하면 인도해줄 수 있는 다섯 척의 어선도 제안했다. 쿠바의 관개시설 개선도 돕기로 했다. 좋은 소식을 가지고 쿠바를 방문할 소련 대표단은 농업 시설 전문가로 인정되는 우즈베키스탄공화국 당 제1서기인 샤로프 라시도프Sharof Rashidov가 이끌기로 했다. 그는 사탕무를 재배한 경험이 있어 쿠바인들의 농업 문제를 해결하는 데 도움을 줄 인물로 알렉세예프에게 소개되었다. '쿠바를 구하는' 새 경제 패키지를 총괄하는 흥분과 혼란에서 간과된 것은 쿠바인들이 설탕을 파는 게 문제지, 생산하는 게 문제가 아니라는 사실이었다.[20]

소련은 쿠바에 전례 없는 군사, 재정 의무를 졌고, 판돈은 점점 커졌다. 편지에는 카스트로에게 그해가 끝나기 전에 소련을 방문해달라는 초청도 들어 있었다. 이전에는 무시되었던, 쿠바를 사회주의로 이끌고 있다는 카스트로의 주장은 드디어 보상받았지만, 이것은 소련의 경쟁자인 미국이 기습적으로 쿠바를 공격한 다음에야 가능해졌다. 그때까지 카스트로와 쿠바에 조심스럽게 접근하던 흐루쇼프의 태도는 피그스만 침공 1주년인 4월 18일 "친애하는 동지 피델 카스트로"에게 보낸 편지로 완전히 바뀌었다. 카스트로는 결국 흐루쇼프를 이념적으로 속박하는 데 성공했고, 흐루쇼프는 기꺼이 포로가 되었다. 흐루쇼프의 동기는 순전히 이념적이지만은 않았다. 강대국 미국과의 경쟁과 흐루쇼프가 보기에 소련이 열세에 처해 있는 핵무기 경쟁이 그를 쿠바로 끌어당긴 중요한 요인들에 포함되었다.[21]

로켓맨

1962년 5월 14일 니키타 흐루쇼프는 오랫동안 계획해온, 동유럽에서 가장 믿을 만한 소련 위성국 중 하나인 불가리아 방문길에 나섰다. 불가리아는 문화, 종교, 차르 시대에 오스만튀르크에 공동으로 투쟁하던 역사로 러시아와 연결되어 있었다. 실상 두 나라는 이전에는 차르에 의해 지배되었지만 이제는 서기장들이 지배하는 나라가 되었다. 흐루쇼프는 협력조약을 체결하고, 자신의 고객이자 자신과 마찬가지로 서기장인 토도르 지브코프 Todor Zhivkov와 소련-불가리아 친선을 축하하기 위해 불가리아를 방문하는 것이었다.

스탈린 사후인 1954년 불가리아 공산당 서기장이 되어 1989년 공산주의 체제가 무너질 때까지 그 자리를 지킨 지브코프는 수십만의 시민들을 동원해 흐루쇼프 환영행사에 나서게 했다. 25만 명의 시민이 5월 19일 소피아의 중앙광장과 인근 거리에 모여 모스크바에서 온 손님을 환영했다. 나라 전체 인구가 8백만 명 미만이고 수도의 인구는 80만 명이 안 되는 나라에서 이것은 대단한 행사였다. 소피아 주민 네 명 중 한 명이 소피아 시장이 흐루쇼프에게 도시 성문의 열쇠를 상징적 선물로 증정하는 모습을 지켜보았다. 소피아, 바르나, 플레벤은 소련의 손님을 명예시민으로 위촉했다.

소련 공산당 정치국원 중 아무도 방문에 동행하지 않아 흐루쇼프는 관심과 칭송의 유일한 대상이 되었다. 5일간의 방문 기간에 찍힌 한 사진을 보면, 밝은색 양복을 입은 흐루쇼프가 검정 양복을 입은 소련과 불가리아 관리들을 배경으로, 마치 흰색 옷을 입은 공산주의자 교황이 검은 옷을 입은 주교들 무리에 둘러싸여 있는 것처럼 서 있다. 흐루쇼프의 방문은 교황의 가톨릭 국가 방문과 다름없이 종교의식의 모든 절차를 갖추었다. 이것은 공산주의의 축하 행사이자 슬라브인의 형제애, 그리고 무엇보다 그 중앙에

있는 세계 공산주의 운동의 최고위 사제 니키타 흐루쇼프의 개인적 권력과 무오류성을 축하하는 자리였다.[1]

"지금 공산주의는 어디 있습니까?"라고 흐루쇼프는, 축제 의복을 입고 모인 불가리아 북부의 사회주의 농업 전시장인 옵노바Obnova('개혁'이라는 뜻) 마을 농민들 앞에서 연설하며 수사적 질문을 던졌다. 그리고 우아한 방식으로 대답했다. "공산주의는 그 경계를 넓혔습니다. 얼마 전까지만 해도 소련만이 유일한 사회주의 국가였지만, 이제 사회주의 진영은 경계를 넓혀 유럽의 여러 사회주의 국가, 중화인민공화국, 조선민주주의인민공화국, 베트남민주공화국을 한 가족으로 결합했습니다. 2차대전 후 유럽은 사회주의 국가가 된 많은 나라들을 잃었습니다. 이제 사회주의 깃발은 쿠바에 자랑스럽게 펄럭이고 있습니다."[2]

쿠바는 불가리아 방문 내내 흐루쇼프의 마음속에 있었다. 승리 의식의 분위기 속에서도 흐루쇼프는 깊은 불안감을 느꼈다. "내가 불가리아를 공식 방문하는 동안, 한 생각이 계속 내 머리를 망치질했다. '만일 우리가 쿠바를 잃으면 어떻게 될 것인가?'"라고 흐루쇼프는 나중에 회고했다. 미국이 지원하는 또 다른 침공 가능성은 그에게 휴식의 여유를 주지 않았다. "우리는 말 이상의 수단으로 미국에 대결할 방법을 생각해야만 했다"라고 흐루쇼프는 기억했다. "우리는 미국의 카리브해 간섭에 대해 실질적이고 효과적인 억제책을 마련해야 했다. 그러나 정확하게 어떤 억제책을 마련할 것인가?"[3]

1962년 4월 흐루쇼프는 동시에 몇 가지 외교 정책 위기에 맞닥뜨리게 되었다. 우선 카스트로가 쿠바 정부 내 공산주의자들로부터 갑자기 등을 돌리고 새로운 쿠바 침공 위협이 부상한 것이었다. 그런 다음 케네디가 대기 중 핵실험을 재개했다는 소식이 들려왔다. 4월 25일 태평양상의 크리스마

스섬에서 핵폭탄 하나가 터진 것이다. 이것은 그 전해 가을에 행해진 소련 핵실험에 대한 대응이었다. 그달 흐루쇼프는 소련 전략미사일군 사령관 키릴 모스칼렌코 원수를, 미국과 소련의 실제 미사일 격차가 계속 벌어지는 것을 방기한 책임을 물어 해임했다.[4]

모스칼렌코 원수는 '미니트맨Minuteman'이라는 미국 미사일의 첫 희생자가 되었다. 미니트맨은 고체연료로 추진되는 새로운 종류의 지상 발사 대륙간탄도탄이었다. 발사 전에 연료 주입 시간이 필요했던 액체연료 미사일과 달리 언제든 발사준비가 가능했기에 그런 이름이 붙었다. 이뿐만 아니라 미니트맨은 적이 파괴하기 어려운 사일로silo에 보관할 수 있어 거의 난공불락이었다. 소련은 미니트맨에 비교할 탄도탄을 가지고 있지 못했다. 소련의 미사일들은 액체연료를 사용했고, 공개된 발사대에서 발사 전 몇 시간 동안 연료를 주입해야 했기에 적의 공격에 취약했다.[5]

미국에서 고체연료를 사용하는 로켓 개발은 1957년 이전에 시작되었으나, 미 의회로 하여금 이 프로젝트를 서두르게 만든 것은 스푸트니크의 성공이었다. 1958년 미니트맨 개발 예산은 4천만 달러에서 1억 5천만 달러로 네 배 가까이 증가했고, 1959년에는 20억 달러로 증가했다. 1960년까지 1만 2천 명의 기술자와 일꾼들이 오로지 유타주 북부의 미니트맨 건설 라인 작업을 위해 보잉에 고용되어 있었다. 새 미사일 실험은 1961년 2월 플로리다주 케이프 커내버럴 발사기지에서 성공적으로 진행되었다. 첫 미니트맨 발사장 공사는 3월 몬태나주에서 시작되었다. 케네디 행정부는 미니트맨 미사일을 다른 미사일 프로젝트보다 선호했다. 설계에 비용이 많이 들어가는 다른 미사일들에 비해 이것은 생산 단가도 상대적으로 저렴했다. 1962년 3월이 되자 미국 신문들은 "1메가톤급 살상과 파괴력"을 가진 새 로켓에 대한 기사를 쏟아내기 시작했다.[6]

1962년 2월 흑해 연안 피춘다 휴양지에서 열린 국방평의회 회의에서 흐루쇼프는 미국의 미니트맨 미사일 배치 임박과 소련의 효과적 대응력 부족에 대해 경계를 환기했다. 회의에 참석했던 젊은 미사일 기술자인 흐루쇼프의 아들 세르게이Sergei Khrushchev에 의하면, 모스칼렌코 원수가 이 나쁜 소식을 흐루쇼프에게 전했다. 흐루쇼프는 자신이 오랫동안 살고 일했던 우크라이나 돈바스 지역 출신인 모스칼렌코 원수를 신임했다. 1953년 6월 모스칼렌코는 일군의 장교들을 이끌고 흐루쇼프의 정적 라브렌티 베리야를 체포해 흐루쇼프에 대한 충성심을 보여주었다. 4년 뒤인 1957년 7월 정치국이 흐루쇼프를 해임시키려 하자 모스칼렌코는 당 중앙위원회를 소집해서 흐루쇼프를 구하고 그의 정적들을 지도적 지위에서 제거했다. 1961년 4월 소련이 유리 가가린Yurii Gagarin을 우주 궤도에 올리고, 그해 10월 차르 봄바를 시험하는 것도 모스칼렌코가 지휘했다. 그러나 미국이 미니트맨 미사일을 배치할 준비가 되자, 모스칼렌코도 운이 다했다.[7]

모스칼렌코는 긍정적 입장에서 자신의 보고를 시작했다. 그해를 시작으로 소련군은 새로운 대륙간탄도미사일인 R-16(미국식 분류로는 SS-7새들러Sadler)를 보유할 예정이었다. 140톤이 나가는 30미터 길이의 이 미사일은 5메가톤 탄두를 1만 1천 킬로미터까지 날려 보낼 수 있었고 이는 워싱턴과 모스크바 사이의 거리 8천 킬로미터를 훨씬 넘는 것이었다. R-16미사일 배치가 준비되었다는 뉴스는 모스칼렌코와 그곳에 있던 모든 이들에게 특별한 의미가 있었다. 1960년 10월 이 미사일의 초기 모델이 카자흐스탄의 바이코누르Baikonur 시험장 발사대에서 폭발해 92명이 사망한 사건이 있었다. 사망자 중에는 모스칼렌코의 전임자인 소련 전략미사일군 초대 사령관 미트로판 네델린Mitrofan Nedelin도 포함되어 있었다. R-16미사일 사일로 발사 시험의 첫 성공은 1962년 1월에 이루어졌다. 이 미사일들이 이제 배치 준비가 된 것이었다.[8]

그러나 모스칼렌코가 보고할 수 있는 좋은 뉴스는 거기까지였다. 그는 오랫동안 기다려온 R-16이 미니트맨의 적수가 되지 못한다는 것을 인정해야 했다. 이것은 적재 액체연료를 사용하는 첫 소련 미사일이어서 발사준비에 걸리는 시간을 줄일 수 있으나 모스칼렌코의 보고에 의하면 그럼에도 2단계로 된 연료 주입에 여러 시간이 걸렸고 많게는 여섯 시간까지 걸릴 수 있었다. 미니트맨의 발사준비 시간은 불과 수 분이라고 그는 보고했다. "우리가 미사일을 꺼내 제자리에 배치하는 동안 우리에게는 피할 곳이 없게 됩니다"라고, 병사들 사이에 '겁주기 대장(Mr. Panic)'이라 불리던 모스칼렌코가 과장된 어조로 선언했다. R-16에는 또 다른 문제가 있었다. 발사준비가 되지 않는 동안에는 액체연료를 로켓 탱크에서 빼내어 보관해야 했다. 불안정한 부품들은 부식성이 강해 이틀 넘게 로켓 안에 보관할 수 없기 때문이었다. "미국 전문가들에 의하면 고체연료를 쓰는 미니트맨은 몇 년 동안 지속적으로 발사준비 상태에 있을 수 있다고 합니다"라고 모스칼렌코는 보고했다.[9]

1960년 10월 그의 로켓 폭발 사고에서 살아남은 R-16 주요 설계자인 미하일 얀겔Mikhail Yangel은 미사일 설계를 바꾸기 위해 열심히 노력하고 있었지만 빠른 결과를 약속할 수는 없었다. 보고 순서가 된 얀겔은 흐루쇼프에게 R-16이 스푸트니크와 함께 시작된 로켓 세대의 마지막 미사일이라고 말했다. 미니트맨이 게임을 바꾸어버렸다. 소련은 항시 발사준비 상태가 된 새로운 세대의 미사일이 필요했다. 우려되는 뉴스는 얀겔과, 흐루쇼프가 미사일을 소시지처럼 생산할 수 있다고 떠벌린 드니프로페트롭스크Dnipropetrovsk의 미사일 설계국*에서만 나온 것이 아니었다. 얀겔의 경쟁자이자 스푸트니크의 아버지로 불리는 세르게이 코롤레프Sergei Korolev도 그 자신의 문제와 씨름하고 있었다. 그가 설계한 로켓 R-9 역시 액체연료를 사용하고 있었는데 이것은 낮은 온도에서 보관해야 하는 등유와 산소 혼합물이었다. 연료저장탱크에서 산소가 유실되기에 미사일에 계속 연료를 보충할 필요가 있었다. R-16이 이미 시험을 마치고 배치 준비가 완료된 상태인

* 유즈노예Yuzhnoye 설계국을 가리키며 소련, 우크라이나의 우주발사체 설계 업체로 1951년 설립되었다. 소련 붕괴 이후 우크라이나가 독립하여 비핵화를 단행한 이후에는 우크라이나 국영 우주로켓 설계회사가 되었다. 우크라이나의 2대 대통령 레오니트 쿠치마Leonid Kuchma는 이곳의 책임자 출신으로 주지사를 거쳐 총리, 대통령이 되었다.

데 반해, R-9는 아직 시험 중이었고 각 시험은 코롤레프가 만든 로켓의 새로운 문제를 계속 드러냈다.[10]

더 심각한 문제는 현재 전투준비가 완료된 장거리미사일이 사실상 없다는 것이었다. 흐루쇼프가 사용할 수 있는 미사일 중 미국에 도달할 수 있는 대륙간탄도탄은 극히 소수였다. 코롤레프의 R-7A가 여기에 해당되었지만 단 4기만 보유하고 있었고, 이 미사일들은 신뢰하기가 어려웠으며 아주 오래된 구식으로 연료 장전에 스무 시간이 걸려 미국 폭격기들의 완벽한 목표물이 되었다. 얀겔의 R-16은 이보다 훨씬 나았지만 이제 막 배치 상태에 들어갔고, 사일로에 배치하는 모델에 대한 시험도 이제 막 시작되었다. 소련은 겨우 수십 발의 R-16을 보유하고 있었지만, 모스칼렌코가 설명한 대로 적의 미사일 공격에 취약했고, 2차 보복 공격용으로 발사될 수 없는 상태였다. 소련은 미국의 공격이 있을 경우 이를 억제할 수단을 거의 갖고 있지 못했다.[11]

이 모든 것은 소련 미사일 프로그램뿐만 아니라 흐루쇼프 개인에게도 나쁜 소식이었다. 그는 다른 군비 부문 지출을 줄이면서 미사일에 모든 것을 걸었다. 그러나 그는 고체연료를 사용하는 로켓 엔진을 갖지 못했기에 발사대의 미사일에 연료를 주입하는 데 몇 시간이 필요했으며 미국의 공격에 취약할 수밖에 없었다. 이것은 선제공격 무기로는 사용할 수 있지만 보복 공격용으로는 쓸모없었다. "아버지는 어두운 표정으로 회의장을 둘러보았다. 아버지가 원했던 결과는 다시 한번 성취 불가능한 것으로 드러났다"라고 세르게이 흐루쇼프는 회고했다. "아버지는 자리에 있는 사람들에게 미국을 따라잡는 시간을 최소한으로 줄이기 위해 무슨 일을 할 수 있는지를 물었다." 소련은 미사일 숫자에서만 뒤지고 있던 것이 아니라 질적인 면에서도 뒤져 있었고, 이는 흐루쇼프가 오랫동안 알고 있던 양국 간 미사일 격차가 더 벌어졌다는 것을 의미했다.

소련의 지도자는 새 아이디어와 프로젝트를 요구했다. 그는 미사일 격차를 최대한 빨리 줄이고 싶어 했다. 흐루쇼프와 정치국 동료들이 쿠바에 대한 군비 지원 프로그램을 재가한 며칠 뒤인 4월 16일, 그들은 미국까지 핵탄두를 운반할 수 있는(공산당과 정부 문서에는 "특별한 임무"라고 완곡하게 표현됨) 대륙간탄도탄을 만드는 새로운 프로그램을 승인했다. 흐루쇼프의 새로운 신임을 받는 미사일 설계자 블라디미르 첼로메이Vladimir Chelomei에게 새로운 두 가지 미사일을 개발하는 책임이 맡겨졌다. 차르 봄바에 맞먹는 50메가톤의 탄두를 운반할 우니베르살 로켓500, 그리고 7천 파운드의 폭발력을 가진 탄두를 1만 2천 킬로미터까지 운반할 우니베르살UNiversal 로켓200이었다. 드니프로페트롭스크의 미하일 얀겔은 1만 6천 킬로미터를 날아가는 새로운 로켓 R-36 개발의 책임을 맡았다. 서방에서는 SS-18사탄Satan으로 알려진 이 첫 소련 다탄두미사일(MIRV)은 대기권에 들어올 때 다수의 별개의 목표물로 날아갈 수 있었다. 이 로켓은 궤도에 핵탄두를 올려놓고 대기할 수 있어, 공격에 필요한 시간을 몇 분으로 단축시켰다.[12]

그러나 이 모든 모델은 한참 후에야 개발되어 사탄은 1974년에야 실전 배치되었다. 그사이 흐루쇼프는 해결책을 찾아야 했다. 그는 소련 미사일 체제의 최고위부 교체를 시작했다. 미사일 설계자를 적재적소에 배치하지 못한 모스칼렌코 원수는 사임해야 했다. 피춘다 회의에서 세르게이 코롤료프와 엔진 설계자 발렌틴 글루슈코Valentin Glushko는 달까지 도달할 수 있는 소련 미사일에 사용할 연료를 놓고 심한 논쟁을 벌였다. 달이 아니라 미국에 도달할 로켓을 원한 흐루쇼프가 이 논쟁을 중지시켰다. 충성스럽지만 효율적이지 못한 모스칼렌코는 나가야 했다. 흐루쇼프는 후에 자신이 보기에 세 명의 모스칼렌코가 있었다고 회고했다. 하나는 용감하고 정력적인 장군이고, 다른 하나는 부하들에게 막 대하고 히스테릭한 경향이 있는 무례한 행정가이고, 마지막으로는 출세주의자였다. 그는 세 모스칼렌코를 모두 해임하기로 결정했다. 1962년 4월 24일 모스칼렌코는 국방부 수석검열관 자리로 이동하고 그의 자리는 소련 공군사령관인 세르게이 비류조프Sergei Biriuzov가 차지했다.[13]

모스칼렌코가 해임되고 비류조프가 임명되고, 새 미사일 계획이 작동되면서 흐루쇼프는 미사일 격차 문제에 대한 신속한 해결을 원했다. 놀랍게도 흐루쇼프는, 쿠바와 미사일 문제가 마음에서 떠나지 않았던 불가리아 방문 중에 그 해결책을 생각해냈다. 그 해결책은 두 문제 모두를 해결할 수 있는 것이었다.

모스크바를 떠나 소피아로 향하기 이틀 전인 5월 12일 흐루쇼프는 케네디의 최측근인 백악관 공보비서 피어 샐린저Pierre Salinger를 만났다. 흐루쇼프는 일부러 샐린저를 모스크바강 보트 유람에 데려가 그와 총 열네 시간을 보냈다. 흐루쇼프는 케네디가 최근에 소련에 대한 핵공격을 배제하지 않는다는 식으로 말한 것을 비난했다. "물론 경우에 따라 우리도 처음부터 핵무기를 사용할 준비를 해야 할 것입니다. 예를 들어 서유럽에 대한 명백한 공격 같은 경우에 말입니다"라는 케네디의 말은, 소련의 대륙간탄도탄 등장이 세력 균형을 변화시켰고, 아이젠하워 행정부의 보복 가능성 없는 공격 계획을 낡은 것으로 만들었다고 설명하는 것이었다. 케네디는 곧 자신의 말을 취소했지만, 흐루쇼프는 이에 만족하지 않았고, 샐린저와의 개인 대화와 공개 발언으로 이에 격렬히 반응했다.[14]

소피아에서 지극히 우호적인 군중을 향해 말하면서 흐루쇼프는 케네디가 "미국이 경우에 따라 '소련과의 핵 충돌을 시작하는 것'을 선언하는 것도 주저하지 않았습니다"라고 말했다. "이 말은 미국 대통령이 소련 정부의 수장인 나를 자극해서 누가 먼저 '핵버튼을 누를지' 경쟁하자는 것을 의미하는 것이 아니겠습니까?" 흐루쇼프는 그런 경쟁에 반대한다고 말한 다음 이렇게 덧붙였다. "미합중국 대통령은 참모들의 잘못된 조언을 듣고 그런 말을 했습니다. 최소한 자기만큼 강한 사람을 위협하는 것이 현명한 일입니까? 버튼을 누르고 '소련과의 핵분쟁을 시작하는 것'은 실질적으로 자살행위를 의미합니다."[15]

흐루쇼프가 누구보다 잘 알고 있듯 미국과 소련의 핵무기 저장고는 대등한 상황이 아니었다. 흐루쇼프는 억제책으로서 미국에 도달할 만한 로켓을 사실상 가지고 있지 못했다. 그는 이것 때문에 많은 염려를 했고, 그래서 불가리아 방문 중 여러 번 미사일에 대해 얘기했다. 흑해의 항구 바르나를 방문한 자리에서 흐루쇼프는 군중들에게 이렇게 물었다. "터키와 인접 국가들의 지도자들은 주변국으로부터 고립된 자신들의 노선을 재고할 시간이 되지 않았습니까? 이것은 자신들의 국익을 외국 독점 세력과 미친 전쟁 준비에 종속시키는 것입니다. 나토의 군사기지와 핵탄두를 가진 미사일 발사대가 위치한 장소를 평화적 노력과 번영을 위한 장소로 바꾸는 것이 더 낫지 않겠습니까?"[16]

흐루쇼프는 미국이 이탈리아와 터키에 배치한 1.44-메가톤급 핵탄두를 가진 PGM-19주피터 중거리탄도탄을 지칭한 것이었다. 1961년 2월 소련은 이 미사일 배치에 항의하는 공식 성명을 냈으나, 아무 효과가 없었다. 6월에 미국 공군은 15기의 주피터미사일을 터키에 배치했다. "미사일 기지(5기의 발사대, 15기의 미사일)는 1962년 3월 실전 준비가 완료될 것이다"라고 터키 수도 앙카라 주재 소련대사관에서 1962년 초 모스크바에 보고했다. "연말까지 미국 군인, 민간 전문가와 그들의 가족 숫자는 역사상 최고 기록인 12만 명에 달했다." 주피터미사일이 2,400킬로미터의 사정거리를 가지고 있고 모스크바에서 2,080킬로미터 떨어진 터키 이즈미르 주변에 배치된 것을 감안하면 미국은 모스크바를 쉽게 공격할 수 있었다.[17]

흐루쇼프는 터키가 자신의 충고를 듣고 미국 미사일을 되돌아가게 하리라고는 거의 기대하지 않았다. 아들 세르게이가 말한 바에 따르면, 대신 흐루쇼프는 바르나의 해변 공원을 걷다가 미국이 소련에 한 것처럼 소련도 미국에 그대로 갚아줄 유레카의 순간을 얻었다. 그것은 쿠바 해안에 소련 핵미사일을 배치하는 것이었다. "내가 쿠바에 핵탄두를 배치하는 아이디어를 얻은 것은 불가리아 방문 중이었다"라고 흐루쇼프는 회고록에 썼다. 이것은 두 가지 문제, 즉 쿠바도 보호하고, 미국과의 미사일 격차도 좁히는 공동의 해결 방안처럼 보였다. "흐루쇼프는 상상력이 풍부했다. 어떤 아이디어가 떠오르면 그는 이것에서 특정 문제에 대한 쉬운 해결 방안을 찾았다. 마치 만병통치약처럼"이라고 흐루쇼프의 보좌관이었던 올레그 트로야놉스키 Oleg Troianovsky는 회고했다.[18]

흑해 해변에서 흐루쇼프는 '만병통치약'을 발견했다. 장거리 탄도미사일을 가지고 있지 못한 대신 1959년 여름 흐루쇼프가 방문했던 드니프로페트롭스크 미사일 공장에는 미하일 얀겔이 설계하고 생산한 단거리, 중거리 미사일이 충분히 있었다. 그가 소련이 소시지처럼 대량으로 생산할 수 있다고 떠벌렸던 미사일들은 2천 킬로미터 사정거리를 가진 R-12 또는 SS-4샌들Sandal이었다. 1962년부터 소련군은 3,700킬로미터 사정거리를 가진 R-14 또는 SS-5스키언Skean 중거리미사일을 배치하기 시작했다. 이 단거리, 중거리 미사일을 쿠바 해안에 배치함으로써 흐루쇼프는 미국의 목표물에 다다르게 될 것이었다. 이것은 완벽한 해결책처럼 보였다.[19]

모스크바로 귀환한 흐루쇼프는 외무장관 안드레이 그로미코를 불러 개인적 대화를 나눴다. "지금 쿠바를 둘러싸고 벌어진 상황은 위험합니다"라고 흐루쇼프는 놀란 동지에게 말했다. "이 나라를 독립 국가로 지켜내기 위해서 우리는 그곳에 많은 핵미사일을 배치해야 합니다. 내 생각에 이것만이 쿠바를 구할 수 있는 길입니다. 워싱턴은 플라야 히론에서의 간섭이 작년에 실패했다고 자제하지는 않을 것입니다." 흐루쇼프는 그로미코의 의견을 물었다. 외무장관은 이 아이디어가 썩 마음에 들지는 않았지만, 아직 정치국원이 되지 못해 최고위직에 오르지 못한 상태에서 자신의 우려를 표현하는데 조심할 수밖에 없었다. "솔직히 말해서 우리의 핵미사일을 쿠바에 가져가는 것은 미국에 정치적 폭발을 일으킬 것입니다"라고 그로미코는 자신이 한 말을 기억했다. 흐루쇼프는 이 답이 유쾌하지는 않았지만 외무장관을 비난하지는 않았다. 잠시 후 그는 그로미코에게 이렇게 말했다. "우리는 핵전쟁을 할 필요는 없습니다. 우리는 싸우려는 것이 아닙니다." 이 말에 그로미코는 안도했다.[20]

흐루쇼프는 핵전쟁을 일으키려 한 것은 아니지만, 그가 마음에 둔 것은 극도로 위험한 핵 벼랑끝전술이었다. 그것이 그가 당면한 두 가지 외교 정책 현안인 쿠바의 새로운 공산주의 보호와 핵미사일에서 미국의 우위 극복을 위한 유일한 해결책으로 보였다. 흐루쇼프는 대중들에게 자신을 세계 공산주의의 수호자로, 미사일 기술에서 미국을 능가하는 국가의 지도자로 내세워왔다. 이제 이것을 현실로 보여주어야 했다.

핵경쟁으로

이제 자신이 해야 할 일을 찾은 흐루쇼프를 막을 방법은 없었다. 불가리아에서 모스크바로 귀환한 다음 날인 1962년 5월 21일 흐루쇼프는 당과 정부 지도자들로 구성된 국방평의회를 소집했다. 그 자리에는 소련 전략로켓군(Strategic Rocket Forces)의 새 사령관인 세르게이 비류조프 원수도 참석했다.

흐루쇼프는 불가리아 방문에 대해 보고한 다음 쿠바 문제로 화제를 돌렸다. "나는 불가피한 두 번째 쿠바 침공이 첫 번째처럼 엉터리로 진행되리라고 기대하는 것은 어리석다고 했습니다"라고 흐루쇼프는 기억을 환기했다. "만일 또 한 번 쿠바 침공이 자행되면 카스트로는 붕괴할 것이라고 경고했고, 우리만이 그런 재앙이 일어나는 것을 막을 수 있다고 말했었습니다." 그런 다음 그는 쿠바 영토에 준중거리, 중거리 탄도미사일을 설치하려는 자신의 계획을 설명했다. "쿠바를 보호하는 것 말고도 이 미사일들은 서방이 말하는 '세력 균형'과 같은 효과를 가져올 것입니다"라고 말한 것을 몇 년 후 흐루쇼프는 회고했다.[1]

그날 진행된 회의 내용은 "쿠바에 대한 지원"이라는 제목으로 회의록에 요약되었다. 이것은 흐루쇼프가 이날 논의를 소련과 미국의 핵무기 저장고와 미사일 능력의 불균형보다는 쿠바를 방어하는 논리로 프레임을 짰음을 의미한다. 이날 회의 내용을 비공식으로 기록한 당 중앙위원회 총무국장인 블라디미르 말린Vladimir Malin은 기록장에 이렇게 썼다. "쿠바가 스스로를 지키게 하려면 어떻게 쿠바를 도와야 할 것인가." 말린의 기록으로 판단하건대 아무도 흐루쇼프의 제안에 이의를 제기하지 않았다. 그러나 다른 기록자인 국방평의회 서기 세묜 이바노프Semen Ivanov 중장의 기록에 따르면 최소한 한 명의 이견 제시자가 있었는데, 각료회의 부의장 아나스타스

미코얀은 "우리 미사일과 병력을 쿠바에 배치하는" 아이디어에 반대를 표명했다.[2]

흐루쇼프는 회의 시작 전 미코얀과 대화를 했고, 미사일 계획에 대해 그가 반대하리라는 것을 알았다. 미코얀은 미국이 일단 미사일이 배치된 것을 알게 되면 그렇게 근접한 미사일 공격 위협을 용인하지 않고 미사일 기지를 공격하여 소련 병사들을 살상시킬 것이라는 의견을 제시했다. "그런 경우 우리는 어떻게 대응할 겁니까? 미 본토를 공격하는 것으로요?"라고 미코얀은 물었다. 흐루쇼프는 이 말에 이의를 제기하지는 않았다. "나도 같은 생각을 표명했다"라고 흐루쇼프는 미코얀과의 대화를 회고했다. "나는 그런 조치를 취하는 것은 무모한 짓이나 마찬가지라고까지 말했다. 이 계획의 무모함은 쿠바를 방어하겠다는 우리의 열망이 전례 없는 핵전쟁으로 이어질 수 있다는 점이었다. 우리는 어떤 방법이라도 이를 피할 길을 찾아야 했다. 이러한 전쟁을 의도적으로 일으키는 것은 말할 것도 없이 무모한 모험주의이기 때문이다." 흐루쇼프는 자신이 전쟁, 그것도 핵전쟁의 위험을 무릅쓰고 있다는 것을 알고 있었지만, 자신의 무모한 조치에서 벗어날 길이 있다고 믿었다.

흐루쇼프는 미코얀을 자기편으로 끌어들이려고 했지만 뜻대로 되지 않았다. "우리가 신속하게 그곳에 미사일을 보내고 배치해서 눈에 띄지 않게 한다면 어떻겠습니까?"라고 그는 불가리아에서 돌아온 직후 미코얀과의 개인 대화에서 물었다. "그런 다음 이것을 처음에는 외교 채널을 통해, 다음으로는 공개적으로 미국에 알리는 겁니다. 그러면 그들의 콧대를 꺾게 될 겁니다. 그렇게 미국은 우리와 세력 균형 상태에 놓이게 될 거고요. 쿠바에 대한 어떠한 공세도 미국 영토에 대한 공격을 뜻하게 될 것입니다. 미국은 쿠바 침공 계획을 포기해야 할 것입니다." 미코얀은 흐루쇼프의 설득에도 확신을 갖지 못했다. "나는 흐루쇼프에게 이것은 위험한 일이라고 말했다"라고 미코얀은 나중에 회고했다. "그런 무기는 감추기가 어렵습니다. 만일 발각되면 어떻게 할 건가요?"라고 그는 흐루쇼프에게 물었다. 만족할 만한 답은 없었다.[3]

그러나 5월 21일 흐루쇼프의 주장이 승리했다. 나머지 지도자들은 조용히 있거나 흐루쇼프의 제안을 지지했다. 그는 미코얀의 반대를 쉽게 물리칠 수 있었다. 미코얀은 소수파에 속했고, 후에 자신이 이 문제에 대해 흐루쇼프에게 반대한 유일한 사람이었다고 회고했다. 정치국 회의와 거의 중복되는 국방평의회는 핵미사일을 쿠바에 배치하는 준비를 승인하기로 결정했다. 그날 지도부가 논의하고 승인한 특정 조치에 대한 간결한 기록은 다음과 같다. "핵무기를 배치한다. 이것들을 은밀히 운송한다. 후에 이를 밝힌다. 로켓은 우리가 통제한다. 이것은 공격적 정책이 될 것이다." 그 자리에 있던 사람들은 카스트로와 상호방위조약 체결 서명을 위한 협의도 시작하기로 결정했다.[4]

흐루쇼프는 1957년 여름 자신의 통치에 대한 구舊당관료들의 반대를 제압하고 1958년 봄 당과 정부의 지도자로 확고하게 입지를 다진 이래, 당과 국가를 통치해 나가는 데 반대에 부딪친 적이 거의 없었다. 레닌 밑에서 당관료 생활을 시작하고 스탈린보다 더 오래 살아남은 미코얀은 정부 내에서 흐루쇼프에게 질문을 제기하고 공개적 토론에서 그를 반대할 수 있는 유일한 구당관료였다. 나머지 인물들은 모두 흐루쇼프가 임명한 사람들로, 안드레이 그로미코처럼 자신의 생각을 드러내지 않고, 특히 흐루쇼프의 아이디어와 국내외에서 점점 대담해지는 모험적 행동에 비판을 가하지 않는 길을 택했다. 일인 통치는 흐루쇼프에게 위기 상황에서 신속하고 결단력 있고 유연한 결정을 내릴 엄청난 재량권을 주었지만, 동시에 자의적으로 위기를 조장할 수 있는 기회도 주었다. 사람들은 흐루쇼프가 그러한 위기를 만드는 것만큼 그 위기를 해결하는 데도 뛰어난 능력을 발휘하기를 희망할 수밖에 없었다.

흐루쇼프는 국방장관 로디온 말리놉스키Rodion Malinovsky 원수와 전략

미사일군 사령관인 비류조프 원수에게 미사일과 핵탄두를 쿠바에 배치하는 데 필요한 작전 범위와 시간을 평가하는 임무를 맡겼다.

흐루쇼프는 63세의 말리놉스키를 신뢰할 수 있다고 생각했다. 둥근 얼굴에 건장하고, 거침없이 말하는 이 장군은 스페인 내전에서 프란시스코 프랑코Francisco Franco 장군에 맞서 싸웠고 2차대전 중에 흐루쇼프를 만났다. 그는 스탈린그라드 전투에서 공을 세우고, 부하들을 이끌고 자신의 고향인 우크라이나를 해방시키고, 빈 점령으로 유럽에서의 경력을 마쳤다. 흐루쇼프는 1957년 독립심이 강한 국방장관 게오르기 주코프Georigii Zhukov*를 경질하고 그 자리에 말리놉스키를 임명했다. 이후 말리놉스키는 고통스러운 군개혁 과정에서 흐루쇼프의 가장 가까운 동지가 되었다. 소련군은 숫자가 크게 줄어들었고, 재정은 전통적 군비에서 새로 탄생한 미사일군으로 재할당되었다.[5]

말리놉스키는 5월 21일 회의에 참석했던 국방평의회 서기이자 총참모부 작전부장인 이바노프 중장에게 실행 계획을 짜도록 지시했다. 이바노프가 국방평의회 회의를 마치고 총참모부로 돌아왔을 때 그의 부하 중 한 사람인 43세의 곱슬머리 소령 아나톨리 그립고프는 즉각 뭔가 심상치 않은 일이 일어난 것을 눈치챘다. "나는 오랫동안 나의 직속 상관을 모셔왔다. 그러나 그가 그렇게 초조해하는 모습은 처음 봤다"라고 그립코프는 회고했다. 이바노프는 회의 내용을 기록한 노트를 그에게 보여주었다. 그는 이 젊은 장군에게 이것을 병력 배치 작전의 초안 기획서로 옮기도록 지시했다. 이 임무는 극비에 부쳐져 또 다른 두 사람만 그립코프의 지휘를 받으며 작업

* 게오르기 주코프Георгий Константинович Жуков(1896~1974): 소련의 군지휘관으로 1939년 할힌골 전투에서 일본군을 격파하고, 2차대전 중에는 모스크바 전투, 스탈린그라드 전투, 쿠르스크 전투, 베를린 점령 작전 등 주요 작전을 지휘했다. 2차대전 후 지방군관구 사령관으로 좌천되었으나 스탈린 사후 베리야 체포에 앞장선 공로로 흐루쇼프에 의해 국방장관에 임명되었고 나중에 흐루쇼프와의 마찰로 숙청되었다.

을 진행했다. 사무 보조원도 배제되었다. "타자수 없이 일하게"라고 이바노프는 명령했다. "귀관 세 명 외에는 아무도 이 서류에 대해 알면 안 되네."[6]

임무는 비밀리에 그리고 신속하게 수행되어야 했다. "우리는 시간을 잊고 바로 작업에 착수했다"라고 그립코프는 몇 년 뒤 회고했다. 7페이지짜리 작전 계획 초안이 이틀 만에 완성되었다. 그립코프는 부하들과 함께 쿠바에 총 44,000명의 장교와 병사를 파견하고 1,300명의 민간인을 보내는 계획을 세웠다. 이 같은 대규모의 인력에 버금가는 대규모의 무기, 장비, 보급품도 보내기로 했다. 그립코프의 추산에 의하면 사람과 물자를 쿠바로 운송하는 데 70~80척의 수송선과 여객선이 필요했다. 새 기동부대의 공식 명칭이 된 쿠바소련군집단(The Group of Soviet Forces in Cuba)이 해군, 공군, 방공군, 육군 등 각 군에서 모두 모집되었다. 이들의 주임무는 4개 미사일 연대의 배치와 보호를 수행하는 것이었다. 4개 연대 중 2개 연대는 24기의 R-12준중거리미사일 발사대를 운용하고, 나머지 2개 연대는 16기의 R-14 중거리미사일 발사장치를 운용했다. 40개의 발사장치는 60기의 미사일과 60기의 탄두를 보유했다.

이러한 작전 수행을 위한 시간표에 대해 국방평의회가 말리놉스키와 비류조프에게 질문을 보내자, 그립코프는 7월 초부터 미사일이 두 번의 해상 운송으로 쿠바에 수송될 것이라고 답했다. 기동부대의 쿠바 집결도 9월이면 완료될 수 있었다. 그립코프와 부하들은 미리 제작된 발사장치를 가진 R-12미사일은 예정된 지점에 도착한 후 10일 안에 운용이 가능할 것으로 추정했다. 그러나 R-14 발사 시설 공사는 넉 달이 걸릴 예정이었다. 이렇게 해서 R-12미사일은 9월에 운용 가능하고, R-14는 1962년 12월 말에 가능할 것으로 예상되었다. 무기, 장비, 운용에 필요한 부대 외에도 이 작전 초안은 초기밀 작전명을 제안했다. 그것은 아나디르Anadyr였다.[7]

그립코프가 적도 지역 쿠바의 소련군 배치 작전명을, 좁은 해협으로 알래스카와 갈라져 있는 추코트카반도의 한 시베리아 강에서 따온 것이 누구 아이디어였는지 밝힌 적은 한 번도 없지만, 이 작전명 선택은 입안자들이 작전의 기밀성을 진지하게 받아들였다는 것에 일말의 의심도 남기지 않는다. 그리고 이들은 엄청난 대담성도 보여주었다. 40기의 미사일 발사장치, 60기의 미사일과 60기의 핵탄두와 45,000명의 병력을 비밀리에 쿠바로 수송하고, 비밀리에 배치한다는 것은 거의 불가능한 일이었다. 그럼에도 불구하고 국방장관 말리놉스키는 그립코프가 작성한 작전 문서를 절차에 따라 서명했다. 흐루쇼프의 설익은 아이디어가 구체적인 군사 작전 모양을 갖춘 것이다. 소련군 파견은 최후의 일격을 위한 것, 즉 쿠바에 완전한 군사기지를 설치하는 것이었다. 기동부대 명칭인 쿠바소련군집단은 동독의 소련군의 명칭을 그대로 딴 것으로, 소련의 서방 군사 전선의 카리브해까지로의 극적인 확장을 시사했다.[8]

5월 24일 말리놉스키 원수는 그립코프의 작전 계획을, 국방평의회를 구성하는 한 곳으로 소련 전권 결정기관과 다름없는 당 정치국에 제출하였다. 작전 계획 논의에 참석한 사람들은 흐루쇼프을 포함한 정부의 모든 고위 인사들이었다. 공산당 내 흐루쇼프 다음으로 사실상 서열 2위인 프롤 코즐로프Frol Kozlov, 당시 의전적 직책인 형식적 의회 최고회의 의장이었던 장래 소련 지도자 레오니트 브레즈네프Leonid Brezhnev, 장래 브레즈네프 시대의 수상이자 당시 정부에서 흐루쇼프의 최측근이었던 알렉세이 코시긴Aleksei Kosygin, 흐루쇼프의 또 다른 최측근이자 이 작전 계획에 대해 유보적 의견을 표현한 유일한 간부인 아나스타스 미코얀이 참석했다. 다시 한번 그는 공손하고 정중하면서도 비판적인 태도로, 흐루쇼프가 급조한 아이디어와 이로 인해 예상할 수 있는 결과에 대해 언급했다.[9]

미코얀의 지속적인 반대에 직면한 흐루쇼프는 자신의 심복인 말리놉스키를 불러 쿠바 같은 섬나라를 점령하는 데 얼마나 시간이 걸리는지 물었다. 흐루쇼프가 염두에 둔 것은 미국의 침공을 막기 위해 말리놉스키가 쿠바를 얼마나 빨리 장악하는가가 아니라, 얼마나 빠른 속도로 미국이 쿠바를 장악할 수 있는가였다. 흐루쇼프의 의중을 파악하고 있던 말리놉스키는 대략 4일, 아니면 일주일이면 충분하다고 대답했다. "자 보셨지요? 우리는 다른 대안이 없습니다"라고 흐루쇼프는 미코얀에게 말했다. 흐루쇼프는 미국의 침공을 예상하고 있었고, 이 위협을 이용해 당과 정부 지도부 안의 유일한 반대자를 복종하게 하려 했다. 그래도 미코얀은 반대 의사를 굽히지 않았다.

두어 해 전 쿠바를 방문한 적이 있는 미코얀은 이 작전이 비밀로 지켜질 수 없고 미사일이 일단 배치되면 미국의 탐지를 피할 수 없으리라고 판단했다. "나는 흐루쇼프에게 1960년 현지에서 내 눈으로 본 것을 얘기했다. 미사일 발사장치를 은폐할 숲이 없고, 야자수만 띄엄띄엄 있을 뿐이었다"라고 미코얀은 회고했다. 야자수는 사실상 "벌거숭이 나무"나 마찬가지로 나무 꼭대기에만 이파리가 있을 뿐이라고 미코얀은 계속 설명했다. 정치국원들은 소련의 아열대 지역인 흑해나 소치를 휴가 때 방문한 적이 있기에 야자수가 어떻게 생겼는지 잘 알았다. 그들은 대꾸할 말이 없었다. "나는 그들에게 이 결과는 위험하고, 심지어 재앙적일 수 있다고 말했다. 미국은 우리 미사일을 공격해 몇 분 만에 이것을 파괴할 수 있다고 말했다." 그는 지도자들이 다음 단계에 대해 생각해야 한다고 말했다. "그런 상황이 벌어지면 우리는 어떻게 할 것인가요? 단지 그것을 감내하고, 전 세계 앞에서 불명예를 감수하고, 우리가 모든 것을 투자한 쿠바를 잃을 것인가요? 아니면 핵무기로 반격해서 전쟁을 발발시킬 건가요?"[10]

흐루쇼프가 새로 쿠바대사로 임명한 알렉산드르 알렉세예프를 회의에 참석하도록 했을 때 미코얀은 기대하지 않았던 지원을 받았다. "알렉세예프 동지, 쿠바를 돕고 쿠바 혁명을 구하기 위해서 우리는 쿠바에 미사일을 배치하기로 결정하였소"라는 흐루쇼프의 말에 소련 내 쿠바 최고 전문가인 알렉세예프는 깜짝 놀랐다. "당신 생각은 어떻소? 피델 카스트로가 어떻게 반응할 것 같소? 그는 이에 동의할 것 같소?" 이제 외교관으로 변신하려는 KGB 장교는 자신의 모든 외교적 능력을 동원하여 대답했다. 그는 카스트로가 라틴아메리카 지역의 모든 외국 기지에 반대하는 선봉에 서 있으며, 미국이 관타나모기지에서 떠나게 하려고 노력하고 있으므로, 쿠바에 소련 기지를 받아들이는 것은 그의 정책과 모순된다고 말했다.

흐루쇼프는 말없이 가만히 있었지만, 말리놉스키 원수가 자신이 세운 아나디르 작전이 별안간 위험에 처한 것을 깨닫고 알렉세예프를 위협하며 공세에 나섰다. "당신 말대로 그들이 이 계획에 동의하지 않으면 무슨 놈의 혁명이란 말이오?"라고 말리놉스키는 소리쳤다. "나는 스페인에서 싸웠소. 그곳에서 부르주아 혁명이 일어났지만, 그들은 우리에게 도움을 받았단 말이오. [···] 그렇다면 사회주의 쿠바는 받아들일 이유가 훨씬 많지!" 말리놉스키의 논리는, 흐루쇼프가 말한 것처럼 만일 소련이 사회주의를 구하기 위해 쿠바를 도우려 한다면, 사회주의 국가인 쿠바가 어떻게 소련의 미사일을 거절하겠느냐는 것이었다. 이념적 논쟁이 벌어지자 알렉세예프는 아무 말도 하지 못했다. 그러나 당 이인자인 코즐로프가 알렉세예프를 옹호했다. 카스트로가 흐루쇼프의 과감한 시도를 지지하는 것을 너무 당연한 일로 여기지 말아야 한다고. 흐루쇼프의 입장에서는 쿠바로 가는 정치·군사 대표단이 카스트로에게 핵미사일을 받아들이도록 설득하는 데 알렉세예프가 조력하기를 바랐다.[11]

흐루쇼프는 일종의 타협안을 제시했다. 준비는 해나가되 임무 시작에 대한 최종 결정은 미루자는 것이었다. 그는 미코얀에게 "더 이상 이 얘기는 하지 맙시다. 피델 카스트로에게 물어본 다음 결정하는 겁니다. 비류조프 원수를 전문가들과 함께 보내 미사일 발사장치를 항공기에 보이지 않게 숨길 장소들이 있는지 알아보게 합시다." 이바노프는 노트에 이렇게 손으로 적었다. "정치국 멤버들과 발언자들은 결정에 찬성하고 승인함. 결정 사항: 아나디르 작전을 완전히 만장일치로 승인. 작전 문서는 국방부 보관. 카스트로의 동의를 받은 다음 이를 비준함." 미코얀의 비판은 어느 정도 영향력을 발휘했다. 그는 이제 카스트로가 제안을 거절하고, 비류조프가 쿠바 땅이 미사일 은폐에 적당하지 않다는 것을 인지하기를 바랐다.[12]

회의가 종료되고 참석자들이 흩어지기 전에 흐루쇼프는 쿠바에 핵미사일을 배치해야 한다는 자신의 주장을 요약하며 발언을 마무리했다. 알렉세예프는 수십 년이 지난 후 흐루쇼프의 말을 이렇게 기억했다. "플라야 히론의 실패에 복수하기 위해 미국은 쿠바 개입을 감행할 것이고 용병의 도움이 아닌, 자체 병력으로 이를 실행할 것입니다. 우리는 이에 대한 믿을 만한 정보가 있습니다." 그는 이렇게 말을 이었다. "만일 쿠바를 공격하는 경우 그들은 단지 완강한 나라의 저항을 받을 뿐만 아니라 소련의 핵 위력에 맞서야 한다는 것을 깨달아야만 합니다. 쿠바에 대한 군사적 모험의 대가는 최대한으로 증가할 것이고, 어떤 식으로든 쿠바를 위협하는 것을 미국에 대한 위협과 비교할 줄 알아야 합니다. 이런 논리에 따르면 […] 핵탄두를 장착한 우리의 미사일을 쿠바에 배치하는 것만이 그런 수단이 될 것입니다."[13]

알렉세예프에 따르면 흐루쇼프는 '쿠바를 구해야 한다'는 주장을 멈추지 않았지만, 소련과 미국의 미사일 무기고의 격차를 계속 언급하며 쿠바에 소련 미사일을 배치하는 것이 핵공포의 균형을 바로잡을 것이라고 주장했다. "미국은 자신들의 군사기지와 다목적 미사일 시설로 소련을 에워쌌으므로, 우리도 똑같은 방식으로 미국에 되갚고 똑같은 고통을 주어, 핵무기의 목표가 되어 사는 것이 어떤 것인지 느끼게 해주어야만 합니다"라고 흐루쇼프는 주장했다. 그는 유럽과 터키에 있는 미국 미사일을 콕 찍어 얘기했다. 터키에 배치된 주피터미사일은, 10분 안에 소련 영토에 도달할 수 있다고 흐루쇼프에게 경고한 말리놉스키 원수에게 특별한 우려 대상이었다. 미국의 미니트맨에 대항할 수 있는 소련의 탄도미사일은 몇 년을 기다려야 하는 데 반해, 주피터는 쿠바에 소련 미사일을 배치함으로써 즉시 상쇄할 수 있다. 흐루쇼프는 이 기회를 분명히 놓치고 싶지 않았다.[14]

여기에다 흐루쇼프는 미국의 핵위협에 대한 이런 식의 대응은 핵전쟁을 유발할 가능성이 거의 없다고 생각했다. 사실상 소련 지도부는 터키에 미국 미사일을 배치하는 것을 한마디 불평 없이 용인한 셈이었다. 정치국 회의를 마무리하는 발언에서 흐루쇼프는 "우리가 소련을 겨냥한 미국 미사일이 터키, 이탈리아, 서독에 배치된 것에 대해 어떤 모험도 감행하지 않는 것과 마찬가지로 실용적인 미국인들이 정신 나간 모험을 벌이지는 않을 것입니다" 라고 자신감을 표현했다. 그는 덧붙였다. "결국 미국의 지각 있는 정치인들은 우리가 오늘 생각하는 것과 같이 생각할 것입니다." 흐루쇼프가 생각한 냉정한 머리의 미국 정치인들이란 케네디 대통령과 민주당 내 그의 지지자들이었다. 흐루쇼프는 소련의 쿠바 미사일 배치가 1962년 11월 중간선거에서 민주당의 기회를 훼손시키지 않기를 바랐고, 이것은 작전의 기밀성을 유지해야 하는 또 하나의 이유가 되었다. "미국에서 정치적 열정이 절정에 다다르는 의회 선거운동 기간에 공개되는 것을 피하는 것이 특히 중요합니다" 라고 흐루쇼프는 말했다.[15]

흐루쇼프의 발언은 고위 대표단이 취할 입장에 대한 지침이 되었다. 우즈베키스탄 공산당 서기장 샤로프 라시도프가 이끄는 이 대표단은 수일 후에 쿠바로 떠날 예정이었고, 공식 의제의 최상위에는 쿠바에 대한 군사적 원조가 아니라 경제 원조가 올라 있었다. 핵미사일 문제는 대사 지명자인 알렉세예프와 함께 대표단에 포함된 비류조프 원수가 다루어야 할 문제였다. 대표단이 출발하기 전 흐루쇼프는 이들을 모스크바 인근 국영 별장에서 접견했다. 알렉세예프는 정치국원들 사이에는 안도와 "완전한 만장일치"의 분위기가 있었다고 회고했다. 반대 의견을 효과적으로 침묵시킨 지도자는 작별 연설을 했고, 이들은 출발했다.[16]

5월 28일 라시도프와 비류조프와 알렉세예프는 대표단과 함께 서아프리카 국가인 기니를 향해 출발했다. 1962년 프랑스로부터 독립한 이 나라는 지금 소련 진영에 들어왔다. 대표단은 여기에 기착한 다음 아바나로 출발할 예정이었다. 소련과 쿠바 사이에 직항이 없었기 때문에, 기니의 수도인 코나크리가 '자유의 섬'으로 가는 수십 혹은 수백 명의 소련 대표단의 중간 기착지가 되었다. 모스크바를 떠난 다음 날 라시도프와 그의 팀은 이미 아바나에 도착했다. 알렉세예프는 라울 카스트로에게 그의 형과의 긴급 회동을 요청했다. 바로 그날 저녁 피델 카스트로는 영예로운 손님들을 만났다. 만남은 일사천리의 속도로 진행되었다.[17]

소련-쿠바 회담에서는 이제 경제 원조가 아니라 미사일이 가장 중요한 의제가 되었다. 대표단장인 라시도프는 별로 말하지 않았고, 비류조프가 소련 측 발언의 대부분을 맡았다. 쿠바 지도자들은 소련 측의 발언을 받아 적었다. 회담에서 통역도 맡았던 알렉세예프는 쿠바 지도자들이 기록하는 것을 처음으로 보았다. 비류조프는 미국의 침공 위협이 점증하는 것에 대한 소련의 우려를 먼저 표현하고, 카스트로가 이를 막기 위해 무슨 일을 할 것인지를 물었다. 뭔가 큰 것이 준비되었음을 안 카스트로는 추가적 군사 원조를 요구하지 않고, 최종 선물로 바로 넘어갔다. 그는 미국이 침공하는 경우 소련의 쿠바 보호를 보장하는 소련과의 협정 체결을 오래도록 원해왔다. 카스트로는 쿠바를 사회주의 진영으로 끌고 들어갔고, 소련이 동유럽의 바르샤바조약, 또는 한 가입국에 대한 공격은 모든 국가에 대한 공격으로 간주한다는 나토의 5조 조항 같은 조약을 소련과 체결하기를 원했다. "글쎄요." 오랜 시간이 흐른 후 카스트로는 이렇게 말했다고 회고했다. "미국이 쿠바 침공이 소련과의 전쟁을 의미한다는 것을 이해한다면 그것이 미국의 쿠바 침공을 막을 최선의 방법일 겁니다."[18]

비류조프는 이 암시를 이해하지 못했거나 아니면 이것을 받아들이지 않기로 결정했다. 그는 카스트로가 한 말을 이용해 그 자신의 문제 해결책, 즉 미사일을 팔았다. 비류조프는 쿠바에 대한 미국의 공격은 소련과의 전쟁을 의미한다는 것을 미국이 이해해야 한다는 카스트로의 말을 받아서 "그럼 구체적으로 어떻게 할 것인가요?"라고 물었다. "그것을 보여주기 위해 구체적인 뭔가를 해야죠"라고 비류조프는 말을 이어갔다. 알렉세예프에 따르면 비류조프는 이렇게 선언했다. "소련 정부는 모든 수단을 동원하여 쿠바가 방어력을 강화하는 것을 돕고 싶습니다. 만일 우리 쿠바 친구들이 잠재적 공격자를 위협하는 데 유용하다고 생각한다면 쿠바에 중거리미사일을 배치하는 것까지 생각하고 있습니다."[19]

카스트로가 침묵을 지키자, 알렉세예프는 비류조프가 초조해하는 것을 느꼈다. "그는 전략 미사일 설치를 제안하는 임무를 띠고 왔는데, 우리가 이것에 동의하지 않을까 염려하고 있었다"라고 카스트로는 후에 회고했다. 이제 공은 카스트로에게 넘어왔지만, 이 아이디어는 그에게 완전히 새로운 것이었다. 이것은 소련의 태도가 근본적으로 바뀌었다는 것을 의미했다. 그달 초 카스트로는 소련이 자신이 요청한, 침공에 대항할 해안 방어 대함 미사일인 소프카를 충분히 주지 않는다고 불평했다. 3기를 요청했음에도 1기만 제공받았던 것이다. 그러나 지금 갑자기 소련이 핵미사일을 제공하겠다고 제안한 것이다. 게다가 이것은 알렉세예프가 흐루쇼프에게 설명한 것처럼, 라틴아메리카의 외국 군사기지에 대한 반대 운동을 벌여온 카스트로에게는 정치적으로 논란의 소지가 있는 제안이었다. 즉각 고려하고 생각해야 할 것이 너무 많았다.[20]

카스트로는 시간을 좀 끌기로 결정했다. 그는 이 문제를 쿠바 지도부의 동지들과 논의한 후 공식 대답을 가지고 돌아오겠다고 약속했다. 그러나 그는 이 아이디어에 호의를 품은 것으로 보였다. 그는 재빨리 외국 군사기지에 대한 자신의 혐오를 처리할 방법을 생각해냈다. 미사일은 쿠바뿐만 아니라 전 세계적으로 사회주의를 방어할 수 있었다. 그는 소련 대표단에게 이렇게 말했다. "이 아이디어는 매우 흥미롭습니다. 그 이유는 이것이 쿠바 혁명뿐만 아니라 세계 사회주의는 물론이고, 전 세계에서 자신의 뜻을 관철하려고 하는 당돌한 미국의 제국주의에 대항하며 압제받는 민족들의 이익에 부합되기 때문입니다." 카스트로는 쿠바에 배치할 예정인 미사일의 숫자와 그 능력에 대해 손님들에게 물었다.[21]

카스트로가 만들고 있는 자신의 공산당인 통합혁명기구의 지도부는 다음 날인 5월 30일 회의를 열었다. 체 게바라, 그리고 1961년 10월 소련 공산당대회에 참석하여 흐루쇼프에게 쿠바 혁명을 상징하는 깃발을 선사했던 '구'공산당 지도자 블라스 로카도 회의에 참석했다. 이제 자신의 정권을 구하기 위해 미사일을 받아들여야 한다고 확신한 카스트로는 회의에 참석한 사람들에게 자신의 주장을 펼쳤다. "우리는 미사일을 그다지 원하지 않았습니다. 우리는 이 문제를 우리의 도덕적, 정치적, 국제적 사명의 관점에서 바라보았죠"라고 카스트로는 후에 회고했다. 약간의 논의 후에 참석자들은 미사일을 받아들이기로 결정했다. 카스트로는 그날 비류조프를 만났다. "만일 이것이 사회주의 진영을 강화한다면, 두 번째로 이것이 쿠바의 방어에 기여한다면 우리는 필요한 미사일을 다 받아들일 준비가 되어 있습니다. 당신들이 많이 보내기를 원한다면 천 개라도 받을 수 있습니다"라고 그는 비류조프 원수에게 말했다.[22]

비류조프는 카스트로를 동참시킴으로써 임무의 첫 부분을 완수했다. 임무의 나머지 부분은 미국의 탐지를 받지 않고 미사일을 쿠바에 배치할 수 있는지 알아보는 것이었다. 카스트로의 동의를 받은 다음 날인 5월 31일 비류조프는 쿠바 국방장관을 맡고 있는 라울 카스트로와 함께 가능한 미사일 배치 장소에 대한 현장 조사에 나섰다. 라울은 쿠바에 배치되는 미사일이 20미터 길이라는 것을 알게 되었다(R-12의 실제 길이는 22미터 이상이었고, R-14는 24미터 이상이었다). 나중에 라울은 피델과 더불어, 이 미사일들이 미국의 눈을 피할 수 있을지에 대해 의심하지 않을 수 없었다. 그러나 비류조프는 쿠바의 야자수들이 수백 제곱미터에 달하는 미사일 설치 지역을 은폐할 수 없다는 사실을 분명히 보고도 크게 개의치 않는 듯했다.[23]

아나디르 작전의 핵심 수립자 중 한 사람인 그립코프 장군은 1962년 가을 쿠바에 와서 자신들을 위한 자연 덮개가 없다는 것을 확인한 후 "많은 야자나무가 있어서 미사일을 쉽게 비밀리에 쿠바에 설치할 수 있으리라는 결론은 [···] 놀라운 전략적 무지였다"라고 한탄했다. 그립코프는 자신의 상관인 비류조프를 비판할 수 없었기에 대신 라시도프 대표단에 포함된 '전문가들'을 비판했다. 흐루쇼프는 아나디르 작전을 수행할 수 있는지 확인하기 위해 비류조프를 쿠바에 파견한 것이었다. 비류조프는 어쩌면, 은폐 문제를 거론할 경우 카스트로가 흐루쇼프의 제안을 거절하게 되리라고 생각했을지도 모른다. 그러나 쿠바의 지도자가 이 제안을 받아들였으니 이 상황에서 비류조프는 아마도 다른 선택의 여지가 없다고 봤을 수도 있다. 그는 모스크바로 돌아와 두 가지 좋은 소식을 전했다. 하나는 카스트로가 동의한 것이고, 또 하나는 미사일을 은폐하는 데 쿠바의 자연환경이 적절하다는 것이었다.[24]

비류조프는 6월 10일 당 정치국에 정식 보고를 했다. 그가 보고를 마치자 흐루쇼프가 마이크를 잡았다. 그날 회의 기록에 요약된 그의 발언은 다음과 같다. "이 문제를 결정합시다. 나는 우리가 이 작전에 승리하리라 생각합니다." 이것은 흐루쇼프에게는 승리였고, 이 사안의 핵심 반대자인 아나스타스 미코얀에게는 패배였다. "카스트로는 동의했고, 쿠바 지형은 미사일을 은폐하기에 적절하다는 것이 판명되었죠"라고 그는 후에 회고했다. "나는 그 결론을 믿지 않았습니다." 그러는 사이 의기양양해진 흐루쇼프는 카스트로에게 전문을 보내 대표단의 방문 결과와 미사일을 받아들이기로 한 카스트로의 결정에 만족을 표시했다. 이것은 "쿠바 혁명의 승리를 더욱 견고하게 만들고, 우리의 모든 과업에 더 큰 성공을 가져올 것입니다"라고 흐루쇼프는 주장했다. 카스트로가 세계 공산주의의 이익을 강조한 반면 흐루쇼프는 쿠바를 앞에 놓았지만, 이들의 정치적 입장은 부차적 문제였다. 이들은 핵심 사안, 즉 미사일 배치에 동의한 것이다. 아나디르 작전은 이제 본격적으로 시작하게 되었다.[25]

아나디르 작전

1962년 7월 7일 니키타 흐루쇼프는 쿠바에 소련 미사일 배치 작전을 지휘하도록 선발된 일군의 장군들을 크렘린으로 초치했다. 이들은 3일 후인 7월 10일 '자유의 섬'으로 출발할 예정이었다. 이 자리는 흐루쇼프가 자신의 핵 도박의 성패를 가름할 사람들에게 마지막 지시를 내리고, 확신을 심어주고, 환송하는 자리였다.

흐루쇼프는 에너지가 넘쳤고 적극적인 제스처를 써가며 얘기했다고, 우크라이나의 빈니차Vinnytsa*에 주둔한 43미사일군 부사령관이자 이제 쿠바 소련군 기동부대의 부사령관으로 임명된 43세의 레오니트 가르부즈 Leonid Garbuz 소장은 회상했다. 평소와 마찬가지로 흐루쇼프는 농담과 비유를 써가며, 자신의 생각을 전달하기 위해 이야기들을 인용했다. "우리 당 중앙위원회는 미국인들에게 '고슴도치'를 던져 그들이 자유의 섬을 삼키지 못하도록 우리 로켓을 쿠바에 배치하기로 결정했습니다"라고 흐루쇼프는 선언했다. 이에 앞서 그는 그 자리에 참석한 말리놉스키 원수에게 그 고슴도치가 샘 아저씨의 바지 속으로 내려갈 것이라고 말했다. 고슴도치 비유는 사령관들에게 분명하게 각인되었다. 가르부즈는 수십 년이 지난 후에도 이 비유를 기억했다.

"이 작전은 단 하나의 목표를 가지고 있습니다. 그것은 쿠바 혁명이 미국으로부터의 공격을 격퇴하도록 돕는 것입니다." 흐루쇼프는 이렇게 말을 이어갔다. "우리나라의 정치, 군사 지도부는 모든 상황을 고려한 끝에, 우리의 정보에 따라 점점 더 강화되고 있는 미국의 공격을 막을 다른 방법이 없다

* 우크라이나 중서부 남단의 부크강 연안에 자리 잡은 도시로, 터키와 이탈리아로부터 오는 미사일을 방어하고 반격하는 데 전략적으로 중요한 위치에 있다.

고 판단했습니다. 로켓이 현지에 배치되고 나면 미국은 자신들이 쿠바를 재빨리 굴복시키려고 하다가는 우리를 상대해야 한다는 것을 깨닫게 될 것입니다." 흐루쇼프는 장군들에게 쿠바에 미사일을 배치하는 소련의 동기에 대해 미리 잘 준비한 논리를 펼쳤다. 그러나 그는 전쟁을 일으킬 의사가 없다는 것도 장군들에게 분명히 했다. "우리가 쿠바에 교두보를 마련하면, 미국인들은 이미 일어난 일을 받아들일 수밖에 없을 것입니다"라고 흐루쇼프는 말했다. 그는 쿠바와 협정이 맺어질 것이고, 자신이 케네디 대통령과 지속적으로 접촉하고 있다고도 말함으로써, 잠재적 위기는 외교 채널을 통해 평화적으로 해결될 수도 있음을 암시했다.

가르부즈 장군은 자신이 들은 말을 높이 평가했다. 경험 많은 지휘관인 그는 흐루쇼프가 심리적 기술을 가지고 자신의 의사를 전달했다고 생각했다. "어렵고 위험한 임무 시작 전날 그는 현장에서 특별한 임무를 수행해야 하는 사람들에게 목적의 정당성에 대한 확신과 평정심을 불어넣으려 했습니다"라고 가르부즈는 후에 회고했다. 그러나 흐루쇼프는 그 자리에 있는 사람들에게 확신을 불어넣으려 했을 뿐만 아니라 스스로에게도 확신이 필요했다. "어떻게 생각합니까, 우리의 로켓을 쿠바에 배치하는 것이 비밀로 지켜질 수 있겠습니까?"라고 그는 쿠바의 군사고문단 책임자 알렉세이 데멘체프Aleksei Dementiev 장군에게 물었다. 잠시 주저한 후에 장군은 "아니요, 니키타 세르게예비치(부칭을 부르는 것은 정중함을 표현함—옮긴이), 그것은 불가능합니다"라고 대답했다. "그곳에는 로켓은 고사하고, 닭 한 마리도 숨길 데가 없습니다"라고 데멘체프는 흐루쇼프의 고슴도치 이야기에 솔직한 답을 내놓았다. 가르부즈의 회고록으로 판단하건대 흐루쇼프는 바로 응수할 답이 없었다. 만일 흐루쇼프가 미국의 바지에 고슴도치를 집어넣는다면, 쿠바의 헛간에 20미터가 넘는 닭들을 숨기거나, 더 정확히는 시야를 가리지 않는 곳에서 그 닭들을 미국인들이 발견하지 못하게 할 방법을 찾아야만 했다.[1]

계획된 작전의 기밀 유지에 대한 우려는 데멘체프 같은 소련 지휘관뿐 아니라 쿠바인들에 의해서도 표명되었다. 미사일 배치 문제를 협의하기 위해 7월 초 모스크바를 방문한 라울 카스트로는 이런 전망에 대해 마음이 편하지 않았다. 피델 카스트로는 소련 측과 공식적이고 공개적인 합의를 원했다. "모든 것이 공개되기 전에 만일 작전이 미국 측에 발각되는 경우에 대비해 어떤 사전 준비를 하셨습니까?"라고 라울 카스트로는 흐루쇼프에게 물었다. "염려하지 마시오. 케네디의 불알을 잡고 협상하도록 만들 테니"라고 흐루쇼프는 대답했다. 만일 그가 남의 바지에 이미 고슴도치를 집어넣었다면 불알을 잡는 것으로 상대를 제압하는 것이 대단히 위험한 일이라는 사실을 아무래도 염두에 두지 않았던 듯하다.[2]

전략미사일군 사령관인 비류조프 원수는 1962년 6월 13일, 공식적으로 '아나디르 작전'으로 명명된 작전 계획을 승인했다. 흐루쇼프와 정치국이 작전을 공식 승인한 3일 후였다. 소련군의 미사일 부대 지휘관들은 며칠 후 비류조프의 부사령관인 블라디미르 톨룹코Vladimir Tolubko 중장이 우크라이나의 롬니 지역에 주둔 중인 43군의 43미사일사단 사령부를 방문했을 때 자신들의 임무에 대해 알게 되었다. 이 도시는 우크라이나 수도 키이우에서 동쪽으로 200킬로미터 이상 떨어져 있는 과거 코자크 마을이었다. 동독의 드레스덴의 기갑군 사령관이었던 톨룹코는 1960년 새로 편성된 미사일군으로 배치되었고, 지금은 미사일 병력을 쿠바로 운송하는 책임을 맡고 있었다. 그는 사단 지휘 장교들을 불러 회의를 했다.[3]

"이 회의는 극도의 보안 속에 진행되었습니다. 경비병들이 곳곳에 배치되었고, 모든 문은 닫히고 창문 가림막도 내려졌습니다. 방첩 장교들도 임무를 수행했습니다"라고 대위이자 공산당청년조직(Komsomol)요원이었던 쿠렌노이Igor Kurennoi는 회고했다. "톨룹코는 반쯤 속삭이는 소리로 이렇게 선언했습니다. '장교 동지들, 당과 정부는 귀관들을 깊이 신뢰합니다. 귀 사단은 아주 책임이 막중한 임무를 수행하게 되었습니다. 소련 국경 밖의 임무가 될 것입니다.'" 톨룹코는 임무 수행 장소를 장교들에게 밝히는 것을 서두르지 않았다. 이는 자신도 그 장소를 알지 못함을 암시했다. 그러나 그는 이렇게 덧붙였다. "귀환했을 때 귀관들의 이름은 대리석에 금빛 글자로 새겨질 것입니다."[4]

톨룹코는 자신이 롬니에 온 것을 자랑스러워할 이유가 있었다. 이 도시에 주둔한 43사단은 5월 24일 흐루쇼프와 지도부가 승인한 아나디르 작전 초안 작성 때부터 쿠바 파견 부대로 선택되었다. 이 서류에는 이렇게 명시되어 있었다. "쿠바에서는 5개 연대로 구성된 제43미사일사단을 파견한다(사단장은 스타첸코 소장임)." 이고르 스타첸코Igor Statsenko는 총참모대학 출신의 43세 장군이었고, 자신이 이름이 작전 계획서에 오르기 몇 주 전인 1962년 4월 소장으로 진급했다. 1986년 핵재앙이 일어나는 체르노빌 출신인 그는 2차대전 중 방공포대에서 전투를 치렀고, 이후 계속 그 분야를 담당했다.[5]

키 크고 호리호리하고 숱 많은 검은 머리칼의 스타첸코는 상관과 부하 모두에게 존경을 받고 있었다. "항상 영민해 보이고, 매일매일의 활동과 행진에서는 흠잡을 데 없는 자세를 보이고, 직접 시를 쓰는 시 애호가이자 친구들 앞에서는 노래를 즐겨 부르고 무엇보다 군생활에 전적으로 헌신하는 이고르 데먀노비치 스타첸코는 내게 개인적으로 귀감이 될 장교이자 장군이고 시민이다"라고 그의 부하 중 한 사람이 나중에 적었다. 첫 작전 계획서에 스타첸코의 이름을 올린 그립코프 장군도 그에 대해 높은 평가를 하고 있었다. 일머리가 있고, 에너지 넘치고, 늘 유쾌했다고. 어떤 이들은 그가 너무 야심이 크다고 여겼지만, 어떤 이들은 그가 적절한 추진력과 야망을 갖추고 있다고 생각했다. 그렇지 않다면 아무도 모르는 우크라이나 소도시 출신인 그가 42세의 나이에 미사일사단 지휘관이 되고, 43세에 장군이 될 수 있었겠는가?[6]

전략미사일군은 편성된 지 불과 1년 반밖에 되지 않았고, 스타첸코는

1961년 여름에 미사일군에 들어왔다. (여단으로 시작된) 미사일사단은 스타첸코가 롬니에 도착하기 불과 1년 전에 편성되었고 그는 처음부터 모든 일을 해야 했다. 그의 시간 대부분은 발사대 건설을 감독하는 데 쓰였다. 이 과업은 1년에서 1년 반이 걸려 1963년 초에야 완료될 수 있는 상황이었다. 스타첸코와 그의 사단이 미사일공장으로부터 인수받은 미사일과 관련 부품에도 문제가 있었다. 미사일 설치를 기한 안에 완료하기 위해서 지휘관들은 미사일을 전투준비 상태로 만들었다고 모스크바에 보고했지만, 실제로는 새로 만들고 시험을 거치지 않아 종종 오작동하는 부품으로 인해 발사대와 미사일을 발사하기까지 6개월을 더 필요로 했다. KGB는 이것이 스타첸코와 동일한 미사일사단인 드미트리 콥자르Dmitrii Kobzar 장군이 지휘하는 부대에 해당되는 문제라고 보고했다. 당시에 이것은 사소한 문제인 것처럼 보였다.[7]

스타첸코가 지휘하는 부대에는 4개 연대가 있었다. 2개 연대는 미하일 얀겔이 개발한 R-12미사일을, 다른 2개 연대는 R-14미사일을 보유하고 있었다. R-12미사일은 운용 사정거리가 2,080킬로미터였다. 오흐티르카에 주둔한 스타첸코의 연대의 발사대에서 발사하는 미사일은 1,711킬로미터 떨어진 빈에까지 다다를 수 있지만, 그다음 주요 서방 도시인 뮌헨은 2,162킬로미터 떨어져 있었다. R-14미사일은 3,700킬로미터 떨어진 목표물을 타격할 수 있었다. 레베딘과 흘루히브의 발사대에서 발사한 미사일은 파리까지 도달할 수 있지만 마드리드까지는 미치지 못하였다. 유럽 국가의 두 수도는 흘루히브에서 각각 2,710킬로미터, 3,394킬로미터 떨어져 있었는데 흘루히브는 러시아-우크라이나 국경 근방의 과거 코자크령*의 수도였고 니키타 흐루쇼프의 고향인 칼리놉카 마을에서 북동쪽으로 불과 58킬로미터 떨어진 곳이었다.

* 15세기에 형성되고 17세기 중반부터 18세기 중반까지 폴란드 지배에서 벗어나 독자적 세력을 형성한 코자크령의 수도는 처음에는 흘루히브였다가 후에 바투린으로 옮겨졌다.

스타첸코의 43사단은 43군에 속해 있었는데, 이 부대 사령부는 중부 우크라이나의 빈니차시에 위치해 있었고 사령관은 파벨 단케비치Pavel Dankevich 장군이었다. 스타첸코의 다른 상관으로 군 부사령관인 레오니트 가르부즈가 있었는데, 단케비치와 가르부즈 모두 스타첸코와 함께 쿠바로 파견될 예정이었다. 미사일군의 부대는 서쪽으로 카르파치아 산맥에까지 배치되어 있었다. 러시아와 접경한 우크라이나 북동부 지역에 배치된 스타첸코의 부대는 중부와 서부 유럽의 목표물과 멀리 떨어져 있어 동유럽 전장에서 이동해도 큰 지장이 없었다.

아나디르 작전 계획에 따르면 스타첸코는 자신의 4개 연대 중 3개 연대를 인솔하여 쿠바로 가게 되어 있었다. 가장 서쪽인 중부 우크라이나 도시 우만에 주둔하고 있는 R-12 운용 연대는 현 위치를 지키고, 유럽 목표물에서 멀리 떨어진 나머지 R-14 운용 2개 연대와 R-12 운용 1개 연대는 쿠바로 이동하게 되었다. 스타첸코는 자신이 뒤에 남기고 가는 R-12 운용 1개 연대에 대한 '보상'으로 우크라이나 북부와 리투아니아 주둔 2개 연대를 인솔해서 가게 되었다. 스타첸코 휘하로 새로 편성된 부대는 제51미사일사단으로 명명되었다. 쿠바에서 이 부대는 지휘관의 이름을 따 '스타첸코 부대'로 불리게 되었다.[8]

60세인 이사 플리예프Issa Pliev 중장은 7월 7일 기동부대의 정식 명칭인 쿠바소련군집단의 사령관으로 임명되었다. 전체 작전에서 가장 중요하고 예민한 직책에 대한 이 임명에 많은 사람들이 놀랐고, 특히 플리예프 자신이 크게 놀랐다. 아나디르 작전의 주목표가 쿠바에 미사일을 배치하는 것이기에 전략미사일군의 고위 지휘관이 임무를 이끌도록 선발되리라 예상했었다. 많은 이들이 사령관의 임무가 43미사일군의 사령관이자 스타첸코의 직속 상관인 43세의 파벨 단케비치 중장에게 돌아갈 것으로 기대했었다. 쿠바에 배치되는 스타첸코 사단의 5개 연대 중 4개 연대가 단케비치가 지휘하는 미사일군 소속이었다.

그러나 흐루쇼프는 다른 지휘관을 그 자리에 임명하고 개인적으로 단케비치에게 이에 불만을 품지 말도록 부탁했다. 단케비치가 사령관이 될 것이라고 기대했던 가르부즈와 다른 지휘관들에게는 단케비치를 임명하지 않은 것이 비밀 유지를 위해서라고 설명했다. 쿠바 파견 부대의 사령관으로 미사일군 지휘관을 임명하는 것은 작전의 주목적이 쿠바에 탄도미사일을 배치하는 것임을 드러내는 것이었다. 가르부즈 장군은 또 다른 해석을 했다. "우리는 흐루쇼프가 부대 배치 중에 결정적인 순간이 닥칠 수도 있다는 것을 알았기 때문에 다른 지휘관을 선택했다는 것을 깨달았다. 우리는 스스로를 방어하고, 그곳에 미사일을 배치할 권한을 수호할 필요가 있었다."[9]

이것이 사실에 더 가까웠다. 처음부터 총참모부 작전가들은 미사일 군대만이 아니라 육군, 해군, 공군이 같이 관여하는 작전을 구상했다. 흐루쇼프는 후에 이렇게 회고했다. "만일 정말로 로켓을 배치하려고 한다면 이것은 보호되고 방어되어야 한다고 우리는 생각했다. 이것은 보병을 필요로 한다. 그것이 우리가 그곳에 수천 명의 보병을 파견한 이유였다. 대공무기도 빠질 수 없었다. 그런 다음 우리는 적군이 공수부대를 투입할 경우를 대비해서 로켓을 방어할 포병부대도 필요했다." 흐루쇼프는 여러 군을 통솔한 경험이 있는 지휘관을 찾아야만 했다. 새로 편성된 기동부대는 동독과 다른 동유럽 국가에 주둔한 소련군집단보다 우월하지는 않아도 그와 대등해야만 했다. 게다가 동독에서 사용되는 '사령관(commander)'보다는 한 단계 높은 '총사령관(commander in chief)'이라는 직책이 쿠바군 집단에 제안되었다. 이 제안은 실행되지 않아 플리예프에게는 '사령관'이란 명칭이 부여되었지만, 여러 군을 통솔해본 경험이 있는 사람이 필요하다는 아이디어는 적용되었다. 플리예프가 여기에 딱 맞았다.[10]

플리예프를 다른 경쟁자들과 구별되게 만드는 다른 요인들도 있었다. 국방장관인 말리놉스키 원수는 플리예프를 오랜 기간 알아왔고 그를 신임했다. 러시아와 조지아 접경의 북오세티아 출신인 플리예프는 1922년에 적군赤軍에 가담했다. 머리부터 발끝까지 기병인 그는 2차대전 중 현대 기계화전에서 대규모 기병 작전을 효과적으로 펼쳤다. 소련 탱크부대 포진은 플리예프의 기병대에 의해 강화되었고 스탈린그라드 전투 후 그의 지휘 아래, 독일군이 장악했던 지역을 깊숙이 돌파하는 공격을 할 수 있었다. 1944년 말리놉스키 휘하에서 전투를 치르면서 그는 말리놉스키의 고향인 오데사에 기습 공격을 가하여 흑해 연안의 이 도시를 해방시킨 공으로 소련 황금별 훈장을 처음 받았다. 그는 다음 해 다시 말리놉스키 휘하에서 남부 몽골의 고비 사막에서 기습 공격을 성공시켜 베이징으로 진격하여 그곳에 주둔하고 있던 일본군의 항복을 받아낸 공로로 두 번째 황금별 훈장을 받았다.[11]

1962년 4월 플리예프는 소련군에서 원수 다음으로 최고위직인 군사령관(General of the Army)으로 임명되었다. 당시 그는 남부 러시아와 자신의 고향인 북오세티아를 포함한 코카서스 자치공화국을 관할하는 북코카서스 군관구 사령관이었다. 6월에 그는 전 상관이자 후원자인 말리놉스키뿐만 아니라 공산당 정치국 전체의 관심을 끌게 되었다. 그달에 남부 러시아의 돈코자크 근거지였던 산업도시 노보체르카스크의 노동자들이 육류와 버터 가격 상승에 항의하는 파업을 벌였다. 나쁜 날씨와 농업 부문의 잘못된 경영으로 인해 발생한 식량 위기 가운데 간신히 경제를 지탱해가고 있던 흐루쇼프 정부는 강압적인 방법을 사용해 사태를 해결하려고 했다. 노동자들은 지역 공산당사를 포위하고 흐루쇼프가 노보체르카스크에 파견한 고위 정부대표단을 청사에서 쫓아냈다. 대표단 중에는 아나스타스 미코얀도 포함되어 있었다.

당 중앙위원회 서기이며 흐루쇼프 다음 이인자인 프롤 코즐로프는 KGB와 경찰뿐만 아니라 군대까지 동원했다. 플리예프는 자신의 탱크부대에 실탄을 장착하도록 명령했다. 반란자들을 진압하기 위해 탱크가 사용되지는 않았지만, 내무부 병력이 시위자들에게 사격을 가하여 최소한 24명이 사망하고, 87명이 부상을 입었다. 봉기는 진압되었다. 살아남은 봉기 주동자들과 활동가들은 재판에 회부되었다. 이들 중 일곱 명이 사형선고를 받고 총살형을 당했다.[12]

6월 2일 노보체르카스크에서 일어난 일과 플리예프가 이 사건에 참가한 것은 소련 말기까지 1급 국가 기밀로 남아 있었다. 그러나 소련 반체제 작가 알렉산드르 솔제니친Aleksandr Solzhenitsyn이 1968년 실화 소설에서 이 노보체르카스크 사건을 서술했다. 그에 따르면 오세티아인인 플리예프는 비러시아계 병사들을 동원해 러시아인 노동자들에게 사격을 가하게 했고, 사격이 끝나자 이들을 러시아인 병사들로 교대해 사건에 대한 책임을 이들이 지게 했다. 노보체르카스크 폭동 진압 과정에서 플리예프의 역할에 대한 논란은 오늘날까지 이어진다. 일부는 그가 신중했고 압력을 받고 행동했다고 말하고, 일부는 그의 부하들이 실탄을 사용하기를 거부했기에 더 큰 유혈사태를 막을 수 있었다고 주장한다. 사건의 진실이 무엇이든 폭동을 진압하는 데 플리예프가 수행한 역할은 권력 지도부의 마음을 샀고, 그는 크렘린에서 정치적 자산을 쌓게 되었다. 말리놉스키뿐만 아니라 흐루쇼프도 이 장군을 신뢰할 수 있다고 생각했다.[13]

플리예프는 군관구 병력 훈련을 지휘 중이던 7월 4일 호출되어 새로운 쿠바 기동부대 지휘를 맡으라는 명령을 받았다. 흐루쇼프는 플리예프 임명 상황을 후에 이렇게 회고했다. "말리놉스키는 국방장관으로서 오세티아인인 군사령관 플리예프를 지휘관으로 임명할 것을 제안했다. 플리예프 장군은 모스크바로 호출되었고 나는 그와 얘기를 나누었다. 그는 이미 나이가 많았고 병을 앓고 있었지만 전문성은 뛰어났다. 2차대전 중 많은 전투를 치렀고, 내전에도 참가했을 것이다. 나는 2차대전 중 기병대 지휘관으로 그를 알게 되었다. 똑똑한 사람이었다. 플리예프는 임명이 확정되면 쿠바로 가서 자신에게 부여된 임무를 수행하는 것을 영광으로 삼겠다고 말했다." 흐루쇼프는 플리예프가, 자신이 찾던 경험과 충성심을 갖춘 인물임을 확인했다. 그는 지난 전쟁에서 기병대를 지휘했던 인물에게, 미래의 전쟁을 개시할지

모를 핵무기의 책임을 맡기는 것이 전혀 문제될 것이 없다고 보았다.[14]

플리예프는 자신이 임명되기 전 흐루쇼프가 개인적으로 임명을 승인한 미사일군 장군과 장교 집단을 지휘했다. 미사일군의 가장 신뢰받는 단케비치가 그의 부사령관이 되었다. 단케비치의 빈니차 미사일군의 부사령관인 레오니트 가르부즈가 그의 작전 담당 부사령관이 되었고, 흐루쇼프에게 쿠바에서는 닭 한 마리도 은폐하기 어렵다고 했던 알렉세이 데멘체프는 지상군 담당 부사령관으로 임명되었다. 검은 콧수염 아래 입에 미소를 띤 차분하고 목소리가 부드러운 플리예프는 사람을 다루는 데는 뛰어났지만, 자신이 지휘할 작전에 대해서는 준비되어 있지 않았다.

군 경력 대부분을 기병대에서 보낸 그는 미사일에 대해서 아는 것이 거의 없었고, 기병대에서만 쓰는 '기병 중대(squadron)'라는 용어를 미사일 부대를 지칭하는 데 써 부하들의 조롱을 살 정도였다. 또한 아무런 외교 경험이 없어, 외교적 처리가 많이 필요한 그의 새 직책에 자질이 부족했다. 여기에다 신장병으로 고생하고 있었기 때문에 총참모부가 그를 돌볼 개인 의사도 7월 18일 2차 선발부대의 일원으로 파견해야 했다. 늙고 병약하고 능력이 떨어지는 플리예프는 그를 별로 존경하지 않는 젊고 야심 찬 부사령관들에 둘러싸였다. 흐루쇼프와 말리놉스키는 자신들이 원하던 똑똑하고 충성스러운 사람을 기동부대 사령관으로 제대로 임명했다고 생각했지만, 그의 건강 문제는 덥고 습기 찬 쿠바 기후에서 더 심해졌고, 존경받으면서 부하들을 통솔할 능력은 도전받을 수밖에 없었다.[15]

위장 공작을 위해 성을 파블로프로 바꾼 플리예프와 그의 부사령관들은 7월 10일 당시로서 가장 크고 빠른 여객기인 투폴레프114를 타고 쿠바로 날아갔다. 이 비행기는 흐루쇼프가 1959년 가을 미국을 방문할 때 탔던 기종이었다. 소련 항공전문가로 신분을 내세운 소련 민간항공국 책임자인 예브게니 로기노프Yevgenii Loginov도 이들과 함께 갔다. 이들의 쿠바 비행은 특별한 것이었다. 이것은 소련 민간항공기 최초의 쿠바 비행이었다. 이것은 모스크바와 아바나 사이의 민간 정기 노선 개설 가능성을 체크하는 시험비행이기도 했다.

비행기는 급유를 위해 중간 기착을 해야 했고, 아프리카 서부 해안의 새로운 소련 동맹국인 기니가 첫 목적지가 되었다. 소련 측은 기니의 수도 코나크리에 새로운 비행장을 건설했다. 이것은 원조 프로젝트의 일부이기도 했지만, 대서양 횡단 비행을 위해 소련에게 필요했던 건설사업이기도 했다. 이렇게 해서 플리예프와 일행은 코나크리로 비행해 로기노프가 주재한 소련 건설 비행장 준공식에 참석한 후 아바나로 계속 날아갔다. 아바나에서는 모스크바로부터 온 첫 비행기를 맞으러 나온 군중들의 환영을 받았다.[16]

아바나행 다음 비행기는 7월 18일 모스크바를 출발했다. 이 비행기에는 플리예프의 개인 의사 말고도 우크라이나 스타첸코 사단의 장교 집단도 타고 있었다. 이들은 한 달 전인 6월 18일 소집되어 비류조프, 톨룹코, 그립코프와 회동을 가졌다. 이들의 첫 임무는 선박으로 운송될 미사일 기지 설치를 위한 장소를 조사하는 것이었다. 소련 영토 외 지역에 처음으로 미사일을 배치하는 작전이기 때문에 많은 문제를 논의하고 해결해야 했다. 7일 동안 스타첸코 부대 장교들은 극도의 보안을 유지하며 미사일을 육로와 해로로 운송하는 문제를 어떻게 해결할 것인지 교육받았다. 비류조프는 쿠바에 주둔하는 미사일 연대들이 최신형 R-12미사일을 보급받도록 조치했다.[17]

오흐티르카에 주둔한 미사일 연대 부사령관인 아나톨리 부를로프Anatoly Burlov 소령은 후에 모스크바에서 자신과 동료 장교들이 농업 개선 전문가라고 위장한 서류를 받았다고 증언했다. 일부 장교들의 이름이 혼동되고 잘못 표기되었지만 서류를 바꿀 시간은 없었다고 그립코프는 회고했다. 이들은 새 여권에 적힌 이름을 그대로 쓰도록 명령받았다. 부를로프 그룹에서 일부 장교는 자신들이 전혀 알지 못하는 분야인 농업 개선 전문가로 불리는 것에 항의했다. 그러나 이런 불만은 묵살되었고, 집단 중에 농업에 대해 조금이라도 알고 있는 장교는 자신의 '지식'을 나머지 사람들과 공유하라는 지시를 받았다.[18]

'농업 전문가'로 구성된 부를로프 그룹은 여러 번 중간 기착을 하고 비행기를 갈아타며 아바나에 도착했다. 카리브해 적도 폭풍으로, 이들이 탄 비행기는 바하마의 나소 공항에 비상착륙 해야 했다. 적도의 열기와 높은 습도가 비행기로 들어오자 이들은 비행기에서 내리는 것이 허락되었는데, 내리자마자 생전 처음 '러시아 사람들'을 보게 된 수백 명의 미국 관광객들의 관심 대상이 되었다. 미국인들은 더위로 고생하는 소련 '농업 전문가들'의 사진을 찍었지만, 실제로 자신들이 소련 미사일군의 첫 부대가 카리브해에 도착한 것을 기록하고 있는 줄은 전혀 알지 못했다. 폭풍이 지나가자 브룰로프와 동료 장교들은 아바나로 비행을 계속해서 스타첸코 장군의 환영을 받았다.[19]

쿠바에 도착한 선발부대가 발견한 첫 사실은, 6월 초 아바나를 방문하고서 나중에 부하들에게 멋진 날씨에 대한 설렘을 전했던 비류조프 원수가 쿠바의 지형뿐 아니라 날씨에 대해서도 착각을 했다는 것이었다. 그는 보통 6월에 시작해서 11월까지 가는 허리케인 시즌을 피했을 따름이었다. 지형에 대해 말하자면 비류조프는 쿠바를 둘러볼 시간이 없었기 때문에 흐루쇼프에게 그가 듣고 싶어 했던 것만을 보고했다. 즉 미사일을 은폐할 만큼 충분한 자연 덮개가 있으므로 미국인들이 발견하지 못할 것이라고. 가르부즈는 후에 비류조프의 방문 인상에 대해 냉소를 숨기지 않으며 이렇게 말했다. "여기는 어떤 나무 아래서든 잠잘 수 있는 최고의 나라여서 미사일을 숨기는 건 그다지 힘든 일이 아니었죠." 7월에 쿠바에 도착한 플리예프, 가르부즈, 부를로프와 다른 장교들이 맞닥뜨린 것은 압도적인 더위, 진을 빼놓는 습도, 만만치 않은 지형이었다.[20]

선발부대는 곧 작은 야자수 숲은 20미터가 넘는 미사일을 은폐할 수 없고, 더 넓은 숲은 공중으로의 자유로운 이동을 어렵게 한다는 것을 알았다. 현지의 더위와 습도는 유럽 전장용으로 제작된 미사일 장비를 오작동하게 만들 수 있었다. 거기에다 소련 사람들이 이전에 전혀 본 적이 없어 제대로 대응할 수 없는 독초 식물도 많았다. 비류조프 일행이 선정한 장소는 전혀 알맞지 않다는 것이 판명되었다. 스타첸코는 이후 자신들의 활동과 발견에 대해 이렇게 보고했다. "총참모부가 연대 배치 지역으로 지시한 지역을 네 차례 헬리콥터로 정찰했다. 쿠바의 서부와 중부 지역을 헬리콥터에서 관찰한 결과 시도로프Ivan Sidorov, 체르케소프Cherkesov, 반딜롭스키Bandilovsky 동지의 연대에 배정된 지역들은 지형이 험하고 식물이 거의 없으며 도로 사정이 아주 열악하다는 것이 확인되었다. 따라서 이곳들은 로켓연대의 배치에는 적절치 않다."[21]

소련의 인력들은 새로운 장소를 찾기 위해 처음부터 모든 일을 다시 해야 했다. 쿠바인들은 자신들의 요구 조건도 제시했다. 미사일 배치를 위해 선정된 장소의 면적이 1,100에이커를 넘어선 안 되고, 이주시킬 가구 수는 6~8가구를 넘어선 안 된다는 것이었다. 쿠바 동지들의 도움으로 소련 팀들은 9천 제곱킬로미터가 넘는 지역에서 150곳 이상의 장소를 조사하여 자신들의 필요에 대충 들어맞는, 그럼에도 여전히 미국 정찰기로부터 제대로 은폐해주지는 않는 열 곳의 장소를 선택했다. 5개 연대는 미사일 발사장치를 설치할 수 있는 장소를 각각 두 곳씩 배정받았다. 소수의 기술자들의 도움을 받아 이들은 즉시 미사일 발사장치 설치 작업에 들어갔다. 미사일은 9월 초에 쿠바에 도착할 예정이었다.

그들이 깨달은 불편한 사실 중 하나는 쿠바의 강 위에 설치된 어느 다리도 지정된 장소로 이동할 소련제 트럭과 미사일의 무게를 견디지 못한다는 것이었다. "사단 사령관은 전례 없는 결정을 내려야 했습니다. 특히 다리 사용 불가로 인해 강둑에 시멘트를 부어 무거운 장비들이 건너갈 수 있게 만들어야 했죠"라고 한 작전 참여자가 회상했다. 예상하지 못한 상황들이 이어졌다. 쿠바의 전기 시스템의 진동수는 60헤르츠인 데 비해 소련 장비는 50헤르츠에 맞게 설계되었다는 것이었다.[22]

선정된 장소들의 문제와, 새로 조사한 지역에서도 미사일과 발사대 은폐가 불가능하다는 뉴스는 곧 모스크바에 도착했다. 흐루쇼프는 나중에 미사일 비밀 배치와 관련된 문제의 책임을 비류조프에게 돌린다. "그래서 우리는 로켓을 배치할 최적의 방법을 알아보기 위해 비류조프를 미사일 전문 인력과 함께 그곳에 파견한 것이었다. 이들은 돌아와서 미사일 배치가 은폐될 수 있을 것이라고 보고했다. 이 정찰 활동이 엉망이었다는 것이 분명해졌다. 이들은 야자나무가 로켓의 배치를 덮어줄 것이라고 순진하게 생각한 것이었다."[23]

미사일을 미국의 U-2기 정찰로부터 숨기는 것이 불가능하다는 것을 점점 깨닫게 되면서 소련 군지휘관들은 미사일군의 출발 시간표를 조정하기로 결정했다. 총참모부는 준중거리, 중거리 미사일을 당장 운송하는 대신, 방공미사일을 핵탄두와 핵탄두를 운반하는 미사일보다 먼저 보내기로 결정했다. 이 아이디어는 미국 U-2기가 탄도미사일을 발견하기 전에 격추할 능력을 갖추려고 나온 것이었다. 방공미사일이 배치된 후에 R-12와 R-14 로켓 배치를 시작하기로 했다.

이것은 아주 훌륭한 조치인 것으로 판명됐다. 대공미사일을 쿠바로 운송한 것은 이후 핵탄두와 핵탄두를 운반할 R-12미사일의 도착을 비밀로 지키도록 도와주었다. 그러나 소련 측이 생각한 방식대로는 아니었다. 미국은 경계태세를 취했지만, 방공미사일 도착에 대해서는 크게 동요하지 않았다. 미국은 소련의 군비 건설이 '방어용' 미사일로 제한되었다고 전제하고, 훨씬 더 위험한 무기의 도착은 놓친 것이다. 흐루쇼프는 운이 좋았다.[24]

공해

냉전 역사에서 소련의 건화물 수송선 일리야 메치니코프Ilia Mechnikov 호만큼 큰 족적을 남긴 민간 선박은 없다. 1956년 프랑스에서 건조되고, 유명한 러시아 면역학자인 1908년 노벨상 수상자 이름을 딴 이 배는 100입방미터 규격의 화물을 3천 톤 이상 싣고 운송할 수 있었다. 1960년 9월 이 선박은 쿠바에 보내는 첫 소련 무기와 탄약을 운송했는데 여기에는 2차대전 때 이름을 날린 T-34탱크 최소 열 대와 100대의 방공포가 포함되었다. 쿠바 운송을 담당한 후 한참 세월이 지난 1973년 10월 일리야 메치니코프호는 욤 키푸르Yom Kippur 전쟁 당시 시리아의 타르투스 항구에 정박한 상태에서 이스라엘 함정의 포격을 받고 침몰했다.[1]

1962년에도 일리야 메치니코프호는 바쁘게 움직여, 처음에는 인도에서 불가리아로 소를 운송했고 다음에는 무기와 병력을 싣고 쿠바로 두 번 항해했다. 첫 항해는 8월 8일 시작되어 모항인 오데사를 떠나 크림반도의 페오도시아Feodosia*에서 화물을 적재했다. 공식 서류에 의하면 이 배는 1,260톤의 화물을 프랑스의 르아브르 항으로 운송하는 것으로 되어 있었다. 그러나 실제로는 쿠바에 설치될 군통신센터의 장비와 요원들을 운송하게 되어 있었다. 선박은 8월 11일 극비 보안 속에 페오도시아 항구를 떠났다. 선원들의 모든 상륙 허가가 취소되었고 이는 배에 배치된 KGB 장교인 조줄리아Zozulia 대위가 지시한 것이었다.[2]

* 크림반도 북부 지역의 항구로 고대부터 그리스인, 아르메니아인, 타타르인, 이탈리아인 등 여러 종족이 거주했고 실크로드 종착지로서 이탈리아 제노바 공국의 식민지로 중개무역 중심지였다. 14세기에 중앙아시아 지역에서 온 전염병 페스트가 이 항구를 통해 유럽대륙으로 퍼졌다. 옛 지명은 카파였고 현재의 지명은 그 이전 고대 그리스어 지명을 복원한 것이다.

일리야 메치니코프호는 8월 14일 선장이 허위로 작성된 화물신고서를 터키 당국에 제출하고 보스포루스해협을 무사히 통과했다. 그러나 배가 지중해에 들어서서 지브롤터를 향할 때 선장뿐만 아니라 KGB 장교 조줄리아까지 주목할 비상 상황이 발생했다. 선박 기계공인 마주르Mazur란 선원에게 생긴 문제였다. 일리야 메치니코프호가 흑해를 떠난 지 얼마 지나지 않아 그는 복부의 통증을 호소했다. 배의 의사인 졸켑스키Zholkevsky는 마주르를 진찰하고 급성맹장염이라는 진단을 내렸다. 마주르는 급히 수술을 받아야 했지만 조줄리아 선장은 그를 상륙시킬 수 없었다. 아무도 이 배의 최종 행선지를 몰랐지만 배에 적재된 군용 장비들은 극비였고, 다른 이들과 마찬가지로 마주르는 공식 화물신고서와 실제로 운송 중인 화물이 다르다는 것을 알고 있었다.

조줄리아의 임무는 어떤 외국인, 특히 지브롤터의 영국 당국이 마주르에게 접근하여 무슨 일이 진행 중인지 알아내는 것을 막는 것이었다. 졸켑스키와 동료들, 즉 군요원들과 동행하는 세 명의 군의관들은 마주르가 수술을 받지 않으면 사망할 것이라고 결론 내렸다. 이들은 선상에서 수술을 실시하기로 결정했다. 조줄리아, 선장, 부선장은 마주르를 만나 수술에 동의하라고 설득했다. 마주르는 동의했다.

네 명의 의사는 평소에 정치 교육을 하는 장소로 지정된 '레닌 실'에서 네 시간 동안 수술을 진행했다. 수술은 잘되지 않았다. 의사들은 염증이 생긴 충수를 제거하는 데 실패한 채 수술 부위를 봉합하고 마주르가 병원에서 수술받아야 한다고 선언했다. 마주르의 상황은 악화되고 있었지만, 그를 상륙시키는 것은 여전히 선택사항이 아니었다. 이들은 오데사에 전문을 보내 지시를 요청했고, 마주르를 소련으로 귀환 중인 소련 선박으로 이송시키라는 지시를 받았다.

조줄리아는 상부에서 지시받은 대로 했다. 마주르를 지브롤터 60마일 지점에서 조우하는 유조전 이자슬라브로 옮겨 이송해야 했다. 일리야 메치니코프호는 이 지점까지 가는 데 약 5일이 걸렸고, 이는 마주르가 그로부터 다시 5일을 더 기다려야 오데사 항에 상륙할 수 있으며 가는 도중에 사망할 수도 있다는 것을 의미했다. 이쟈슬라브호 선장은 최악의 경우 마주르를 시칠리아나 이집트 알렉산드리아의 병원에 입원시킬 수 있지만, 소련 관리 한 사람이 그와 동행해 건강 문제 이외의 다른 질문을 마주르에게 하는 것을 막아야 한다고 지시되었다. 무슨 일이 있어도 마주르는 영국령인 지브롤터에는 상륙할 수 없었다.

아나디르 작전은 완전한 기밀 상태로 수행되어야만 했다. 일단 화물이 적재된 다음 누구도 배를 이탈할 수 없었다. 특히 쿠바로 항해하는 중에는 더욱 그랬다. 일리야 메치니코프호에 승선해 보고서를 제출한 조줄리아는 마주르의 건강이 너무 악화되어 이쟈슬라브호의 선장이 그를 지브롤터의 병원에 데려갈 뻔했다는 사실을 나중에 알고서 경악했다. 마주르는 이 극한 상황에서 살아남았다. 당시 상황의 슬픈 아이러니는 당시 마주르도 조줄리아도 모두 배의 행선지를 모르고 있었다는 것이다. 이와 관련한 지시는 봉투에 들어 있었는데, 선박이 지브롤터해협을 빠져나온 다음에야 선장이 열어볼 수 있었다. 일리야 메치니코프호의 행선지가 쿠바 북부 해안의 누에비타스의 항구 마을이라는 게 마침내 드러났다. 그러나 배가 그곳에 도착하자 쿠바 남쪽 해안의 다른 항구로 가라고 다시 지시되었다. 이것은 미국 측을 혼란스럽게 하려는 기도가 아니라 전반적 무질서의 결과였다. 선박의 화물은 8월 30일과 31일 드디어 산티아고 데 쿠바에 내려졌다.[3]

일리야 메치니코프호가 쿠바로 운송해 온 통신 장비는 게오르기 보론코프Georgii Voronkov 대령이 지휘하는 제27방공미사일 사단을 위한 것이었다. 이 장비는 한 달 반 뒤 미국의 U-2기를 쿠바 상공에서 격추할 때 사용되었다.

제10방공사단 혹은 볼고그라드 사단(소련에서 배치되어 있던 장소)이라고 알려진 보론코프 사단은 소련 총참모부가 전략미사일을 쿠바에서 은폐하기가 불가능하고, 미국의 쿠바 상공 비행을 막기 위해 방공미사일이 필요하다는 결론을 내린 후 선발대로 보낸 두 개의 방공미사일 사단 중 하나였다. 미하일 토카렌코Mikhail Tokarenko 소장이 지휘하는 또 다른 사단은 우크라이나에서 쿠바로 왔다. 소련의 편제로 드니프로페트롭스크 제11방공사단은 쿠바에서 제12사단이란 명칭을 부여받았다. 두 사단 모두 고공에 도달해 U-2기를 격추할 수 있는 S-75데스나(미국 분류로는 SA2유도미사일) 지대공미사일을 보유하고 있었다. 쿠바 서부 지역에 배치된 드니프로페트롭스크 방공사단은 7월에 쿠바에 도착했고, 볼고그라드 방공사단은 쿠바의 동부 지역에 8월에 도착했다.[4]

미국의 정찰로부터 S-75지대공미사일이 방어하기로 되어 있는 첫 R-12중거리미사일은 일본에서 건조되어 전년도 350만 달러에 소련으로 인수된 옴스크Omsk호에 실려 9월 9일 쿠바에 도착했다. 옴스크호는 열두 대의 중형 크레인, 각각 한 대씩의 경량 지벳과 중량 지벳이 설치되어 있어 다섯 곳의 적재칸에 화물 싣는 속도를 빠르게 했다. 옴스크호는 6기의 22미터 길이의 R-12미사일과 166개의 부품을 운송해 왔다. 총 2,200톤의 미사일과 장비가 옴스크호가 도착한 쿠바 항구의 하역장에 하역되었다.[5]

옴스크호가 운송해 온 R-12미사일은 리투아니아의 플룬게에 배치되어 있던 637연대에 배속된 미사일이었다. 이 연대의 지휘관인 41세의 이반 시도로프 대령은 아나디르 작전에 뒤늦게 배속되어 7월 말에야 새 보직에 임명되었다. 그의 전임자인 콜레스니첸코V. V. Kolesnichenko 대령이 가족 문제로 해외 배속에서 면하게 해달라고 상관들에게 요청한 것이었다. 비류조프의 부사령관 톨룹코는 미사일 연대의 지휘관 선정과 쿠바로의 장비 이송을 관장한 인물로, 리투아니아로 특별기를 보내 당시 각각 다른 연대를 지휘하고 있던 콜레스니첸코와 시도로프를 모두 소환해서 전략미사일군 작전회의에 참석하게 했다. 콜레스니첸코가 먼저 불려 들어간 후 불과 몇 분 만에 해고되었다. 그의 표정을 본 시도로프는 그가 강등된 것을 알아차렸다.

톨룹코는 시도로프를 불러들인 후 정부가 부여하는 특별 임무에 복무할 준비가 되어 있는지를 물었다. 자세한 사항은 알려주지 않았지만, 시도로프는 이에 복종하겠다고 답하면서 단지 자신의 배우자를 같이 가게 해달라고 청원했다. 이 요구는 수용되었다.[6]

시도로프는 이틀 시한으로 자신의 지휘권을 다른 장교에게 인계하고, 쿠바로 배치되는 연대의 지휘를 맡게 되었다. 그의 첫 임무는 자신의 새 연대를 크림반도의 세바스토폴로 이동시키는 것이었다. 시도로프가 지휘를 맡은 첫날 밤 연대병력은 약 1만 1천 톤에 달하는 로켓과 장비, 보급품을 기차역으로 이동시키기 시작했다. 이 화물을 세바스토폴까지 이동하는 데 열아홉 대의 열차가 필요했고, 거기서부터 쿠바까지 운송하는 데는 옴스크호를 포함해서 여섯 척의 선박이 필요했다. 쿠바로 출발한 다른 배들과 마찬가지로 옴스크호에 화물을 적재하는 작업은 극도의 보안 속에 진행되었다. 특별 경비병들이 항구 경계를 섰고, 적재 독에 있는 장교와 병사들은 그 구역을 떠나거나 외부와 접촉하는 것이 금지되었다.

R-12미사일은 카트에 실려 화물칸에 적재되었다. 위험한 작업이었지만, 대서양에서 만날 미군 정찰기 조종사의 눈에 미사일이 띄지 않게 해야 했다. 또 다른 위중한 일은, 미사일 연소실 펌프를 추진하기 위해 주입할 과산화수소 액체탱크를 적재한 트럭을 화물칸에 위치시키는 것이었다. 트럭을 목재 상자에 넣은 다음 액체탱크와 부딪치지 않도록 특수 바닥에 고정시켰다. 마지막으로 미사일 받침대 공사에 필요한 기계 장비와 민간 트럭을 눈에 쉽게 들어오는 갑판에 적재했다. 옴스크호는 민간 화물을 쿠바로 운송하는 것으로 위장하는 일을 마쳤다.[7]

기밀을 유지하기 위해 리투아니아에서 세바스토폴로 떠나기 전 이들은 겨울옷을 기차에 실었다. 이들은 북쪽으로 향하는 것으로 위장했다. 그러나 일단 기차가 세바스토폴 항구에 도착하자 장교들과 민간 기술자들에게 여름옷이 지급되었다. 모두에게 놀랍게도 이 옷들은 민간 복장이었다. 작전 참가자의 회고에 따르면 "사병과 부사관 모두 슈트, 다양한 색의 체크무늬 셔츠, 천으로 된 챙모자를 착용했고, 장교들은 슈트, 흰색이나 밝은색 셔츠, 모자를 착용했습니다. 사병들에게도 다양한 색상의 슈트와 더불어 당시 최신 유행인, 다양한 스타일의 중간 길이 싱글 재킷들이 지급되었고요. 우리는 '평복'을 입은 서로를 알아보지 못하고 어안이 벙벙해져 바라보았죠."[8]

시도로프 대령과 그의 병력 일부는 6기의 R-12미사일을 배에 싣고 8월 4일 세바스토폴을 떠났다. 이 선박은 61명 이하만 탈 수 있도록 설계되었다. 43명의 선원과 18명의 기타 인원, 즉 승객, 견습선원, 도선사가 탈 수 있었다. 그러나 지금 이 배는 250명의 장교와 병사를 태워야 했다. 모두가 은폐되어야 했기에 항해하는 거의 대부분 시간 동안 이들은 갑판들 사이 격실에 들어가, 태양으로 달궈진 갑판 아래에서 움직이지 못한 채 뜨거운 열기에 시달려야 했다. 보스포루스해협을 통과하기 위해 터키인 도선사가 승선했을 때 병사들은 격실에 갇혀 1958년 제작된 3부작 소련 서사 영화 〈고요한 돈강〉을 반복해서 봐야 했다고 시도로프는 후에 회상했다. 돈강이 흐르듯 그들의 땀도 흘렀다. 갑판에 머물던 시도로프와 일부 인원이 격실의 문을 열었을 때 증기가 올라오는 것이 보였다. 이스탄불의 불빛이 뒤로 보일 때야 이들은 병사들이 격실에서 나와 신선한 공기를 쐬는 것을 허락했다.[9]

쿠바로 미사일, 장비, 군요원들을 수송한 다른 선박들과 비교했을 때 옴스크호의 생활 여건, 아니 호흡 여건은 예외적이라기보다 정규적인 것이었다. "상하갑판 사이의 구멍은 캔버스 천 블라인드로 덮였고, 통풍이 안 되는 격실의 온도는 때때로 50도 이상까지 치솟았습니다"라고 한 미사일 연대의 수석기술자였던 빅토르 예신Viktor Yesin은 회고했다. 중요한 난제 중 하나는 과산화수소의 온도를 섭씨 35도 이하로 유지하는 것이었다. 시도로프와 그의 기술자들은 온도를 28도 정도로 유지하도록 조치했다. 상하갑판 사이 격실의 온도가 이보다 두 배 이상 치솟는 상황에서 이것은 큰 성취였다. 배가 지중해를 떠나 대서양을 항해할 때 다른 문제에 부딪혔다. 한 미사일 연대의 재무장교였던 발렌틴 폴코브니코프Valentin Polkovnikov 중위는

"배의 요동이 심해졌지만, 다들 최선을 다해 견뎌냈습니다"라고 회상했다. 예신에 의하면 "상당수의 병사들(거의 75퍼센트)이 배멀미를 겪었습니다."[10]

고르바초프 시기에 소련의 마지막 국방장관이 될 37세의 드미트리 야조프Dmitrii Yazov 대령은 독일이 건조한 여객선 빅토리호를 타고 소련을 출발해 쿠바로 향했다. 1928년 건조된 이 배는 소련이 전쟁보상금의 일부로 획득한 것이었다. 야조프와 그의 부하들은 8월 23일 레닌그라드 앞 크론슈타트에서 빅토리호에 승선했다. 그가 배에 오르자 인원을 세던 한 대령이 그에게 1230번이란 숫자를 주었다. 330명 정원의 여객선은 최소한 정원을 네 배 초과하는 인원을 실은 것이었다.[11]

야조프는 보병 연대를 지휘했고, 쿠바에 설치되는 미사일을 보호하는 지상군 병력과 함께 파견되는 것이었지만 그도 처음에는 목적지를 알지 못했다. 배가 발트해를 떠나 북해에 들어섰을 때에야 배의 선장인 KGB 장교와 군부대를 통솔하는 야조프는 함께 선장실 금고의 첫 봉투를 열었다. 명령서에는 영국해협으로 가서 그곳에서 다시 다음 봉투를 열라고 나와 있었다. 이 시점에서 그들은 작전 내용을 알게 되었다. 새 명령서와 함께 28페이지짜리 쿠바 역사에 대한 안내서가 들어 있었는데 아마도 실수로 들어간 것으로 보였다. 대부분의 보병 병사들에게 첫 해외여행이었고, 그들은 심한 배멀미에 시달렸다. 16일간의 항해 중 빅토리호를 계속 뒤흔든 폭풍으로 아무도 갑판에 나올 생각을 하지 못하게 되었다. 이것은 정찰기나 순찰함정으로부터 발견될 위험성을 줄여주었다. 그들은 9월 10일 쿠바 북부 해안의 니페만에 도착했다.[12]

쿠바까지 오는 긴 여정 동안 야조프는 빅토리호의 선장인 이반 피스멘니Ivan Pismenny와 친해졌다. 두 사람 다 2차대전 참전용사이고, 헌신적인 공산주의자이자 애국자였다. 두 사람의 대화는 정치, 사회 등 폭넓은 문제에 이르렀고, 한 사람은 미래에 관심을 집중했다. 혁명 1세대가 나이 들어가듯, 야조프와 피스멘니처럼 소련 정권에 의해 양성된 첫 젊은 세대도 예전 같지 않았다. 많은 구세대 사람들은 흐루쇼프의 스탈린 격하 운동 때 성년이 된 젊은 세대가 공산주의 이념에 제대로 전념하지 않는다고 생각했고, 피스멘니는 이런 전망에 대해 걱정했다. "우리는 젊은 친구들을 잃어버릴 겁니다. 그게 마음속으로 느껴져요! 그 친구들을 잃어버릴 거예요!"라고 그는 조바심을 내비쳤다. 야조프는 좀 더 낙관적이었다. "걱정이 과하네요"라고 그는 새 친구에게 말했다. "우리랑 같이 항해하는 젊은 병사들을 보세요. 그 친구들은 농촌 친구들이고 자립적이에요. 당신은 그들이 이 길에서 벗어나지 않게 할 겁니다."[13]

쿠바로 향하는 소련 선박에 탄 KGB 장교들의 생각은 야조프보다 피스멘니 편에 가까웠다. 각 KGB 장교는 배 안에 예닐곱 명의 정보원을 두고 있었다. 이들은 여행이 비밀로 지켜지도록, 그리고 이탈자가 없도록 하라는 지시를 받았다. 소련의 쿠바 정책에 대한 장교들과 사병들의 태도를 관찰하는 것도 KGB 장교들의 임무였다. 그러나 이들이 발견한 것은 흐루쇼프와 지도부를 안심시킬 만한 것이 결코 아니었다. KGB 장교들이 본부에 보고한 내용에 따르면 쿠바를 "내 영혼의 섬"이라고 부르고 새 임무에 흥분한 피스멘니와 달리 동료 선원들과 군사 요원의 상당수는 자원병이 아니었고, 자신들의 뜻에 상관없이 쿠바로 파견된 것이었다.

"우리의 운명이 다른 곳에서 보드카 한 잔에 의해 결정되거나 아무에게도 쓸모없는 쿠바로 향하는 푯값을 내야 한다는 건 정말 모욕적이야"라고 한 장교가 출발 전에 자기 부인에게 편지를 썼다. 그는 정부를 비판하고 정책에 의문을 제기했을 뿐 아니라 그의 행선지의 비밀까지 누설했다. 이 편지는 KGB 검열에 걸려 그 장교의 지휘관들에게 주의가 전달되었으나 그럼에도 그들은 "적절히 훈육하면 신생 쿠바공화국을 도와야 한다는 것을 이해하리라 희망하며" 그를 쿠바로 보내기로 했다. 니콜라이 부르덴코Nikolai Burdenko를 몰고 쿠바로 가는 시조프Sizov 선장은 이보다 더 강도 높게 불만을 표현했다. 그는 "우리는 도살장에 가는 겁니다"라고, 나중에 KGB 정보원으로 드러난 한 동료 장교에게 말했다. "나는 소련에 귀환하는 대로 당원증을 내놓겠소"라고 당세포의 부책임자인 시조프는 말했다. "미국인과 맞닥뜨렸을 때의 최선책은 항복해서 포로가 되는 겁니다."[14]

1천 명 이상의 사병과 500명 이상의 장교가 여러 가지 사유로 임무에 적절치 않은 것으로 드러났다. 사병 중 일부는 해외에 파견될 것을 알고 나자, 무단이탈(AWOL, Absent without leave) 등을 저질러 상관들과 마찰을 빚어 실격되기를 시도했다. 1962년 여름으로 3년 의무 복무 기간이 끝나는 사병들은 특히 파견을 원치 않았다. 쿠바로 파견되는 것은 제대가 무한정 지연된다는 것을 의미했기 때문이다. 간혹 지휘관들이 문제 사병을 쿠바로 보내려고 한 경우도 있었다. 사병 보리소프Borisov는 만취한 채 훔친 경찰 자전거를 타고 세바스토폴을 돌아다니다 체포되어 쿠바행 배를 타게 되었다. 보리스는 체포에 저항하다가 헌병들로부터 구타당했던 것으로 추정된다. 그가 항해 기간 대부분인 10일을 배 안의 의무병동 침대에서 보냈다고 KGB 소령 베르보프Verbov는 보고했다.[15]

건화물 선박 오렌부르크호에 승선한 모이세옌코Moiseenko 사병은 친구들에게 "피델 카스트로에게 충성을 맹세한 적은 결단코 없고 압박을 받고 쿠바로 간다"라고 말했다. 그는 자신 같은 사병은 장교들만 사살한다고 알려진 쿠바 "반혁명주의자들"을 두려워할 필요가 없다고 주장했다. 이름으로 보면 우크라이나인인 모이세옌코는 2차대전 후 우크라이나 민족주의 지하저항군이 사용했다는 전술에 대해 파다했던 소문을 염두에 두었던 것 같다. 조지아에서 징집되어 온 안드조르 소모노자리아Andzor Somonodzharia와 그의 동료들은 1956년 러시아 탱크가 조지아 반란을 진압해 남녀노소 가릴 것 없이 희생되었다고 말했다. 그는 러시아인들을 미워했으며, 자신의 국민들이 당한 고통에 보복하려고 하였다. 그는 흐루쇼프의 스탈린 격하 정책에 항거해 조지아의 수도 트빌리시에서 일어난 폭동을 지칭한 것으로 당시 시위자들이 탱크로 제압된 것은 사실이었다.[16]

KGB의 주의를 끈 사병들의 비정치적 논의도 있었다. 어떤 이들은 쿠바가 사람을 공격하는 원숭이들로 가득하다고 말했다. 어떤 이들은 미국이 쿠바에 대한 군사적 봉쇄를 선언할 것이라고 예언했다. KGB는 항해가 진행될수록 병사들의 사기가 떨어지고 점점 더 많은 병사들이 우울해지는 징후도 감지했다. 어떤 이들은 3년 복무 기간을 마치고 제대하여 고향으로 가는 대신에 배를 타고 쿠바로 가는 것을 받아들이지 못했다. 어떤 이들은 갑판 아래 선실의 열기에 녹초가 되었고 멀미로 힘들어했다. 우울증에 빠진 병사들은 KGB 정보원에게 바다에 뛰어들어 고통을 끝장내겠다는 말도 했다.[17]

KGB로서는 '바다로 뛰어드는 것'은 어떻게든 막아야 했다. 바다로 뛰어들 생각을 하는 이들이 살아남아 외국 해안에 닿거나 외국 선박에 구조되면 자신들의 부대와 화물에 대한 1급 비밀을 털어놓고 '조국을 배신'할 수 있었다. 오렌부르크호를 타고 가는 KGB 장교 센니코프Sennikov 대위는 자신의 정보원들에게 탈영을 고려하는 선원과 병사들을 신고하도록 조치했다. 이런 일은 배가 흑해의 좁은 해역을 통과할 때 발생할 수 있었기에 센니코프는 그곳에서 탈영이 일어나지 않도록 최선을 다해 감시했다. "보스포루스해협을 통과하는 동안 장교를 비롯한 모든 승객은 갑판 및 5호 격실에 들어가 있고, 공산당원인 경비원과 요원들이 선미에서 경비를 섰다."[18]

KGB는 선원과 병사들의 정치적 견해와 태도를 감시했을 뿐만 아니라 이들의 도덕도 관찰했다. 사병이나 부사관과 달리, 갑판 위 선실을 배당받고 출발 전 술도 구할 수 있었던 장교들의 음주는 선상의 일반적 풍경이었다. 보고서로 보건대 모로조프Morozov 소령만큼 음주 문제를 많이 보고한 KGB 장교는 없었다. 건화물 수송선 메탈루르그 바르딘호*로 항해 중이던 그는 주에크M. T. Zuiek 중령이 지휘하는 통신부대를 감시하고 있었다.

*소련의 노동 영웅인 금속공(Metallurg) 바르딘Ivan Pavlovich Bardin을 기념한 배 이름.

이 부대는 쿠바에 파견되는 소련 미사일부대의 핵심을 이루는 빈니차에 주둔한 43미사일군에 속해 있었다. 주에크의 부대는 37명의 장교, 군과 계약한 여성 사병을 포함해 264명의 병사로 구성되어 있었다. 모로조프는 주에크가 부하들에게 나쁜 사례를 남겼다고 보고했다. 술파티를 연 것은 물론 부대 소속의 한 여성과 동거해 부대 규율 유지 능력을 훼손했다는 것이었다.[19]

KGB가 특히 다루기 힘든 이들은 선원들이었다. 일리야 메치니코프에 승선한 KGB 대위 조줄리아는 선원들이 여행의 기밀 유지와 상륙 허가 거부에 대해 대단히 불만이 많았다고 보고했다. 당국은 이들에게 통상적이었던 경화 수당 지급을 중지했는데 이는 외국 항구에 기항할 때 소련에서 구하기 힘든 상품을 사서 귀환 후 암시장에 내다파는 데 사용되던 수당이었다. 메탈루르그 바르딘호에 승선한 갑판장 마르콥스키Markovsky는 술에 취해 한 여성을 자기 선실로 데리고 들어가 문을 잠그고는, 상급 장교가 문을 열라고 해도 말을 듣지 않았다. KGB 장교 모로조프는 문제가 발생한 것에 대해 주로 여성들을 비난했다. "이들의 행실은 극도로 부정적이다. 부대 지휘관의 말에 복종하지 않는다. 어둠이 내리면 배의 여러 곳에서 부대원들과 어울리는 여성들을 모두 불러들여야 했다"라고 그는 보고서에 썼다.[20]

소련 선박들이 대서양에 진입하여 쿠바로 향하자 KGB 장교들은 더 중요한 감시와 보고를 해야 했다. 그것은 선박 위를 비행하는 미국 항공기에 대한 것이었다. 보고가 최종 도달하는 모스크바의 고위 KGB 장교들은 선박이 쿠바에 접근할수록 그 위를 비행하는 항공기를 더 많이 만나게 될 것으로 예상했다.

모로조프 소령은 8월 18일 쿠바로 향하는 메탈루르그 바르딘호 위를 미 해군 항공기가 한 차례 비행했다고 보고했다. 그러나 귀환 길인 8월 31일에는 20분 동안 미군 비행기가 배 위를 다섯 차례 비행했다고 보고했다. 소련 선박에 대한 미국 측의 태도에 모종의 변화가 일어난 것이었다. 조줄리아 소령은 배가 쿠바 해역에 들어서는 8월 28일 일리야 메치니코프호 위에서 미군이 비행하는 횟수를 다 세지 못했다. "상공 비행은 아주 낮은 고도로 여러 방향에서 진행되었다"라고 조줄리아는 썼다. "한 항공기가 떠나면 잠시 후 다른 비행기가 다가왔다. 각 항공기가 두세 번씩 배 위를 지나갔다." 미국 측은 8월 말이 가까워질수록 소련 선박에 대한 경계를 강화하고 있었다.[21]

미군 항공기가 선박을 계속 감시한다는 것은 한 가지를 의미했다. 전달에 니키타 흐루쇼프가 존 케네디와 타결하려고 했던 거래는 실현되지 않고 있었다. 7월 소련 선박들이 쿠바로 향하는 동안 흐루쇼프는 소련이 미사일을 쿠바로 운송하는 기간에 케네디 대통령 스스로 U-2기와 다른 정찰기들을 철수시켜주기를 바랐었다. 존 케네디는 흐루쇼프의 아이디어를 고려하긴 했으나 대가를 원했다. 즉 베를린 상황을 '동결시키는' 것을. 흐루쇼프는 시간을 끌면서 워싱턴에 있는 KGB 요원인 게오르기 볼샤코프 대령으로 하여금 케네디에게 동결시키는 것이 정확하게 무엇을 의미하는지를 문의하게 했다. 이것은 실책이었다. 그 거래는 결코 이뤄지지 않았다.[22]

결정의 고뇌

쿠바에 소련의 준중거리미사일이 배치되었다는 소식은, 유약한 대통령이라는 인식에 대해 케네디가 뭔가 극적인 행동을 취해야 한다는 사실을 암시했다. […] 르메이는 젊고 경험 없고, 그가 생각하기에 결단력 없는 대통령에 대한 경멸을 굳이 숨기려 하지 않았다. "이것은 뮌헨의 유화정책과 거의 비슷한 겁니다. […] 대통령님은 아주 심각한 곤경에 처해 있습니다." […] 케네디는 더 참지 않았다. 그는 르메이의 말을 끊었다. "뭐라고요?

3

베를린의 포로

"금요일 뉴스 쓰레기 처리(Friday news dump)"는 나쁜 정치 뉴스를 대중의 주목과 언론 감시를 최대한 피하기 위해 금요일 오후에 내놓는 관행을 일컫는 말이었다. 이 시간이 되면 신문 지면은 다른 뉴스로 가득 차고 인쇄에 들어갈 준비가 된다. 그러나 노동절* 주말 전 마지막 근무일인 8월 31일 금요일 아침에 백악관에 도착한 뉴스는 그런 식으로 감추어지거나 경시될 수 없었다. 마치 폭탄처럼 언제 어디에 떨어지건 엄청난 파장을 일으키게 되어 있었다. CIA 국장 서리인 마셜 카터Marshall S. Carter 장군은 케네디 대통령에게 쿠바 상공을 비행하는 CIA의 U-2 첩보비행기가 이틀 전 소련제 S-75데스나 지대공미사일을 발견했다고 보고했다. 이것은 1960년 5월 소련 영공에서 U-2기를 격추시킨 것과 같은 미사일이었다.[1]

8월 29일 촬영한 사진을 검토한 CIA 분석가들은 소련의 다른 지대공 발사 시설과 비슷한 패턴을 발견했다. 여섯 개의 발사대가 임시도로로 연결되고, 지휘소와 레이다가 다윗의 별을 닮은 육각형의 중앙에 위치한 패턴. 쿠바에는 이런 시설이 여덟 곳 있었고 각 시설은 여섯 개의 미사일 발사장치를 갖추고 있었다. 부분적으로 구름이 끼어 U-2기에 설치된 카메라가 쿠바 영토 전체를 촬영하지 못했기에 이것이 쿠바에 배치된 미사일의 완전한 총계라고 할 수는 없었다. 발견된 미사일 시설은 모두 플로리다와 미국 본토에 가까운 쿠바 서부 지역에 위치해 있었다. CIA 전문가들은 파악하지 못한 그것들은 7월에 쿠바에 배치되기 시작한 제12드니프로페트롭스크 방공사단 소속이었다.[2]

케네디는 심각한 문제에 부닥쳤음을 깨달았다. 가장 시급한 것은 군사적

* 미국과 캐나다의 노동절은 9월의 첫 월요일로 지정되어 있다.

인 것보다 정치적인 것이었다. CIA 보고는 케네디의 공화당 정적들에게 들어갔고 이들은 쿠바를, 다가오는 11월 의회 선거의 핵심 선거 쟁점으로 이용할 태세였다. 소련에서 쿠바로 향하는 선박 수가 증가했고 많은 수의 소련 인력들이 쿠바에서 목격되었다는 언론 보도는 대통령이 쿠바로부터의 임박한 위험에 대해 아무 조치도 취하지 않는다고 비난할 충분한 구실을 제공했다. 바로 그날 케네디는 쿠바로부터 염려되는 소식을 들었다. 뉴욕주 출신의 케네스 키팅Kenneth Keating 공화당 상원의원은 의회에서 "소련이 미사일 기지를 건설하고 있고 이를 운영할 인력을 보내고 있습니다"라고 터뜨렸다. "나는 믿을 만한 정보를 가지고 있습니다. '믿을 만한 정보'라고 말할 때 이것은 다섯 개의 다른 정보원으로부터 확인되었음을 의미합니다"라고 키팅은 선언했다.[3]

키팅은 쿠바의 관타나모 미 해군 기지 사령관인 오도넬E. J. O'Donnell 제독이 키팅의 보좌관에게 쿠바에 미사일 기지가 건설되고 있다는 것을 내밀히 알린 1961년 12월부터 케네디 행정부를 상대로 반미사일 운동을 전개해오고 있었다. 당시에는 이런 주장을 뒷받침할 증거가 없었지만, 이제 플로리다에서 안전한 피난처를 찾는 쿠바 난민들로부터 쿠바에서 소련 사람들을 목격했다는 언론 보도가 나오자 키팅은 다시 언론의 집중 조명을 받았다. "지난 몇 주 동안 20척 이상의 수송선이 공산국가 항구에서 쿠바에 도착했습니다"라고 키팅은 의회에서 말했다. "많은 배들이 극도의 보안 상태에서 화물을 하역했습니다. 3천에서 5천 명에 이르는 소위 '기술자'들이 지난 1년 동안 쿠바에 도착했습니다." 그는 행동을 취해야 한다며 발언을 마무리했다. "시간이 없습니다. 상황은 점점 악화되고 있습니다. 정부가 신속한 행동을 취할 것을 촉구하는 바입니다."[4]

케네디는 상황을 검토할 시간이 필요했다. 그는 CIA 부국장 마셜 카터에게 "미사일 문제를 비밀에 부치고 단단히 보안을 지키도록" 지시했다. 카터는 이 지시를 따라 케네디에게 추가 시간을 벌어주었다. 케네디는 딘 러스크 국무장관에게 공식 발표문을 준비하라고 지시했다. 빈에서 흐루쇼프와의 회담, 그리고 핵실험 금지 협상이나 베를린 문제에서 소련 지도자와 아무런 진전을 만들어내지 못한 것으로 타격받은 케네디는 협상 파트너로서 흐루쇼프에 대한 신뢰를 잃어가고 있었고, 외교 채널을 통해 그에게 호소하는 방법으로 쿠바에서 악화되는 문제를 해결할 수 있으리라는 기대는 거의 하지 않았다. 그에게 상식이 통할 유일한 호소는 공개적 호소뿐이었다. 그것은 쿠바에 소련이 들어오는 것과 관련해 자신이 받아들일 수 있는 것에 한계가 있음을 흐루쇼프에게 밝히는 것이었다.[5]

그날 늦게 케네디는 재클린, 캐롤라인Caroline, 존 2세John Jr.와 함께 주말을 보내기 위해 로드아일랜드주로 날아갔다. 그는 거동을 못 하게 된 아버지 조지프를 보기 위해 하이애니스 포트를 방문했다. 그러나 쿠바의 미사일이 그의 마음에서 떠나지 않았다. 연휴의 첫 휴일인 9월 1일 토요일에 카터 장군과 통화한 케네디는 쿠바에 대한 정보 통제를 완화했다. 정보에 대한 접근권은 "화요일 아침 대통령의 포괄적 청문 준비를 위해 기본사항을 알아야 하는" 선별된 관리들에게도 확대되었다.[6]

쿠바는 케네디 외교팀의 절대적인 최우선 과제가 되었다. 그때까지 편집증적 관심사였던 서베를린 문제는 덮어버렸다. 군사적 대결의 위험이 미국 본토로 점점 다가오고 있었다. 그러나 대통령 측근 중 소련의 전략에서 쿠바가 서베를린을 대체하고 있다고 믿는 사람은 거의 없었다. 당분간 베를린 위기가 더 큰 문제이고 좀 더 위협적으로 보였다. 케네디와 참모들은 쿠바와 관련된 판단을 무엇보다 먼저 베를린 상황과 연계시켜 판단했다.

하버드대학의 최고 인재들과 연줄을 가진 케네디는 워싱턴 역사상 가장 지적으로 인상적인 외교정책팀을 구성했다. 여기에는 하버드대 문리대학장을 역임하고 이번에 국가안보보좌관으로 임명된 41세의 맥조지 번디McGeorge Bundy, 하버드 MBA 출신으로 포드자동차 사장을 역임하고 이번에 국방부 장관이 된 44세의 로버트 맥나마라, 역시 하버드대 졸업생으로 법무부 장관을 맡고 있으면서 케네디 외교정책팀의 또 다른 핵심 멤버가 된 동생 로버트 케네디가 포함되어 있었다. 딘 러스크 국무장관은 로즈 장학금을 받고 옥스퍼드에서 수학한 인물이었다. 이 네 사람이 대통령의 외교정책팀의 중추를 이루고 있었고, 여기에 CIA와 군부 지도부와 관련 부처 고위 인사들이 참여했다.[7]

대통령 외교정책 고문들은 여름 내내 베를린 위기를 '강아지 담요(Poodle Blanket)'* 시나리오 관점에서 분석하며 시간을 보냈다. 이것은 베를린 사태의 악화를 네 단계의 시나리오로 분석하고 있는데, 첫 단계는 소련이 연합국의 서베를린 접근을 방해하는 것이고, 두 번째는 도시 자체를 소련이 봉쇄하는 것, 세 번째는 재래식 전쟁의 발발, 네 번째 최종 단계는 핵전쟁이었다. 당시 상황은 첫 단계로 간주되어, 급속하게 상황이 악화될 수도 있다는 추측이 전제되었다. 소련 측이 사태를 악화시키려 한다는 것을 보여주는 징후들이 있었다.

7월 5일 케네디 대통령에게 보낸 편지에서 흐루쇼프는 베를린에서 서방 연합국이 단계적으로 철수할 것을 요구했다. 자신의 요구가 수용되면 소련-미국 관계에 새로운 시대가 열리고, 그렇지 않으면 세계적 위기가 올 것이라고 흐루쇼프는 위협했다. 그는 편지에 이렇게 썼다 "독일 평화 정착과 관련된 문제 해결이 더 지연되면 평화를 위협하게 될 것인바 이 문제는 너무 늦기 전에 방지되어야 합니다." 케네디는 흐루쇼프의 요구에 베를린 상황이 양 지도자 자신들의 희망에도 불구하고 핵전쟁으로 발전할 수 있다는 우려를 전달했다. 그는 "과거 전쟁의 역사와 그것들이 어떻게 시작되었는지를 보면, 소통 실패와 오해와 상호 자극이 전쟁이라는 운명적 결정으로 이끈 사

* '강아지 담요'는 국가안보에 중요한 작전 계획이나 문서를 기밀문서로 분류하여 언론과 적국의 탐색에서 보호하는 것을 의미한다. 행동 계획을 담은 보다 상세한 내용의 서류는 '망아지 담요(Pony Blanket)'라고 불렸다.

건들에 얼마나 자주 중요한 역할을 했는지 경각심을 갖지 않을 수 없습니다"라고 썼다. 케네디는 그 당시 출간된 바바라 터크먼의 『8월의 포성』을 언급한 것이었다.[8]

흐루쇼프는 예상치 않은 후퇴 신호를 보냈다. 7월 25일 그는 모스크바 주재 미국대사 루엘린 톰슨에게 "국무부를 통해서가 아니라 직접 대통령에게 보고하여, 베를린 문제가 의회 선거 전후에 위기 국면에 도달하는 것이 케네디에게 유리한지를 물어볼 것"을 제안했다. "그는 문제를 대통령에게 더 어렵게 만들기를 원하지 않습니다. 사실 대통령을 돕고 싶어 합니다." 같은 메시지가 워싱턴 주재 소련 정보 책임자 게오르기 볼샤코프를 통해 로버트 케네디에게도 전달되었다. 여기에는 추가적 요구사항이 부가되었다. 흐루쇼프는 케네디가 쿠바로 향하는 소련 선박에 대한 미국의 감시 비행을 중단해줄 것을 원했다. 케네디 대통령은 7월 30일 볼샤코프를 백악관에서 만나 이 거래에 대한 관심을 표명했다. 당시 케네디에게 쿠바는 소련-미국 관계의 중요한 주제가 아니었고, 베를린 문제만이 전부였다.[9]

케네디가 알지 못하는 가운데 흐루쇼프는 케네디의 관심을 쿠바에서 멀어지게 하려고 베를린 카드를 사용하고 있었다. 흐루쇼프의 입장에서는 베를린 장벽 건설로 위기는 해결되었고, 이것을 조만간 개방할 생각은 없었다. 흐루쇼프는 베를린의 체크포인트 찰리에서 미국과 소련의 탱크가 대치하기 몇 주 전인 9월 28일 동독 지도자 발터 울브리히트에게 이런 편지를 보냈다. "서베를린과 동독의 국경을 안전하게 지키고 통제하는 조치가 성공적으로 수행되고, 서방 국가들이 소련과 미국 사이의 협상과 접촉을 기대하고 있는 현재의 분위기에서, 이미 뉴욕에서 진행 중인 그 일련의 과정들은 상황을 악화시킬 수 있고, 특히 베를린에서는 피해야만 하는 과정입니다."[10]

소련의 지도자는 울브리히트가 소련과의 단독 평화조약 체결에 대한 기대를 버리도록 설득하는 데 최선을 다했다. "무엇 때문에 우리가 평화조약을 서둘러야 할까요?"라고 그는 1962년 2월에 불만 많은 울브리히트에게 질문하면서 스스로 답했다. "그럴 이유가 전혀 없습니다. 8월 13까지[베를린 장벽이 건설된 시점] 우리는 어떻게 해야 앞으로 나갈 수 있을지 생각하느라 머리를 쥐어짰습니다. 이제 국경은 폐쇄되었습니다." 1962년 6월 체코슬로바키아 대표단을 영접한 흐루쇼프는 울브리히트와 단독 평화조약이라는 아이디어를 모두 조롱했다. "이 조약을 체결하면 당장 동독 경제 봉쇄가 이어질 것입니다. 그러면 울브리히트 동지는 우리에게 금을 요구하는 첫 번째 사람이 될 것입니다. […] 독일은 우리와 전쟁을 치렀으면서도 지금은 우리보다 높은 생활 수준을 유지하고 있는데, 계속해서 우리가 뭔가 주기를 바라고 있어요. […]"[11]

흐루쇼프는 베를린 위기를 악화시킬 의도는 없긴 했지만 국제 현안에서 지울 생각도 없었다. 그에게는 버리기에 너무 아까운 협상 카드이고 위협의 도구였다. 흐루쇼프는 베를린을 서방의 고환으로 비유하곤 했다. "나는 서방이 비명을 지르게 하고 싶을 때마다 베를린을 움켜쥐면 된다." 그리고 그는 움켜쥐었다. 8월 22일 흐루쇼프는 많은 이들이 동독과의 단독 평화조약 체결로 가는 단계라고 간주할 수밖에 없는 움직임을 보였다. 소련은 베를린 감독사무소를 폐쇄하여 미국, 영국, 프랑스 감독관으로 하여금 동독 당국을 직접 상대하게 만들었고 따라서 동독 정권에 일정 부분 국제적 정당성을 부여하도록 만들었다.[12]

8월 23일 케네디와 참모들은 베를린 위기의 긴장 고조에 대해 논의하는 회의를 열었다. 대통령 국가안보보좌관인 맥조지 번디의 표현에 의하면 "지난 몇 주 동안 달아올라서 점점 더 나빠지는 것으로" 보였다. 케네디는 베를린에서 진행되는 상황이 연말 전에 마지막 결전으로 이어질 것이라고 내다봤다.[13]

존 케네디에게 1962년 8월 하순까지 쿠바는 우선순위가 높지 않았다. 로버트 케네디가 '몽구스 작전Operation Mongoose'이라는 암호가 붙은, 카스트로 정권에 대한 파괴공작과 심리전을 계속 감독하고 있었지만, 아나디르 작전과 조금이라도 비슷한 것이 쿠바에 전개되리라고 상상한 사람은 아무도 없었다.

8월 1일 CIA가 제출한 한 정보 보고는 소련이 쿠바에 무기와 군사 장비를 제공해왔지만 그 군사적 능력은 "기본적으로 방어용"이라고 평가했다. "[소련] 블록이 쿠바에게 해외에서 독자적인 군사 작전을 펼칠 능력을 제공할 것으로는 보이지 않는다"라고 판단한 것이다. CIA가 이런 분석을 낸 지 일주일도 지나지 않아 상황은 급격하게 바뀌기 시작했다. 8월 7일 스페인어 방송 아나운서는 마이애미 라디오 프로그램 청취자들에게 4천 명의 소련군이 7월에 쿠바에 상륙했다고 알렸다. 다음 날 이 내용이《뉴욕타임스》에 실렸다. CIA는 이 뉴스가 플로리다의 쿠바 망명자들에게서 나왔고, 기본적으로 정확한 정보임을 확인했다.[14]

8월 21일, 아이젠하워 행정부에서 원자력에너지위원장을 맡고 있다가 1961년 11월 앨런 덜레스의 뒤를 이어 CIA 국장이 된 60세의 존 매콘은 CIA가 최근에 발견한 주요 숫자들에 대해 보고했다. 매콘의 보고에 따르면 스물한 척의 소련 선박이 7월에 쿠바에 도착했고, 8월에는 열일곱 척이 이미 항구에 접안했거나 쿠바로 오고 있었다. 7월에만 4천~6천 명의 소련인들이 쿠바에 도착했다. 이들은 군인으로 의심되지만, 쿠바인들과 격리되어 있어 사실을 확인할 순 없었다. 소련이 제공한 장비에 대해서도 마찬가지였다. 배가 화물을 하역하는 지점은 쿠바인들의 접근이 금지되었다. 그럼에도 불구하고 화물들은 비행기 부품이나 미사일로 보였다. 여기에다 분명히 식별할 수 있는 레이다 장비도 하역되었다. CIA 분석가들은 소련 측이 지대공미사일을 쿠바에 설치하고 있을 가능성을 제시했다.[15]

그날 몽구스 작전을 논의하기 위해 회동한 로버트 케네디, 맥나마라, 러스크, 번디는 이제 완전히 다른 상황에 직면했다. 이들은 이날 회의를, 현 상황에서 어떤 조치를 취해야 하는가를 논의하는 브레인스토밍 시간으로 전환했다. 그들에게 떠오른 첫 옵션은 쿠바를 봉쇄해 소련의 무기 증강을 막는 것이었는데, 소련 선박과 소련 위성국들이 소유하거나 임차한 선박에 대해 전면 또는 부분 봉쇄를 실시하는 것이었다. 이것은 쿠바와 관련해서는 좋은 아이디어인 듯했으나, 백악관을 대신해 발언한 번디는 전 세계에 일으킬 반향을 지적하며 즉시 브레이크를 걸었다. 그는 베를린 상황을 우려했다. 그날 회의록에는 "쿠바 봉쇄는 자동적으로 베를린 봉쇄를 야기할 것으로 사려됨"으로 기록되었다.

베를린을 염두에 둔 참석자 대다수는 봉쇄에 반대하는 쪽으로 돌아섰다. 맥나마라는 카스트로 정권을 상대로 한 비밀공작 강화를 제안했다. 로버트 케네디는 관타나모기지에 대한 쿠바의 공격을 연출해 도발을 일으켜 이를 미국이 간섭하는 근거로 삼자고 제안했다. 매콘은 쿠바에 경계태세가 강화되었기에 비밀 작전 실행이 어렵다는 점을 지적하며 이런 제안들에 반대했다. 카스트로 정권은 잠재적 스파이와 파괴공작원들을 찾으려고 혈안이 되어 있었다. 그러나 다른 참석자들은 매콘의 우려에 별로 신경 쓰지 않았다. 그들은 베를린 상황으로 자신들의 손이 묶인 것을 느꼈다. 매콘이 CIA가 탐지한 것을 케네디 대통령에게 개인적으로 보고하기로 합의되었다.[16]

매콘은 8월 22일 이 우려되는 정보를 대통령에게 보고했다. 이것은 불쾌한 서프라이즈가 되었다. 사실 매콘을 만나기 몇 시간 전 케네디는 기자회견에서 쿠바에 소련군이 없다고 발언했다. "병력이라고요? 이에 대한 정보는 없습니다. 그러나 기술자들 숫자가 늘고 있기는 합니다"라고 케네디는 기자의 질문에 답했다. 이제 매콘은 쿠바에 병력뿐만 아니라 미사일도 있을 수 있다고 전했다. 다음 날 매콘은 케네디에게 현재로서는 지대공미사일과 미국 영토를 위협할 지대지미사일(Surface-to-Surface Missile)을 구별할 수 없다고 보고했다. 염려가 커진 케네디는 매콘에게 질문을 퍼부었다. 미사일을 제거할 수 있는가, 공습, 지상 공격, 아니면 대안으로 파괴공작이나 현지인들의 반란으로?[17]

매콘은 케네디의 모든 질문에 답할 순 없었지만, 쿠바 문제에 대한 전체적 해결책을 제시했다. 그가 제출한 비망록에는 3단계 작전이 제시되었다.

처음에는 쿠바 정권에 대한 국제적 여론 운동을 벌이고, 다음으로 쿠바에 대한 파괴공작과 비밀 작전을 강화하고, 마지막으로 "충분한 병력을 일시에 동원하여 쿠바를 점령하고, 정권을 파괴하고, 국민들을 해방시켜 쿠바에 평화로운 정부를 구성하고, 미주국가 공동체의 일원이 되게 하는 것"이었다. 그는 처음 두 단계 작전이 성공적으로 수행되면 세 번째 단계의 작전은 필요하지 않을 수도 있다고 기대했지만 이를 자신하진 않았다. 매콘은 로버트 케네디에게 쿠바에서 일어나고 있는 일이 "우리의 가장 심각한 문제"라고 생각한다고 털어놓았다.

그러나 케네디 대통령과 참모들은 이 작전에 회의를 보였다. "참석자 중 많은 사람이 쿠바에 대한 행동을 터키, 그리스, 베를린, 극동 및 다른 지역에서의 소련의 행동과 연관지었다"라고 회의록은 기록했다. 매콘은 터키 문제를 해결하는 방법을 제안하면서, 터키와 이탈리아에 배치된 주피터 준중거리미사일은 미국에 전략적 이점을 제공하지 않는다고 주장했다. 맥나마라도 이것들이 효용성이 없고 이것들을 제거하는 것을 연구해야 한다며 매콘의 의견에 동의했다. 그러나 베를린 문제에 대해서는 아무 해결책을 찾아낼 수 없었다. "대통령은 소련이 베를린 위기를 심화시킨다면 우리는 쿠바에서 어떻게 해야 하는가라는 질문을 제기했다. 이것은 우리가 쿠바에서 행동을 취하면 소련은 베를린에서 무슨 일을 할 것인가를 거꾸로 묻는 것과 같은 것이다"라고 회의록에 기록되었다.[18]

CIA의 정찰기가 쿠바에 지대공미사일이 배치된 것을 탐지한 날인 8월 29일 케네디는 쿠바에 소련군이 주둔한다는 사실과 미국이 쿠바를 침공할 계획이 있다는 것을 공개적으로 부인했다. 다시 한번 베를린이 그의 마음에 걸렸다. 케네디는 "미국은 서베를린과 아주 민감한 다른 지역을 포함해 전 세계에 책임을 지고 있습니다. 그래서 우리가 어떤 행동을 취하는 것이 적절한가를 생각할 때, 우리의 의무 전체와 세계 여러 곳에 대한 책임을 고려해야 한다고 생각합니다"라고 기자회견에서 밝혔다. 케네디가 보기에, 일어날 수 있는 최악의 사태는 그가 쿠바에서 취한 행동으로 서베를린 위기가 촉발되어 소련이 이 도시를 봉쇄하고, 미국과 소련이 군사적으로 대치하고, 최종적으로 핵전쟁이 일어나는 것이었다.[19]

존 케네디는 화요일인 9월 4일 아침 노동절 주말 휴가를 마치고 워싱턴으로 귀환하여 외교정책팀과 회의를 열었다. 회의의 핵심 주제는 그가 휴가를 떠나기 전 딘 러스크에게 작성해놓도록 지시한 발표문 초안이었다. 러스크 국무장관은 흐루쇼프가 넘어서는 안 될 레드라인은 공격용 무기 배치라고 제시했다. "쿠바의 공격적 정권의 손에 소련이 공격용 무기를 제공하는 것은 서구에 대한 심각한 도전이고, 즉각적이고 적절한 상응 조치를 불러올 것이다"라고 초안에는 적혀 있었다.

그러나 러스크는 무엇이 '공격용 무기'이고 무엇이 '적절한 조치'인지에 대해서는 분명한 답을 제시하지 못했다. 첫 번째 문제에 대해서 맥나마라는 소련의 미그기 전투기 배치가 이에 해당한다고 말했다. 번디는 그 대신에 "지대지미사일이 전환점이 될 것"이라고 말했다. '적절한 조치'에 대해서 번디는 "핵전쟁이 미국에 미칠 결과를 생각하면, 미국은 쿠바에 대해 아무런 공격 조치를 취하지 않는 것이 좋다"라고 주장했다. 맥나마라도 러스크도 번디의 의견에 반대하여 쿠바에 핵미사일이 탐지되는 경우에는 침공을 고려해야 한다고 말했다. 러스크는 만일 침공이 임박했다면 첫 단계는 쿠바 봉쇄가 되어야 한다고 생각했다.

맥나마라는 자신의 논리를 펴며 봉쇄가 '적절한 조치'라고 제안했다. "만일 우리가 그렇게 할 수 있다면, 지금 그것을 못 할 이유가 뭡니까?"라고 그는 참석자들에게 물었다. 그가 말을 마치기 전에 케네디 대통령이 끼어들었다. "우리가 그것을 하지 않는 이유는 그들이 베를린을 봉쇄할지도 모르는데 그럴 경우 우리도 쿠바 봉쇄를 시도하는 것을 계산해야 하기 때문입니다." 그는 쿠바 봉쇄 위협을 흐루쇼프가 베를린에서 행동을 취하는 것을 막는 지렛대로 두고 싶었다. 그는 또 쿠바 봉쇄가 "상당 기간 그들에게 큰 타격을 주지는 못할 것"이라고 생각했다. 케네디가 끼어들면서 봉쇄 아이디어는 충분히 전개되고 참석자들의 지지를 얻을 기회를 갖기 전에 배제되었다.

그날 맥나마라는 봉쇄를 다시 거론하지 않았다. 대신에 그는 다른 전략을 들고나왔다. 예비군을 동원하는 것이었다. 이것은 봉쇄뿐만 아니라 쿠바 침공에도 필요한 조치였다. 그는 또한 이것이 의회를 진정시킬 방법이라고 보았다. "만일 지도부가 쿠바와 관련해 행동하려 한다면 내가 생각할 수 있는 최선의 행동 중 하나가 바로 그것입니다." 케네디는 맥나마라의 아이디어에 바로 넘어갔다. 그는 최대한 빠른 성명을 원했다. "우리는 누군가 먼저 이 이야기를 터뜨리는 것을 용인하지 않습니다"라고 회의 서두에 케네디는 참모들에게 말했다.[20]

9월 4일 저녁 백악관 공보비서 피어 샐린저는 쿠바에 대한 대통령의 성명을 마침내 언론에 발표했다. "정부는 지난 4일간 다양한 정보원으로부터 의심할 여지 없는 사실을 입수했습니다. 소련이 쿠바 정부에 많은 수의 방공미사일을 제공했다는 것입니다"라고 성명은 밝혔다. 발표문 최종안에는 초안에 들어 있던, 쿠바를 침공하지 않는다는 케네디의 약속이나 먼로독트린을 준수한다는 약속이 포함되지 않았다. 대신에 "쿠바 문제를 평화에 대한 공산주의의 위협으로 제기된 세계적 도전의 일부"로 간주한다고 말했다. 대통령은 소련이 아니라 쿠바를 상대로 위협을 제기했다. "카스트로 정권이 무력에 의한 공격적 목적이나 무력 위협을 수출하는 것을 허용하지 않는다는 것이 미국의 일관된 정책입니다"라고 성명은 말했다. "서반구의 어떤 지역에라도 행동을 취하는 것을 막기 위해 모든 수단을 동원할 것입니다."[21]

성명을 발표하기 직전 케네디는 의회 지도자들을 만났다. 그는 이들에게 쿠바 문제와 혹여 발생할지 모를 국제 위기를 다루기 위해 15만 명의 예비군을 동원하는 데 동의를 요청했지만, 임박한 쿠바 침공 가능성은 부인했다. 케네디는 쿠바에서 발견된 미사일은 미국에 위협이 되지 않는다고 말했다. "우리는 핵탄두를 말하는 것이 아닙니다." 그는 봉쇄에 대해서도 "전쟁 행위"가 될 것이라며 부인했다. 그는 이 문제를 베를린과 연관시켰다. "나는 이번 가을 크리스마스 전에 베를린 위기가 어떤 형태로건 최고조에 달할 것으로 생각합니다"라고 케네디는 의회 지도자들에게 말했다. 흐루쇼프의 베를린 엄포는 대통령에게 강력한 영향력을 휘둘렀다.[22]

제보

니키타 흐루쇼프는 휴가 중에 미국이 쿠바에서 소련 지대공미사일을 발견했다는 소식을 접수했다. 그는 이사 플리예프 장군과 첫 선발부대가 쿠바로 출발하여 흑해 남쪽을 서서히 항해하기 시작한 후인 7월 말 모스크바를 떠났다. 소련 최고지도자는 국토와 인민 시찰에 나섰다. 그는 러시아 남부 지역에서 농업 상태를 점검했고, 고향인 칼리놉카를 방문한 다음 쿠바에 보낼 R-12미사일과 R-14미사일을 생산하는 미하일 얀겔의 미사일공장이 있는 드니프로페트롭스크를 방문했다. 그는 이반 시도로프와 R-12연대가 인근 세바스토폴의 항구를 떠나 쿠바로 향하기 며칠 전인 8월 1일 마침내 휴가지인 얄타에 도착했다.[1] 흐루쇼프는 일광욕과 수영을 즐기면서 일도 했다. 그의 변덕스러운 성격은 가만히 있는 것을 불가능하게 했다. 8월 중순 그는 외기 대기권에서 소련이 이룬 또 하나의 위업을 축하하기 위해 잠시 모스크바로 귀환했다. 우주인 파벨 포포비치Pavel(Pavlo) Popovych와 아드리안 니콜라예프Adrian Nikolaev가 사상 첫 2인 우주 비행을 성공하고 귀환한 것이다. 크림반도로 다시 돌아온 그는 별장에서 계속 방문객을 맞았다. 8월 30일 흐루쇼프는 피델 카스트로의 사절로 온 체 게바라를 만나서 쿠바 문제를 논의했다. 계속되는 쿠바의 압력에도 불구하고 흐루쇼프는 아바나와의 상호방위조약 체결을 거부했다. 소련 국방장관인 말리놉스키 원수는 체에게, 만일 미국이 미사일을 발견하고 쿠바를 침공하겠다고 위협하면 소련의 발트함대를 쿠바에 보내겠다고 안심시켰다. 그러나 흐루쇼프와 말리놉스키 둘 다 미국이 새로운 현실을 받아들이리라고 믿었다. "흐루쇼프는 말리놉스키가 방에 함께 있는 가운데 체와 나에게 이렇게 말했습니다. '걱정할 필요 없습니다. 미국은 큰 반응을 보이지 않을 것입니다. 만일 문제가 발생하면 우리는 발트함대를 파견할 것이오.'"라고 그 자리에 있었던 에

밀리오 아라고네스Emilio Aragonés는 회고했다.[2]

9월 초 흐루쇼프는 여름 휴가의 마지막 단계로 흑해 압하지야 연안에 새로 지은 피춘다 별장으로 옮겨갔다. 9월 4일, 케네디와 참모들이 쿠바의 SAM 발사기지 발견을 놓고 열띤 논의를 벌이는 동안 흐루쇼프는 8월 27일 케네디와 영국 수상 해럴드 맥밀런Maurice Harold Macmillan이 제안한 대기, 수중, 외기에서의 핵실험 금지조약 제안에 긍정적으로 답하는 편지에 서명했다. 이전에 흐루쇼프는 미국이 소련보다 앞서 있다고 여겨지는 지하 핵실험까지 포함하는 포괄적 조약 체결을 주장했지만, 이번엔 그 요구를 철회했다. 그는 미국을 협상에 집중하게 하고, 핵실험 금지부터 베를린에 이르기까지 모든 전선에서 전략적으로 양보하면서 최선의 행동을 보이기 위해 애썼다. 미국의 주의를 쿠바로부터 멀리 돌리고, 케네디가 쿠바에서 흐루쇼프가 취하는 행동에 강력한 반응을 준비하는 것을 더 어렵게 하려는 조치들이었다.[3]

미국이 쿠바에 배치된 대공미사일을 발견했다는 소식이 9월 5일 아침, 마른하늘에 날벼락처럼 피춘다에 도착했다. 흐루쇼프의 쿠바 미사일 모험이 위험에 처했다는 사실을 더 이상 의심할 수 없었다. 흐루쇼프는 지체 없이 행동해야 했다. 아직 탄도미사일 배치를 취소시킬 수 있었다. 미사일 화물이 아직 쿠바 항구에 하역되지 않은 상태였다. 미국의 성명의 주요 목표는 흐루쇼프에게 레드라인을 넘지 말라고 경고하는 것이었다. 그의 반응은 정반대였다. 레드라인을 가능한 한 빨리 넘기로 했다. 케네디의 성명은 흐루쇼프에게 경고 발포가 아니라 제보가 되었다. 그는 자신의 비밀 게임이 완전히 발각되기 전에 완료해야 했다. 흐루쇼프는 물러나는 대신 공세로 나가기로 결정했다.

"소나무숲과 10피트 높이의 콘크리트 장벽이 바닷가에 있는 거대한 휴양소를 염탐꾼의 눈으로부터 지켜주었다"라고 흐루쇼프의 피춘다 별장 방문을 돌아보며 미국 기자 프레드 콜먼Fred Coleman은 썼다. "담벼락 뒤에는 몇 개의 게스트하우스가 자리 잡고 있는데, 서로 너무 멀리 떨어져 있어 숲을 건너 이웃을 볼 수는 없었다. 2층으로 된 별장 본관에는 값비싼 페르시아 양탄자가 깔려 있고, 옥상에는 일본식 정원이 마련되었으며, 옥외 엘리베이터도 설치되어 있었다. 근처에는 유리벽으로 둘러싸인 수영장이 있고, 날씨가 좋을 때면 버튼 하나로 열리는 천장이 있어 바깥 공기를 쐬며 수영할 수 있었다. 니키타 흐루쇼프가 걷기 좋아하는 정원 산책로 나무들에는 전화기가 설치되어 있었다."[4]

워싱턴으로부터 신경 쓰이는 뉴스를 전달받은 다음 날인 9월 6일 흐루쇼프는 또 다른 미국 손님인 내무장관 스튜어트 우달Stewart L. Udall을 피춘다에서 접견했다. 우달은 소련 수력발전소 시설 시찰을 마친 상태였다. 케네디 성명 발표 직후 흑해의 별장에 있는 흐루쇼프를 면담해달라는 예상치 못한 호출은 두 사건이 서로 연관되어 있음을 의심할 필요 없게 했다. 흐루쇼프는 국제무대에서의 미국의 행동에 분노를 드러내면서 공세에 나섰다. 흐루쇼프의 공격 요지는 베를린이었다. "그는 자신의 강경 노선을 다시 한번 강조하고 [소련과 동독] 평화조약이 서명될 것이라고 단언했습니다"라고 우달은 9월 7일 모스크바의 미국대사관에서 본국으로 전보를 쳤다. "그는 서방 병력이 베를린에 남아 있는 것을 더 이상 용인하지 않을 것이고, 민간 교통 접근권은 허락하되 군사적 목적의 접근권은 허용하지 않는다고 잘라 말했습니다."[5]

워싱턴에 귀환한 우달은 흐루쇼프와의 격정적 회동에 대해 상세한 사항을 공유했다. 어떤 의미에서 이것은 빈에서 케네디에게 가한 공격의 연속이었고 이제 미국 정부 각료를 통해 전달되었다. "나는 닉슨과 아이젠하워를 잘 압니다. 나는 케네디가 이런 면에서 더 낫다고 말하고 싶습니다"라고 흐루쇼프는 말문을 열었다. "대통령으로서 그는 이해력을 소지하고 있지만 아직 갖지 못한 것은 용기, 그러니까 독일 문제를 해결하려는 용기입니다.

만일 그가 이 문제를 해결하면 최고에 오르겠죠"라고 흐루쇼프는 거들먹거리며 말했다. 그런 다음 핵전쟁 위협을 다시 꺼냈다. "우리는 그로 하여금 문제를 해결하지 않을 수 없도록 만들 것입니다. 선택하게 하겠습니다. 전쟁으로 가든지 평화조약에 서명하든지." 흐루쇼프는, 탄도미사일이 서유럽을 겨냥하고 있으나 아직 미국은 겨냥하지 않은 상태에서 유럽 국가들이 미국의 전쟁 개시를 막을 것이라고 믿었다. "오늘날 전쟁은 한 시간 안에 더 이상 파리도 없고, 프랑스도 없게 된다는 것을 의미합니다"라고 흐루쇼프는 선언했다. "당신들은 오랫동안 마치 어린애처럼 우리 엉덩이를 때렸지만, 이제 우리가 당신들 엉덩이를 때릴 수 있소."[6]

흐루쇼프는 핵전쟁에 대한 케네디의 우려를 베를린 문제를 '해결'하는 데 뿐만 아니라 그가 '용기'를 보이고 쿠바의 핵미사일을 알더라도 쿠바를 공격하지 못하도록 설득하는 데 역시 이용하고자 했다. "쿠바에 대해 말하자면, 예상치 못한 결과를 만들어낼 수 있는 지역입니다"라고 흐루쇼프는 말했다. 그는 소련이 카스트로에게 현대식 무기를 제공한 것을 인정했지만, "그는 방어를 위해서 그것을 필요로 합니다"라고 강조했다. "그러나 만일 당신들이 쿠바를 공격하면, 이것은 완전히 다른 상황을 만들어낼 것입니다"라고 흐루쇼프는 말을 이었다. 잠시 뒤 그는 자신이 한 말이 무엇을 의미하는지 설명했다. "당신들은 군사기지로 우리를 에워쌌습니다. 만일 당신들이 쿠바를 공격하면, 우리도 당신들이 기지를 설치해놓은 우리 옆 국가를 공격할 것이오." 이것은 터키와 유럽의 미군 기지에 대한 위협이었다. 쿠바 지도부는 흐루쇼프가 우달과 만난 자리에서 미국에게 "쿠바에 대한 미국의 위험천만한 행위가 가져올 모든 결과를 암시 없이 있는 그대로" 경고했다는 것을 모스크바로부터 통보받았다.[7]

이 회동 뒤 소련 관리들이 포함된 만찬이 이어졌고 소련의 대표적 쿠바 전문가 아나스타스 미코얀도 배석했다. 몇 주 후 미코얀은 소련의 협상 전술을 다음과 같이 정리했다. "우리는 우리가 가장 가까운 장래에 베를린 문제를 해결하기를 원한다는 것을 미국이 알도록 했다. 쿠바에 대한 주의를 분산시키기 위해 이렇게 한 것이었다. 이렇게 우리는 주의 분산 작전을 썼다. 실제로 당시 우리는 베를린 문제를 해결할 생각이 없었다." 미코얀은 아이러니하게도 미국도 쿠바 게임의 유인책으로 베를린을 이용하고 있다고 믿었다. "미국이 쿠바에 전략 무기가 공급되는 것을 안다면 베를린에 대해 울부짖기 시작할 것이다. 양측 모두 베를린 위기에 대해 말하고 있지만, 동시에 그 순간 정책의 핵심은 쿠바에 있다고 믿었다"라고 미코얀은 주장했다.[8]

미코얀이 없는 이야기를 지어낸 것은 아니었다. 소련은 케네디가 걸려들도록 만든 바로 그 함정에 실제로 자신들도 빠져들고 있었다. 만일 케네디가 소련이 베를린에 진지하다고 믿는다면, 소련은 케네디가 그냥 소련을 속이고 있는 것이라고 믿었다. "우리와 미국 모두 베를린에 대해 얘기했지만, 양측 모두 같은 목적, 다시 말해 쿠바에서 주의를 분산시키는 것을 목적으로 하고 있습니다. 미국은 쿠바를 공격하기 위해서, 우리는 미국을 불편하게 만들어 쿠바 공격을 연기하도록 만들기 위해서"라고 흐루쇼프는 10월 30일 모스크바를 방문한 체코슬로바키아 대표단을 접견한 자리에서 말했다.[9]

흐루쇼프는 미사일과 핵탄두를 쿠바에 배치할 시간을 더 벌기 위해 베를린 문제를 이용하고 있었지만, 그 어느 때보다 가능성이 커진 미국의 쿠바 공격에 대비할 시간이 될 수 있기를 또한 열망했다. 그는 뒤로 물러나는 대신 오히려 미사일 운송의 속도를 높였고, 새로운 형태의 핵무기를 운송 항목에 넣었다.

흐루쇼프가 우달을 피춘다에서 만난 그날 말리놉스키 원수는 모스크바에서 측근 고위 장교가 수기로 적은 극비 문서를 준비했다. 말리놉스키는 쿠바 핵탄두 운송이 가능한 10~12대의 IL-28폭격기를 추가해 기동부대 전력 강화를 제안했다. 이것들과 함께 보내질 여섯 개의 원자탄은 각각 8~12킬로톤의 폭발력을 가졌는데 이는 히로시마 원폭 폭발력의 절반이 넘는 것이었다. 이런 원자탄은 전술핵무기로 간주되었고, 전투에서 사용되기 위해 설계되었다. 이것이 전부는 아니었다. 말리놉스키는 핵탄두를 장착한 18기의 '제믈랴Zemlia'('지구'라는 뜻) 크루즈미사일과 '루나'('달'이라는 뜻으로 나토 명칭은 프로그) 전술미사일 2~3개 부대를 쿠바에 보내는 것을 제안했다. 이것은 핵탄두가 장착된 8기나 12기의 루나미사일을 보내는 것을 의미했다. 전략미사일군은 이제 공격당하거나 지상 침공이 있는 경우 '큰 친구들'을 보호할 수 있는 전술핵무기로 전략이 강화되었다.

SAM이 발견된 상황에서 무엇보다도 시간이 중요했고, 핵무기를 가장 빠르게 운송할 방법은 공수였다. 그러나 말리놉스키는 소련 항공기들이 미사일과 핵탄두는 운송할 수 있지만 이보다 훨씬 큰 발사대는 운송할 수 없다고 흐루쇼프에게 보고했다. 발사대가 없으면 미사일과 핵탄두는 무용지물이었다. 그래서 말리놉스키는 폭격기, 미사일, 핵탄두와 원자탄을 해상운송하는 것을 제안했다. 핵탄두와 원폭은 준중거리미사일과 중거리미사일과 함께 9월 15일 출발하는 건화물 수송선 인디기르카Indigirka로 운송하기로 했다. 전술핵무기는 10월 초에 운송하기로 되었다. 9월 7일 흐루쇼프는 쿠바에 6기의 IL-26폭격기를 원폭과 함께 보내고, 루나 전술핵무기 3개 부대를 전술핵탄두와 함께 보내는 계획을 승인했다.[10]

전술핵무기를 쿠바에 보내기로 한 흐루쇼프의 결정은 케네디의 성명 발표 후 생긴 두려움, 아니면 그의 시급 상황을 반영하는 것이었다. 이것은 쿠바 상황에 대한 흐루쇼프의 머릿속에서, 미국의 쿠바 침공에 대한 억제책이자 전 세계적 핵무기 균형 재설정의 방법으로 핵무기를 사용하려던 바람이 미국과 실제 충돌할 경우 사용할 준비 태세로 극적으로 변화했음을 표시했다. 흐루쇼프가 지역적 혹은 세계적 차원에서 미국과 핵전쟁을 시작하려 한다는 것을 보여주는 문서, 성명, 언급은 없다. 또한 그가 지역적 분쟁을 세계적 분쟁보다 선호했다거나, 둘 중 하나만 치르는 것이 가능하다고 믿었음을 보여주는 증거도 없다. 그러나 쿠바에 전술핵무기를 보내기로 한 결정은 이 모든 시나리오를 이론으로뿐만 아니라 실제로도 가능하게 만들었다.[11]

흐루쇼프가 전술핵무기를 쿠바로 이송하는 것을 승인한 다음 날인 9월 8일 말리놉스키와 소련군 총참모총장 마트베이 자하로프Matvei Zakharov 원수는 IL-28기를 위한 여섯 개의 원자탄과 루나미사일에 장착될 12기의 핵탄두 수송을 지시했다. 말리놉스키와 자하로프는 또한 쿠바 기동부대 사령관 이사 플리예프에게 새로운 지시를 내렸다. 쿠바가 침공당하는 경우 반격하는 데 핵무기를 사용하라는 것이었다. "쿠바소련군집단의 임무는 적군이 쿠바 영토에 상륙하지 못하게 만드는 것이다"라고 명령서는 밝혔다. 명령서는 미사일군이 "소련과 쿠바 방위의 근간"이라고 명시하고, 이들에게 "모스크바의 명령이 하달되면 미합중국의 가장 중요한 목표물에 핵미사일 공격을 가할 만반의 준비"를 하도록 명령했다. 미국 목표물은 또한 소련 해군의 일부로 쿠바에 파견되는 핵잠수함의 목표물이 되었다.[12]

플리예프에게 하달된 지시는 전술핵무기, 전략핵무기 모두 모스크바, 즉 흐루쇼프의 명령이 있는 경우에 사용할 수 있음을 분명히 밝혔다. 그러나 총참모부는 플리예프에게 침공당할 경우 핵무기 사용 결정권을 부여하는 가능성도 고려하고 있었다. 9월 8일 핵심 지시가 서명되었을 때, 총참모부의 누군가가 쿠바와 모스크바 간 교신이 불가능한 경우 적용될 추가적 지시를 만들었다.

새 지시는 다음과 같았다. "쿠바 영토에 적군이 상륙하고, 쿠바 영해에 상륙부대 함정들이 집결하는 상황에서, 적군의 파괴가 지연되고, 소련 국방부로부터 지시를 수신할 가능성이 없을 때는 귀관 스스로 결정을 내려서 루나미사일, IL-28 또는 FKR-1[단거리 크루즈미사일]의 핵능력을, 쿠바 영토의 침공군의 완전 격멸을 달성하고 쿠바공화국을 수호할 목적으로, 육상과 해상의 적군 격멸을 위한 국지전의 수단으로 사용할 수 있다."[13]

모스크바의 명령 없이 플리예프가 핵무기를 사용할 수 있는 재량권에 대한 지시문은 말리놉스키가 서명하지 않은 채 남았다. 흐루쇼프는 핵무기, 심지어 전술핵무기의 통제권도 넘겨줄 생각이 아직 없었다. 그러나 플리예프의 재량권을 허용하는 지시는 준비되었다. 단지 서명만 없었다.

흐루쇼프가 쿠바로 핵무기 수송을 승인한 날인 9월 8일 백악관은 케네디 대통령이 의회에, 필요한 경우 15만 명의 예비군 동원을 승인해줄 것을 요청했다고 발표했다. 미국이 쿠바를 침공할 가능성에 사로잡힌 흐루쇼프에게 그것이 의미하는 바는 오직 한 가지였다. 미군이 오고 있다는 것이었다. 이제 흐루쇼프는 소련이 가지고 있는 거의 모든 종류의 핵무기를 쿠바로 보냄으로써 핵탄약을 소진한 것이나 다름없는 상황이었다. 남은 것은 엄포를 놓는 것이었고, 그것은 흐루쇼프가 무한정 가진 것이었다.

9월 5일 발표된 케네디의 짧은 성명에 흐루쇼프는 9월 11일 자신의 성명으로 응답했다. 이것은 케네디의 성명보다 열 배 이상 길었다. 케네디의 성명은 총 377단어였는데, 흐루쇼프의 성명은 4,600단어였다. 흐루쇼프는 케네디가 예비군 동원 승인 요청을 결정한 데 대한 대응으로 소련군에게 비상대기를 명령한다는 것을 선언하는 데 이 성명을 이용했다.

흐루쇼프는 쿠바에 군사고문단이 있기는 하지만 그 수는 민간자문단보다 적다고 주장했다. 이것은 거짓이었다. 그는 또한 엄포를 놓았다. "우리의 핵무기는 폭발력이 엄청납니다. 소련은 이러한 핵탄두를 운송할 강력한 로켓을 보유하고 있어, 국경 밖에서 이것을 배치할 장소를 찾을 필요가 없습니다." 전 세계에 이것은 흐루쇼프가 쿠바에 핵무기를 보내지 않는다는 보장은 아니더라도 확인처럼 들렸다. 동시에 그는 워싱턴에 쿠바 침공에 대해 경고했다. "이제 쿠바를 공격할 수 없고 침공자가 공격에 대해 징벌을 받지 않으리라고 기대할 수 없습니다. 만일 이 공격이 시도되면 전쟁의 시작이 될 것입니다." 그는 "열핵무기(thermonuclear weapons)를 사용한 세계적 대

전"을 염두에 둔 것이었다.[14]

케네디는 흐루쇼프의 위협에 자신의 성명으로 응답하는 것을 거부했다. 9월 28일 흐루쇼프는 자신의 가장 긴 전문 중 하나를 쏟아냈다. 4,500단어로 구성된 이 편지는 거의 9월 11일 타스통신이 쿠바에 대해 발표한 글만큼 길었다. 이것을 촉발시킨 것은 9월 20일 미 의회가 케네디 대통령에게 쿠바 침공 재량권을 부여한 것이었다. 흐루쇼프는 다시 한번 핵전쟁을 위협했다. 그는 미국 함정들이 쿠바로 향하는 소련 선박들을 추적하고 위협하는 것에 강한 불만을 표현했다. "나는 전에도 말했지만 재차 말합니다. 우리 배를 정지시키고 침몰시켜보시오. 우리도 같은 방식으로 답할 것이므로 이것은 전쟁의 시작이 될 것입니다." 그는 소련 선박 위로 미국 항공기가 비행하는 것에도 항의했다. "내가 아는 바로 8월에 이 같은 윙윙거림이 140회 있었습니다."

흐루쇼프는 케네디의 주의를 쿠바에서 분산시키고 쿠바 침공의 사기를 꺾기를 원했다. 이 목적을 달성하기 위해 다시 한번 그는 당근과 채찍을 썼다. 당근은 핵실험 금지조약이었다. "음, 나는 우리가 당신을 기다리게 만들지 않겠다고 분명히 밝힙니다"라고 흐루쇼프는 연말까지 조약 문제에 진전을 이루자는 케네디의 제안에 응답하는 글을 썼다. 채찍은 늘 그래왔듯이 베를린이었다. 흐루쇼프는 미 의회 선거 때까지는 베를린에서 아무 행동도 취하지 않을 것이지만, 그 이후에는 급격한 변화가 있을 것이라며 긴 편지를 마쳤다. "선거 후인 11월 후반에 대화를 지속해야 한다는 것이 우리 의견입니다"라고 그는 썼다. 이것은 대화로의 초대라기보다 위협에 가까웠다.[15]

다음 날 케네디는 가장 경험 많은 소련 전문가 두 사람을 불렀다. 한 사람은 전 소련대사였던 찰스 '칩' 볼런Charles 'Chip' Bohlen이었고, 또 다른 사람은 현 대사 루엘린 톰슨이었다. 흐루쇼프가 왜 쿠바에 군사력을 증강하는가라는 질문을 받은 두 사람은 모두 그의 결정에 이념적 요소가 있다고 답했다. "공산주의 블록 내에서 이것은 그에게 좋은 진전입니다." 볼런은 미국이 현안을 놓고 싸우기에는 너무 자유주의적이고 유약하다는 흐루쇼프의 주장에 반격을 가하기 위해 그에게 강한 비난을 제기할 것을 제안했다. "그러나 그가 관심을 가진 것은, 귀하가 우려하는 유일한 것이기도 한 핵전쟁입니다"라고 말하며 볼런은 흐루쇼프가 케네디를 베를린으로 밀어붙임으로써 케네디의 핵 대결 유발에 대한 염려를 이용하고 있다고 암시했다. "이것은 비현실적이라고 생각합니다"라고 그는 덧붙였다.

볼런은 케네디의 머리에서 베를린을 쿠바와 분리시키려고 시도했다. 케네디가 쿠바 침공이 소련의 베를린 장악을 야기할 수 있다고 하자 볼런은 그 가능성을 인정하면서도 이렇게 덧붙였다. "우리가 어떻게든 강력한 행동을 취하면 소련이 보복할 수 있는 많은 지역과 많은 경우가 있습니다. 제 생각에 우리는 […] 베를린 상황이 우리 행동 전체를 지배하게끔 하고 있습니다." 케네디는 볼런의 조언에 유념하지 않고, 베를린에 대해 되받아치지 않기로 했다. 10월 8일 모스크바로 발송된 흐루쇼프에 대한 케네디의 답신은 쿠바 문제 역시 언급하지 않았다. 케네디는 흐루쇼프가 협력 의사가 있고 타협 가능한 핵실험 금지조약에만 초점을 맞추기로 결정했다. "우리는 1963년 1월 1일을 목표 시한으로 합의를 이루어가야 한다고 생각합니다"라고 케네디는 편지에 썼다.[16]

핵실험 금지조약이라는 당근과 베를린이라는 채찍 사이에서 케네디는 당근에 손을 뻗었지만, 채찍도 몇 주 후에 그의 생각에 들어왔다. 흐루쇼프는 답하지 않았다. 이것은 미국이 쿠바에서 지대지미사일을 발견할 때까지 두 사람 사이의 마지막 교신이 되었다. 이 무기는 9월 4일 성명에서 케네디가 '공격용 무기'로 지적했던 그것이었다. 케네디가 모르는 사이에 이것들은 이미 쿠바에 와 있었다.[17]

신혼여행

8월에 케네디 대통령에게 쿠바에 지대공미사일이 배치되었다고 처음으로 보고한, 은회색 테 안경을 낀 60세의 CIA 국장 존 매콘은 9월 초 주간들을 프랑스 리비에라 해안에서 보내고 있었다. 그는, 케네디와 참모들이 매콘의 의심이 현실화되어 소련이 실제로 쿠바에 SAM을 배치했다는 정보에 대해 조치를 논의했던 9월 4일의 중대한 백악관 회의에 참석할 수 없었다. 그는 워싱턴에서 멀리 와 있을 충분한 이유가 있었다. 퍼시픽카앤드파운드리코퍼레이션Pacific Car and Foundry Corporation의 부유한 회장 폴 피곳의 미망인인 50세의 테일린 피곳Theiline Pigott과 결혼해 신혼여행으로 이곳에 온 것이었다.[1]

프랑스 리비에라 해안에서 보낸 신혼여행은 이후 거의 30년이나 지속될 행복한 결혼 생활의 시작이었고, 수영과 선탠에 더할 수 없이 좋은 날씨가 이어졌다. 매콘으로서는 자신이 깊은 관심을 가진 사안이 논의되는 동안 아무런 영향력을 발휘할 수 없다는 것이 때로는 괴로웠다. 워싱턴의 보좌관으로부터 매일 받는 전문을 보면서 매콘은 소련이 분명한 이유가 있어 쿠바에 SAM을 배치했으리라는 것을 점점 더 확신하게 되었다. 그는 이것을 핵탄두 운송이 가능한 훨씬 더 위험한 미사일을 보호하기 위한 것이라고 보았다. 그는 워싱턴에서 자신을 대리하는 CIA 부국장인 마셜 카터 장군과 이 생각을 공유하고 있었다. 그는 9월 10일 프랑스 휴가지에서 전문을 보내 SAM의 배치는 "현재 작전이 완료되고 쿠바 상공 비행을 막은 뒤 소련이 배치할 MRBM[준중거리미사일(Medium Range Ballistic Missile)] 같은 더 위험한 공격 능력의 기밀을 지키기 위한 것"이라는 의견을 밝혔다.[2]

조지 마셜George C. Marshall 장군이 미합참의장, 국방장관, 국무장관으로 일할 때 보좌관 경력을 쌓은 53세의 대머리 장군인 카터는 매콘의 생각에 이견이 없었지만, 이 전문을 백악관에 보고하지는 않았다. 그래서 그는 현재 상황이 매콘이 제시했듯 대단히 위험하며, 지속적인 쿠바 영공 정찰비행이 필요하다는 것을 행정부의 다른 관리들에게 확신시키는 데 어려움을 겪었다.

지난 며칠간 미국의 U-2기 정찰비행은 결코 성공작이 아니었다. 소련의 SAM을 발견한 8월 29일의 운명적인 비행 이후 CIA 첩보항공기는 전 세계 언론의 수많은 혹평을 받았다. 다음 날인 8월 30일 소련은 극동 사할린 지역에서 U-2기가 소련 영공을 침범한 것을 발견했다. 미국 정부는 이 사건에 대해 사과했고, 흐루쇼프가 9월 7일 스튜어트 우달을 만났을 때 케네디 정부의 조치에 만족을 표하기도 했다. 그러나 U-2기는 미국-소련 관계에 계속 먹구름을 드리웠고, 다음 날인 9월 8일 중공은 영공에서 U-2기 한 대를 격추시켰다. 10일도 안 되는 기간 동안 미국 정부에 국제적 비난과 공개적 망신을 준 이 두 U-2기 사건은 다른 곳에서의 첩보 활동에도 영향을 주지 않을 수 없었고, 쿠바 영공 비행은 국제무대에서 해명해야 하는 국무부에게 점점 더 많은 우려를 제공했다.[3]

딘 러스크 국무장관은 케네디의 국가안보보좌관인 맥조지 번디에게 CIA와 회동할 것을 요청했고, 번디는 이를 수용해 U-2기 비행에 대한 러스크의 질의 사항과 더불어 더 이상 사고가 없었으면 한다는 그의 '바람'을 그 주 CIA에 전달했다. 러스크는 쿠바 영공 비행이 정보 수집에 얼마나 중요한지 알고 싶었다. 또한 공해 상공 비행으로 정보 수집을 제한하는 것이 가능한지도 궁금했다. 그리고 마지막으로 U-2기 임무 수행자 중 사건을 도발하고자 한 사람은 없는지도 알아야 했다. 국무장관은 CIA 지도부를 신뢰하지 않았다![4]

9월 10일, 번디가 소집한 회의에서 러스크가 첫 발언을 했다. "팻, 잘 좀 해줄 수 없나요?"라고 그는 카터 장군에게 말했다. "이런 사건이 계속 발생하는데 내가 어떻게 베를린 문제 협상을 할 수 있겠습니까?" 카터가 뭐라 답하기 전에 외견상 쿠바 영공 비행을 지지하는 로버트 케네디가 러스크의 질문에 농담으로 응했다. "딘, 뭐가 문제인가요? 배짱도 없으십니까?" 그러나 러스크의 핵심 주장에 대해서는 할 말이 없었다. 베를린이 쿠바보다 훨씬 크고 시급한 문제인 듯했다. 러스크는 쿠바 영공 비행은 반대하되 공해상 비행에는 동의했다.[5]

타협점을 원한 번디는 U-2기가 쿠바 영공을 계속 비행하되, 섬 전체를 따라가는 비행이 아니라 섬을 횡단하는 비행을 제안했다. 그렇게 하면 탐지도 어렵고 지대공미사일 공격으로 격추될 위험도 줄어들었다. 그리고 적어도 섬의 25퍼센트가 구름으로 가려졌을 경우엔 정찰비행을 하지 않는 것도 제안되었다. 그런 경우가 아니라면 쿠바 영공 정찰비행의 위험부담은 사진 촬영의 성과물로 정당화될 수 없다는 것이었다. 카터는 이런 제안이 마음에 들지 않았지만 그저 임시 방편이라고 생각했다. 그는 회의 참석자들에게 이렇게 말했다. "나는 바로 그 SAM 위를 비행하여 거기에 뭐가 있는지 보는 것이 여전히 우리 계획이라는 것을 말씀드리고 싶습니다." 그는 이 말에 아무 응답도 듣지 못했고, 회의가 정회된 후 이렇게 불평했다. "그들은 다시 모이겠지만 아무 결정도 내리지 않을 겁니다."[6]

프랑스의 신혼여행 낙원이 정치적 감옥이 되어버린 매콘은 대단히 화가 났다. 소련이 탄도미사일을 배치할 가능성이 그를 무겁게 짓눌렀다. 9월 16일 그는 카터에게 전문을 보냈다. "우리는 소련이 몇 기의 MRBM을 비밀리에 쿠바에 반입해 배치할 가능성을 조사해야 합니다. 이것은 쿠바 국방 당국이 우리의 비행을 거부하면 탐지할 수 없는 것입니다." 매콘의 경고는 아무 효과도 가져오지 못했다. 쿠바 영공 정찰비행은 금지 조치와 나쁜 기상 조건으로 인해 10월 14일까지 재개되지 않았다. 소련은 미 정찰기에 탐지되지 않은 채 핵무장 미사일을 쿠바에 배치할 5주를 선물로 받았다. 흐루쇼프의 도박은 성공을 거두는 듯했다.[7]

매콘이 프랑스에서 신혼여행을 즐기고 아무런 정찰 활동이 전개되지 않는 상황에서 CIA 전문가들도 쿠바에서 소련의 군사력 증강 문제에 대해 손을 놓고 있었다. 9월 19일 배포된 국가정보특별평가(The Special National Intelligence Estimate)는 아무런 경보도 발하지 않았다. 보고서 작성자들은 이렇게 평가했다. "우리는 소련이 쿠바에서의 입지를 무엇보다 쿠바 주둔으로부터 얻는 정치적 이득 때문에 중요하게 여긴다고 확신한다. 따라서 현재 쿠바에서 진행되는 군비증강은 쿠바의 공산 정권 강화가 주요 목적이다." 보고서 작성자들은 미래에 소련이 쿠바에 핵무기를 배치할 가능성을 고려했으나, 당장은 일어나지 않으리라고 보았다. "그것은 소련이 지금까지 보여준 것보다 미국-소련 관계의 위험 수준을 높이려는 훨씬 큰 의도가 있을 경우 가능하고, 이는 다른 지역에서의 중요한 정책적 함의를 가질 것이다."[8]

CIA 분석가들은 쿠바의 소련군 숫자가 4천 명을 넘지 않을 것으로 판단했다. 이들은 7월 중순 이후 쿠바의 항구에 기항한 70척의 소련 선박을 확인했고, 열두 대의 미그-21기, 6기의 유도미사일 장착 순찰선, 이미 확인된 열두 곳의 SAM 기지를 위한 미사일과 장비가 탐지되었다. 결과적으로 CIA는 선박 수를 세는 데는 정확했지만, 무기와 장비를 계산하는 데는 좀 서툴렀고, 병력을 추산하는 데는 경악할 만큼 엉터리였다. 1962년 7월 중순부터 10월 중순까지 4만 명 이상의 병력이 쿠바로 수송되었는데 그 대부분은 CIA가 분석을 내놓은 9월 중순에 도착했다. 쿠바로 오는 항해 거의 내내 중갑판에 숨어 있던 병력은 미 항공기에 탐지되지 않았고 대부분의 미사일과 장비도 마찬가지였다.[9]

쿠바에서는 소련 미사일과 장비가 소련 지휘관들과 쿠바 자문관들이 선택한 장소로 이동하는 것을 은폐하기 위해 최고 수준의 보안 조치가 취해졌다. 쿠바 헌병과 경찰은 소련 선박들이 화물을 하역하는 항구를 삼엄히 경비했고, 화물에 포함된 S-75데스나미사일은 야간에 미리 지정된 장소로 운반되었다. 미사일과 운영 요원들은 두 방공사단에 배속되어 있었다. 이 미사일에 대한 전체 지휘는 모스크바 지역 방공 사령관인 스테판 그레츠코 Stepan Grechko 중장이 담당했다. 그레츠코 휘하의 두 사단에는 각각 3개 연대가 편성되어 있었고, 각 연대에는 4개 대대가 소속되어 있었다. 각 대대는 6기의 발사장치가 있는 하나의 발사기지를 운용했다. 이렇게 두 사단 휘하에는 24개의 발사기지와 144개의 발사장치가 있었다. 작전 계획은 각 발사대에 4기의 S-75데스나미사일을 배치하는 것이었다. 후에 CIA의 분석에 따르면 8월 첫 주부터 SAM 기지가 마탄사스, 아바나, 마리엘, 바이아 온다, 산타 루시아, 산 훌리안, 라 콜로마 인근에 건설되기 시작했다.[10]

8월 29일 U-2기가 찍은 발사기지는 우크라이나 드니프로페트롭스크시에 편성되고 미하일 토카렌코 소장이 지휘하는 제11방공사단에 소속된 것이었다. 한 연대의 부연대장인 엡도키모프E. V. Evdokimov 대위가 후에 이렇게 회고했다. "연대 소속 모든 대대는 8월 중 배치가 완료되었습니다." 이 부대들은 "북쪽으로부터 쿠바 서부 지역을 아우르며 방어지역을 형성했습니다. 각 부대의 임무는 두 개의 R-12미사일 사단의 발사기지를 보호하고 원자탄을 수송하는 IL-28기가 배치된 비행장(산 훌리안)을 방어하는 것이었습니다."[11]

43세의 토카렌코는 2차대전 중 465회의 출격 임무 비행을 완수한 조종사 출신으로, 적군기와 50회 교전하여 20대의 적기를 격추시킨 바 있었다. 그는 1945년 4월 소련 최고의 무공훈장인 소련 영웅 황금훈장을 수여받았다. 1961년 드니프로페트롭스크의 방공사단 지휘를 맡은 토카렌코는 자신이 그 직책에 걸맞음을 증명하기 위해 노력했다. 결과적으로 그는 자신을 위해 지나치게 열성적이었다. 그는 임무의 기밀성에 대한 무신경한 태도가 죄가 되어 새 직위에 몇 주도 남아 있지 못했다.

7월 24일 미사일 기지 부지를 찾기 위해 쿠바 서쪽 끝의 피나르 델 리오 지역을 방문한 토카렌코는 현지의 쿠바 장교들에게 소련이 그들의 나라를 버리지 않으리라는 것을 확신시켜주기로 결심했다. "이봐요들, 걱정 마요. 소련 사람들은 운명이 위협받는 이 시기에 쿠바를 버리지 않을 겁니다"라고 토카렌코는 선언했다. "내가 말하고 있는 이 순간, 선박들이 이미 우리 병력을 싣고 대서양을 건너오고 있죠. 당신들이 독립을 수호하는 것을 도우러 오는 겁니다." 이 말에 큰 인상을 받은 쿠바 장교들은 기뻐하며 소문을 퍼뜨렸다. 이것은 플리예프 장군에게도 큰 인상을, 그러나 부정적인 인상을 남겼다. 다음 날 토카렌코는 기밀을 누출한 죄로 사단장 지위에서 해임되었다. 이로써 그의 군 경력은 끝이 났다. 그의 말을 들었던 쿠바 장교들은 쿠바에 소련이 군사력을 강화한다는 정보를 더 이상 퍼뜨리지 못하게 구금되었다.[12]

존 매콘이 프랑스 휴가 중 그렇게도 염려하고 토카렌코가 암시했던 R-12미사일을 선적한 소련 선박들은 쿠바를 구하기 위해 여정을 달려 8월 마지막 주에 쿠바 항구에 도착하기 시작했다. 첫 배는 옴스크호로 8월 5일 세바스토폴 항을 출발해 쿠바 중부의 트리니다드시 인근의 해안 마을인 카실다에 8월 19일 도착했다. 이 배에는 6기의 R-12미사일과 이반 시도로프의 637미사일 연대의 장교와 사병들이 타고 있었다. 카실다의 제당공장 부두는 당시 한 번에 선박 한 척의 화물만 하역할 수 있었기에 미사일과 장비를 보관할 곳이 없었다. 그래서 시도로프와 장병들은 화물과 함께 카실다 항에 정박한 옴스크호에 머물러 있어야 했다. 후에 스타첸코가 보고한 바에 따르면 옴스크호와 R-12미사일들은 최종적으로 9월 9일 하역되었다. 쿠바 땅에 첫 MRBM이 하역된 날이었다.[13]

미사일사단 지휘관인 스타첸코 장군은 시도로프와 부대원들을 쿠바에서 처음으로 맞은 사람이었다. 그는 7월 셋째 주 항공편으로 쿠바에 도착했고, 시도로프가 쿠바에 도착했을 당시 피부가 그을리고 턱수염을 길러 많은 사람 눈에 쿠바 사람처럼 보였다. 아나디르 작전 수립자 중 한 사람인 아나톨리 그립코프 장군은 스타첸코가 쿠바로 떠나기 전 그를 만나고서 10월에 현지에서 작전 중인 그를 다시 보고는 그 외양에 감명받았다. "젊고 똑똑하고, 다른 모든 병사와 장교와 마찬가지로 민간인 복장을 하고 있었습니다.

짙은 회색 바지에 반팔 체크무늬 셔츠 차림이었습니다. 그의 흠 잡을 데 없는 군인적 풍모는 보기에 좋았습니다." 시도로프는 자신의 새 상관을 바로 좋아하게 되었다. "그는 생을 사랑하고, 에너지 넘치며, 의지 강한 장군으로서 뛰어난 조직 능력과 미사일 군에서 충분한 경험을 쌓은 지휘관이었습니다"라고 시도로프는 회상했다.[14]

스타첸코의 첫 임무는 미사일, 장비와 요원들을 하역시키는 작업을 조직하는 것이었다. 작전의 비밀을 지키는 것은 SAM보다 MRBM에 훨씬 중요했다. 스타첸코는 후에 이렇게 회고했다. "미사일은 야간에만 배에서 하역되었는데 배도 항구도 완전히 깜깜한 상태에서 작업했습니다. 미사일이 내려지는 동안, 외부에서 항구로 통하는 접근로는 시에라 마에스트라 지역에서 이동해 온 3백 명의 특별 산악 소총대대원들이 경비했습니다." 그것이 다가 아니었다. "항구의 수비 반경에는 합참에서 편성해 새로 도착한 전략작전 요원들이 대기하고 있었습니다. 해군 함정과 쾌속정들이 화물을 하역하는 선박의 해상 접근로를 지켰고, 현지 주민 중에 사전 신원 조사되어 선발된 어부들이 같은 임무를 수행했습니다. 매 두 시간마다 특별히 선발된 잠수부들이 선박의 수중 부분과 부두 인근의 항구 바닥을 수색했습니다."[15]

미사일 하역이 완료된 후 스타첸코의 다음 임무는 이것을 배치 장소로 운송하는 것이었다. 서둘러야 했다. U-2기가 SAM을 발견한 후 흐루쇼프와 총참모부가 미사일 배치 일정을 조정하여 수송과 설치 시간을 단축했던 것이다. 새로운 시간표에 의하면 R-12미사일 발사장치를 보유한 시도로프의 연대 등의 부대는 11월 1일까지 전투태세를 완료해야 했고, R-14중거리미사일을 보유한 연대들은 1962년 11월 1일부터 1963년 1월 1일 사이에 전투태세를 완료해야 했다. 문제는 미사일과 부속 장비들이 9월 9일에야 쿠바에 도착하기 시작했다는 사실이었다. 쿠바에 제일 먼저 도착한 시도로프 연대의 병력, 미사일, 장비는 10월 첫째 주에야 도착이 완료되었다. 다른 연대의 상황은 더 나빴다.[16]

하역장소에서 때로 200킬로미터나 떨어진 지정 장소로 미사일을 수송하는 것은 많은 보안 문제를 안고 있었다. 차량 행렬은 야간인 자정부터 새벽 5시 사이에만 이동해야 했다. 이동 경로와 목적지를 비밀로 하기 위해 "도로 전체를 차단해야 하는 경우에는 교통사고가 나서 부상자를 이송하는 것처럼 위장하거나 쿠바군의 작전 이동처럼 위장했습니다"라고 스타첸코는 회고했다. 이것도 충분하지 않으면 "미사일 차량 행렬이 출발하기 한 시간이나 한 시간 반 전에 쿠바군 트레일러와 중장비 트럭이 엉뚱한 길로 먼저 출발했습니다." 소련 차량 행렬은 수십 대의 차량으로 이루어졌다. "제일 앞에는 무선장비를 갖춘 오토바이 대열이 가고, 작전 장교, 통역관, 경비병을 실은 쿠바 차량이 뒤를 잇고, 행렬 지휘관이 탄 두 대의 차량과 보안 차량이 뒤를 이어 갔습니다. 그다음에야 미사일과 견인차량, 크레인, 추가 견인 차량이 이동했고요"라고 스타첸코는 회고했다. 행렬 끝에는 쿠바 경비병들이 탄 차량과 무선장비를 갖춘 오토바이 대열이 따라왔다. 소련 장교와 사병들은 쿠바 군복을 입었고, 러시아어를 사용하는 것이 금지되었다. 이들은 몇 마디 배운 스페인 단어와 구절을 이용해 서로 소통했다.[17]

R-12미사일을 지정된 장소까지 운송하는 것은 수많은 수송 문제를 야기했다. 22미터가 넘는 길이를 가진 이 미사일은 그보다 더 긴 트레일러 차량이 운송했다. 자신의 사단의 첫 연대의 수송 작전을 직접 지휘한 스타첸코는 시도로프 대열에게 카실다에서 칼라바사르 데 사구아 지역으로 미사일을 운송할 경로 준비 시간을 일주일 주었다. 첫 100킬로미터 정도는 일직선 도로가 나 있었지만 그보다 두 배 더 긴 거리에 좁은 쿠바 도로가 이어졌다. 일부 장소에서 시도로프와 병사들은 교량을 보강해야 했고, 어떤 곳에서는 도로 전체를 새로 깔아야 했다. 가장 힘든 일은 이동 경로 사이에 있는 쿠바 마을의 좁은 도로를 통과하는 것이었다. "카우나오 마을에 30도 정도로 꺾어진 급커브길이 있었습니다. 회전 반경을 확보하기 위해 중간에 있는 소련 최초의 우주인 유리 가가린 동상과 3층짜리 시청 건물을 철거해야 할 상황이었습니다. 다른 길이 없었죠." 결국 그는 해결책을 찾아냈다. 행렬이 일단 도시를 한 방향으로 통과한 다음 마을 밖의 다른 도로로 들어

서서 다른 방향에서 마을로 들어와 다시 도시를 통과하면 커브를 돌 필요도, 도시의 두 랜드마크를 부술 필요도 없었다.[18]

9월 말까지 스타첸코와 시도로프는 미사일과 나머지 장비를 지정된 연대 발사기지로 운송하는 작업을 마쳤다. 이제 그들은 아무것도 없는 상태에서 발사대를 만들어야 했다. 이것은 미사일을 하역하고 수송하는 것보다 더 어려운 작업이었다. 러시아와 동유럽의 겨울 날씨에 익숙한 소련 병사들은 허리케인이 덮치는 적도의 환경에서 일할 준비가 되어 있지 않았다. 스타첸코는 후에 모스크바가 선택한 미사일 배치 시기에 대해 불평했다. 9월과 10월은 적도 폭풍 허리케인 시즌이었다. 작전 수립자 중 한 사람인 그립코프는 10월에 쿠바에 온 후 여건이 얼마나 나쁜지를 깨달았다. "열기(기온이 35~40도 이상으로 치솟았다)와 높은 습도 때문에 연대지휘관들은 매시간 작업팀을 교대해야 했습니다"라고 스타첸코의 한 연대를 방문했던 그립코프는 회고했다. "땅은 바위투성이였고, 그런 여건에서 토목 장비는 거의 쓸모가 없었어요. 대부분의 작업은 맨손으로 수행해야 했습니다."[19]

견디기 어려운 열기와 습도, 끝없는 폭우, 풍토병이 소련 병사들을 괴롭히는 가운데 스타첸코는 시도로프에게 10월 22일까지 작전 임무를 마치라고 명령했다. 이것은 플리예프의 지시보다 일주일 빠른 것이었다. 시도로프는 상관을 실망시키지 않기 위해 최선을 다했다. "짧은 기간 동안, 진이 빠지는 여건에서 우리 병사들은 […] 거대한 임무를 수행했습니다. 각도를 조절할 수 있는 콘크리트 단일 구조물이 발사대 아래 만들어졌습니다. 핵탄두 저장소는 미리 제작된 부품을 조립해서 만들었습니다. 발사기지 안에 12킬로미터의 자갈길이 만들어졌습니다. 1,500개 이상의 바위 파쇄 작업이 진행되었죠. 창고, 야전 식당, 숙소용 텐트가 설치되고 가동 준비에 들어갔습니다."[20]

시도로프의 첫 R-12미사일 발사장치는 10월 8일 전투준비가 완료되었고 두 번째 것은 10월 12일 완료되었다. 스타첸코가 명령한 시한을 4일 남겨둔 10월 18일 연대 전체가 전투준비를 마쳤다. 부대는 명령이 떨어지면

열 시간 안에 미사일을 발사할 수 있었다. 이 시간은 탄두를 발사기지에 가져와서 발사준비를 마치는 데 필요한 시간이었다. 첫 탄두는 10월 4일 쿠바에 도착했다. 화물선 인디기르카호가 R-12미사일과 R-14미사일용 핵탄두 60기를 아바나 서쪽으로 40킬로미터 떨어진 마리엘로 운송해 왔다.[21]

프랑스 리비에라의 신혼여행 철창 안에서 CIA 국장 존 매콘은 쿠바에서 소련의 군사력 증강에 대한 새로운 정보가 없는 것에 점점 더 격분했다. 그는 부국장인 카터 장군에게 불만이 쌓여 그를 해임할 생각도 했다. 매콘은 자신이 자리를 비운 사이 그가 쿠바 문제를 잘못 다루었다고 생각했다. 카터는 매콘이 보낸 전문을 백악관에 보고하지 않았다. 매콘이 구체적으로 그렇게 하라고 지시를 내린 적은 없었다. 카터는 쿠바 영공 정찰비행에 반대하는 러스크에 맞설 생각이 없었던 것이다. 마지막으로 결정적인 것은 그가, 소련이 쿠바에 미사일을 배치하지 않을 것으로 판단한 9월 19일의 국가특별보고를 승인했다는 것이었다.[22]

매콘은 CIA가 9월 12일 쿠바 도로에서 이동 중인 R-12탄도미사일(미국명 SS-4샌들)을 발견했다는 소식을 듣고 9월 26일 업무에 복귀했다. 이제 그는 이전보다 훨씬 더 걱정할 이유가 생겼다. 그의 부하들은 쿠바 난민들로부터, 쿠바 경찰과 군대가 소련 부대의 도착과 배치에 대해 특별한 주의와 기밀 유지 조치를 취하고 있다는 정보를 입수했다. CIA 장교들은 입수한 정보를 지도에 표시했지만, 쿠바 전체를 가로지르는 U-2기의 영공 정찰비행 없이는 이 정보를 확인하고 소련의 군사력 증강의 정도와 성격을 평가할 방법이 없었다.

10월 9일 매콘은 케네디 대통령을 만나러 갔다. 그 자리에는 보비Bobby(로버트 케네디의 애칭—옮긴이) 케네디, 맥조지 번디와 다른 참모들이 배석했다. 국방차관 로스웰 길패트릭Roswell Gilpatric과 함께 매콘은 쿠바 영공 정찰비행을 재개해달라는 건의를 올렸다. 쿠바 외곽 정찰비행으로는 지상의 CIA 정보원으로부터 입수한 내용을 확인할 수도 부인할 수도 없었다. 매콘은 쿠바 자체에 대한 영공 비행 재개가 필요했고, 특히 첫 SAM이 발견된 쿠바 서부 지역의 상황을 주시했다. 이 지역은 외곽비행으로는 카메라에 담을 수 없었다. U-2기는 R-12미사일 목격 보고의 정확성을 검토하고, 8월 말과 9월 초 쿠바 영공 정찰비행으로 건설 작업이 확인된 SAM 기지의 작전 준비 상태를 파악해야 했다.[23]

9월 5일 U-2기가 쿠바 영공 정찰비행을 하고서 한 달 이상의 시간이 지났고, U-2기 정찰 임무를 재개해야 한다는 압력이 케네디에게 가중되고 있었다. 케네디와 참모들은 SAM 기지 상공 비행이 위험한 작전임을 알고 있었다. U-2기가 격추될 가능성은 여섯 번에 한 번으로 추정되었다. CIA 조종사가 체포되는 상황을 정부가 감당할 수 있으리라고 보는 사람은 없었다. 맥나마라 국방장관은 CIA 조종사를 공군 조종사로 대체할 것을 제안했다. U-2기가 격추되고 조종사가 체포되는 경우 그는 그 조종사가 공해상에서 외곽비행 중에(이 작전은 미 공군이 수행하고 있었다) 단지 경로를 잃었다고 변명할 수 있었다.[24]

케네디는 10월 10일 결정을 내렸다. 공군 조종사가 CIA의 U-2기를 조종하도록 훈련하고, SAM 기지 상공의 위험한 비행이 가능할 만큼 날씨가 좋아지기까지 사흘이 더 걸렸다. CIA가 산 크리스토발 상공 비행을 지칭하는 3101미션은 35세의 한국전 참전 조종사 리처드 헤이서Richard S. Heyser 소령이 맡았다. 408전략정찰여단의 4028전략정찰부대에서 배속된 헤이서 소령은 10월 13일 밤 11시 30분 캘리포니아의 에드워즈 공군기지를 이륙했다. 그의 목적지는 중부 플로리다의 매코이 공군기지였다. 그러나 그는 쿠바 서부 영공을 비행한 후에야 플로리다에 오기로 했다. 총 일곱 시간의 비행에서, 조종사가 쿠바 영공을 비행하는 데 사용할 수 있는 시간은 7분에 불과했다.

헤이서 소령은 10월 14일 오전 7시 30분 72,500미터 고도에서 쿠바 영공으로 들어가 카메라를 켰다. 카메라는 비행기 아래 100해리마일 지역을 찍을 수 있었다. 모든 것이 계획대로 진행되었다. 지상에서 지대공미사일은 발사되지 않았고, 준비되었는지 건설 중인지, SAM 기지는 침묵을 지켰다. 헤이서 소령은 일요일인 10월 14일 동부기준시간(ET)으로 오전 9시 20분 매코이 공군기지에 착륙했다. 그가 찍은 사진 필름은 바로 워싱턴 인근의 앤드루스 공군기지로 보내졌다. 필름이 해군 사진정보센터에서 인화된 다음, 메릴랜드의 국가사진판독센터의 CIA 전문가들이 월요일인 10월 15일 사진을 받았다. 그들은 놀라운 발견으로 한 주를 시작했다. 존 매콘이 전부 옳았다. 소련은 쿠바에 MRBM을 이미 배치한 것이다.[25]

"모두 없애버려라"

10월 16일 화요일 케네디는 여느 날과 다름없이 신문을 읽으면서 하루를 시작했다. 그는 아침의 첫 일과를 침대에서 나오지 않은 채 하는 습관이 있었다. 이날 아침 케네디는 신생 독립국 알제리의 수상 아메드 벤 벨라 Ahmed Ben Bella의 미국 방문을 다룬 《뉴욕타임스》의 머리기사를 놓칠 수 없었다. 기사에는 영부인 재클린 케네디와 22개월 된 아들 존 2세가 백악관 로즈가든 덤불 뒤에서 환영식과 스물한 발의 예포를 바라보는 사진도 실려 있었다. 겨우 석 달 전 프랑스 감옥에서 풀려난 벤 벨라는 백악관에 와서 양국 관계를 논의했고, 케네디 대통령의 반식민지 활동에 대한 지원에 사의를 표했다. 그는 이것을 공개적으로 표현했고 보도는 케네디에게 우호적이었다.[1]

《워싱턴포스트》의 기사도 아주 우호적이었다. 기자는 "대통령이 미국과 쿠바 사이에 중재자가 되고 싶어 하는 벤 벨라의 생각을 바로잡아주었다"라고 썼다. 사실 케네디는, 벤 벨라가 워싱턴 방문 후 쿠바를 방문한다는 것을 알고서 카스트로에게 메시지를 전하는 데 그를 이용하고자 했다. 케네디는 알제리의 지도자에게, 카스트로가 라틴아메리카의 현상 유지에 도전하지 않는 한 자신은 쿠바의 '민족 공산주의' 정권과 화해할 용의가 있다고 말했다. 벤 벨라가 유고슬라비아나 폴란드 정권을 염두에 두고 한 말인지 묻자, 케네디는 그렇다고 답했다. 그는 또한 벤 벨라에게 미국 정부가 수용할 수 없는 것이 무엇인지에 대해서도 얘기했다. 그것은 쿠바가 공격용 무기로 무장한 소련의 군사기지가 되는 것, 그리고 라틴아메리카의 다른 지역에 공산 혁명을 퍼뜨리려 하는 것이었다. 케네디는 공개적 발표 없이 카스트로에게 거래를 제안하고 있었다.[2]

그러나 그날 아침 《뉴욕타임스》의 1면을 본 사람이라면 누구나 케네디가 쿠바에 대해 할 수 있는 일이 제한되어 있음을 알게 되었다. 그는 카스트로 정권에 모종의 행동을 취할 것을 점점 압박받고 있었다. "아이젠하워, 대통령의 유약함을 외교 정책에서 말하다"라는 헤드라인 아래 아이젠하워가 케네디의 정치적 아성인 보스턴의 공화당 만찬 모임에서 행한 연설 기사가 크게 실렸다. 지금까지 케네디와 그의 행정부에 대한 비난을 자제해온 아이젠하워는 후임자를 비판하지 않는 불문율을 깨고, 아이젠하워 행정부가 지난 8년간 라틴아메리카를 무시했다는 케네디의 예전 주장을 반박했다. "그 8년 동안 우리는 폭군한테 1인치의 땅도 잃지 않았습니다"라는 아이젠하워의 말을 《뉴욕타임스》가 인용했다. "우리는 국제적 의무를 방기한 적이 없었습니다. 우리는 약속한 말을 타협하거나 원칙에서 물러난 적이 없었습니다. 어떤 장벽도 만들어지지 않았고, 우리를 위협하는 외국 기지가 만들어지지도 않았습니다."[3]

장벽을 언급한 것은 케네디가 베를린 장벽을 암묵적으로 받아들인 것을 파고든 것이었다. 군사기지에 대한 언급은 쿠바를 암시하는 것이 분명했다. 점증하는 쿠바 논란에 대한 언론 보도를 놓치지 않는 사람들은 뉴욕주 출신의 케네스 키팅 공화당 상원의원이 하루도 거르지 않고, 쿠바에 핵미사일이 배치되었는데도 정부가 이 위협에 대처하기 위해 하는 일이 아무것도 없다고 비난하는 것을 알고 있었다. 대통령에게 좋은 상황이 아니었다. 1962년 의회 선거 분위기는 달아오르고 있었고, 공화당은 자신들이 보유한 가장 강력한 무기인 전임 대통령을 동원한 것이었다. 그는 공화당 후보들을 지지하고, 민주당 후보들을 공격하면서 전국을 순회하고 있었다. 그가 공격하는 대상에는 상원의원에 도전하는 잭Jack(존 F. 케네디의 애칭—옮긴이) 케네디의 동생 에드워드 케네디Edward M. Kennedy도 포함되어 있었다. 아이젠하워가 케네디 대통령에게 비난을 퍼부은 만찬 모임에는 6천 명의 유권자가 참가했고, 연설은 TV로 중계되었으며, 이제 언론은 이것을 대대적으로 보도하고 있었다.[4]

아침 8시 조금 넘은 시간 케네디의 침실을 찾은 맥조지 번디는 케네디의 심기가 아이젠하워의 연설로 불쾌해진 것 이상임을 알았다. 국가안보 보좌관인 번디가 가져온 뉴스도 전혀 맘 편할 내용이 아니었다. "대통령님, 소련이 쿠바에 공격 미사일을 배치했다는 결정적인 사진 증거가 나왔습니다"라고 그는 케네디에게 보고했다. 며칠 전 케네디가 재가한 U-2기의 쿠바 영공 정찰기는 미국 동부 지역을 대부분 타격할 수 있는 소련의 지대지미사일이 쿠바에 배치된 것을 발견했다. 번디는 그 전날 밤 이 소식을 접했지만, 그날 벤 벨라 환영식뿐 아니라 선거 지원 유세까지 치르느라 피곤한 케네디를 방해하지 않고, 좋은 수면을 취할 기회를 주기로 한 것이었다.[5]

케네디는 뒤통수를 맞은 기분이었다. "어떻게 나한테 이럴 수 있나"라고 케네디는 번디에게, 흐루쇼프를 가리켜 말했다. 소련의 지도자는 쿠바에 공격용 무기를 배치하지 않겠다는 공개적 발언과 11월 선거 전까지 미국-소련 관계에 타격을 줄 일을 하지 않겠다는 개인적 보장 모두를 깬 것이었다. 케네디는 그날 나중에 동생을 만났을 때 흐루쇼프를 "빌어먹을 거짓말쟁이", "비열한 깡패"라고 불렀다. 9월에 미국 주재 소련대사 아나톨리 도브리닌Anatoly Dobrynin은 베를린 상황이 악화되지 않으리라는 흐루쇼프의 보장을 백악관에 전달한 바 있었다. 예상치 못했던 미사일 뉴스가 존 케네디에게 도착하기 불과 일주일 전인 10월 4일과 6일 로버트 케네디는 자신의 접촉선인 소련 정보장교 게오르기 볼샤코프를 만났다. 9월 중순 피춘다에서 흐루쇼프를 만나고 돌아온 참이었던 볼샤코프는 흐루쇼프의 새 메시지를 그대로 외워 읊었다. 11월 선거 전 상황 악화는 없을 것이라고.[6]

케네디는 점심시간 직전 핵심 외교 정책 참모 회의를 소집하라고 번디에게 지시했다. 이것은 그날 하루 바쁜 일정의 시작이었다. 오래전에 예정된 회의와 의전 행사를 시작하면서 케네디는 이것이 자신의 대통령직 마감의 시작이라고 느꼈다. 마치 아이젠하워와 키팅 의원 같은 공화당 정치인들이 내내 옳았던 것처럼 보였다. "아직도 쿠바 논란이 중요하지 않다고 생각합니까?"라고 케네디는 아침 일정이 빈 사이에 자신의 일정 담당 보좌관이자 최측근인 케네스 오도넬Kenneth O'Donnell에게 물었다. "당연하죠"라고 오도넬은 답했다. "유권자들은 쿠바에 신경 안 씁니다." 케네디가 미사일 뉴스를 알리자 오도넬은 믿지 않았다. "믿을 수 없습니다"라고 그는 대통령에게 말했다. "믿는 게 나을 겁니다"라고 케네디가 받아쳤다. "켄 키팅이 아마 다음 미국 대통령이 될 테니까요."[7]

쿠바에 대한 새 정보를 평가하고 필요한 조치를 대통령에게 건의하기 위해 모인 외교안보참모 회의는 오전 11시 50분 웨스트윙의 내각회의실에서 열렸다. 테이블에는 대통령 외에 로버트 케네디, 맥조지 번디, 로버트 맥나마라, 딘 러스크, 그리고 국무부와 국방부의 고위 관리들이 앉았다. 9월 동안 쿠바에 대한 회의에 참석하지 못했던 CIA 국장 존 매콘은 새로운 가족의 문제로 또 회의에 참석하지 못했다. 그의 부인이 첫 결혼에서 얻은 아들, 그러니까 그의 의붓아들이 자동차 경주에서 사망했고, 매콘은 장례식에 참석해야 했다. 그는 다음 날 워싱턴으로 돌아올 예정이었지만 지금 당장은 CIA 부국장인 마셜 카터 장군이 대신 참석했다.[8]

"쿠바에 준중거리미사일 발사기지가 발견되었습니다"라고 카터는 U-2기가 찍은 사진을 보여주며 보고를 시작했다. 그의 말들은 케네디가 이미 내각회의실에 설치해놓고 이제 막 작동시킨 비밀 녹음 시스템에 나중을 위해 저장되었다. 그는 1961년 여름 후반부터 참모들과의 회의 내용을 녹음하기 시작했다. 이 극비 프로젝트는 아마도 대통령의 결정 과정과 다른 이들의 조언 과정을 계속 따라가는 것을 돕기 위해, 그리고 어쩌면 또 다른 자서전 집필 준비를 위해 착수된 것으로 보인다. "이것이 준중거리미사일이라는 것을 어떻게 아나요?"라고 케네디는 참석자들에게 물었다. "길이로 압니다, 대통령님"이라고 카터를 돕기 위해 회의에 참석한 국가사진판독센터 초대 소장인 아서 런달Arthur Lundahl이 대답했다. 그의 사진판독 전문가들은 전날 특수 장비를 이용해 사진에 찍힌 물체들의 길이를 측정했고, 미사일이 대략 길이가 65피트(약 20미터—옮긴이)라고 결론지었다.[9]

런달의 보좌관인 시드니 그레이빌Sidney Graybeal은 모스크바의 군사행진에서 찍힌 소련의 탄도미사일 사진을 대통령에게 보여주었다. 2차대전 중 32회 작전 비행에 참가하고 전후 CIA에 들어와 유도미사일 전문가가 된 조종사 출신 그레이빌은 회의장에 있는 그 누구보다 소련 미사일에 대해 잘 알았다. 그는 케네디에게 630마일 사정거리를 가진 소련 준중거리미사일은 길이가 67피트이고, 1,100마일 사정거리를 가진 중거리미사일은 길이가 73피트라고 설명했다. U-2기가 발견한 미사일 길이는 대략 67피트이므로 준중거리미사일이었다. 그러나 만일 미사일들이 4~5피트 길이의 원뿔형 탄두(nose cone)가 없는 상태에서 찍혔다면 중거리미사일일 수도 있다고 그레이빌은 설명했다. 계산하느라 애먹으며 지도를 쳐다보던 참석자들이 우려할 만했다. 중거리미사일은 워싱턴과 뉴욕은 물론 보스톤, 시카고, 덴버까지 타격할 수 있었다.

"이것은 발사준비가 된 상태입니까?"라는 것이 사진을 보고 난 케네디의 다음 질문이었다. 그레이빌은 방금 논의된 미사일들은 아직 전투준비가 된 상태는 아니라고 대통령에게 답했다. 발사기지에선 미사일 한 기만 사진에 찍혔다. 소련 측이 핵탄두를 이미 운송했다면 발사기지 근처에 당연히 울타리를 쳤을 텐데 이는 눈에 띄지 않았다. 참석자들이 집요하게 묻자 그레이빌은 만일 모든 준비가 완료되었다면 소련은 "두세 시간 안에 미사일을 설치하고 발사할 수 있습니다"라고 답했다. 케네디는 미사일과 준비 상태에 대해 더 알고 싶어 했다. 그는 추가적 U-2기 정찰비행을 재가했지만 그것으로 충분하지 않았다. 케네디나 회의 참석자들이나 현 상황에서는 마냥 시간만 끌 수 없다고 봤다. 행동 계획을 마련해야 했다.[10]

케네디는 9월 초 SAM 기지 발견에 대해 발표했을 때 성명문 초안을 만든 딘 러스크에게 생각하는 바를 말하도록 요청했다. 전날 저녁 U-2기 정찰비행 결과를 보고받은 러스크는 이 소식이 대통령에게 보고되기 전에 이

미 이 문제에 대해 많이 생각했고, 두 가지 가능한 시나리오를 제시했다. “나는 이 기지를 제거할 일련의 조치를 개시해야 한다고 생각합니다”라고 러스크는 말문을 열었다. “문제는 우리가 이것을 갑작스럽고 공표되지 않은 공격의 형태로 추진할 것인지, 아니면 상대편이 굴복을 정말 심각하게 고려하거나 쿠바인들 스스로 행동을 취하도록 만들기 위해 위기를 고조시킬 것인지의 선택입니다.” 그는 앞으로 며칠 동안 숙고할 의제를 내놓았다. 참석자들 사이에는 무슨 일이 있어도 미사일을 제거해야 한다는 무언의 합의가 있었다. 이제 문제는 외교와 군사 행동 중 어느 것에 우선권을 둘 것인가였다.

러스크는 군사적 상황이 외교를 벌일 시간을 허용하지 않을 경우 공격이 정당화될 수 있다고 생각했다. 공격은 자체적으로 전개될 수 있거나, 쿠바 침공의 일부로 시작될 수 있었다. 그러나 시간만 된다면 러스크는 외교를

쿠바의 지대공미사일 배치(1962년 9월 5일)

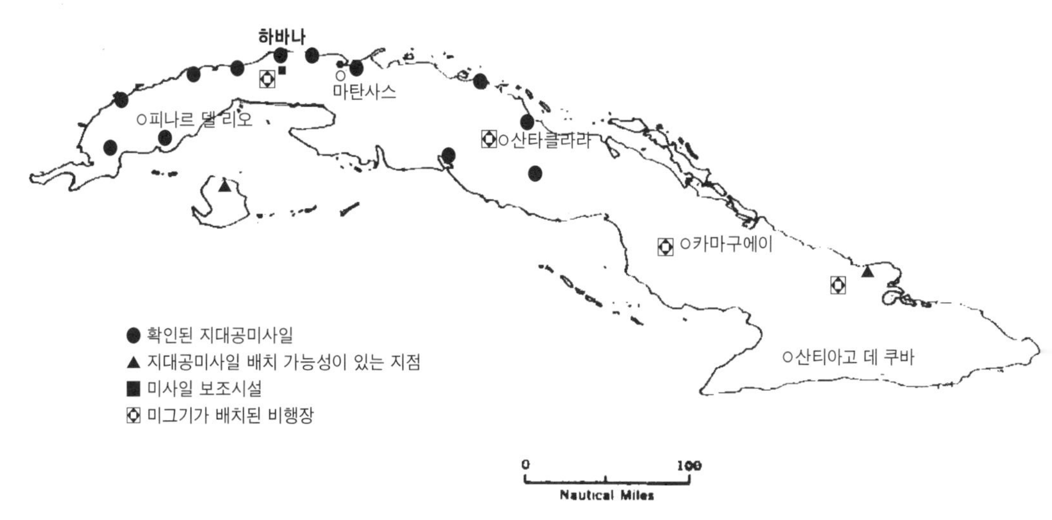

선호했다. 이는 유럽의 동맹국과 라틴아메리카 국가와 파트너들과의 협의까지는 아니더라도 통보를 필요로 했다. 그는 카스트로에게 접근해, 흐루쇼프가 쿠바에 탄도미사일을 배치하고 미국의 개입을 초래하도록 만들어 쿠바를 희생양으로 삼았다는 사실을 지적해야 한다고 생각했다. 그는 또한 흐루쇼프가 "이곳에서 절대적으로 심각한 위기가 조성되고 있다는 것"을 알게 되길 바랐다. 그는 이렇게 덧붙였다. "흐루쇼프는 현시점에서 이것을 이해하지 못하거나 믿지 못하는 상태일 수 있습니다."[11]

러스크가 제안한 것에 대한 찬반 의견으로 논의가 진행되자 케네디는 미사일 발견 정보가 언론이나 의회의 반대파에 누출되기 전에 자신이 행동 노선을 결정할 수 있는 시간이 얼마나 되는지 알고 싶어 했다. 국방장관 로버트 맥나마라는 일주일 정도를 예견했다. "우리는 이 소식이 신문을 통하지 않더라도 양당 정치인들에게 널리 알려질 수 있다는 것을 예상해야 합니다." 러스크도 같은 의견을 표했다. 키팅 상원의원은 10월 10일 이미 중거리미사일 기지 설치가 진행되고 있다고 얘기한 바 있다. 추정컨대 그는 쿠바 난민들로부터 이 정보를 입수한 듯했다.[12] 충격적인 것은 결정을 내리는 데 필요한 시간제한이, 소련이 얼마나 빨리 미사일을 작동하게 할 것인가에 달린 것이 아니라, 이 뉴스가 얼마나 오래 비밀로 지켜질 것인가에 달렸다는 사실이었다.

시간 여유가 1주일이건 2주일이건 케네디가 행동을 취할 시간은 많지 않았다. 그러나 어떤 행동을 취해야 하는가? 논의가 진행되면서 러스크가 제시한 두 선택지, 즉 군사와 외교를 케네디는 마음속으로 네 가지로 나누었다. 탄도미사일에 대한 신속 정확한 국부 공습, 모든 미사일과 쿠바의 소련 공군력에 대한 전면 공습, 쿠바에 대한 봉쇄를 수반한 전면 공습, 마지막으로 외교였다. 로버트 케네디는 즉각 자기 형에게 다섯 번째 선택지를 환기시켰다. 쿠바 침공이라는. 이제 총 다섯 가지 선택지가 있고, 그중 하나만 외교적 해결이었다.

존 케네디는 외교에 희망을 걸지 않는 것이 분명했다. 과거에 리처드 닉슨은 케네디가 흐루쇼프에 맞설 능력이 없다고 공격했다. 빈 정상회담 후 케네디는 흐루쇼프도 이와 같은 생각을 가졌다고 느꼈다. 자신이 '멍청하고' '배짱 없는' 지도자라고. "만일 그가 나를 두고 경험이 없고 배짱이 없다고 생각한다면, 이 생각을 없애기 전에는 그와 아무 일도 못 할 것이다"라고 케네디는 정상회담 후 한 동정적인 기자에게 말한 적이 있었다. 쿠바에 소련의 준중거리미사일이 배치되었다는 소식은, 유약한 대통령이라는 인식에 대해 케네디가 뭔가 극적인 행동을 취해야 한다는 사실을 암시했다.[13]

케네디는 흐루쇼프에게 호소하는 것은 소련의 핵공격 준비를 더 서두르게 만들 것이라고 추측했다. 나토 동맹국들은 거의 도움이 되지 않지만, 미국이 쿠바의 소련 미사일 기지를 공격하는 것을 반대할지도 모른다. 유럽 국가들은 최근 수년간 소련 미사일의 위협하에 지내왔고 미국의 이 공격으로 자신들이 소련과의 관계에서 취약해질 것이라고 여길 것이다. "그들은 바로 반대할 겁니다"라고 케네디는 영국에 대해 참석자들에게 이렇게 말했다. "그냥 하는 걸로 결정하죠. 아마 그들에게 얘기는 해야겠지만, 바로 전날 밤에 해야죠."[14]

회의가 끝나갈 무렵 케네디는 모든 가능한 선택지를 다시 한번 요약했다. 그러나 그 자신은 두 가지로 선택지를 좁혔다. 미사일에 대한 국부 공습, 아니면 전면 공습으로. "나는 우리가 이 미사일과 관련하여 별로 시간이 많지 않다고 생각합니다"라고 케네디는 참모들에게 말했다. "그걸 준비하느라 2주를 기다릴 순 없습니다." 이것은 쿠바에 대한 전면적 침공을 준비하는 데 필요한 시간이었다. 케네디가 선호하는 해결책은 국부 타격이었다. "아마도 그것들을 해치운 다음에 다른 준비로 넘어가야 할 겁니다. 우리가 그걸 하기로 결정한다면요"라고 대통령은 제안했다. 그는 나중에 더 확신을 가지고 이렇게 덧붙였다. "우리는 확실하게 첫 번째 안으로 갈 겁니다." 그는 국부 타격을 염두에 두었다. 정보가 의회에 누출되기 전에 흐루쇼프에게 자신의 결의를 보이고 응답하는 것은 그에게 달렸다. 그는 케네스 키팅이 미합

중국의 다음 대통령이 되는 것을 분명히 원치 않았다.[15]

다음 일정인 리비아 왕세자, 하산 알 리다 알 산수시Hasan Al Rida Al Sansusi와의 오찬에 서둘러 가기에 앞서, 케네디는 참모들에게 오후 6시에 다시 모여 논의를 계속하자고 말했다. "이 여섯 시간까지 낭비한다는 게 정말 싫습니다." 회의를 멈추기 직전 대통령이 이렇게 말하는 것을 비밀 녹취 테이프를 통해 들을 수 있다.[16]

쿠바 문제를 놓고 이날 오전 늦게 소집된 회의는 케네디로 하여금 무력 사용을 확신하도록 만들었다. 그는 그날 내내 이 확신을 버리지 않았다. 리비아 왕세자와의 오찬에서 케네디는 UN 대사 애들레이 스티븐슨에게 이렇게 말했다. "대안은 공중 폭격으로 그것들을 없애버리거나 아니면 다른 조치를 취해 그 무기들을 작동 못 하게 하는 것이라고 생각합니다." 스티븐슨은 공습을 결정하기 전에 "평화적 해결책의 가능성도 생각해야 합니다"라고 건의했지만, 케네디는 이 말에 반응하지 않았다. 누구보다 케네디 대통령의 마음을 잘 읽는 로버트 케네디는 그가 군사적 해결에 마음이 기울고 있다고 판단했고, 쿠바에 대한 비밀작전을 준비 중인 CIA에도 그렇게 전했다. 그는 오후에 그들을 만났다.[17]

그날 내내 케네디는 흐루쇼프가 왜 그런 행동을 했는지 이해해보려고 노력했지만 답을 찾지 못했다. "우리는 그가 쿠바에서 하려는 행동에 대해 분명히 잘못 판단했습니다"라고 케네디는, 급격히 악화되어가는 위기를 논의하려고 모인 저녁 회의에서 참모들에게 말했다. 피그스만 침공 실패에 대한 조사그룹을 이끌다가, 라이먼 렘니처가 경질되자 합참의장으로 임명된 60세의 맥스웰 테일러Maxwell D. Taylor는 쿠바에 배치된 미사일이 미국민들에게 주는 심리적 타격에 대해 말했다. 그는 쿠바에 배치된 소련 미사일이 전략적 균형을 심각하게 바꿀 것이라고 주장했다. 그러나 맥나마라는 이 견해에 회의를 보였다. 그는 개인적으로는 이것이 전략적 균형을 전혀 바꾸지 않는다고 보았다. "동의합니다. 그래서 무슨 차이가 생깁니까?"라는 것이 맥나마라에 대한 케네디의 반응이었다. "그들은 모든 것을 파괴할 힘을 어쨌든 갖고 있지 않습니까."[18]

토론이 진행되는 동안 케네디의 생각이 그 질문으로 돌아왔다. 몇 분 후 그는 다시 한번 물었다. "만일 이것이 그들의 전략적 힘을 크게 증대시키지 않는다면, 왜 이런 일을 하는 건지 러시아 전문가가 말 좀 해줄 수 있습니까, 그들이 어째서 그러는지?" 스스로 질문을 마치기도 전에 케네디는 이렇게 계속 말했다. "이것은 마치 우리가 갑자기 터키에 엄청난 MRBM을 배치한 것과 같습니다. 이제 끔찍할 정도로 위태로워졌다고 봐요." 국무 차관보 알렉시스 존슨Alexis Johnson은 정신이 번쩍 드는 말을 했다. "우리가 그랬습니다." 케네디는 별로 놀라지 않았다. "그래. 그런데 5년 전 이야기죠." 그러나 존슨은 포기하지 않고 계속했다. "그건 우리가 ICBM이 부족할 때였습니다"라고 그는 케네디에게 말했다. 부지불식간에 그는 흐루쇼프가 쿠바에서 그런 행동을 취하게 만든 핵심 요인 중 하나를 지적했다. 흐루쇼프에게 장거리 대륙간탄도탄이 없다는 것. 그러나 아무도 이 논거를 끌고 가지 않았다. 특히 케네디는 몇 년 전 소련과 미국 사이에 유사한 상황이 있었다는 것을 환기해내지 못했다. "그러나 그때는 다른 시기였어요"라고 그는 참모들에게 말했다.[19]

흐루쇼프의 동기가 무엇이었건 케네디는 미국과 전 세계에, 자신이 아이젠하워가 말하듯 '유약한' 대통령이 아니라는 것을 보여주고, 미국에 대한 위협을 제거하기로 작정했다. 케네디가 선호한 군사 해결책은 쿠바의 소련 미사일에 대한 기습적인 국부 타격이었다. 예상치 않게, 그날 국부 타격을 감행한다는 케네디의 제안은 가장 연합하기 어려울 듯한 부처들로부터 단합된 반대를 받았다. 국무부, 국방부, 합참으로부터. 20세기 미국 역사에서 수없이 부각되었던 국방부와 국무부 사이의 경쟁이 이번에는 등장하지 않았다. 맥나마라와 러스크는 각기 다른 이유로 대통령의 선택을 좋아하지 않았다. 번디의 지원을 받은 러스크가 외교적 해결 시도를 선호한 반면, 맥나마라는 공습의 영향에 대해 염려했다. 합참에서는 공습이 일어나면 소련군을 경비태세에 돌입하게 만들어 쿠바 침공을 복잡하게 만들 것이라고 보았다.

맥나마라는 이 참모집단의 첫 회의 때부터 케네디의 계획에 반대 의사를 표했다. 그는 소련 미사일이 준비 태세가 되어 있지 않을 때 한해서 타격을 지지했다. "우리의 공습 전에 만일 미사일이 전투태세가 되어 있다면, 미사일이 발사되기 전에 우리가 그것들을 궤멸시킬 수 있다고 자신해선 안 된다고 봅니다"라고 맥나마라는 오전 회의 때 케네디와 논쟁했었다. "또한 만일 미사일이 발사되면 동부 해안 지역과 쿠바 600~1,000마일 반경에 있는 지역은 부분적으로 대혼란에 빠질 것이 거의 확실합니다." 군부도 맥나마라의 우려에 동의했다. "합참은 그러한 공격에 반대 의사를 강하게 표시했습니다. 그들은 상당히 강력한 전력이 파괴되지 않은 상태로 남을 것이라고 판단했습니다"라고 저녁 회의에서 맥나마라는 대통령에게 발언했다. 테일러 장군도 합참의 견해에 덧붙였다. "이런 제한된 선별적 목표물을 추려내는 것은 실책입니다. 보복 공격을 유발하여 끔찍한 결과를 가져올 것이기 때문입니다." 그날 오후 합참은 소련이 쿠바에서 핵무기 전투태세가 완료되었는지 여부를 떠나 쿠바 침공 추진에 동의하기로 자체 회의에서 결정했다.[20]

맥나마라는 케네디가 제안한 국부 타격에 반대했지만 러스크가 제안한 외교적 선택지에도 비판적이었다. 이런 해결은 소련에 쿠바의 핵전력을 강화하고 미국의 침공에 대비할 시간을 줄 것이기 때문이었다. 그는 이 침공이 핵전쟁을 발발시킬 것이라고 내다봤다. 그는 새로운 행동 노선을 제안했다. 쿠바에 해상봉쇄를 실시하는 것이었다. 그날 아침 맥나마라가 반대했던 러스크의 원계획에는 전면 공습 작전의 일부로 해상봉쇄를 실시하는 것이 포함되어 있었다. 그러나 맥나마라는 지금 두 작전을 떼놓는 것을 제안했다. 그는 다음과 같은 메시지로 성명 발표를 원했다. '우리는 앞으로 쿠바로 진입하는 공격용 무기에 대해 즉각적인 봉쇄를 실시하고, 앞으로 무한정 전개할 공개적 정찰 활동과 더불어, 쿠바가 미국에 대해 공격적 움직임을 보이는 경우 즉각 소련을 공격할 준비를 할 것입니다.'[21]

맥나마라의 제안에 많은 이들이 깜짝 놀랐다. 이것은 마치 핵전쟁의 가능성을 밀쳐버리기는커녕 더 가깝게 끌어당기는 것처럼 보였다. "누구를 공격한다고요?"라고 번디는 물었다. "소련이요"라고 맥나마라는 대답했다. 그는 제3의 방법이 "쿠바에 군사행동을 취하는 것에 조금 못 미칩니다"라고 덧붙였다. 케네디는 회의적이었다. 그는 한편으로는 이 제안된 성명이 "많은 정치적 지지를 끌어내고" "소련에 부담을 안겨줄 것"이라고 보았다. 다른 한편으로는 군사작전 수행을 곤란하게 만든다고 보았다. "우리는 기습공격의 모든 이점을 상실할 것입니다"라고 케네디는 말했다. 그는 계속해서 공습에 마음이 가 있었고, 흐루쇼프에게 공개적으로건 비공개적으로건 경고를 보내는 것에 강한 의구심을 내비쳤다. 케네디는 자신이 흐루쇼프에게 이미 경고를 했다고 보았고 그것을 반복하는 것은 아무 이득이 없다고 보았다.[22]

봉쇄 옵션도 통과되지 못했다. 보통 맥나마라의 의견을 지지하는 로버트 케네디와 맥조지 번디도 어떻게 봉쇄를 실행할 것이며, 만일 선장이 검역받기를 거부할 경우 그 소련 선박을 격침시켜야 할 것인지에 대해 의문을 제기했다. 맥나마라는 사격해야 한다고 주장했다. 이것은 미사일뿐만 아니라 공해상의 소련 선박까지 겨냥한 지연된 군사행동이나 마찬가지였다. 맥나마라는 자신의 제안에 대한 설명을 계속했다. 그의 해결책은 쿠바를 정찰하고, 새로운 공격 무기가 반입되는 것을 막기 위해 해상을 봉쇄하고, 만일 미사일이 발사준비가 되면 쿠바가 아니라 소련을 공격하겠다고 위협하자는 것이었다.

맥나마라는 지지자를 얻지 못했다. "나는 여기에 군사적 문제는 없다고 생각합니다"라고 맥나마라는 말했다. 번디가 그 발언에 동의를 표하자 맥나마라는 자신의 주장을 계속 펼쳤다. "이것은 국내정치 문제입니다. 성명에는 우리가 쿠바를 침공해 살상하겠다는 말을 할 필요가 없습니다. 우리는 행동하겠다는 말만 하면 됩니다." 그는 9월 4일 발표된 케네디 성명문을 언급하며, 봉쇄를 성명에 약속된 행동으로 보여주는 것이라고 주장했다. CIA 부국장 카터도 여기에 회의를 표명했다. "글쎄요, 미국민들이 생각하기에 행동이라는 것은 군사행동입니다. 그게 다입니다." 여기에 맥나마라는 이렇게 응수했다. "우리는 봉쇄 작전을 하는 겁니다. 쿠바에 반입되는 공격용 무기를 수색하고 제거하는 겁니다." 그래도 카터는 확신을 갖지 못했다. "그것은 하나의 대안으로 고려할 수는 있다고 봅니다." 그는 봉쇄를 군사행동과 분리했지만, 고려해볼 수 있겠다는 의중을 내비쳤다. "나는 이것이 여러 면에서 완전한 해결책이라고 생각합니다"라고 맥나마라는 요지부동으로 답했다.[23]

케네디는 미사일 기지 공습 명령이라는 원래의 아이디어에 계속 집착했지만 최종 결정을 내리기까지는 아직 시간이 있었다. 국부 타격은 그의 정치적 문제에 대한 군사적 해결책이었다. "이것은 군사적 싸움 못지않은 정치적 싸움입니다"라고 그날 저녁 케네디는 참모들에게 말했다. 그는 미사일이 군사적 균형을 바꾸지 못한다는 맥나마라의 판단에 동의했지만 정치적으로는 자신이 난관에 처했음을 깨달았다. "지난달에 우리는 '그것을 허용'하지 않겠다고 선언했습니다. 지난달에 우리는 그것에 신경 쓰지 않겠다고 말해야 했습니다. 그러나 우리가 허용하지 않겠다고 말했을 때, 그들이 먼저 나서 행동을 취하고, 그리고 우리가 아무것도 하지 않는다면, 우리의 위험은 증가한다고 봅니다." 그는 단호하게 행동할 필요가 있다고 생각했다.[24]

과거에 1960년 빈에서처럼 케네디가 흐루쇼프에 의해 겁박당하고, 그의 수에 당하거나 패배할 때마다 케네디는 의회에 국방예산 증액이나 예비군 동원을 요청하거나, 둘 다 요청함으로써 그에게 반격을 가했다. 그는 해외에서의 외교적 실패에 대해 국내에서 과도하게 벌충하고 있었다. 그것은 흐루쇼프에게 경고하기 위해서인 동시에 미국 내에서 정치적으로 자신을 보호하기 위해서였다. 그는 미국의 군사력을 강화하면서 그의 호적수에게 위협 신호를 보내왔다. 그러나 이번에는 달랐다. 케네디는 무력을 사용하지 않을 수 없다고 생각했다. 로버트 케네디는 더 급진적이었다. 그는 쿠바 침공을 정당화하기 위해 관타나모 미군 기지에 위장 공격을 연출하거나 미국 선박을 침몰시키는 것, 전면전의 가능성이 발생하더라도 쿠바 침공 준비가 된 집단을 동원하는 것까지 생각했다. 로버트 케네디는 참석자들에게 "바로 가서 점령하고, 우리 손실은 감수합시다"라고 촉구했다.[25]

회의는 결정을 내리지 않은 채 끝났다. 로버트 케네디는 봉쇄를 지지하는 사람이 열한 명, 공습을 지지하는 사람이 일곱 명임을 확인했다. 후자는 케네디 대통령과 로버트 케네디까지 포함하면 아홉 명이었다. 아직 합의는 이루어지지 않았고, 대통령에게 건의할 내용도 마련되지 않았다. 러스크는 국무부 관리들과 회의를 재개하기 위해 국무부로 돌아갔다. 맥나마라는 위기 첫날밤을 보내기 위해 국방부로 갔다. 케네디 대통령은 새 임지로 떠나는 '러시아 전문가' 찰스 볼런의 환송 만찬에 참석하러 자리를 떴다. 그는 프랑스 대사로 임명되어 임지로 떠날 예정이었다. 케네디는 볼런의 전문성을 높이 평가했기에 그에게 가지 말라고 권유했으나, 볼런은 노선의 번복은 불필요한 의문과 추측만 낳을 것으로 생각했다. 두 사람은 현재 전개되고 있는 소련과의 위기를 가능한 한 오랫동안 보안으로 지키기로 했다.[26]

당시 케네디도 참모들도 모두 알지 못했거나 상상하지 못한 것은 소련의 탄도미사일이 이미 전투준비 태세가 되었다는 사실이었다. 시도로프 연대의 발사기지에는 열흘 전 핵탄두가 운송된 상태였다. 쿠바의 탄도미사일 기지 공격은 소련에 핵무기를 사용하도록 만들 가능성이 아주 컸다. 소련 총참모부는 공격을 당하는 경우 앞으로 도착할 전술핵무기를 쿠바의 현지 사령관들이 사용하도록 권한을 허용하는 명령서 초안에 서명만 남겨놓은 상태였다. 케네디가 필사적으로 피하려고 했던 핵전쟁은 그의 공습 계획이 실행에 옮겨지는 순간 발발할 수도 있었다. 다행히도 그는 한숨을 돌리기로 했다.

검역

토요일인 10월 20일 정체불명의 바이러스가 미국 지도부 전체를 감염시킨 듯했다. 케네디 대통령은 감기 때문에 민주당 후보들을 지지하기 위한 사흘간의 중서부 5개 주 지원 유세를 중단하고 워싱턴으로 돌아오고 있었다. 린든 존슨 부통령도 호놀룰루에서의 체류 일정을 단축하고 워싱턴으로 돌아오면서 감기를 핑계 삼았다.

백악관 공보비서 피어 샐린저는, 대통령의 밀워키 지원 유세를 취재하기 위해 시카고의 쉐라톤 블랙스톤 호텔에서 버스에 올라타는 기자들에게 대통령의 계획이 바뀐 것을 긴급히 통지했다. 그는 기자들에게 "가벼운 상부 호흡기 질환"이 있어서 "감기에 처방되는 통상 처방인 아스피린과 항히스타민제를 복용했습니다"라고 말했다. 체온은 정상보다 1도 정도 높다고 했다. 기자들은 의아하다는 반응을 보였다. 케네디는 지극히 정상으로 보였다. 피어 샐린저도 이상하게 여겨, 기자들이 탑승하는 비행기로 돌아가지 않고 대통령 전용기에 올라탔다. 두 사람만 남게 되자 그는 "대통령님, 감기에 걸리신 게 아니군요. 뭔가 이상한 일이 생겼군요"라고 케네디에게 말했다. "워싱턴에 도착하는 대로 무슨 일이 진행 중인지 바로 알게 될 겁니다"라고 케네디는 대답했다. "그때 마음 단단히 챙기세요."[1]

나중에 로버트 케네디는 그날 아침 10시 전에 케네디 대통령에게 워싱턴으로 돌아와달라고 전화로 부탁했다고 회고했다. 그는 10월 16일 대통령과 함께 혹은 대통령 없이 참모들끼리 진행한 논의가 여러 방향으로 진행되어, 대통령이 쿠바에 대해 어떤 방향으로 가야 할지 최종적으로 결정해야 한다고 생각했다. "이제 이것은 단 한 사람에게 달렸다. 어떤 위원회도 최종 결정을 내릴 수 없었다"라고 보비는 회고록에 적었다. 로버트 케네디의 전화를 받은 케네디 대통령은 서둘러 워싱턴으로 돌아왔다. 그는 스스로 알지 못한 채, 쿠바의 소련 미사일이 영향력을 미칠 수 있는 지역으로 바로 비행해 들어왔다. 그의 전용기가 공중에 있을 때 첫 소련 R-12미사일이 쿠바 서부 지역의 사구아 라 그란데 인근에서 전투태세를 완료했다.[2]

이반 시도로프 대령과 그가 지휘하는 79미사일연대는 작은 행사를 열어 첫 승리를 자축했다. "우리는 쿠바를 조국처럼 지킬 것이다"라는 구호가 소련에서 가져온 흙 몇 자루로 만든 임시 연단에 걸렸다. 연단 옆에는 소련의 국경을 표시하는 붉은색과 흰색 줄무늬 막대기가 세워졌다. 장교들의 연설에는 환호와 총성, 러시아어와 스페인어로 된 구호가 화답했다. '조국이 아니면 죽음을(*Rodina ili smerti'*–*Patria o muerte*).' 소련 로켓맨들은 이제 새로운 조국을 찾았다. 그들은 그 조국을 위해 죽을 각오가 되었고, 그 과정에서 죽음을 퍼뜨릴 준비가 되었다. R-12미사일의 사정거리가 2,080킬로미터인 것을 감안하면 시도로프의 미사일은 시카고(2,233킬로미터 거리)에 조금 못 미치지만, 1,812킬로미터밖에 떨어지지 않은 워싱턴 지역에는 쉽게 도달할 수 있었다. 이른 오후 그 지역에 대통령이 탄 비행기가 도착했다.[3]

케네디 대통령은 금요일인 10월 19일 아침 워싱턴을 출발했다. 그는 지난 사흘간 일정이 허락하는 대로 참모들과의 회의에 참석하며 쿠바 문제에 대한 브레인스토밍을 했다. 회의 참석자들은 우려되는 새 뉴스를 받았다. 뉴스를 전달한 사람은 이틀 전 U-2기가 찍은 사진을 케네디 대통령에게 보고한 CIA 사진판독 전문가 아서 런달이었다.

10월 18일 오전 11시가 조금 지난 시각, 런달은 케네디와 참모들에게 U-2기가 아바나 남서쪽 대략 20마일 지점에서 발사기지를 발견했다고 보고했다. 이 기지에는 중거리탄도미사일(IRBM)이 배치된 것으로 확인되었다. 이 미사일은 이전에 발견된 MRBM보다 사정거리가 대략 두 배였다. "우리는 2천 마일의 사정거리를 가진 것으로 추정되는 소련의 중거리미사일의 확고부동한 특징을 확인하지는 못했습니다. 그러나 발사대의 길이와 발사대 사이에 위치한 지휘벙커는 IRBM 장비라는 확증까지는 아니라도 심증을 갖게 만듭니다"라고 보고했다. 그 자리에 있던 사람들이 무슨 확증이 들었든 간에 런달이 제공한 정보는 모두의 가슴을 철렁하게 만들 만큼 암울한 뉴스였다. 그는 "발사대 축의 각도 315[도]는 […] 미합중국의 중앙 지역 산괴를 겨냥하고 있습니다"라고 케네디에게 말했다.[4]

소련이 미합중국 대부분 지역을 사정거리에 두는 중거리미사일을 쿠바에 반입한다는 뉴스는 소련 미사일 기지에 대한 기습 공격을 감행해야 한다는 케네디의 생각을 강화시켰다. 그는 위기의 첫날 이런 입장을 취했다. "대통령은 적어도 행동을 취한다면, 준중거리미사일과 일부 비행장을 목표물로 두고 사전 경고 없이 즉각 행동한다는 생각으로 기운 듯하다"라고 매콘은 위기 초기 케네디를 만난 후 수첩에 적었다. "의회의 결의로 그는 필요한 모든 권한을 확보했고, 이것은 번디도 확인했다. 그래서 행동을 취하는 쪽으로 기운 듯했다."[5]

런달의 보고는 참석자들에게 심각한 충격을 안겼다. 그때까지 케네디의 국부 타격안을 반대했던 딘 러스크도 대통령의 안에 찬성할 용의가 있었다. "이 소식이 현안에 대한 내 생각을 바꿨다고 봅니다"라고 그는 공습안을 찬성하기에 앞서 말했다. 그러나 그는 경고가 먼저 가야 한다고 생각했다. "우리 모두 당연히 『8월의 포성』을 기억합니다. 거기에는 어떤 사건들이, 당시 정부에서 아무도 휘말리기를 원하지 않았던 총체적 상황을 초래했습니다"라고 러스크는 유럽이 몽유병자처럼 1차대전에 끌려 들어간 내용을 다룬 바바라 터크먼의 저서를 언급했다. 그는 케네디가 이 책에 매료된 것을 알고 그를 자신의 편에 서게 하려고 했다. "가능성은 있습니다. 단지 가능성이지만요"라고 러스크는 말을 이었다. "흐루쇼프 씨가 이 문제에서 뒤로 물러나야 한다는 것을 깨달을지 모를 가능성이요."[6]

터크먼의 책에 대한 언급도 케네디의 생각을 바꾸지 못했다. 그는 매콘이 백악관으로 자신을 방문했던 전날 그랬듯 사전 경고 없는 공격에 계속

매달려 있었다. 그는 또한 흐루쇼프에게 다시 접근하는 것에도 관심이 없었다. 흐루쇼프는 경고에 또 다른 경고로 대응할 것이 뻔했다. '만일 당신들이 그것들을 몰아내면 우리는 베를린을 점령할 것입니다' 아니면 '뭔가 다른 행동을 취할 것입니다' 식으로. 케네디는 먼저 공습하고 그다음에 협상하는 것이 더 나은 대안이라고 보았다. 그러나 베를린에 대한 생각을 떨칠 수 없었고, 그곳에서 흐루쇼프의 행동이 유럽 동맹국들에 미칠 영향도 계속 신경 쓰였다. "만일 그가 베를린을 차지하면, 모두 별 신경도 쓰지 않는 미사일 때문에 우리가 베를린을 잃었다고 생각할 것입니다"라고 케네디는 말했다. "만일 그가 베를린으로 들어오면 우리는 어떻게 해야 합니까?"라고 로버트 케네디는 물었다. 지난 몇 달 동안 베를린 문제로 많은 곤란을 겪은 번디는 웃음을 터뜨리며 두 곳을 교환하고 "우리 잘못만은 아닌 것으로 만들기에" 좋을 거라고 말했다.

그것은 분명히 불가능했다. "우리는 그곳에 군대를 주둔시키고 있습니다. 그들이 어떻게 하겠습니까?"라고 맥나마라가 물었다. "그들은 싸울 겁니다"라고 테일러가 답했다. "그리고 제압당할 겁니다"라고 케네디 대통령이 끼어들었다. "그럼 전면전이죠"라고 참석자 중 한 사람이 그 상상을 이어갔다. "핵전쟁을 말하는 겁니까?"라고 케네디가 물었다. 러스크는 더 이상 외교적 해결을 변호하지 않았다. "그러면 먼저 전술핵무기를 사용하는 것으로 시작해야 할 겁니다"라고 러스크가 대통령에게 말했다. "진짜 문제는, 명백히 최종적 실패가 될 핵전쟁의 가능성을 줄이기 위해 어떤 [수준의] 행동을 취하느냐입니다. 이와 동시에 동맹국들과 일정 수준의 연대를 유지해야 합니다"라고 케네디가 그 주제의 논의를 강조하며 말했다.[7]

케네디 대통령이 점심 식사와 미리 잡힌 일정을 소화하기 위해 회의실을 나갔을 때 상황은 암울해 보였다. 그날 일정에는 빠르게 악화되는 쿠바 미사일 위기의 방향을 크게 바꿀 수 있는 접견도 포함되어 있었다. 백악관을 방문하기로 예정된 사람은 다름 아닌 소련 외무장관 안드레이 그로미코였다.

그로미코는 UN을 방문하는 길에 워싱턴에 들렀다. 소련 정치국의 흐루쇼프와 동료들은 그로미코가, 쿠바에 미사일이 배치되었다는 사실을 의회 선거 후 소련이 공표할지 모른다는 것에 대해 케네디의 의중을 떠보고 그가 어떻게 대응할지 예측해보기를 원했다. 존 매콘은 케네디에게 다른 사안을 갖고 있었다. 전날 케네디에게 제출한 비망록에서 매콘은 "미국이 사전 경고 없이 행동을 취해 앞으로 무한정 '진주만 고발장'을 안고 지내선 안 된다"라고 경고했다. 그는 케네디가 "그로미코와 카스트로에게 모든 일을 알고 있다고 통보"하고 "24시간 안에 준중거리미사일, 해안방어미사일, 지대공미사일, IL-28기와 미그21기를 포함한 방어-공격 능력을 가진 모든 무기를 제거하도록 요구"하기를 원했다.[8]

케네디는 러스크가 배석한 가운데 그로미코를 만났다. 그들은 매콘의 조언을 따르지 않았다. 케네디는 아직 기습 공격을 선호하고 있었고, 러스크는 내부 논의가 끝나고 케네디가 결정을 내리기 전까지 그로미코에게 뭔가 얘기하는 것은 시기상조라고 보았다. 케네디와 러스크는 미사일에 대한 얘기를 꺼내지 않았다. 그로미코도 미사일이 존재하지 않는 것처럼 행동했다. 그의 주된 얘깃거리는 베를린이었다. 그는 11월 선거 후 사태가 악화되리라고 말했다. 쿠바에 대해서는 미국의 구식 제국주의를 비판했다. 그는 소련이 무기를 보내고 이것을 사용할 수 있도록 쿠바인들을 훈련시킨 것에 대해서는 인정했다. 소련이 제공한 무기들은 '방어용'이라며, 예전에 케네디가 '공격용'이라고 한 표현을 반박했다. 이런 논리에 따르면 쿠바를 방어하기 위해 사용될 예정인 탄도미사일은 케네디가 9월 11일 성명에서 언급한 '공격용' 무기가 아니었다. 외교적 속임수를 쓰면서 그로미코는 케네디 행정부가 쿠바에 배치된 무기에 반대할 정당성이 없다고 주장했다.

"케네디 대통령은 그의 얘기를 들으면서 놀랐지만, 그로미코의 뻔뻔함에 감탄하기도 했다"라고 로버트 케네디는 쿠바 위기에 대한 자신의 저술에 썼다. 케네디는 미사일은 전혀 언급하지 않았지만, 쿠바 침공은 없으리라고 보장할 준비가 되어 있었다고 말했다. 소련이 7월부터 쿠바에 무기를 공급하면서 상황이 바뀌었다. 케네디는 이것을 "2차대전 이후 가장 위험한 상황"이라고 표현했다. 그로미코는 자신의 회고록에서 케네디가 '공격용 무기'에 대해서만 얘기하고 미사일에 대해선 묻지 않았다고 했다. 그는 미사일 문제가 제기되면 케네디에게 이렇게 말할 예정이었다. '대통령님, 소련은 쿠바에 소수의 방어용 미사일을 제공했습니다. 아무도 위협하지 않을 겁니다.' 그러나 케네디는 염려하던 질문을 하지 않았다. "나는 미사일이 있는지 없는지에 대해 말할 필요가 없었습니다"라고 그로미코는 회고했다.[9]

그로미코는 케네디의 어조가 바뀐 것을 알아차렸다. 그는 초조해 보였고, 러스크는 긴장된 목소리였다. 그러나 그로미코는 고조되는 긴장이 미사일을 발견했기 때문인 줄은 알지 못했다. 소련대사인 아나톨리 도브리닌은 그로미코가 회담 결과에 만족했던 것을 나중에 기억했다. "그는 케네디의 행동을 완전히 잘못 해석했다"라고 도브리닌은 자신의 회고록에 썼다. 케네디와의 회동 결과를 본국에 보고하면서 그로미코는 쿠바 침공에 대한 국민의 지지는 사라지고 있고, 언론은 베를린에 점점 더 많은 관심을 기울이고 있다고 보고했다. 그는 임박한 쿠바 침공 조짐을 보지 못했다. "미국이 쿠바에 취하고 있는 입장은 우리가 아는 한에서는 상황이 전반적으로 만족스럽다는 결론을 내릴 수 있게 한다"라고 그로미코는 보고서에 썼다.[10]

오후 5시에 시작된 그로미코 접견은 7시 15분이 지나서 끝났다. 그날 내내 소그룹으로 모여 쿠바 위기에 대해 협의를 진행한 결과를 보고받은 케네디는 전체적 상황을 평가하기 위해 모든 참모들을 백악관으로 불렀다. 케네디가 선호했던 국부 타격안은, 쿠바에서 중거리미사일(IRBM) 발사기지를 발견한 다음에 진행된 해결책 논의에서 사라졌다. "그날 하루가 지나면서 미사일 기지와 항공 시설에 대한 선제공격에서 봉쇄 쪽으로 의견이 이동했다"라는 말을 케네디는 회의가 끝날 때 녹음기에 남겼다. 참모들이 내세운 입장을 다시 정리한 후 그는 말했다. "일요일 밤부터 봉쇄를 시작해야 한다는 합의가 이루어졌다."[11]

해상봉쇄라는 맥나마라의 오래된 아이디어는 매콘이 케네디를 위해 준비한 비망록에 선택지 중 하나로 올라 있었다. 이것을 그날 아침 대통령과의 대화에서 전 소련 주재 대사 루엘린 톰슨이 다시 환기시켰다. 그는 톰슨 대사를 불러 회의에 참석시켰다. 톰슨은 미리 경고를 보낸다는 러스크의 의견에 비판적이었다. 케네디가 말한 대로, 흐루쇼프가 터키와 이탈리아에 있는 미국 미사일을 위협하게 될 수 있다는 것이었다. 그러나 경고 없이 공격하자는 대통령의 제안도 좋아하지 않았다. "선제공격을 하면 많은 러시아인들이 사망할 것입니다"라고 톰슨은 지적했다. 톰슨이 제안은 안 하고 비판만 하는 데 당황한 번디가 물었다. "그럼 당신의 선택은 무엇인가요, 토미?" "내가 선호하는 것은 봉쇄 계획입니다"라고 톰슨은 답했다.[12]

톰슨의 제안에 "그러면 이미 쿠바에 있는 무기는 어떻게 합니까?"라고 케네디가 물었다. "무기를 해체하라고 요구하고, 우리는 계속 정찰을 수행할 것이라고 얘기하십시오. 만일 무기들이 계속 작동되고 있으면, 우리가 그것들을 제거할 것이라고요"라고 그는 답했다. 케네디는 이 제안을 선뜻 받아들이지 못했다. 그는 봉쇄의 이점은 알지만, 쿠바 봉쇄에 대한 대응으로 흐루쇼프가 '베를린을 삼킬 것'이라고 보았다. 그날 저녁 분위기가 자신의 제안에서 멀어지자 케네디는 흔들리는 것처럼 보였다. 저녁 회의 후 "제한적 목적을 위한 제한적 봉쇄"를 고려하고 있다고 그는 비밀 녹음테이프에 구술했다. 그러나 그는 서둘러 결정을 내리려고 하지는 않았다. "이것을 폭로하지 않기 위해서 나는 예정대로 연설하고, 일요일 밤에 다시 모이는 것으로 결정되었다"라고 그는 마이크에 구술했다.[13]

케네디가 언급한 연설은 중서부 지역 선거 지원 유세 때 하기로 한 것이었다. 그는 모든 것이 정상이고, 아무런 위기도 없다는 듯, 오래전에 정해진 일정을 수행하는 모습을 보이기로 했다.

10월 19일 금요일 아침, 일리노이주로 비행하기 전에 케네디는 합참 지휘관들을 만났다. 합참의장 테일러 장군을 빼고 이들은 케네디의 쿠바 위기 자문그룹에서 제외되어 있었고, 별도로 회의를 이어왔다. 피그스만 침공 이후 군부는 전력을 투입해 다시 쿠바를 공격하는 안을 지지해왔다. 소련의 SAM, 이후에 준중거리미사일, 이제는 중거리미사일 발사기지를 발견한 것은 이들에게 황금의 기회였다. 그들이 보기에 쿠바에 소련 미사일이 배치된 이상 쿠바 침공은 절대적으로 필요했다. 그러나 대통령과의 협의에 참석한 테일러와 맥나마라에게서 받은 신호는 상당히 우려스러웠다. 침공은 대통령의 선택사항 중 우선순위를 차지하지 않았다. 오랫동안 기다려온 이 만남은 합참 지휘관들에게 대통령을 자기들 편으로 끌어당길 기회를 주었다.

케네디는 소련의 행동으로 유발된 어려운 선택을 놓고 이들과 논의를 시작했다. "만일 우리가 아무 일도 하지 않으면 그들은 그곳에 기지를 유지할 것입니다." 케네디는 지휘관들이 이러한 상황을 절대 받아들일 수 없다는 것을 잘 알면서 그렇게 말했다. "만일 우리가 쿠바나 미사일, 아니면 다른 어떤 방식으로든 쿠바를 공격하면, 이것은 그들에게 베를린 점령의 분명한 동기를 제공할 것입니다." 케네디는 몇 분간 말을 이어가는 동안 베를린을 상실할 위험에 대해 얘기했다. "그러면 한 가지 대안만 남게 되는데, 그것은 핵무기를 발사하는 것이고, 이것은 최악의 대안입니다." 케네디는 봉쇄에 대해 좀 더 긍정적으로 말했지만 이것에서도 문제를 발견했다. 소련도 베를린을 봉쇄할 수 있으므로, 그는 위기를 만들어내고 유럽 동맹국들을 소외시켰다고 비난받을 수 있었다. "우리가 단지 쿠바만 생각하지 않고 베를린도 고려사항에 넣는다면 만족스러운 대안은 없다고 생각합니다"라고 케네디는 결론 내렸다.[14]

합참 지휘관들은 대통령 참모들 사이에서 봉쇄가 선호되는 행동 노선으로 떠오르고 있다는 것을 알고서 전술을 바꾸었다. 전면적인 침공 얘기는 꺼내지 않고, 대신에 소련 군사시설에 대한 전면 공습을 주장했다. 이들은 이것이 어떤 식으로든 침공으로 발전하리라고 보았다. 이러한 주장을 앞장서 제기한 이는 말이 거칠고 거세게 몰아붙이는 공군사령관 르메이Curtis LeMay 장군이었다. 그는 1945년 3월 도쿄 공습을 지휘했고, 1948~49년에는 베를린 공수를 이끌었으며, 핵무기를 운송할 능력을 가진 미 전략공군 창설의 핵심 역할을 맡았다. 그는 봉쇄를, 소련 측이 미사일을 숨기고 공습으로부터 방어할 충분한 시간을 준다는 이유로 반대했다. "베를린 상황에 대해 말씀드린다면"이라고 그는 케네디의 가장 큰 우려 사항이자 케네디가 전면 공습에 반대하는 가장 큰 이유에 대해 말을 꺼냈다. "우리가 쿠바를 쑥대밭으로 만들면 그자들이 베를린을 쑥대밭으로 만들 것이라는 대통령님의 생각에 저는 동의하지 않습니다. 만일 우리가 쿠바에 아무 일도 하지 않으면, 그들은 뒤로 물러나는 우리를 더 쫓기 위해 베를린에 압박을, 그것도 거센 압박을 가할 것입니다"라고 그는 말을 이어갔다.

르메이는 젊고 경험 없고, 그가 생각하기에 결단력 없는 대통령에 대한 경멸을 굳이 숨기려 하지 않았다. "이것은 뮌헨의 유화정책과 거의 비슷한 겁니다"라고 르메이는 지금 제안되고 있는 봉쇄에 대해 말했다. 단지 대통령과 이견을 보이는 선을 넘어섰다. 뮌헨의 유화정책은 대중의 인식에 2차대전 직전 주영국 대사로 일한 케네디의 아버지 조지프 케네디와 밀접하게 연결되어 있었다. 르메이는 여기서 멈추지 않았다. "대통령님은 아주 심각한 곤경에 처해 있습니다"라고 그는 대통령에게 말했다. 그는 봉쇄를 한 다음 협상을 진행하면 국내외적으로 유약함을 드러내는 것으로 보일 수 있다고 주장했다. 케네디는 더 참지 않았다. 그는 르메이의 말을 끊었다. "뭐라고요?" "대통령님은 아주 심각한 곤경에 처해 있습니다"라고 그는 반복해 말했다. "당신도 나와 같이 그런 곤경에 처했습니다"라고 케네디는 쓴웃음과 함께 되받아쳤다. "개인적으로 말이죠."[15]

대화는 원만히 진행되지 않았다. 이것은 군부에 대한 케네디의 불신을 심화시켰다. 그러나 그 자신도 봉쇄에 대한 의구심이 있었기에 이에 대한 회의적 의견은 그에게 영향을 주었다. 케네디는 서둘러 최종 결정을 내리지 않기로 했다. 그는 자신의 원래 계획을 고수하되 참모들이 하루나 이틀 더 논의하도록 했다. 참모 대부분의 의견이 봉쇄로 기울어 있기는 하지만, 그는 번디에게 공습도 대안으로 살려두도록 했다. 그는 로버트 케네디가 남은 논의를 주관하게 했다.[16]

쿠바 문제에 관해서 로버트 케네디는 아주 강경한 입장을 취했다. 8월로 돌아가 그는 소련이 쿠바에 미사일을 배치할 수 있다고 암시한 존 매콘의 판단을 지지했다. 10월 14일 미사일이 발견된 다음에 로버트 케네디는 테일러 장군도 주저하는 가운데 쿠바 침공을 주장했다. 케네디 대통령의 비밀 녹음테이프는 그의 동생이 핵전쟁 발발 여부에 상관없이 쿠바 침공을 주장하고, 침공을 정당화하기 위해 미국 선박을 침몰시키거나 관타나모기지 공격을 허위로 연출하자고 발언한 것을 저장했다. 그는 참석자 중에 봉쇄에 가장 집요하게 반대한 사람이었다.[17]

그러나 케네디 대통령이 워싱턴을 비운 사이 쿠바 위기를 놓고 진행된 협상에서 보비는 자기 형의 가장 확실한 대변자로 포지션을 바꾸었다. 새롭게 책임 의식을 느낀 그는 흐루쇼프에 대한 경고에 이어서 진행되는 공습에 동의했다. 그러면서 진주만 공격 같은 기습 공격은 미국의 대중 여론에 잘 맞지 않는다는 케네디 대통령의 우려를 공유했다. 금요일 내내 회의가 진행되면서 봉쇄 찬성파가 주도권을 잡은 것이 분명해졌다. 로버트 케네디의 입장도 더 발전해 다수파에 가담하게 되었지만, 카스트로를 제거할 기회를 포기하는 것은 여전히 못 마땅해했다. 10월 20일 토요일 아침, 로버트 케네디는 대통령 보좌관 테드 소렌슨Ted Sorensen이 마련한 봉쇄 선호의 연설문 초안을 검토했다. 그는 형에게 전화를 걸어 워싱턴 귀환을 요청할 시간이 왔다고 판단했다.[18]

"여러분, 오늘은 우리가 밥값을 해야 하는 날입니다"라고 워싱턴으로 귀환해 쿠바 자문그룹에 모습을 보인 케네디가 말했다. "여러분 모두 자신의 의견이 받아들여지지 않을 것을 준비해야 합니다." 첫 보고를 한 것은 CIA 정보담당 부국장 레이 클라인Ray Cline이었다. 그는 "우리는 8기의 준중거리미사일이 쿠바에서 오늘이라도 발사될 수 있다는 증거를 가지고 있습니다"라고 보고했다. 지난주 준중거리미사일이 쿠바에 배치된 것을 알았고, 다음에 중거리미사일 배치가 진행되고 있다는 것을 알았고, 이제는 미사일 중 일부가 발사준비가 되었다는 것이 분명했다.[19]

클라인의 보고를 들은 다음 케네디 대통령이 논의를 시작했다. 대부분이 해상봉쇄를 선호했지만, 그것과 관련된 각자의 목표와 희망은 달랐다. 러스크는 이것으로 시간을 벌 수 있고, 이후 행동을 위한 선택지를 열어놓을 수 있다고 생각했다. 맥나마라는 이것이 쿠바의 소련 미사일과 이탈리아와 터키의 미국 미사일 교환에 대한 논의를 시작할 기회를 마련해줄 것으로 기대했다. 마지막으로 매콘, 루엘린 톰슨, 로버트 케네디는 봉쇄가, 흐루쇼프가 미사일을 제거해야 한다는 최후통첩이 되기를 바랐다. 그다음에는 공습이 이어질 수도 있었다. 불만에 찬 합참 지휘관들과 번디의 지지를 받은 테일러 장군만이 공습을 계속 지지했다. 번디는 공습을 대안적 선택지로 살려놓으라는 대통령의 지시를 받은 상태였다.[20]

회의가 진행되면서 맥나마라는 봉쇄를 선택해야 할 이유를 설명했다. 그는 작전 준비가 끝난 소련 미사일은 쿠바에 대한 군사 공격을 개시하게 만드는 레드라인이 된다고 보았다. 그는 필요하다면 군사작전이 뒤따르는 봉쇄를 선호했다. 그러나 협상을 선호했고 터키, 이탈리아, 필요하다면 쿠바의 관타나모기지에 대해 양보할 준비가 되어 있었다. 번디는 사전 경고 없는 공습을 선호하는 이유를 설명했다. 그는 대통령 연설문 초안을 읽었다. "친애하는 미국민 여러분, 나는 무거운 마음으로, 내가 선서한 대통령직의 수행을 위해 명령을 내렸고 지금 미합중국 공군이 쿠바 영역에서 주요한 핵무기 증강을 제거하기 위해 재래무기만을 사용한 군사작전을 실시했습니다." 겉으로는 '봉쇄' 진영에 있던 듯했던 로버트 케네디는 자신의 마음은 아직 '공습'에 가 있다고 말했다. 테일러 장군과 마찬가지로 그는 공습할 시간은 지금이 아니면 다시는 오지 않을 것으로 믿었다. 보비는 핵무기를 서독으로 운송한다는 것으로 흐루쇼프를 위협할 것을 제안했다.[21]

존 케네디는 선택해야 했다. 대통령에게 가장 핵심적인 요인은 8기의 미사일이 작전 준비가 완료된 것을 발견했다는 CIA 보고였다. 공습이 핵반격을 불러오고, 결국 핵전쟁이 일어날 가능성이 극적으로 높아졌다. 케네디는 일주일 내내 자신이 이끌어온 공습 주장파를 이탈하여 마지못해 다수파에 가담했다. "대통령은 봉쇄를 개시하고, 월요일이나 화요일에 미사일과 미사일 기지 공습을 시작할 태세를 갖추는 데 필요한 행동을 취할 준비가 되었다고 말했다"라고 회의록에는 기록되었다. 공습에 대한 언급은 여전히 공습이나 침공을 원하는 사람들에 대한 양보적 조치였다. 흐루쇼프에게 미사일을 제거하라는 요구만 있을 뿐이지 그와의 협상은 없을 터였고, 이것은 공습 준비로 뒷받침되었다. 케네디 대통령이 처음부터 선호한 것은 제한적 공습이었지, 합참이 옹호한 적군 비행기와 기지 전체를 포함하는 전면 공습이 아니었다.[22]

월요일인 10월 22일 아침, 참모들과 자신의 선택지를 다시 한번 검토한 다음 케네디 대통령은 아이젠하워 전 대통령에게 전화를 걸었다. 아이젠하워는 봉쇄를 지지했지만, 이것을 침공의 전 단계로 확신했다. 그는 흐루쇼프가 서베를린을 공격하거나 쿠바 침공에 대응해 핵무기를 사용할 것이라는 케네디의 염려를 무시했다. "뭔가 이 친구들이 발사하게 만들 수도 있겠지요"라고 아이젠하워는 소련의 핵무기를 지칭하면서 말했다. "그런 일이 일어날 것 같지는 않은데요." "예, 맞습니다"라고 케네디는 웃으며 대답했다. 그는 확신이 서지 않았다.[23]

저녁 7시 상원과 하원 지도부에 위기 확대와 쿠바 봉쇄 계획을 알린 다음 케네디는 대국민 연설을 하기 위해 TV 카메라 앞에 섰다. "안녕하십니까, 국민 여러분"이라고 엄숙한 목소리로 그는 연설을 시작했다. 긴박감을 드러내면서도 결의와 확신에 찬 목소리였다. "지난주 일련의 공격용 미사일 기지가 그 감옥화된 섬나라에 준비되고 있다는 확실한 증거가 나타났습니다. 이 기지들의 목적은 다름 아닌, 서반구를 향한 핵공격 능력을 준비하는 것입니다." 그는 흐루쇼프에게 쿠바에서 발사되는 핵미사일은 "소련에 대한 전면적 보복"으로 대응될 것이라고 경고했다.

케네디는 미사일이 제기한 절박한 위협으로부터 미합중국을 보호하기 위해 취할 일곱 가지 조치를 설명했다. 첫째는 쿠바로 운송되는 "모든 공격 장비에 대한 엄격한 검역" 선언이었다. 베를린에 대한 소련의 보복 공격을 그 어느 때보다 우려하며 케네디는 봉쇄의 제한적 성격을 지적했다. "그러나 이번에 우리는 소련이 1948년 베를린을 봉쇄한 것같이 생활필수품을 못 들어오게 막는 것이 아닙니다." 일곱 번째이자 마지막 조치는 흐루쇼프에 대한 요구를 담았다. "나는 흐루쇼프 서기장에게, 세계 평화와 우리 양국의 안정적인 관계에 대한 이 비밀스럽고 무모하고 도발적인 위협을 중단하고 제거하기를 요구하는 바입니다"라고 케네디는 선언했다.

주사위는 던져졌다. 소련이 미사일 기지를 계속 건설하고 새 미사일과 핵탄두를 쿠바로 계속 수송하도록 허용한 그 오랜 망설임 끝에 케네디는 행동을 취하기로 결정했다. 그는 자신의 선언을 크렘린이 어떻게 받아들이게 될지 아무 짐작도 할 수 없었다. 이제 남은 것은 기다리는 것뿐이었다.[24]

1957년 베를린을 방문한 흐루쇼프와 미코얀(오른쪽)

1959년 미국을 방문한 흐루쇼프와 가족들(왼쪽 끝이 부인 니아)

1961년 빈에서 만난 케네디 대통령과 니키타 흐루쇼프

케네디 대통령과 아나스타스 미코얀

백악관의 집행위원회 회의(1962년 10월 29일)

맥나마라 국방장관과 케네디 대통령

존 F. 케네디 대통령과 로버트 케네디 법무장관

그로미코 외무장관을 접견하는 케네디 대통령

애들레이 스티븐슨 미국 UN 대사가 안전보장이사회에서 쿠바 미사일 기지 지도를 보여주고 있다.

미국의 주피터 준중거리미사일

소련의 R-12준중거리미사일

소련 화물선 위를 비행하는 미공군 P-2H넵튠기

소련의 B-29잠수함

FOR IMMEDIATE RELEASE, NOVEMBER 2, 1962

OFFICE OF THE WHITE HOUSE PRESS SECRETARY

STATEMENT OF THE PRESIDENT

November 2, 1962

THE WHITE HOUSE

My fellow citizens: I want to take this opportunity to report on the conclusions which this Government has reached on the basis of yesterday's aerial photographs which will be made available tomorrow, as well as other indications, namely, that the Soviet missile bases in Cuba are being dismantled, their missiles and related equipment are being crated, and the fixed installations at these sites are being destroyed.

The United States intends to follow closely the completion of this work through a variety of means, including aerial surveillance, until such time as an equally satisfactory international means of verification is effected.

While the quarantine remains in effect, we are hopeful that adequate procedures can be developed for international inspection of Cuba-bound cargoes. The International Committee of the Red Cross, in our view, would be an appropriate agent in this matter.

The continuation of these measures in air and sea, until the threat to peace posed by these offensive weapons is gone, is in keeping with our pledge to secure their withdrawal or elimination from this Hemisphere. It is in keeping with the resolution of the OAS, and it is in keeping with the exchange of letters with Chairman Khrushchev of October 27th and 28th.

Progress is now being made towards the restoration of peace in the Caribbean, and it is our firm hope and purpose that this progress shall go forward. We will continue to keep the American people informed on this vital matter.

Thank you.

END

쿠바에서 소련 미사일 제거 사실을 발표한 공보문(1962년 11월 2일)

진실의 순간

"우리는 당신들이 전쟁의 매듭을 묶은 그 밧줄 끝을 이제 잡아당기지 말아야 합니다. 우리 양측이 잡아당길수록 그 매듭은 더 단단히 묶일 것이기 때문입니다. 매듭이 너무 단단히 묶여 그것을 묶은 사람도 풀 힘이 없게 되는 순간이 오면, 그 매듭을 잘라버려야만 합니다. 당신 스스로 우리 두 나라가 얼마나 무서운 힘을 보유하고 있는지 완벽하게 이해할 것이기에 이것이 의미하는 바를 내가 당신에게 설명할 필요는 없을 것입니다."

4

모스크바의 밤

1962년 10월 22일 월요일 모스크바에 도착한 미국 언론 보도는 모든 화살이 쿠바를 향하는 중대 위기가 워싱턴에 발생했다는 것을 의심의 여지 없이 보여주었다.

케네디는 일주일 동안 진행한 참모들과의 회의를 비밀로 지키는 데 성공했지만, 주말에 언론은 무언가 심상치 일이 있다는 것을 분명히 알아차렸다. 고위 관리들이 계속 사무실로 출근하여 밤늦게까지 머물고 창문으로 불빛이 비치자 워싱턴을 훨씬 넘는 지역까지 경보를 울렸다. 케네디 대통령은 《뉴욕타임스》와 《워싱턴포스트》 발행인에게 이 주제에 대해 아무것도 보도하지 말아달라고 부탁했다. 신문들은 기자들이 정부의 기밀 취재원으로부터 얻는 것을 게재하지 않았지만, 공개적이고 기밀이 아닌 정보들은 계속 신문에 실렸다. 기자들은 쿠바를 둘러싼 위기가 일어났고, 중요한 새 정책의 발표가 임박했으며 그것은 쿠바 봉쇄이리라는 것을 이미 알아냈다.[1]

"수도 위기 분위기, 쿠바 새 국면 암시: 케네디 TV 연설 유력"이라는 커다란 헤드라인이 10월 22일 자 《뉴욕타임스》 1면에 실렸다. "최고위 참모 회의. 미군 푸에르토리코 기동—연계 부인"이라는 제목의 전날 기사는 "오늘 밤 수도에는 위기의 기운이 감돌았다"라는 문장으로 시작되었다. 작성자가 표시되지 않은 이 기사에 의하면, 건강 문제로 추정된 케네디의 백악관 귀환이 워싱턴의 과열된 활동에 박차를 가했다. "그러나 워싱턴의 관측으로는 현재 밝힐 수 없는 쿠바의 새 국면이 전개되었다"라고 기사 작성자는 계속 썼다. 그 혹은 그녀는 "하루 이틀 내" 케네디가 TV나 라디오 연설을 할 것으로 예상된다고 관측했다. 대통령 연설이 있을 것이라는 통보가 10월 22일 아침 라디오를 통해 나왔다. 연설은 그날 저녁 7시로 예정되었다. 기자나 일반 국민 모두 기다리는 것 외에 도리가 없었다.[2]

워싱턴과 뉴욕의 오늘의 뉴스는 모스크바의 내일의 뉴스가 되었다. 10월 23일 아침 소련의 유력 신문《프라우다》에 그 전날 밤 쓰인 헤드라인이 이렇게 실렸다. "미국 통치자들 불장난 중." 소련의 기자는 전날《뉴욕 헤럴드 트리뷴》에 실린 한 기사를 반복했다. 이 기사는 그날 미국 신문에 실린 유사한 정보들을 모두 담고 있었다. 즉 케네디가 지역 순회를 중단했고, 워싱턴 사무실 불빛이 일요일 밤늦게까지 켜져 있었고, 카리브해에서 해군 훈련이 진행되고 있다는 내용을.《프라우다》는 UPI 통신의 기사를 인용하여 해군 훈련 지휘관 회의가 취소되었고, 기자들은 쿠바행 선박 승선이 허용되지 않는다고 보도했다.[3]

미국이나 소련 언론에 핵미사일은 언급되지 않았다. 그러나 크렘린을 잘 아는 사람들은 위기가 그것에 관한 것이라고 추측했다. 케네디의 대국민 연설이 준비 중이라는 소식을 접하고서 불쾌해진 흐루쇼프는 "그들이 우리 미사일을 발견했을 가능성이 크다"라고 아들 세르게이에게 말했다. 이때는 모스크바 시각으로 10월 22일 저녁이었고, 흐루쇼프는 레닌 언덕(현재 참새 언덕)에 있는 관저에 있었다. 그는 즉시 정치국원들을 크렘린으로 소집했다. 쿠바에 핵미사일을 배치하는 것을 가장 대놓고 반대했던 아나스타스 미코얀은 모스크바 인근의 시골별장(러시아인들은 다차Дача라 부르는 이러한 가족 단위 간이 별장과 텃밭에서 휴식을 즐기는 문화가 있다—옮긴이)에서 이 소식을 접했다. 그는 당 서열 이인자인 프롤 코즐로프에게 전화를 걸었고, 코즐로프는 긴급회의를 소집하는 이유를 케네디가 중요 외교정책 관련 발표를 할 것이기 때문이라고 설명했다.[4]

크렘린 회의록에 따르면 흐루쇼프는 "쿠바와 베를린에 앞으로 취해야 할 조치에 대한 입장"을 논의하려고 회의를 소집했다. 역설적이게도 회의의 공식 제목은 그날 자《뉴욕 헤럴드트리뷴》의 워런 로저스Warren Rogers의 기사 제목「수도의 극비 조치: 쿠바-베를린 전략 단계인가?」에 대한 반향이었다. 실제로 그날 밤 크렘린에서 논의된 유일한 주제는 쿠바였다. 회의록과 미코얀의 회고록에 의하면, 베를린은 한 번도 언급되지 않았다. 소련 지도부는 다 모인 후에야 회의 주제가 무엇인지 알게 되었다고 미코얀은 기억했다. "우리는 이것이 쿠바와 관련된 주제라는 것을 알았다."[5]

10월 22일 밤 10시가 되어가고 있었다. 그 시간에 소련 지도자들은 케네디 연설이 미국 동부기준시간(EST) 저녁 7시로 예정되어 있다는 것을 이미 알고 있었다. 모스크바 시각으로 23일 새벽이 될 것이었다. 이들은 케네디가 연설하기 전 몇 시간 동안 상황을 논의할 수 있었다. "아직 연설 내용을 알지 못하는 상황에서 우리는 미국 정부의 입장에서 취할 것으로 예상되는 조치에 대해 의견을 나누었다. 어떤 조치가 취해질 것이며, 우리는 여기에 어떻게 반응해야 할 것인가 등이 논의주제였다"라고 미코얀은 회고했다. 그는 "아무것도 예상할 수 없는 상황이었다"라고 회의실의 긴장된 분위기를 서술했다.[6]

회의를 시작한 흐루쇼프는 먼저 국방장관인 말리놉스키 원수에게 발언하게 했다. 평소 흐루쇼프의 쿠바 정책과 관련해 매파였던 그는 흐루쇼프와 정치국원들을 진정시키려고 노력했다. 말리놉스키는 성급한 행동을 피해야 한다고 말했다. "나는 미국이 지금 바로 기습작전을 벌일 수 있으리라고 생각하지 않습니다. 미국은 그런 나라가 아닙니다"라고 말리놉스키는 말문을 열었다. 대신 그는 위협이 있을 것이고 케네디의 연설은 "선거용 지략"이라고 내다봤다. 최악의 경우 "침공이 선언된다면, 준비를 위해 24시간이 지난 다음에 가능할 것입니다. 나는 우리 미사일을 고도경계 태세에 돌입하게 만드는 상황까지 가지 않을 것이라고 봅니다."

말리놉스키에 이어서 국방평의회 서기인 이바노프 장군이 쿠바의 소련군 배치 상황을 보고했다. 4만 명 이상의 장교와 병사가 이미 쿠바에 가 있고 R-12 4개 연대 중 3개 연대가 미사일과 장비와 함께 배치 완료되었으며, 루나 전술핵무기를 보유한 부대도 배치 완료되었다. R-14미사일 연대와 장비

는 현재 목적지로 가고 있었다.[7]

흐루쇼프는 말리놉스키의 의견에 동의했다. 현재로서는 전략미사일을 고도경계 태세에 돌입시킬 필요가 없었다. "핵심은 우리가 전쟁을 유발하기를 원하지 않는다는 겁니다"라고 그는 말했다. "우리는 쿠바에 대한 미국의 행동을 위협하고 저지하기 원합니다." 미코얀과 다른 정치국원들도 전에 이러한 확언을 들은 바 있었지만, 지금은 아주 다른 상황이었다. 미국이 아마도 미사일을 발견했고, 주도권은 흐루쇼프의 손에서 벗어나 있었다. 흐루쇼프는 미국의 발표에 놀랐다고 인정했다. "어려운 문제는 우리는 원하는 것을 아직 확보하지 못했고, 쿠바와 조약을 맺지 않은 상태입니다"라고 흐루쇼프는 말했다. 그런 다음 모든 사람이 우려하고 있는 것을 언급했다. 그것은 갈등이 통제권을 벗어나 악화되는 상황이었다. 회의 요약문에 따르면 "비극적인 일은 그자들이 공격할 수 있고, 우리가 반격하리라는 것입니다. 이것은 대규모 전쟁으로 비화될 것입니다."

흐루쇼프는 미국이 쿠바 침공을 준비하고 있다고 확신했다. "결론(잠정적): 쿠바에 대한 공격이 지금 준비 중이다"라고 회의록에는 기록되었다. 문제는 케네디의 다음 조치가 무엇일까였다. "그들은 봉쇄를 선언할 수도 있고, 아무 행동도 취하지 않을 수도 있습니다"라고 흐루쇼프 또는 정치국원 중 한 사람이 예측했다. 아무런 행동이 취해지지 않으면 이에 대응할 필요도 없었다. 그러나 만일 공격이 있을 경우 두 가지 시나리오를 상정했다. "첫 시나리오: 라디오에 이미 쿠바와 방위조약을 맺었다고 발표한다"라고 회의록에는 기록되었다. 그런 발표는 갈등이 고조되는 경우 소련과 직접 대결해야 한다는 것을 미국에 경고하기 위한 것이었다. 회의록에 "두 번째 시나리오"라고 기록된 흐루쇼프의 또 다른 의견은 갈등을 미국-쿠바 문제로 선언하고, 소련은 법적 또는 군사적 관여를 하지 않는 것이었다. "공격이 있는 경우, 모든 장비는 쿠바 것이고, 쿠바인 자신들이 대응할 것이라고 선언한다"라고 회의록에는 기록되었다.[8]

미코얀이 기억하기로 그 시나리오를 제시한 사람은 말리놉스키 원수였다.

"이 아이디어에 흐루쇼프는 솔깃했다"라고 미코얀은 회고했다. 흐루쇼프는 그 이유를 다음과 같이 설명했다. "물론 그렇게 되면 [무기를 제거하라는] 케네디의 요구는 말이 되지 않는다. […] 쿠바와 협상해야 할 것이지만, 우리는 더 이상 이해 관계가 없다. 그러는 사이 소련에 대한 핵공격 위험은 줄어든다고 볼 수 있다." 미코얀은 이 논리가 피상적이라고 생각했다. 그의 말에 따르면 "발언을 신청해 이에 결연하게 반대했다." 그의 생각에 미국은 소련이 이미 핵무기를 보유하고 있다는 사실에는 적응해왔지만, 미국을 공격할 수 있는 핵무기가 카스트로의 수중에 있다는 것은 완전히 다른 문제였다. 그는 미국이 "경악해서 모든 전력을 동원해 쿠바를 공격할 것이다. 그러면 사람, 섬, 우리 군대 아무것도 남지 않게 된다. 우리의 노력은 잔인한 농담에 불과해진다"라고 보았다.[9]

미코얀은 흐루쇼프와 다른 정치국원들을 설득하는 데 성공했다. 쿠바와 상호 군사방위 조약을 체결하는 안도 결국 철회되었다. 이들이 합의한 것은 쿠바에 가 있는 소련군이 비상경계태세를 유지하게 하는 것이었다. "먼저 가장 중요한 결정으로, 말리놉스키가 쿠바 주둔 사령관 파블로프[플리예프] 장군에게, 미국이 침공하는 경우 쿠바를 방어할 군사 작전을 준비하고, 만일 이것이 실패하는 경우 중거리미사일을 사용하는 명령을 내리도록 결정했다"라고 미코얀은 회고했다. 이들은 전략핵무기를 사용할 준비가 되어 있었다. 말리놉스키는 플리예프에게 보내는 명령문 초안을 작성했다. "파블로프 지휘 하의 모든 수단은 준비 태세에 돌입해야 한다." 그때 갑자기 흐루쇼프가, 자신들이 플리예프에게 탄도미사일을 발사할 권한을 주고 있다는 것을 깨달았다. "주저 없이 모든 수단이라 하면 미사일도 의미하는 것이고 그것은 열핵전쟁의 발발입니다"라고 흐루쇼프는 말했다. "그것이 어떻게 가능합니까?" 이것은 말리놉스키의 실책이었다. 미코얀은 회고록에 이것을 "극도로 경솔한 짓"이었다고 기록했다. 지시문은 흐루쇼프의 반대를 반영하여 수정되었다.[10]

미코얀의 회고록과 당일 회의록 둘 다, 모든 핵무기가 제외되지는 않았다는 것을 암시한다. 제외시킨 것을 기록하지는 않았다. "처음에는 핵무기를 사용하지 않도록 모든 노력을 기울여라. 만일 상륙 공격이 감행되면 전술핵무기는 쓸 수 있지만, 전략 무기는 [모스크바로부터] 명령이 있기 전까지는 쓸 수 없다"라고 회의록에는 기록되었다. 흐루쇼프와 참석자들이 전술핵무기를 언급할 때 염두에 둔 것은 이미 쿠바 배치가 발각된 루나 핵탄두 장착 미사일이었다. 전략 무기에 대해서 이들은 "스타첸코가 지휘하는 수단"은 제외하도록 명령문에 분명히 지시했다. 이것은 이고르 스타첸코 장군 지휘하에 이미 쿠바에 배치된 R-12미사일을 의미하는 것이었다. 말리놉스키는 케네디의 연설이 진행되기 전에 명령 하달을 서두르지 말 것을 제안했다. "새벽 1시까지 기다립시다. 아니면 그들은 핵무기를 쓸 근거를 갖게 될 것입니다."[11]

흐루쇼프와 정치국원들은 케네디의 연설을 기다리기로 했다. 이들은 전략핵무기에 대한 통제권을 유지하되 최악의 상황도 맞을 준비를 하고, 쿠바의 소련군 지휘관들이 전술핵무기를 사용하도록 허락할 태세를 갖추었다. 크렘린의 분위기는 패닉에 가까웠다. "이게 끝이야. 레닌의 업적은 파괴되었어"라는 말이 미국의 쿠바 미사일 발견 보고에 대한 흐루쇼프의 첫 반응이었다고 KGB 의장인 블라디미르 세미차스트누이Vladimir Semichastny가 회고했다.[12]

미국 주재 소련대사 아나톨리 도브리닌은 딘 러스크로부터 그날 오후 6시 국무부의 자기 사무실로 와달라는 연락을 받았다. 10월 22일이었고, 도브리닌은 쿠바와 관련해 아무런 새로운 사항이 없다는 긍정적인 메시지를 가지고 모스크바로 귀환하는 안드레이 그로미코 외무장관을 환송하기 위해 뉴욕에 있었다. 도브리닌은 이 회동을 다음 날로 미루려고 시도했지만, 러스크는 그날 저녁 만나야 한다고 고집했다. 도브리닌은 뭔가 중대한 일이 일어났다고 생각했지만 그것이 무엇인지는 알 길이 없었다.

케네디의 대국민 연설이 시작되기 한 시간 전인 오후 6시 도브리닌은 러스크의 책상 앞에 앉았다. "러스크는 대단히 심각해 보였다"라고 도브리닌은 후에 회고했다. 그는 도브리닌에게 곧 있을 대통령 연설문 원고를 보여주었다. 이것과 함께 양국 간에 오해가 없기를 바란다고 밝힌, 흐루쇼프에게 전하는 케네디의 편지도 건네졌다. 그는 흐루쇼프에게 경고하는 것도 잊지 않았다. "나는 당신에게, 미국이 이 서반구의 안보에 제기되는 위협을 제거하기로 작정했다는 것을 알립니다." 편지는 대화를 요청하며 끝났다. "나는 귀국 정부가 이미 심각한 이 위기를 확대하거나 악화시키는 행동을 자제하고, 평화를 위한 협상을 재개하는 길로 다시 들어서기를 희망합니다."[13]

러스크는 도브리닌에게 미국의 의지와 결의를 과소평가하지 말라고 경고했다. 이것이 케네디가 보내는 편지의 핵심이었다. 도브리닌은 쿠바에 미사일이 배치된 것을 전혀 모르고 있었기 때문에 대통령의 연설문은 전혀 예상하지 못한 일이었다. 그의 얼굴은 창백해졌다. "내 앞에서 그가 10년은 더 나이 드는 것을 보았다"라고 러스크는 회고했다. 러스크가 말한 것과 상관없이 도브리닌은 모스크바에 긍정적인 보고를 했다. 도브리닌은 러스크가 "감추려고 했지만, 초조하고 동요하는 상태에 있는 게 분명히 보였다"라고 보고서에 썼다. 소련 정부로부터 미사일에 대한 아무 정보도 받지 않은 그는 쿠바에 미사일이 있다는 것을 계속 부인했다. 그는 자신이 러스크에게 "미국 정부의 행동은, 사실 상황에 기반하지 않은 절대적으로 불확실한 동기로 정당화될 수 없고 [⋯] 앞에 언급한 미국 정부의 행동으로 인한 중대한 결과에 대한 모든 책임은 미국 행정부가 져야 한다"라고 말했다고 모스크바에 보고했다.[14]

크렘린에서 흐루쇼프와 정치국원들은 케네디의 연설문 원고를 도브리닌이 아니라 외무부로부터 받았다. 소련 주재 미국대사관은 케네디 연설 시작 한 시간 전, 도브리닌이 원고를 수령한 같은 시각에 이 원고를 소련 정부에 전달했다. 두려워하던 쿠바 침공이 아니라 해상봉쇄를 케네디가 선언할 것이라는 소식은 환호는 아니더라도 안도의 한숨을 쉬게 해주었다. "이것은 쿠바에 대한 전쟁은 아니지만 일종의 최후통첩입니다"라고 흐루쇼프는 선언했다. "우리는 쿠바를 구했습니다!" 그는 봉쇄는 견딜 수 있었다. "전에 쿠바에 미사일을 보내는 결정을 할 때도 우리는 미국이 쿠바에 군사행동을 취할 가능성이 아니라 쿠바 봉쇄를 예상했었다"라고 미코얀은 회고했다. "이런 상황에서 우리는, 이렇게 사건이 전개되는 경우 군사행동에 의존하는 대신 UN을 통해 이 문제에 대한 해결책을 얻을 수 있을 것이라고 예상했다."[15]

문제는 다음으로 무엇을 해야 하는가였다. 미코얀에 의하면 흐루쇼프는 즉시 봉쇄에 대한 소련의 성명에 들어갈 핵심 사항을 구술했다. "소련 정부는 소련 국민들에게 호소하고 통보합니다"라고 회의 초안에 적혔다. "[계속] 일하십시오. [우리는] 불시에 일이 닥치지 않도록 조치하고 있습니다." 구술이 끝난 것은 10월 23일 새벽 1시를 훨씬 넘긴 시각이었다. 정치국원들은 휴식을 취하기로 했다. 잠을 좀 자고 아침에 모여 조치에 대해 논하기로 했다. 잠을 잔다는 것은 사무실 소파에서 잠시 눈을 붙이는 것을 의미했다. 흐루쇼프는 옷을 그대로 입고 있었다. 그는 예상치 못한 뉴스가 크렘린에 전달될 것에 만반의 대비를 하고 있기로 했다. "놀라운 뉴스가 언제라도 들어올 것에 준비하고 있었다. 즉시 대응할 준비를 갖추기를 원했다"라고 그는 후에 회고했다. 흐루쇼프는 큰 위기가 닥쳤을 때 바지도 입지 않은 상태에서 이를 맞게 되는 걸 원치 않았다. 그는 그런 일이, 수에즈운하 위기가 발생했을 때 프랑스 외무장관에게 일어났다고 믿었다.[16]

미코얀에 따르면 정치국원들은 10월 23일 오전 8시에 다시 모이기로 했지만, 회의는 10시로 늦추어졌다. 이들은 발표할 성명서, 편지, 지시문에 논의의 초점을 맞추었다. 플리예프 장군에게 전술핵무기 사용 권한을 준다는 아이디어는 철회되었다. 말리놉스키 원수가 전날 밤 11시 30분 쿠바에 보낸 명령문은 아직 유효한 상태였다. "카리브해에서 훈련 중인 미군이 쿠바에 상륙할 가능성과 관련하여, 전투준비 태세를 강화할 시급한 조치를 취하라. 쿠바군과 소련군 모든 부대가 연합하여 적을 격퇴하되 스타첸코의 무기와 벨로보로도프 화물 전체의 무기는 배제한다."[17]

'벨로보로도프 화물'은 전략, 전술 미사일용 핵탄두를 의미했다. 이 무기들은 인디기르카호에 실려 쿠바에 운송되어 벨로보로도프Nikolai Beloborodov 대령이 지휘하는 부대가 보관하고 있었다. 이 지시는 플리예프가 핵무기를 사용하는 것을 막았다. 말리놉스키가 케네디 연설 때까지 발송을 보류하기로 한, 플리예프에게 권한을 부여하는 다른 지시문은 쿠바로 발송되지 않았다. 쿠바 지상에서 벌어지는 일에 대한 통제권을 상실할 가능성을 우려한 말리놉스키는 대신에 플리예프에게 모스크바와 지속적인 통신을 유지하도록 명령했다.

쿠바로 향하고 있고, 미국 해군에 나포될 위험이 있는 소련 선박에 대한 핵심 결정이 그날 아침에 내려졌다. "우리는 무기를 싣고 쿠바로 향하는 모든 선박들을 소련 항구로 회항하도록 하고, 기술적 장비를 가지고 가는 민간 선박들은 검역 세부 사항이 결정될 때까지 그대로 두기로 결정했다. 그러나 이것을 즉시 미국에 통보하지는 않기로 했다"라고 미코얀은 그날 아침 논의를 회상하며 기록했다. 회의록에는 이 결정이 만장일치로 이루어진 것으로 기록되었지만, 모든 선박들에게 회항 명령이 내려지지는 않았다. 2차 운송분 핵탄두를 싣고 쿠바에 거의 접근한 건화물 수송선 알렉산드롭스크호는 계속 항해하도록 명령했다. 핵미사일을 탑재한 네 척의 소련 잠수함도 마찬가지였다.[18]

정치국 회의록은 소련 선박 회항과 관련한 결정 과정의 몇 단계를 기록하고 있다. 첫 단계는 새로운 무기 운송을 중단하고, 지중해를 아직 항해 중이며 지브롤터 해협을 통과하지 못한 선박들은 흑해로 회항하도록 조치했다. 그런 다음 대서양에 있으면서 봉쇄 시작 전에 쿠바에 도착할 가능성이 없는 배들을 회항시켰다. 여기서 알렉산드롭스크호는 특별히 제외되었다. 핵잠수함에 대한 결정도 어려웠다. 처음에는, 핵잠수함들이 쿠바로 가는 것을 중지하고 섬으로의 '접근'을 유지하는 데 동의했지만, 나중에 이 결정을 번복하여 쿠바로 가는 항로에 계속 남을 것을 명령했다. 미코얀은 잠수함들을 쿠바에서 멀어지게 한 것은 자신의 아이디어였다고 설명했다. 그는 잠수함이 발각되는 경우 미사일이 발각되었을 때와 같은 반응이 미국에서 일어날 것을 우려했다.[19]

흐루쇼프도 이 제안에 동의했다. 미코얀의 제안은 회의록에 기록되었다. 그런 다음 말리놉스키가 발언했다. 그는 잠수함들이 항행을 계속할 것을 주장했다. 그는 정치국원 두세 명의 지지를 받았다. 흐루쇼프가 미코얀의 원안을 지지함에도 불구하고 정치국은 말리놉스키의 제안을 따르기로 결정했다. 미코얀은 다시 한번 패배했다. 처음에 미사일 문제에서 제압당했고, 지금은 잠수함 작전에서 제압당했다. 그는 뒤로 물러나기는 했지만 항복하지 않고 앞으로 계속 싸우기로 했다.[20]

그런 다음 정치국은 케네디와 카스트로에게 보낼 흐루쇼프의 편지에 대해 논의했다. 카스트로에게 보내는 편지 초안에서 흐루쇼프는 더 이상 승리를 주장하지 않았다. '절반은 성공했고, 절반은 그렇지 않다'라는 식으로 논리가 전개되었다. "전 세계가 쿠바에 관심을 갖게 된 것은 긍정적인 일입니다. [···] 시간이 갈 것이고, 필요하다면 [무기를] 다시 보낼 것입니다." 정치국은 흐루쇼프가, 쿠바에서 핵무기를 철수하라는 케네디의 요구를 무시할 것을 청했다. 이 문제에 대해 회의록에는 이렇게 기록되어 있다. "무기들은 등급에 관계없이 이미 전달되었다. 이것은 쿠바를 침공으로부터 방어하기 위한 목적으로 배달된 것이다." 케네디가 흐루쇼프가 쿠바에서 핵무기를 제거하게 만들기를 원했다면, 흐루쇼프는 케네디가 봉쇄를 철회, 혹은 아예 시작하지 않기를 바랐다. 케네디에게 보내는 편지에서 흐루쇼프는 "나는 미국 정부가 신중한 태도를 보이고 귀국이 추구하는 행동을 포기할 것을 원합니다. 그런 행동은 전 세계 평화에 재앙적 결과를 가져올 수 있습니다."[21]

10월 23일 낮에, 잠깐의 수면 시간을 빼고 열두 시간 동안 진행된 마라톤 회의가 종결되었다. 흐루쇼프와 정치국원들은 점심 식사를 하러 갔다.

상황은 다시 통제하에 들어온 것 같아 보였다. 전날 밤, 위기 첫날의 케네디와 마찬가지로 흐루쇼프는 군사행동을 선호했었다. 케네디가 공습을 선호하는 주장을 펼쳤다면, 흐루쇼프는 전술핵무기를 사용하고 상황이 요구하면 전략핵무기를 사용할 준비가 되어 있었다. 그러나 케네디가 온건한 노선을 취해 공습이나 침공 대신 봉쇄를 선택했기에 흐루쇼프는 한숨을 돌리고 전술핵무기 사용을 승인할 필요가 없게 되었다. 두 사람 사이의 모든 차이에도 불구하고, 그리고 올바른 결정 과정에 동반되는 판단 착오와 오해에도 불구하고 두 사람은 공통점을 지니고 있었다. 핵전쟁을 두려워했다는 점이었다.

어둠 속의 깜박임

10월 23일 늦은 밤 아나톨리 도브리닌을 만난 로버트 케네디는 자신의 분노를 감추지 않았다. "우리가 아는 한 정부로부터 전권을 위임받았다는 대사가, 앞으로 있을지 모를 공격으로부터 쿠바를 방어하기 위한 방어용 미사일이 아니라 미국을 공격할 수 있는 장거리미사일이 배치된 것을 모르고 있다면 우리가 비밀 채널로서 당신을 접촉하는 이유가 뭡니까?"라고 로버트 케네디는 도브리닌에게 말했다. 이 회의에 대한 그의 보고를 보면 그는 대통령의 지시를 받고 움직이고 있었지만, 도브리닌에게는 자신이 스스로 찾아온 것으로 말했다.

로버트 케네디는 "흥분한 상태인 것이 분명했다. 그는 한 말을 반복하고 주제에서 자주 벗어났다"라고 도브리닌은 모스크바에 보고했다. 로버트 케네디는 쿠바에 운송된 무기들이 방어용이라고 흐루쇼프와 도브리닌 그 자신이 공적, 사적으로 보장했던 말을 상기시켰다. 케네디는 11월 선거 전에 소련-미국 관계를 악화시킬 어떤 일도 하지 않겠다고 약속한 것도 언급했다. "대통령은 기만당했다고 생각하고 있고, 그것도 의도적으로 기만당했다고 느끼고 있습니다"라고 그는 도브리닌에게 말했다. "지금도 그렇게 확신하고 있습니다. 엄청난 실망감을 느끼고 있고, 단도직입적으로 말해 이제껏 믿어왔던 것과 소련 정부 지도자와의 개인적 관계에서 기대했던 것, 개인적 보장에 대한 상호 신뢰에 엄청난 타격입니다."

로버트 케네디가 보기에 도브리닌은 "대단히 걱정하는 듯" 보였다. 그는 자신이 알고 있던 기존의 사실을 반복해 말했다. 쿠바에는 미사일이 없다고. 그는 흐루쇼프가 케네디와의 개인적 관계를 중시한다는 말로 로버트 케네디를 안심시키려고 했다. 그가 할 수 있는 일은 최근의 흐루쇼프의 공식 성명을 반복해 말하는 것뿐이었다. 케네디 형제가 소련 측 상대에 대해,

즉 케네디 대통령은 흐루쇼프에 대해, 로버트 케네디는 도브리닌에 대해 가지고 있던 믿음은 이제 사라진 상태였다. 그러나 워싱턴에 주재하는 소련대사 도브리닌의 말 외에는 그들이 지침으로 삼을 만한 것이 아무것도 없었다. 도브리닌이 자신의 정부에 의해 상황을 정확히 모르는 상태에 남겨졌다는 그들의 추측이 맞았다.

로버트 케네디는 자리를 뜨면서 도브리닌에게, 자신이 소련대사관을 찾은 근본 이유인 다음 질문을 던졌다. "어제 케네디 대통령의 발표와 쿠바에 공격용 무기 반입을 허용하지 않는다는 선언 이후 쿠바로 향하는 소련 선박 선장들은 어떤 명령을 받았습니까?" 미사일에 대해 전혀 알지 못했던 것같이 전날 모스크바에서 소련 선박들에 내린 지시를 전혀 알지 못하는 도브리닌은 자신이 아는 한 선장들은 통상적 지시를 따르고 있다고 로버트 케네디에게 대답했다. "공해상에서 선박을 정지시키거나 수색하는 불법적 요구에 따르지 말라는 것입니다. 그것은 항행 자유에 대한 국제 규정 위반입니다." "우리는 당신들 선박을 정지시킬 것이기 때문에 이 일이 어떻게 끝날지 모르겠습니다"라고 로버트 케네디는 대사관을 떠나기 전 말했다. "그러나 그것은 전쟁 행위가 될 것입니다"라고 도브리닌은 응수했다. 그가 후에 회고한 바로 로버트 케네디는 "머리를 절레절레 흔들고 떠났다."[1]

양측의 통신 라인은 두절되었다. 수신되는 신호는 명확하지 않았고, 보내는 신호는 그 자체로 상대편에서 종종 오해했다. 양측은 어둠 속에서 움직이면서 서로 부딪치지 않길 바랐지만, 부지불식간에 충돌 코스로 들어서는 것을 가속화하고 있었다.

소련-미국 간 전쟁을 촉발하지 않으면서 쿠바에 대한 해상봉쇄를 어떻게 실행할 것인가라는 질문이 TV 연설 다음 날인 10월 23일 케네디 대통령의 가장 중요한 사안이 되었다. 그날 아침 그는 비공식 쿠바 미사일 위기 자문그룹을 국가안전보장회의 집행위원회(Executive Committee of the National Security Council), 즉 엑스컴ExCom으로 전환시켰다.

엑스컴의 첫 회의는 화요일인 10월 23일 오전 10시에 열렸다. "분명히 가뿐한 어떤 분위기가 있었다. 명랑하지는 않아도 안도의 느낌이었을 것이다"라고 로버트 케네디는 백악관 내각회의실의 분위기를 회상했다. "우리는 첫 발을 떼었고 괜찮았다. 그리고 우리는 여전히 살아 있었다." 그날 아침 타스통신이 타전한 소련의 공식 성명은 소련군 지휘부가 장병들의 제대를 취소했다고 발표했지만, 새로운 군사행동 소식은 없었다. 맥조지 번디는 소련의 성명을 "전에 들은 것의 재탕"으로 평했다. 딘 러스크는 안도했다. "우리는 한 가지 비상사태, 즉 즉각적이고 기습적이고 비이성적인 공격은 피했다." 소련 측은 방어적 입장에 있는 듯했다. 워싱턴은 섬으로 접근하는 소련 핵잠수함에 대해서는 전혀 알지 못한 상태였다.[2]

이날 아침 첫 보고를 한 사람은 CIA 국장 존 매콘이었다. U-2기 조종사들이 찍은 새 사진들을 판독한 사진판독전문가들은 미사일을, 전에 발견했던 장소에서 더 이상 보지 못했다. 아쉽게도 이것은 흐루쇼프가 케네디의 말을 듣고 쿠바에서 미사일을 철수시켰다는 신호는 아니었다. 매콘은 "광범위한 위장"의 증거를 가리켰다. 소련 측은 미사일을 제거한 것이 아니라 시야에서 감춘 것이었다. "이들이 어째서 그렇게 하는 데 시간을 끌었는지는 분명하지 않았다"라고 로버트 케네디는 회의장의 의견들을 기술하면서 회고했다. "이들이 비상계획을 시행하기 전에 우리가 그것을 찾아냈습니다"라고 국무부 정치담당 차관보 알렉시스 존슨이 어느 정도 만족한 표정으로 말했다.[3]

엑스컴이 쿠바나, 케네디가 우려하고 있는 서베를린에 대한 소련의 군사대응에 대비한 비상계획을 논의하기 시작하자 "편안하고 가뿐한 분위기는 완전히 사라졌다"라고 로버트 케네디는 회고했다. 맥나마라가 소련 미사일이 U-2기를 격추시킬 가능성에 대한 대응책을 얘기하자 참석자들은 대응공격은 그 특정 지역에 한정되어야 하고, 쿠바의 모든 소련 군사 시설로 확대되어서는 안 된다는 데 의견 일치를 보았다. 독일 문제에 대해서는 서독과 베를린 사이의 통상적인 통행이 금지되어서는 안 된다고 합의했다. 회의가 끝난 후 케네디 대통령은 서베를린의 노련한 해결사이면서 동시에 문제아인 루셔스 클레이 장군을 불렀다. 클레이는 다시 한번 지구상에서 가장 위험한 곳이 된 곳에서 조국을 위해 봉사할 준비가 되어 있다고 말했다. 그는 케네디에게 "저는 어느 곳에서건 어떤 임무건 수행할 것입니다"라고 말했다.[4]

그날 엑스컴이 논의할 가장 시급한 과제는 해상봉쇄의 실행이었다. 엑스컴이 저녁 회의를 위해 모인 6시가 되자 미주협력기구(OAS)가 만장일치로 봉쇄를 승인했다는 좋은 소식이 들어왔다. 3분의 2의 지지를 얻는 것도 쉽지 않을 것이라는 우려가 있었기에 이것은 기대 이상의 결과였다. 이제 미국은 공식으로 봉쇄를 선언하고 앞으로 나갈 수 있었지만 먼저 대서양에 있는 소련 선박을 어떻게 할 것인지를 결정해야 했다. 쿠바로 향하는 선박을 정지시켜야 한다는 데는 모두 동의했지만, 회항한 선박은 어떻게 해야 할 것인가? 이 배들이 그대로 돌아가게 할 것인가 아니면 가로막아야 할 것인가? 케네디 대통령은 이런 배들은 정지시킬 필요가 없다고 생각했지만, 자신의 동생에게 자신의 접근법을 설득시키기가 어렵다는 것을 알게 되었다.

로버트 케네디는 봉쇄파에 늦게 가담했지만, 이것을 쿠바에 대한 군사공격의 전주곡으로 보았다. 이제 그는 봉쇄를, 쿠바에 공격 무기를 공급한다는 증거를 찾기 위해 모든 소련 선박을 정지시켜 수색할 수 있는 기회로 보았다. "배에 올라가서 미사일 사진을 찍는 것은 어마어마한 이점이 될 것입니다"라고 그는 회의 참석자들에게 말했다. "그리고 일부 물질을 검사할 수 있는 정보상의 이점도 있다는 점을 제기하는 바입니다." 그는 항행 방향을 불문하고 모든 배가 정지해 수색받아야 하는 지역 설정을 원했다. 그는 이런 행동을 위한 명분도 준비했다. "돌아가는 척하는 배들이 다른 방법으로 언제 다시 쿠바로 올지 알 수 없는 일입니다."[5]

케네디는 이 아이디어가 썩 마음에 들지 않았다. 그는 소련이 무기 수송 선박들을 회항시킬 것이라고 생각했기에 이런 수색은 국제적 물의만 일으킬 뿐이라고 내다봤다. 그는 어느 거리에서 배들을 따라잡아 정시시켜야 하는지에 대해서도 확신이 없었다. 한 소련 선박은 쿠바에서 1,800마일 떨어져 있었다. 케네디 대통령은 이런 배가 정당한 목표물이 될 수 있을지 의구심이 들었지만 그의 동생은 그렇지 않았다. "그것이 그다지 먼 곳이라고 생각하지 않습니다. 만일 배들이 계속 온다면 […]." 맥나마라는 그런 거리에서 선박을 차단하는 것에 반대하고 시간을 끌기로 했다. "나는 우리가 오늘 밤, 1,800마일 떨어져 있는 특정 선박에 대해서는 결정하지 않기를 제안합니다." 그는 이 배의 움직임을 한동안 지켜볼 것을 제안했다. 로버트 케네디는 이런 제안에 크게 실망했다. "나는 이것이 전혀 문제 될 것이 없다고 생각합니다"라고 말을 시작한 그는 "우리가 그런 종류의 증거를 갖게 된다면 엄청난 도움이 될 거라고 생각합니다"라고 주장했다.[6]

딘 러스크도 케네디 대통령의 의견에 동의했다. "만일 그 배들이 회항할 것으로 보인다면 돌아갈 기회를 줍시다"라고 그는 참석자들에게 말했다. 로버트 케네디가 다시 논의에 뛰어들어 선박 차단으로 야기될 '야단법석'을 처리하는 방법에 대해 의견을 펼쳤다. 무기를 압수해서 사진을 찍으면 소련은 아무 불만도 내놓을 수 없을 것이라는 주장이었다. "음, 이해는 할 수 있을 것 같아요, 밥"이라고 명백히 우려하는 러스크가 말했다. "여기서 문제는, 그러니까 소련의 관점에서 보면 그 친구들은 극도로 예민한 상태예요." 그는 로버트 케네디와 다른 사람들에게 자신이 생각하는 봉쇄의 목적을 설명했다. 그것은 소련군을 쿠바에서 철수하게 만들기 위함이었다. 존 케네디도 평화론자로 토론에 끼어들었다. 그는 이튿날까지 이 문제에 대한 결정을 미룰 것을 제안했다.

대통령의 제안은 수용되었다. 당장은 러스크가 더 원하는 것은 없었다. 결정 연기 덕에 그는 외교를 활용할 기회를 얻게 되었다. 그는 루엘린 톰슨과 함께 흐루쇼프에게 보낼 케네디의 편지 초안을 작성했다. 여기에는 소련 선박이 검역선에 접근하지 말 것을 촉구하는 내용이 들어 있었다. 편지의 목적을 설명하면서 톰슨은 그날 밤 흐루쇼프와 소련 지도부가 선박들에게 지시를 내릴 것이라는 전제하에 다음을 촉구했다. "나는 당신이 귀측 선박들에게 검역의 조건을 준수하라는 지시를 즉시 내릴 것을 희망합니다. […] 우리는 선박을 나포하거나 선박에 발포할 의사가 없습니다." 케네디는 이 편지를 보내는 것에는 동의했으나 마지막 문장은 빼기를 바랐다.[7]

러스크와 그의 평화적 해결 방안 모색을 도운 것은, 봉쇄의 실제 이행, 특히 소련 선박의 나포에 대한 케네디의 우려가 점점 커지고 있다는 것이었다. "그런 일이 일어날 수 있습니다"라고 케네디는 봉쇄 선언에 뒤따를 수 있는 어려운 문제를 열거하면서 말했다. "그들은 계속 항해하려 하겠죠. 그러면 우리는 방향타나 보일러에 사격을 가할 것이고요. 그리고 배에 승선을 시도할 것입니다. 그러면 그들은 총을 쏘고 기관총을 쏠 수도 있어요. 그들이 아주 강하게 나올 것이기 때문에, 우리가 그것을 감행하고 상황을 통제하려 할 때 골치 아픈 일을 겪게 될 겁니다. 무장한 병력이나 해병대가 그들의 배에 타고 있을지도 모른다고 봐요." "아니면 그들이 배를 폭파하거나 다른 것을 지시할 수도 있습니다"라고 로버트 케네디도 이 말을 받으며 의견을 이어갔다. 그는 소련 선박 차단을 더 이상 주장하지 않았다. 궁극적으로 그는 자신의 형을 지원하기 위해 그곳에 있었다. 회고록에서 그는 자신의 매파적 입장에 대해서는 아무 언급 없이 형의 신중함과 조심성을 높이 평가했다.[8]

모두가 회의장을 떠난 7시 이후 존과 로버트만 남았다. 두 사람은 흐루쇼프의 기만과 봉쇄 선언으로 발생한 상황을 반추했다. "말도 안 돼. 진짜 비열해. 안 그래?"라고 대통령이 동생에게 말했다. 그리고 덧붙였다. "하지만 한편으로 다른 선택의 여지가 없어. 이렇게 비열하게 나오면, 다음으로 어떤 짓을 할지 정말 알 수 없어. 다른 선택은 없어. 선택의 여지가 없다고 생각해." 존 케네디는 흐루쇼프의 정책에 골몰해 있었지만, 로버트는 국내 상황에 대해 생각했다. "맞아, 다른 선택은 없어. 그러니까, 나는 형이 탄핵을 당했을 수도 있다고 봐." 대통령도 여기에 이견을 달지 않았다. "나도 그렇게 생각해"라고 그는 로버트에게 말했다. "탄핵당했을 수도 있었어."

로버트 케네디는 소련 측과 별도의 채널을 다시 만들도록 형을 돕는 것이 좋을지 의문이었다. 존 케네디는 로버트의 최고 비밀 채널인 소련 정보장교 게오르기 볼샤코프를 통해 전달된, 존이 흐루쇼프의 "선거에 대한 허튼소리"라고 부르는 것에 여전히 상처받은 상태였다. 존 케네디는 그를 다시 언급했다. 소련 선박 선장들에게 어떤 명령이 떨어졌는지 아무 얘기도 없는지. "배들이 그냥 통과할 거라고 얘기했어." 그는 더 이상, 싸울 기회를 찾는 경솔한 십 대 같지 않았다. 대신에 그는 미국뿐만 아니라 미주연합기구 대표들이 소련 선박에 승선해 검역하는 것이 좋을 것 같다고 제안했다. 승선 시에 갈등이 발생할 경우를 대비해 그는 미국인만으로 구성되는 것보다 국제적으로 구성되는 것을 선호했다. 미국인만 승선하는 것은 곧장 전쟁을 유발할지도 몰랐다.[9]

비밀 녹음기가 설치된 내각회의실에서 엑스컴 회의가 끝난 후 두 사람은 대통령 집무실로 옮겨 갔다. 그곳에서 존 케네디는 로버트, 테드 소렌슨, 케네디의 일정 담당 비서 케네스 오도넬과 '계산 착오, 즉 판단 착오'에 대한 염려를 나누었다. 로버트의 회고록에 따르면, 존은 다시 한번 바바라 터크먼의 『8월의 포성』을 언급했다. "그들은 부지불식간에 전쟁의 수렁에 빠져들었습니다"라고 그는 말했다. "멍청함, 개인적 편견, 오해, 개인적 열등의식, 오만함 등이 작용한 것입니다." 논의사항을 정리한 로버트 케네디의 첫 기록에는 『8월의 포성』이 언급되지 않았다. 대신 다음과 같은 1차대전에 대한 문장이 있었다. 대통령은 영국이 1939년 폴란드에 제공한 보장이 실수였다고 생각했다. 1939년 당시 자신의 아버지처럼 그는 영국이 전쟁에 들어가지 말았어야 한다고 보았다. 현재의 위기에서 그는 미국이 자동적으로 전쟁으로 이끌어질 어떤 국내외 합의에도 연루되지 않기를 바랐다.[10]

회의가 끝난 후 로버트 케네디는 더 이상 오해가 발생하지 않도록 보장하기 위해 도브리닌 대사를 만나러 갔다.

모스크바에서 니키타 흐루쇼프는 자신에게 닥친 딜레마와 싸우고 있었다. 그는 미국 군함들이 공해나 쿠바 영해에서 소련 선박을 수색하도록 허용하면 유약해 보일 수밖에 없게 되지만, 카리브해에서의 군사적 대결은 감당할 수 없었고, 미국이 쿠바를 침공하는 경우 핵무기 사용을 막는 것도 어렵거나 불가능하다는 것을 잘 알고 있었다. 그의 해결책은 아주 간단했다. 봉쇄가 시작되기 전에 쿠바에 닿을 수 있는 배들은 더욱 속도를 내게 하고, 그렇지 못한 배들은 회항시키는 것이었다.

모스크바 시각으로 10월 23일 아침 내려진 이 명령은 같은 시간대 지중해에 있던 선박들에 수신되었다. 건화물 수송선 메드노고르스크호는 회항하라는 명령을 10월 23일 오전 10시 15분에 받았다. 이 명령은 소련상선부 장관 빅토르 바카예프Viktor Bakaev로부터 비밀 전문 형식으로 왔다. 당시 메드노고르스크호는 알제리 앞바다를 항해하고 있었다. 이 선박은 2,400톤의 장비와 274명의 장교와 사병을 수송하고 있었다. 항해를 계속하려는 선원들의 반대를 무시하고 선장은 회항 명령을 내렸다. 배는 방향을 바꾸어 다시 다르다넬스해협을 통과하고 흑해로 진입하여 모항인 우크라이나 남단 미콜라이우로 향했다.[11]

쿠바 해안에 가까이 온 선박들은 쿠바로 계속 항행하라는 명령을 받았다. 이 명령을 받은 배는 총 5척이었다. 그중 하나인 화물선 디브노고르스크호는 10월 22일 밤 쿠바로 항행하는 모습이 미 항공기에 발견되었다. 승선하고 있던 KGB 장교의 보고에 따르면 조명등을 켠 미 항공기가 배 위를 한두 번도 아니고 일곱 번을 비행했다. 그러나 거의 위협에 가까운 정찰 활동 말고 선박은 항행에 아무 간섭도 받지 않았다. 배를 정지시키려는 신호나 명령은 없었다. 디브노고르스크호는 10월 23일 새벽 2시 마리엘의 항구에 무사히 도착했다. 그런 다음에야 이 배의 선장은 미국이 쿠바에 대한 봉쇄를 시작했다는 것과 '미군 함정과 항공기들이 우리의 수송선을 나포하기 위해 카리브해, 해협, 쿠바 항구 연해를 샅샅이 뒤지고 있다'는 소식을 들었다. 선원들 모두 안도의 한숨을 쉬었다.[12]

계속 항행하도록 명령받은 선박들 중에는 건화물 수송선 알렉산드롭스크호도 있었다. 이 배는 가장 위험한 화물인 IRBM R-14미사일에 장착하기 위한 24기의 핵탄두와 이미 쿠바에 도착한 전술미사일에 장착할 44기의 핵탄두를 수송 중이었다. 흐루쇼프와 참모들은 알렉산드롭스크호를 가능한 한 빨리 가장 가까운 쿠바 항구에 도착하게 하기로 결정했다. 그 항구는 마리엘이 될 예정이었지만 소련 측은 미국이 핵탄두를 수송하기에 적합한 배들을 찾고 있음을 암시하는 무선을 가로챘다. 10월 23일 오후 두 대의 미 항공기가 마리엘의 항구 상공을 비행했다. 원래 일정에 뒤처져 항해하던 알렉산드롭스크호는 진로를 바꾸어 라 이사벨라의 항구로 향하라는 명령을 받았다. 모스크바는 이 배가 봉쇄를 통과했는지 여부에 관해 듣게 되기를 손꼽아 기다렸다. 10월 24일 아침 모스크바에 수신된 케네디 대통령의 편지에는 정확한 봉쇄 시행 시간을 "그리니치 표준시 10월 24일 14시"로 못박았다.[13]

10월 24일 워싱턴의 엑스컴 회의는 정확하게 봉쇄가 개시되는 시각에 시작되었다. 동부기준시간 오전 10시이자 그리니치 표준시 14시였다. 회의는 평상시처럼 CIA 국장 존 매콘의 보고로 시작되었다. 그는 참석자들에게 쿠바로 향하는 22척의 소련 선박이 있고, 이 배 중 7척이 모스크바 시각으로 10월 23일 새벽 1시 긴급지시를 받았다고 보고했다. 22척의 선박 모두 동부기준시간으로 10월 24일 새벽 2시 30분 추가적인 지시를 받았다. 매콘은 지시 내용은 알지 못하지만, 선박에 대한 통제권이 흑해 오데사의 흑해 해양수송부에서 모스크바의 소련상선부로 넘어갔다는 것을 알고 있었다.

엑스컴은 진로를 바꾸지 않은 선박들의 차단에 대해 논의했다. 전날 밤

늦게 존 케네디는 영국 주재 대사이자 오랜 친구인 데이비드 옴스비-고어 David Ormsby-Gore와의 대화 후 검역선이 쿠바 해안에서 500해리에 세워지는 것으로 결정했다. 그는 맥나마라에게 바로 연락했고, 이제 모든 절차가 동일한 각본으로 진행되었다. 검역 구역은 쿠바에서 500마일 거리에서 시작될 것이었다. 무기를 싣지 않은 소련 선박 한 척을 막는 것으로 시작하자는 딘 러스크의 전날 제안은 별 지지를 받지 못했다. 미 해군이 아기 이유식을 운송하는 배를 정지시켰다고 알려지면 미국 정부에 부담이 될지도 모른다는 것이었다. 그들은 무기를 수송하는 배를 찾고 있었다.

맥나마라는 가가린호와 또 다른 건화물 수송선 키몹스크호를 주 목표물로 정했다. 참석자들은 전날 쿠바에서 약 1,800마일 떨어진 해상에 있는 키몹스크호에 대해 논의했고, 이 배가 어디를 향하는지 하루 더 지켜보기로 했다. 그들은 회의 시각에 가가린호와 키몹스크호가 어디에 있는지 정확히 몰랐지만, 검역선에 접근하고 있다고 전제했다. 또한 두 선박은 잠수함의 호위를 받고 있으리라는 것이 전제되었기에 미사일을 수송하고 있다고 의심하게 만들었다. 맥나마라는 가가린호가 선적 화물을 기술 장비라고 신고했고, 목적지를 코나크리로 신고했다고 보고하면서 자신이 보기에 이것은 "소련으로부터 공격 무기를 운송하는 선박의 전형적인 신고"라고 했다. 그는 "과거 기록을 검토해보면 이는 기만하기 위한 전형적인 방법으로 보인다"라고 덧붙였다.[14]

맥나마라의 추측이 맞았다. 가가린호는 미사일을 수송하고 있었다. 이 배는 우크라이나 오흐티르카에 주둔 중이던 R-14미사일 2개 연대의 장비와 병력을 싣고 10월 10일 밤늦게 미콜라이우를 출발하였다. 보스포루스해협을 통과할 때 이 배는 목적지를 코나크리로 신고했지만, 해협의 터키 항해사는 이 배가 실제로 쿠바로 간다는 것을 알린 바 있기에 실제 목적지는 일종의 공개된 비밀인 듯했다. 케네디 대통령이 대국민 연설을 한 10월 22일 이른 아침, 바하마에 접근하던 가가린호는 미 해군 함정을 만났고, 미 함정은 이 배에 정지 명령을 내렸다. 그러나 가가린호 선장은 이를 무시하고 항행을 계속했다. 미 함정은 가가린호에 여러 번 정지 신호를 보내다가 자리를 떴다. 이 모든 일에 50분이 안 걸렸다.[15]

키몹스크호도 추측한 대로였다. 레닌그라드(현재의 상트페테르부르크—옮긴이)를 모항으로 하고 핀란드에서 건조된 화물선인 키몹스크호는 쿠바에 키이우 관구 주둔 제6탱크사단의 탱크 31대와 장교 및 사병 150명을 수송하고 있었다. 9월 22일 이 배는, 이반 시도로프 대령이 지휘하는 제79미사일연대의 준중거리미사일 R-12 8기와 병력을 포함한 2,200톤의 화물을 수송하기 위해 쿠바로 돌아왔다. 이 미사일들은 10월 10일 작전 준비가 완료되었다. 이제 키몹스크호는 다시 쿠바 항해에 나서 중거리미사일 R-14, 나토명으로 SS-5 스킨미사일과 이것을 운용할 부대를 싣고 있었다.[16]

"이 두 선박 모두 우리의 첫 차단의 좋은 목표물입니다"라고 맥나마라는 엑스컴에 보고했다. 그런 다음 "앤더슨 제독의 계획은 이 두 선박 모두 또는 한 선박을 오늘 중으로 차단하는 것입니다"라고 덧붙였다. 해군작전 사령관인 조지 휠랜 앤더슨 2세George Whelan Anderson Jr.를 언급하는 것이었다. 존 케네디는 작전 세부 사항에 관심이 많았다. "어느 배를 잡을 겁니까?" 대통령은 국방장관에게 물었다. "두 척 모두인가요?" 맥나마라는 그렇다고 답했지만, 키몹스크호를 우선적인 목표물로 삼고 있었다. "어떤 함정이 이 차단 작전에 나설 것입니까? 구축함입니까?"라고 케네디는 물었다. 대잠 헬기를 대동하는 항공모함 에섹스호가 작전에 나서, 배들을 호위할 것으로 추정되는 소련 잠수함을 저지선에서 방향을 돌리게 함으로써 차단 작전을 도울 것이라고 맥나마라는 답했다.

갑자기 매콘이 케네디와 맥나마라의 대화가 이어지는 것을 방해했다. "대통령님, 방금 들어온 보고에 따르면 […] 지금 쿠바 해역Cuban waters에—이게 무슨 의미인지는 모르겠지만— 총 6척의 소련 선박이 멈추었거나 진로를 돌린 것이 확인되었습니다." 국방장관이 보고하는 중에 CIA 국장이 끼어든 것을 의아하게 생각한 이가 있다 하더라도 그가 새 소식을 전하자마자 우려는 사라졌다. 러스크는 '쿠바 해역'이 무엇을 의미하는지 물었다.

맥나마라는 쿠바를 떠나는 배를 말하는 것이라고 추정했지만, 케네디는 분명한 정보를 원했다. "이 선박들이 쿠바를 떠나는 것인지 들어오는 것인지 바로 알아봅시다" 러스크가 "그건 좀 차이가 있지요"라고 말해 참석자들의 웃음을 터뜨렸다.[17]

매콘은 즉시 보고 내용을 확인하기 위해 회의실을 떠났다. 케네디와 참모들은 가가린호와 키몹스크호를 호위하는 소련 잠수함들을 어떻게 수면 위로 부상하게 만들 것인지 계속 논의했다. 맥나마라는 폭뢰 투하를 주장했다. "소나 신호가 수중을 통과하지 않으면 경고 폭뢰 투하를 해야 합니다"라고 맥나마라가 제안한 것으로 로버트 케네디의 회의 기록에 남았다. 그는 대통령의 반응과 함께 말을 이어갔다. "만일 우리가 소련 선박을 격침시키면, 그들은 베를린을 봉쇄할 것입니다." 존 케네디는 점점 더 긴장하고 있었다. 핵전쟁의 유령이 그의 상상 속에서 수백 마일 떨어진 파도 아래로부터 떠오르고 있었다.

"우리가 공격하는 첫 번째 대상이 소련 잠수함이 되는 것을 원하지 않습니다"라고 존 케네디는 참모들에게 말했다. "나는 차라리 상선이 대상이 되기를 바랍니다." 그러나 맥나마라는 뒤로 물러나지 않았다. 그는 키몹스크호나 가가린호에 어떤 조치를 취하기 전에 소련 잠수함들을 강제적으로 부상시켜야 한다는 주장을 굽히지 않았다. "저는 우리가 처한 상황에서 잠수함에 대한 공격을 늦추면, 대통령님, 극도로 위험하다고 생각합니다"라고 그는 케네디에게 말했다. "그런 식으로 하다가 우리 함정을 쉽게 잃을 수 있습니다." 대통령은 포기했다. "그럼, 그렇게 합시다." 그가 내각회의실에 설치된 비밀 녹음테이프에 그렇게 말한 것으로 기록되었다. "케네디 대통령은 사건의 방향을 처음에 주도했지만, 더 이상 상황을 통제하지 못했다"라고 로버트 케네디는 나중에 썼다. 숙고의 중요한 순간이었다. 대통령은 소련 선박들을 차단하는 것을 승인했다.[18]

테이블 맞은편에서 로버트 케네디는 자신의 형이 불안해하는 신호를 보았다. "그의 손이 얼굴로 올라가 입을 막았다." 그는 이렇게 썼다. "그는 주먹을 폈다 쥐었다. 얼굴은 핼쑥하고 눈은 고통스러워 보였다." 두 사람의 시선이 마주쳤다. "잠시 동안 마치 방 안에 다른 아무도 없는 것만 같았고, 그는 더 이상 대통령이 아닌 것만 같았다"라고 로버트는 회상했다. 그는 형이 인생에서 감당한 최고의 시험에 대해 돌아보았다. 병으로 거의 죽을 뻔했을 때, 맏형 조지프가 전사했다는 소식을 들었을 때, 갓난아기 패트릭을 잃었을 때.* "나는 이 몇 분이 대통령에게 가장 심각한 우려를 안긴 시간이었다고 생각한다"라고 로버트는 나중에 적었다.[19]

케네디는 최악의 상황에 대비하고자 했다. 소련 선박의 격침 가능성, 소련의 베를린 봉쇄, 서베를린을 구하기 위한 미국의 공수, 소련의 미군기 격추. "그러면 우리는 어떻게 해야 합니까?"라고 케네디는 참석자들에게 물었다. 국방차관 폴 니체Paul Nitze는 가능한 대응책을 열거하기 시작했다. "우리도 맞서 싸워 소련 비행기를 격추시켜야 합니다." 니체가 아직 의견을 개진하고 있을 때 매콘이 회의실로 다시 들어왔다. "무슨 정보를 얻었나요, 존?" "이 배들은 모두 서쪽을 향하고 있습니다. 즉 모두 쿠바를 향하고 있습니다"라고 매콘은 답했다. 그는 그 시점에 배들이 어디 있는지는 알지 못했지만 "이 배들이 정지했거나 방향을 틀었다"는 것을 알았다. 그리고 그렇게 배들이 쿠바에서 멀어지고 있다는 것도. 매콘이 나열한 6척의 선박 중에 키몹스크호와 가가린호가 들어 있었다.

"눈싸움(eyeball to eyeball) 중인데, 저쪽에서 먼저 눈을 깜박거린 것 같군"이라고 딘 러스크가 맥조지 번디에게 속삭인 것은, 소련 배들이 쿠바에서 물러나고 있다는 얘기가 들렸을 때였다. "자, 이렇게 합시다. 만일 이 보고가 정확하다면 쿠바에 가까이 있는 이 배들에 대해 행동을 취할 필요는 없습니다"라고 케네디가 제안했다. "쿠바로 계속 항행하지 않는 배는 잡을

* 조지프 케네디 2세는 미 해군 조종사로 2차대전에 참전했다가 1944년 8월 영국에서 자신이 조종하는 B-24폭격기 공중 폭발로 사망했다. 존 케네디의 차남인 패트릭Patrick은 신생아 호흡곤란 증후군으로 1963년 생후 2일 만에 사망했다.

필요가 없습니다"라고 맥나마라가 대통령의 말에 동의하며 말했다. 로버트 케네디도 배가 어느 방향을 향하고 있건 모두 정지시켜야 한다는 종전의 입장을 포기했다. "그럼, 이 정보가 해군에도 전달되겠지요?"라고 그가 맥나라마의 말에 응답하며 물었다. 이번에는 맥나마라와 러스크가 협의를 이루었다. "그럼요, 해군에 통보해서 이 배들을 추적하지 말라고 해야겠습니다"라고 딘 러스크가 로버트 케네디의 의견을 지지하며 말했다. "토론은 계속 활발히 진행되었다"라고 로버트 케네디는 회고했다. "그러나 모두 다른 사람들처럼 보였다. 한순간 세상이 멈춰 섰다가 다시 움직이는 것 같았다." 선박 공격 명령은 취소되었다.[20]

'눈싸움' 비유는 쿠바 미사일 위기의 역사학에서 기원 신화(founding myth)가 되었다. 로버트 케네디의 회고록에 상당히 자세히 묘사된, 10월 24일 아침 엑스컴 회의에서 케네디 대통령이 소련 선박을 추적하라는 명령을 내린 결정적인 순간은 모든 장면 각각이 극적이고 위험할 소지가 다분한 것으로 다가온다. 이것은 또한 케네디가 바바라 터크먼의 책을 계속 인용하며 오판과 오해의 위험에 대해 생각하면서 두려워했던 모든 것이 압축된 순간이었다. 시효를 넘긴 불완전한 정보에 호도되어 그는 자신도 모르는 새, 이미 쿠바로 향하던 진로를 바꿔 되돌아간 지 24시간도 더 지난 선박들을 공격하라는 명령을 내렸던 것이다.

케네디도 엑스컴 일원들도 해군정찰기가 보낸 최신 정보를 활용하지 못했다. 정보가 백악관까지 전달되는 데 몇 시간이 걸렸다. 이로 인해 케네디와 참모들은 사실상 어둠 속에서 결정을 내려야 했다. 맥나마라가 10월 23일 엑스컴 회의에서 화물선 키몹스크호를 처음 언급했을 때 이 배는 이미 소련으로 회항하고 있었다. 10월 23일 새벽 3시 키몹스크호는, 쿠바 동단에서 500해리로 예정된 검역선으로부터 동쪽 300마일 지점에서 발견되었다.

10월 24일 오전 10시 이 선박은 수백 마일을 동쪽으로 더 이동한 상태였다. 키몹스크호의 위치는, 발트해로 가고 있다는 무전 감청과 더불어, 이 배가 미국 측을 기만하거나 다른 방향에서 쿠바로 향하지 않고 소련으로 귀환 중이라는 사실을 보여줬다.[21]

마찬가지로 가가린호도 회항하여 오데사나 흑해가 아니라 발트해의 발티스크로 향하고 있었다. 이 배의 선장인 37세 선장 킴 홀루벤코Kim Holubenko는 10월 23일 오전 8시 30분 회항하라는 명령을 받고 즉시 지시를 따랐다. 가가린호가 이미 동쪽으로 돌아가고 있었던 10월 23일 오후 6시 직후 4발 엔진 미군 항공기가 조명등을 켠 채 배 위를 세 번 비행한 다음 배 앞 지점에 폭발물 두 개를 투하했다. 그 뒤 오후 7시 1분, 또 다른 미군 항공기가 나타났다. 이 항공기는 조명등을 켠 채 가가린호 위를 여섯 번 가로질렀다. 7시 40분에 세 번째 항공기가 나타나 배 마스트에서 불과 70미터 떨어진 상공을 비행했다. 8시 43분부터 9시 10분 사이 네 번째 항공기가 배 위를 지나갔고, 11시 43분 다섯 번째 항공기도 조명등을 점멸하면서 같은 비행을 했다. 미 해군기들은 10월 24일 새벽 1시 40분까지 이 배의 항행을 방해했다.[22]

홀루벤코는 후에 니키타 흐루쇼프에게 쿠바 항해를 보고한 후 그로부터 직접 소련 최고 상훈인 사회주의 영웅 황금별 훈장을 받았다. 또한 이 배의 이름이 유래한 소련 영웅 우주조종사 유리 가가린을 만나 사진을 찍기도 했다. 홀루벤코는 소방호스로 공중에 물을 분사함으로써 미군 항공기 한 대를 물러나게 한 스토리로 훗날 기억되었다. 홀루벤코에 따르면 미국 측은 이 배에 뭔가 비밀무기가 선적되었으리라고 전제하고 나타난 것이었다. 소련 측은 대서양의 '눈싸움' 대치라는 그들만의 신화를 계발해갔다.[23]

양국은 실제로 카리브해에서 눈싸움으로 대치했고, 한쪽이 먼저 눈을 깜박거렸다. 문제는 그들이 상대의 눈동자는커녕 눈언저리도 제대로 보지 못했다는 것이다. 기만과 상호 의심의 어두운 방은 믿을 만하고 시의적절한 정보 부족으로 더욱 어두워졌다. 한쪽이 눈을 깜박거리면 상대편이 알아차리는 데 하루 이상 걸렸다. 핵무기 시대는 정보화 시대보다 최소 몇십 년 먼저 시작되었다. 1962년 10월, 그 간격은 하마터면 석기시대로의 회귀를 가져올 뻔했다.

나무칼

루마니아 공산당 지도자 게오르게 게오르기우-데지Gheorghe Gheorghiu-Dej는 10월 23일, 인도네시아 국빈 방문 길에서 귀환하면서 모스크바에 기착해 흐루쇼프를 만났다. 그는 흐루쇼프가 두려워하는 상태는 아니더라도 극도로 초조한 상태인 것을 발견했다. 국방장관 말리놉스키가 미 해군이 고도 경계태세에 돌입했으며 쿠바 봉쇄 준비 중이라고 보고하자 흐루쇼프는 격앙했다. 말리놉스키가 보고할 때 그 자리에 있던 게오르게 게오르기우-데지의 회고와 그 말을 후에 루마니아 정보부장 이온 미하이 파세파Ion Mihai Pacepa가 전한 바에 따르면 "흐루쇼프는 분노가 폭발해 고함치고 저주하며 앞뒤가 안 맞는 명령들을 쏟아냈다."

루마니아 지도자들은 흐루쇼프가 그날 아침 술을 마셨다고 생각했지만, 그렇지 않았다. 소련의 지도자는 수면 부족으로 탈진한 상태였다. 게오르기우-데지는, 미국이 쿠바를 침공할 경우 핵전쟁을 벌일 것을 논의하고 그다음 미국의 봉쇄 소식에 어떻게 대응할지 토론한 밤샘 회의 직후 크렘린에 도착해 흐루쇼프를 만난 것이었다. 흐루쇼프는 격분했다. 루마니아 지도자들을 환영하는 크렘린 리셉션에서 "흐루쇼프는 워싱턴을 저주하고, 백악관을 '핵무기로 공격하라' 하고, 누가 미국이나 미국인이란 말을 발음하기만 해도 큰소리로 저주했다"라고 파세파는 기록했다. 그런 다음 흐루쇼프는 놀랍게도 게오르기우-데지와 소련 지도부를 볼쇼이극장 공연에 초청했다.[1]

흐루쇼프는 대중홍보 차원에서 볼쇼이극장 방문을 기획했다고 후에 회고했다. 그는 보좌관들에게 이렇게 말했다. "동지들, 볼쇼이극장으로 갑시다. 지금 세상 분위기는 긴장으로 가득하지만 우리는 극장에 모습을 보여야 합니다. 우리 인민들과 외국인들이 보면 진정시키는 효과가 있을 것입니다. 만일 흐루쇼프와 다른 지도자들이 이런 시간에 극장에 앉아 있는 것을 보면 모두가 편하게 잠자리에 들 수 있을 것입니다." 그런 다음 그는 "우리 스스로도 지금 아주 불안한 상태입니다"라고 덧붙였다. 관람객 중 한 사람이었던 안드레이 그로미코 외무장관은 후에 이렇게 회고했다. "무대에서 무엇이 공연되었는지 기억나지 않습니다. 아마도 그 자리에 있던 정치국원 중 누구도 무대에서 벌어지는 일에 신경 쓸 수 없었을 겁니다. 오페라, 발레, 아니면 연극, 다 마찬가지였을 겁니다. 모두 서반구에서 벌어지는 일에 생각을 집중하고 있었죠. 그러나 다들 차분하고 점잖게 앉아 열렬한 오페라 관람객들처럼 박수를 쳤습니다."[2]

무대에서는 모데스트 무소르그스키Modest Mussorgsky의 〈보리스 고두노프Boris Godunov〉가 공연되고 있었고, 미국 메트로폴리탄 오페라의 스타 제롬 하인스Jerome Hines가 주연을 맡았다. 《프라우다》는 이튿날 성황리에 끝난 하인스의 공연을 보도했다. 그는 관객들로부터 기립박수를 받았고 여섯 차례나 커튼콜에 응해야 했다. 게오르기우-데지가 회고한 바에 따르면 흐루쇼프는 "자리에서 일어나 하인스를 축하하러 갔다." 게오르기우-데지와 다른 소련 지도자들과 함께 그는 무대 뒤로 가서 하인스의 뛰어난 러시아어 발음을 극찬하며 "양국 사이의 평화와 우호를 위한" 건배를 제의했다.[3]

조금 전까지 '미국'이라는 말만 나오면 저주를 퍼붓던 흐루쇼프를 본 루마니아인들은 어쩔 바를 몰랐다. 흐루쇼프는 분명히 평정을 잃은 상태였다. 쿠바에 미사일을 몰래 전달하려다 현행범으로 발각되고서 어떻게 대처할지 알지 못했다. 그는 늘 하던 대로 겁박 전술을 사용하여 케네디를 은근히 핵전쟁으로 위협하고, 공산국가 동지들 앞에서는 거칠게 말했다. 1958년 흐루쇼프의 소련군 철수 뒤 소련과 거리를 두려 하며, 소련과 마오쩌둥 사이의 분쟁에서 소련 편들기를 거부했던 루마니아 지도부 앞에서는 그렇게 하는 것이 특히 중요했다.[4]

그러나 겁박 전술은 더 이상 통하지 않았다. 케네디는 봉쇄를 실행하기 시작했고, 흐루쇼프는 갈팡질팡하며 효과적으로 대응하지 못하고 있었다. 흐루쇼프가 케네디를 위협하는 데 사용했던 핵전쟁은 부메랑으로 돌아와 그를 괴롭혔다. 소련-미국 관계를 담당한 바실리 쿠즈네초프Vasilii Kuznetsov 외무차관은 신뢰하는 동료에게 케네디의 TV 연설 직후 며칠 동안 소련 지도부는 "온통 혼란에 싸여 마비되었고, 흐루쇼프의 호통치는 공개 성명으로 숨기기에만 급급했습니다"라고 말했다. 실제로 "위기의 가장 초창기부터, 이후 사태 발전에 대한 두려움이 소련 지도부 안에서 일어났고 매시간이 지날수록 증폭했습니다"라고 그는 덧붙였다.[5]

루마니아 지도부는 모스크바에 도착한 다음 날인 10월 24일 떠났지만 게오르기우-데지는 떠나기 전에 흐루쇼프가 분노를 터뜨리는 것을 한 번 더 보아야 했다. 루마니아 지도부와 조찬 중이던 흐루쇼프는 KGB 의장 블라디미르 세미차스트누이로부터 보고를 받았다. 암호 해독된 전문에 의하면 케네디는 예정된 브라질 방문을 취소하고 쿠바 봉쇄 시행을 명령했다. 전문을 읽는 흐루쇼프의 얼굴이 붉게 달아올랐다. 그는 "딱정벌레라도 되듯" 저주를 퍼붓기 시작하면서 전문을 바닥에 던지고는 신발로 짓밟았다. 그는 "이게 내가 독사를 으깨버리는 방식이야"라고 소리치면서 케네디를 "부자들이나 등쳐먹는 놈"이라고 불렀다. "케네디가 거기 있었다면 그 미치광이가 곧바로 목 졸라 죽였을 것이다"라고 부쿠레슈티로 귀환한 게오르기우-데지는 보좌관에게 말했다.[6]

게오르기우-데지가 10월 24일 흐루쇼프가 만난 유일한 외국인은 아니었다. 또 한 명의 외국인은 웨스팅하우스 국제전기회사 회장 윌리엄 녹스William E. Knox였다. 2차대전 중 소련의 대외무역기관인 암토르그Amtorg와 좋은 관계를 유지해온 이 저명한 기업가는 소련 출장 중에 한 시간 뒤 흐루쇼프를 만나러 오라는 긴급 연락을 받았다. 《프라우다》는 녹스가 요청해서 이 만남이 이루어졌다고 보도했다. 만남은 세 시간 동안 진행되었다.

소련의 지도자는 공격적인 태도로, 10월 22일 케네디의 발표는 그의 무경험, 선거 압박, 완전한 히스테리의 결과물이라고 발언했다. 흐루쇼프는 케네디가 자기 아들보다도 어린 사람이라면서, 아이젠하워라면 이런 식으로 행동하는 건 상상조차 할 수 없다고 했다.[7]

흐루쇼프는 그가 케네디를 속였다는 녹스의 암시를 반박했지만, 곧 그날 회동 중 가장 충격적인 발언을 내놨다. 쿠바에 탄도미사일뿐 아니라 핵탄두도 배치했다는 걸 자백한 것이다. "소련은 쿠바에 방공미사일을 배치했을 뿐 아니라, 재래식 탄두와 핵탄두 둘 다 장착한 탄도미사일도 배치했다"라고 미 국무부에 보낸, 녹스와 흐루쇼프의 면담록에 기록되었다. 흐루쇼프는 미사일이 100퍼센트 소련의 통제하에 있고, 쿠바의 방어를 위해서만 발사될 수 있으며, 자신의 직접 명령이 하달되는 경우에만 발사될 수 있다고 연이어 말했다. 만일 미국 측이 자신을 믿지 않고 쿠바를 공격하려 하면 관타나모기지는 분쟁 첫날 사라질 것이라고 그는 위협했다. 또 다른 설명에 의하면 흐루쇼프는 녹스에게, 자신은 전쟁을 원하지 않지만 만일 미국이 전쟁을 시작하기로 결정하면 싸울 준비가 되어 있다고 말했다. 그는 "우리 모두 지옥에서 만날 것이다"라는 발언으로 사업가를 경악하게 했다.

그러나 공격과 위협이 전부는 아니었다. 흐루쇼프는 자신이 케네디를 미국이든 소련이든 공해상이든 어디에서든 만날 용의가 있다는 사실을 녹스가 알기 바랐다. 그는 그로미코와 러스크가 핵실험 금지와 유럽 전선에 대한 양해를 이루었기에 양국 간 분쟁은 시의 부적절하다고 말하기도 했다. 그런 다음 녹스에게 자신의 염소 냄새를 좋아하지 않다가 결국 그것을 참고 살게 된 사람에 대한 농담을 했다. 소련은 이탈리아와 그리스에 염소를 가지고 있지만, 그것을 수용하기로 했다. 미국은 쿠바에 염소를 가지고 있는 셈이다. 케네디에게 보내는 메시지는 분명했다. 당신이 우리 국경에 한 것처럼, 나도 쿠바에 핵미사일을 정말 배치했소. 그러니 적응하시오.[8]

같은 날 흐루쇼프는, 전날 케네디가 소련 선박을 검역선에서 회항시킬 것을 요구한 편지에 답장을 썼다. 그날 아침 일찍 흐루쇼프는 핵탄두를 운송하는 알렉산드롭스크호가 쿠바에 무사히 도착했다는 좋은 뉴스를 받았기 때문에 계속 공격적으로 나가도 된다고 확신했다. 그는 케네디가 봉쇄를 선언한 것이 "쿠바 국민과 정부에 대한 혐오 때문만이 아니라, 미국의 선거를 고려한 것이기도" 하다며 비난했다. 또한 봉쇄가 불법이라고 선언했다. 흐루쇼프가 케네디에게 보낸 편지에는 "소련 정부는 국제 해역과 국제 영공 사용의 자유 위반이 인류를 세계 핵미사일 전쟁의 수렁으로 밀치는 공격 행위라고 봅니다"라고 적혔다. 소련 선박이 회항하도록 명령하는 것을 거부하면서 흐루쇼프는 저항과 보복을 예고했다. "우리는 […] 우리의 권리를 방어하는 데 필요하고 적절하다고 생각되는 조치를 취할 것입니다. 우리는 그렇게 하는 데 필요한 모든 수단을 가지고 있습니다."[9]

이 편지는 그날 쿠바 사태 발전에 대해 논의하기 위해 모인 당 중앙위원회 정치국의 승인을 받았다. 그러나 흐루쇼프는 케네디에게 보내는 공식 답신이 충분히 강경하지 않다고 생각했다. 그는 케네디에게 개인 편지도 보내기로 했다. 연락병은 게오르기 볼샤코프로, 9월에도 그를 통해 케네디에게 이런 구두 메시지를 전달한 적이 있었다. "우리는 소련은 쿠바에 단지 방어용 무기만을 공급한다는 것을 반복해서 밝힌다." 그리고 11월 의회 선거에 소수파로 도전하는 케네디의 입장을 어렵게 만들지 않겠다고 약속했었다. 케네디를 그토록 격분시킨 것은 볼샤코프를 통해 전달받은 약속의 위반이었다. 이제 흐루쇼프는 볼샤코프를 통해 케네디에게 또 다른 메시지를 전달하고자 했다. 이번 메시지는 너무 길어 암기될 수 없었기에 편지 형식으로 전해졌다.[10]

흐루쇼프는 소련 선박을 정지시키라는 케네디의 요구에 대한 답신을 구술할 때 전투적 기분에 사로잡혀 있던 것이 분명하다. "당신은 히틀러도 나폴레옹도 그 시대에 약소국을 상대할 때나 그런 언어를 썼다는 것을 잊어선 안 됩니다"라고 흐루쇼프는 확고히 밝혔다. "당신은 정말로 지금까지도 미합중국이 한 덩어리의 반죽과 당신이 위협한 또 다른 나라들로 이루어졌다고 생각하는 겁니까?"라고 흐루쇼프는 수사적 질문을 던지며 공격을 계속했다. 쟁점을 흐리기 위해 흐루쇼프는 케네디가 편지와 연설문에서 핵무기란 말 대신에 공격용 무기라는 말을 썼던 것을 십분 활용했다. 한편으로 소련의 지도자는 쿠바에 소련 핵무기가 존재한다는 사실을, 이것들이 공격용 무기가 아니라는 근거로 부인했고, 다른 한편으로 그런 무기들이 거기에 있다는 사실을 암시하면서 이것들이 소련의 통제하에 있음을 확고히 했다.

흐루쇼프는 케네디와 마찬가지로 '핵' 자를 절대 붙이지 않은 그 무기들을 두고, 제거될 수는 있지만 오직 핵군비 감축에 대한 포괄적 합의의 일부로서만 그럴 수 있다고 제시했다. "그런 조건에서 나는 우리가 모든 무기를 쿠바에서 제거하지 않고 단지 인근 바다에 수장할 수 있다고 봅니다. 당신이 당신들 무기를 가지고 똑같은 일을 한다면." 카리브해를 세계의 핵무기 수장 장소로 바꾸는 것이 흐루쇼프에게 양국 모두 이익이 될 해결책으로 문득 떠올랐다. 편지는 핵전쟁 위협으로 마감되었다. "그러나 어떠한 공격자라도 쿠바를 공격한다면, 그 경우 무기들 자체가 보복으로 발사되기 시작할 겁니다."[11]

흐루쇼프는 개인 편지를 그날 늦게, 정치국 회의가 끝난 뒤 구술한 것으로 보인다. 그는 핵무기의 존재를 녹스에게 인정했고, 이제는 편지에도 암시했다. 쿠바에는 핵무기가 있다. 이 무기들은 작전 상태에 있고, 소련이 통제하고 있다. 쿠바에 대한 공격이 있을 경우 이 무기들은 발사될 것이고, 소련과 미국 간 전쟁을 발발시킬 것이며 핵전쟁이 시작될 것이다. 흐루쇼프는 편지 발송을 늦추고, 이튿날 정치국의 승인을 받기로 했다. 그는 10월 24일 밤, 미국이 쿠바를 침공할 경우 핵무기를 사용하겠다고 케네디를 위협하기로 굳게 다짐한 채 잠자리에 들었다.

10월 25일 소련 신문들의 헤드라인은 전날 흐루쇼프의 기분을 거의 그대로 반영했다. 흐루쇼프의 사위인 알렉세이 아드주베이가 편집장을 맡고 있는 《이즈베스티야》는 당시 소련의 대표적 시인 중 한 사람인 니콜라이 도리조Nikolai Dorizo의 시를 1면에 싣고, 쿠바에 대한 해상봉쇄를 비난하며 이것이 실효를 거두지 못할 것이라는 확신을 표현했다. "파도들이 봉쇄를 부술 것이다, 쿠바여/태양이 봉쇄를 부술 것이다, 쿠바여/그리고 승리는 네 것이 될 것이다, 쿠바여"라고 시는 읊었다.[12]

소련 언론의 들뜬 어조에도 불구하고, 흐루쇼프의 아침은 나쁜 뉴스와 함께 시작되었다. 봉쇄 시행에 항의하는 그의 공식 편지에 케네디는 단 두 단락으로 구성된 간략한 전보로 응답했지만 흐루쇼프의 겁주기 전략이 전혀 작동하지 않는다는 것을 분명하게 보여주었다. 전쟁이 일어나건 말건 케네디는 봉쇄를 밀어붙일 것이다. "서기장 귀하, 이번 일에서 도전을 먼저 시작한 것은 내가 아니라는 것, 그리고 이 기록으로 보건대 쿠바에서의 그런 행위야말로 내가 발표한 대응을 불러왔다는 것을 분명히 인식하기를 부탁하는 바입니다"라고 케네디는 전보에 썼다. "이런 사건들이 우리 관계의 악화를 야기한 데 대한 유감 표명을 반복합니다. 나는 귀 정부가 이전 상황의 복원을 위해 필요한 행동을 취할 것을 희망합니다."[13]

케네디의 간략한 답신은 흐루쇼프가 보기에 한 방향을 가리켰고, 오직 한 방향만 가리켰다. 미국이 군사행동을 준비하고 있다는 것. 이것은 쿠바뿐만 아니라 소련도 목표로 둔 것이었다. 세계적 핵전쟁이 임박했다. 그것도 며칠이 아니라 몇 시간 안에 발발할 수 있다. 10월 24일 아침 워싱턴의 소련대사관에 근무하는 소련 군사정보장교들은 전략공군사령부(SAC, Strategic Air Command) 부대에 전투경계태세(DEFCON, Defense Readiness Condition)를 데프콘2로 상향하라는 명령이 하달되었다는 정보를 전해 왔다. 이것은 공개적인 전쟁 행위를 위해 준비된 데프콘1의 바로 아래 단계였다. 미국 전략공군이 이 수준의 경계태세에 들어간 적은 없었다. 전략공군 산하 1,479대의 폭격기, 182기의 탄도미사일, 2,962기의 핵탄두가 소련의 목표물을 타격할 준비태세에 돌입한 것이다.[14]

데프콘 명령은 쿠바 봉쇄 시작과 같은 시각인 10월 24일 동부기준시간 오전 10시에 발령되었다. 몇 분 후 전략공군사령관 토머스 파워Thomas S. Power는 마이크를 잡고 특유의 준엄한 어조로 보안조치가 되지 않은 통신선으로 전 세계 수십 개 기지와 벙커에 주둔하는 부하들에게 명령을 내렸다. "파워 장군이 말한다. 우리 국가가 당면한 상황의 엄중함을 재차 강조하기 위해 귀관들에게 말한다. 우리는 어떠한 비상 상황도 대처할 수 있는 고급 준비 단계에 이르렀다. 나는 우리의 모든 태세가 갖추어졌다고 생각한다." 파워는 보안조치가 되지 않은 통신선으로 경계태세를 상향하라는 케네디 대통령의 권한 위임을 받았지만, 동일한 방식으로 휘하 병력에 연설하라는 위임은 받지 않았다. 이것은 그에게 아무 문제도 없는 것처럼 보였지만, 케네디 대통령은 흐루쇼프와의 통신 독점을 잃고 있었다. 군부는 소련과 자체 핫라인을 열고 있었다.[15]

파워의 연설문이 가로채여 흐루쇼프에게 전달되었는지 여부를 떠나 소련 군정보당국은 10월 24일 합참이 전략공군사령부에 경계태세를 데프콘2로 상향하라고 지시 내리는 것을 감청했다. 소련의 레이다는 미 공군의 핵무장 폭격기들을 추적하여 이들이 소련 국경으로 접근했다가 갑자기 아드리아해로 기수를 튼 것을 발견했다. 미 공군은 이 작전을 계속 반복했다. 이 뉴스가 언제 흐루쇼프에게 전달되었는지는 불분명하지만(10월 25일이나 26일이었을 것이다), 그가 이 메시지를 받았다는 것에는 의심의 여지가 없다. 소련 외무차관 바실리 쿠즈네초프는 몇 주 후 한 부하직원에게 은밀히 말했다. 미 전략공군사령부가 경계태세를 전쟁 직전 최고위 수준으로 상향했다는 정보를 받고서 니키타 흐루쇼프가 "기겁해 까무러칠 정도였다"라고.[16]

케네디 참모 중 일부는 소련이 유럽에 있는 미국 목표물을 공격하는 것을 막기 위해 데프콘 단계를 높이는 것이 유용하다고 생각했지만, 이 뉴스는 흐루쇼프로 하여금 미국이 쿠바뿐 아니라 모스크바도 타격할 준비를 하고 있다고 믿게 만들었다. 흐루쇼프는 볼샤코프를 통해 전달하려고 전날 작성해놨던 편지가 상황을 더 악화시킬 것이라고 결론 내렸다. 레오니트 브레즈네프는 흐루쇼프가, 케네디에게 보내라고 지시했던 편지를 얼마나 겁먹은 상태에서 회수시켰는지 한참 후에 회고했다. 대신 흐루쇼프는 완전히 다른 사안을 동료들에게 내놓기 위해 정치국 회의를 소집했다. 그는 후퇴를 꺼내 들고 있었다.[17]

"미국은 쿠바에 배치된 소련 시설을 해체해야 한다고 말하고 있습니다"라고 그는 회의 참석자들에게 말했다. 그들이 흐루쇼프가 격앙된 감정을 폭발할 것으로 기대했다면 깜짝 놀랄 수밖에 없었다. "아마도 그렇게 해야 할 것 같습니다. 이것이 우리 측에 패배를 의미하는 것은 아닙니다. 우리가 쏘면 그들도 쏠 것 같습니다"라고 흐루쇼프는 동료들을 놀라게 했다. "미국은 겁을 먹은 것 같습니다. 그것은 틀림없습니다, 당연하죠"라고 그는 선언하며 자신의 두려움을 미국 측에 투사했다. 그는 이렇게 발언을 이어갔다. "케네디는 나무칼을 가지고 잤습니다." 어리둥절해진 미코얀이 무슨 의미인지 묻자 흐루쇼프는 세간에 유행하는 말에 따르면, 곰사냥에 처음 나서는 사람은 자신의 바지를 닦기 위해 나무칼을 가지고 간다고 설명했다.

그러고서 그는 쿠바에 대한 자신의 정책을 패배가 아니라 승리라고 선언했다. "우리는 이제 쿠바가 전 세계 관심의 초점이 되도록 만들었고, 체제끼리 서로 머리를 맞부딪치도록 만들었습니다"라면서 자신의 도박이 보상을 받았다고 주장했다. 그런 다음 그는 미국에게 제안할 거래에 대해 설명했다. "케네디는 우리에게 말합니다. 미사일을 쿠바에서 가지고 나가라고. 이렇게 답합시다. 미국이 쿠바를 침공하지 않겠다는 분명한 보장과 약속을 하라고. 괜찮은 거래입니다. 우리는 R-12미사일은 가져오되 다른 미사일들은 그곳에 남겨놓을 수 있습니다." '다른 미사일들'이라는 것은 아마도 전술핵무기를 의미했을 것이다.

"이것은 비겁한 게 아닙니다"라며 흐루쇼프는 다시 항복의 문제로 되돌아왔다. "이것은 유보적 입장입니다." 만일 그렇다면, 흐루쇼프의 동료들이 이런 말을 들은 것은 처음이었다. 그는 동료들에게 미사일 제거가 소련이 미국과 동등한 위치를 유지하는 것을 훼손하지 않을 것이라고 재차 확신했다. "여기에다 상황을 비등점으로 끌고 갈 필요가 없죠. 우리는 소련 영토에서도 미국을 파괴할 수 있습니다"라고 그는 주장했다. "우리는 빠져나오려고 애쓰거나 흥분하지 않으면서, 우리의 역할을 연기해야 합니다. 주도권은 우리에게 있어요. 아무것도 두려워할 필요가 없어요." 그는 내면의 두려움을 모조리 뒤집어놓았다. "시작은 했지만 겁먹어 관둬버렸죠"라고 그는 측근에게 말했다. 회의록의 이 기록은 지나치게 간결해 그가 미국을 두고 말하는지 자신을 두고 말하는지 분명하지 않다. 그는 계속했다. "싸우는 것은 우리한테 이익이 안 돼요. 미래는 쿠바가 아니라 우리나라에 달렸습니다. 두말할 나위 없죠."

정치국의 일부는 미코얀처럼 안도하며 흐루쇼프의 제안을 지지했다. "올바르고 합리적인 전술"이라고 회의록 작성자는 그들의 견해를 기록했다. "지금 쿠바는 사건이 일어나기 전과 같지 않다. 상황을 악화시키지 말 것. 이런 방법으로 우리는 쿠바를 강화할 수 있다." 이것은 흐루쇼프의 논리를 그대로 반영한 것이었다. 그는 참석자들에게 이렇게 말했다. "쿠바는 전과 달라질 것입니다. 그들[미국인들]은 경제 봉쇄로 위협합니다만, 미국은 쿠바를 공격하지 않을 것입니다. 우리는 상황을 악화시키지 말고 합리적인 정책을 추구해야 해요. 이런 방법으로 우리는 쿠바를 강화하고, 2~3년간 쿠바를 구할 수 있습니다. 몇 년 후에는 더 나은 상황을 만들기가 훨씬 힘들어질 것입니다."

결정이 이루어지고 합의가 달성되자 정치국 회의 주제는 소련의 핵미사일 철수 소식을 어떻게 카스트로에게 통보할 것인가로 옮겨 갔다. "어떤 일은 잘되었지만, 어떤 일은 그러지 못했습니다"라고 흐루쇼프는 다소 철학적인 톤으로 말했다. "우리는 바로 지금 긍정적인 시점에 있습니다. 무엇이 긍정적인 면입니까? 전 세계가 쿠바에 초점을 맞추고 있다는 사실이죠. 미사일은 나름 긍정적인 역할을 했습니다." 흐루쇼프는 미사일 철수가 임시방편이라 말함으로써 카스트로가 받을 타격을 경감시키고자 한 것 같았다. 그로미코와 다른 당관료 두 명이 이러한 생각을 서면으로 옮기는 작업을 맡았다.[18]

그러나 케네디와 협상을 개시하거나 카스트로에게 미사일 철수를 통보하기 전임에도 걱정된 흐루쇼프는 위기 완화 과정을 당장 시작하기로 했다. 어제만 해도 커다란 안도와 함께 환영받았던 일, 즉 알렉산드롭스크호에 실려 쿠바에 온 중거리미사일 R-14 핵탄두가 이제 처리 난감한 문제로 떠올랐다. 흐루쇼프의 명령을 받은 국방장관 로디온 말리놉스키는 쿠바의 소련군 사령관인 이사 플리예프에게 전문을 보내 핵탄두를 회송하라고 지시했다. "미 해군이 쿠바 접근을 봉쇄하는 상황과 연관하여 우리는 665 RP와 668 RP[미사일 연대]를 귀관에게 보내지 않기로 결정했다. 귀관은 R-14 탄두를 알렉산드롭스크호에서 하역하지 말아야 한다"라고 전문에는 쓰였다. "이미 하역되었다면, 비밀리에 이것을 다시 알렉산드롭스크호에 선적하는 작업을 조직하라. R-14 탄두를 실은 수송선 알렉산드롭스크호는 소련으로 화물을 다시 수송할 준비를 해야 한다"라고 전문은 지시했다. 비상 상황의 경우 선장은 핵탄두와 함께 배를 침몰시켜야 했다.[19]

케네디가 쿠바를 침공하지 않는다는 약속을 조건으로 흐루쇼프가 쿠바에서 탄도미사일을 철수하기로 결정한 날인 10월 25일 소련은 UN 안전보장이사회에서 큰 낭패를 겪었다. 그곳에서 소련은 쿠바에 그런 미사일이 존재한다는 것을 부인하려고 했다.

TV로 중계된 이 드라마의 주인공은 UN 주재 미국대사인 애들레이 스티븐슨과 소련대사 발레리안 조린Valerian Zorin이었다. 소련대사는 미국이 쿠바에 소련 미사일이 있다는 것을 증명하는 '거짓 증거'만 갖고 있다고 주장하면서 스티븐슨의 공격에는 무방비 상태였다. 그는 왜 케네디 대통령이 10월 18일 그로미코 장관을 만났을 때 미사일에 대해 언급하지 않았는지 따져 물었다. "왜냐하면 그런 사실이 존재하지 않기 때문입니다"라고 조린은 자기 질문에 스스로 답했다. "미합중국 정부는 언론에 보내고, UN 건물 현관과 복도에 전시한 미국 정보당국의 잘못된 정보 외에는 수중에 그런 증거를 갖고 있지 않습니다. 거짓이야말로 미국이 현재 가진 전부입니다. 거짓 증거요."[20]

스티븐슨은 반격을 가하기로 했다. "내가 말하고 싶은 건요, 조린 대사, 내가 당신만큼 사실을 흐리고, 왜곡하고, 말을 혼란스럽게 하고, 앞뒤 안 맞게 할 재능이 없다는 겁니다"라고 그는 공격을 시작했다. "그리고 내가 그런 재능이 없어 다행이라는 것을 당신에게 고백할 수밖에 없군요!" 그는 조린이 쿠바에 소련 무기가 있는지 여부와 그것이 공격용인지 방어용인지에 대해 말을 손바닥 뒤집듯 한다고 지적한 다음 이렇게 말했다. "좋아요, 대사님, 당신에게 아주 간단한 질문 하나만 하겠습니다. 조린 대사, 당신은 소련이 준중거리미사일과 중거리미사일과 미사일 기지를 쿠바에 배치했고, 배치하고 있다는 것을 부인하십니까? 예인가요 아니오인가요? 통역을 기다리지 마십시오, 예인가요 아니오인가요?" 조린은 통역을 기다린 다음 대답했다. "나는 지금 미국 법정에 있는 것이 아닙니다. 그래서 나는 검사와 같은 방식으로 나에게 던진 질문에는 답하지 않겠습니다. […] 적절한 때가 되면 답을 아시게 될 것입니다."

스티븐슨은 계속 압박했다. "당신은 예나 아니오로 답해야 합니다. 당신은 그것들이 존재한다는 것을 부인했습니다. 내가 당신을 바로 이해했는지 알고 싶습니다. 당신의 결정이 그렇다면 나는 언제까지건 답을 기다릴 것입니다. 그리고 나는 이 방에서 증거를 제시할 준비도 되어 있습니다." 스티븐슨의 보좌관들은 U-2기가 산 크리스토발 인근에서 찍은 소련 미사일 기지 건설 현장 확대 사진을 가지고 왔다. 공사가 발견되지 않은 8월에 찍은 사진과 일주일 전과 며칠 전에 찍은 사진들이었다. 두 종류의 사진들은 풍경의 극적 변화와 전에 아무것도 없던 장소에 텐트와 미사일 시설들이 나타난 것을 보여주었다. TV로 양측의 설전을 지켜보던 케네디는 스티븐슨의 활약에 감명받아 말했다. "대단해. 애들레이한테 이런 면이 있는 줄 몰랐군."[21]

다음 날《뉴욕타임스》는 스티븐슨이 증거를 제시하는 사진을 1면에 크게 싣고, UN에서의 대결을 주요 기사로 다루었다. 흐루쇼프는 UN에서의 홍보 대실패에 대해 보고받지 못한 것으로 보인다. 조린은 대중 앞에서나 크렘린에 보내는 보고서에서 용감한 태도를 보이려고 노력했다. 그는 보고서에 "우리는 회의에서 스티븐슨이 벌인 행태를 우습게 만들었다. 그가 제시한 사진들은 미국 정보당국이 날조한 것이고, 쿠바에 핵미사일이 존재한다는 '반박할 수 없는' 증거의 역할을 하도록 만들어진 것들이다"라고 썼다. 워싱턴의 도브리닌과 마찬가지로 뉴욕의 조린도 쿠바 미사일 배치에 대해 아무 정보도 갖고 있지 못했다. 정보가 있었다면 아마도 다르게 행동했을 것이다. 그날, 크렘린에서 그의 상관은 쿠바의 소련 미사일을 포기하기로 결정했다. 조린의 말에 의하면 결단코 쿠바에 수송된 적이 없는 그 미사일을.[22]

미국인들이 쳐들어온다!

10월 26일 금요일 니키타 흐루쇼프가 받은 모든 정보는 미국이 쿠바 침공 개시를 위한 주요 군사행동을 준비 중이라는 것을 시사했다. 그날 소련 군정보기관은 미국 병원들이 혹시나 발생할지 모를 부상자들을 받을 준비를 하고 있다고 보고했고, 워싱턴 주재 중인 KGB 장교들과 외교관들도 유사한 정보를 보냈다. 일부 정보는 도브리닌 대사 본인이 보고했다.

그 전날 아나톨리 도브리닌 대사는 모스크바에 긴급 전문을 보냈다. "오늘 밤(워싱턴 시각으로 새벽 3시), 우리 기자가 […] 특파원이 많이 찾는 워싱턴 프레스클럽 바에 앉아 있었다. 바텐더가 그에게 접근하여 […] 저명한 두 미국 기자(도노반Donovan과 로저스)가 케네디 대통령이 추정컨대 오늘내일 밤 쿠바 침공 결정을 내릴 것이라고 대화하는 것을 우연히 들었다고 속삭였다. 우리 특파원도 국방부 전담 기자인 《뉴욕 헤럴드트리뷴》의 로저스와 얘기할 기회가 있었는데, 그도 이 보도를 확인했다."[1]

전문에서 도브리닌이 언급한 소련 기자는 실제로 워싱턴 바에서 취득한 정보를 상관인 워싱턴 주재 KGB 책임자인 알렉산드르 페클리소프에게 보고하는 KGB 요원이었다. 페클리소프는 이 정보를 모스크바의 상관들뿐 아니라 대사와도 공유했다. 로버트 케네디를 통해 대통령과의 교신 채널을 확보하고 있었던 도브리닌 대사는 두 미국 지도자들과 접촉하는 유일한 비밀 채널을 계속 유지하고 싶었다. 그는 워싱턴에서도 모스크바에서도 경쟁자인 KGB 장교 페클리소프와 게오르기 볼샤코프 같은 군사정보장교들의 중요성을 늘 대단치 않게 봤다. 그러나 이번 경우는 달랐다. 케네디가 앞으로 24시간 이내에 쿠바를 침공하리라는 KGB의 정보를 접한 도브리닌은 더 이상 경쟁자들을 무시하지 않고 바로 정보기관 편에 가담해 이 사실을 가능한 한 빨리 모스크바에 보고하려고 몸이 달았다.[2]

흐루쇼프는 일말의 의심도 없이 신속히 행동해야 한다고 생각했다. 다행히 그는 전날 정치국이 승인한 케네디에게 보낼 제안 형식의 해결책을 가지고 있었다. 그는 미국이 쿠바를 침공하지 않는다는 약속을 대가로 쿠바에서 미사일을 철수할 예정이었다. 이제 할 일은 속기사를 불러 흐루쇼프가 구술하는 편지 초안을 작성하고, 보좌진들이 이를 형식을 갖춘 편지로 만드는 것이었다. 10월 26일 오후 편지가 작성되었고, 모스크바 시각으로 오후 4시 43분 전령이 이 편지를 모스크바 주재 미국대사관에 전달했다. 늘 그렇듯 영어 번역문으로 2,748단어에 이르는 장황하고 두서없는 서한이었다. 이 글을 워싱턴에 전송하는 데 몇 시간이 걸렸고 백악관은 그날 저녁 9시 15분에야 전문을 받아보았다.[3]

흐루쇼프는 화해적인 어조로 편지를 시작했다. 대사관에 배달된 글에는 "친애하는 대통령님(Dear Mr. President)"이라고 적혔다. "나는 10월 25일 당신의 편지를 수령했습니다. 그 편지에서 나는 당신이 현재 벌어지는 일을 이해하고 있고 책임감을 (어느 정도) 감지한다는 느낌을 받았습니다. 나는 이것을 중요하게 생각합니다." 그는, 케네디가 소련의 항의에도 불구하고 봉쇄를 강행하기로 선언한 그 간략한 편지를 두고 말하고 있었다. 그러나 흐루쇼프는 그것을 직접 언급하지 않기를 선호했다. 그는 케네디가 자신의 제안을 받아들이길 원했기에 일부러 힘을 빼고 있었다. 제안은 다음과 같았다. "우리 측에서는 쿠바로 향하는 우리 배들이 어떤 종류의 군사 물자도 운송하지 않겠다고 선언할 것입니다. 당신들도 미국 자국 병력으로 쿠바를 침공하지 않고, 쿠바 침공을 실행할 어떤 세력도 지원하지 않는다는 것을 선언하기를 바랍니다. 그러면 쿠바에 우리 군사 전문가들이 있어야 할 필요성이 소멸될 것입니다."

흐루쇼프가 케네디에게 제안한 것은 정치국이 그에게 위임한 것에 훨씬 못 미쳤다. 그는 쿠바에 미사일이 있다는 사실을 인정하지 않았고, 이것들을 제거하겠다는 제안도 하지 않았다. 그 대신 흐루쇼프는 '군사 전문가들'을 철수시킨다는 애매한 약속을 했다. 흐루쇼프가 개시한 이 흥정의 당면 목표는 갈등 악화를 멈추는 것이었다. 그는 이렇게 썼다. "대통령님, 우리는 당신들이 전쟁의 매듭을 묶은 그 밧줄 끝을 이제 잡아당기지 말아야 합니다. 우리 양측이 잡아당길수록 그 매듭은 더 단단히 묶일 것이기 때문입니다. 매듭이 너무 단단히 묶여 그것을 묶은 사람도 풀 힘이 없게 되는 순간이 오면, 그 매듭을 잘라버려야만 합니다. 당신 스스로 우리 두 나라가 얼마나 무서운 힘을 보유하고 있는지 완벽하게 이해할 것이기에 이것이 의미하는 바를 내가 당신에게 설명할 필요는 없을 것입니다."[4]

이 편지를 서명 뒤 미국대사관에 전달하고서 흐루쇼프에게 남은 일은 오로지 기다리는 것이었다. 그는 답신과 침공 중 어느 것이 먼저 올 것인지 알 수 없었다.

10월 26일, 임박한 쿠바 침공을 크게 우려한 정치인은 흐루쇼프만이 아니었다. 침공의 불가피성을 훨씬 더 확신하고 그 결과를 훨씬 더 걱정한 것은 흐루쇼프의 쿠바인 동지인 카스트로였다.

10월 22일 케네디 연설 이후 카스트로는 국민을 안심시키고, 새로운 사회주의 '조국' 수호라는 목표를 내걸고 그들을 동원하고자 했다. 그는 케네디가 연설하기 몇 시간 전에 이 연설이 쿠바에 대한 것임을 예상하고 쿠바군에 고도경계태세를 발했다. 10월 23일 카스트로는 TV 인터뷰를 장시간 진행하면서 케네디의 연설 내용을 인용하고 쿠바인들의 자유와 복지에 대한 그의 거짓 염려를 조롱함으로써 그에게 응답했다. 카스트로는 대화할 용의가 있다고 밝혔지만, "쿠바로 와서 검열하려는 사람은 전쟁 준비를 하고 와야 한다는 것을 알아야 합니다. 이것이 우리 영토를 사찰하려는 환상과 제안에 대한 나의 최종 답입니다"라고 강조했다. 그는 쿠바 땅에 핵무기가 있다는 사실을 긍정도 부인도 하지 않은 채 단지 모든 무기가 방어용이라고 주장했다.[5]

카스트로의 확고한 입장은 지지자들을 안심시키는 효과를 가져왔다. 케네디 연설 후 쿠바 정부를 휩쓴 두려움은 다음 며칠간 비교적 평안한 분위기에 자리를 내주었다. 그러나 10월 24~25일 스티븐슨 대사와 조린 대사의 공방으로 이끌어진 UN의 고조된 상황은 쿠바에 새로운 공포의 물결을 가져왔다. 쿠바 국영통신사 '프렌사 라티나Prensa Latina' 소속이라는 명목으로 뉴욕에서 활동하는 카스트로의 정보원들은 케네디가 우 탄트U Thant UN 사무총장에게 쿠바의 공격 무기 제거를 요구하며 최후통첩을 준비 중임을 암시하는 미국 전보를 감청했다. 카스트로는 걱정하지 않을 수 없었다. 만일 케네디가 그런 최후통첩을 전달한다면 그것은 침공을 위한 외교적 준비를 뜻했다. 카스트로는 쿠바 영공을 비행하는 미 항공기가 증가한 것이 이 정보를 뒷받침해준다고 확신했다.[6]

금요일인 10월 26일 쿠바에 주재 중인 외교관들은 긴장의 신호를 감지하기 시작했다. "쿠바인들은 전투준비 태세를 강화하고, 지금 최고 경계태세에 돌입했다"라고 쿠바 주재 체코슬로바키아대사 블라디미르 파비체크Vladimir Pavliček가 보고했다. 그날 오후 쿠바 대통령 오스발도 도르티코스Osvaldo Dorticós를 방문한 유고슬라비아대사 보시코 비다코비치Boško Vidakovič는 대통령이 극도로 우려하는 상태임을 알아챘다. 브라질대사인 바스티안 핀토Bastian Pinto는 비다코비치와의 대화를 바탕으로 이렇게 본국 정부에 보고했다. "극도로 긴장한 도르티코스는 비다코비치 대사에게 미 항공기들이 쿠바 상공을 저공비행 중이고, 최근에 입수된 정보에 의하면 미국의 공격이 임박했으며, 오늘 저녁 공격이 시작되지 않으면 오히려 '기적'일 것이라고, 오늘 저녁을 반복하면서 말했다."[7]

도르티코스가 언제라도 시작될 침공에 반대하는 국제 여론 조성을 기대하며 우호적인 대사들을 만나는 동안 카스트로는 병력을 동원하고 방어태세를 강화했다. 카스트로는 군 지휘관들에게 최고경계태세를 유지하도록 지시했다. 그는 우 탄트에게 보내는 성명문을 통해 미국에 경고를 보냈다. "쿠바는 우리 영공을 침범하는 모든 항공기의 파괴적이고 해적질 같은 특권을 인정하지 않습니다. 따라서 쿠바 영공을 침범하는 모든 항공기는 우리의 방어 화력에 직면할 위험부담을 져야 합니다." 카스트로가 뜻한 것은 말한 그대로였다. 그는 50개 방공부대를 쿠바 각지 거점으로 이동시키고 다음 날 아침부터 미 항공기를 격추시키라고 명령했다.[8]

그날 오후 카스트로는 자신의 명령을 플리예프 장군에게 통보하기 위해 소련군 사령부를 방문했다. 이들의 회동은 오후 내내 진행되었다. 카스트로는 영공 침공 비행은 침공이 시작될 경우 쿠바군과 소련군의 방어태세를 취약하게 만들기 때문에 더 이상 이를 용인할 수 없다고 주장했다. 그는 플리예프에게 미사일을 분산 배치할 것을 요구했다. 그런 다음 카스트로와 도르티코스는 소련대사 알렉산드르 알렉세예프를 만났다. 카스트로는 소련이 미군의 쿠바 영공 침범을, 케네디가 말하는 무기가 실제로 쿠바에 있지만 소련군이 통제한다는 사실을 선언하는 구실로 사용하기를 바랐다. 이는 10월 24일 케네디에게 보내는 초안에 흐루쇼프가 넣으려 했던 내용과 비슷했다. 게오르기 볼샤코프를 통해 전달하려다가 흐루쇼프가 마음을 바꿔 발송되지 않았던 그 내용과.[9]

낮이 지나 저녁이 되고, 저녁이 밤으로 바뀌면서 카스트로는 플리예프와 알렉세예프에게 구두로 요청하는 것으로는 충분하지 않다고 생각했다. 그는 미국이 쳐들어온다는 예전의 믿음을 더 강화할 정보를 더 많이 얻고 있었다. 브라질의 주앙 굴라르João Goulart 대통령은 카스트로에게 48시간 내 미사일을 해체하지 않으면 공격받을 것이라고 알렸다. 카스트로는 흐루쇼프가 현 상황을 제대로 직시하기를 바랐다. 10월 27일 이른 시간 카스트로는 알렉세예프를 만나러 다시 갔다. 두 사람은 모스크바로 보낼 편지 내용을 논의하며 맥주를 마시고, 소시지를 안주로 먹었다. 그러나 대사는 카스트로의 정보가 너무 긴급해 편지 초안이 완성되기 전에 모스크바에 먼저 보고하기로 했다. 그는 이렇게 전보를 쳤다. "카스트로가 지금 대사관에 와 있고, 곧 발송될 흐루쇼프에게 보낼 편지를 작성 중임." 그런 다음 덧붙였다. "카스트로의 의견으로는 개입이 거의 불가피하고 추정상 24~72시간

안에 일어날 것임."[10]

카스트로가 알렉세예프의 도움을 받으며 편지를 완성하기까지 거의 세 시간이 걸렸다. 카스트로는 다음 날 새벽 5시가 되어서야 소련대사관을 떠났다. 알렉세예프의 예전 보고에 따르면, 카스트로는 앞으로 사흘 안에 미국의 공격이 공습이나 지상 침공 형태로 일어날 것이라 예상했다. 카스트로는 쿠바인들이 "어떤 형태의 침공이 시도되든 강력하고 결연한 저항을 펼칠 것이라고" 약속했지만, 소련의 지도자에게 "제국주의자들이 소련에 대한 핵공격 또한 감행할 것"이라고 경고했다. "이런 상황에서 자기방어의 합법적 권리를 주장하며 이 같은 위험을 제거하는 것을 고려해야 맞을 것입니다"라고 그는 말을 이었다. 사실상 그는 흐루쇼프에게 핵무기의 선제적 사용을 제안한 셈이었다. "이 결정이 아무리 어렵고 끔찍하더라도, 내가 믿기론 다른 방법이 없습니다"라고 쿠바의 지도자는 적었다.[11]

카스트로의 편지 작성에 동참해 결국 이 같은 전쟁 도발 호소에 관여하는 곤경에 처하게 된 알렉세예프는 카스트로가 흐루쇼프에게 미국에 대한 핵무기 공격을 촉구했다는 사실을 부인했다. 나중에 한 인터뷰에서 알렉세예프는 "제 생각에 그는 단지 그가 예측하기로, 미국의 핵무기 사용을 포함해 어떤 일이라도 일어날 수 있다는 것을 우리가 명심해야 한다고 경고했을 뿐이라고 봅니다"라고 말했다. 그러나 이것은 카스트로의 편지를 받은 흐루쇼프가 해석한 것과 달랐다. 쿠바 지도자의 제안에 대한 흐루쇼프의 반응은 시간이 갈수록 점점 더 부정적으로 변했다. 미국의 침공군에 핵무기를 사용하려 했던 그의 원래 생각은 오래전에 사라지고 그 자리에 군사 충돌을 피하고, 어떤 대가를 치르더라도 핵전쟁은 피해야 한다는 열망이 들어섰다.[12]

토요일인 10월 27일 흐루쇼프가 쿠바에 대해 받은 첫 중요한 정보는 경고로 가득한 카스트로의 편지가 아니라, 역시 우려스럽긴 하지만 좀 더 차분한, 쿠바 주둔 소련군 사령관 이사 플리예프의 보고였다.

플리예프도 카스트로의 극단적 우려에 영향을 받은 것이 분명했다. 그는 새로 발령된 데프콘 수준을 알고 있었고, 미 항공기의 영공 침범 비행의 증가를 우려하고 있었다. 그는 쿠바인들이 10월 26일 밤이나 27일 아침 미국의 공습을 예상하고 있다고 보고했다. “미 군용기가 쿠바 영공을 침범할 경우 피델 카스트로는 이를 방공포로 격추시키기로 결정을 내렸다”라고 플리예프는 적었다. 그는 똑같이 할 참이었다. “미 항공 측에서 우리 시설을 타격할 경우 모든 방공포 사용 결정이 내려졌다”라고 플리예프는 보고했다. 그는 미 정보당국이 “스타첸코 동지의 시설 장소 일부”를 탐지했다고 확신했다. 플리예프는 모스크바의 승인 없이 핵무기를 사용할 권리가 없었지만, SAM을 사용할 수 있었고, 그럴 준비가 되어 있었다.[13]

플리예프의 보고는 로디온 말리놉스키 원수에 의해, 흐루쇼프와 그날 쿠바 문제를 논의하기 위해 모인 당 중앙위원회 정치국 회의에 제출되었다. 정치국은 플리예프의 행동을 인정했지만, 재래전을 핵전쟁으로 악화시키지 말도록 그에게 지시했다. 다시 한번 모스크바의 지시 없이 전술핵무기, 항공기를 포함한 핵무기 사용을 금지했다. 지시는 거기서 그치지 않았다. 세 개의 전보가 각각 플리예프에게 하달되었다. “모든 R-12, R-14 배치를 중단할 것. 귀관은 UN의 상황을 악화시키고 있음”이라고 말리놉스키는 전했다. “모든 것을 철저히 위장하고, 야간에만 작업할 것.” 플리예프는 또한 쿠바에 중거리미사일용 핵탄두를 운송 중인 알렉산드롭스크호를 소련으로 회항시키라는 지시를 받았다.[14]

그날 흐루쇼프는 평소와 유달리 차분한 기분을 유지했다. 그는 자신이 지금 케네디와 UN에서 펼치고 있는 외교 게임을 플리예프가 망치는 것을 원하지 않았다. 흐루쇼프는 쿠바에서 오는 보고가 아무리 필요 이상으로 우려스럽더라도 그 안에서 희망과 새로운 기회의 신호도 보았다. 그날 오후 정치국은 이 보고를 놓고 논의를 진행했다. 10월 26일 밤이 지나고 27일 아침이 왔지만 미국이 쿠바를 침공했다는 뉴스는 들어오지 않았다. "우리는 미국이 아직 쿠바를 공격하지 않았다는 사실을 염두에 둬야 합니다"라고 흐루쇼프는 정치국원들에게 말했다. "그들이 지금 바로 우리를 공격할까요?"라고 그는 논의 중 어떤 시점에 질문하고서 즉시 스스로 답을 내놨다. "내 생각에 그들은 그렇게 안 할 겁니다."

카스트로나 플리예프와 다르게 흐루쇼프는 미국의 공격이 임박했다고 더 이상 믿지 않았다. 이런 시각은 그에게 숨 쉴 공간과 행동의 여유를 주었다. 그는 여전히 미사일과 미국의 양보를 맞교환하는 아이디어를 붙들고 있었다. 이 양보를 얻기 위해 그는 전날 케네디에게 보낸 편지에서 제안한 것보다 더 나갈 용의도 있었다. 특히 그때까지 암시만 했던 내용인, 쿠바에 미사일이 배치되었다는 사실을 인정할 생각도 있었다. "우리가 미국 측을 만족시키지 못하고, 우리 R-12미사일이 그곳에 있다는 것을 그들에게 말하지 않으면 분쟁을 제거할 수 없습니다"라고 그는 정치국원들에게 말했다. "우리는 고집을 피우지 말아야 합니다."[15]

그러나 흐루쇼프는 상응하는 것이 있어야 이를 인정할 생각이었다. 그는 케네디가 아직 쿠바를 공격하지 않았다는 사실을, 자신이 이용할 수 있는 유약함의 신호라고 보았다. "우리가 실수한 겁니까, 아닙니까?"라고 그는 정치국원들에게 물었다. "이것은 후에 평가할 수 있을 것입니다"라고 말한 다음 흐루쇼프는 과감한 새 제안을 내놓았다. "만일 우리가 대가로 터키와 파키스탄의 미군 기지 제거를 얻어내면, 이것은 승리로 끝날 것입니다." 흐루쇼프의 동료들은 터키의 미사일을 셈법에 넣은 이 아이디어를 전혀 예상하지 못했다. "솔직히 말해서 우리는 터키의 기지에 대해서는 전혀 생각도 안 하고 있었습니다"라고 정보가 많은 동지 아나스타스 미코얀은 1962년 11월 쿠바 지도부에 말했다.[16]

터키의 미국 미사일은 흐루쇼프가 쿠바 문제를 생각하기 시작할 때부터 그의 의중에 있었다. 쿠바에 미사일을 보낸다는 생각이 1962년 5월 그가 흑해 연안의 바르나 항구에서, 터키 해안을 군사기지로 바꾼 미국을 공개적으로 비난할 때 떠올랐던 것은 결코 우연이 아니었다. 그러나 흐루쇼프가 터키를, 소련의 쿠바 미사일 배치 권리를 주장하기 위해서가 아니라 잠재적 거래를 제안하기 위해 언급한 것은 이번이 처음이었다. 그는 파키스탄도 여기에 끼워 넣었는데 이는 이 아이디어가 그의 머릿속에 아직 완전히 형성되지 않았다는 것을 의미했다. 파키스탄에는 핵무기가 전혀 없었고 소련 영공 비행을 위한 U-2기 기지만 있었으므로 흐루쇼프가 생각했던 것은 단순히 자신이 반대할 미국의 전략 자산의 숫자를 늘리는 것이었을 것이다. 그러나 그와 보좌진이 케네디에게 새 거래를 제안하는 편지를 작성하기 시작했을 때 터키는 파키스탄보다 우선순위에 있었을 뿐 아니라 완전히 그것을 대체했다.

미코얀의 말을 믿는다면, 터키의 미국 미사일을 거래 대상으로 삼는 아이디어를 흐루쇼프는 미국 언론으로부터 받았다. "위험한 상황을 논의하는 동안 우리는 미국으로부터 정보를 받았습니다. 여기에서 [시사평론가 월터] 리프먼Walter Lippmann[10월 25일 자 《워싱턴포스트》]이 소련이 터키에 있는 미군 기지를 제거하는 문제를 거론할 수도 있다고 언급했죠"라고 미코얀은 몇 주 뒤에 회고했다. "그들은 미국 지도부 내부에서 이 요구가 있을 가능성에 대해 언급하고 있었습니다. 이 문제는 미합중국에서 논의되었습니다. 터키 기지는 우리에게 별로 중요하지 않았어요. 그것들은 전쟁이 나면 제거될 수 있었죠. 어떤 정치적 의미를 지닌 것은 사실이지만, 우리가 특별히 중요하게 주목한 것은 아닙니다. 물론 없어지기를 바라긴 했지만요."[17]

흐루쇼프는 정치국 회의 중에 케네디에게 보낼 편지를 구술했다. 미코얀, 그의 적수 말리놉스키, 신중한 그로미코, 주로 침묵하는 브레즈네프를 포함한 일곱 명의 정치국원들이 논의에 참여해 최종문안에 동의했다. 전날 흐루쇼프의 편지에 대한 케네디의 답신이 아직 도착하지 않았기에 새 편지는, 흐루쇼프가 쿠바에 무기를 보내지 않는 조건으로 봉쇄를 철회할 것을 촉구한 우 탄트의 제안에 대한 케네디의 반응에 답하는 형식으로 작성되었다. 흐루쇼프는 우 탄트의 제안에 동의했고 케네디는 아직 동의하지 않았지만,

대통령에게 보내는 흐루쇼프의 새 편지에서 그것을 알아볼 수는 없었다.

최근 두 지도자 사이의 교신과 다르게 흐루쇼프의 새 서한은 긍정적 어조로 시작되었다. “대통령님”이라고 흐루쇼프는 썼다. “나는 우리 선박들 간의 접촉을 피하고 그럼으로써 회복할 수 없는 치명적 결과를 피하기 위한 조치와 관련된 탄트 씨의 제안에 대한 당신의 답신을 대단히 만족스럽게 검토했습니다. 당신 측에서 보인 이성적인 반응은 당신이 평화 수호에 관심을 갖고 있다는 내 믿음을 강화해줬으며 나는 이를 만족스럽게 주목하는 바입니다.” 흐루쇼프는 정치국 회의에서 주장했음에도 불구하고, 쿠바에 탄도미사일과 핵탄두가 있다는 것을 명시적으로 인정하지 않고, 단지 그것들을 “당신이 공격용이라고 지칭한 수단들”이라고 불렀다. 그러나 그는 이 무기들이 전적으로 소련 통제하에 있고, 터키의 미국 미사일과 비교하면 그것들이 무엇인지 의심의 여지가 없으리라는 것을 분명히 했다.

핵심 주제로 접어들면서 흐루쇼프는 “당신은 쿠바에 대해 염려하고 있습니다”라고 언급했다. “당신은 쿠바가 미합중국 해안에서 90마일밖에 떨어져 있지 않기 때문에 크게 염려한다고 말했습니다. 그러나 터키는 우리와 국경을 접하고 있습니다. 우리 경비병들은 국경을 순찰하며 서로를 마주하고 있습니다. 그런데 당신은 당신 국가의 안보를 요구하고, 당신이 공격용이라고 칭하는 무기들의 제거를 요구할 권리를 가지는데도, 우리에게 같은 권리를 인정하지 않고 있지 않습니까? 당신은 공격용이라 부르는 파괴적인 미사일을 말 그대로 우리 옆 나라인 터키에 배치했습니다. 이런 상태에서 우리의 동등한 군사력 인정이 양 강대국 간의 이런 불평등한 관계와 어떻게 조화될 수 있겠습니까? 이것은 조화될 수 없습니다.”

흐루쇼프는 다음과 같이 제안했다. “우리는 쿠바에서 당신이 공격용이라고 부르는 수단을 제거할 용의가 있습니다. 우리는 이것을 실행하고, UN에 이 약속을 할 용의가 있습니다. 당신의 대표도 소련의 불편과 우려를 고려하며, 미국 측이 터키에서 유사한 수단을 제거하겠다는 의미의 선언을 하시길 바랍니다.” 흐루쇼프는 소련이 UN 안전보장이사회에서 터키의 독립과 영토적 통합을 존중하겠다고 약속하고, 미국도 쿠바와 관련하여 비슷한 약속을 할 것을 추가로 요구했다. 그는 쿠바와 터키에 대한 거래가 성사될 경우에만 소련-미국 관계의 밝은 미래를 약조했다. 이 미래에는 케네디가 중요하게 생각하는 핵무기 실험 금지조약 서명이 포함되어 있었다. 두 거래는 동시에 협상되고 승인될 수 있다고 했는데 이것이 뜻하는 바는 오직 한 가지였다. 즉 흐루쇼프가 쿠바-터키 미사일 거래를 관철시키기 위해 핵실험 금지조약에 양보할 용의가 있다는 것이었다.[18]

흐루쇼프는 케네디가 쿠바 공격을 주저한다는 것에 도박을 걸었다. 그러나 그런 공격이 곧 전개되지 않을 것이라는 아무런 보장도 없었다. 그래서 그는 가장 신속한 방법으로 이 편지를 백악관에 전달해야만 했다. 이상적인 것은 미국의 쿠바 공격 개시 전에 전달되는 것뿐만 아니라, 흐루쇼프가 바로 전날 터키를 일절 언급하지 않고 미국의 쿠바 불침공 약속의 대가로 단지 소련 '전문가들'을 철수하겠다고 제안한 편지에 대해 케네디의 답신이 오기 전에 전달되는 것이었다. 흐루쇼프는 이 편지가 모스크바의 미국대사관에 전달되고, 번역되고, 몇 부분으로 나뉘어 워싱턴에 송신되는 데 여러 시간, 어쩌면 하루가 걸릴 것으로 생각했다. 새 편지는 이전 편지보다는 짧았지만, 여전히 영어 번역문으로 1,575단어 길이였다. 정치국은 최대한 빨리 이 편지를 라디오 방송으로 내보내기로 결정했다.[19]

그들은 모스크바 라디오 센터에 편지를 신속히 배달했다. 편지는 모스크바 시각으로 오후 5시에 방송되었고, 북미의 국제단파전신국에서는 10월 27일 오전 늦게 이 메시지를 수신했다. 워싱턴에서 케네디와 참모들은 이 메시지를 받고 깜짝 놀랐다. 흐루쇼프는 이틀 사이에 두 통의 편지를 보냈고 그것들은 두 개의 서로 다른 메시지를 담고 있었다.

검은 토요일

위기가 시작된 이후 처음으로 케네디는 자신의 참모보다 흐루쇼프에게 더 가까움을 느꼈다. 흐루쇼프는 케네디가 받아들일 수 있는 거래를 제안했다. 문제는 케네디가 이것을 정치적으로 처리할 수 있는가였다. […] 쿠바에 있는 소련 장교들과 병사들은 최고위급에서 진행되는 외교적 움직임을 알지 못한 채 자기들만의 세계에 살고 있었다. […] "어떻게 할까요? 발사할까요?" "기다려. 명령이 바로 내려올 것이다."

터키라는 수렁

존 케네디가 엑스컴 멤버들과 U-2기의 쿠바 영공 비행을 논의하고 있을 때 법률고문이자 연설문 작성가인 테드 소렌슨이 한 줄짜리 뉴스를 말없이 그에게 전달했다. JFK는 회의 참석자들을 위해 큰 소리로 읽었다. "흐루쇼프 수상이 어제 케네디 대통령에게, 미국이 터키에서 로켓을 철수할 경우 소련도 쿠바에서 공격용 무기를 철수하겠다고 밝힘." 10일 27일 토요일 오전 10시 직후였다.

이 뉴스에 제일 먼저 반응을 보인 것은 맥조지 번디였다. "흠, 그런 적이 없는데"라고 국가안보보좌관이 말했다. 소렌슨은 설사 자신이 전달한 메시지의 정확성까지는 아니더라도 자기 자신을 방어하며 이렇게 말했다. "이것이 지금까지 두 통신사가 내놓은 내용입니다. 로이터도 같은 내용을 전달했습니다." 번디는 자신의 부인을 반복했다. "그런 적이 없다니까요!" 소렌슨도 이제 자신의 의심을 드러냈다. "정말 그렇게 말한 적이 없지요. 그렇죠?" "없어요, 없어"라고 번디가 되풀이했다. 통신사들은 '어제'의 흐루쇼프의 편지를 말하고 있고, 번디는 전날 흐루쇼프의 편지에 터키에 대한 언급이 전혀 없었다는 것을 분명히 기억했다. 무슨 일이 일어났는지를 파악한 첫 사람은 케네디 대통령이었다. "그가 또 다른 편지를 내놨을지도 모르죠"라고 그는 흐루쇼프를 지칭하며 말했다.[1]

케네디가 옳았다. 통신사들은 조금 전 모스크바 라디오가 방송한 니키타 흐루쇼프의 새 편지를 전달한 것이었다. 케네디가 다른 사람들보다 먼저 이것을 알아차린 데는 그럴 만한 이유가 있었다. 흐루쇼프가 마지막 순간에 터키 문제를 방정식에 끼워 넣은 것이 즉흥적이었다면 케네디에게 이것은 예기치 못한 모스크바의 움직임이 아니었다. 터키는 위기 발생 초기부터 선전 도구가 아니라 위기를 극복하는 방법으로 그의 머릿속에 있었다. 전임자인 아이젠하워가 터키에 배치한 주피터 핵미사일이 낡은 무기이고, 별 효용이 없다고 본 케네디는 흐루쇼프의 제안이 들어오기 훨씬 전에 이것을 쿠바의 소련 미사일과 맞거래할 생각이 있었다. 케네디는 첫 대국민 연설 전날인 10월 21일 오후에 자신이 선호하는 외교적 시나리오로서 이 가능성을 친구인 미국 주재 영국대사 데이비드 옴스비-고어와 논의했었다. 그때 케네디는 이것을 정치적으로 잘 소화할 수 있을지 확신이 없었지만, 이제 그 기회가 스스로 찾아온 듯했다.[2]

"터키 사람들과는 우리가 얼마만큼 얘기가 되었지요?"라고 케네디는 참모들에게 물었다. "해어는 이것이 위신과 정치의 문제로서 금기 주제라고 말했습니다"라고 국방차관보 폴 니체는 터키 주재 미국대사 레이먼드 해어 Raymond A. Hare를 지칭하며 대답했다. 니체는 명확히 해어 편이었다. 이러한 움직임은 미국이 나토를 비핵화하려는 게 아닌지 의문을 제기할 수 있다는 논리였다. 케네디는 미국이 유럽에서 핵방패를 제거하고 유럽을 소련의 손에 방치한다고 유럽 사람들이 생각하면 나토의 단합이 위험에 처할 수 있다는 것을 잘 알았다. 니체는 이 문제에 대해 가능한 해결책 하나를 제시했다. 흐루쇼프에게 쿠바 위기가 해결된 다음에 터키 문제를 논의할 수 있다고 제안하면 어떻겠는가라고. 케네디는 회의적이었다. "아니에요, 우리는 그렇게는 못 할 겁니다"라고 케네디는 니체의 제안에 대해 응답했다.

맥조지 번디는 터키에 대한 흐루쇼프의 제안을 무시하고, 터키를 언급하지 않은 그 전 편지에 집중할 것을 제안했다. "우리가 그 노선을 유지하는 것에 하등의 문제가 없습니다"라고 번디는 선언했다. 케네디는 이에 동의하지 않았다. 그는 흐루쇼프가 터키에서 미국 미사일을 제거하는 것 이외의 대가로는 쿠바에서 미사일을 제거하리라고 보지 않았다. 케네디 생각에 오로지 그것만이 외교적 문제해결의 기회를 만들 수 있었다. 그래서 케네디는 원 전문이 옳고, 흐루쇼프는 맞거래를 원하고 있다고 기대했다. "좀 기다려 보고, 오늘 아침 그가 제안한 것이 정확한 보고라고 전제합시다"라고 그는 참모들에게 말했다.[3]

케네디 대통령과 참모들은 쿠바 미사일 위기 관련 첫 자문회의에서 터키의 미국 미사일 문제를 꺼냈었다. 위기 첫날인 10월 16일 딘 러스크는 왜 흐루쇼프가 쿠바에 미사일을 배치하기로 결정했는가에 대한 존 매콘의 가정을 다시 설명하면서 터키를 언급했었다. 러스크는 미국이 소련에 핵우위를 가지고 있다는 것을 잘 안다고 주장했다. "또한 우리는 터키 같은 인접국에 핵무기를 가지고 있습니다"라고 그는 덧붙였다.[4]

주피터미사일은 최초의 핵무기 장착 준중거리미사일(MRBM, medium-range ballistic missile)이었다. 히틀러의 첫 로켓 설계자였고, 미국 미사일 프로그램의 창시자인 베르너 폰 브라운Wernher von Braun이 설계한 이 미사일은 2천 파운드의 핵탄두를 1,700마일 거리까지 날려 보낼 수 있었다. 이 미사일은 유럽을 위해 만들어졌지만, 프랑스는 이를 받아들이기를 거부했다. 샤를 드 골Charles de Gaulle은 자체적인 핵무기와 미사일 개발에 나선 상태였다. 그러나 스스로 핵무기를 개발할 계획이 없던 이탈리아와 터키는 1959년 협정을 체결하고 주피터미사일을 받아들였다. 이 결정은 아이젠하워 대통령이 내렸지만, 이탈리아와 터키 양국에 미사일을 배치하는 것은 케네디 행정부 시기인 1961년 여름에 시작되었다.

이 미사일의 배치에는 정치적 우려도 있었다. 후에 부통령이 되는 앨 고어Al Gore의 아버지인 앨버트 고어Albert Gore Sr. 상원의원 같은 민주당 정치인은 이러한 움직임이 현명한 것인지 의문을 제기하며 미사일 배치를 거의 도발에 준하는 행동으로 보았다. 그는 딘 러스크에게 만일 흐루쇼프가 쿠바에 미사일을 배치하면 미국이 어떤 입장을 취할지 물었다. 1961년 상원 비공개회의에서 고어가 제기한 문제는 당시에는 거의 무시되었고, 미사일 배치는 계획대로 진행되었다. 1961년 말까지 터키에 15기의 미사일을 배치했고, 이것은 터키군과 미군의 공동 명령으로 작동될 수 있었다. 터키는 미사일을 운용했고, 미국은 핵탄두에 대한 통제권을 가졌다.[5]

존 케네디는 미국 미사일을 유럽에 배치하는 것을 미국 안보나 유럽 안보에 자산이 된다고 생각한 적이 없었다. 주피터미사일은 군사 대결이 발생하는 경우 완벽한 목표물이 될 수 있었고, 10월 16일엔 이 미사일이 존재한다는 사실 자체가 케네디의 머릿속에 지워진 듯했다. 흐루쇼프가 무모하게 쿠바에 소련 미사일을 배치한 사실에 충격받은 케네디는 미국 미사일과 소련 미사일 사이의 유사점을 잊은 것처럼 보였다. 맥조지 번디와 알렉시스 존슨 국무차관은 케네디에게 미국이 터키에 핵미사일을 배치한 것을 상기시켰다. 케네디는 여전히, 흐루쇼프가 쿠바에서 벌이는 일과 미국이 1959년 유럽에서 한 일 사이의 유사점을 인정하지 않았다. '그러나 그때는 다른 시기였잖습니까'라고 케네디는 참모들에게 말했었다. 그것은 정확히, 존슨이 지적하고자 한 핵심으로 보였다. 즉 자체 ICBM이 없는 흐루쇼프는 이제 아이젠하워가 5년 전에 처했던 것과 같은 상황이었다. 장거리미사일이 없었던 케네디의 지나간 과거가 흐루쇼프에게 현재의 현실이 된 것이다.[6]

그날은 위기 첫날이었고, 케네디는 호전적인 기분에 휩싸여 흐루쇼프와 그가 취한 행동에 조금도 정당성을 부여하려 하지 않았다. 위기 셋째 날인 10월 18일 케네디는 터키와 쿠바 상황 사이의 유사점을 드디어 인정했다. 흐루쇼프의 다음 움직임을 예측하기 위해서 그는 자신을 흐루쇼프의 입장에 놓고 엑스컴 멤버들에게 이렇게 제안했다. "상황이 뒤바뀌었다고 상상해 봅시다. 그는 내가 쿠바에 대해 말한 것과 같은 말로 [터키의] 이 미사일에 대한 성명을 낸 바 있습니다. 이것은 우리가 터키에 미사일을 배치한 것과 유사합니다. 그리고 그는 우리가 이것을 배치하면 심각한 행동을 유발할 것이라는 성명을 냈었습니다. 그런 상황에서 우리는 밀어붙여 그것들을 배치했지요. 그러자 그가 어느 날 이 문제를 다시 꺼낸 겁니다." 그 순간 케네디는 '꺼내는 것'을 미사일을 제거하는 것이라기보다 미사일을 공격하는 것으로 생각했다. 그러나 터키 미사일에 대한 그의 생각은 진화하게 된다.[7]

쿠바 해상봉쇄를 선언한 연설이 있던 10월 22일 케네디는 처음으로 쿠바의 소련 미사일과 이탈리아와 터키의 미국 미사일을 맞거래하는 아이디어를 고려했다. 이것은 미국도 이탈리아와 터키에 있는 주피터미사일에 대해 유사한 조치를 취하는 조건으로 흐루쇼프가 쿠바에 있는 미사일에 대한 통제권을 UN에 넘기도록 만들자는 딘 러스크의 제안에 케네디가 반응한 것이었다. "핵무기가 핵강대국의 영토 외에 있는 지역은 단지 세 곳뿐입니다. 그것은 쿠바, 터키, 이탈리아입니다"라고 러스크는 설명했다. "이것은 핵보유국이 아닌 나라에 있는 핵무기는 모두 제거하자는 얘기로 귀결됩니다"라고 러스크의 제안에 반응하며 케네디는 말했다. "자, 이 단계에서는 '그것을 꺼내는' 것이 아니라 그것을 깔고 앉자는 얘기지요"라고 러스크는 답했다. 그는 단지 쿠바에 있는 소련 미사일을 작동 불능으로 만들고자 했던 것이다.

그러나 케네디는 쿠바의 소련 미사일을 이탈리아와 터키의 미국 미사일과 맞거래하는 더 큰 생각을 했다. "갈 데까지 갑시다"라고 케네디는 내켜하지 않는 국무장관에게 요청했다. 러스크는 UN을 위해 준비 중인 성명서에 이탈리아와 터키를 언급하는 데 반대했다. 그러나 케네디는 성명서에 신경 쓰지 않았다. 그는 새 아이디어에 끌렸던 것이다. "이것은 우리가 그것을 터키와 이탈리아에서 철수시킬 수 있는 명분을 제공해줍니다. 이것이 그것[UN에 제기하는 미국의 제안]과 연관되지 않는 한 두 장소 모두에서 그것을 철수시키도록 합시다. 우리는 어쨌든 다른 곳에서도 그것을 철수시키려고 시도했었습니다."[8]

그날 시간이 흐른 후 케네디는 폴 니체 국방차관보에게 이탈리아와 터키 모두에서 미사일을 철수하는 가능성을 검토하도록 지시했다. 그는 이것들이 쓸모없다고 보았다. 군부도 이를 알고 있었다. 발사준비를 위해서 15~20분이 필요한 이 미사일들은 소련의 선제공격을 당하려고 앉아 있는 오리와 다름없었다. 사실상 오히려 공격을 유도하는 존재였다. 공격을 억지하는 대신에 공격을 유발할 수 있었다. 그러나 니체는 대통령의 생각에 군사적이기보다는 정치적으로 반대 의견을 가지고 있었다. 유럽 국가들은 이것을 유럽에서 미국이 핵무기를 철수시키는 정책으로 받아들일 가능성이 컸다. 케네디는 염려 많은 니체에게 이것이 자신의 플랜 B라고 안심시켰다. 그의 플랜 A는 쿠바에서 소련 미사일을 일방적으로 철수시키는 것이었다.[9]

쿠바-터키 미사일 맞교환은 엑스컴 논의사항에서 빠졌다. 국무부는 이에 반대했고, 국방부는 군축을 담당하는 장교들만 호의적 입장을 보였다. 그러나 맞거래는 내부 메모에 기록되었고, 10월 25일경 이것이 언론에 유출되었다. 다른 사람도 아니고 1947년 '냉전'이라는 용어를 만들어낸 거물 언론인인 월터 리프먼이 《워싱턴포스트》의 「오늘과 내일」이라는 칼럼에 이 거래를 제안했다. 같은 날 러스크는 기자들과 만난 자리에서 이 제안을 공격했다. 그는 터키 정부에 미국이 터키 안보를 지속적으로 보장한다는 전문을 보냈으나 이미 손상 입은 상태였다. 아나톨리 도브리닌은 러스크가 리프먼의 제안을 퇴짜놓은 것을 모스크바에 보고했고, 아나스타스 미코얀의 회고에 의하면 리프먼의 제안은 흐루쇼프 측근들 사이에서 상식이 되었다.[10]

10월 27일 아침 터키-쿠바 미사일 거래는 흐루쇼프의 새로운 제안 소식이 들어오면서 갑자기 되살아났다. 케네디에게 이것은 위기의 평화적 해결을 위한 유일한 희망으로 떠올랐다. 봉쇄는 케네디 정부가 심각하다는 신호를 보내고 새로운 미사일의 수송을 막을 수는 있었지만, 이미 존재하는 미사일에 대해서는 할 수 있는 일이 없었다. 이 거래는 흐루쇼프가 봉쇄 시작 전에 배치했던 미사일들을 제거할 수 있었다.

케네디는 흐루쇼프의 새 편지를 다룰 준비를 했다. 편지의 내용이 흐루쇼프의 새로운, 말하자면 진정한 협상 포지션을 가리킨다는 것은 아직 독립적으로 확인되지 않았다. 케네디는 맞거래나 혹은 그렇게 할 가능성을 거절할 이유 또한 없었다. 케네디는 흐루쇼프가 보낸 새 편지의 전체 요약문이 내각회의실에 도착하기 전에라도 새 제안에 대해 논의하자고 했다. 그는 회의적인 참모들에게 이렇게 말했다. "만일 이것이 그의 제안이 된다면 우리는 이 문제를 감당할 수 없는 입장에 처하게 될 것입니다. 우선 우리가 작년에 이 미사일들이 군사적으로 효용이 없기 때문에 이것을 철수시킬 생각을 했다는 것이 첫째이고, 둘째로 UN에 있는 사람이나 합리적인 어느 사람이 보기에도 이것은 공정한 거래처럼 보일 것입니다."[11]

참모들은 터키에 대해 흐루쇼프와 협상하는 아이디어 자체를 반대하며 입장을 굽히려 하지 않았다. 그러나 취약했던 케네디의 입장이 흐루쇼프의 제안의 자세한 사항이 언론에 쏟아져 나오면서 갑자기 강력해졌다. 초기 언론 보도가 그 내용을 잘못 반영한 것이 아니라는 것이 분명해졌다. 케네디는 정당성을 입증받았다고 느꼈다. "이제 노이로제에 걸릴 지경이군요"라고 그는 참모들에게 말했다. "이것이 그들의 제안이에요." 그는 반대 의견을 듣고 싶어 하지 않았다. "이번 주에 터키와 얼마나 협상을 진행했습니까?"라고 참모의 말을 끊고 케네디가 물었다. "누가 했죠?"라고 대통령은 질문을 계속했다. "아직 터키와 얘기하지 않았습니다"라고 러스크가 답하며 이렇게 덧붙였다. "터키인들은 우리와 얘기한 적이 있습니다." "그게 어디였지요?"라고 케네디는 계속 밀어붙였다. "나토에서였습니다"라고 러스크는 대답했다. 케네디는 자신의 초조감을 더 감추려고 하지 않았다. "그래요. 이것이 이번 주에 나오기 전에 우리가 터키 정부와 얘기하지 않았습니까? 내가 벌써 일주일째 이 얘기를 했습니다. 우리가 터키에서, 터키 사람들과 아무 얘기도 안 했단 말입니까?"

러스크는 국무부가 로마와 앙카라 주재 미국대사들의 의견을 물은 것을 지적하며 자신을 방어하려고 했다. 국무차관 조지 볼George Ball은 이렇게 된 합리적 이유를 설명했다. "만일 우리가 터키와 얘기하면, 문제가 아주 복잡해질 수 있다는 것을 말씀드리고 싶습니다." 케네디는 이런 얘기가 전혀 귀에 들어오지 않았다. "조지, 지금 복잡해지고 있어요"라고 그는 바로 받아쳤다. 그런 다음 흐루쇼프를 지칭하며 "그 사람 때문에 우리가 아주 좋은 기회를 얻은 겁니다"라고 말했다. 케네디는 흐루쇼프의 편지가 가져올 대중홍보 결과를 염두에 두고 이렇게 말했다. "대부분 이것이 비합리적인 제안이라고 생각하지 않을 겁니다." 그러나 맞교환 반대파는 포기하려 하지 않았다. "그러나 대통령님, '대부분'이 누구를 말씀하시는 건가요?"라고 번디가 다시 토론에 뛰어들며 물었다. 케네디는 이 질문을 무시했지만 자신의 생각을 좀 더 자세하게 설명했다. "우리가 왜 쿠바의 이 장소들에 대해 적대적 군사 행위를 벌이는지 여러분은 설명하기가 아주 어려워질 겁니다. […] '만일 당신들이 터키에서 당신들 무기를 철수하면, 우리도 쿠바에서 우리 무기를 철수할 것이다'라고 그쪽에서 말하는 상황이라면요."[12]

번디가 제시한 해결책은 니체가 제안한 것과 비슷했다. 흐루쇼프가 보낸 터키에 관한 제안을 무시하라는 것이었다. "그가 24시간 전에 다른 길을 제시했는데, 이 길을 골라 갈 필요가 없다고 봅니다"라고 번디는 말했다. "그러나 이것은 새 제안입니다"라고 케네디가 응수했다. 그러나 다시 한번 그의 제안은 소귀에 경 읽기였다. 시간이 갈수록 케네디의 제안에 반대하는 관료들이 늘었다. "우리가 사적 메시지를 가지고 있는데, 공적 메시지가 중요하다고 생각하시는 건가요?"라고 소련대사를 역임한 루엘린 톰슨이 대통령의 방어력을 탐문하며 물었다. 테드 소렌슨까지 반대파 진영에 가담했다. "여기 있는 모든 사람이 사적 제안을 선호하는 것이 분명합니다"라고 그는 흐루쇼프의 첫 편지를 지적하며 케네디에게 말했다.[13]

케네디는 자신이 구성한 엑스컴 내에서 화력이 모자랐고, 수적으로도 압도당했다. 반대파들이 제기한 핵심 논점은 터키에 대해 흐루쇼프와 거래하는 것은 나토 동맹국 사이에서 미국의 신뢰성을 훼손할 것이라는 점이었다. "만일 우리가 터키와 이 문제를 얘기하면, 우리가 자국의 이익을 위해서 동맹국들을 팔아넘긴다는 것이 분명해질 겁니다"라고 번디가 주장했다. 케네디는 터키에 접근하기 위해 무엇을 해왔는지 답을 요구했다. 그는 참모들에게 두 번째 제안에 대한 입장을 정리해보도록 요구하며 이렇게 말했다. "왜냐하면 이것이 우리 앞에 있고, 세계 앞에 있는 것이기 때문입니다." 이것도 도움이 되지 않았다. 대통령은 뒤로 잠시 물러나서 시간을 벌기로 했다. "먼저 우리는 소련 측이 무슨 얘기를 하려는 건지 명확히 파악해야 합니다"라

고 케네디는 제안했다. 이 제안에 모두가 결국 동의했다.[14]

정오경 케네디는 핵전쟁 가능성에 대비한 민방위 조치를 위해 워싱턴에 소집된 주지사들을 만나러 엑스컴 회의실을 떠났다. 엑스컴이 쿠바-터키 미사일 거래를 거부하면서 그 가능성은 더 현실화되어가고 있었다. 합참은 빠르면 다음 날인 10월 28일 일요일, 아니면 월요일인 10월 29일 쿠바 대규모 공습 감행을 케네디에게 건의하기 위한 마지막 단계를 준비하고 있었다. 공습 다음에 침공이 이어질 터였고, 이것은 로버트 케네디가 선호하는 작전이었다. 평화적 해결책이 있는 것이 분명했지만, 케네디는 흐루쇼프가 제공한 거래를 받아들이는 데 어려움을 겪고 있었다.[15]

그날 늦게 발표된 백악관의 공식 성명은 케네디의 패배와 참모들의 승리를 반영했다. 성명문은 지난 24시간 동안 모스크바가 전달한 "앞뒤가 맞지 않고 상호모순되는 몇 개의 제안"을 언급하며 위기는 소련이 서반구 국가들에게 제기한 위협으로 시작되었고, 쿠바에 미사일 기지를 건설하는 것이 중단된 다음에야 협상이 시작될 수 있다고 언급했다. 이렇게 되어야 서반구 밖의 국가들을 위해 "적절하게 검열된 군비 제한"이 시작되는 것이 가능하다고 주장했다. 터키, 이탈리아, 영국을 거명한 언급은 전혀 없었다. 이 성명은 케네디뿐만 아니라, 현안에 대한 케네디의 진정한 입장도 알지 못하고, 자신의 성명을 공적으로 공개함으로써 케네디에게 안긴 어려움도 알지 못하는 흐루쇼프에게 역시 차질이 되었다.[16]

위기가 시작된 이후 처음으로 케네디는 자신의 참모보다 흐루쇼프에게 더 가까움을 느꼈다. 흐루쇼프는 케네디가 받아들일 수 있는 거래를 제안했다. 문제는 케네디가 이것을 정치적으로 처리할 수 있는가였다. 그는 엑스컴에서 유일하게 타협할 준비가 된 사람이었다. 나머지 모두가 반대했다. 그러나 이것은 케네디 참모들의 반란 문제일 뿐만 아니라 흐루쇼프의 제안에 동반되는 대중홍보 문제이기도 했다. 케네디는 흐루쇼프의 변덕을 받아들이고 자신의 원래 입장에서 후퇴함으로써 자신을 유약하게 보이게 만들 공개적 타협을 수용할 수 없었다. 나토 동맹국들에게 자신이, 오랜 세월 유럽이 더불어 살아온 소련의 핵위협으로부터 자신과 자신의 나라를 방어하기 위해 그들을 배신하지는 않으리라는 것을 보장하는 것도 대단히 중요했다.

이것은 일종의 덫이었다. 케네디가 흐루쇼프가 제공한 터키 '선물'을 받아들일 수 없었던 이유는 그의 전임 대통령이 터키에 제공한 미사일 '선물을 빼앗기'를 요구했기 때문이었다. 이것은 정치적으로 불가능한 일이었다. 두 지도자는 타협을 이룰 준비가 되었고, 심지어 열망했지만, 한쪽이 다른 쪽이 받아들일 수 없는 방법으로 이것을 제안한 것이었다.

통제권 상실

전략공군사령부는 10월 24일 아침 이후 데프콘2 상태에 돌입해 있었다. 최대 72대의 핵무기 탑재 B-52기가 공중에서 항시 '크롬 돔Chrome Dome' 임무를 수행 중이었다. 이 임무는 미국이 핵공격을 받는 경우 보복으로 소련 목표물을 타격하는 것이었다. 조종사 항공기는 24시간 교대로 임무를 수행 중이었다. KC-135 스트래토탱커Stratotanker가 B-52기 공중급유를 위해 공중에 떠 있었다. 구형인 B-47 스트래토제트Stratojet 폭격기는 소련의 선제공격으로 항공기 전부나 대부분의 전투능력이 상실되는 것을 막기 위해 미국 전역의 공항에 흩어져 배치되었다.[1]

전략공군사령부도 전투준비를 완료했다. 전략공군의 창설자이자 현재 공군참모총장을 맡고 있는 커티스 르메이 장군은 쿠바를 침공할 준비가 되었다. 10월 27일 아침, 2차대전 이후 '탱크'라고 알려진 펜타곤 회의실에서 열린 합참 회의에서 르메이는 쿠바에 대한 신속 공격 계획안 초안을 대통령에게 보고함으로써 먼저 칼자루를 잡았다. 오전 10시가 조금 넘은 시간 르메이는 회의 참석자들에게 이렇게 말했다. "우리는 최근 정보를 바탕으로 간단한 계획서를 만들어야 합니다. 전면적인 작전계획(OPLAN)312 뒤에 작전계획316 실행을 다시 건의합니다."

"작전계획312-62"라는 암호가 붙은 첫 계획에 따르면 먼저 미사일, 항공기, 방공포대 시설을 목표물로 한 쿠바 공습이 전개되고, 다음으로 교통, 통신망, 병력 집결지에 대한 공습이 감행될 예정이었다. 52대의 항공기가 작전을 시작하고, 여섯 시간 후 항공기 숫자는 384대로, 열두 시간 후에는 470대로 늘어날 예정이었다. 작전계획316-61에는 2개 공수사단과 1개 보병 사단, 1개 해병 사단과 1개 해병 여단이 기계화부대 사령부와 함께 쿠바를 침공하는 계획이 담겨 있었다. 상륙작전은 부대에 명령이 하달되고 3일 뒤, 공

수 작전은 5일 뒤 시작될 예정이었다.[2]

케네디 대통령이 엑스컴 오전 회의를 마친 직후인 오후 1시 30분 합참회의에 참석한 맥나마라 국방장관에게 합참은 완성된 작전계획을 제출했다. 작전계획312의 '조기의, 적시의' 실행이 제안되었다. 맥나마라가 그것이 실제로 무엇을 의미하는지 묻자, 르메이는 "월요일이나 화요일 공격"을 의미한다고 대답했다. 이 말은 다음 날이나 그다음 날, 즉 10월 28일 또는 29일을 의미했다, 맥나마라도 공격을 지지했지만 좀 더 시간이 필요했다. 그는 터키의 미국 미사일 문제가 해결되기를 기다릴 필요가 있었다. 합참의장인 맥스웰 테일러 장군은 타협안을 제시했다. "[쿠바에서] 미사일 작업이 중지되지 않으면 합참은 일정 시간 이후 공격을 건의합니다." 맥나마라는 이에 동의했지만, "나는 '지금' 타격에 대한 건의는 수용하지 않는다"라는 단서를 붙였다.

맥나마라가 회의실을 떠나기 전, 10월 16일 케네디 대통령에게 쿠바의 소련 미사일 발견을 보고했던 합참 정보팀장 랠프 스티클리Ralph Steakley 대령이 회의실로 들어왔다. 그는 참석자들에게 북극에서 공기 시료를 채취하는 임무를 수행 중이던 U-2기가 알 수 없는 이유로 항로를 잃고 소련 영공으로 들어갔다고 보고했다. 이 임무는 있을지도 모를 소련의 핵실험을 감시하기 위한 것이었다. 맥나마라는 이렇게 소리친 것으로 알려졌다. "이건 소련과의 전쟁을 의미한다." 이때가 동부기준시간으로 오후 2시 3분이었다. 그 시각에 U-2기는 기지 귀환 시간에서 30~40분 늦은 상태였다. 맥나마라는 양해를 구하고 방을 나와 러스크 국무장관에게 전화를 걸었고 그를 통해 이 소식이 케네디에게 보고되었다.[3]

국무부 정보조사국장인 로저 힐스먼Roger Hilsman은 대통령을 그가 허리 통증 완화용 오후 수영 일과를 마치자마자 백악관에서 만났다. 그는 소련 전투기들이 정찰기 U-2를 추적하고 있다고 보고했다. 미국 전투기들도 U-2기를 보호하기 위해 발진한 상태였다. "이 사건의 의미는 대단히 충격적인 것이 분명했다"라고 힐스먼은 상황에 대한 자신의 평가를 기록했다. "소련 측은 U-2기를 핵전쟁 준비를 위한 최종 정찰비행으로 받아들일 수 있었다."

존 케네디는 철학적으로, 그것이 아니라면 스토아주의적 냉정함으로 소식을 받아들였다. "말을 제대로 듣지 않는 골칫덩이는 늘 있는 법입니다." 2차대전 중 해군에 복무했던 케네디는 명령받은 대로 수행하지 않는 군대를 거의 신뢰하지 않았다. 그는 1960년 소련 영토에서 격추된 U-2기를 기억하지 않을 수 없었다. 이 사건으로 아이젠하워와 흐루쇼프 사이에 예정되었던 정상회담이 무산된 바 있다. 이보다 훨씬 심각한 위기의 와중에서 소련 영토로 들어간 U-2기는 전쟁을 유발할 가능성이 대단히 컸다.[4]

1960년 5월 1일 게리 파워스Gary Powers 대위의 불운한 소련 비행과 달리 1962년 10월 27일 찰스(척) 몰츠비Charles(Chuck) Maultsby 대위의 소련 영공 침범은 의도된 것이 아니었다. 파워스 대위와 마찬가지로 몰츠비 대위도 소련의 활동을 평가하는 데 필요한 정보를 수집하고 있었지만, 소련 영공으로 들어갈 의도는 전혀 없었다. 한국 전쟁 중 격추되어 22개월을 중국 감옥에서 보낸 경험이 있는 몰츠비는 공산국가의 감옥과 강제노동수용소를 비교 연구해볼 마음은 없었다. 그는 소련 국경 밖에서 공기 시료를 채취하는 작전을 수행 중이었는데, 단순히 항로를 잃은 것뿐이었다.

'스타 더스트Star Dust 프로젝트' 참가자인 몰츠비 대위는 록히드사 제작 U-2 스파이기를 몰고 북극으로 비행하여 소련의 수소폭탄 실험의 흔적을 담고 있을 수도 있는 공기 시료를 채집하라는 명령을 받았다. 이 비행은 대략 일곱 시간 걸렸다. 통상적인 비행에 늘 방해되는 한 가지 요소가 있었다. 자력 북극점이 지리 북극점과 일치되지 않기에 자석 나침반을 방향 설정에 사용할 수 없고, 별을 보며 비행해야 한다는 점이었다. 조종사는 육분의와 별자리표를 갖고 있었다. 또한 무선을 끄고 비행하도록 지시받았다. 20세기 최신 기술의 산물인 U-2기는 18세기 기구의 도움을 받으며 비행해야 했다.

몰츠비는 10월 26일 금요일 밤 현지시각으로 자정쯤 알래스카 페어뱅크스 인근의 엘선 공군기지를 이륙하여 북극으로 향했다. 거의 모든 비행이 27일 일찍 이루어질 예정이었다. 조종사가 지상 기지와 마지막으로 교신한 것은 이륙하고 약 한 시간 후였다. 그가 알래스카 북쪽 해안 바터섬의 무선 송신소에서 신호를 잡았을 때였다. 이 지점이 그를 수행한 수색구조항공기가 그와 작별한 곳이었다.

단독 비행은 처음에는 아무 문제 없이 진행되었다. 몰츠비는 별자리표와 육분의를 보고 자신의 위치와 항로를 체크했다. 그러나 북극으로 가까이 갈수록 하늘에 비치는 여러 색깔의 섬광 때문에 시야가 방해를 받으면서 주요 별들에 육분의를 맞추는 데 어려움을 겪었다. 그는 엄청난 태양 자기장이 함께 엮여 일어난 오로라, 북극광을 바라보고 있었다. 몰츠비는 별자리표와 육분의로 자신의 방위를 확인할 수 없었다. 그는 자기 생각에 북극이라고 여겨지는 방향으로 직진했고, 임무를 위해 고안된 여과지 장치와 병에 공기 시료를 담은 후 귀환하기로 했다. 그러나 북극은 몰츠비가 추측한 지점에 있지 않았기에 그는 항로를 잃고 귀환로를 찾지 못했다.

몰츠비는 자신이 길을 잃었다는 것을 비행한 지 여덟 시간 뒤에야 깨달았다. 연료가 거의 바닥나 있었다. 그는 북극으로 가는 동안 지났던 알래스카의 섬에서 무선신호를 잡을 것으로 기대했지만, 아무 신호도 찾을 수 없었다. 대신 그는 별을 보고 그의 위치를 알리라는 구조기 조종사의 음성을 들었다. 몰츠비는 오리온을 기수 좌현 15도 각도에서 보았다. 바터섬 상공에서 그를 만나기로 했지만 못 만나게 된 구조기 조종사는 몰츠비에게 10도 좌현으로 방향을 틀라고 말했다. 그다음 또 다른 목소리가 그 반대인 우현 30도로 기수를 틀라고 했다.

두 번째 목소리는 몰츠비가 모르는 사이 U-2기가 추코트카반도 상공을 비행하는 것을 발견한 소련 관제사 것이었다. 무선 송신소가 있는 이곳은 원래 항로와 바터섬에서 서쪽으로 1천 마일 거리에 있었다. 몰츠비가 소련 영공에서 소련 레이다에 포착되었다는 사실은 그를 위험한 상황에 몰아넣었으나, 네브래스카의 오펏 공군기지에서 소련의 레이다 신호를 탐지하던 전략공군 정보장교는 소련 관제사의 메시지를 감청하여 몰츠비의 위치를 알아냈다. 그러나 이것으로 몰츠비를 재난에서 구조할 수는 없었다. 전략공군사령부는 소련 레이다 신호를 성공적으로 감시하고 있다는 것을 누설할 수 없었던 것이다.

소련 영공으로 들어가 측파대 무선으로 낯선 음성을 들은 몰츠비는 자신이 소련 전투기들에 의해 추적당하고 있다는 사실을 몰랐다. 이 전투기들이 발진한 공군기지는 페베크, 그리고 아이러니하게도 쿠바의 소련 작전과 이름이 같은 아나디르에 있었다. 네브래스카에 있는 전략공군사령부 정보장교들은 몰츠비의 항로를 추적하고 있었고, 소련 전투기들이 그를 향해 달려오고 있다는 것을 알았지만, 소련에 자신들이 모니터 중이라는 사실을 드러내지 않고는 아무 일도 할 수 없었다.[5]

사실 이들은 아무 일도 할 필요가 없었다. 소련제 미그 전투기들은 가벼운 U-2기가 비행하고 있는 고도까지 올라올 수 없었다. 제25방공전투기사단에서 발진하여 몰츠비의 비행기를 쫓던 두 대의 미그-17P 전천후전투기들은 시속 1천 킬로미터 이상의 속도로 비행하여 15분 내에 15,600미터 고도까지 상승할 수 있었지만, 고도 2만 1천 미터 이상에서 비행하는 U-2기에는 비견될 수 없었다. 미그기는 U-2기를 잡을 수는 없었지만, 만약의 경우를 위해 알래스카 공군사령부는 자신들의 스파이 비행기를 보호하고, 몰츠비가 미국 영공으로 넘어온 다음 필요한 경우 미그기와 대결하기 위해 두 대의 콘베어 F-102 델타 대거Delta Dagger 요격기를 발진시켰다.[6]

F-102기는 고도 16,300미터 또는 53,400피트까지만 상승할 수 있어 U-2기 고도에는 이르지 못했지만 소련 전투기들을 차단 기동하기에는 충분했다. 미그기는 80연발 탄약을 가진 23밀리미터 기관포 두 개와 40연발 탄약을 가진 37밀리미터 기관포 한 개를 장착하고 있었다. F-102기는 기관포는 장착하지 않았지만, 24기의 비유도 로켓과 9기의 공대공미사일을 장

착하고 있었다. 정상 조건에서는 미그기의 화력에 대항하고 공중전에서 소련 전투기와 맞서기에 충분했다. 그러나 현재는 정상 조건이 아니었다. 미 공군은 데프콘2를 발령했기 때문에 두 대의 F-102기에 장착된 팔콘 미사일에는 핵탄두가 장착되어 있었다. 공격을 당하는 경우 F-102 조종사들은 자신들을 방어할 수단이 없었고, 대신 핵탄두가 장착된 팔콘 미사일만 가지고 있었다.[7]

미그기들은 갑자기 기수를 돌려 돌아갔다. 연료 부족 때문에 미국 영공에 가까이 가지 못했다. 몰츠비의 U-2기도 같은 상황에 처했다. 그는 대략 아홉 시간 반 동안 비행하는 데 충분한 연료를 가지고 있었으나 이미 아홉 시간 넘게 비행한 상태였다. 연료를 절약하기 위해 그는 엔진을 끄고 U-2기의 거대한 날개를 이용하여 활강비행을 했다. 그는 지상 관제사로부터 간신히 지시를 듣고 동쪽으로 비행하여 미국 영공으로 다시 들어왔다. 엔진도 작동하지 않고 신호등도 끈 상태에서 조종실 기압이 낮아지면서 그의 조종복이 부풀어 올랐다. 비행기가 활강하면서 고도를 계속 잃었다. 그는 추코트카의 설원, 아니면 알래스카의 빙하 한복판의 공중에서 동사할 가능성이 커 보였다.

거의 모든 희망이 사라진 그 순간 몰츠비는 두 대의 F-102기가 자신의 기체 옆을 비행하는 것을 발견했다. 그는 이제 핵무기의 보호를 받고 있지만, F-102기 조종사들과 교신할 비상 연료도 배터리 전력도 거의 없었다. 그러나 그는 조종사들이 말하는 "귀환을 환영한다"라는 말을 알아들을 수 있었다. 그들은 그를 추크치해 지류인 코체부해협의 레이다 기지의 얼음 활주로로 유도했다. 몰츠비는 연료가 바닥난 비행기를 무사히 착륙시켰다. 이중의 기적이었다. 몰츠비가 죽음을 면한 것뿐만 아니라, 엎치락뒤치락하던 미국과 소련 전투기들이 그의 비행기를 놓고 공중전을 벌이지 않았던 것 역시.[8]

그러나 이것이 바로 해피엔딩을 의미하지는 않았다. 소련 측은 몰츠비의 비행을 소련에 대한 전면적 핵공격을 위한 준비로 받아들였을 가능성이

켰다. 케네디와 참모들의 문제는 이 조종사와 그의 비행을 어떻게 처리해야 하는가였다. 이들의 핵심 관심사는 몰츠비의 안녕과 아직 기지로 귀환하지 못한 U-2기의 안전이 아니라, 이 사건이 흐루쇼프에게 촉발했을 반응이었다.

"그들은 아마도 하루 이틀 사이 그것을 크게 터뜨릴 것입니다"라고 그날 오후 4시에 재개된 엑스컴 회의에서 딘 러스크는 대통령과 참모들에게 말했다. 뉴스를 듣자마자 맥나마라가 보인 반응처럼 적대행위나 핵전쟁 발발 위험에 대한 염려를 이제 그만두게 된 러스크는 이 항공기가 통상적 임무를 수행하다가 계기 고장으로 길을 잃었다고 밝히는 공개 성명을 제안했다. 케네디는 공개 발표 일체에 대해 반대했다. "만일 정보 유출을 잘 막을 수 있다면 공개 성명은 안 내는 게 나을 것 같습니다"라고 대통령은 말했다. "왜냐하면 우리의 문제는 흐루쇼프와 신뢰를 유지하는 것이라고 보기 때문입니다."

케네디는 미사일 교환을 놓고 흐루쇼프와 벌일 미래의 협상에 대해 생각하고 있었다. 그는 타협안을 논의할 준비가 되었지만, 단 한 가지 조건이 선결되어야 했다. 흐루쇼프가 쿠바에 이미 반입된 미사일 배치를 중단하는 것이었다. "나는 그가 일을 중단한다면, 우리가 터키 문제와 사실상 그 밖의 모든 문제를 논의할 수 있다고 말해야 한다고 봅니다"라고 케네디는 참모들에게 말했다. "그렇지 않으면 그는 우리가 제안을 거절했다고 발표할 것입니다. 그러면 우린 어떻게 되겠습니까?" 케네디는 여전히 소수파였지만 계속 밀어붙였다. 케네디가 잠시 방을 나갔을 때 형의 태도에서 새로운 결의를 포착한 로버트 케네디는 참석자들에게 이렇게 말했다. "대통령은 터키 기지 혹은 그들이 논의하기 원하는 것은 무엇이든 논의할 용의가 있다고 말한 것이나 다름없다고 봅니다." 로버트가 말한 '그들'은 소련 사람들 전반을 가리키는 동시에 특히 흐루쇼프를 가리켰다.

엑스컴 일원 대부분은 터키 미사일 제거를 계속 반대했다. 이들은 케네디가 쿠바 미사일 위기가 해결된 후에 이 문제를 논의하겠다고 흐루쇼프에게 제안할 것을 주장했다. "그러면 오늘 아침 들어온 그들의 제안을 정말 거절한단 말입니까?"라고 케네디가 물었다. 그는 엑스컴이 미사일을 터키에서 제거하는 것의 정치적, 외교적 의미에 대해 논의하기를 바랐지, 제거한다는 것 자체에 대해 왈가왈부하길 바라지는 않았다. "우리는 터키와의 상호 협정에서 택일하는 것에 의문을 갖습니다. 우리는 어느 정도 그렇게 하고 있죠. 혹은 나토를 통해 나토가 압박하게 하고, 또 터키에 그들이 결국 속도를 늦추게 되면 어떤 일이 일어날지 설명하게 할 수도 있죠." 번디와 딜런이 앞장선 반대파는 방침을 바꾸어, 월요일 전까지 터키나 나토로부터 미사일 제거에 대한 승인을 받을 수 있을지의 여부에 문제를 제기했다.[9]

존 케네디는 계속 밀어붙였다. "이성적으로 생각하면 우리는 이 무기들을 쿠바 밖으로 내보내지 못할 것입니다, 어떻게 하든 간에. 그러나 내 말은 협상으론 가능하다는 거죠. 우리는 터키에 있는 우리 무기도 치워야 할 겁니다. 나는 그가 [쿠바에서 미사일 제거를] 안 할 거라고 보지 않습니다. 지금 그것을 공식화한 거죠"라고 케네디는 말하며 루엘린 톰슨을 돌아봤다. "저는 동의하지 않습니다, 대통령님"이라는 답이 돌아왔다. 토론이 시간을 끌자 로버트 케네디가 상황을 수습하고자 형에게 이렇게 말했다. "우리가 어째서 이 문제로 심려를 끼치겠습니까, 대통령님? 우리끼리 문제를 해결하도록 시간을 주시죠?" 대통령은 이제 다른 주제로 넘어가야 한다고 대답했지만, 참석자들은 흐루쇼프에게 보낼 답신 내용을 결정해야 했다. "우리가 이걸 대통령님 없이 이모저모 다 따져보면서 해결해보겠습니다"라고 로버트는 답했다. 모두 웃었다. 이 사안은 원칙적으로 결정을 내리지 않은 채 초안 작성위원회에 넘기기로 했다.[10]

위기 기간 동안 케네디가 자신의 참모들로부터 이렇게 완강한 반대에 부닥친 것은 처음이었다. 공식적으로 흐루쇼프와 대등한 지위에 있고, 동일한 표결 권한을 가진 정치국원들과 달리, 엑스컴 멤버들은 대통령의 자문에 응하고 그의 뜻에 따라 직무를 수행하기 위해 모인 것이었다. 그러나 그들은 자신들의 입장을 옹호하는 데 흐루쇼프의 동료들이 꿈도 못 꿀 정도로 자유를 누렸다. 어쨌든 참모들은 케네디가 당면한 문제들의 일부에 지나지 않았다. 합참도 그에게 반대했고, 이제 쿠바군이 미 공군기에 사격을 시작했다. 케네디는 자신의 통제권을 넘어서는 지상의 군지휘관들과 사건 전개에 휘둘리게 되었다.

그날 오후 엑스컴 회의 중 케네디와 참모들이 펜타곤으로부터 받은 정보는 경보를 울렸다. 쿠바의 방공포대가 저공비행 중인 미 공군 정찰기에 사격을 가하고 있어, 일부 항공기는 귀환할 수밖에 없었다. 맥나마라는 이튿날도 사격이 계속되면 미 공군은 "SAM이나 요격하러 나오는 미그기나 공격을 가하는 지상군에 반격을 가해야 한다"라고 생각했다. 그가 생각한 또 다른 선택사항은 다음 날 쿠바의 모든 군사목표물에 전면 공습을 가하는 것이었다.

방공포대의 사격 소식이 들어왔을 때 번디는 참석자들에게 쿠바가 미 항공기에 사격을 가하겠다고 경고했었다는 것을 모두에게 환기시켰다. 그러나 지금 맥나마라가 제안하는 것은 쿠바 방공포대에 대한 공격이 아니라 소련군이 운용하는 SAM과 잠재적으로 핵무장 탄도미사일을 포함한 다른 시설에 대한 공습이었다. "나는 보다 일반적인 대응을 취하는 것이 좋다고 봅니다"라고 케네디는 참모들에게 말했다. 그는 선별된 방공포대나 미사일 기지에 대한 공습이 효과적이라는 것을 더 이상 믿지 않았다. 그러나 그는 최종 결정을 내리기까지 더 시간을 달라고 요청했다. "내일 정찰비행을 합시다"라고 그는 참모들에게 말했다. "만일 사격을 받으면, 여기서 만나 훨씬 더 전면적으로 [공습]할지 결정하죠." 케네디는 외교적 해결책을 찾는 데 필요

한 시간을 벌려고 했다.[11]

그가 시간이 전혀 없다는 것이 금방 드러났다. "U-2기가 격추되었습니다"라는 맥나마라의 말로 내각회의실의 논의가 중단되었다. 케네디는 방금, 조속한 쿠바-터키 미사일 교환을 위해 나토의 지원을 확보할 필요성을 참모들에게 강조했었다. 이 뉴스는 몰츠비의 비행기가 아니라 그들이 좀 전에 들은, 쿠바 영공을 비행하던 다른 U-2기에 대한 보고였다. "U-2기가 격추되었다고요?"라고 존 케네디가 믿지 못하겠다는 듯 물었다. "조종사도 사망했나요?" 로버트 케네디가 바로 이어 물었다. "조종사의 시신은 비행기 안에 있습니다"라고 테일러 장군이 답했다. 그는 U-2기가 지대공미사일을 맞고 격추되었다고 덧붙였다. 이는 쿠바군이 아니라 소련군이 발사했다는 것을 의미했다.[12]

맥나마라가 사전에 비행에 대해 보고했던 U-2기는 35세의 한국 전쟁 참전 조종사 루돌프 앤더슨Rudolf Anderson 소령이 조종하고 있었다. 이 항공기는 텍사스 로플린 공군기지에 주둔하는 제4080전략정찰부대의 4028전략정찰기 편대에 소속되어 있었다. 그러나 쿠바 미사일 위기가 절정에 달하고 CIA가 쿠바 영공 정찰비행을 강화하면서 앤더슨 소령은 동부 해안 기지로 전출되었다. 10월 27일 아침 그는 플로리다 올랜도의 매코이 공군기지를 이륙하여 쿠바로 향했다. 그는 동부기준시간 오전 10시 12분 미국 영공을 벗어나 쿠바 영공에 진입하면서 암호 무선을 보냈다.[13]

앤더슨이 모는 U-2기가 정해진 시간에 기지에 귀환하지 않았다는 소식이 오후 2시 3분 합참에 보고되었다. 44분 후인 오후 2시 47분, 해군작전사령관 일지에는 쿠바 국방장관이 자신의 병력이 "적대적 항공기에 사격을 가했다"라고 발표했다고 기록되었다. 그 시각 U-2기의 기지 귀환 시간이 한 시간 지연되고 있었지만, 이 비행기가 격추되었다는 시사는 없었다. 오후 4시 50분 해군작전 부사령관인 찰스 그리핀Charles Griffin 제독은 U-2기가 격추되었다는 보고를 받았다. 그는 즉각 개정된 작전계획312(슈 블랙Shoe Black)를 발했다. 이것은 "정찰기가 격추당하는 경우 선별적 타격"에 대한 지시를 담고 있었다. 그 직후 맥나마라가 보고받은 것이었다.

"음, 이제 상황이 그들에 의해 많이 악화되었군요. 그렇죠?"가 소식을 들은 케네디 대통령의 첫마디였다. "정확히 그렇습니다"라고 맥나마라가 대답했다. 케네디는 지금 일어난 사건을 흐루쇼프가 지난 24시간 동안 보낸 두 편지의 맥락에서 이해해보려고 시도했다. "우리는 지난밤 받은 흐루쇼프의 메시지의 효력과 [미군기 격추에 대한] 그들의 결정을 어떻게 설명해야 합니까?"라고 대통령은 물었다. "이것을 어떻게 해석해야 하냐고요?"라고 맥나마라가 답했다. "어떻게 해석할지 모르겠군요."[14]

흐루쇼프의 모순되는 편지 뒤에 숨은 의미를 알아내려고 모두가 고심했던 어두운 방은 갑작스레 이 충격적인 뉴스로 더욱 어두워졌다. 엑스컴 일원들은 지상과 공중에 있는 자기네 사람들에 대한 통제권을 잃는 것이 자기들뿐이 아니라는 것을 상상하지 못했다. 흐루쇼프도 똑같은 상황에 처해 있었고, 그의 경우 결과는 훨씬 더 위험했다.

"목표물 명중"

10월 27일 아침까지 쿠바 지도부나 쿠바의 소련 지휘관 중에 침공이 임박했다는 사실을 의심하는 사람은 거의 없었다. 이런 결론에 도달하는 데 스파이 혹은 뉴욕의 UN 본부나 워싱턴 KGB 지국의 비밀 정보는 필요 없었다. 증거가 바로 쿠바 상공에 있었다. 그것은 미 해군의 보우트 F-8 크루세이더, 즉 폭격기로도 쓰이고 정찰기로도 쓰이는 초음속 비행기들의 소음과 함께 나타났다. 10월 23일 이후 이 항공기들은 소련 탄도미사일 기지와 군사 시설에 초점을 맞추면서 정기적으로 쿠바 상공을 가로질러 비행해왔다.

10월 17일 입안되고 10월 23일 실행된 '블루문Blue Moon' 작전은 미 해병대 조종사들의 지원을 받은 2개 촬영 편대의 조종사들과 항공기들이 참여하고 있었다. 전부 시카고 에어리얼 인더스트리가 제작한 세 대의 CAX-12 트라이메트로곤trimetrogon(3각점 부감 촬영, 즉 세 대의 다른 각도 카메라로 동시 촬영하는 항공 사진 방식을 말함—옮긴이) 카메라와 두 대의 K-17 수직 촬영 카메라를 장착한 RF-8A 크루세이더를 타고 비행했다. 조종사들은 목표물 1천 피트(U-2기의 7만 피트 고도와 대비됨) 상공을 비행하며 초당 4프레임 속도로 목표물에 대한 근접 사진을 찍을 수 있었다. 이렇게 하면 매 70야드당 한 장의 사진이 찍혔다. 그들은 모두 카메라 장비를 갖춘 채 쌍을 이루어 비행했다. 이 항공기들은 플로리다 키웨스트에 있는 보카 치카Boca Chica 공군기지에서 매일 두 차례 출격했다. 대개 여러 번에 걸쳐 목표물 상공을 가로지른 다음(이 항공기들이 쿠바까지 도달하는 데 약 4분이 걸렸다), 다시 플로리다로 돌아와 잭슨빌의 해군 항공기지에 착륙했다. 이곳에서 수합된 필름은 앤드루스 공군기지로 보내져 현상된 다음 CIA 사진판독센터로 보내졌다.[1]

카스트로가 저공비행 미군기에 사격을 가하라는 명령을 내린 10월 27일이 될 때까지 이 크루세이더들은 아무런 방해를 받지 않고 비행했다. 애들레이 스티븐슨이 10월 25일 UN에서 보여준 사진들은 이 항공기들이 찍은 것이었다. 크루세이더 편대 VEP-62의 지휘관인 윌리엄 에커William Ecker는 오랜 시간이 지난 후 대공화기 사격 속에 쿠바 상공을 비행하던 기억을 떠올렸다. "거울에서 팝콘을 볼 수 있었어요." '팝콘'은 고속으로 비행하는 크루세이더 뒤에서 터지는 대공포탄의 연무를 뜻했다. "하지만 우리는 한 번도 안 맞았죠"라고 에커는 말했다.

쿠바에 주둔한 소련 공군의 젊은 장교였던 레프 옙세예프Lev Evseev는 자동화기와 대공포가 둘 다 크루세이더를 격추시키기 위해 사용되었다고 회고했다. 비행장 위를 비행하는 한 쌍의 비행기에 자동화기를 쏜 다음에 "쿠바 방공부대는 이것을 신호로 사격을 개시했습니다." 옙세예프는 이 장면을 목격할 최적의 장소를 발견했다. "나는 내 비행기(위장막이 덮여 있었음)의 날개로 급히 올라가서 미군기의 앞, 위, 아래에서 작열하는 총탄들을 봤습니다. 그러나 그들은 맞히는 건 자꾸 실패했죠"라고 그는 회상했다. "미 항공기는 세 번 상공을 비행했고, 세 번 기관포 사격을 가했습니다. 대공포에서 나온 탄피들이 우리 사이에 계속 떨어졌어요. 그러나 미 항공기들은 임무를 수행하고 안전하게 피해 없이 날아가버렸죠."[2]

쉬지 않고 상공을 비행하는 크루세이더들은 쿠바에 있는 소련 지휘관들의 신경을 크게 자극했고, 미군이 침공할 것이라는 카스트로의 공황에 빠진 듯한 주장을 신뢰하게 만들었다. "매시간 수십 대의 비행기가 머리 위에 날아다녔습니다. 비행기 굉음이 공기를 울렸어요. 폭탄이 투하되는 대규모 공습의 분위기였죠. 미군은 심리전 공격을 수행 중이었습니다"라고 플리예프 휘하에서 전투준비 담당 부사령관을 맡았던 레오니트 가르부즈 장군이 회상했다. 심리전은 미군의 전략에 속하지 않았지만, 미군 지휘관들은 소련군들이 공중에 떠 있는 미 항공기에 익숙해져 실제 공습이 진행될 때 폭격기를 정찰기와 구별 못 한 채 허를 찔리게 되기를 바랐다.[3]

10월 26일 저녁 가르부즈는 플리예프가 피델 카스트로와 다른 쿠바군 지휘관들과 거의 반나절을 함께 보낸 후 사령관실로 불려 들어갔다. 그 자리에는 방공 담당 부사령관 스테판 그레츠코 장군과 쿠바 소련군 집단의 참모장 파벨 아킨디노프Pavel Akindinov 장군도 있었다. 논의의 초점은 "그들[미국 측]이 무엇을 발견했고, 무엇을 발견 못 했나였습니다. […] 왜냐하면 다음 날 목표물들이 공격당할 수도 있으니 무엇을 철수시키고 무엇을 대체해야 할지 결정해야 했기 때문입니다"라고 가르부즈는 회고했다. 소련 지휘관들은 이고르 스타첸코 휘하의 미사일 발사기지 여러 곳이 미국 측에 발각되었다고 결론 내렸다. "그리고 우리는 모스크바에, 내가 직접 손으로 다소 급하게 적어, 우리의 적이 몇몇 전략 지역을 찾아냈다고 보고했습니다"라고 가르부즈는 회고했다.[4]

플리예프는 가르부즈가 초안을 만든 보고서를 모스크바에 보내면서 "미 공군이 우리의 기지들을 공격하는 경우 모든 동원 가능한 방공 자원을 사용하는 결정이 내려졌다"라고 알렸다. 흐루쇼프와 말리놉스키는 그날 늦게 이 결정을 승인할 것이었지만, 이 결정은 즉각 효력을 발휘했다. "우리는 암호화된 전보를 받았습니다. '군사 작전을 준비할 것, 미국 개입이 예상됨'이라고 적혀 있었죠"라고 쿠바 동부 바네스 인근에 배치된 제27방공사단 507연대의 미사일대대 참모장교인 니콜라이 안토네츠Nikolai Antonets 대위는 회고했다. "우리는 무선을 재개하고 무전기를 켜도록 허락받았습니다. 모두가 전쟁이 곧 일어날 수 있다고 생각했습니다." 그날 밤 제27방공사단 본부의 당직 장교였던 니콜라이 세로보이Nikolai Serovoi 소령은 침공 시간에 대한 훨씬 더 구체적인 지시를 기억했다. "암호화된 전보가 수신되었는데, '내일 일출시 전쟁 발발. 사단의 모든 요소를 전투준비 태세로 전환. 그러나 비밀리에 진행할 것'이라는 지시였습니다." 세로보이는 이 사실을 사단장인 게오르기 보론코프 대령의 전화로 통보받았다.[5]

플리예프가 하달한 새 명령은 이전에 모스크바로부터 받은 지시와 비슷했다. 불안에 휩싸인 소련 지도자들이 쿠바에 대한 케네디의 연설을 기다리며 크렘린에 모여 있던 10월 22일 긴장된 저녁 시간, 국방장관 로디온 말리놉스키는 플리예프에게 "전투태세를 강화하고, 쿠바군과 모든 소련군 부대가 합력하여 적을 격퇴하기 위한 긴급 조치를 취할 것. 스타첸코의 무기와 벨로보로도프의 전 화물은 여기서 제외함"이라는 명령을 내렸다. 이것은 플리예프가 방공부대의 지대공미사일을 포함해서 핵탄두가 장착되지 않은 모든 무기를 사용할 권한을 위임받았다는 것을 의미했다. 단 그는 '적을 격퇴하기' 위해서만 그렇게 할 수 있었다.[6]

그 시점에 그들이 할 수 있는 일은 미국의 공격을 기다리는 것뿐이었다. 그러나 미 공군기가 공중을 날아다니고, 쿠바군이 미군기에 사격하고, 공격이 임박했다는 소문이 들불처럼 번져가자, 소련군 지휘부는 임박한 공격과 실제 공격 사이의 경계가 흐려지는 것을 느꼈다.

쿠바 악몽에서 벗어날 길을 찾기 위해 흐루쇼프가 케네디에게 연이어 편지를 보내고, 케네디가 쿠바 침공이 불필요해지도록 흐루쇼프가 제안한 미사일 거래를 참모들에게 설득하는 동안, 쿠바에 있는 소련 장교들과 병사들은 최고위급에서 진행되는 외교적 움직임을 알지 못한 채 자기들만의 세계에 살고 있었다. 이들은 침공에 저항할 준비를 하고 있었고, 가장 큰 관심은 마감 시한까지 쿠바에 미사일을 배치하는 것이었다.

플리예프가 모스크바에 보고한 대로 일부 미사일 시설이 미 정찰기에 발각된 51미사일 사단장인 이고르 스타첸코는 자신들이 이룩한 일을 자랑스럽게 여길 충분한 이유가 있었다. 9월 8일 총참모부는 스타첸코에게 R-12 미사일 운용 2개 연대에 11월 1일까지 전투준비 태세를 갖추도록 명령했었다. R-14중거리미사일을 운용하는 연대들은 11월과 12월 중 전투준비 태세를 완료해야 했다. 중거리미사일 연대의 미사일, 병력 장비 대부분은 케네디의 봉쇄 선언이 나올 당시 쿠바로 향하고 있었고 회항해야 했다. 그러나 3개 준중거리미사일 연대와 네 번째 연대의 상당 부분은 이미 쿠바에 도착했고, 스타첸코는 11월 1일 명령 시한 전에 이들이 전투태세를 갖추도록 최선을 다하고 있었다.[7]

미사일이 전투태세에 돌입할 수 있도록 서두르던 소련 장교들과 병사들은 자신들이 적응하기 힘든 지리적 상황과 비정상적인 기후 조건을 만났다는 것을 깨달았다. 장래 소련 국방장관이 되는 드미트리 야조프 대령은 "연대가 주둔하는 지역에는 가림막이 없었다. 모든 것이 공중에 그대로 노출되었다. 인력을 위한 텐트만 있었다. 적도의 열기와 높은 습도 때문에 이 텐트 안은 박테리아가 퍼지기에 좋은 조건을 갖추고 있었다. 며칠 만에 통조림 식품들이 부풀어 올라 폭탄처럼 터지기 시작했다"라고 회고했다. 야조프의 부하들은 곧 또 다른 문제를 발견했다. 뜨거운 햇볕을 피하는 피난처로 사용한 수풀의 나무들은 독성을 띠고 있었다. "보기 좋은 광경은 아니었다"라고 야전병원을 방문했던 그는 적었다. "병사들의 피부가 부어오르고, 눈 아래 수포가 일고, 상처가 곪았다. 환자들은 침상 위를 날아다니는 모기떼를 쫓아내느라 애를 먹었다. 공기에는 구아바의 독성 냄새가 짙게 깔려 있었다. 거대하고 검은 구름이 병영으로 밀려오고 있었다." 야조프의 연대를 방문한 플리예프 장군은 더 안전한 장소로 연대를 이동하도록 명령했다.[8]

당시 젊은 부사관이었던 알렉산드르 보로파예프Aleksandr Voropaev는 아바나 인근 토렌스 마을에 주둔한 자신의 보병 연대에서 상한 음식으로 거의 반란이 날 뻔했던 일을 기억했다. 높은 기온과 한층 더 높은 습도로 음식이 빨리 상했기 때문이었다. "파스타와 오트밀에서 벌레들이 나오기 시작했고, 시간이 가면서 점점 더 많이 나왔다"라고 그는 회고했다. 음

* 1905년 6월 흑해 연안에서 사격훈련 중이던 포템킨호 수병들은 상한 고기와 구더기가 나오는 수프를 보고 식사를 거부했다. 부함장이 식사를 거부하는 이들을 처형하겠다고 위협하자 수병들은 반란을 일으켜 선상의 장교 열여덟 명 중 함장을 포함한 일곱 명의 장교를 살해하고 수병위원회를 설치해 포템킨호를 장악했다. 아이젠슈타인 감독은 1925년 이 사건을 소재로 〈전함 포템킨〉을 만들었다.

식에서 벌레가 나오는 것이 많은 병사들에게, 세르게이 아이젠슈타인Sergei Eisenstein 감독의 소련 고전 영화의 주제이기도 한 전함 '포템킨'의 반란*을 연상시켰다. 당시 전함에선 수병들의 국에 들어간 고기에서 벌레가 발견되는 것으로 반란이 시작되었다. 상황이 충분히 심각했기에 연대장인 카르포프Karpov 중령은 부하들을 집합시켜 대화했다.

"자네들은 장교는 다른 음식을 먹는다고 생각하나?"라고 보로파예프는 연대장이 한 말을 기억하며 적었다. "엉망인 모양은 다르지만, 음식은 똑같다. 식기 속의 벌레도 똑같다. 어제 취사병들이 크리보이 중령과 나에게 […] 점심으로 파스타가 든 고기 통조림을 가져왔다. 그의 음식에도 내 음식에도 벌레들이 있었다. 우리는 서로 쳐다보고는 벌레를 치워버린 뒤 괜찮은 것들을 먹기 시작했다." 카르포프 중령은 새로운 식량 보급품을 실은 배가 인근 항구에 도착하면 상황이 나아질 것이라고 약속했다. 병사들은 반란을 일으키지 않았지만, 그들의 위장은 반란을 일으켰다. 보로파예프는 나중에 이렇게 썼다. "이것이 벌레 때문인지 바닥에 놓인 호스로 직접 받아 마신 물 때문인지는 모르지만, 이질痢疾이 연대 병력에 나타났고, 곧 전염병 수준으로 번졌다. 약 1,300명의 병력 중 800명 이상이 '기관총 부대'에 해당했는데, 이 표현은 거의 공식적인 것이 되었다."[9]

케네디 대통령은 10월 22일 저녁 대국민 연설을 했다. 쿠바 시각으로 다음 날 아침 8시 스타첸코 장군은 사단 전체에 고도 경계태세를 발령했다. 그때 그는 거의 8천 명에 달하는 장교와 사병, 36기의 R-12미사일, 같은 숫자의 탄두를 보유하고 있었다. 이반 시도로프 대령 휘하의 첫 중거리미사일 대대는 10월 8일에, 두 번째 대대는 10월 12일 배치가 완료되었다. 10월 18일에 그의 연대 전체는 작전 준비를 완료했다고 그는 기억했다(스타첸코는 자신의 보고에 10월 20일로 날짜를 기록했다). 그 시점에 시도로프의 연대는 두 시간 반 경고시간을 가지고 미국의 목표물에 핵미사일을 발사할 준비를 마쳤다. 단 한 가지 문제가 있었다. 발사하기 위해서 핵탄두가 기지에 운송되어야 했다. 핵탄두는 이미 쿠바에 있으니 이것은 시간문제였다. 소련군은 준비에 필요한 시간을 확보했다. 시도로프 연대의 미사일은 케네디의 TV 연설 이틀 전 발사준비를 마쳤다.

10월 24일 스타첸코는 다른 두 연대 지휘관인 시도로프와 반딜롭스키 Bandilovsky에게 이들이 가진 연료와 장비 일부를 솔로비요프Soloviev 대령이 지휘하는 연대와 '공유'하도록 명령을 내렸다. 솔로비요프 연대의 장비는 봉쇄 때문에 쿠바에 도착하지 못했다. 두 연대장은 명령을 수행했다. 10월 25일 반딜롭스키 연대 전체와 솔로비요프 연대의 1개 미사일 전대도 고도 경계태세에 돌입했다. 10월 26일 밤, 핵탄두가 중앙 보관소에서 시도로프 연대에 수송되었다. 10월 27일이 되자 시도로프 연대는 고도 경계태세가 아니라 미사일 발사준비를 완료했고, 미국을 핵무기로 공격할 모든 준비를 마쳤다. 케네디가 상상한 최악의 악몽이 갑자기 현실이 되었다.[10]

스타첸코 장군과 그의 최정예 부대는 언제라도 있을 공격에 대비한 상태로 10월 26일 밤을 보냈다. 그러나 공격은 없었다. "날이 밝았지만 사방이 조용했고 레이다는 상공에서 아무 목표물도 발견하지 못했습니다. 그러나 모두가 한계에 달할 정도로 신경이 곤두섰고, 밤을 꼬박 새운 병사들은 진이 빠졌죠"라고 쿠바 중부 카마구에이에 주둔한 제27방공사단 본부 야간 당직 장교였던 니콜라이 세로보이 소령이 회고했다.

10월 27일 오전 8시경 적도의 소나기가 거세지면서 나빠지는 날씨는 공격의 가능성을 더 없어 보이게 만들었다. 플리예프는 한발 물러나 휘하 병력에 새 명령을 내렸다. "우리는 소규모 부대 대형으로 계속 임무를 수행하며 적이 직접 공격해 오는 경우에만 사격을 하라는 명령을 받았습니다"라고 세로보이 소령은 회고했다. 잠 못 이루고 신경을 고문하는 밤으로 지친, 세로보이 부대의 지휘관 게오르기 보론코프와 많은 장교들은 간단히 요기하고 좀이라도 잠을 청하기 위해 사령부를 떠났다. 24시간 당직 연속 이틀 째를 시작한 세로보이는 자기 위치에 남아 있었다. 그는 탈진했다. "우리는 밤새 한숨도 자지 못했습니다"라고 그는 회고했다.[11]

카마구에이에 설치된 레이다가 목표물을 발견한 것은 오전 9시경이었다. 항공기 한 대가 쿠바 동쪽 끝을 향해 20킬로미터 혹은 6만 5천 피트 이상의 고도로 비행하고 있었다. 이 항공기는 미 공군 제4080전략정찰대의 루돌프 앤더슨 소령이 조종하고 있었다. 플로리다주 올랜도의 매코이 공군기지에서 록히드 U-2F를 타고 이륙한 그가 아바나 시각으로 오전 9시 12분에 쿠바 중부의 카요코코섬 상공으로 쿠바 영공에 진입하는 것이 소련군 레이다에 포착되었다. 9시 20분 앤더슨은 카마구에이에 있는 보론코프 대령의 방공사단 본부 상공을 이미 비행하고 있었다. 앤더슨은 만사니요까지 남쪽으로 비행한 다음, 동쪽으로 방향을 틀어 산티아고 데 쿠바를 향했고, 관타나모기지 상공을 비행한 다음 급히 동쪽으로 방향을 바꾸어 올긴 지방의 바네스를 향해 북쪽 해안 상공을 날았다.[12]

앤더슨 소령은 무전을 끄고 정체를 밝히라는 소련군의 무선신호에 반응하지 않은 채 한 시간 이상 쿠바 영공을 비행했다. 그 시간 동안 U-2기에 장착된 카메라는 계속 작동하며 소련 미사일 기지의 새 사진을 찍었다. 소련군 장교들은 무슨 일이 일어나고 있는지 아주 잘 알았다. 자신들이 그토록 노력을 들여 구축한 기지가 노출되고 있었다. 제27방공사단 본부에 당직을 서던 세로보이는 연대장들로부터 이 항공기를 격추하도록 허락해달라는 요구에 에워싸였다. 마지막까지 행동을 지켜보느라 몸이 단 이들은 1960년 게리 파워스의 U-2기를 격추했던 것과 같은 S-75지대공미사일을 준비해두었다.

"방공미사일 연대장들은 이것이 직접 공격이라고 주장하며 사격 허가를 집요하게 요청하기 시작했습니다"라고 세로보이는 회고했다. "다른 장교들은 적의 정찰기가 정찰 자료를 가지고 아무런 제재 없이 자기네 거점으로 돌아가는 걸 허용해서는 안 된다고 봤습니다. 정찰기 다음에 우리 거점을 파괴하는 공습이 따를 것이라고 주장했습니다. 내가 그 순간 반복해 말한 것은, 우리가 공격을 격퇴하기에 열중하고 있다는 점, 우리가 아직 '진정되지' 못했다는 점이었습니다."[13]

세로보이 소령은 아바나 인근 엘 치코의 지하 벙커에 있는 플리예프의 사령부에 연락을 취했다. 당시 당직 장교는 스테판 그레츠코 장군이었다. 52세의 모스크바 지역 방공 참모장이었던 그는 플리예프의 방공 담당 부사령관으로 쿠바에 파견되었다. 그는 S-75데스나 지대공미사일을 보유한 2개 방공사단을 지휘하고 있었다. 이 부대들은 스타첸코의 미사일 연대보다 먼저 쿠바에 파견되어 미사일 부대들이 미국의 U-2기에 발각되지 않게 하는 임무를 맡고 있었다. 그러나 지금 미 공군기가 아무런 장애물 없이 스타첸코 미사일 기지 상공을 비행하면서 그레츠코의 임무 전체를 유명무실하게 만들고 있었다. 공습이나 침공이 임박한 상태에서, 그레츠코가 방어해야 할 핵미사일들이 미국 폭격기의 먹잇감으로 변하고 있었다.

세로보이는 "지금 부대장들이 정찰기를 격추시켜야 한다고 계속 주장하고 있습니다"라고 그레츠코에게 보고했다. 그레츠코는 어떻게 해야 할지 몰랐다. 플리예프는 자리에 없었다. 신장병에 시달리며 밤을 새운 사령관은 쉬러 갔다. 그날 아침 10시경 사령부에 온 가르부즈 장군은, 그레츠코가 플리예프 장군이 아파서 만나지 못했다고 말한 것을 기억했다. 세로보이의 기억으로, 미군기를 격추시킬 것인가를 놓고 그레츠코의 사령부와 연대장들 사이에 벌어진 논쟁은 최소 30분이 걸렸다. "그레츠코 장군은 '지금 사령관님을 만날 수 없다'며 서두르지 말고 기다릴 것을 지시했습니다"라고 세로보이는 회고했다.[14]

가르부즈 장군이 사령부에 도착했을 때, 그레츠코는 "[한] 손님이 한 시간 이상 우리 상공을 돌아다니고 있습니다. 격추 명령을 내려야 한다고 생각합니다. 미군기가 우리 상황을 완전히 파악하고 정찰 자료가 몇 시간 안에 워싱턴에 전달될 것이기 때문입니다"라고 가르부즈에게 말했다. 두 장군은 플리예프가 자신의 직접 명령 없이는 미군기에 미사일을 발사하지 말라는 명령을 내린 것을 잘 알고 있었다. 그러나 그는 지금 자리에 없었고 만날 수도 없었다. 그레츠코는 다른 참모들과도 상의했다. 대부분 미사일 전문 장교들이었던 이들은 기병대 출신인 플리예프가 미사일에 대해 아는 것이 전혀 없기에 현재 임무에 적임자가 아니라고 보았다. 참모들 전원은 미군기를 격추해야 한다는 의견이었다. 가르부즈는 그레츠코에게 "모든 미사일 발사장치가 '켜져 있고', 비밀 정보가 펜타곤까지 가선 안 된다"라고 말했다.

아마도 그레츠코는 자신이 방공 책임을 지고 있기 때문에 자신이 결정을 내려야 한다고 생각했을 것이다. 독일 전선에서 수많은 전투를 치른 2차대전 참전용사인 그는 적의 정찰기가 왔다 간 다음에는 폭격이 이어진다는 것을 알고 있었다. 그는 1943년, 자신이 배속된 군 집단 사령부에 대한 독일의 공격으로 부상을 입은 적이 있었다. 그레츠코는 개인적으로 니키타 흐루쇼프와 인연이 있는 엘리트 장군 중 한 사람이었다. 여기에는 전 전략로켓군 사령관 키릴 모스칼렌코 원수와 모스크바 방공 사령부의 그레츠코 직속 상관인 파벨 바티츠키Pavel Batitsky도 포함되었는데, 바티츠키는 1953년 12월 흐루쇼프의 숙적인 라브렌티 베리아를 직접 총으로 처형한 군인이었다. 다른 장교들은 소련 여러 지역에서 파견된 데 반해 모스크바에서 직접 쿠바로 파견된 그레츠코는 플리예프의 다른 부사령관들보다 배경이 더 든든했다.[15]

"레이다병이 이 비행기가 5분 후 관타나모기지로 돌아간다고 말했습니다"라고 보고한 후 "그레츠코가 '나는 이것을 격추하기로 결정했습니다'라고 말했다"라고 가르부즈는 회고했다. 그는 가르부즈에게 이렇게 덧붙였다. "우리 둘이 공동으로 책임을 져야 할 겁니다." 가르부즈는 이 말에 동의했다. "우리 둘의 공동 책임이다"라고 그는 세월이 흐른 후 인정했다. 카마구에이에서 세로보이 소령은 사단 지휘관인 보론코프로부터 사격하라는 명령을 받았다. 보론코프는 누가 이 명령을 내렸는지 밝히지 않았다. 세로보이는 보론코프가 스스로 이 명령을 내렸다고 생각했다. 그는 이 명령을 즉시 예하 부대에 전달했고 플리예프 사령부에도 바로 보고했는데, 그레츠코는 이를 확인해주지도 취소하지도 않았다. 실제 명령이 가르부즈가 주장한 대로 그가 내린 것인지, 세로보이가 생각한 대로 보론코프가 내린 것인지를 떠나서, 지휘관인 그레츠코가 이제 플리예프의 지시를 명백히 거스르는 그 명령에 책임을 지게 되었다.[16]

소중한 시간이 흘러가면서 잠시 동안, 명령이 아무런 효력도 갖지 못하는 것처럼 보였다. 그레츠코가 U-2기를 격추시킬지 말지 주저하는 동안 목표물은 레이다 화면에서 사라졌다. 그러나 명령은 효력을 유지했고 몇 분 후, U-2기가 쿠바 동쪽 끝에서 기수를 틀어 다시 아바나 방향으로 서진하고서 다시 레이다에 잡혔을 때 보론코프의 부하들은 준비가 되었다. 바네스 인근의 SAM 발사대대 지휘관인 이반 게르체노프Ivan Gerchenov, 참모장 니콜라이 안토네츠 대위, 알렉세이 랴펜코Aleksei Riapenko 중위는 R-12 발사 관제실로 뛰어 들어가 레이다 화면의 목표물을 주시했다. 연대 본부와 연락을 취하던 안토네츠는 게르체노프에게 물었다. "어떻게 할까요? 발사할까요?" 안토네츠는 명령 확인을 위해 한 번 더 물었다. "기다려. 명령이 바로 내려올 것이다"라는 답이 돌아왔다.[17]

"세 발로 목표를 파괴하라!" 발사팀의 목표물 담당 장교인 랴펜코는, 최종 명령 확인을 받고 난 게르체노프 소령의 이 목소리를 들었다. "나는 발사 스위치 세 개를 모두 BR모드로 켰고 1번 채널의 '발사' 버튼을 눌렀습니다" 라고 랴펜코는 기억했다. "미사일이 발사대에서 바로 사출되었습니다. 그런 다음 나는 이렇게 보고했습니다. '목표 조준됨!' 첫 미사일이 이미 9~10초를 비행 중일 때, '2번 미사일 발사!'라는 명령이 떨어졌습니다. 나는 두 번째 채널의 '발사' 스위치를 눌렀습니다. 첫 미사일이 폭발했을 때 화면에 연기가 나타났습니다. 나는 '1번 폭발. 목표물에 타격, 목표물 손상됨!'이라고 보고했습니다. 2번 미사일 폭발 후 목표물은 갑자기 고도를 잃기 시작했습니다. 나는 보고했습니다. '2번 폭발, 목표물 명중!'"

이때가 아바나 시각으로 오전 10시 19분, 워싱턴 시각으로는 오전 11시 19분, 모스크바 시각으로 오후 8시 19분이었다. 명령에 잇따른 소동 속에서, 자동 사격 대신에 미사일이 연속으로 발사되었다. 그러나 더는 문제 되지 않았다. 목표물이 명중되었다. 게르체노프는 엄청난 부담감을 안고도 차분하게 명령을 수행한 랴펜코를 칭찬했다. 랴펜코는 발사실에서 나왔을 때 훨씬 요란한 축하 세례를 받았다. "병사들이 나를 들어 헹가래를 쳤습니다. 내가 56킬로그램밖에 나가지 않았으니 쉬웠겠죠"라고 랴펜코는 회상했다. 거의 핵전쟁을 일으킬 뻔했던 그 남성은 스물두 살에 체중이 123파운드였다. 환호는 오래 지속되지 않았다. 랴펜코는, 그들이 지금 막 일어난 일이 군사 충돌과 예기되는 보복 공격의 시작이 되리라고 생각했다는 사실을 기억했다.[18]

세로보이 소령은 목표물33의 격추를 그레츠코의 사령부에 보고했다. 다시 한번 그레츠코는 아무 말이 없었다. 격추 소식에 세로보이를 칭찬하지도 않았고, 플리예프의 지시를 위반했다고 야단치지도 않았다. 몇 시간 후 소련군 장교 몇 명이 U-2기가 추락한 지점을 찾아갔다. 이들은 조종석에서 앤더슨 소령의 서류와 개인 물품들을 꺼냈던 것으로 보인다. 이들이 시신을 보았는지는 분명하지 않다. 연대 암호해독병인 겐나디 톨신Gennadii Tolshin은 보론코프가 플리예프에게 보낸 전보의 내용을 후에 기억했다. "파블로프 앞. 1962년 10월 27일, 10시 21분, 영공을 침범한 미국 정찰기 U-2기인 목표물33 파괴됨. 이것은 뉴욕시 태생의 미 공군 R. 앤더슨 대위가 조종했고, 부인과 세 딸이 있음. 보론코프 보고."[19]

미군기 격추 사실을 처음 보도한 것은 라디오 아바나였다. 이 뉴스는 쿠바인들의 사기를 높였으며 카스트로가 깨달았건 아니건, 목표물33의 파괴는 그의 전략의 승리를 의미했다. 곧 있을 침공에 대한 공포는, 자신의 병력에 대한 통제를 끝내 상실했고 그 오래된 긴장에 의해 육체적, 심리적으로 지친 플리예프에게 영향을 미쳤다. U-2기 격추 사실을 보고받은 플리예프도 그레츠코와 마찬가지로 애매한 태도를 보였다. "총사령관은 우리를 비난하지 않았다"라고 가르부즈는 기억했다. 최소한 그 당시 그는, 자신과 모스크바가 참모들에게 내린 명령이 위반된 것을 비난하려 하지 않았다. 의도적이건 아니건 그는 부하들에 대한 통제력을 상실하고 있었다. 랴펜코와 그의 동료 장교들처럼 플리예프와 부사령관들은 이제 다음에 닥칠 일을 기다리고 있었다. 이들이 아는 한 이제 미국은 보복할 것이다.[20]

비밀 회동

앤더슨 소령이 몰던 U-2기의 격추는 케네디와 참모들이 그날 사태를 논의하는 데 전환점이 되었다. 로버트 케네디는 이 뉴스가 백악관 내각회의실의 분위기를 바꿨다고 말했다. "앤더슨 소령과 유족에 대한 애도가 있었다"라고 그는 썼다. "우리 조종사들을 보호하기 위해 군사행동을 취해야 한다는 인식이 있었다. 소련과 쿠바가 전투준비를 하는 것으로 보인다는 우려가 있었다. 그리고 올가미가 우리 모두와 미국인, 인류를 조여오고 있고, 여기서 빠져나갈 다리가 무너지고 있다는 느낌이 들었다."[1]

그러면 이 상황에서 무엇을 해야 하는가? "그들이 먼저 쐈습니다"라고 폴 니체가 말했다. 테일러 장군은 U-2기를 격추시킨 미사일 기지에 대한 정밀 보복 공격을 주장했고, 만일 미군기들에 대한 공격이 계속된다면 전면적 공습을 실시할 것을 건의했다. "우리가 이틀 전에 동의한 내용입니다"라고 테일러는 말했다. "그때 그것은 좋은 생각이었고, 지금도 나는 좋은 안이라고 봅니다"라는 한 멤버의 목소리가 녹음테이프에 기록되었고 누군지는 확인되지 않는다. 그는 다수의 의견을 표현했던 것으로 보인다.

회의 초반 케네디는 U-2기를 격추한 것에 대해 전면적 보복 공격을 주장한 테일러를 지지하는 목소리를 냈다. 그러나 즉시 미사일 기지에 보복 공격을 가하는 것은 불가능했다. 쿠바는 밤으로 접어들고 있었다. "너무 늦었습니다. 내일 개시해야겠습니다"라고 맥나마라가 설명했다. 케네디도 참모들도 지금 발생한 사건을 어떻게 해석해야 할지 몰랐다. 단지 한 가지는 분명히 확신하는 것 같았다. U-2기의 격추가 크렘린과 그 주인 니키타 흐루쇼프가 벌이는 위험한 게임에서 의도적으로 취한 행동이라는 것이었다.[2]

엑스컴 오전 회의와 오후 회의에서 논의되었던 터키의 미국 미사일 문제는 계속 의제로 유지되는 가운데 쿠바 상공의 U-2기 격추로 새로운 시급성을 띠게 되었다. 터키의 미사일을 철수하자는 케네디의 아이디어를 강력히 지지하는 유일한 한 사람은 로버트 맥나마라였다. 그러나 그의 논리는 케네디의 논리와 전혀 달랐다. 대통령이 쿠바 침공과 전쟁 발발을 막기 위해 미사일 철수를 원한 반면, 그의 국방장관은 그때까지도 쿠바 침공을 지지하는 입장에서 터키 미사일 철수를 원했다. 소련은 쿠바 침공에 대응해 다른 곳에서 군사적 반격을 가할 터인데, 터키의 미사일이 그 목표물이 될 가능성이 컸다. 이것은 '포획되기를 기다리는' '좋은 먹잇감'인 셈이었다. "나는 미국의 쿠바 공격에 이은 소련의 나토 대응을 최소화해야 된다고 생각합니다. 우리는 쿠바 공격 전에 터키에서 주피터를 빼내야 합니다"라고 맥나마라는 엑스컴에 말했다. 참석자 대다수는 설득되지 않았다.[3]

케네디가 예정된 약속으로 오후 5시 내각회의실을 떠날 때, 미사일 교환을 하자는 흐루쇼프의 제안에 대한 합의는 아직 이루어지지 않은 상태였다. 케네디가 없는 상태에서 참모들은 논의를 계속했고, 흐루쇼프에게 보낼 대통령의 또 다른 답신 초안을 만들었다. 로버트 케네디와 테드 소렌슨이 마지막 손질을 가한 이 초안에 터키의 미사일에 대한 언급은 없었다. 맥나마라는 터키로부터 일방적인 미사일 철수, 그리고 지상 발사 미사일 주피터 대신에 해상 발사 미사일 폴라리스를 설치할 것을 주장했다. 반면 CIA 국장 매콘은 조지 볼의 지원을 받아, 흐루쇼프에게 미군기에 대한 사격을 중지하라는 최후통첩과 그가 제시한 미사일 교환을 사실상 받아들이는 제안을 결합한 메시지를 준비했다.

모두가 서로 다른 방향으로 가고 있었다. 참모들은 지치고 초조해하고, 전반적으로 갈팡질팡하고 있었다. 커티스 르메이와 합참 지휘관들이 SAM에 대한 보복 공격을 반대하면서 문제가 더 복잡해졌다. 그들은 쿠바에 있는 핵미사일 일부가 이미 작전 준비를 마쳤다고 보았다—나중에 그것은 사실로 판명되었다. SAM 타격은 그들의 추정에 따르면 소련의 핵반격을 불러올 수도 있었다. 따라서 이 지휘관들이 원하는 것은 선별 타격이 아니라 쿠바에 대한 총공격을 가능한 한 빨리 개시하는 것이었다. 케네디와 흐루쇼프가 타협할 기회의 창은 빠르게 닫혀가고 있었고, 10월 27일 오후 두 지도자가 시한을 맞출 수 있을지는 분명해 보이지 않았다.[4]

두 시간 후 로버트 케네디는 엑스컴에서 진행된 논의를 케네디 대통령에게 개인적으로 브리핑했다. "형은 앤더슨 소령에 대해 말하면서, 늘 가장 용감하고 걸출한 사람이 죽는 것을 애석해했다"라고 로버트 케네디는 10월 27일 저녁 형과의 만남을 기록했다. 자기 형의 생각의 흐름을 기술하면서 그는 이렇게 계속했다. "정치인들과 관리들은 편히 앉아서 거들먹거리며 위대한 원칙과 사안들에 대해 말하고, 결정을 내리고, 부인과 가족들과 저녁 식사를 하는 동안 용감하고 젊은 사람들은 죽는다." 존 케네디는 그러고서 즐겨 언급하던 주제인 오판의 위험으로 넘어갔지만, 로버트 케네디에 따르면 대화의 요지는 "러시아인들에게 자신들의 안보를 약화하거나 공공연한 모욕을 당하지 않는 평화적 해결을 발견할 […] 모든 기회를 주어야 한다"는 것이었다.[5]

그날 저녁 자기 형이 한 말에 대한 로버트 케네디의 기억이 정확했는지의 여부를 떠나 U-2기 격추와 조종사의 죽음은 의심의 여지 없이, 모든 가능한 방법으로 전쟁을 막아야 한다는 케네디의 결의를 강화시켰고, 이것은 소련을 포용하는 것을 뜻했다. 하루 종일 그는, 쿠바 미사일을 제거하는 유일한 방법은 이 미사일을 터키 미사일과 교환하는 것이라고 참모들을 설득하기 위해 싸웠다. 테일러 장군은 참모총장에게 그날 오후 엑스컴 회의 보고서를 통해 대통령이 "터키와 쿠바 미사일을 거래하는 아이디어에 사로잡혀 있습니다"라고 전했다.[6]

그날 하루 동안 케네디의 사태 해결에 대한 의지가 약해졌다는 시사는 없다. 그러나 로버트와의 대화에서 대통령은, 터키에 대한 아무런 언급이 없는 로버트와 테드 소렌슨의 편지 초안을 승인했다. 이전 초안에는 "당신은 터키의 기지는 나토 관할하에 있다는 것을 이해해야 합니다"라는 구절이 들어 있었다. 그러나 최종안에는 흐루쇼프의 맞거래 제안을 무시했다. 이 편지는 흐루쇼프가 미사일 기지 건설을 중단하면 협상을 진행하겠다고만 약속했다. 협상의 기본은 UN 감시하 소련 미사일 철수였다. 이것이 기반이 되어야 봉쇄가 철회되고, 미국과 라틴아메리카 동맹국들의 쿠바 불침공 약속이 가능했다.[7]

존 케네디가 로버트의 편지 초안을 받아들인 이유는 그에게 이미 다른 계획이 있었기 때문이다. 그의 동생을 소련대사 아나톨리 도브리닌에게 보내 비밀리에 미사일 거래를 협상하는 것이었다. 로버트와의 만남 후 존 케네디는 엑스컴이 논의를 진행하던 회의실로 돌아와 잠시 논의한 다음, 엑스컴의 일부 멤버를 따로 대통령 집무실로 불렀다. 그는 린든 존슨을 부르지 않고 맥조지 번디를 불렀다. 번디는 그곳에서 논의된 내용에 대한 유일한 상세한 기록을 우리에게 남겼다. 논의된 주요 주제는 로버트 케네디와 테드 소렌슨이 만든 편지를 로버트가 도브리닌에게 전달할 때 함께 전할 구두 메시지 내용이었다.

터키의 미국 미사일은 논의를 꺼리는 주제였다. 모두가 케네디가 이것에 대해 타협하고 싶어 한다는 것을 알았지만, 도브리닌에게 전달되는 편지에는 언급되지 않은 상태였다. 케네디가 그의 동생이 소련대사와 이 문제를 논의하기를 원했다는 것은 분명했지만 어떻게? 딘 러스크가 하나의 해결책을 제시했다. 로버트가 도브리닌에게, 쿠바와 터키의 미사일의 상호 보상을 공개적으로 선언할 수는 없지만, 케네디의 편지를 바탕으로 위기가 해결되면 대통령이 터키에서 미국 미사일을 철수할 것이라고 전하는 것이었다.[8]

해결책은 외교 자체만큼이나 오래된 것, 바로 비밀 거래였다. 러스크의 공식은 터키 주재 미국대사 레이먼드 해어가 전문으로 제안하여 그날 일찍 워싱턴에서 수신한 아이디어에 기초한 것이었다. 해어가 제안한 것 중 하나는 "주피터미사일을 해체"하되 "쿠바 위기에 좀 더 명백한 관계를 갖는 상태"에서나 "소련 측과 엄격한 기밀을 바탕으로" 하는 것이 조건이었다. 그는

"기밀 방식은 소련 측의 신의를 전제하는 것이기에 그다지 확신할 만한 방법은 아닌바, 소련이 언제라도 폭로하여 미국-터키 관계에 타격을 줄 수 있다"라고 덧붙였다. 바로 몇 주 전에 미사일에 대해 거짓말을 한 흐루쇼프를 믿을 수 없다는 것은 누구보다 케네디가 잘 알았다. 그러나 다시 한번 이 사람을 믿어보는 것 외에는 다른 방법이 없었다.[9]

"딘 러스크가 제안한 순간 우리 모두 이에 동의해야 한다는 것이 분명해 보였다"라고 번디는 회고했다. 그러나 이 거래의 비밀 조항은 흐루쇼프뿐만 아니라 미국 측에서 결정을 내리는 모든 사람이 침묵을 유지해야만 했다. "압박받는 상황에서 터키를 희생하는 것처럼 보이는 가운데 공식적 타협을 이루는 것을 모두 우려했고, 우리의 가장 가까운 위원회 안에서도 몇몇에게는 이 일방적이고 사적인 확언마저 동맹을 배반하는 것으로 비칠지 모른다는 것을 오늘의 논의로 알게 되었기에, 우리는 방 안에서 이 추가 메시지에 대해 모르는 사람이 있어선 안 된다는 것에 지체 없이 동의했다"라고 번디는 회고했다.[10]

번디가 언급한 '추가 메시지'는 실제로 로버트 케네디가 소련 측에 전달해야 할 주요 메시지였고, 충격적이게도 나머지 엑스컴 멤버들에게는 비밀로 유지해야 했는데 여기엔 CIA 국장 매콘뿐만 아니라 부통령 린든 존슨과 합참의장 테일러 장군도 포함되었다. 다른 참모들이 수용한 타협안을 만들었다고 알려진 러스크는 후에 이 공작에서 자신의 역할을 축소하고, 터키 미사일 제거가 쿠바 타협안에 확실히 포함되지 않게 하려고 노력했다는 점을 강조했다.

"나는 터키의 주피터미사일 문제가 어느 순간에라도 불거질 수 있었기에 러시아인들에게도 이를 알려야, 상관없는 문제가 쿠바의 미사일 기지 문제 해결을 방해하는 일이 없을 것이라고 제안했다"라고 러스크는 나중에 썼다. "우리는 보비가 도브리닌 대사에게 구두로 통보하는 것에 동의했다. 우리가 사무실로 돌아온 직후 나는 보비에게 전화해 도브리닌에게 이것을 공식적 약속이 아닌 단지 정보로 전달해야 한다고 강조했다. 보비는 지금 도브리닌과 앉아 있고, 이미 그것을 얘기했다고 했다. 보비는 도브리닌이 이 메시지를 '매우 중요한 정보'로 불렀다고 나중에 내게 전했다." 러스크의 설명은, 상호 거래와 별개 사안으로서 터키 미사일 철수 사이의 애매모호한 경계선을 넘은 것이 러스크가 아니라 로버트 케네디였을 가능성을 암시한다. 정말 실제로는 관련 당사자 모두가 현재 그들이 진행 중인 일, 즉 공개적으로뿐만 아니라 사적으로도 인정하지 않은 채 비밀 거래를 만들고 있다는 것을 알고 있었음이 분명하다.[11]

공모자들은 한 시간 정도 후에 엑스컴 회의로 복귀하여 참석자들에게 로버트의 임무를 비밀로 유지한 채 위기 해결 방안들에 대해 논의해야 했다. 대통령은 이미 거래하기로 결정한 상태였다. 그 시점에 이 임무가 성공하리라고 생각한 사람은 물론 거의 없었다. 결국 비밀 외교 거래는 통상적으로 동맹이나 동맹이 될 국가 간에 이루어지지, 대규모 군사적 충돌 직전에 있는 적국 사이에는 이루어지지 않는다. 새로운 핵무기가 양측을 앞으로 일어날지 모를 핵 전멸의 인질로 만들었다. 양측은 서로를 신뢰하는 방법들을 찾아내야 했다. 1년 전에 베를린에서 이를 해낸 적이 있었다. 아마도 다시 한번 운이 따를 수도 있었다.

로버트 케네디는 백악관에서 대통령과의 비밀 모임 직후 법무부에 있는 자신의 집무실에서 아나톨리 도브리닌을 만났다. "나는 그에게 먼저 쿠바 미사일 기지 구축 작업이 계속되고 있고, 지난 며칠간 가속되었다는 것을 우리가 알고 있다고 말했다"라고 로버트 케네디는 도브리닌에게 전한 메시지를 『13일』에 적었다. "나는 지난 몇 시간 사이에 쿠바 상공을 비행하던 우리 정찰기들이 사격을 받았고 U-2기 한 대가 격추되어 조종사가 사망한 것을 알게 되었다고 말했다. 우리에게 그것은 매우 심각한 사태 반전이었다. 케네디 대통령은 군사 충돌을 원하지 않았다. 그는 쿠바와 소련에 대한 군사 작전을 피하기 위해 가능한 모든 일을 해왔지만, 지금 그들은 우리를 억지로 나서게 만들었다."[12]

도브리닌은 자신의 회고록에서 로버트 케네디가 상황의 긴급성을 전하는 데 훨씬 적나라했다고 기억했다. "미 군부는 대통령에게 보복을 허락해달라고 요청했다"라고 로버트 케네디는 대사에게 말한 것으로 회고되었다. 그날 밤 본국에 보낸 회동 결과 보고에서 도브리닌은 새로운 상황으로 제기된 위험에 대한 로버트 케네디의 설명을 확장했다. "미국 정부는 그 기지들을 제거하기로 결정했다. 극단의 경우 그것을 폭격하는 것도 포함되어 있다. 반복하건대 이것들은 미국의 안보에 중대한 위협을 제기하고 있다"라고 도브리닌은 로버트 케네디의 말을 모스크바 보고 전문에 요약했다. "그러나 이 기지들 폭격에 대응하는 과정에서 소련 전문가들이 고초를 겪을 것이고, 소련 정부는 의심의 여지 없이 우리에 대해 유럽의 어디에선가 똑같은 방식으로 대응할 것이다. 진짜 전쟁이 시작될 것이고 수백만의 미국인과 러시아인이 사망할 것이다."[13]

도브리닌의 보고에 따르면, 로버트 케네디가 미국의 쿠바 불침공 약속을 대가로 소련 미사일 기지를 해체하고 쿠바에서 핵무기를 제거하자는 자기 형의 공식 제안을 설명한 후, 도브리닌이 먼저 터키의 미국 미사일 문제를 꺼냈다. 수십 년 후 도브리닌이 회고했듯 당시 그는 미국과 어떻게 협상해야 할지 모스크바로부터 아무런 지시를 받지 못한 상태였고, 쿠바-터키 미사일 거래를 제안한 흐루쇼프 편지의 전체 사본도 받아보지 못한 채 서방 방송에 의존해야 했다. 이제 이런 거래에 대한 모스크바의 공식 지원이 분명해지자 그는 이 문제를 거론하기로 했다.[14]

도브리닌에 따르면, 터키에 대한 자신의 질문에 "로버트 케네디는 답할 준비가 되어 있었다." 우리가 오늘날 알고 있는 바로는 케네디가 실제로 터키의 미사일을 논할 기회를 기다리고 있었다. "만일 그것이 내가 전에 언급한 규정을 성취하는 데 유일한 장애물이라면, 대통령은 이 문제를 해결하기 위해 어떤 어려움에도 대처할 수 있다고 봅니다"라고 로버트는 도브리닌에게 말했다. "대통령에게 가장 큰 어려움은 터키 문제를 공론화시키는 것입니다"라고 그는 말을 이으며 자신의 형이 문제를 어떻게 풀어가고 싶어 하는지를 도브리닌에게 설명했다. "공식적으로 터키 미사일 배치는 나토 집행위원회의 특별한 결정에 의한 것이었습니다. 미합중국 대통령이 일방적으로 터키에서 미사일 기지를 철수하겠다고 선언하는 것은 나토의 전체 구조와 나토의 리더라는 미국의 입지에 해를 끼칠 것입니다. 소련 정부도 잘 알다시피 여기에는 많은 논란이 따를 것입니다. 간단히 말해 그런 결정이 지금 공표되면 나토를 심각하게 분열시킬 것입니다. 그러나 케네디 대통령은 이 문제에 대해서도 N. S. 흐루쇼프와 합의할 준비가 되어 있습니다. 나는 터키에서 이 기지들을 철수하는 데 4~5개월이 필요할 것으로 생각합니다."

로버트 케네디는 자기 형이 위임한, 도브리닌에게 '추가 메시지'를 전달하는 임무를 성공적으로 수행했다. 그러나 그것이 임무의 끝은 아니었다. 이 일의 필수조건은 거래의 비밀을 지키는 것이었다. 그는 도브리닌에게 "대통령은 터키의 이 문제에 대해 어떤 것도 공적으로 말할 수 없습니다"라고 했다. 도브리닌의 말을 빌리면, 로버트가 덧붙이기를 존 케네디의 "터키에 대한 언급은 최고 기밀이다. 두 형제 외에 워싱턴의 두세 명만 이에 대해 알고 있다." 케네디는 도브리닌과 더불어 흐루쇼프의 비밀 보장을 받아낼 수는 없었지만, 이 거래가 비밀이 지켜지는 한에서만 존중될 것임을 확고하게 암시했다. 로버트 케네디는 흐루쇼프의 답신을 다음 날까지 요청했다. "원칙적으로 명확한 답변을 바랍니다. 일을 지연시킬지 모를 장황한 논의로 안 들어가도록 말입니다. 엄중한 현재 상황으로 인해 불행하게도 이 전체 사안을 해결할 시간이 별로 없습니다."

로버트 케네디는 도브리닌과 헤어지면서 그가 흐루쇼프의 답변을 받는 대로 백악관에 통보할 수 있는 직통 전화번호를 넘겨주었다. 또한 대사에게 "지금 거의 모든 시간을" 함께하고 있는 자신의 형을 만나러 갈 것이라고 말했다. 도브리닌은 로버트의 메시지의 내용뿐만 아니라 그의 전체적 외양과 행동을 통해서도 상황의 엄중성을 충분히 이해했다. "나는 R. 케네디가 면담하는 동안 매우 격앙되어 있었다는 것을 말하고 싶다"라고 도브리닌은 모스크바로 보내는 보고서의 마지막 단락에 적었다. "어느 경우건 나는 그의 이런 모습을 전에 본 적이 없다. 대략 두 번 그는 '기만'이라는 주제를(그가 우리의 전 만남에서 집요하게 얘기했던) 얘기했지만, 지나가는 말로 했고 전혀 신랄하지 않았다. 그는 평소에 하던 대로 여러 문제를 가지고 싸우려 하지도 않았고, 단지 한 가지 주제로만 돌아왔다. 즉 시간이 가장 중요하고, 우리가 이 기회를 놓치지 말아야 한다는 것이었다."[15]

대화의 결론 부분은 도브리닌이 그날 밤 모스크바에 보낸 전문과 그가 수십 년 후에 쓴 회고록을 통해서만 우리에게 알려져 있다. 로버트 케네디의 회고에는 거의 쓰인 게 없다. 그가 위기의 시급성 단계가 거의 끝날 무렵인, 3일 뒤 10월 30일 딘 러스크에게 전한 보고에서도, 몇 년 후 공저로 쓴 『13일』에서도 그는 터키 거래에 대해 아무 말이 없었다. 로버트 케네디의 비망록에서 이 회동에 대한 내용이 3페이지를 넘는데도 단 한 문장만 도브리닌과의 협상의 비밀스러운 부분을 다루고 있다. 이것은 미사일이 제거되어야 할 시한을 언급하고 있다. 로버트는 러스크에게 "만일 시간이 좀 흐르면—당신이 제시한 대로 나는 4~5개월을 언급했다— 이 문제는 만족스럽게 해결될 것이라고 확신한다"라고 말했다. 현재까지 유효한 기록 사본에는 이 문장조차 지워졌다.[16]

로버트 케네디는 저녁 8시 40분경 백악관으로 돌아왔다. 그는 자기 형이네 살배기 딸 캐롤라인과 통화하고 있는 것을 보았다. 캐롤라인은 남동생 존과 엄마인 재클린과 버지니아주 글렌 오라의 가족 별장에 가 있었다. 워싱턴과 백악관 핵공격이 명백한 가능성이 되자 존 케네디는 가족들이 잠재적 파괴 구역 밖에 있기를 바랐다. 행정부 요인들은 핵공격이 있을 경우 대피 체계가 있었지만, 참모의 가족들은 스스로 워싱턴에서 피신해야 했다.

케네디는 가족과 함께 대피할 수 있었지만, 가족들을 시련에서 구하고 싶었다. 그 주말 워싱턴에 가족들을 머물게 해달라는 재클린의 요청은 받아들여지지 않았다.[17]

로버트는 존 케네디에게 소련대사와의 회동에 대해 짤막하게 알리는 동안 형과 특별보좌관 데이비드 파워스David Powers와 함께 식사했다. 파워스는 엑스컴 회의에 가끔 참석했지만 언제나 침묵을 지켰다. 그에게 부여된 임무는 회의 광경을 관찰하며 케네디의 회의 진행과 회의실의 역학관계에 대한 생각을 보고하는 것이었다. 존과 로버트가 얘기하는 동안 파워스는 백악관 요리사가 대통령에게 차려준 닭요리를 먹으며 와인을 마시고 있었다. "이런, 데이브, 당신이 닭요리를 먹어치우고 내 와인을 마셔버리는 걸 사람들이 보면 당신의 최후의 만찬이라고 생각하겠습니다"라고 존 케네디가 보좌관에게 농담을 던졌다. 파워스가 바로 답했다. "보비가 말하는 것을 들으면 이게 내 최후의 만찬이라는 생각이 듭니다."[18]

암울한 상황임을 감안하면, 이런 대화 속에는 진실의 일면이 엿보였다. "대통령은 낙관적이지 않았고, 나도 마찬가지였다"라고 로버트는 회고록에 썼다. 그날 하루 두 번에 걸쳐 엑스컴 회의를 한 존 케네디는 밤 9시에 다시 논의를 계속할 예정이었다. 군사적 대결과 전면전의 가능성이 그 어느 때보다 높았다. 예정대로 회의는 재개되었지만, 새로운 정책은 결정할 수 없었다. 케네디는 시간을 끌고 있었다. 로버트 케네디가 비밀리에 도브리닌과 만난 사실을 아는 러스크, 번디, 다른 엑스컴 멤버들도 마찬가지였다. 대통령은 공식 편지에 대해서도, 개인적인 제안에 대해서도 흐루쇼프의 답을 기다리고 있었다. 대안도 마련했다. 그의 지시에 의해 러스크는 UN 사무총장 우 탄트의 특별 대표로 일하는 미국 외교관인 앤드루 코디어Andrew Cordier를 만나, 우 탄트가 쿠바-터키 거래를 제안하도록 설득해달라고 요청해놨다. 그러나 먼저 모스크바로부터 답을 들어야 했다.[19]

그날 밤 잠자리에 들기 전 존 케네디와 데이브 파워스는 그레고리 펙Gregory Peck과 오드리 헵번Audrey Hepburn이 주연한 1953년 로맨틱 코

미디 영화 〈로마의 휴일〉을 즐겼다. 옆방에는, 매사추세츠 노턴의 휘턴대학에 다니는 학생이자 케네디의 연인 중 한 사람인 열아홉 살의 미미 앨퍼드Mimi Alford가 평화롭게 자고 있었다. 단 그녀의 회고를 사람들이 믿는다면 말이다. 추정컨대, 대통령이 그녀를 좋아하는 것을 알고 있는 파워스가 영부인이 부재중임을 틈타 그날 낮에 그녀를 백악관으로 데려왔을 것이다. 그러나 그날 밤 두 사람 사이에 로맨틱한 행각은 없었다. 미미의 기억에 따르면, 케네디는 전쟁의 가능성에 대해 지나치게 염려하고 있었다. "그의 마음은 다른 데 가 있었다. 표현도 심각했다. 보통은 대통령의 임무를 뒷전에 밀어둔 채 한잔하면서 분위기를 띄우고 누구든 편하게 해주려고 최선을 다했다. 그러나 그날 밤은 그렇지 않았다. 말 한마디도 건성이었고, 장례식 톤이었다"라고 그녀는 기억했다.[20]

존 케네디는 그날 밤 머릿속에 생각할 게 많았다. 그는 최소한 두 가지 비밀을 감추어야 했다. 자신의 혼외정사, 그리고 동생을 도브리닌에게 보낸 사실. 이것은 엑스컴의 멤버 전원이 모르게 비밀리에 취한 필사적 조치였다. 만일 자신의 제안을 흐루쇼프가 거부하고 공개해버리면 평화의 전망이 위험해질 뿐 아니라, 케네디를 일종의 불가능한 정치 상황에 처하게 할 것이었다. 제안된 비밀 거래의 운명이 그의 미래를 결정할 것이었다.

케네디가 잠자리에 들 때 미 육군, 해군, 공군은 전쟁 준비를 하고 있었다. 밤 10시 10분 공군사령관인 커티스 르메이는 해군작전사령관인 조지 앤더슨George Anderson 제독을 방문하여 1만 4천 명의 예비역 장병과 24개 공군 수송부대 예비군을 소집하라는 대통령의 명령에 대해 논의한 것으로 보인다. 밤 11시 3분 대륙방공사령부(CINCONAD, Continental Air Defense Command)는 휘하 부대의 작전에 대한 새로운 규칙을 정했다. "쿠바만을 대상으로 한 전투에서는 핵무기 불사용"이라고 새 지시서에 명시되었다. 그 다음에는 이렇게 적혔다. "중국-소련-쿠바 공격이 있을 경우 핵무기를 사용할 수 있음." 쿠바군을 어떻게 쿠바의 중국-소련 부대와 구별할지에 대한 설명은 없었다.[21]

버뮤다 삼각지대

10월 27일 늦은 시간, 아나톨리 도브리닌이 로버트 케네디가 제안한 비밀 거래에 대해 모스크바로 보낼 보고서를 완성하느라 소련대사관 집무실에서 바쁘게 일하는 동안, 23세의 해군 소위 게리 슬로터Gary Slaughter와 미 군함 코니호 동료들은 지난 며칠간 찾아 헤매던 먹잇감을 처음 발견했다. 전 세계 선원들에게 버뮤다 삼각지대('악마의 삼각지대' 또는 '허리케인의 골목'으로도 불림)라고 알려진 사르가소해에서 소련 잠수함 한 척이 수면으로 부상하고 있었다.

이 잠수함은 거의 90미터 길이(295피트)에 수면 위는 검정색, 수면 아래는 붉은색으로 칠해져 있었다. 미국인들에게 폭스트롯Foxtrot이라고 알려진 이 잠수함은 줄루Zulu급의 소련 해군 공격형 잠수함의 최신 모델이었다. 잠수함의 터빈은 3기의 디젤 엔진과 3기의 전기모터로 추진되었다. 또한 열 개의 어뢰발사관을 가지고 있었는데, 여섯 개는 선수에, 네 개는 선미에 위치했고, 22기의 어뢰가 장착되어 있었다. 아울러 80명의 장교, 부사관, 수병까지 승선이 가능하고, 수중 200미터까지 잠수하여 여러 날 동안 머무를 수 있었다. 그러나 전기 모터의 배터리가 방전되면 디젤 엔진을 가동하고 배터리를 충전하기 위해 수면으로 올라오는 수밖에 없었다.[1]

잠수함이 "수면으로 부상하는 순간 우리는 블루화이트 조명을 쏟아부었다"라고 수십 년이 지난 후 슬로터는 회상했다. 그는 "잠수함 승무원들이 쏟아져 나와 땀에 젖은 군복을 벗고" 신선한 밤공기를 호흡하면서 얼굴에 띤 "기쁨과 안도의 표현"을 보았다. 잠수함 내부와 외부의 온도 차는 최소 섭씨 30도가 넘었다. 수면 위로 부상하기 전 잠수함 승조원들은 고온과 산소 공급 부족으로 땀에 절어 있었다.

몇 명의 소련 장교들이 잠수함 선교에 나타나더니 붉은 기를 그 위에 꽂았다. "나는 신호병과 함께 조명등을 이용하여 키릴문자 전환표와 국제 신호서와 모르스 부호를 가지고 잠수함을 심문했다"라고 통신 업무 담당이었던 슬로터는 회고했다. "나는 잠수함에게 신원을 밝히라고 요구했다." 잠수함장은 "신호조명을 이용하여 […] 잠수함은 소련 선박X[korabl' X]라고 응답했다." '도움이 필요한가?'라는 슬로터의 다음 질문에는 '아니[Nyet]'라고 답했다.

그러는 사이 잠수함은 디젤 엔진을 돌려 배터리를 충전하기 시작했는데, 분명히 시간을 최대한 이용해 그렇게 한 다음 다시 잠수해, 미국 함정들을 다시 부질없는 추적으로 몰아갈 것이었다. 그러나 배터리 충전은 몇 시간이 걸리는 더딘 과정이라, 추적자들과—코니호 외에도 랜돌프 항모전단에 속한 여러 함정들을 포함한— 먹잇감이 눈싸움을 하는 상황이 발생했다. 이들은 서서히 난류로 접근해 들어갔다. 외로운 소련 잠수함이 미 해군 구축함과 보조함 선단에 둘러싸인 형국으로.

"갑자기 해군항공기가 적막을 깨뜨렸다"라고 슬로터는 잠수함이 부상하고 약 한 시간 반 뒤에 일어난 사건을 서술했다. "거대한 P2V넵튠 항공기가 상공을 선회했다. 항공기는 전자카메라 렌즈를 작동하기 위해 몇 개의 조명탄을 떨어뜨렸다. 빵! 빵! 빵! 번쩍이는 불빛으로 눈이 부셨다." 슬로터는 잠수함 함교의 장교들이 다시 안으로 들어가는 것을 보았고, 몇 분 뒤 다른 일이 일어났다. "자신들이 공격을 당한다고 생각한" 잠수함 함장은 "선수의 어뢰관을 코니호에 조준"했다고 슬로터는 기록했다.

구축함 코니호로서는 공포의 순간이었으나 함장인 윌리엄 모건William Morgan은 평정심을 유지했다. "코니호 함장은 나에게 P2V기의 공격적 행동을 사과하라는 지시를 내렸다"라고 슬로터는 기억했다. 그는 조명등을 켜서 이 메시지를 전달했다. 다행히도 메시지는 짧은 것이었다. 슬로터는 자신이 작은 오해를 제거했을 뿐만 아니라 핵전쟁을 예방했다는 것을 전혀 깨닫지 못했다. 코니호와 잠수함을 둘러싸고 있는 미 해군 선단을 겨냥한 어뢰는 핵탄두를 장착한 상태였다.[2]

10월 27일 밤 잠수함 선교에서 게리 슬로터가 본 소련 장교들은 잠수함 함장 발렌틴 사비츠키Valentin Savitsky, 그리고 쿠바로 접근하면서 대서양의 난류에 잠복한 네 척의 폭스트롯급 잠수함으로 구성된 기동선단 사령관인 바실리 아르히포프Vasilii Arkhipov였다. 두 사람은 계급이 같았고, 행진복 견장에는 육군의 중령에 해당하는 2등 함장 계급을 달고 있었다. 사비츠키는 잠수함을 지휘하고 있었지만, 아르히포프가 그의 상관이었다. 한 함정에 두 명의 함장을 타게 하는 것은 두 사람의 관계가 안정되지 않으면 문제를 일으킬 수 있는 배치였다.

아르히포프는 소련 최초의 핵무장, 핵추진 잠수함에서 상당 기간 복무한 뒤 폭스트롯 선단의 지휘관을 맡은 경험 많은 장교였다. 이 잠수함은 미국식 분류에 의하면 호텔급 잠수함이었다. 1961년 7월 아르히포프가 그린랜드 해역에서 군사훈련을 마치고 귀환하는 K-19라는 선명이 붙은 호텔급 잠수함에 승선했을 때, 잠수함에 탑재된 원자로의 냉각장치에서 냉각수가 누출되는 사고가 일어났다. 잠수함은 서둘러 건조되느라 백업 장치가 없었고, 많은 기술적 문제를 안고 있었다.

승조원들이 원자로의 융용을 막기 위해 새로운 냉각장치를 설치하느라 원자로 격납실로 보내졌다. 명령 수행은 이들의 생명을 앗아갔다. 당시 부함장이었던 아르히포프가 보위하던 잠수함 함장은 승조원들의 반란을 막기 위해 수병들의 무기를 회수하여 바다에 던져버렸다. 승조원 여덟 명이 사고 발생 3주 만에 사망했고, 이후 더 많은 이들이 죽었다. 이 사건은 2002년 해리슨 포드 주연의 할리우드 영화 〈K-19: 위도우메이커(The Widowmaker)〉의 소재가 되었다.[3]

아르히포프는 이 시련에서 살아남아 제69잠수함전대의 전대장이 되었다. 1962년 가을 그는 쿠바로 파견되는 B-4, B-10, B-36, B-59로 명명된 네 척의 폭스트롯 잠수함 기동선단의 지휘관이 되었다. 원래 이 함정들은 소련 해군이 쿠바에 소련 해군기지를 설치하기 위해 파견하기로 한 거대한 소련 해군선단에 포함될 예정이었다. 이 선단은 두 척의 순양함, 두 척의 미사일함, 두 척의 구축함, 두 척의 잠수함 정비함으로 구성되어야 했다. 네 척의 폭스트롯 잠수함 외에도, 나토에 골프급 잠수함으로 알려진 프로젝트629 잠수함 일곱 척도 포함될 예정이었다. 디젤 동력의 이 잠수함은 핵탄두를 장착할 수 있는 미사일 발사대를 가지고 있었다.

그러나 1962년 9월 25일 소련 해군은 계획을 변경했다. 이러한 무기들을 쿠바 항구로 보내는 것은 보고서에 기록된 대로 "전 세계의 이목을 끌고, 소련에 이익이 되지 않는다"라는 판단이 내려졌다. 미사일을 장착한 골프급 잠수함은 남겨두고 대신에 어뢰를 장착한 폭스트롯급 잠수함을 쿠바에 파견하기로 결정했다. 소련 해군은 쿠바에 해군기지를 건설하거나 잠수함 발사 미사일로 미국을 위협하지 않기로 결정하고, 19킬로미터 사정거리를 가진 어뢰를 장착한 잠수함만 파견했다. 만일의 사태가 발생하면 이 잠수함들은 쿠바로 향하는 화물을 보호하게 되어 있었다.[4]

아르히포프는 폭스트롯급 잠수함이 강점도 있지만 약점도 있다는 것을 잘 알았다. 프로젝트641의 일환으로 레닌그라드(현재의 상트페테르부르크) 해군성 조선소에서 건조된 이 잠수함들은 1958년 취역한 소련 해군의 새 무기였다. 그러나 이 잠수함들은 수온이 낮은 북해에서 활동하도록 설계되었고, 소련 잠수함들이 이전에 작전을 벌인 적이 없는 장거리 항해에는 적당하지 않았다. 이 잠수함의 작전 반경은 수면에서는 2만 킬로미터, 스노클 잠수로는 1만 1천 킬로미터였지만 속도는 상대적으로 느렸다. 폭스트롯급 잠수함은 수중에 머무는 동시에 빠르게 기동할 수 없었다. 이 잠수함은 수면에서는 시속 16노트(30킬로미터)를 낼 수 있었고, 반잠수 상태에서는 15노트, 스노클링 잠수에서는 9노트의 속도를 냈다.

이론적으로 이 잠수함들은 10일간 잠수 작전을 펼칠 수 있었지만, 그 경우 속도는 2노트를 넘지 못했다. 문제는 전기 배터리 용량 부족이었다. 배터리를 충전하기 위해 잠수함은 수면 위로 부상해야 했다. 잠수함 설계자들이 이 문제를 해결하기 위해 잠수함의 갑판 두 곳을 차지할 정도로 배터리 장치 면적을 늘렸기 때문에 승조원들의 공간은 당시 기준으로도 너무 협소했다. 핵추진 호텔급 잠수함은 대서양 횡단 작전에 훨씬 적합했다. 이 잠수함들은 속도가 더 빨랐고, 중요한 것은 배터리를 충전하기 위해 수면 위로 부상할 필요가 없었다. 그러나 아르히포프가 직접 증언한 바와 같이 호텔급 잠수함은 원자로에 많은 문제가 있었고, 장거리 운항을 할 준비가 되어 있지 않았다.[5]

폭스트롯급 잠수함들은 초특급 기밀 작전 수행을 위해 현지시각 10월 1일 오전 4시 무르만스크 인근의 사이다만에 위치한 기지를 출발했다. 출항 하루 전날 해군 지휘부는 기동부대를 이끌 K-59 함장을 해임하고 발렌틴 사비츠키를 새 함장으로 임명했다. 기동부대 지휘관인 아르히포프도 이 잠수함에 승선했다.

쿠바로 향하는 수송선의 선장들과 마찬가지로 잠수함 승조원들도 자신들의 최종 목적지를 몰랐다. 지시문이 담긴 특별 봉투는 잠수함이 바렌츠해에 도달했을 때 개봉할 수 있었고 그 내용은 잠수함이 그린랜드-아이슬랜드-영국 해협을 통과한 후에야 승조원들에게 알릴 수 있었다. 이 해협은 나토 국가들의 대잠수함 거점 중 하나였다. 아르히포프 기동부대에 포함된 잠수함 중 한 척의 선장인 이등함장 알렉세이 두빕코Aleksei Dubivko는 소련 북방함대 고위 지휘관들이 소집한 미팅을 이렇게 회고했다. "우리는 다음 질문에 대한 답을 받지 못했습니다. '우리 함정들은 어디로 가는 겁니까?' '우리가 항해하는 지역은 어디입니까?' '우리가 항해하는 지역의 상황은 어떠합니까?'"

아르히포프도 자신만의 질문이 있었다. 각 잠수함의 함장들은 통상적이지 않은 무기를 탑재하고 있었다. 22개의 어뢰 중 하나에는 10킬로톤의

TNT 폭발력을 가진 핵탄두가 장착되어 있었다. 이것은 히로시마에 투하된 원폭의 3분의 2에 해당하는 파괴력이었다. 아르히포프의 네 척의 잠수함 중 한 잠수함 선장인 이등함장 류리크 케토프Riurik Ketov의 회고에 따르면, 아르히포프는 회의 중 북방 함대의 고위 지휘관 한 명에게 이렇게 물었다. "우리가 왜 핵무기를 가져가야 하는지 이유가 불분명합니다." "그것은 지시사항이다"라는 답이 돌아왔다. "그것[즉 그 무기]에 정통해야 할 것이다." 이 답에 만족하지 못한 아르히포프는 이렇게 말했다. "알겠습니다. 그러나 언제, 어떻게 그것을 사용해야 합니까?" 이 질문에 대해서는 아무 답도 없었다. 고위 지휘관들도 분명한 답을 갖고 있지 못했다. 핵무기와 관련해 받은 명령을 회고하면서 아르히포프 잠수함 선단의 함장들은 혼란스러웠다고 말했다.

케토프 함장은 후에 북방함대 사령관 아나톨리 라소호Anatoly Rassokho로부터 받은 구두 명령을 회고했다. "다음 경우 그 특수 무기를 사용하라. 첫째, 폭뢰를 맞고 압력관에 균열이 생겼을 때. 둘째, 부상해서 포격을 당하고 선체 균열이 생겼을 때. 셋째, 모스크바에서 명령이 하달되었을 때!" 두빕코 함장은 다음과 같은 서면 명령을 기억했다. "소련 해군 참모부의 명령을 받았을 때나 함정에 대한 무장 공격을 받았을 때는 표준 무기를 사용할 것. 핵탄두를 장착한 어뢰는 소련 국방부나 소련해군 참모총장의 특별 명령을 받았을 경우에만 사용할 것." 각 함장은 자신이 보유한 한 발의 핵어뢰를 사용하는 것에 대해 각자 나름의 해석이 있었던 것으로 보인다.[6]

아르히포프는 임무와 관련해 많은 질문이 있었지만, 몇 가지 답도 갖고 있었다. 그는 잠수함들의 최종 목적지가 쿠바 북서부 해안 마리엘만이라는 것을 즉각 알게 된 극소수의 사람 중 하나였다. 아르히포프와 그의 잠수함 선단은 바렌츠해에서 노르웨이해, 다음으로 아조레스해 방향 북대서양, 그 다음으로 바하마로 항해하게 되어 있었다.

잠수함들은 쿠바까지 탐지되지 않고 비밀리에 항해하도록 되어 있었지만, 소련 해군의 지휘부는 이를 어떻게 달성해야 할지에 대한 생각이 별로 없었다. 모스크바 당국이 쿠바에 파견되는 잠수함들이 원자력이 아니라 디젤 엔진을 사용한다는 것을 제대로 이해하지 못했다고 생각하는 이들도 있었다. 해군 수뇌부가 내린 명령대로 속도를 유지하기 위해서는 수면 위로 부상해야만 했고, 그 경우 잠수함의 존재와 위치가 발각될 위험이 컸다. 아르히포프와 사비츠키는 위험부담을 감수할 수밖에 없었다. 선두 잠수함의 항해사였던 빅토르 미하일로프Viktor Mikhailov에 의하면 "우리는 다음과 같이 결정했다. 낮에는 RDP모드를 사용하거나 전기모터를 이용하여 6~8노트의 속도를 유지하며 항행하고, 야간에는 세 개의 디젤 엔진 동력을 이용하여 14~15노트 속도로 항행하며 축전지를 충전하는 것으로."[7]

잠수함들은 수면에 있을 때 사령부와 교신할 수 있었지만, 바렌츠해에서 멀리 항해해 가면서 교신에 배당된 시간인 모스크바 기준 야간 시간은 대서양에서 주간 시간이 되었다. 이들은 수면에 있을 때만 모스크바와 교신할 수 있었고, 따라서 인근 지역에 있는 선박이나 비행기의 시야에 포착될 수 있었다. 소련 해군은 그때까지 대서양 횡단 공격 작전을 수행해본 적이 없었다. 이 점에서 아르히포프의 선단은 개척자였다.

사르가소해에 접근한 잠수함들은 거대한 폭풍을 만나 수면 부상이 더욱 어려워졌고, 쿠바로의 항행 속도도 느려졌다. 그러나 폭풍은 정찰기들이 비행할 수 없게 했고, 대잠수함 소나 감청기가 폭풍으로 발생한 대양의 온수와 냉수 층을 통과할 수 없었기에, 정찰기에 발각될 위험도 감소시켜주었다. 잠수함들은 10월 13일까지 탐지되지 않은 채 사르가소해에 진입하는 데 성공했다. 이때가 되자 폭풍도 잠잠해지고 수온도 안정되었다. 그날 미 해군 유조선 유콘호의 수병들은 카라카스 북쪽 130마일 지점에서 잠수함을 발견했다. 쿠바의 중거리 탄도미사일이 발견되기 하루 전에 잠수함이 발견된 것이었다. 이틀 후 잠수함들은 진로를 바꾸게 되었다.[8]

10월 15일, 잠수함 함장들은 모스크바로부터 마리엘로의 항행을 멈추고 사르가소해에 머물면서 네 시간 경고 전투준비 상태를 갖추라는 명령을 받았다. 이 명령은 크렘린의 '비둘기파'인 아나스타스 미코얀의 주장에 의해 내려졌다. 그는 니키타 흐루쇼프로 하여금 케네디가 쿠바에서 미사일을 발견했다는 사실을 공표하기 전에 잠수함의 항행을 멈추도록 설득하는 데 성공했다.

"모든 상황을 고려할 때 나는 쿠바에 배치된 미사일이 상황을 심각하게 악화시켰고, 이것이 새로운 복잡한 상황을 만들어낼 것이라는 전제하에 그런 결론을 내렸다"라고 미코얀은 지대공미사일을 지칭하며 회고했다. 그 시점에 탄도미사일은 아직 발각되지 않았다. "우리는 그 문제를 놓고 싸우고 싶지 않았다. 만일 우리 잠수함들이 3일 항해 거리에 머물러 있으면 이것은 우리의 전투준비 태세를 악화시키지 않지만, 그 위치는 쿠바 영해가 아니기 때문에 쿠바와 아무 상관이 없고, 미국 측은 그 거리에 있는 잠수함들에 대해 적대 행위를 취할 수 없다"라고 그는 자신의 논리를 계속 전개했다. 그는 이와 반대되는 시나리오가 가져올 엄중한 결과도 제시했다. "만일 이들이 수중으로 쿠바에까지 도달하면, 미국 잠수함에 발각될 것이고, 그렇게 되면 상황을 더욱 악화시켜 심각한 충돌이 발생할 수 있다."

흐루쇼프는 이 주장을 경청했으나, 말리놉스키 원수는 잠수함들이 계속 진로를 유지하기를 바랐다. 정치국원 두세 명이 말리놉스키를 지지했고, 미코얀의 의견은 묵살되었다. 미코얀은 흐루쇼프가 이 문제를 재론하도록 만드는 데 성공했지만, 다시 한번 정치국의 동의를 얻지 못했다. "나는 쿠바 해안 수심이 낮고 굴곡이 심하고 섬이 많아서 잠수함이 발각되지 않고 통과하기가 어렵다고 말했다"라고 미코얀은 쓰면서 그가 쿠바 지리에 대한 자신의 직접적 지식을 논의에서 어떻게 사용했는지 언급했다. "말리놉스키는 그런 사항을 잘 모르면서 자기 주장을 굽히지 않았다." 소련 해군 사령관 세르게이 고르시코프Sergei Gorshkov 제독이 회의에 참여하고 나서야 미코얀은 자기 주장을 관철시킬 수 있었다.

미코얀은 이렇게 기억했다. "나는 고르시코프에게 우리 잠수함들이 어디에 있는지, 앞으로 더 나갈 수 있는지 물었다. 고르시코프는 지도 위에 정확하게 우리 잠수함들이 있는 위치와 이들의 전진 계획에 대해 설명했다. 그는 한 지점에서 잠수함들은 미군 기지가 있는 섬 인근의 좁은 해협을 통과해야 한다고 설명했다. 그래서 그는 선단을 2~3일 항해 거리에 위치시키는 것이 편리하다고 설명했다. 말리놉스키는 여기에 반대할 수 없었고, 모든 사람이 동의했다."[9]

정치국은 주장을 굽히고 미국이 핵무장을 한 잠수함이 쿠바에 접근하는 것을 알아차리지 못하게 하기로 결정했다. 그러나 이 결정은 아무 소용이 없었다. 소련 잠수함이 처음 목격된 다음 날인 10월 14일, U-2기가 쿠바에서 소련의 탄도미사일을 발견했다. 10월 22일 소련 잠수함 함장들은 미국 라디오 방송을 통해 케네디 대통령이 봉쇄를 선언했다는 사실을 알게 되었다. 그 시각 소련 잠수함 숫자와 이들의 대략적 위치를 이미 미 해군이 탐지했고, CIA 국장 존 매콘은 케네디와 참모들에게 소련 잠수함이 봉쇄작전을 시행하는 미 함정에 제기하는 위험에 대해 알렸다. 다음 날 해군 작전사령관인 조지 앤더슨 제독은 맥나마라에게 소련 잠수함을 탐지하는 함정, 항공기 헌터/킬러 집단의 구성을 보고했다.[10]

엑스컴 멤버들은 10월 24일 아침 회의에서 소련 잠수함에 대해 논의했다. 주된 우려는 이 잠수함들이, 검역선을 통과하려는 소련 선박에 대한 미 해군의 조사를 막는 것이었다. "만일 이 잠수함이 우리 구축함을 격침시키면 우리는 어떻게 대응해야 합니까?"라고 케네디가 참모들에게 물었다. 테일러 장군은 이 잠수함들을 "우리 대잠수함 전투 선단이 알아서 다룰 것"이라고 그를 안심시켰다. 그는 잠수함을 부상하게 만드는 절차에 대해 대통령에게 설명했다. 이 절차가 소련 측에 전달되었다고, 전날 밤 상황에 대해 모스크바에 전문을 보냈던 알렉시스 존슨이 이 자리에서 덧붙였다. 맥나라마 역시 전날 새로 입안된 새로운 절차를 설명했다. 이것은 훈련용 폭뢰 투하를 포함하는 것으로 소나 신호와 함께 사용될 전술이었다.

케네디는 계속 질문을 이어갔다. "만일 잠수함이 떠오르지 않거나 행동을 취한다면[…]? 우리는 어느 시점에서 잠수함을 공격해야 합니까?" 그는 잠수함이, 미 해군이 처음 공격하는 소련 선박이 되는 것을 바라지 않는다고 덧붙였다. 그는 상선이 첫 대상이 되는 것을 선호했다. "뭐, 우리는 잠수함이 차단 과정에서 우리 함정을 정말 공격할 태세가 아니라면 먼저 움직이지는 않을 것입니다"라고 테일러 장군이 대답했다. 맥나마라는 "잠수함을 위협하기 위해 대잠 헬기"를 출동시킬 것을 제안했다. "[우리의 계획은] 잠수함 압박으로 파괴 위협을 가해 그 지역에서 벗어나게 한 다음 차단 조치를 실행하는 것입니다." "좋아요, 그렇게 합시다"라고 대통령은 답했다.[11]

그리고 실제로 그렇게 진행했다. 10월 22일과 26일 사이 미국 정찰기들, 그리고 해저에 설치된 장파음향센서나 수중청음기를 이용한 음향탐지시스템(SOSUS, Sound Surveillance System)은 위치를 탐지하여 수중의 잠수함들과 여러 차례 음향 접촉을 했다. 랜돌프 항공모함 선단과 서섹스 항공모함 선단이 이끄는 헌터/킬러 집단의 구축함과 정찰기들은 봉쇄선으로 접근하는 잠수함들이 부상한 것을 여러 번 탐지했다. 그러나 10월 27일까지 미 해군은 강제적으로 소련 잠수함을 부상시키지는 않았다.[12]

사비츠키와 아르히포프가 탑승한 잠수함 B-59는 10월 25일 저녁 버뮤다 앞바다에서 미 해군에 처음 발견되었다. 이것은 암호명 C-19로 등록되었다. 다음 날 저녁 정찰기가 이 잠수함을 다시 발견했다. B-59 추적이 시작되었다. 이 잠수함의 항해사 빅토르 미하일로프는 수십 년이 지난 후 이렇게 회고했다. "대잠수함 방어 함정들이 수중탐지기로 우리를 압박한 후 선체를 '진동시키기' 시작했다. 미 해군 함정이 보내는 진동음은 1격실에서 확실히 들렸고, 숨쉬기 어렵게 만들었다. B-59 승조원들에게 전투태세 명령이 떨어졌고, 잠수 깊이, 진로, 속도를 계속 바꾸고 방해 장비를 가동함으로써 탐지를 피하기 위한 기동에 들어갔다. 이것은 이틀 이상 계속되었다."[13]

그러나 사비츠키와 아르히포프의 잠수함에 대한 본격적인 추격은 토요일인 10월 27일 시작되었다. 랜돌프 항모선단 소속 코니호, 빌호, 머레이호, 세 척의 구축함들이 잠수함들을 추적하는 임무를 맡았다. 현지시각 오후 5시가 거의 되었을 때 빌호가 처음에 소나 신호로, 다음에 훈련용 폭뢰를 투하하여 잠수함과의 교신을 시도했다. 수중에서는 아무 응답이 없었다. 30분 후 코니호는 다섯 발의 수류탄을 투하했지만 여전히 응답이 없었다. 이렇게 되자 10월 23일 저녁 모스크바에 송신한 신원 확인과 부상 절차를 잠수함 선장들이 수신했는지 의문이 제기되었다. 사실 사비츠키와 아르히포프는 이 절차를 수신했으나 훈련 투하와 실제 작전을 구별하는 데 어려움이 있었다. 이들이 생각하기에 자신들은 지금 공격을 받고 있는 것이 분명했다.[14]

소련 잠수함에 탑승한 청음지휘관 바딤 오를로프Vadim Orlov 중위는 폭뢰와 수류탄 투하가 승조원들에 미친 영향을 이렇게 기억했다. "그것들이 데크 바로 옆에서 폭발했다. 마치 무쇠 통 안에 앉아 있는 우리를 대형망치로 두드리는 것 같았다." 이미 이틀을 미 해군에게 추적당해온 잠수함의 장교들과 승조원들은 더 절망적으로 느낄 수밖에 없었다. "B-59의 축전지가 '수중'에 방류하면서[전극의 물과 황산을 분리하는 것] 비상등만 켤 수 있었다. 승무원 격실 온도는 [섭씨] 45~50도까지 올랐고, 전기모터 격실은 60도가 넘었다. 숨막히는 실내 상태가 견디기 힘들었다. 이산화탄소 수준이 사람에게 치명적인 위험선까지 올라갔다"라고 오를로프는 기록하면서, 북해 작전을 위해 설계된 잠수함이 수온 30도에 달하는 지역을 항해하면서 맞닥뜨려야 했던 어려움을 회고했다. "근무를 서던 한 승조원이 의식을 잃고 쓰러졌다. 뒤를 이어 도미노처럼 […] 두 번째, 세 번째 수병이 쓰러졌다. 그러나 우리는 이 상황에서 벗어날 방법을 찾아 계속 버텼다."[15]

사비츠키 함장은 네 시간 가까이 추격자들을 따돌리기 위한 회피 기동을 계속했지만 아무 소용이 없었다. 오를로프가 기억하는 바로는 큰 폭발이 일어나 잠수함을 뒤흔들었다. "미국놈들이 수류탄보다 더 강력한 것으로 우리를 때렸다. 분명히 그것은 폭뢰였다. […] 우리는 생각했다. 이게 끝이다. 모든 게 끝났다!"라고 사비츠키는 회고했다. "이 공격 이후 완전히 지치고, 총참모부와 교신도 할 수 없었던 사비츠키는 분노가 폭발했다. 그는 원폭 어뢰를 담당하는 장교를 불러 전투준비 명령을 내렸다." 오를로프는 사비츠키 함장이 한 말을 기억했다. "아마도 위에서는 이미 전쟁이 시작된 것 같다. 우리는 여기서 산산조각 날 것이다. […] 이제 우리는 가지고 있는 모든 것으로 그놈들을 공격한다! 우리는 모두 죽을 것이고, [승선한] 모두 익사할 것이다. 그러나 우리는 우리 함대를 불명예스럽게 만들지 않을 것이다."[16]

오를로프의 회고에 따르면 핵무장 어뢰 발사를 준비하라는 명령은, 사비츠키가 진정하고 아르히포프와 정치장교 마슬렌니코프Maslennikov와 협의한 후 취소되었다. 세 사람은 잠수함을 부상시키기로 결정했다. 사비츠키가 핵무장 어뢰를 전투준비 시켰다는 오를로프의 이야기는 2000년대 초반 쿠바 미사일 위기를 다룬 문헌에 널리 인용되었고, B-59가 겪은 고난을 다룬 수많은 학술적, 대중적 글의 기초가 되었다. 이는 또한 바실리 아르히포프의 이미지가, 사비츠키를 핵무기를 사용하지 않도록 설득하여 세계를 핵재앙으로부터 구한 인물로 그려지도록 일조했다. 이것은 단지 여러 가지 설명 중 하나에 불과한 것으로 판명되었다. 이어서 나온, B-59에 탑승했던 다른 장교들의 회고는 10월 27일 운명적인 시간에 사르가소해 수면 밑에서 일어난 일에 대해, 좀 다르면서 이에 못지않게 극적인 묘사를 하고 있다.

이 잠수함의 항해사인 빅토르 미하일로프와 어뢰발사관 담당 장교 아나톨리 레오넨코Anatoly Leonenko는 잠수함 부상 결정이, 견딜 수 없는 미국의 훈련용 폭뢰와 수류탄 때문이 아니라, 그저 배터리가 방전되어 더 이상 수중에 있을 수 없었기 때문이었다고 회고했다. 그러나 또한 그들은, 사비츠키가 실제로 핵무장 어뢰 발사준비를 명령했고 그 뒤에 부상에 동의했다고 설명했다. 레오넨코는 사비츠키가 자신에게 잠수함 선미 7번 칸에 있는 어뢰 발사준비를 명령했다고 회고했다.

선미 격실에 달려간 레오넨코가 "발사준비를 하라!"라고 명령을 내리자 부하들은 깜짝 놀랐다. "어뢰팀 지휘관인 랴셰츠키V. Liashetsky 대위는 그 자리에 일어서 말없이 얼어붙은 채 눈에 경악한 빛이 드러났다"라고 레오넨코는 회상했다. "잠시 침묵이 흐른 뒤 어뢰 담당인 2등부사관 칼리타Kalita는 나에게 전쟁이 일어났으니 귀환해야 한다고 말했다. 약혼녀들이 기다리고 있다고 했다." 레오넨코는 명령 불복종에 가까운 상황을 맞았다. 그가 동원할 수 있는 모든 욕을 퍼붓자 대위와 부사관은 명령에 복종했다. 레오넨코는 명령을 수행했다고 사비츠키에게 보고했다. 잠수함이 부상하기 시작했다.[17]

이때가 미 구축함 코니호의 통신 담당 장교인 게리 슬로터가 수십 년 후 기억한 바로 그 순간이었다. 그가 잠수함 함교에서 본 소련 장교들은 사비츠키와 아르히포프였다. 사비츠키는 이 잠수함이 소련 잠수함이라는 것을 보이기 위해 소련 해군기가 아니라 소련의 붉은 기를 달도록 명령했다. 소련 장교들도 슬로터와 거의 비슷한 식으로 미 해군과의 첫 조우를 기억했다. "함정이 부상하여 위치를 잡자 선단 대장[아르히포프]과 함장[사비츠키]과 신호담당 장교가 선교로 올라갔다"라고 미하일로프는 수십 년이 지난 후 회상했다. "깜깜한 남녘의 밤이었지만, 대잠 항공기들이 비추는 탐조등 불빛으로 선교는 대낮처럼 밝았다"라고 레오넨코는 회상하며 적었다.[18]

그러나 소련 장교들은 슬로터가 기억하지 못한 것도 기억했다. 미군기들은 서서히 운항하고 있는 소련 잠수함을 위협하며 괴롭혔다. "비행기들은 잠수함 전장을 비행하며 탐조등으로 비추고 전방에 예광탄을 터뜨렸다"라고 미하일로프는 회상했다. "미군 대잠 항공기들은 조명등을 켠 채 잠수함 오른쪽에서부터 초저공 기동을 하며 갑판으로 접근하다가 강력한 사격을 가하여 폭탄 소리에 함교에서 서로 말하는 소리가 들리지 않을 정도였다"

라고 레오넨코는 썼다.[19]

잠수함 사진을 잘 찍기 위해 해군기들이 조명탄을 터뜨렸다고 슬로터가 서술한 에피소드 이후, 함교에 있던 사비츠키와 다른 장교들은 공포에 질려 자신들이 공격당하고 있다고 판단했다. "긴급 잠수, 어뢰관 1번, 2번 발사준비!"라고 함교에서 급히 내려온 사비츠키가 내린 명령을 어뢰 담당 장교였던 레오넨코는 기억했다. 이번에 사비츠키는 핵어뢰를 사용할 준비가 되어 있었다. 그의 이전 명령은 일반 어뢰에 대해 내린 것이었지만, 이번에는 핵어뢰를 의미했다. "이 명령은 1번 어뢰관을 의미했고 거기에는 핵무장 어뢰가 탑재되어 있었다"라고 레오넨코는 회상했다. 코니호를 겨냥한 것으로 슬로터가 기억한 선수 어뢰관에는 1번 어뢰관도 해당되었다.

이 시각 존 케네디도 참모들도 잠수함에 조명 장치를 투하하는 것이 폭뢰를 투하하는 것만큼 위험하다는 사실을 알지 못했다. 그러나 조명 장치는 카리브해에서 B-59 드라마가 펼쳐지던 10월 27일 오후 회의에서 부통령 린든 존슨이 가장 걱정하던 문제였다. "나는 그들이 그 장치를 언급한 이래로 그 빌어먹을 불꽃을 심각하게 염려하게 되었습니다"라고 존슨은 쿠바에 대한 야간 정찰비행을 논의하던 엑스컴 참석자들에게 말했다. "어떤 미친 러시아 함장이 일을 저지른다고 상상해보십시오. 그 미친 물건은 '정신이 나가' 하늘을 환하게 밝힐 것입니다. 그러면 함장은 방아쇠를 당길 수도 있죠. 우리는 거기서 마치 독립기념일 불꽃놀이 같은 짓을 하는 셈이에요." 존슨은 자신의 정치적 경험을 드러냈다. "심리적으로 그자들을 겁먹게 만드는 겁니다. 이건 의회에서 내 동료들이 늘 말하는 것과 같아요. '그대로 나아가 그의 등에 원숭이를 올려놔라(Go on and put monkey on his back).' 나는 누군가를 혼비백산하게 만들려고 작정할 때마다 그렇게 해냈습니다. 불꽃을 가지고 그들을 심리적으로 겁주려다가, 당신 엉덩이에 총알

이 박힐 수 있습니다."[20]

존슨의 주장이 설득력을 얻었고, 쿠바에 정찰비행을 하는 계획은 승인되지 않았다. 존슨은 논의 당시, 그 속담의 유명한 원숭이가 사비츠키의 등에 붙어 미국의 '엉덩이'에 거의 핵어뢰를 발사하게 할 뻔했다는 사실은 전혀 알지 못했다. 카리브해의 밤하늘에서 공중 촬영의 의도치 않은 결과로 촉발되고, 소련 잠수함 어뢰 발사관에 탐조등을 쏟아 더 악화된 상황에서 갑자기 중단된, 해상 추적의 가장 위험한 그 에피소드는 거의 순식간에 발생한 그 속도만큼 순식간에 사라졌다.

상황을 반전시킨 것은 슬로터의 탐조등과 그가 전달한 메시지였다. 그러나 행운도 필요했다. 미 해군 항공기가 잠수함 위에 조명 불꽃을 터뜨린 직후 선교에서 잠수함 내부로 내려온 사비츠키는 핵어뢰 발사준비를 명령했다. 통신 장교와 선단 지휘관인 아르히포프도 선교에서 내려가기 시작했다. 그러나 레오넨코가 기억한 바로는, "내려가는 와중에 통신 장교의 전등이 선교의 해치에 걸려 지휘관을 지연시켰다." 선교에 남아 있던 아르히포프는 슬로터의 탐조등을 보고 미 군함의 메시지를 읽었다. 사과의 메시지였다. 아르히포프는 "미 구축함이 탐조등 메시지로 우리에게 응답하라고 신호를 보내기 시작한 것을 파악하고, 발사준비를 중지하도록 명령했다"라고 레오넨코는 회고했다. 어뢰는 발사준비가 된 상태였지만, 어뢰관에 남았다.[21]

"사비츠키는 내 사과를 인정하고 어뢰관 문을 닫았다. 그는 좌현으로 방향을 튼 다음 동쪽으로 항진을 계속했다. 나는 B-59의 어뢰관을 뚫어지게 쳐다보면서 크게 안도했다." 슬로터는 긴 세월이 지나 소련 함장의 이름을 알게 됐을 때 이렇게 회고했다. "상황이 종료된 다음 모건은 나에게 해군의 언어로 명령을 내렸다. '저 러시아 놈을 기분 좋게 그냥 두라'"라고 슬로터는 기억했다. "나는 명령대로 했다. 사비츠키의 인내심에 감사의 표현으로 고개를 끄덕였다. 러시아 쪽도 답례로 고개를 끄덕였다. 우리의 관계가 조금은 다정해진 듯했다."[22]

코니호와 랜돌프 항모선단에 포함된 다른 함정의 수병들은 당시엔 인식하지 못했지만, 핵폭발이 일으킬 엄청난 파도로 죽거나 조난될 위험을 간신히 피했다. 사비츠키의 어뢰에는 수십 톤의 폭발력을 가진 핵탄두가 장착되어 있었다. 만일 이것이 한 도시에 투하된다면 반 마일 반경 안에 있는 모든 사람을 살상시킬 수 있었다. 여기에다가 어뢰의 핵탄두는 함정들을 전복시키거나 작동을 불가능하게 하는 엄청난 충격파를 만들도록 고안되었다. 1946년 미 해군이 베이커 수중에서 시험한 20킬로톤의 폭발력을 가진 폭탄은 94피트 높이의 파도를 만들었다. 소련은 1957년 북극 지역의 노바야 제믈랴에서 T-5어뢰를 실험했지만 결과는 발표하지 않았다. 이 어뢰에 피격당하는 함정은 파괴될 것이 확실했고, 랜돌프 항모선단의 다른 함정들도 결정적인 손상을 입었을 것이 분명했다.[23]

사르가소해에서의 핵 공격의 정치적 파장은 훨씬 더 결정적이었을 것이다. '서반구에 있는 국가를 목표로 쿠바에서 발사되는 핵미사일은 미합중국에 대한 공격으로 간주하는 것이 이 국가의 정책이며 이 경우 소련에 대한 전면적 보복이 뒤따를 것이다'라고 케네디는 10월 22일 TV 연설에서 선언했다. 미 해군에 대한 핵공격에 대한 대응으로 대통령은 소련 목표물에 대한 공습을 명령하는 것 말고는 다른 선택이 없었을 것이다. 소련도 보복하는 것 말고는 다른 선택을 할 수 없었을 것이다. 그들이 원하든 아니든 간에.[24]

부활

"그런데 대통령님, 그가 아무 조건도 내걸지 않았나요……?"라고 아이젠하워가 물었다. 케네디는 거짓말로 답했다. "네. 우리가 쿠바를 침공하지 않는다는 것 말고는 없습니다." […] "이건 당신의 멋진 승리입니다"라고 후버는 말했다. […] "누가 이겼나요?"라고 흐루쇼프는 대표단에게 묻고는 스스로 답하면서, 자신이 핵심 목표를 달성했다고 주장했다. "내 생각에 우리가 이겼습니다." […] 승리를 선언할 수 없었던 지도자는 피델 카스트로였다.

일요일의 공포

1962년 10월 28일은 일요일이었다. 러시아에서 이 요일은 '부활'을 의미하는 보스크레세네voskresenie로 불렸다. 공산주의 사회를 건설하고 종교를 말살한다는 목표를 가지고 1917년 권력을 잡은 볼셰비키는 안식일에 기독교식 이름을 유지하는 것을 불편하게 느꼈다. 이에 따라 1929년 반종교 운동에서 한 주의 7일을 5일로 바꾸어 '부활' 요일을 없앴다. 새 달력은 일하지 않는 휴일을 며칠 추가했다. 그러나 인민들은 이 변화에 반대해 옛 달력을 지켰다. 1940년 전쟁을 준비하던 스탈린은 소련 인민들의 충성심을 우려해 이 정책을 번복하여 7일 주간으로 되돌아가서 일요일을 되살렸다.[1]

문을 연 교회가 거의 없어 시민들은 더 이상 예배에 참석하지 않았다. 대신에 일주일 중 유일한 휴일에 늦잠을 잤다—토요일은 1960년대 말에야 휴일이 되었다. 급격히 악화되는 국제 정세에 관심이 많은 사람들에게 일요일 아침은 뉴스를 따라잡을 기회를 주었다. 대부분의 소련 신문은 일요일에 발행되지 않았지만, 당기관지인 《프라우다》는 일주일 내내 발행되었다. 그날 아침 《프라우다》 1면에는 흐루쇼프가 케네디 대통령에게 터키-쿠바 미사일 교환을 제안한 편지 문안이 실렸다. 버트런드 러셀Bertrand Russell이 최근에 호소한 내용의 인용도 누구에게 잘못이 있는지를 보여주었다. 이 유명한 철학자는 만일 케네디가 소련과 합의하려 하지 않는다면 그 결과는 인류에게 전례 없는 재앙이 될 것이라고 썼다.[2]

《프라우다》를 보면 소련 국민은 자신들의 지혜로운 지도자와 그의 정책들을 전적으로 지지하고 있었다. 레닌그라드의 공산주의 돌격노동대(shock brigade) 감독관인 비트첸코S. Vitchenko는 《프라우다》 기자에게 이렇게 말한 것으로 보도되었다. "흐루쇼프가 옳습니다. 천 번을 봐도 맞습니다. 이 절박하고 위험한 시간에 미국 대통령에게 신중함을 보이고 협상하도록 촉구했습니다. 핵전쟁 광이 아니라 현명한 판단을 가진 사람이 승리해야 합니다." 인용은 계속되었다. "케네디 대통령 당신은, 쿠바가 당신에게 위협이 된다고 생각하죠! 그러나 터키에 배치된 미사일은 우리 땅을 위협하고 있지 않은가요? 이제 무기를 내세운 위협을 멈추고 협상테이블에 앉으십시오. 인류를 군사적 재앙의 벼랑으로 몰아세우지 마시오!" 이것이 흐루쇼프의 선전 매체가 국내와 국외에 전달하는 핵심 메시지였다.[3]

늘 그렇듯 소련 신문은 어제의 뉴스를 전했다. 새벽 1시 이후 워싱턴과 아바나에서 모스크바로 도착한 뉴스는 상황이 걷잡을 수 없는 통제 불능으로 치닫고 있음을 보여주었다. 카스트로는 모스크바의 의견을 묻지 않고 자기 군대에게 미 공군에 대한 사격을 명령함으로써 미국과 직접 대결하고 있었다. 게다가 소련 지휘관들도 이에 동조하여 미 공군기를 격추했다. 카리브해에서 총격 전쟁이 이미 발발했기에, 흐루쇼프는 지체 없이 이에 대응해야 했다. 그러나 그날은 일요일이었다. 그는 국방장관을 아침 늦은 시간이 되어서야 만났다.[4]

로디온 말리놉스키 원수는 아침 10시 45분이 조금 지나 쿠바에서 최근에 발생한 일에 대해 보고했다. 즉 이 시간에야 소련의 지도자에게 U-2기의 격추를 보고했다. 그는 자신이 규칙을 위반한 것을 알았다. 그의 군대는 공격받지 않으면 사격하지 말라는 명령에도 불구하고 항공기를 격추한 것이다. 간략한 보고서에 말리놉스키는 사건의 사실관계를 설명했다. 그는 먼저 한 시간 20분 동안 '군대의 전투준비 상태'를 촬영한 U-2기의 정찰비행에 대한 정보를 전했다. 그런 다음 계속했다. "사진이 미국의 손에 들어가는 것을 허용하지 않을 목적으로 모스크바 시각 18시 20분 이 항공기는 2만 1천 미터 상공에서 507방공미사일연대가 발사한 두 발의 대공 미사일을 맞고 격추되었습니다. 항공기는 안티아 인근에 추락했습니다. 수색 작업이 조직되었습니다."[5]

말리놉스키는 미군기를 격추시킨 것은 자신의 병력이라고 명확히 밝혔지만 이들의 행동에 대한 평가와 행위자 이름은 밝히지 않았다. 발생한 사건에 대한 변명, 아니면 설명을 대신해 말리놉스키는 덧붙였다 "그날 미군기가 8회 쿠바 영공을 침범했습니다." 미군기 격추가 모스크바 시각으로 전날 오후 6시 20분에 발생했는데, 최고 통수권자에게 열 시간 반이 지난 다음 날에야 보고하는 이유에 대해서는 설명되지 않았다. 우리는 말리놉스키가 흐루쇼프와의 사적 대화에서 나눈 내용을 알지 못하지만, 소련 군부는 살인사건에 아무 책임을 지지 않고 빠져나왔다. 부하들에 대한 통제력을 잃고 사건이 일어나게 만든 플리예프에게 보내는 말리놉스키의 메시지는 상황의 엄중성에도 불구하고 비판을 찾아볼 수 없었다. 국방장관은 가만히 있었고 자신의 부하들을 덮어주었다. 플리예프는 미군기를 격추하는데 "너무 성급하게" 행동한 것에 대해서만 질책을 받았다.[6]

"흐루쇼프는 중간 지휘자의 명령에 의해 지대공미사일이 발사되었다는 사실에 크게 놀랐다"라고 흐루쇼프의 보좌관인 올레그 트로야놉스키가 회고했다. "그는 우리 모두와 마찬가지로, 모든 신경이 곤두선 상황에서는 불꽃 하나가 폭발을 일으킬 수 있다는 것을 너무 잘 알았다." 흐루쇼프는 위험을 감지했다. 그는 자기 사람들에 대한 통제력을 잃고 있었다. 자기 군대를 비난하는 대신 그는 카스트로를 비난하기로 했다. 위기 초창기에 이미 그는, 소련 미사일을 쿠바가 통제하고 있고 이로 인해 소련-미국 갈등이 쿠바-미국 갈등이 되어간다는 것을 고려했었다. 이제 그는 똑같은 작전에 대한 근거를 마련하기로 결정한 듯했다. 그날 늦게 흐루쇼프는 "당신은 어제 항공기를 격추시켰습니다"라고 카스트로에게 썼다.[7]

흐루쇼프는 문제가 그것이 아니라는 것을 잘 알았고, 후에 자신의 회고록에서 이를 밝혔다. "미군기는 쿠바 상공을 항시 비행했다. 이로 인해 카스트로는 정신을 못 차렸다. 카스트로는 발사 명령을 내렸고, 우리 병사들은 미사일로 U-2정찰기를 격추시켰다"라고 그는 세월이 지난 후 회고했다. 정치인 흐루쇼프와 대조적으로 회고록 작가 흐루쇼프는 대부분을 옳게 기술했다.* 이 상황을 만든 것은 임박한 침공에 대한 카스트로의 공포와 미군기에 미사일을 발사하게 한 그의 명령이었다. 그리하여 소련군은, 아직 공격당하지 않았다 해도 언제라도 공격받을지 모른다고 생각하게 되었고, 그래서 지대공미사일 사용을 정당하다고 느끼게 된 것이었다.[8]

흐루쇼프는 쿠바 상황에 대한 장악력을 상실한 것이 분명했다. 그러나 그 일요일 아침 모든 것이 그에게 암울하고 우울하기만 한 것은 아니었다. 군부와 쿠바의 하수인이 나쁜 뉴스의 진원지가 되었다면 그 전날 밤 백악관으로부터 도착한 존 케네디의 편지는 예상치 못한 좋은 소식이었다. 이 편지는 어렴풋이나마 핵 충돌을 피할 수 있으리라는 희망을 주었다.

"1. 귀하는 국제연합의 적절한 감시와 감독하에 이 무기 체계를 쿠바에서 제거해야 한다는 것에 동의해야 합니다. 이것은 적절한 안전장치와 함께, 더 이상 쿠바에 이런 무기 체계를 반입시키는 것을 중단하기 위해 수행되어야 합니다"라고 케네디는 첫 조건을 제시했다. "2. 우리 측에서는 국제연합을 통해 이 약속을 수행하고 지속하는 적절한 합의가 이루어지는 대로 (a) 현재 진행 중인 검역 조치를 중단하고 (b) 쿠바를 침공하지 않을 것이라고 보장하는 데 동의할 것입니다. 나는 서반구의 다른 국가들도 이같이 할 것이라고 확신합니다."[9]

이 편지는 흐루쇼프가 직전에 제안한 쿠바-터키 미사일 교환에 대해 아무 언급도 하지 않았지만, 흐루쇼프는 이 아이디어를 이 게임에서 뒤늦게,

* 1964년 실각한 흐루쇼프는 1966년부터 녹음기에 구술하는 형식으로 회고록을 썼고, 회고록 원본은 KGB가 압수했지만, 사본이 서방으로 유출되어 1970년 『Khrushchev Remembers』라는 제목으로 출간되었다.

나중에 덧붙인 것이나 다름없었다. 그리고 이것은 사태 해결의 핵심 조건은 아니었다. 터키에 배치된 미국 미사일을 포기하는 것이 위기의 평화적 해결에 필수 불가결한 요소라고 생각한 것은 케네디였지 흐루쇼프가 아니었고, 이 제안을 먼저 꺼낸 것은 소련이 아니라 미국 언론, 구체적으로 월터 리프먼이었다. 이 특정 사안은 제쳐놓더라도 케네디는 흐루쇼프의 10월 26일 제안을 사실상 받아들인 것이다. 그는 미사일을 운용하는 '소련 전문가들'이 아니라 '무기'에 대해 쓰고 있었지만, 어쨌든 이것은 흐루쇼프가 염두에 둔 것이었다.

그러나 흐루쇼프의 제안에는 없었던 한 가지가 있었다. 국제연합이 미사일 철수를 감독해야 한다는 것이었다. 흐루쇼프는 워싱턴의 KGB 책임자인 알렉산드르 페클리소프로부터 이 제안에 대해 보고받은 상태였고, 페클리소프는 이것을 국무부와 백악관과 직접 채널을 가진 ABC 기자 존 스칼리 John A. Scali로부터 받은 것으로 알려졌다. 그러나 흐루쇼프는, 주미 대사 도브리닌을 백악관과의 비밀 채널로 승격시키려는 시도 중에 페클리소프가 소련 지도부 중 아무도 재가하지 않은 거래, 즉 UN 감독하에 미사일 제거에 동의하는 조건을 스칼리에게 제안했다는 것을 알지 못하고 있었다. 케네디는 이것이 흐루쇼프의 입장이라고 생각했고, 흐루쇼프는 이것이 케네디의 생각이라는 것 말고는 다른 상상을 할 수 없었다.[10]

흐루쇼프는 행동을 취할 준비가 되었다. U-2기 격추 후 그는 미사일 철수 과정에서 UN의 감독을 거부할 입장에 있지 않다고 생각했다. 쿠바와 세계 전반이 전쟁을 향해 빠르게 다가가고 있음을 암시하는 아바나의 보고와 탈출구를 제시한 케네디의 편지를 받자 그는 케네디의 공식 제안을 받아들일 용의가 있었다. 그는 미국 대통령과 마찬가지로 임박한 전쟁을 두려워하고 있었다. 두 사람 모두 상대측의 가장 최근 제안이라고 여겨지는 것을 기꺼이 받아들이고자 했다. 이번에는 흐루쇼프의 차례였다.

흐루쇼프는 이날 정오 모스크바 교회 노보-오가료보의 정부 별장에서 정치국 회의를 소집했다. 아나톨리 도브리닌은 서방 기자들이 크렘린의 조명이 얼마나 밤늦게까지 켜져 있는지 보도한 것을 흐루쇼프가 알고서 회의 장소를 크렘린에서 노보-오가료보로 바꾸었다고 후에 밝혔다. 미코얀은 정치국이 10월 27일 저녁 노보-오가료보의 회의에 가서 "일요일까지 남아 있었다"라고 도브리닌에게 말했다.

원래 차르 알렉산드르 2세의 동생이었던 세르게이 로마노프Sergei Romanov 대공의 영지였던 노보-오가료보는 흐루쇼프의 동료였다가 후에 정적이 된 게오르기 말렌코프Georgii Malenkov에 의해 정부 별장으로 바뀌었다. 1991년 7월 조지. H. W. 부시가 고르바초프를 이곳에서 만나면서 이 장소는 세계적인 명소가 되었다. 고르바초프는 소련이 붕괴해가는 시기에 이곳에서 손님을 맞았다. 이곳은 후에 블라디미르 푸틴이 일하는 장소이자 관저가 되었다. 그는 조지 W. 부시를 비롯한 많은 외국 손님들을 이곳에서 맞았다. 1962년 가을 노보-오가료보는 흐루쇼프가 대중의 눈을 피해 측근을 만나는 데 이용한 고립된 장소였다.[11]

늘 그렇듯이 흐루쇼프가 먼저 말문을 열었다. 그 자리에는 소련 지도부의 핵심 멤버들이 다 모였다. 소련 권력체계에서 두 번째로 막강한 자리인 당 중앙위원회 서기 프롤 코즐로프, 최고회의 의장 레오니트 브레즈네프, 국방장관 말리놉스키, 그를 수행한 국방평의회 서기 이바노프 장군, 외무장관 그로미코, KGB 의장 알렉산드르 셸레핀Aleksandr Shelepin, 그리고 마지막이지만 중요성이 전혀 떨어지지 않는 소련 내 쿠바 핵심 전문가인 아나스타스 미코얀이 그 자리에 있었다. "그 자리에 온 사람들은 처음부터 아주 긴장한 상태였다"라고 흐루쇼프의 보좌관 올레그 트로야놉스키는 수십 년이 지난 후 회고했다. "사실상 흐루쇼프 혼자 자신의 의견을 얘기했고, 미코얀과 그로미코는 개별적으로 이에 대한 반응을 내놓았다. 다른 사람들은 가만히 앉아 있었다. 마치 우리를 이런 엉망을 끌어들인 게 당신이니 당신이 거기서 빠져나오라는 식인 것 같았다."[12]

흐루쇼프가 정치국원들과 회의를 진행하는 방식은 엑스컴과 같지 않았다. 부통령 린든 존슨을 제외한 케네디의 참모들은 모두 케네디가 임명한 사람들로서 어떤 식으로건 케네디의 뜻에 맞추어 일했다. 그러나 흐루쇼프의 참모들은 당대회나 중앙위원회 총회에서 선출된 사람들로서 당 제1서기와 이견을 보일 권리뿐만 아니라 당 중앙위원회에 그를 제거할 것을 권고할 수도 있는 사람들이었다—이들은 이 권리를 2년 뒤 행사하여 1964년 10월 흐루쇼프를 해임하고 은퇴하게 만들었다. 시간이 지난 후에야 레오니트 브레즈네프는 흐루쇼프가 정치국 회의에서 한 말을 조롱했다. "워싱턴에 날아다니는 파리도 우리 미사일로 맞힐 수 있습니다!" 지금은 아무 말도 하지 않았다. 아마도 미코얀만 빼고 흐루쇼프의 참모들은 그의 결정에 동의하고 추인하기 위해 혹은 침묵을 지키기 위해 그곳에 있었다. 흐루쇼프가 동료들을 부른 것은 의견을 구하고 집단적으로 정책을 만들기 위해서가 아니라 승인을 얻기 위해서였고, 일이 잘못되더라도 그 정당성을 확보하기 위해서였다. 그리고 그 시점에서 일은 정말 잘못된 길을 가고 있었다.

흐루쇼프의 목적은 고객으로 변한 동료들에게 갑자기 뒤집힌 자신의 정책을 파는 것이었다. 그 전날 흐루쇼프는 터키의 미사일을 케네디에게 보내는 제안에 추가할 것이라고 그들을 설득했다. 이제 그는 이것을 제거하는 것을 이들이 동의해주기를 원했다. 그는 먼저 공산당 역사를 언급했다. 그는 혁명과 내전 기간 중 레닌의 전술을 회고했다. "1917년 10월처럼 우리가 앞으로 나갈 때가 있습니다. 그러나 1918년 3월 우리는 독일과 브레스트-리토프스크 조약을 체결하며 후퇴해야만 했습니다. 우리의 이익 때문에 그런 결정을 한 것입니다. 우리는 소비에트 통치를 살려내야 했습니다. 이제 우리는 전쟁의 위협과 인류 문명이 사라질 결과를 가져올 수도 있는 핵재앙에 직면해 있습니다. 인류를 구하기 위해 우리는 후퇴해야 합니다." 흐루쇼프의 말을 들으면 그는 지금 단지 소련뿐만 아니라 인류 전체까지 구하려 하는 것이었다.[13]

"내가 당신들을 부른 이유는 함께 문제를 협의하고 당신들이 이 결정에 동의하는지 알기 위해서입니다"라고 흐루쇼프는 자신의 모두 발언을 마치며 말했다. '결정'은 이미 내려져 있었다. 그는 간단히 말해 승인을 요청하고 있었다. 그에게는 두 갈래 전략이 있었다. "만일 공격을 받으면 우리는 보복 공격 명령을 내릴 것입니다." 다음으로 '평화' 제안이 있었다. "우리는 미사일 시설을 해체하는 데 동의합니다." 그날 회의 요약문에 따르면 그는 그렇게 말했다. 아무 반대도 기록되지 않았다. 트로야놉스키는 그로미코와 미코얀이 의견을 개진한 것으로 기억했다. 두 사람 다 강경파가 아니었으므로 흐루쇼프의 사실상 결정에 동의했을 가능성이 크다. 나머지 사람들은 침묵을 지키며 '당신이 무슨 말을 하든' 식의 태도를 취했기에 흐루쇼프는 결정을 승인받았다.[14]

흐루쇼프의 제안에 대해 토론하는 중간에 갑자기 끼어든 것은 보좌관 트로야놉스키였다. 그는 정치국에 전할 긴급 메시지가 있었다. "회의 중에 나는 전화를 받으러 갔다. 외무장관 고위보좌관인 블라디미르 수슬로프 Vladimir Suslov가 한 전화였다. 그는 도브리닌이 로버트 케네디와 가진 대화에 대한 암호 전문을 보내왔다고 알렸다"라고 트로야놉스키는 회고했다. 수십 년이 지난 후 그는 사실상 최후통첩이나 다름없는 케네디의 메시지를 기억했다. 미국이 소련 미사일 기지를 제거하기로 결정한 것이었다. 군부가 대통령에게 압력을 넣고 있었다. 이제 시간이 없었다. 소련 측은 하루 안에 분명한 답을 보내야 했다. 트로야놉스키는 회의실로 돌아와 자신의 메모를 낭독했다. 로버트 케네디가 흐루쇼프에게 터키 미사일 철수를 제안한 것이었다.[15]

흐루쇼프는 회고록에서 도브리닌의 전문 도착을 위기의 클라이맥스로 언급했다. 트로야놉스키가 로버트 케네디의 제안을 최후통첩으로 해석했다면, 흐루쇼프는 이것을 자비 호소로 기억했다. 흐루쇼프가 회고한 바에 따르면 로버트 케네디는 도브리닌에게 미국 정치의 특수한 상황을 이해하고 대통령이 위기에서 빠져나갈 길을 찾는 것을 도와달라고 부탁한 것이었다. "대통령 자신은 이 상황에서 어떻게 빠져나가야 할지 모른다. 군부는 쿠바에 군사 행동을 감행해야 한다고 주장하면서 그를 강력하게 압박하고 있다. 대통령의 입장이 아주 복잡해지고 있다"라고 흐루쇼프는 오랜 세월이 지난 후 메시지의 핵심을 기억하며 회고록에 이렇게 적었다. 그는 자신의 후퇴가 사실상 케네디 형제의 부탁에 대한 반응이었음을 증명하려고 애썼다. 그러나 이러한 해석은 나중에 나왔다. 10월 28일 오후 그는 가능한 한 빨리 새로운 타협을 이루기를 열망했다.[16]

트로야놉스키는 회의 중간에 국방평의회 서기 이바노프 장군이 전화를 받으러 나갔다 와서, 군부가 수집한 정보에 의하면 케네디 대통령이 모스크바 시각으로 그날 오후 5시 대국민 연설을 한다고 정치국원들에게 보고했다는 것을 기억했다. "그 순간 회의에 참석한 사람들은 최악의 상황이 일어날 것이라고 믿었다. 이들은 케네디가 쿠바에 대한 공격이나, 아니면 개연성 있는 가설로 미사일 기지 폭격을 선언하리라고 생각했다." 이들은 신속하게 반응해야 했다. 케네디에게 보낼 편지는 아직 준비되지 않았지만 흐루쇼프는 안드레이 그로미코에게, 즉각 도브리닌에게 전문을 보내 로버트 케네디에게 모스크바는 케네디 대통령의 조건을 받아들일 준비가 되었다고 통보하라고 했다. "그로미코 동지, 우리는 위험을 감수할 권리가 없습니다. 대통령이 침공한다고 일단 발표하면, 그는 그 결정을 번복할 수 없어요. 우리는 케네디에게 우리가 도울 준비가 되었다는 것을 알려야 합니다"라고 흐루쇼프는 그의 외무장관에게 말했다.[17]

그로미코는 즉각 도브리닌에게 로버트 케네디를 만나라고 지시했다. 그가 워싱턴에 보낸 메시지는 다음과 같다. "대통령의 요청에 의해 로버트 케네디가 제시한 견해를 모스크바는 양해했다. 대통령에 대한 답신은 오늘 라디오로 방송될 것이다. 답신은 가장 긍정적인 것이 될 것이다. 대통령을 염려하게 하는 핵심 문제인 국제적 관리하에 쿠바의 미사일 기지를 해체하는 것은 아무런 반대를 야기하지 않으며, N. S. 흐루쇼프의 메시지에 자세히 다루어질 것이다."[18]

흐루쇼프는 자신이 구술한 케네디에게 보낼 편지를 보좌진이 최대한 신속하게 편집하고 다듬도록 지시했다(트로야놉스키는 외무부에서 파견된 동료들이 이 일을 했다고 회고했다). "나는 쿠바를 공격하지 않을 것이라는 1962

년 10월 27일 자 전문에 표명된 귀하의 발언, 그리고 미국뿐만 아니라 서반구의 다른 국가들의 공격이 없을 것이란 언명을 존중하고 신뢰합니다. 그 경우 우리가 쿠바에 그런 지원을 제공하게 된 동기도 없어지게 됩니다. 그래서 우리는 장교들에게(내가 이미 귀하에게 통보한 대로 그러한 자원은 소련 장교들의 손에 있다) 앞에 언급된 장치들을 건설하는 것을 중단하고, 그것을 해체해서 소련으로 가지고 오도록 지시했습니다. 내가 10월 27일 자 전문에서 이미 귀하에게 통보한 바와 같이 우리는 UN 대표들이 이러한 자원의 해체를 검증하도록 조치하는 데 동의합니다."[19]

그것이 결론이었다. 흐루쇼프는 케네디의 모든 조건을 받아들였다. 여기에는 새로운 미사일 기지 건설의 즉각적인 중단, 미사일 제거, 미사일 철수의 UN 감시가 모두 포함되었다. 로버트 케네디는 도브리닌에게 간략하고 장황하지 않은 답신을 요구했다. 그러나 간략하고 핵심만 언급하는 편지라면 그것은 흐루쇼프의 것이 아니었다. 1,500단어가 넘는 답신 편지에서 그는 소련 국민들의 평화 애호 의지를 길게 서술했다. 비우호적인 미국의 행동을 비난하는 기회도 잃지 않았다. 정체 미상의 함정이 아바나를 포격한 것과 그 전날 소련 영공을 U-2기가 비행한 것도. "우리가 귀하와 함께 경험하고 있는 이토록 우려스러운 상황에, 모든 것이 전투준비 상태인 순간에, 귀국의 항공기가 우리 영공을 침범했습니다"라고 흐루쇼프는 편지에 썼다. "우리 영공을 침범한 미국 항공기는 핵무기를 장착한 폭격기로 보였을 것입니다. 이것은 우리로 하여금 결정적인 조치를 밟게 했습니다."

이것은 과장이었다. U-2기를 폭격기와 혼동하는 것은 사실상 불가능했다. 그러나 찰스 몰츠비 대위의 최근 비행이 케네디와 맥나마라로 하여금, 소련이 그 부주의한 영공 침범을 폭격 전 정찰비행으로 받아들일 수도 있겠다고 생각하게 만들었다. 흐루쇼프는 쿠바에서 앤더슨의 U-2기가 추락한 것을 결코 언급하지 않았지만, 편지에서 미국의 쿠바 영공 침범에 대한 단락이 몰츠비 사건을 서술한 다음에 나오는 것은 소련의 행동에 정당성을 부여하기 위해 의도된 것이 분명했다. "대통령님, 나는 귀하가 미국 항공기의 쿠바 영공 침범은 불행한 결과를 가져올 수 있다는 것을 고려하기를 요청하는 바입니다. 만일 귀하가 그런 결과를 원하지 않는다면, 위험한 상황이 발생할 기회를 만드는 것을 피하는 것이 최선일 것입니다"라고 흐루쇼프는 썼다.[20]

케네디에게 보내는 편지와 더불어 두 가지 추가 메시지가 전달되었다. 첫 번째 것은 위에 언급한 것처럼, 그로미코가 도브리닌에게 전문으로 지시한 것으로, 케네디에게 긍정적 답이 올 것임을 알리라는 지시였다. 두 번째 것은 본 편지와 함께 작성되었거나, 아니면 조금 후에 작성된 것으로 도브리닌이 로버트 케네디에게 은밀하게 전달하도록 지시된 것이었다. 이 메시지는 쿠바의 소련 미사일과 터키의 미국 미사일 교환거래와 관련된 것이었다. 흐루쇼프는 "나는 이 문제에 대한 우리의 논의가 로버트 케네디와 워싱턴의 우리 대사를 통해 비밀리에 진행되어야 한다는 것에 동의합니다. 귀하가 바로 공표된 10월 28일 자 내 메시지에서 이미 인지했듯, 나는 여기에 문제를 제기하지 않았습니다. 그 이유는 정확히, 로버트 케네디를 통해 전달된 귀하의 바람을 신경 썼기 때문입니다. 그러나 그 메시지에 우리가 제시한 모든 제안은, 귀하가 터키에 있는 귀국 미사일 문제를, 내가 10월 27일 자 메시지에 제시하고, 귀하가 같은 날 로버트 케네디와 도브리닌 대사의 대화로써 전달한 것과 일치되게 처리하는 데 동의했다는 사실을 전제한 것입니다."[21]

흐루쇼프는 케네디와 비밀 거래를 마무리했다. 다음으로 해야 할 일은 카스트로에게 편지를 보내는 것과 플리예프에게 지시를 내리는 것, 우 탄트 UN 사무총장에게 편지를 보내는 것이었다. 24시간도 되기 전에 미사일 교환에 대한 자신의 공식 입장에서 후퇴하는 결정을 내리면서 흐루쇼프는 이를 설명해야 하고, 불만이 많을 동맹을 진정시켜야 하고, 군사령관에게 지시해야 하고, 이제 케네디와의 타협에 포함된 UN의 협력을 확보해야 했다.

운명적인 정치국 회의와 그날 케네디에게 보낸 편지를 회상하면서 흐루쇼프는 "내가 전보 내용을 구술하자마자 카스트로의 메시지를 전달하는 우리 대사에게서 전보를 받았다. 피델은 믿을 만한 정보에 의하면 미국이 몇 시간 안에 쿠바를 침공한다는 소식을 받았다고 우리에게 알렸다"라고 회고록에 적었다. 흐루쇼프의 말에 따르면 이것은 그가 이 메시지를 본, 또는 제대로 이해한 첫 순간이었다. "피델의 메시지에서 가장 중요한 것은 그가 말한 것이 아니라 그의 결론이었다. 그는 만일 공격받는 것을 피할 수 없다면, 반격해야 한다고 생각했다. 그는 우리의 미사일들이 작전 불능이 되지 않도록 즉각 핵미사일로 미국에 선제공격을 할 것을 제안했다." 흐루쇼프에 따르면 이 제안은 자신뿐만 아니라 회의에 참석한 다른 사람들에게도 큰 충격을 주었다. "이 내용이 우리에게 낭독되자, 우리는 침묵 속에 앉아 오랫동안 서로를 쳐다보았다"라고 그는 회고했다.[22]

좀 더 논의한 다음에 흐루쇼프는 카스트로에게 보내는 편지를 구술하기 시작했다. 이것은 케네디에게 보낸 편지보다 훨씬 짧고 요점이 바로 언급되었다. 그의 천방지축 고객인 카스트로에게 보내는 편지에서 흐루쇼프는 이렇게 말했다. "우리는 당신에게 다음과 같은 우호적인 충고를 전합니다. 인내, 자제, 그리고 또 자제력을 보이기 바랍니다. 물론 침공이 있다면 귀하의 수하에 있는 모든 전력을 동원하여 이를 격퇴해야 합니다. 그러나 도발에 말려들지 말기 바랍니다. 펜타곤의 흥분한 군인들이, 쿠바를 침공하지 않는다는 보장과 함께 귀하에게 유리하도록 충돌이 해결되어가는 바로 그 순간에 합의를 훼손하려 할 것이고, 당신에 대한 공격에 사용될 명분을 만들기 위해 도발을 감행할 것입니다."[23]

그런 다음 미사일을 해체하기로 한 소련의 결정을 우 탄트에게 통보하기로 했다. 실제로 우 탄트는 당시 예정된 쿠바 방문에서 미사일 설치 장소를 방문하도록 초청받은 것이나 다름없었고, 적십자사 대표들은 쿠바로 향하는 소련 선박에 승선해 무기가 적재되지 않은 것을 기꺼이 확인할 수 있게 되었다. "우 탄트 사무총장의 개인적 정보를 위해 그에게 현재 쿠바로 향하는 소련 선박들에는 무기가 전혀 없다는 것을 알려야 한다"라고 그로미코는 UN 대사 발레리안 조린에게 발송한 전문에 지시했다. 그 전문에는 미사일 설치 장소 방문에 대한 언급이 전혀 없었지만, 정치국은 플리예프에게 "우 탄트와 그를 수행하는 사람들이 설치 장소를 방문하는 것을 허용할 것"을 지시했다. 흐루쇼프는 케네디의 기준으로 타협하는 방법을 찾으면서 우 탄트를 자기편으로 만들기로 했다.[24]

그날 플리예프 장군은 두 개의 전문을 받았다. 이 중 최소한 하나는 흐루쇼프가 직접 구술한 것으로 보인다. 케네디에게 보낸 장황한 편지나 이보다는 짧지만 여전히 중요한 내용을 담은 카스트로에게 보낸 편지와 달리, 말리놉스키 원수가 전달한 플리예프에게 내리는 지시는 퉁명스럽고 엄밀했다. "우리는 귀관이 미국의 U-2정찰기를 격추하는 것을 너무 서둘렀다고 생각한다. 그 시점에 쿠바에 대한 공격을 평화적 방법으로 막을 합의가 진행되고 있었다"라고 전문에 쓰였다. 이것은 플리예프가 지상군 통제권을 상실한 것에 대한 흐루쇼프의 불만을 표현한 것이었고, 그를 방어 입장에 놓이게 만들었다. 그러고서 다음과 같은 명령을 내렸다. "우리는 R-12미사일을 해체하고 이것을 제거하기로 결정했다. 이 조치를 실행하는 데 착수하기 바란다. 수신 확인 요." 이 전보는 모스크바 시각으로 오후 4시에 발송되었다. 오후 6시 30분 말리놉스키는 추가적 지시를 보냈다. "S-75를 사용하지 말라는 명령에 추가해 귀관에게 미군 정찰기와의 충돌을 피하기 위해 전투기를 발진시키지 말라는 명령을 하달한다." 이제 미국 측은 쿠바 영공을 아무 제약을 받지 않고 비행할 수 있게 되었다. 흐루쇼프는 펜타곤의 '전쟁광들'이 케네디와의 타협을 방해할 명분을 주지 않으려고 노력하고 있었다.[25]

케네디에게 보내는 편지는 외교 채널로 보낼 수 없었다. 흐루쇼프는 케네디의 제안을 받아들이고 전쟁을 막는 데 시간이 지체될 것을 우려했다. 그는 이틀 전과 마찬가지로 라디오를 통해 이를 알릴 의지를 가지고 있었다. 물론 터키의 미사일에 대한 흐루쇼프의 결정 번복을 공개하는 것을 피하기 위해서는 사적인 메시지 전달이 나왔지만, 그는 그런 것에 더는 신경 쓰지 않았다. 당 중앙위원회 이념 담당 서기인 레오니트 일리체프Leonid Ilichev는 편지를 소련 방송위원회에 직접 전달하라는 지시를 받았다. 일리체프는 편지를 전달하기 위해 자신의 운전사가 모든 속도 제한과 교통법규를 위반하고 노보-오가료보에서 모스크바 중심부로 달렸던 것을 기억했다. 결국 제시간에 맞출 수 있었다. 모스크바 시각으로 오후 5시 아나운서는 케네디에게 보내는 흐루쇼프의 메시지를 낭독했다.

이때가 워싱턴 시각으로 아침 9시였다. 일요일 아침이었고, 케네디는 대국민 연설을 할 계획이 없었다. 흐루쇼프와 동료들을 그토록 놀라게 하고, 케네디에게 보낼 편지를 재촉하게 만든 그 케네디의 연설은 계획된 적이 없었다. 소련 군사 스파이들은 10월 22일 자 케네디 연설의 재방송에 대한 정보를 입수했었다. 쿠바 미사일 위기에서 여러 번 발생한 것처럼 이것은 착각이었다. 이것은 한쪽이 다른 쪽을 제대로 이해하지 못한 경우였다. 소련 측은 아마도 부족한 영어 지식으로 TV와 라디오에서 들은 것을 혼동했을 것이고 더욱이 미국 정치와 문화에 대한 이해도 거의 없었다. 설사 케네디가 일요일인 10월 29일 대국민 연설을 하려고 했다 해도, 자신과 국민들이 예배하러 교회로 향하는 아침 9시로 시간을 잡았을 리가 없었다. 공식적으로 무신론 국가인 소련의 정보원들은 이런 생각을 하지 못했다. 이것은 이중의 실수였지만, 다행스러운 실수였다. 지금은 전쟁만 피한 것이 아니라 위기에 대한 해결책이 방송을 타고 있었다.[26]

승자와 패자

10월 28일은 워싱턴에서 모스크바보다 여덟 시간 늦게 시작되었다. 그날 밤 미국인들은 동부 서머타임을 동부기준시간으로 한 시간 빠르게 맞추었다. 미국 동부의 아침 9시는 모스크바 시각으로 오후 5시였다. 이 시각 미국인 절반 이상이 이미 교회에 갔거나 교회로 가는 중이었다.

CIA 국장 존 매콘은 흐루쇼프의 임박한 연설이 미국 TV와 라디오에 알려진 바로 그 순간 9시 미사에 참석하고 있었다. 매콘은 연설이 무슨 내용일지 분명히 알 수 없었다. 그와 같은 가톨릭 신자이고 같은 아일랜드계인 존 케네디는 그 내용을 알 수 있는 훨씬 유리한 위치에 있었다. 오전 10시 케네디는 데이브 파워스와 함께 펜실베니아가의 순교자 성 스테판 성당 미사에 참석했다. 그가 미사에 참석하기 위해 출발하려고 할 때, 맥조지 번디가 흐루쇼프의 연설을 요약해 전화로 알려 왔다. 흐루쇼프가 케네디의 제안을 받아들이고, 미사일 기지를 해체하기로 했다고. "새로 태어난 기분이에요"라고 케네디 대통령은 파워스에게 말했다. "우리가 화요일 공습을 하기로 준비해놓은 것을 알고 있나요? 감사하게도 모든 게 끝났습니다."[1]

성 스테판 성당에서 케네디가 어떤 기도를 올렸을지에 대해 합리적인 추측이 가능할 것이다. 전날 오후 그는 잘 알고 지내는 존 스칼리에게 전화해 그가 러스크와 정부를 위해 한 일에 사의를 표했다. 그는 워싱턴에 있는 KGB 책임자인 알렉산드르 페클리소프와 비공식 협상을 지속해왔다. "존, 교회에 나가요?"라고 케네디가 물었다. "네 그렇습니다, 대통령님"이라는 답이 돌아왔다. "자, 오늘 오후나 저녁, 모두 교회에 가서 우리가 잘못 이해하지 않았기를, 우리가 소련 측이 하려는 일을 제대로 읽었기를 기도해야 해요. 왜냐하면 내일 아주 긴 하루가 될 것이거든요."[2]

그러나 그날 아침 모두가 교회에 가 있었던 것은 아니었다. 로버트 맥나마라는 커티스 르메이 장군과 합참의 동료들을 진정시키려고 노력하면서 일요일 아침을 펜타곤에서 보냈다. 이들은 최근 대통령이 받은 편지를 자기들 방식으로 해석했었다. 펜타곤 회의실을 지칭하는 '탱크'에 소집된 회의는 오전 9시에 시작되었고, 르메이는 다음 날 쿠바를 공격할 것을 요구했다. "나는 오늘 중으로 대통령을 만나기를 원하고, 당신들 모두 나와 함께 같이 가기를 바랍니다"라고 그는 각 군 사령관들에게 말했다. "월요일이 그들이 완전히 작전 준비가 되기 전에 미사일을 공격할 수 있는 마지막 날이 될 것입니다"라고 르메이는 계속해서 말했다. 흐루쇼프 연설 전문 녹음테이프가 9시 30분경에 전달되었을 때 르메이는 전혀 좋은 기분이 아니었다. "소련 친구들은 철수하는 척하고 일부 무기를 쿠바에 숨겨놓을 것입니다"라고 그는 모인 사람들에게 얘기했다. 회의에 함께 참석한 맥나마라와 폴 니체는 르메이와 다른 참석자들을 진정시키기 위해 최선을 다했다. 그들은 이 타결이 카리브해에서 소련보다 미국을 훨씬 우위에 놓는다고 말했다. 흐루쇼프가 갑작스럽게 케네디의 제안에 동의한 것에 놀란 장군들도 후퇴할 수밖에 없었다.[3]

케네디는 승리자로 미사에서 돌아왔다. 11시가 조금 넘은 시간 그는 백악관 내각회의실로 들어섰다. 그는 축제 분위기를 느낄 수 있었다. 참모들은 이제 막 흐루쇼프의 편지 번역본을 읽은 상태였다. 딘 러스크는 모인 사람들에게 이 뉴스가 협상 과정에서 어떤 입장을 취했는지를 떠나 모두의 승리라고 선언했다. "나는 모든 사람이 취한 행동에 감사해야 한다고 생각합니다"라고 그는 모인 사람들에게 말했다. 러스크의 "기분이 좋다"는 연설에 완전히 만족하지는 못한 번디는 "비둘기파의 날"이라고 말했다. 의심의 여지 없이 케네디의 날이었다. 위기가 시작되었을 때 주저하는 매파였던 그는 이제 열성적인 '비둘기파'가 되었다.

녹음테이프를 먼저 작동시킨 케네디는 몇 분을 듣다가 참모들의 자축하는 말에 녹음기를 껐다. 그는 이들의 칭찬을 흘려들었다. 케네디가 내각회의실 밖에서 테드 소렌슨과 얘기하는 동안 누군가 이제 케네디는 현재 진행 중인 중국과 인도의 전쟁을 끝내는 것을 포함해 거의 모든 일을 할 수 있는 위치에 서게 되었다고 말했다. 케네디가 이 가능성을 부인하자 그 참모가 말했다. "그러나 대통령님, 오늘은 10피트 이상으로 큰 존재입니다." "그건 2주 정도 지속될 겁니다"라고 케네디는 웃으면서 대꾸했다.[4]

백악관의 평화중재자는 이 예기치 못한 놀라운 성공을 장군들과 대부분의 참모들에게 설명해야만 했다. 그러나 국내에서나 국제무대에서 그의 입지는 몇 분까지는 아니더라도 몇 시간 만에 바뀌었다. 전임자들로부터 유약하다는 비난을 받으며, 흐루쇼프와의 대결에서 계속 패배했던 그는 갑자기 자기 입장을 관철하고 강적을 후퇴하게 만드는 영웅이 되었다. 이전까지는 주도권을 잡은 흐루쇼프를 뒤쫓아 반응했다면, 이제는 지속적으로 우위를 유지할 수 있게 되었다. 그럼에도 케네디의 월계관은 수많은 가시가 박혀 있었다. 벽장 안에 감춰야 할 또 하나의 해골을 갖고 있었기 때문이다. 그것은 쿠바-터키 미사일 교환이었다.

이어진 엑스컴 회의는 이 위원회가 만들어진 이후 가장 짧게 끝났다. 오전 11시 10분에 시작된 회의는 12시 15분에 끝났다. 회의 참석자들은 가능한 사고를 방지하기 위해 그날 예정된 정찰비행을 취소하고 소련 미사일 철수의 UN 감시가 실제로 무엇을 의미하는지를 결정했다. 미국은 UN을 대신해서 미사일 해체와 철수를 감시할 준비가 되었고, 미사일 기지의 위치와 상태에 대한 정보를 UN에 제공할 수 있었다.

케네디는 IL-28폭격기도 쿠바에서 철수하기를 원했다. 이 폭격기들은 낡고 오래되었지만 여전히 미국 영토에 핵무기를 투하할 능력을 가지고 있어

위협을 제기했다. 그런 이유로 9월 초 SAM을 발견했을 때 케네디가 언급한 '공격용 무기'에 포함되어 있었다. 10월 20일 참모들과의 회의에서 케네디는 쿠바에 있는 소련 항공기는 신경 쓰지 않는다고 말하면서 모두 '소련 폭격기가 제기하는 위협을 안고 살 준비를 해야 한다'고 말했다. 그러나 이제 상황은 바뀌었다. 흐루쇼프에게 더 이상 쫓기지 않게 되자 그는 정정당당히 사냥꾼이 되었고, 흐루쇼프가 도망치는 상황이었다. 폭격기들이 다시 그림에 들어왔지만 케네디는 흐루쇼프와의 미사일 타협을 무산시키지 않도록 이것을 거론하지 않기로 결정했다. 모든 사람이 이에 동의했다. 케네디는 엑스컴 참석자들에게 지나치게 낙관하는 공개적 논평을 자제할 것을 요청했다. 위기는 아직 끝난 것이 아니었다.[5]

그날 케네디가 서명한 흐루쇼프에게 보내는 편지는 이전에 모스크바로 보낸 편지들과 전혀 달랐다. 이전 편지들은 무슨 얘기를 할 것인가와 흐루쇼프의 어떤 주장에 응답할지를 놓고 고민하며 참모들과 오랜 논의 끝에 작성되었다. 이제 과거의 속임수나 현혹에 대해서는 아무런 언급도 하지 않았지만, 부주의하게 소련 영공을 침범한 몰츠비 대위의 실책에 대해서는 사과했다. "나는 평화를 유지해야 하는 막중한 책임을 진 귀하와 내가, 상황을 통제하기 어려운 지점까지 나아갔다는 점을 인식했다고 생각합니다"라고 케네디는 썼다.

대통령은 타협점에 대한 자신의 이해를 표현하고 이것을 준수하겠다고 밝혔다. "나는 10월 27일 귀하에게 보낸 내 편지와 귀하가 오늘 보낸 답장이 두 정부가 즉각적으로 수행해야 할 과제라고 생각합니다." 마지막으로 케네디는 핵군축에 대한 논의를 계속하자는 흐루쇼프의 제안에 긍정적으로 반응했다. "나는 우리가 지상과 외기권에서 핵무기 확산과 관련된 문제와 핵실험 금지를 위한 노력에 우선순위를 두어야 한다고 생각합니다"라고 케네디는 썼다. 그는 쿠바 미사일 위기를 넘어 이전에 논의했던 것으로 돌아가 핵실험 금지까지 언급했다.[6]

케네디의 편지는 타협을 공개하고 공식화하는 부분을 다루고 있었다. 그는 전날 저녁 로버트를 통해 도브리닌에게 전달한 제안에 대해서는 잊기로 한 듯싶었으나, 흐루쇼프는 이를 상기시킬 것이 분명했다. 도브리닌은 그날 아침 로버트 케네디에게 전화를 걸어 만남을 요청했다. 로버트 케네디는 그날 아침 성당에 가는 대신 세 딸을 데리고 워싱턴 무기고에서 열린 말 전시회에 간 것으로 기억했다. 바로 그곳에서 아침 10시경 흐루쇼프가 케네디 대통령의 제안을 수락했다는 딘 러스크 국무장관의 전화를 받았다. 로버트는 즉시 백악관으로 달려갔고, 그곳에서 도브리닌의 전화를 받았다. 두 사람은 오전 11시에 법무부에 있는 로버트 케네디 집무실에서 만나기로 약속했다.[7]

도브리닌 대사는 늘 그렇듯 모스크바에 일어나는 일을 가장 늦게 알게 되는 사람이었다. 그는 상관들에게 자신이, 미국 라디오가 흐루쇼프의 답신의 핵심 내용을 방송하고 한 시간 반 뒤에나 본국으로부터 이에 대한 지시를 받았다고 불평했다. 도브리닌은 케네디의 공식 편지나 터키-쿠바 교환에 대한 흐루쇼프의 비밀 편지의 텍스트를 갖고 있지 않았다. 대신 그가 지침을 받은 것은 모스크바 시각으로 오후 4시에 받은 그로미코의 메시지였다. 여기에서 그는 즉시 로버트 케네디를 접촉해, 모스크바가 그 전날 밤 도브리닌에게 통보한 내용을 긍정적으로 생각하고 그의 형에게 보내는 답신이 긍정적 내용이 되리라는 것을 알리라고 지시했다. 이렇게 해서 대사는 어제의 뉴스를 가지고 법무부를 찾아가, 로버트 케네디에게 그의 형에게 보낼 답신이 준비 중이라는 말을 전하려 했다. 그 시각 내용의 핵심은 이미 방송으로 나간 뒤였다.

두 사람이 만났을 때 도브리닌은 전보 시설 문제로 자신의 메시지가 더 이상 유효하지 않다고 말했다. 그럼에도 로버트는 이미 백악관에서 들은 뉴스를 다시 확인받게 되어 기쁘다고 말했다. 도브리닌은 몇 주 만에 로버트 케네디의 미소를 처음 보았다. "정말 다행입니다"라고 케네디는 대사에게 말했다. 도브리닌은 모스크바로 보낸 이 회동에 대한 보고에서 "그가 이 말을 다소 즉흥적으로 내뱉은 게 확실했다"라고 적었다. 그로미코의 메시지는 전날 밤 로버트가 도브리닌에게 전한 제안이 케네디 대통령의 공식 제안에 대한 흐루쇼프의 긍정적 답을 이끌어내는 데 큰 역할을 했다는 것을 암시했다. 이것이 확실히 로버트 케네디가 도브리닌과 만난 목적을 이해한 방식었다.

대사와 헤어지면서 케네디는 터키 문제를 비밀로 지켜달라고 부탁했다. "특히 특파원들이 알지 못하도록 하는 것이 중요합니다"라고 그가 도브리닌에게 말한 것으로 모스크바에 보고되었다. "우리 쪽에서는 [피어] 샐린저조차 당분간 그것에 대해 모를 것입니다." 도브리닌은 대사관 전체에서 자기만 이 정보를 알고 있다며 그를 안심시켰다. 로버트는 떠나면서 도브리닌에게 "집을 완전히 떠나 있었는데" 드디어 아이들을 만날 수 있게 되었다고 했다.[8]

"전날 밤과 완전히 다른 만남이었다"라고 로버트 케네디는 회고록에 적었다. 그는 도브리닌과의 미팅에 대해 대통령에게 보고하기 위해 백악관으로 되돌아가야 한다는 것을 기억했다.[9]

로버트 케네디가 백악관 대통령 집무실에 도착했을 때 그의 형은 전임 대통령 세 사람에게 전화를 걸고 있었다. 허버트 후버Herbert Hoover, 해리 트루먼, 드와이트 아이젠하워에게. 그는 승리에 대해 보고하고, 쟁취한 방법에 대해 거짓말하기 위해 전화를 걸었다. 그가 믿는 것은 오로지 소련 측이 터키 미사일 문제에 대해 침묵을 지킨다는 도브리닌의 약속이었다.

존 케네디는 우선 가장 신경 쓰이는 전임 대통령인 아이젠하워 장군에게 전화를 걸었다. "장군님, 어떠세요?"라고 케네디는 인사한 다음 흐루쇼프와 교환한 메시지의 세부 내용을 전했다. 그는 아이젠하워에게 흐루쇼프가 쿠바에서 미사일을 제거하는 데 동의한다는 공식 메시지를 발표했다고 전했다. "만일 우리가 터키에서 미사일을 철수시켰다면 장군님이 아시다시피,

우리는 그러한 타협을 할 수 없다고 발표했을 겁니다. 그런데 오늘 아침 이런 메시지를 받았습니다"라고 그는 설명을 계속했다. "그런데 대통령님, 그가 아무 조건도 내걸지 않았나요……?"라고 아이젠하워가 물었다. 케네디는 거짓말로 답했다. "네. 우리가 쿠바를 침공하지 않는다는 것 말고는 없습니다." 아이젠하워가 "좋아요"라고 말하자 케네디는 같은 맥락의 얘기를 계속했다. "이것이 우리가 지금 가진 전부입니다."[10]

다음으로 트루먼 전 대통령에게 전화를 걸었다. 트루먼이 터키에 대해 아무것도 물어보지 않았는데도 케네디는 똑같은 기만전술을 썼다. "토요일 아침, 다른 편지를 받고서 열두 시간이 지난 뒤에 터키의 미사일 기지에 대한 완전히 다른 편지를 받았습니다"라고 케네디는 기억하며 편지 드라마를 이어갔다. "그게 그 사람들이 하는 방식이지요"라고 트루먼은 대답했다. "그래서 우리는 그것을 거부했습니다"라고 케네디는 말을 이었다. "그러자 그들이 다시 돌아와 이전 제안을 수용했습니다." 트루먼은 케네디가 제대로 일하고 있다고 말했다. 케네디가 다음에 전화한 후버Herbert Hoover도 트루먼과 같은 의견이었다. 그가 케네디에게 "최근 일어난 일들이 믿어지지 않아요"라고 말하자, 케네디도 "믿을 수 없는 일입니다"라고 맞장구쳤다. "이건 당신의 멋진 승리입니다"라고 후버는 말했다.[11]

이 시점부터 케네디는 흐루쇼프와 맺은 비밀 타협에 대해 말을 되돌릴 수 없게 되었다. 그러나 그가 하지 않기로 결정한 일 중 하나는 타협안을 서면으로 약속하는 것이었다. 한편 흐루쇼프는 케네디의 약속을 서면으로 받기를 원했다. 10월 29일 도브리닌은 로버트 케네디와 다시 접촉하여 흐루쇼프가 대통령에게 보내는 비밀 편지를 전했다. "친애하는 대통령님, 도브리닌 대사가 10월 27일의 로버트 케네디와의 대화를 나에게 보고했습니다"라고 적혀 있었다. 흐루쇼프는 로버트 케네디를 통해 터키의 미국 미사일을 철수하겠다는 제안을 전한 것에 사의를 표하고, 케네디의 제안에 대한 자신의 공식 동의가 케네디의 비공식 제안의 영향을 받은 것이라고 설명했다. 흐루쇼프는 비밀 협상 진행에 아무 문제가 없었고, 그 채널을 계속 열어둘 준비가 되었다. "나는 터키의 미국 미사일 기지를 제거하는 문제를 공개적으로 거론하는 경우 귀하에게 발생할 예민한 상황을 잘 이해한다고 말하고 싶습니다. 나는 이 복잡한 상황을 이 문제를 고려하는 데 포함했고, 이 문제를 공개적으로 논의하지 않기를 바라는 귀하가 옳다고 생각합니다"라고 흐루쇼프는 썼다.[12]

다음 날 로버트 케네디는 도브리닌에게 대통령은 자신이 한 말을 분명히 지킬 것이지만 어떤 편지, 심지어 비밀 편지에도 서명할 수 없다는 것을 밝혔다. "우리는 이러한 양해를 편지 형식으로 작성할 준비가 되어 있지 않습니다. 대통령과 소련 정부 수장 사이의 최고 기밀 편지로도 말입니다. 더군다나 이렇게 극도로 예민한 문제라면요. 솔직히 말해 나 자신도 이런 종류의 편지를 전달하는 위험부담을 지고 싶지 않습니다. 언제, 어디서 이 편지가 드러나 공표될지 아무도 모르기 때문입니다. 현재는 아니라도 미래에 그럴 수 있죠. 사건의 진행 과정에 변화가 일어나는 것도 가능합니다. 이러한 문서가 나타나는 것은 장래 나의 정치적 경력에도 회복할 수 없는 해를 미칠 것입니다. 이것이 이 편지를 다시 가져가도록 우리가 요청하는 이유입니다."

로버트 케네디의 말을 모스크바에 전달한 도브리닌은 편지를 다시 가져올 수밖에 없었다. 11월 1일 도브리닌은 흐루쇼프의 또 다른 메시지를 로버트 케네디에게 전달했다. 소련의 지도자는 대통령의 말을 신뢰한다는 것이었다. 터키 미사일 문제에 대한 즉각적인 소동 가능성은 피할 수 있게 되었다.[13]

흐루쇼프는 스스로 설명해야 할 일이 많았다. 만일 케네디가 그의 정치적 양보를 비밀로 지키기를 원한다면, 흐루쇼프는 소련 국민과 세계에 왜 그가 터키에서 미국 미사일을 철수하라는 요구를 포기했는지 설명할 수 없는 입장에 처하게 되었다. 그는 자신의 타협을 작동시키기 위해 거짓말을 해야 했다. 흐루쇼프는 말이 새어나가면 케네디가 자신의 약속을 지키는 것이 불가능해진다는 것을 잘 이해했던 것이 분명했다. 흐루쇼프의 스타일과 성격을 고려할 때 스스로를 위기의 승리자로 선언한 것은 놀라운 일이 아니었다. 그는 쿠바를 구한다는 자신의 목표를 달성했다고 주장할 수 있고, 소련에서 미국을 타격할 수 있기에 지정전략적 이유에서 쿠바에 미사일을 둘 필요성이 없다고 주장할 수 있었다. 마지막으로, 그러나 어떤 것 못지않게 중요한 것은 그가, 카스트로가 점화하려 했던 핵전쟁으로부터 세계를 구한 것이었다.

케네디의 조건을 받아들인 다음 날인 10월 29일 흐루쇼프에게는 자신의 입장을 설명할 첫 기회가 왔다. 이날 국가 공산당 지도자 안토닌 노보트니Antonín Novotný가 이끄는 체코슬로바키아 대표단이 모스크바를 방문했다. 크렘린의 주인은 케네디에게 한 말에 충실해 쿠바-터키 교환을 노보트니와 그 동료들에게 밝히지 않았다. 다만 그는 이렇게 암시했다. "그들이 아는 특정한 사람들을 통해 우리와 접촉해, 자신들이 이 분쟁에서 벗어나도록 우리가 도와준다면 감사하리라는 것을 분명히 밝혔습니다." 흐루쇼프는 터키에 대한 공개적 타협을 정치적으로 다룰 수 없다는 케네디의 주장을 수용했다. "우리는 이 문제들이 카리브해와 쿠바의 구체적 상황과 너무 동떨어져 있다는 것, 그리고 케네디가 나토의 다른 회원국들과 협의해야 하기에 이 문제에 답할 수가 없고, 상황이 너무 심각해서 우리가 해결을 더 미룰 수 없다는 것에 이해를 같이했습니다."[14]

"누가 이겼나요?"라고 흐루쇼프는 대표단에게 묻고는 스스로 답하면서, 자신이 핵심 목표를 달성했다고 주장했다. "내 생각에 우리가 이겼습니다. 우리가 설정한 최종 목표에서부터 시작해야 합니다. 미국은 어떤 목표를 가졌습니까? 쿠바를 공격하고 쿠바공화국을 제거하고, 쿠바에 반동 정권을 세우는 것이었죠. 일은 그들이 계획한 대로 진행되지 않았어요. 우리의 핵심 목표는 쿠바 혁명을 구하는 것이었습니다. 그것이 우리가 쿠바에 미사일을 보낸 이유이죠. 우리는 우리의 목표를 달성했습니다. 우리는 미국으로부터 쿠바를 공격하지 않고, 미주 대륙의 다른 나라들과 쿠바 공격을 자제할 것이라는 약속을 받아냈습니다."

흐루쇼프는 이 기회를 이용하여 상황을 악화시키고 미국 핵공격을 제안한 카스트로를 비난했다. 그는 또한 핵전쟁 전반에 대한 더 중요한 시사점을 얘기했는데, 이것은 그가 공산주의자 핵심 라이벌인 마오쩌둥과 크게 의견을 달리하는 부분이었다. 그는 중국 공산당이 틀렸다는 것을 증명하고 싶어 했다. "이 충돌은(그리고 우리는 정말 전쟁 직전에 있었죠) 오늘날 전쟁이 운명적으로 피할 수 없는 것이 아니라는 것, 피할 수 있는 것임을 증명했습니다. 중국의 주장은 다시 한번 반박되었고 현대 시대, 현재의 세력 균형, 제국주의에 대한 그들의 평가도 마찬가지입니다. 보다시피 제국주의는 종이호랑이가 아닙니다. 엉덩이를 크게 물 수 있는 호랑이죠."

흐루쇼프는 쿠바를 제국주의로부터 구했을 뿐만 아니라 전 세계를 핵전쟁으로부터 구한 구원자로 자기 자신을 내세웠다. 그리고 언제, 어떻게 타협해야 하는지 아는 노련하고 이성적인 정치인이자 자본주의자들과도 싸워 이긴, 세계 여론의 장에서 승리한 사람으로도 내세웠다. 동료 공산주의자인 노보트니가 있는 앞에서 흐루쇼프는 그런 면에서, 냉소적이 아니라 개방적인 모습을 보여주었다. "전체 분쟁과 우리의 접근에서 가장 중요한 성과 중 하나는 전 세계가 우리를 평화를 구한 사람으로 본다는 사실입니다"라고 그는 주장했다. "나는 이제 세계에서 양羊으로 등장하고 있습니다. 이것도 나쁘지 않죠. 평화주의자 [버트런드] 러셀이 나에게 감사의 편지를 보냈어요. 물론 나는 평화를 원한다는 것 빼고는 그와 공통점이 없지만요."[15]

겉으로 보기에 흐루쇼프의 설명과 자화자찬은 그의 모든 동료들, 실제로는 부하들에게 아무 이견 없이 받아들여진 듯했다. 소련 언론에서도 마찬가지였다. 《프라우다》와 다른 신문들은 러셀이 흐루쇼프에게 보낸, 평화를 유지한 그의 노력을 칭송한 편지를 게재했을 뿐만 아니라, 제3세계 지도자들이 보낸 편지와 전보도 실었으며, 여기엔 특히 비동맹운동의 지도자인 인도 수상 자와할랄 네루의 것도 포함되었다.

이 모든 것이 단순한 프로파간다만은 아니었다. 전 세계의 많은 이들이 핵전쟁의 벼랑에서 뒤로 물러선 흐루쇼프에게 진정으로 감사했고, 일부는 이 결과를 미국의 패배로 받아들였다. 전 세계 언론이 흐루쇼프가 케네디의 제안을 받아들인 사실을 보도한 10월 28일, 미국 주재 브라질대사 로베르토 드 올리베이라 캄포스Roberto de Oliveira Campos는 쿠바가 이제 스스로를 방어한 국가로 인정되었으므로 "미국의 도덕적 입지는 손상되었고, 위기를 처음 야기했음에도 불구하고 흐루쇼프는 중립적 세계 여론의 시각에서 평화중재자로 인정되었다"라는 보고를 워싱턴에서 본국으로 보냈다.[16]

그러나 소련이 통제하는 지역과 비동맹 세계 밖에서 흐루쇼프는 승리자보다는 패배자로 인식되었다. 미국에서 케네디는 승자로 판정되었다. "러시아는 제안에 응함. 대통령은 기지 건설이 중단되었다고 발언—협상 시작"이라는 제목으로 10월 29일 자 《뉴욕타임스》는 기사를 실었다. 올리베이라 캄포스는 미국 관리들 사이에서 승리의 분위기를 감지했다. "워싱턴에서는 이 사건이 다음의 결과를 가져온 것으로 보고 있다. 1) 핵무기 존재에 대한 북아메리카의 비난이 사실로 드러났고, 2) 현재 러시아가 북아메리카의 핵 우위를 알아챘다는 펜타곤의 판단이 옳았고, 3) 지난 넉 달간 매일 백만 달러로 추산되는 엄청난 비용이 들어간 후에 소련은 출발점으로 되돌아갔고, 미국으로부터는 단지 불침공 보장만을 받아냈는데, 이것은 워싱턴이 이미 일방적으로 선언한 것이다."[17]

같은 의견이 서유럽에서도 확산되고 있었다. 《뉴욕타임스》 모스크바 특파원 세이모르 토핑Seymour Topping은 서방 외교관들의 의견과 모스크바의 보도에 기초해 자신의 평가를 썼다. 이들은 "케네디 대통령이 거부한 다음에 터키에 대한 요구가 갑자기 철회된 것은 모스크바에 모욕적인 결과"라고 간주했다. "이곳의 서방 관측통들은 흐루쇼프의 편지가 쿠바 문제에서 후퇴를 의미하고 이것이 깊은 반향을 가져올 것으로 믿는다"라고 토핑은 기사에 썼다. "비밀스럽게 미사일 기지를 설치한 것부터 미국의 압력으로 그것을 철수시킨 것까지 이번 문제를 다룬 방식은 해외에서 소련의 위신을 훼손시키고, 현재 소련 지도부의 국내 정치적 입지에도 영향을 미칠 것이다." 대통령과 참모들을 위해 쿠바 미사일 위기 해결에 대한 언론의 반응에 대한 보도를 만든 미국 문화 정보국은, 쿠바 언론이 세 시간 동안 침묵을 지켰고, 북경(베이징)은 '샐쭉거리고', 서유럽은 세력 균형이 미국 쪽으로 움직인 것을 말하고 있다고 평가했다.[18]

해외의 소련 기자들은 흐루쇼프가 더 이상 소련 권력을 장악하고 있지 않다는 주장에 대해 해명해야 하는 입장에 처했다. 루엘린 톰슨 대사와 만난 《프라우다》 기자 유리 주코프Yurii Zhukov는 케네디에게 보낸 흐루쇼프의 편지에서 입장이 급작스럽게 바뀐 것은 그가 동료들의 의견에 제압당한 것이라는 식의 서방 보도를 부인했다. 톰슨의 보고에 따르면 주코프는 "그것은 사실이 아니고 흐루쇼프가 여전히 일인자라는 것을 확신한다고 즉시 말했다." 모두가 그 말의 신빙성을 믿지는 않았다. 며칠 전 미국 주재 프랑스 대사 에르베 알팡Herve Alphand은 딘 러스크에게 흐루쇼프의 갑작스러운 입장 변화에 대해 묻고서 10월 26일 케네디에게 보내진 편지를 보고는, "히스테리와 정신적 불안정 증상이 드러납니다"라고 말하기도 했다.[19]

존 케네디는 성급한 심리분석이나 승리주의의 과시에서 거리를 두려고 노력했다. 그는 10월 28일 엑스컴 회의에서도 참모들에게 그렇게 하도록 지시했었다. 그다음 날 《뉴욕타임스》는 저명한 언론인이자 케네디와 가까운 제임스 레스턴James Reston의 평론기사를 실었다. 기사는 다음 문장으로 시작되었다. "케네디 대통령은 쿠바 위기를 위대한 승리가 아니라 단지 '냉전'의 고립된 한 지역에서의 명예로운 사태 해결로 보고 있다." 이 기사는 케네디가 이 위기로부터 소련과의 미래 관계에 대한 전반적 결론을 아직 내리지 않았다고 주장했다. 그러나 그날 케네디의 참모인 아서 슐레진저가 바로 그런 연설을 하도록 케네디에게 메모를 적었다. "연설은 승리의 성격을, 국가가 장래에 제한된 목적을 위해 제한된 무력을 사용하는 데 익숙해진다는 식으로 설명해야 하고, 동시에 쿠바에서의 우리의 승리가 무력이 모든 것을 해결하지 않는다는 것을 입증했음을 지적할 것"을 슐레진저는 제안했다.[20]

케네디와 흐루쇼프 두 사람 모두 위기 상황을 장악했다. 그러나 케네디가 어떻게 승리를 확보하고 이것을 이용할 것인가에 신경 썼다면, 흐루쇼프는 자신의 갑작스러운 입장 변경과 터키 문제에서 패배처럼 보이는 것을 설명하는 데 더 집중했다. 그는 한 손으로만 이 전투를 치러야 했다. 다른 손은 케네디가 제공한 '선물'인 쿠바-터키 교환을 감추느라 바빴다. 그가 다른 사람들에게 무슨 얘기를 하고, 다른 사람들이 그에게 무슨 얘기를 하든, 이어진 사건들은 흐루쇼프가 케네디에 대한 태도를 극적으로 바꾸었다는 것을 보여주었다. 흐루쇼프가 경험 없고 유약하다고 생각했던 젊은 대통령은 그의 눈앞에서, 함부로 밀어붙일 수 없고, 진지하게 상대해야 하는 막강한 인물로 자랐다. 흐루쇼프는 케네디를 존중하는 법을 배웠다.

승리를 선언할 수 없었던 지도자는 피델 카스트로였다. 흐루쇼프가 하는 말을 들으면 카스트로는 흐루쇼프가 케네디와 맺은 타협에서 가장 큰 이익을 본 것 같지만, 그의 위신과 국가 안보는 뒷전으로 밀려버렸다. 쿠바는 미국의 공격과 점령을 피했을 뿐만 아니라, 핵분쟁에서 거의 확실한 파괴도 피했다. 카스트로는 미국이 침공하지 않으리라는 약속도 받았다. 그러나 카스트로는 이를 다르게 받아들였다. 그는 자신이 이미 쿠바에 확보한 미사일과 핵탄두뿐만 아니라, 이보다 더 중요하게 독립 국가의 수장으로서의 위신을 도둑맞았다고 생각했다. 그리고 그는 새로 발견한 공산주의라는 종교의 제단에 자신의 위신을 희생할 준비가 되지 않았다.

분노

"우리 국민들의 반응은 안도가 아니라 깊은 분노였다"라고 피델 카스트로는, 라디오 모스크바가 낭독한 케네디에게 보내는 흐루쇼프의 편지를 기억하며 수십 년이 지난 뒤 선언했다. 그는 이 편지 내용을 소련대사인 알렉산드르 알렉세예프로부터 통보받은 것이 아니라, 라디오 모스크바 방송과 AP통신 전문을 통해 알았다.[1]

10월 28일 정오경 한 쿠바 신문의 편집장이 카스트로에게 전화해 뉴스를 어떻게 다루어야 할지에 대한 지침을 요청했다. "무슨 뉴스 말입니까?" 카스트로가 놀라 물었다. 무슨 일이 일어났는지를 깨달은 그는 격분하여 자기 집 유리창을 박살내버렸다. "개자식", "나쁜 놈", "지저분한 놈"이 그가 한때 구원자로 여겼던 니키타 흐루쇼프에게 내뱉은 욕설이었다. 그의 반응은 12일 전 쿠바에 미사일이 있다는 것을 안 케네디가 보인 반응보다 훨씬 감정적이었다. "이 뉴스를 듣고 우리가 일종의 협상 카드가 된 것을 알았다"라고 1990년대 초 카스트로는 다른 어휘를 사용했지만 여전히 고통을 느끼며 회고했다. 카스트로는 협의의 당사자가 되지 못했을 뿐 아니라 동맹인 소련으로부터 타협에 대한 통보조차 받지 못했다.[2]

"소련의 양보는 압제의 느낌을 만들어냈습니다"라고 카스트로는 며칠 후 쿠바를 방문한 소련 고위인사 아나스타스 미코얀에게 말했다. "심리적으로 우리 국민은 이를 받아들일 준비가 되어 있지 않습니다. 마치 미사일뿐만 아니라 우리의 연대의 상징 자체도 빼앗긴 것처럼 깊은 실망감과 비통, 고통을 느낍니다. 미사일 발사대가 해체되고 러시아로 철수한다는 보도를 우리 국민들은 처음에는 모욕적인 거짓말로 받아들였습니다." 카스트로는 흐루쇼프가 UN으로 하여금 쿠바 영토의 미사일 설치 현장을 실사하도록 허락한 것은 훨씬 더 모욕적이고, 이 문제 역시 쿠바인들과 상의한 적이 없다고 미코얀에게 말했다. "소련은 쿠바 지도부에 통보도 하지 않고 실사에 대한 동의를 했습니다"라고 그는 항의했다. "여러 차례 역사적 발전과정의 결과로 형성된 우리 국민들의 특별한 예민함을 고려해야 했습니다. 미국이 쿠바에 강요한 플랫수정안은 이런 면에서 특정한 역할을 했습니다."[3]

미코얀이 플랫이 누구인지 알고 있었는지는 분명하지 않지만, 카스트로는 1901년 미국 의회가 통과시키고 법안 제안자인 오빌 플랫 상원의원의 이름을 딴 미국 군사 취득법안 개정안을 말한 것이었다. 이 법안은 미국이 쿠바에서 군사기지용으로 토지를 임대하고 구매하는 것을 허용하고(관타나모기지도 그에 속함), 쿠바가 부채를 지는 것을 금지하고, 외교 업무에서 주권을 제한했다. 이 모든 것이 쿠바 정부와 협의 없이 강행된 것이었다. 카스트로는 이제 소련이 이와 비슷한 방식으로 행동한다는 것을 암시했다. 카스트로는 개인적으로 모욕당했지만, 그의 애통함은 자신의 상처받은 자존심의 반영 이상이었다. 그것은 쿠바 지도부와 혁명 지지자들, 배신당했다고 느낀 모든 이들의 감정을 표현한 것이었다.[4]

케네디가 주피터미사일 철수 문제에 대해 어떻게 터키인들을 설득하고, 나토 동맹국들이 이 결정에 동의하게 만들 것인가를 놓고 많은 시간을 보낸 것에 비해, 흐루쇼프는 카스트로와 예상 가능한 그의 반응을 생각하는 데 거의 시간을 쏟지 않았다. 그는 고객이자 공산주의 클럽의 하수인인 카스트로가 그의 결정을 따를 것이라고 기대했다. 카스트로는 보호자이자 공산주의 최고 지도자의 정책을 따라야 했다. 흐루쇼프는 자신이 이룬 타협이 카스트로와 쿠바에게 최선의 이익이라고 진심으로 믿었다. 흐루쇼프가 깨닫지 못한 것은 카스트로의 혁명이 공산주의 혁명이라기보다 민족주의적인 혁명이었다는 사실이었다. 혁명의 핵심 구호인 '조국 아니면 죽음'은 공산주의가 아니라 민족주의를 지향한 것이었다. 또 다른 강대국의 꼭두각시로 여겨지거나 대우받는 것은 카스트로와 그 지지자들이 상상할 수 있는 최악의 일이었다.

며칠 전인 10월 26일 아침, 케네디의 엑스컴은 브라질 주재 미국대사에게 훈령을 보내, 카스트로와 흐루쇼프 사이를 이간시키기 위해 그 나라의 외교 채널을 사용하는 문제를 논의했었다. 모스크바가 검역선에 있는 선박들을 회항시키는 명령, 그리고 소련이 쿠바와 베를린을 맞바꿀 생각을 하고 있다는 소문이, 흐루쇼프가 카스트로를 곧 배신할 것이고 장기판의 말로 삼고 있음을 암시한다고 볼 수도 있었기 때문이다. 이 훈령은 브라질로 보내지지 않았고, 브라질인들도 카스트로에게 접근하지 않았다. 그러나 이제 카스트로가 스스로 이와 유사한 결론을 내리는 것처럼 보였다. 미국이 공산 진영 사이의 분열을 발견한 시점에 이것은 전혀 바람직하지 않았다. 분노는 모스크바에 대한 카스트로의 새로운 태도를 결정지은 추동력이었고, 흐루쇼프는 새로운 위기를 다룰 방법을 찾아야 했다. 이 위기는 그가 예상하지 못한 것일 뿐만 아니라, 현실화되었을 때조차 제대로 파악하지 못한 것이었다.[5]

카스트로가 흐루쇼프의 직접 채널로 신임한 알렉산드르 알렉세예프는 10월 28일 소련-쿠바 관계를 강타한 정치적 허리케인의 한가운데 자신이 끼었음을 알았다. 워싱턴의 소련대사 아나톨리 도브리닌처럼 알렉세예프도 쿠바의 오스발도 도르티코스 대통령이 그에게 뉴스에 대해 설명을 요청했을 때 어쩔 바를 몰랐다. 흐루쇼프의 편지에 대해 아무것도 알지 못한 알렉세예프는 도르티코스에게 미국 라디오 방송을 믿지 말라고 했다. 도르티코스는 자신이 말하는 것은 소련 라디오 방송 내용이라고 했다. 바로 몇 시간 후에 알렉세예프는 카스트로에게 보내는 흐루쇼프의 편지 사본을 받았다. 그는 이것을 바로 전달하려고 하였으나, 쿠바의 지도자는 그와의 만남을 거부했다.[6]

흐루쇼프는 자신이 케네디와 이룬 합의는 카스트로에게도 이익이 된다는 것을 설득하는 편지를 그에게 썼다. 이 타협으로 "미국은 자국 전력뿐만 아니라 동맹국의 군사력을 이용해 쿠바를 침공하는 것도 자제하겠다고 보장"했다는 것이 그 근거였다. 그러나 이 편지의 핵심 목적은 카스트로에게 감정을 가라앉히고, 흐루쇼프와 케네디 사이의 타협을 망칠 수 있는 행동을 중단하게 하는 것이었다. "지금 이 중요한 순간에 감정에 휩싸이지 말고 자제력을 발휘할 것을 당신에게 권고합니다"라고 흐루쇼프는 썼다. "나는 미국의 침략과 국제법 기본 원칙 위반에 대한 당신의 분노를 이해하지만 지금 순간 펜타곤의 일부 군부 인사들의 무모함은 법과 상관없이 작동합니다. 이제 합의가 조성되기 시작했고, 펜타곤은 이 합의를 훼손할 기회를 찾고 있습니다"라며 흐루쇼프는 카스트로가 이 도발에 말려들지 말기를 요청했다.[7]

카스트로에게 거부당한 알렉세예프는 도르티코스와 쿠바 농업 개혁을 담당하는 카를로스 라파엘 로드리게스Carlos Rafael Rodríguez를 만나 편지를 전달했다. 도르티코스는 "불행하게도, 쿠바 국민과 라틴아메리카 국민들은 케네디의 보장만 믿고 특별한 무기를 해체하기로 한 결정을 소련 정부의 패배로 생각한다"라고 알렉세예프에게 말했다. 쿠바인들은 실망했고, 카스트로는 소련군 전체가 쿠바에서 철수하리라고 여기는 자신의 충복들을 진정시킬 방법을 찾느라 애쓰는 중이었다. 카스트로는 더 강력한 보장을 원했고 흐루쇼프-케네디 협상을 수용할 자신만의 조건을 내세웠다. "혼란과 당황이 쿠바 지도부 내부에 팽배했습니다"라고 알렉세예프는 회동 결과를 모스크바에 보고했다.[8]

쿠바가 미국의 불침공 약속을 수용하는 조건으로 내세운 다섯 조항이 10월 28일 오후 라디오 아바나를 통해 방송되었다. 여기에는 쿠바에 대한 공개적이거나 은밀한 공격 중지, 쿠바에 대한 미국의 상업적 봉쇄 철회, 관타나모 해군기지 철수가 포함되어 있었다. 아울러 쿠바 영공을 침입하는 모든 항공기를 격추시키도록 하달한 명령에 해당하는 성명도 함께했다. 케네디-흐루쇼프 협상은 핵심 요소로 쿠바 영토의 미사일 해체 실사를 포함하고 있었다. 이 요소는 이제 카스트로의 지렛대가 되었다. 그의 다섯 가지

조항은 두 강대국, 특히 미국이 카스트로의 요구를 수용하는 경우에만 미사일 해체 실사를 허용할 것임을 시사했다.[9]

다섯 가지 조항은 공식적으로 미국에 전달되었지만, 쿠바 외무장관 라울 로아는 아바나 주재 유고슬라비아대사 보시코 비다코비치에게 이것은 "케네디보다는 흐루쇼프를 향한 것"이라고 말했다. "우리의 생명이 판돈으로 걸려 있으면, 분명하게 우리 의사를 말해야 합니다"라고 그는 덧붙였다. 비다코비치는 다른 전문에서 로아를 인용하여 이렇게 썼다. "우리는 존재합니다. 그들은 그것을 알아야 합니다. 저쪽만이 아니라 이쪽에도 존재한다는 것을 말이죠." 쿠바 주재 폴란드대사 볼레스와프 젤렌Bolesław Jeleń은 바르샤바에 이렇게 보고했다. "쿠바가 내건 조건은 결정을 내리는 과정에 쿠바가 참여할 수 있도록 계산되었습니다." 그는 또한 "흐루쇼프의 발표로 야기된 카스트로에게 대단히 골치 아픈 상황"에 대해 지적했다.[10]

카스트로는 흐루쇼프의 편지에 바로 그날 답신을 보냈다. "나는 귀하께 우리 영토에 대한 사찰을 전반적으로 반대한다는 것을 통보합니다." 그러나 편지 내용의 대부분을 미군 항공기에 대한 지대공미사일 발사 명령을 그가 결정하게 된 경위를 설명하는 데 할애했다. 흐루쇼프가 결국 U-2기 격추를 불러왔다고 본 그 과정을. 카스트로는 다음과 같이 흐루쇼프가 그의 소련 지휘관들과 경위를 파악할 것을 조언했다. "소련군 지휘관들은 어떻게 그 항공기가 격추되었는지 추가적인 정보를 제공할 것입니다." 그는 U-2기를 격추하라는 명령을 내린 것이 자신이라는 흐루쇼프의 주장을 반박하지 않았고, 며칠 뒤 우 탄트 사무총장에게 "그 비행기는 우리 방공부대에 의해 격추되었습니다"라고 말했다.[11]

카스트로는 실제로 어떤 일이 일어났는지 잘 알고 있었지만, 자국 영토에 주둔 중인 외국군에 대한 통제권을 갖고 있지 못하다는 것을 인정하려 하지 않았다. 그는 라틴아메리카의 외국 군사기지에 대한 항의로 자신의 투쟁 경력을 쌓아왔다. 이제 그는 쿠바에 소련 기지가 있는 것을 묵인했다고 보일 수 있는 상황이었다. U-2기 격추로 소련군을 비난하는 것은 그가 자신의 영토 내 외국 군대를 통제하지 못한다는 것을 인정하는 것이나 마찬가지였다. 카스트로는 그럴 수 없었다.

카스트로는 결국 케네디에게 보내는 흐루쇼프의 편지가 방송된 다음 날인 월요일 10월 29일 알렉산드르 알렉세예프를 만나기로 동의했다. 알렉세예프는 흐루쇼프가 보낸 또 다른 편지를 가지고 있었다. 이것은 흐루쇼프 개인이 아니라 소련 지도부가 보낸 편지였다.

소련 정치국은 카스트로가 흐루쇼프-케네디 협상을 지지하는 공식 성명을 내기를 원했다. '우리가 이미 말한 것을 당신의 말로 발표하라'는 것이었다. 이 아이디어는 미국 측에서 낸 것으로 알려졌지만, 흐루쇼프도 자신에 대한 카스트로의 분노를 무마시키기 원했던 것이 속사정이었다. 이것이 흐루쇼프가 아니라 미국인들이 제안한 아이디어임을 확실히 하기 위해 정치국은 알렉세예프에게, 워싱턴의 KGB 책임자 알렉산드르 페클리소프와 그의 접선 대상인 존 스칼리 사이의 대화록을 첨부해 보냈다. 스칼리는 전문에 이름이 나오지 않은 채, 역시 이름은 나오지 않는 페클리소프에게 카스트로의 그러한 행동은 미합중국에서 호의적으로 받아들여질 것이라고 확언했다. 흐루쇼프는 카스트로에게 협상 과정에서 역할을 부여함으로써 그를 달래고, 그의 자존심에 난 상처를 복구하고자 했다. 그러나 그 역할은 상의 없이 내려진 결정을 추인하는 것이었다. 당연히 카스트로는 냉담한 반응을 보이며 제안을 검토해보겠다고만 했다.[12]

"나는 카스트로가 그렇게 낙담하고 초조해하는 것을 본 적이 없습니다"라고 알렉세예프는 모스크바에 보고했다. "우리는 우리 땅을 누구도 사찰하지 못하게 할 것입니다"라고 카스트로는 소련대사에게 말했다. 그는 사찰을 "굴욕적인 절차"라고 불렀다. 그는 또한 소련의 가장 아픈 곳을 찔러, 소련이 미국에 굴복했다고 시사했다. "소련이 미합중국의 압력에 굴복했다는 인상이 만들어졌습니다." 카스트로를 진정시키기 위해 알렉세예프는 흐루쇼프가 카스트로에게 '따뜻한' 편지를 보내고 그의 다섯 조항을 지지하는 성명을 발표할 것을 건의했다.[13]

흐루쇼프는 자신이 문제를 안고 있고, 이것이 악화되고 있다는 것을 잘 알았다. "카스트로는 우리가 취한 행동이 의미하는 바를 충분히 이해하지 못하고 있다. 그는 정치적 책략을 이해하지 못했다"라고 흐루쇼프는 후에 회고했다. "그는 극도로 예민해져, 한마디로 우리를 온갖 방법으로 비난했다. 카스트로의 '혁명주의', 그의 극단주의는 중국인들에 의해 자극받았다. 그리고 우리는 도덕적 상처를 입었다. 쿠바에서 우리의 가치가 올라가기는 커녕 하락했다. 카스트로는 우리가 쿠바를 배신했고, 중국이 쿠바를 지지한다고 생각했다." 지금 사활이 걸린 것은 소련-미국 관계뿐만 아니라 공산세계에서 소련의 지도력이었다.[14]

흐루쇼프의 첫 반응은 알렉세예프의 조언을 무시하고 카스트로에게 '따뜻한' 편지를 보내는 대신 자신의 주특기인 겁주기로 나가기였다. 10월 30일 카스트로에게 보낸 편지에서 흐루쇼프는 시작은 따뜻한 말로 했다. "나는 당신의 상황을 이해하고, 당신의 어려움을 헤아립니다." 그러나 다음에는 공세로 나서, 미국에 핵무기를 사용하라고 촉구한 10월 27일 카스트로의 제안을 비난했다. "친애하는 카스트로 동지, 나는 당신이 그런 제안을 한 이유는 알지만, 당신은 잘못 판단했습니다. 우리는 세계적인 핵전쟁이 발발할 뻔한 아주 위험한 상황을 통과했습니다. 물론 미국은 엄청난 피해를 입게 될 수 있었지만, 소련과 사회주의 블록 전체도 큰 피해를 입을 뻔했습니다. 쿠바 국민들에게 어떤 일이 닥쳤을지는 설명하기도 힘듭니다. [...] 우리가 제국주의와 투쟁하는 이유는 죽기 위해서가 아니라 우리의 모든 잠재력을 끌어내고, 가능한 한 적게 잃고, 나중에 더 많은 승리를 얻기 위해서, 그래서 승리자가 되고 공산주의가 승리하도록 만들기 위해서입니다."[15]

그러나 흐루쇼프의 겁주기 전술과 논리적 제안 모두 원하는 결과를 만들어내지 못했다. 카스트로는 다음 날 가장 강력한 어조로 항의했다. 그는

"친애하는 피델 카스트로 사령관, 점점 더 위험해지는 당신의 전문을 감안하면, 사전 협의가 이루어졌다고 생각합니다"라고 흐루쇼프가 편지에 쓴 주장에 대해 "나는 당신이 내린 결정이 우리와 상의한 것이라고 어떻게 주장할 수 있는지 이해할 수 없습니다"라고 썼다. 카스트로는 흐루쇼프-케네디 협상에 대한 자신의 불만을 감추지 않았고, 케네디의 보장을 믿지 않았다. "제국주의자들은 우리나라를 침공하는 것을 다시 거론하고 있고, 이것은 이들의 약속이 얼마나 허황되고 믿기 어려운 것인가를 보여주는 증거입니다"라고 썼다. 알렉세예프는 카스트로의 편지에 답하지 말도록 모스크바에 건의했고, 흐루쇼프는 이것을 받아들였다. 그는 다른 전술을 들고나왔지만, 전략은 바꾸지 않았다. 카스트로가 현지 사찰에 동의하지 않으면, 흐루쇼프-케네디 협상은 실행될 수 없었다.[16]

카스트로는 고집을 굽히지 않았다. 그는 자신만의 외교 정책을 수행하고, 국제무대에서 독립적인 행위자가 되기로 작정했다. 그는 10월 30일 아바나의 대통령궁에서 뉴욕으로부터 날아온 귀빈인 국제연합 사무총장 서리 우 탄트를 영접할 때 자신이 미국뿐만 아니라 소련으로부터도 완전히 독립한 존재라는 것을 보여주려고 했다.

국제연합은 한쪽은 소련과 쿠바, 다른 한쪽은 미국과 동맹국들이 자웅을 겨루는 핵심 전장이었다. 애들레이 스티븐슨 대사가 U-2기가 찍은 소련 미사일 사진을 보여주며 소련대사 발레리안 조린과 대결하던 장면은 이 투쟁의 가장 극적인 에피소드였지만, 투쟁 자체는 이런 종류의 드라마에만 국한되지 않았다. 버마 출신 외교관인 우 탄트 UN 사무총장 서리는 이 위기가 공개적 대결로 악화되는 것을 막는 데 중요한 역할을 하고 있었다. 그는 소련이 미사일을 철수하는 대신 미국이 쿠바를 공격하지 않겠다고 약속하는 위기 해결책을 처음 제안한 사람이었다. 그는 이 방법을 공개적으로도 천명

하고, 비공개적 경로를 통해서도 추진했다.[17]

상당 기간 미국은 우 탄트에게 쿠바 미사일 기지에 대한 UN 주도 사찰을 실시하도록 촉구했지만, 흐루쇼프는 UN 감독하에 미사일을 철수시킨다는 케네디의 제안을 수용할 때까지 UN 사무총장이 이런 역할을 수행하는 것에 대해서는 거론하지 않았다. 그러나 제안을 받아들이자마자 흐루쇼프는 그로미코로 하여금 이 소식을 도브리닌을 통해 로버트 케네디에게 전달하고, UN 대사인 발레리안 조린을 통해 우 탄트에게도 알리도록 조치했다. 같은 날인 10월 28일 우 탄트는 소련 미사일을 해체하기로 한 흐루쇼프의 결정과 "UN 대표가 이 기지들의 해체를 사찰할 가능성에 동의한 것"에 대해 "더할 나위 없는 만족"을 표현했다.[18]

피델 카스트로는 자신과 쿠바에 있는 소련 지휘관들이 전쟁의 위협에 불안해하던 10월 27일 우 탄트를 쿠바에 초청했다. 그는 미국과의 이견에 대해 논의할 준비가 되었다고 씀으로써, 사무총장을 중재인으로서뿐만 아니라 침공에 대한 방패로서도 필요로 했다. 우 탄트가 초청을 받아들이고 아바나 공항에 도착했을 시점에 쿠바 상황은 극적으로 변했다. 미국 언론은 우 탄트가 카스트로로 하여금 케네디와 흐루쇼프가 합의한 UN 사찰에 동의하도록 설득하기 위해 쿠바를 방문했다고 보도했다. 사무총장은 다양한 현안에 대해 논의할 준비가 되어 있지만, 사찰도 방문의 주요 목적 중 하나라고 말함으로써 언론 보도를 부정하지 않았다. 사실이 그러했다.[19]

10월 30일 오후 카스트로를 처음 만난 자리에서 우 탄트는 사찰 문제를 꺼냈다. 그는 자신을 직접 연관시키지 않으면서 미국이 제안한 사찰 문제를 거론했다. 그러나 쿠바 지도자는 이 문제에 대한 자신의 뜻을 바꿀 생각이 없음을 시사했다. "우리가 이해할 수 없는 것은 왜 이 문제를 우리에게 묻는가입니다. 우리는 아무 법도 위반하지 않았습니다. […] 오히려 반대로 무엇보다 첫째, 우리가 불법 행위인 해상봉쇄의 희생자입니다. 두 번째로 우리는 우리 영토 내에서 뭘 할 수 있고 뭘 할 수 없다고 결정하는 다른 국가의 주장의 희생물이었습니다. UN의 어느 다른 국가와 마찬가지로 쿠바는 주권 국가라는 확신을 가지고 있습니다. […] 내가 생각하기에 사찰에 대한 모든 논의는 우리에게 모욕을 주는 또 하나의 시도입니다. 우리는 그것을 받아들일 수 없습니다."

우 탄트가 자신의 영토에 UN 사찰단을 받아들인 콩고의 예를 들면서 초대자의 주권 주장을 반박하려고 하자, 카스트로는 분노를 터뜨리며 이렇게 되받아쳤다. "그런 제안을 한 콩고 정부는 이제 사망하고 땅에 묻혔습니다!" 이것은 1961년 1월 UN 병력이 주둔하는 상황에서 서방이 지원한 반대세력에게 살해당한 전 콩고 수상 파트리스 루뭄바Patrice Lumumba를 지칭하는 것이었다. 카스트로는 쿠바 내의 미사일 기지뿐만 아니라, 미사일을 소련으로 싣고 가는 소련 선박이 쿠바 항구에 있는 동안 이를 사찰하는 것도 거부했다. 카스트로가 반복적으로 국가 주권과 국가적 모욕에 대한 주장을 펼치고, 우 탄트는 국제 평화에 대한 위협을 거론한 이 회담은 아무런 합의 없이 끝났다.[20]

다음 날 두 사람이 다시 만났을 때 우 탄트는 다른 전술을 사용했다. 그는 미국의 제안을 제시하는 대신에 소련의 제안을 점잖게 내놓았다. 그는 카스트로에게 쿠바 영토 내의 소련 미사일 기지에 대한 UN 사찰을 제안한 케네디의 요청을 수락한 흐루쇼프의 편지에 대해 어떻게 생각하는지 물었다. 이것은 카스트로의 아픈 곳을 찔렀다. 흐루쇼프의 제안은 카스트로의 소련 미사일에 대한 통제권뿐만 아니라 쿠바 영토에 대한 통제권에도 의문을 제기하는 것이었다. 그러나 카스트로는 이미 이에 대한 답을 준비하고 있었다. "우리가 이해하기로, […] 그들이 쿠바 영토 밖에서의 사찰이라고 지칭하는 것은, 소련 최고 지도자가 쿠바 영토에 대한 사찰을 언급할 수는 없기 때문입니다. 그것이야말로 쿠바 혁명 정부를 크게 우려하게 만드는 문제이죠."

카스트로는 그날 저녁 행할 연설에서도 이를 공개적으로 선언할 예정이었다. 우 탄트는 카스트로에게 그렇게 하지 말 것을 요청했다. "이것은 소련과 쿠바 사이에 균열이나 오해를 불러일으킬 것입니다"라고 우 탄트는 말했다. 아이러니하게도 모스크바와 아바나 사이에 발생할 수 있을 오해에 대해 염려한 것은 카스트로가 아니라 우 탄트였다.[21]

카스트로는 UN 대표들이 미사일 기지를 사찰하는 것을 막을 수 있었고, 실제로 우 탄트가 기지를 방문하는 것은 막았지만, 사무총장이 쿠바에 있는 소련군 지휘관들을 만나는 것은 막을 수 없었다. 흐루쇼프는 미국 측을 만족시키고, UN 사찰을 절반이라도 진행시키기 위해 이러한 회동을 사무총장에게 제안했다. 10월 31일 오후에 진행된 이 회동에는 쿠바 주재 소련대사 알렉산드르 알렉세예프는 물론 쿠바 주둔 미사일 부대 사령관인 이고르 스타첸코도 참석했다.

이 회동은 카스트로의 반대로 무산된 우 탄트의 미사일 기지 방문 요청을 대신하는 자리였다. 우 탄트는 쿠바로 출발하기 하루 전인 10월 29일 소련 외무차관 바실리 쿠즈네초프를 만난 자리에서 쿠바의 소련 미사일 기지 방문 문제를 꺼냈다. 쿠즈네초프는 UN에서 쿠바 미사일 위기를 다루는 동안 흐루쇼프가 소련 외교를 강화하기 위해 뉴욕에 파견한 인물이었다. 우 탄트는 쿠즈네초프에게 자신이 쿠바를 방문하는 동안 소련군 미사일이 철수되는 것을 직접 볼 수 있는지 물었다. 사찰관들이 미사일 철수 과정이 아니라 미사일이 제거된 것을 확인해야 한다고 생각한 쿠즈네초프는 이의를 제기했다.

같은 날 쿠즈네초프는 미사일 해체 작업 가속화를 요청하는 전문을 모스크바에 보냈다. "해체 작업이 단시일에 진행되면, 해체 과정에 대한 사찰 문제는 거론되지 않을 것입니다"라고 그는 모스크바에 있는 상관 안드레이 그로미코에게 건의했다. 그러나 쿠즈네초프는 또한 우 탄트에게 이미 해체 완료된 미사일 기지를 보여줌으로써 그의 요청에도 응하고 싶었다. "우리는 10월 30~31일 우 탄트가 쿠바를 방문하는 동안 일부 기지가 해체된 것을 직접 보여주는 것이 좋겠다고 제안합니다"라고 쿠즈네초프는 썼다. "그렇게 될 경우 그는 확고한 입장을 가질 것이고, 미국이 쿠바 '검역'을 재개하는 것을 더 어렵게 만들 수 있을 것입니다. 만일 이것이 방편으로 인정된다면, 나는 이에 상응하는 지시를 아바나에 내릴 것을 긴급히 요청합니다."[22]

흐루쇼프는 쿠즈네초프의 제안에 솔깃했다. 우 탄트가 아직 쿠바에 머물고 있던 10월 31일, 그로미코는 쿠바 주재 소련대사인 알렉세예프에게 긴급 전문을 보냈다. "모스크바의 우리는 우 탄트의 바람을 만족시키기 위해 이미 해체된 발사대를 그에게 보여주고, 관련자들이 그를 수행하는 것이 필요하다고 본다." 알렉세예프가 수행할 다른 과제는 소련 주둔군 사령관인 플리예프에게 발사대를 우 탄트 일행에게 보여준다는 결정을 통보하는 것이었다. "우리는 쿠바 정부와 파블로프 [플리예프] 동지가 현지에서 모든 필요한 조치를 취할 것을 전제로 이것을 제안한다"라고 전문에 쓰였다.[23]

알렉세예프에게 맡겨진 임무는, 카스트로와 쿠바 정부가 우 탄트가 미사일 기지를 방문하는 것을 거절했기에 완수될 수 없었다. 그래서 알렉세예프는 우 탄트의 군사 보좌관으로 그를 수행 중인 인다르 지트 리크헤Indar Jit Rikhye 장군이 쿠바의 소련 주둔군 사령관을 만나도록 주선했다. 이사 플리예프는 리크헤를 만나는 것을 거부한 것으로 보이고, 대신 미사일 부대 사령관인 이고르 스타첸코가 그를 만나기로 자원했다.

이 회동은 알렉세예프가 배석한 가운데 우 탄트의 숙소에서 진행되었다. 스타첸코는, 우 탄트가 질문하고 리크헤 장군은 침묵을 지키며 대화를 기록만 한 것으로 나중에 회고했다. 긴급히 우 탄트와의 회동 얘기를 들은 스타첸코는 깜짝 놀랐고, 특히 모든 자료를 있는 그대로 공개하라는 지시에 더 놀랐다. "나는 완전한 자료 공개를 하라는 지시를 받았습니다. 미사일 사단의 현황과 조직, 미사일 발사대 숫자, 반입된 미사일 수, 미사일 해체 계획과 소련으로의 반출 계획을 포함해서"라고 아나디르 작전 수립에 참여했던 아나톨리 그립코프는 회고했다. 그는 쿠바 주둔 소련군 참모부의 대표로 그 회동에 참석했다. 스타첸코는 플리예프가 내린 명령을 이행했고, 가능한

한 완전하게 보고했다.[24]

미국 측은 후에 스타첸코가 우 탄트에게 현재 미사일 해체 작업이 진행 중이고, 이 작업이 곧 완료될 것으로 말한 것을 알게 되었다. "우리는 일요일 오후 5시 해체 작업을 시작했고, 내일 밤, 아니면 아무리 늦어도 금요일[11월 2일] 미사일 기지를 불도저로 밀고 해체 작업을 완료할 것입니다. […] 우리는 수송선을 보내달라고 요청했습니다. 이 선박들이 언제 항구에 들어올지는 알 수 없습니다. 그러나 목요일 밤이나 금요일 아침이면 모든 장비가 항구에 도착할 것입니다. 우리는 장비들이 항행에 알맞도록 항구에서 포장할 겁니다. 대부분의 장비가 화물칸에 선적될 수 있도록 포장될 것입니다. 미사일 기지는 더 이상 존재하지 않습니다. 발사대 받침대도 제거될 것입니다. 그러나 쿠바인이 해체 작업을 보는 것은 허용되지 않습니다."[25]

스타첸코는 사실을 그대로 다 말했다. 몇 달 후 소련에 귀환한 그는 우 탄트에게 제공한 정보와 사실상 동일한 미사일 해체에 대한 공식 보고서를 제출했다. 그는 사령관들에게 미사일 기지 해체 작업 전체가 사흘 만에 완료되었다고 보고했다. "1962년 10월 28일 15시 쿠바소련군집단 사령관은 1962년 10월 28일 자 명령7665호를 하달했다. 그 안에서 소련 정부의 결정을 바탕으로 국방장관이 미사일 기지를 해체하고 미사일 사단 전체를 소련으로 귀환시키라고 명령했다"라고 스타첸코는 보고서에 썼다. "1962년 10월 29일부터 10월 31일 사이 사단 부대는 미사일 기지 전체를 해체하는 작업을 완료했다."

그립코프 장군은 이 기간 자신이 본 것은 "해체"가 아니라 "병사들이 그 많은 노력을 기울여 구축한 기지 구조를 허물어버리는 것"이었다고 회고했다. 스타첸코도 불만이 많았다. 그는 그립코프에게 이렇게 불평했다. "기지 구조를 구축하라고 우리를 압박한 것은 당신인데, 지금은 너무 느리게 해체 작업을 진행한다고 질책하고 있습니다." 사찰이 시작되기 전에 미사일을 해체하자는 쿠즈네초프의 제안은 10월 31일 저녁 우 탄트가 쿠바를 떠나기 전에 완전히 실현된 듯하다. 흐루쇼프는 거래에서 자신이 수행해야 할 부분을 완수하는 데 최선을 다했다. 그러나 그에게는 아직 문제가 남았고, 그 문제의 이름은 피델 카스트로였다.[26]

10월 31일 행한 연설에서 카스트로는 사찰을 거부하고, 우 탄트와의 협상에서 밝힌 대로 미국이 사찰을 주장하는 것은 쿠바 정부에 모욕이나 다름없다고 주장했다. 그는 소련 정부와 쿠바 정부 사이에 "모종의 의견 차이"가 발생했다고 언급했지만, 적들에게 탄약을 제공하지 않기 위해 이를 더 상세히 얘기하지 않겠다고 말했다. 이 '의견 차이'는 "무엇보다 우리가 마르크스주의자이자 레닌주의자이고, 소련의 친구이기 때문에 당과 정부 수준에서 논의될 것"이라고 했다. 이 말에 사람들은 환호를 보냈다. 그러나 형식을 제외하면 이 연설은 미국보다는 소련과 니키타 흐루쇼프 개인에 대한 도전이었다.[27]

해결

케네디와 참모들은 승자독식 무드에 사로잡혔고, 더 이상 흐루쇼프가 쿠바를 놓고 핵전쟁을 일으킬 가능성이 없다고 보고 새로운 양보를 요구했다. […] 흐루쇼프는, 한편으로 카스트로와 세계 혁명에 대한 자신의 당찬 꿈과 다른 한편으로 미국과의 전쟁을 원하지 않는 자국의 이익 사이에서 선택해야 했다. […] 하나를 희생하고 다른 하나를 선택해야만 했다.

7

미션 임파서블

카스트로에게 보낸 흐루쇼프의 편지는 그가 원하는 결과를 만들어내지 못했다. 완강한 카스트로는 자신의 입장을 계속 고수하며 흐루쇼프-케네디 협상을 인정하려 들지 않았다. 지금까지 채찍만 사용한 흐루쇼프는 당근도 사용할 필요성을 느꼈다. 그는 미코얀이 그 역할을 할 수 있다고 생각했다. 미코얀은 정치국 내에서 쿠바에 핵무기를 배치하는 것을 반대하고, 소련 핵잠수함을 쿠바에 파견하는 것을 막으려고 노력한 유일한 정치국원이었다. 흐루쇼프는 미코얀이 쿠바로 가서 소련-쿠바 관계를 개선하고 오기를 바랐다. "나는 미코얀을 쿠바에 파견할 것을 제안했다"라고 후에 흐루쇼프는 회고했다. "오랜 세월 미코얀을 알아왔고, 그의 외교 능력이 이번에 유용할 것으로 생각되었다. 그는 감정이 차분한 사람이다. 그는 늘 고요하고 목소리를 높이지 않으면서 똑같은 논리를 반복해 말할 수 있는 사람이다. 이것은 피델처럼 성격이 불같은 친구와 협상을 하는 데 특히 중요하다."[1]

미코얀은 흐루쇼프가 10월 29일 카스트로와의 회동 결과를 보고한 알렉세예프의 전문을 받고 나서 그에게 부탁해 왔다고 기억했다. "보세요. 이 친구는 우리가 그를 미국 침공으로부터 보호해준 것을 이해하지 못해요. 우리가 구해주었는데 우리의 정책을 이해하지 못하고 있습니다"라고 흐루쇼프는 카스트로를 지칭하며 말했다. "이건 편지로 설명할 수 있는 일이 아닙니다. 누군가 직접 가서 제대로 설명을 해주어야겠어요." 미코얀은 아무 말도 하지 않았다. 65세의 미코얀의 부인 아쉬켄 미코얀Ashkhen Mikoyan은 중병을 앓고 있었다. 흐루쇼프도 그녀의 상황을 잘 알았지만, 아쉬켄을 더 이상 어쩌겠느냐고 말했다. "당신이 가야 해요. 아나스타스, 최악의 상황은 지나갔습니다. 우리가 모든 걸 챙길 테니 걱정할 필요 없습니다"라고 흐루쇼프는 오랜 동지이자 비판가인 미코얀에게 말했다. 미코얀은 몇 달 후

이 만남에 대해 이렇게 말했다. "그는 쿠바 친구들이 나를 잘 안다는 말부터 꺼냈습니다. 내가 전에 그곳에 가봤고 그들과 얘기도 해보지 않았냐고 말이죠. 내가 그들에게 상황을 설명하고 제대로 주장을 펴는 것이 더 쉬울 거라고 하더군요." 결국 미코얀은 가기로 했다. "나는 갈 준비가 되었다고 말했습니다."[2]

호루쇼프는 미코얀의 외교적 능력에 대해 이렇게 말한 적이 있었다. "모든 사람이 미코얀이 하는 말을 다 이해하는 것은 아니지만, 그는 이성적인 사람입니다." '이성적인 사람'인 미코얀은 두 가지 쿠바 위기를 단번에 해결할 흐루쇼프의 최고의 방책이 되었다. 첫 번째 위기는 모스크바와 워싱턴 사이에 있었고, 두 번째 위기는 모스크바와 아바나 사이에 있었다. 그는 쿠바에서 미국을 몰아내고 소련을 들어가게 해야 했고, 그것을 달성하는 방법은 카스트로를 자신의 영토에서 UN 사찰을 받아들이도록 설득하는 것이었다. 크렘린으로서는 이것에 걸려 있는 것이 어마어마했다. 흐루쇼프의 관점에서는 자신이 커다란 위험부담을 무릅쓰고 쿠바를 케네디로부터 구했지만, 이것을 케네디나 마오쩌둥에게 다시 잃을 수도 있었다. 피했다고 보여진 전쟁 가능성이 워싱턴과 모스크바의 문턱에 다시 나타날 수 있었다. 미코얀은 달성 불가능한 임무(mission impossible)와 다름없는 것을 수행해야 했다. 10월 중순 쿠바는 새로운 국제 위기의 한가운데서 핵전쟁의 가능성을 다시 살아나게 하는 상황에 놓였다.[3]

흐루쇼프는 10월 30일 미코얀에게 압력을 가해 쿠바를 방문하도록 만들었다. 다음 날 밤 미코얀은 죽어가는 아내에게 작별을 고하고 뉴욕행 아에로플로트 특별기를 탔다. 미사일 부대의 사령관이 코나크리와 버뮤다를 거쳐 은밀하게 쿠바로 갔던 것에 비해, 미코얀은 그의 외교 수완이 성공을 거두기를 소련 못지않게 바라는 미국 측과 함께 공개적으로 갔다. 뉴욕에 도착한 11월 1일 미코얀은 우 탄트를 만났고, 쿠바 위기를 직접 다루고 있는 두 명의 미국인인 애들레이 스티븐슨 UN 대사와 미 의회 상원외교위원장이자 케네디의 쿠바 특사인 존 매클로이와 저녁 식사를 함께했다.[4]

미국 측 인사들은 1960년 미합중국을 방문했던 미코얀을 잘 알고 있었다. 저녁을 겸한 회동은 저녁 7시부터 11시까지 네 시간 동안 진행되었다. 소련 외무차관 바실리 쿠즈네초프, 주미 대사 아나톨리 도브리닌, UN 대사 발레리안 조린을 비롯한 여러 명의 소련 관리가 이 회동에 동참했다. "미코얀은 검역을 중단하라고 얘기하며 공격적인 자세로 말을 시작했다"라고 스티븐슨은 워싱턴에 보고했다. 흐루쇼프의 사절은 회의 직전에 모스크바에서 받은 지시를 따랐으나, 스티븐슨과 매클로이가 국제적십자사의 소련 선박 사찰 전에 검역 철회는 없을 것이라고 말하자 그다지 강하게 대응하지는 않았다. "얘기가 진행되면서 회담은 더 우호적이고 친근한 분위기가 되어갔고, 미코얀이 얘기를 주도했다"라고 스티븐슨은 보고서에 썼다.[5]

미코얀이 모스크바에 보낸 보고서에 의하면 스티븐슨과 매클로이의 주요 관심은 쿠바로부터 소련 미사일 철수를 확인하는 것이었다. 두 사람은 미국이 쿠바를 침공하지 않겠다는 소련과의 공동합의문에 쿠바도 서명국이 된다면 서명하지 않을 것임을 분명히 했지만, 이 확약이 미국과 소련은 물론 쿠바의 공식 발표까지 포함된 문서 패키지의 일부가 된다는 아이디어는 검토할 수 있다고 한 듯하다. 미코얀의 보고서에서 스티븐슨은 쿠바의 참여에 동의하기를 극구 거부했다. 그러나 쿠바 참여는 미코얀이 카스트로를 달래기 위해 아바나로 가져가야 할 사항이었다. 스티븐슨과 매클로이가 "미국은 관타나모의 미군 기지 폐쇄 문제에 대한 논의는 무조건 거부합니다"라고 말했다고 미코얀은 모스크바로 보낸 보고서에 썼다. 이것은 카스트로가 위기 해결을 위해 제시한 다섯 가지 조항에 포함된 조건이었고, 미국이 가능성으로조차 이에 대한 논의를 거부하는 것은 미코얀의 아바나 임무 수행에 난국을 예고했다.

스티븐슨과 매클로이가 무엇보다 중요하게 여기는 소련 미사일 철수 검증 문제에 대해서 두 사람 모두, 사찰에 대한 카스트로의 완강한 거부로 인해 소련 측이 겪는 어려움을 제대로 파악했다. 그리하여 그들은 이 문제에 유연성을 발휘하기로 했다. 아마도 쿠바 정찰비행을 지속하거나 소련이 쿠바에서 철수하는 무기 목록을 제공하겠다고 협정함으로써 검증이 완수될 수도 있을 것이라고. 그들은 철수 무기 목록에, 10월 28일 U-2기를 격추시킨 지대공미사일 SAM을 포함시키길 원했다. 미코얀은 SAM미사일들이 흐루쇼프-케네디 교환에서 다룬 사안이 아니기에 이에 대한 논의를 거부했다. 또한 검증 방법으로 쿠바 상공 비행을 제안한 것도 거부했다. 미코얀은 모스크바에 이렇게 전문을 보냈다. "매클로이는 미국이 쿠바 상공을 비행할 권리가 없고, 아무도 그런 불법 비행의 안전을 보장할 수 없다는 대단히 확고한 답을 받았다."[6]

미코얀은 11월 2일 오후 뉴욕에서 아바나로 날아갔다. 공항으로 떠나려는 마지막 순간에 그는 스티븐슨과 매클로이가 공격 무기로 간주하고 소련 측이 쿠바에서 철수시키기를 원하는 무기 목록을 보았다. SAM미사일은 포함되지 않았지만, 핵탄두를 운송할 수 있으므로 공격 무기로 간주된 IL-28(일류신-28)폭격기가 포함되어 있었다.

이 목록과 첨부편지는, 전날 미코얀을 수행해 저녁 식사 회의에 참석했던 소련 외무장관 바실리 쿠즈네초프에게 건네졌다. 사실 스티븐슨이 저녁 식사 자리에서 이 목록을 미코얀에게 전달하는 것을 잊은 것이었다. 미코얀은 속임수를 의심하고, 원래 논의에 포함되어 있지 않던 요구사항을 마지막 순간에 끼워 넣은 것이라고 봤다. 며칠 후 그는 두 미국인을 '도둑놈들'이라고 불렀다. 그러나 당장은 무슨 일인지 심사숙고할 여유가 없었다. 눈앞의 과제는 흐루쇼프의 제안에 동의하도록 카스트로를 설득하는 것이었다. 미코얀이 손에 쥔 유일한 카드는 소련이 카스트로의 다섯 가지 조항을 지지

한다는 것뿐이었다. 미코얀은 뉴욕을 떠나기 전 그런 의미의 성명을 발표했다. 이것은 영민한 외교적 조치였던 것으로 판명되었다.[7]

피델 카스트로는 공항으로 나가 미코얀을 영접할지 아니면 흐루쇼프의 행동에 대한 불만의 표시로 그를 무시할 것인지를 놓고 마지막 순간까지 고심했다. 그러나 미코얀이 뉴욕에서 자신의 다섯 조항을 지지한다고 발표했다는 소식을 듣고는 결국 공항에서 미코얀을 영접하기로 결정했다. 그날 저녁 카스트로와 미코얀은 짧은 대화를 나누었다. 카스트로는 친절하게 하려고 했으나, 미코얀은 "그가 우리 정책에 강한 불만을 품고 있다는 것을 느낄 수 있었다"라고 후에 모스크바에 보고했다. 협상은 11월 3일 아바나의 카스트로 관저에서 시작되었다. 카스트로는 "소련 공산당 중앙위원회에 쿠바인 한 사람이 있는데 그 쿠바인은 A. I. 미코얀"이라고 흐루쇼프가 말했다는 문장을 인용하며 처음에는 우호적 태도를 보였다. 그러나 미코얀이 "쿠바 동지들과 모든 미해결 문제를 가장 솔직하게 논의하러 쿠바에 왔습니다"라고 발언하는 것을 들은 후 카스트로는 그 전주에 소련의 행동에 대해 모든 쌓인 불만을 쏟아냈다.[8]

"10월 28일 N. S. 흐루쇼프가 미사일 발사대를 해체하라고 명령했다는 보도와 이 명령이 소련 장교들에게 전달되었다는 것, 쿠바 정부의 동의에 대해서는 한마디 언급도 없었다는 보도에 쿠바 국민들은 큰 충격을 받았습니다"라고 카스트로는 미코얀에게 말했다. "쿠바인들은 큰 실망, 혼란, 비통감에 휩싸였습니다. 거리를 걷거나 부대를 방문하면서 나는 사람들이 이 결정을 이해하지 못하는 것을 보았습니다." 카스트로는 1901년으로 돌아가 쿠바의 주권을 약탈한 미국 법안 플랫수정안에서부터 시작해 긴 불만을 쏟아냈다. 이제 소련도 같은 일을 하는 것이 아니겠냐고.[9]

미코얀은 소련의 입장을 방어하려고 노력했으나, 모스크바로부터 날아온 비보로 말을 멈추어야 했다. 41년간 자신의 반려자였던 아내가 죽었다. 협상은 중단되었다. 모두 완전한 침묵 속에 회의장을 나섰다. 미코얀은 이 소식을 감당하기 위해 숙소로 돌아갔다. 흐루쇼프는 자신의 동지에게 조의를 표하고 모스크바로 돌아와도 된다고 말했지만, 미코얀은 계속 쿠바에 있기로 했다. "나는 이렇게 중요한 출장을 중단하고 돌아갈 수가 없다"라고 그는 여행에 동행한 아들 세르고Sergo에게 말했다. 그는 세르고에게 모스크바로 돌아가서 혼자 어머니 장례를 치르라고 말했다. 그의 유일한 부탁은 장례 날짜와 시간을 알려달라는 것이었다.

아쉬켄 미코얀은 11월 5일 모스크바의 노보체비치 사원에 매장되었고, 미코얀은 귀국한 다음 장례식을 촬영한 모습을 보게 되었다. 미코얀을 쿠바로 보낸 흐루쇼프는 장례식에 참여하겠다고 약속했지만, 영상에는 보이지 않았다. "나는 장례식을 좋아하지 않는다"라고 그는 나중에 세르고 미코얀에게 말했다. "어쨌건, 그건 결혼식에 가는 것과 다르지. 안 그런가?" 미코얀의 아들은 이 말에 놀랐다. 자신의 아버지의 외교 수완을 에둘러 칭찬한 것—"황소 같은 인내력을 가진 아나스타스만이 이것을 견뎌낼 수 있지. 나라면 한참 발을 디디고 단호히 맞서다가 떠나버릴 거야!"—도 흐루쇼프의 냉소주의에 놀란 이 젊은이의 충격을 진정시키지 못했다. 아나스타스 미코얀은 흐루쇼프의 배신을 절대 용서하지 않았다. 그러나 당분간 그는 아바나에 머물며 그의 '황소 같은 인내력'으로만 얻을 수 있는 결과를 위해 최선을 다했다.[10]

다음 날 미코얀은 다시 협상을 시작했다. 그의 핵심 목표는 두 나라 사이의 불신을 극복하는 것이었다. 그는 쿠바에 미사일을 배치하기로 한 이유를 설명하는 것으로 말을 시작했다. 요지는 쿠바에 군사기지를 설치하는 것이 아니라 미국의 침공으로부터 쿠바를 보호하는 것이라고 그는 주장했다. 그는 아이디어의 기원에 대한 공식 스토리를 쿠바인들과 공유했다. "흐루쇼프는 자신이 불가리아를 방문했을 때 우리에게 많은 것들을 얘기했습니다. '불가리아에 있을 때도, 나는 늘 쿠바를 생각했습니다. 나는 양키들이 직접적으로든 간접적으로든 쿠바를 공격할 것을 우려하고, 쿠바 혁명 패배가 우리에게 미칠 영향을 상상합니다. 우리는 이런 일이 일어나게 놔둘 수 없습니다. 비록 아주 위험부담이 큰 계획이긴 하지만, 막중한 책임을 느낍니다. 우리를 전쟁에 노출시킬 수도 있기 때문입니다. 쿠바를 구해야 합니다.'" 미코얀은 흐루쇼프가 케네디에게 제안을 보내기 전에 카스트로와 협의할 시간이 없었다는 점도 설명했다. "협의하는 것이 맞습니다. 그러나 쿠바가 존재하지 못하고, 세계가 전쟁에 휩싸일 수도 있던 상황이었습니다."[11]

쿠바 지도부는 미국의 불침공 약속에 대한 보장, 쿠바-터키 미사일 교환 거래, 흐루쇼프와 케네디 사이에 비밀 편지와 협약이 존재하는지에 대해 질문했다. 미코얀은 자신의 기억을 기꺼이 나누었을 뿐만 아니라 흐루쇼프가 케네디에게 보낸 편지도 보여주었다. 쿠바 지도부는 여전히 의심을 떨치지 못했고, 신뢰감보다는 회의감이 우세했다. 그러나 미코얀이 생각하기에 상황은 나아지고 있었다. 그는 이 순간을 잘 잡아 다음 날인 11월 5일 회동에서 카스트로가 사찰을 수용하도록 설득하기로 마음먹었다. 미코얀은 기발한 제안을 들고나왔다. 미국이 침공하지 않는다는 공식 약속을 받아내고, 쿠바는 우 탄트와 타협하여 쿠바 항구에 정박한 소련 선박에 대한 UN 사찰을 허용하는 안이었다. 이것은 쿠바 주권을 전혀 침해하지 않는 일이었다.

그의 전략은 역효과를 가져왔다. 아무래도 카스트로는, 쿠바 지도부가 반복해서 거절한 것을 미코얀이 계속 주장하는 것은 이만하면 충분하다고 본 듯했다. 그는 차분한 어조로 미코얀에게 어떤 종류의 사찰도 받아들이지 않을 것이라고 말했다. 이것이 쿠바 국민들의 뜻이라고. "만일 우리의 입장이 전 세계 평화를 위험하게 만든다면, 소련 측이 책임을 방기하고 있다고 생각하는 것이 옳다고 봅니다. 우리 스스로 이에 저항할 것입니다." 이 발언은 폭탄을 터뜨리는 것 같은 효과를 가져왔다. 미코얀은 몇 분 동안 침묵이 흘렀다고 모스크바에 보고했다. 그런 다음 도르티코스가 발언에 나서서 카스트로가 쿠바 지도부 전체의 입장을 표명했다고 말했다. 미코얀의 발밑에서 땅이 흔들리는 듯했다. "내 제안에 대해 이렇게 날카롭게 반응하는 것을 이해 못 하겠습니다"라고 그는 그 자리에 모인 사람들에게 말했다.[12]

모스크바에서 보낸 보고문에서 미코얀은 이 발언에서 아무 결론도 내리지 말도록 흐루쇼프에게 요청했다. 카스트로가 한 말이 그의 진짜 의도가 아니며 그의 변덕스러운 성격을 드러내는 것이라고 미코얀은 덧붙였다. "카스트로의 간단치 않은 특성과 예민한 감수성을 잊지 말아야 합니다. 그는 권좌에 있는 동안 충동적으로 부주의한 발언을 여러 차례 내뱉고는 나중에 후회하곤 했습니다." 그러나 미코얀은 또한, 카스트로가 사찰을 반대하는 수많은 발언 이후에 어떤 형태로건 그것을 받아들이게 된다면 쿠바와 라틴아메리카에서 그의 위신이 손상될 것이라는 결론을 내렸다. 이것이 실제로 의미하는 바는 모스크바가 쿠바 영토나 영해에 해당되는 사찰에 관해선 잊는 게 좋겠다는 것이었다.[13]

흐루쇼프가 쿠바에서 소련 미사일을 철수하겠다고 공개적으로 발표한 다음 소련-쿠바 동맹의 건물에 생긴 균열은 날이 갈수록 깊어지고 커졌다. 11월 7일 소련은 가장 큰 경축일 중 하나인 볼셰비키 혁명기념일을 축하했다. 이번에는 보다 특별했다. 당시 러시아제국 수도인 페트로그라드에서 일어난, 10월 혁명이라 불리는 쿠데타의 마흔다섯 번째 기념일이었던 것이다. 전 세계의 소련대사관은 특별 리셉션을 개최했고, 아바나도 예외가 아니었다. 쿠바 주재 소련대사 알렉세예프는 소련대사관의 경축 만찬에 피델 카스트로를 초청했다. 그러나 그 대신에 라울 카스트로가 이끄는 고위 대표단이 만찬에 참석했다.

소련 측은 최고위 마르크스주의자이자 레닌주의자의 불참은 용서할 수 있었지만 쿠바 대표단이 만찬에서 보인 행동은 용서할 수 없었다. 쿠바 군정보부대 책임자 페드로 루이스 로드리게스Pedro Luis Rodríguez는 피델 카스트로와 이오시프 스탈린을 위해 건배를 제의했다. 그 직전의 건배에서 흐루쇼프와 카스트로를 위해 술잔을 비웠던 만찬 석상의 그립코프와 다른 소련 지휘관들은 잔 드는 것을 거부했다. "그의 말은 만일 스탈린이 살아 있었다면 미사일이 쿠바에 계속 남았을 것이라는 얘기나 마찬가지였습니다"라고, 로드리게스와 같은 테이블에 앉아 있던 소련 총참모부 대표 아나톨리 그립코프 장군은 회상했다. 그날 밤 행사가 끝난 후 그는 말리놉스키에 보내는 일일 보고를 통해 로드리게스 에피소드를 보고했다. 말리놉스키는 이를 흐루쇼프에게 전달했고, 이에 격노한 흐루쇼프는 조사를 명령했다. 그가 생각하기에 쿠바인들은 반란을 일으킨 것이었다.[14]

1962년 가을 당시 스탈린은 소련에서 금기어가 되었다. 그해 모스크바에 진행된 10월 혁명 공식 보고는, 조만간 소련 수상이 되는 알렉세이 코시긴이 낭독했다. 여기에서 스탈린의 이름은 한 번도 거명되지 않았고, 스탈린이 사망한 1953년 이후의 소련 경제 발전만 칭송되었다. 그 전해 가을에 열린 공산당대회에서는 붉은광장 기념묘지에서 스탈린의 시신을 치우기로 결정했다. 독재자는 크렘린 벽 옆의 묘지에 묻혔다. 소련 지도자들의 입장에서 그는 더 이상 존재하지 않는 인물이었다. 그러나 스탈린은 세계 제국주의 앞에서 후퇴한 것에 실망한 흐루쇼프의 쿠바 동지들 마음속에 여전히 살아 있는 것으로 판명된 것이다.[15]

로드리게스 사건에 대한 흐루쇼프의 조사는 미코얀에게 또 하나의 악재였다. 그가 스탈린 숭배자여서가 아니었다. 그가 그립코프의 모스크바 보고에 대해 전혀 모르고 있고, 그 자신은 로드리게스에 대해 모스크바에 아무것도 보고하지 않았기 때문이었다. 이제 그는 소련대사관에서 자신의 코앞에 무슨 일이 일어나는지도 알지 못했거나, 아니면 더 나쁘게, 쿠바 친구들의 잘못을 덮어준 것으로 비칠 수 있었다. 미코얀은 그립코프 장군을 불러 플리예프가 있는 자리에서 이 사건을 자신에게 보고하지 않은 것에 대해 질책했다. 그립코프가 나중에 회고한 바에 따르면 미코얀은 "모든 이들에게, 그리고 특히 나에게 따끔히 상기시켰습니다. 그가 거기서 소련 공산당 중앙위원회를 대표하고 있고, 누가 모스크바에 무슨 보고를 하는지 알고 있어야 한다고." 미코얀은 모스크바와 쿠바 사이의 유일한 정보 채널이 되기를 원했다.[16]

10월 혁명 기념일에 말썽을 피운 것은 쿠바인들만이 아니었다. 소련 장교들과 소련 사람들도 다른 방식으로 문제를 일으켰다. 11월 7일 로스 팔라시오스(산 크리스토발 지역)에 주둔하는 181미사일연대 소속 사병 베셀롭스키Veselovsky가 쿠바군 순찰병에게 발포하는 사건이 발생했다. 다행히 아무도 사망하거나 부상당하지 않았고, 사건 전체는 은폐되었다. 술에 취한 이 사병은 후보공산당원이었는데, 공산당원이 될 자격을 박탈당했지만 형사처벌은 받지 않았다. 그렇게 되면 지휘관들에게도 나쁜 영향을 미칠 수 있었다.[17]

미사일 기지 철수 뉴스는 소련 병사들 사이에 큰 혼란을 일으켰고, 미사일 발사대를 설치하라는 명령을 받았다가 갑자기 이것을 해체하고 파괴하라는 지시를 받아, 가뜩이나 저하된 사기가 더 악화되었다. "그럼 우리를 왜 쿠바에 보낸 거야? 왜 이런 장비를 여기에 가져왔다가 다시 가져가는 거야?"라고 메탈루르그 아노소프호를 타고 쿠바를 떠난 사병 스토야노프Stoianov는 동료 병사들에게 물었다. 쵸르니Cherny는 이렇게 말하면서 동료를 달래주려 했다. "만일 우리가 여기 오지 않았다면, 아마 핵전쟁이 일어나서 오늘 우리 중 아무도 살아 있지 않았을 거야." 스토야노프는 이 말로 위로되지 않았다. 사기 저하는 물론이고, 이념적으로도 위험한 상태에 처해 있었다.

소련 장교들과 병사들은 쿠바인들에게 기대했던 감사 인사도 듣지 못하고 쿠바를 떠났다. "쿠바 철수 과정은 우리 병사들의 영혼에 깊은 상처를 남겼습니다"라고, 전술핵탄두를 다루는 집단의 지휘관 라파엘 자키로프Rafael Zakirov는 말했다. "작업은 비밀리에 진행되었고, 야간에 트럭에 장비가 실렸습니다. 쿠바 동지들의 작별 인사도 받지 못했죠. 소련 수송선은 다른 배가 없는 빈 부두에 대기했습니다. 모든 병사가 명예롭게, 이기심 없이 군사 임무를 수행하고 조국의 명령을 수행했음에도 불구하고 마치 죄지은 사람처럼 떠난 겁니다." 쿠바 친구들에게 작별 인사를 할 기회를 가졌던 병사들은 마음에 상처를 안고 떠났다. 디브노고르스크호를 타고 떠나는 장교들은 KGB 장교에게, 일부 쿠바 농민들이 소련군이 떠난다는 사실을 알고 눈물을 글썽였다고 말했다. 이반 시도로프 대령은 쿠바인 중 일부가 그의 부대의 출발에 낙담해 "친구들은 떠나고 적만 남네요"라고 말한 것을 기억했다.[18]

항구에서 병사들을 기다리는 것도 이들의 사기를 진작시키지 못했다. 수송선들이 쿠바로 오는 동안 이들은 며칠을 부두에서 기다려야 했다. 181미사일 연대의 폴코브니코프Polkovnikov 중위는 마리엘의 항구에서 겪은 완전한 혼돈을 기억했다. "우리는 미사일 장비로 가득 찬 항구에 장비를 하역했습니다. 항구는 R-14로켓 부품, 해체된 IL-28폭격기 등으로 채워졌습니다." 이들은 수송선에 오르기까지 일주일을 항구에서 기다렸다. "우리는 소나기를 최대한 피하면서 바깥에서 잠을 잤고, 모기에 물렸고, 긴장이 가장 고조된 순간을 기억하며 전투 식량을 먹었습니다."

앞으로 소련 국방장관이 될 드미트리 야조프를 쿠바로 태워 왔던 포베다Pobeda(승리)호가 아바나에서 이들을 기다리고 있었다. 오직 그곳에서, 지치고 남루한 병사들은 제대로 된 환송을 받았다. 비록 쿠바인들이 아닌 자기네 사령관들의 환송이긴 했지만. 폴코브니코프의 연대장인 코발렌코Kovalenko 대령은 부하들에게 이렇게 연설했다. "우리는 역사의 첨단에 서서 우리에게 부과된 혁명 쿠바 방어 임무를 명예롭게 수행했다." 폴코브니코프는 쿠바 관리들이나 쿠바군 대표들은 그 자리에 나오지 않은 것을 의식했다.[19]

이고르 스타첸코 장군은 그토록 많은 시간과 노력을 들여 건설한 미사일 기지를 해체하라는 명령을 10월 28일 오후에 받았다. 다음 날 그는 명령을 이행하기 시작했다. 사흘 후인 10월 31일 그는 쿠바를 방문한 우 탄트 UN 사무총장에게 작업이 거의 끝났다고 보고했다. 실제로 미사일 해체 작업은 그날 자정 전에 끝났다.

다음 날인 11월 1일 스타첸코는 또 다른 명령을 받았다. 미사일을 먼저 배에 선적하라는 것이었다. 병사들을 비롯한 다른 모든 것은 대기해야 했다. 11월 1일 시점으로 쿠바 땅 밖으로 퇴거된 미사일은 다시 해안으로 운송되었다. 이때는 낮 시간이었고, 쿠바 경찰의 경호도 없었다. 이들은 기지에 도착했을 때보다 훨씬 빨리 떠났다. 11월 2일 첫 R-12미사일이 쿠바 항구에 도착해서 수송선 갑판과 적재 칸에 선적될 준비가 끝났다. 미국이 봉쇄를 시작한 이후 쿠바에 되돌아온 최소 열두 척의 선박이 있었지만, 이들 중 미사일 수송 능력이 있는 선박은 거의 없었다. 그럼에도 여덟 척의 선박이 이 작업에 배정되었다.

선적은 11월 3일에 시작되어 11월 8일까지 계속되었다. "미사일 운송은 특히 복잡하고 어려운 여건에서 진행되었습니다. 당시 쿠바에는 노후한 선박만 있었고, 이 선박의 갑판에는 여러 구조물이 있었으며, 무거운 화물을 움직일 기중기는 거의 없었습니다. 선적을 하는 항구는 기중기 시설이 빈약했습니다"라고 스타첸코는 소련으로 귀환한 후 보고했다. "선적 작업은 밤낮을 가리지 않고 쉬지 않고 진행되었습니다."[20]

이 작업과 병행하여 알렉산드롭스크호에는 R-15미사일 탄두가 선적되었다. 이 배는 쿠바로 R-14중거리미사일을 운송해 왔지만, 해상봉쇄로 인해 미사일 자체는 쿠바에 도착하지 못했다. 알렉산드롭스크호는 해상봉쇄가 실시되기 몇 시간 전에 쿠바에 도착했고, 봉쇄가 진행되는 동안 항구에 접안해 있었지만 핵화물은 하역하지 못했다. 이것은 미국 공습의 완벽한 목표물이 될 수 있었다.

위기 기간 중 가장 위험했던 날인 10월 27일 말리놉스키는 플리예프에게 알렉산드롭스크 호에 실린 핵화물을 가능한 한 빨리 목적지에 운반하도록 명령했었다. 그러나 다음 날 말리놉스키는 또 다른 명령을 플리예프에게 내렸기 때문에 이 배의 출발은 미뤄졌다. "우리는 R-12미사일을 해체하고 제거하는 결정을 내렸다. 이 조치를 당장 시행하라." 알렉산드롭스크호의 출발은 연기되었고, 이틀 후인 10월 30일 말리놉스키는 또 다른 명령을 내렸다. "R-12의 탄두를 알렉산드롭스크호에 선적하고, 소련으로 출발할 준비가 된 선박과 함께 이것을 운송하라."[21]

이제 알렉산드롭스크호는 R-12미사일과 R-14미사일 모두를 소련으로 수송하는 임무를 맡았다. 세계에서 가장 위험한 배가 이제 더 위험해질 참이었다. 이 배는 11월 4일 밤 이사벨라 데 사구아에서 R-12데스나 미사일 핵탄두를 적재 칸에 실었다. 다음 날 알렉산드롭스크호는 마리엘로 이동하여 그곳에서 건화물 수송선 디브노고르스크호와 합류했다. 이 배는 미사일을 싣고 소련으로 가는 첫 배였다. 1960년 폴란드에서 건조된 신형 선박인 디브노고르스크호는 몇 시간 차이로 봉쇄를 피해 10월 23일 마리엘에 입항했었다. 스타첸코의 병사들은 11월 2일 디브노고르스크호에 선적 작업을 시작하여 4기의 R-12미사일과 310명의 장교와 사병을 태웠다. 이 배는 출발 준비가 된 첫 선박이었기에 핵화물을 적재한 알렉산드롭스크호를 호위해 항해하도록 지정되었다.[22]

디브노고르스크호와 알렉산드롭스크호는 11월 6일 소련을 향한 항해에 나섰다. 디브노고르스크호가 알렉산드롭스크호의 뒤를 5마일 뒤에서 따라가며 무선 접촉을 유지했다. 비상 상황이 발생하면 두 선박은 조명 신호로 서로 교신하기로 했다. 디브노고르스크호에 승선한 KGB 장교 프로타소프Protasov는 부하요원들에게 알렉산드롭스크호와의 통신을 감시하도록 명령했다. KGB 요원들은 또한 혹시라도 있을지 모를 스파이나 파괴공작자를 찾는 임무를 맡았다. 소련 병사들도 감시 대상이었다. 10월 디브노고르스크호를 타고 쿠바에 도착한 사병 한 명이 쿠바와 미국 사이의 교통편에 대해 문의한 것이 알려졌다. 프로타소프 소령이 보기에 이것은 탈영 준비가 분명했다. 쿠바에서 소련으로 귀환하는 새로운 부대들이 어떻게 될지는 아무도 알 수 없었다.[23]

두 배는 11월 10일까지 같이 항해하다가 경도 30도에 이르러 서로 갈라졌다. 알렉산드롭스크호는 발트해로 향했고, 모항이 오데사인 디브노고르스크호는 흑해로 향했다. 프로타소프 소령은 보고서에서 미 항공기들이 두 선박이 같이 항해하는 동안 두 배를 추적했다고 알렸다. 항해 첫날 배 상공 비행이 특히 집요했다. 이 KGB 장교는 그것을 심리적 공격이라고 지칭했다. "이 항공기들은 모든 규칙을 위반하고 아무런 신호등 없이 급강하 비행을 하면서 나쁜 기상 상황에서나 안개가 낀 상태에서도 배 위를 선회했다"라고 프로타소프는 보고서에 썼다. 일부 항공기는 수면 10~15미터 높이를 비행했다. 프로타소프는 항공기들이 소련 잠수함을 찾고 있다고 생각했다. 11월 6일 오후 6시경 미국 잠수함이 디브노고르스크호 1마일 거리에서 수면으로 부상하여 약 10분간 이 배를 따라왔다.

수많은 선회 비행에도 불구하고 11월 9일 저녁까지 디브노고르스크호에도 알렉산드롭스크호에도 화물을 보여달라는 요구는 없었다. 그날 저녁 7시가 지난 시간 미 해군 구축함 블랜디호(DD 943)가 알렉산드롭스크호에 접근해 확성기로 중갑판을 열어 보일 것을 요구했다. 그 요구는 무시되었다. 45분을 알렉산드롭스크를 추적한 뒤 블랜디호는 디브노고르스크호에 접근해 처음에는 영어로 다음에는 러시아어로, 선원들이 갑판 위의 화물을 보여주고, 중갑판을 열 것을 요구했다. "귀국 정부와 우리 정부 사이의 합의에 의해 미사일을 보여주고, 선창을 열기 바란다"라고 확성기 메시지는 외쳤다. "우리는 촬영을 할 것이다." 디브노고르스크에 승선한 선원들은 블랜디호 갑판 위에 사진사와 촬영기사가 촬영준비를 하는 것을 보았다. 프로타소프 소령은 더위 때문에 옷을 반쯤 벗은 사병들은 중갑판으로 내려가고, 주갑판 위에는 장교만 남아 있도록 지시했다. 군 지휘관들은 달갑지 않았으나 KGB의 명령을 따랐다.[24]

디브노고르스크호의 선장 미로쉬니첸코Myroshnichenko는 두 정부 간 합의에 대해 전혀 모르고 있었고, 미국 배와의 교신을 거부했다. 대신 그는 소련 해양상선부 장관인 빅토르 바카예프와 흑해-아조프해 선사의 책임자인 올렉시 단첸코Oleksii Danchenko에게 연락하여 지침을 요청했다. 오데사와 모스크바에서 곧 지시가 내려왔다. 선장은 미사일을 보여주라는 지시였다. 그리고 갑판 위의 화물은 보여주되 중갑판을 열어서는 안 되며 아무도 배에 승선하도록 허락하지 말아야 했다. KGB 보고서에 '특별한 중요한 화물'이라고 지칭된 알렉산드롭스크의 화물은 소련 지도부 생각에, 비밀로 남아 있어야 했다. 그러나 디브노고르스크호는 다르게 행동했다. 모스크바와 오데사의 상관들로부터 메시지를 받자마자 선장인 미로쉬니첸코는 구축함 블랜디호로부터 무선 연락을 받았다. 귀선은 지금 지시를 받았으니 미사일을 보여달라는 것이었다. 디브노고르스크호가 해상상선부와 교신한 내용을 미국 측에서 도청한 것이다.

미로쉬니첸코 선장은 결국 미국 측의 요구를 수용할 준비를 했지만, 그의 권위는 불충분했다. 그는 탑승한 군지휘관들의 협조를 확보해야 했다. 부대 지휘관인 바라노프Baranov 중령과 헌병 장교인 굴레쇼프Guleshov 소령은 지시를 따르는 것을 거부했다. 이들은 자신들은 국방부의 지휘를 받지, 해양상선부의 지휘를 받는 것이 아니라고 주장했다. KGB 장교의 지원을 받은 선장이 거듭 주장한 끝에 지휘관들은 포기하고 갑판 위에 선적된 미사일 위의 캔버스 천을 제거하는 데 동의했다. 블랜디호가 디브노고르스크호 우현으로 접근하여 좌현에 있는 미사일도 보여줄 것을 요구했다. 군지휘관들의 항의에도 불구하고 선장은 다시 한번 명령에 따랐다.[25]

소련으로 미사일을 다시 운송 중인 소련 선박에 대한 검열은 소련 외무장관 안드레이 그로미코가 처음 제안했다. 그는, 11월 1일 미코얀과 함께 미국 UN 대사인 애들레이 스티븐슨과 존 매클로이와 만찬 회담을 할 예정인 외무차관 바실리 쿠즈네초프에게 지시를 내려, 필요한 경우 미사일이 제거된 후의 미사일 기지 사진을 미국에 제공할 수 있다고 제안하게 하였다. "우리는 또한 근거리에서 귀국 선박에게 소련 선박에 적재된 미사일을 보여주는 것을 반대하지 않는다"라는 내용도 그 지시에 포함되었다. 흐루쇼프를 대신해 이 지시를 내린 것이 분명한 그로미코는 카스트로가 쿠바 영토에서

의 사찰을 거부하는 경우 흐루쇼프-케네디 협상이 작동할 방법을 찾고 있었다.[26]

미국 측은 처음에는 이 제안을 흡족해하지 않았다. 매클로이는 "소련과 쿠바가 어떤 형태의 사찰을 받을 것인지 양국 간에 합의해야 합니다"라고 말하며 공을 소련에 넘겼다. 그러나 스티븐슨은 좀 더 유연했다. "만일 우리가 지상 사찰을 할 수 없다면, 무기가 철수되었다는 것을 확인할 수 있는 다른 방법을 찾아봅시다"라고 그는 만찬 석상에서 말했다. "안 그러면 충돌의 위험이 재연될 것입니다." 미코얀은 본국에 보내는 보고서에서 이 말을 놓치지 않았다. "미국 측은 N. S. 흐루쇼프에게 보낸 메시지에 기재한 사찰 방법을 고집하지 않을 것이며, 무기를 철수한다는 우리의 약속이 실행되는 것을 미국 측이 확인할 수 있는 다른 새로운 방법도 모색할 태세였다"라고 그는 적었다.[27]

11월 7일 존 매클로이와 애들레이 스티븐슨은 바실리 쿠즈네초프에게, 미국은 실제로 공해상에서 미사일을 수송 중인 소련 선박을 '육안으로(de visu)' 사찰하도록 허용하겠다는 소련 측의 이전 제안을 받아들일 용의가 있다고 통보했다. 사찰 문제는 미국-소련의 난제 목록에서 빠지고, 이제 소련만의 문제가 되었다. 그 시점부터 흐루쇼프는 이 사찰 방식을 수용했다. 11월 6일 8기의 미사일을 싣고 쿠바를 떠난 건화물 수송선 메탈루르그 아노소프호는 미사일을 미국 선박에게 보여주되, 미 항공기에는 보여주지 말라는 지시를 전보로 받았다. 다음 날 명령이 바뀌었다. 미사일을 미국 헬리콥터에 보여주라는 지시였다. 그날 그 이후, 11월 9일 소련 선박의 선장들은 캔버스 천을 제거하고 갑판 위의 미사일을 미국 측에 보여주되 중갑판은 열지 말라는 지시를 받았다.[28]

미로쉬니첸코 선장이 운항하는 디브노고르스크호가 미국 측의 요구에 응한 첫 배였다. 그러나 소련 측은 공식 합의를 넘어서는 것으로 보이는 미국의 행동에 항의를 제기함으로써, 절차 진행을 복잡하게 하고 지연시키기 위해 최선을 다했다. 11월 9일 블랜디호가 디브노고르스크호와 알렉산드롭스크호에 접근하여 사찰한 날 소련 측은 미국 함정이 강제적으로 소련 선박의 화물을 사찰했다고 항의했다. 알렉산드롭스크호와 디브노고르스크호와 또 다른 선박인 볼골레스호가 외교 전문에 언급되었다. 7기의 미사일을 싣고 항해하던 볼골레스호에 11월 8일 아침 미 해군 서플리호(DD 465)가 접근하여 미사일을 선적했는지 검사하려 했다. 볼골레스호의 선장은 미국 측에 미사일을 보여주는 것을 거부했다. 당시 그가 받은 지시로는 UN 깃발을 단 선박에게만 미사일을 보여줄 수 있었기 때문이었다. 그는 다음 날인 11월 9일 미사일을 보여주라는 명령을 받은 후 미국 측의 요구에 순응했다.

UN 군사위원회에 파견된 미국 대표단장인 찰스 웰본Charles Wellborn 해군 중장은 소련의 항의를 받은 데 대해, 어떤 경우에도 소련 선박에 위협을 제기하거나 강제적인 사찰을 강요하지는 않는다고 응답했다. 볼골레스호가 즉각 미사일을 보여주었다면, 이 배에 다시 미 함정이 접근하지는 않았을 것이라고. 디브노고르스크호에 대해서 웰본 제독은 언어 장벽으로 인해 사찰이 오래 걸렸다고 설명했다. 알렉산드롭스크호에 발생한 일을 설명하는 것은 더 어려웠다. 왜냐하면 이 선박은 소련 측이 무기를 운송하는 선박 목록에 올리지 않았고 따라서 검열에서 제외된다고 여겨졌기 때문이다. 웰본은 그러나 다른 선박에 적재된 미사일 숫자가 정확하지 않았기 때문에 알렉산드롭스크호에 접근하여 이 선박도 검열하기로 미군 지휘관들이 결정한 것이라고 적었다.[29]

11월의 첫 열흘간 스타첸코 장군은 42기의 미사일, 1,056개의 장비, 3,289명의 장교와 사병을 배에 승선시켜 소련으로 출발시키는 데 성공했다. R-12미사일을 마지막으로 운송하는 배는 새로운 검열 규칙이 적용된 11월 9일 카실다의 항구를 떠났다. 소련에서 건조된 레닌스키 콤소몰호는 쿠바로의 두 번째 운항에서 8기의 R-12미사일과 320명의 장교와 사병을 태우고 쿠바를 출발했다. 쿠바에 미사일을 가지고 처음 도착했던 이반 시도로프 연대의 부지휘관인 펠릭스 카차투로프Feliks Khachaturov 중령이 부대원들을 인솔했다. 레닌스키 콤소몰호에 실린 미사일들은 같은 날 미 해군 함정 노포크호의 검열을 받고 사진이 촬영되었다.[30]

이고르 스타첸코는 후에 쿠바에서 자신의 사단이 철수하는 두 번째 단계는 11월 18일부터 12월 12일까지 진행되었다고 보고했다. 3,716명의 병사와 985개의 무기와 장비가 열두 척의 선박에 실려서 소련으로 출발했다. R-12미사일을 가지고 8월에 소련군 중 최초로 쿠바에 도착한 시도로프 연대는 쿠바를 떠나는 마지막 부대가 되었다. "나는 1962년 12월 중순 마지막 병력과 함께 쿠바를 떠났습니다. 우리 부대는 시엔푸에고스의 항구에서 아트카르스크호에 승선했지만, 도착항은 세바스토폴이 아니라 발티스크였습니다"라고 그는 후에 회고했다. 쿠바로 향하는 항해에서는 병사들이 중갑판에서 뜨거운 열기에 시달렸다면, 이번에는 발트해에 접근하면서 추위로 떨어야 했다. 이들은 단 한 가지 간단한 이유로 세바스토폴이 아니라 발티스크로 돌아갔다. 모든 핵탄두는 이 항구를 통해 소련에서 내보내지고 들어올 수 있었고, 아트카르스크호에는 이것들이 꽉 차 있었기 때문이다.[31]

소련 측에서 이후 수십 년 동안 쿠바에서의 소련 철수 스토리는 비밀 역사가 되었다. 침묵, 혼란, 상충하는 기억, 그리고 마지막이지만 이에 못지않게 중요한 것은 모욕으로 가득 찬 역사였다.

바리케이드로 돌아가다

흐루쇼프와 쿠바의 마지막 결전까지 이른 몇 주 내내 케네디가 크게 신경 썼던 미 의회 선거는 11월 6일 치러졌다. 케네디는 선거 결과에 만족할 만한 충분한 이유가 있었다. 상원에서 민주당은 4석을 더 얻어 입지를 강화했고, 하원 선거에서는 1석을 잃었지만 공화당과의 격차를 5퍼센트 늘리며 다수당 위치를 유지했다. 주지사 선거에서는 어느 당도 우위를 점하지 못하고 현상을 유지했다. 모든 면에서 보아 이것은 승리한 선거였다. 4년 전인 1959년 공화당 대통령이 권좌에 있을 때 공화당은 세 전선에서 모두 패배했었다. 이제 젊고 경험 없는 대통령이 자신의 아성을 유지하고 민주당의 입지를 다소나마 강화하는 데 성공한 것이다.[1]

선거 날 케네디는 "미사일과 폭격기를 부속 장비들과 함께 적절한 검열하에" 제거하라는 명백한 요구와 "위기에서 한발 물러서는 데 필요한 조치"로서 "지속적인 보장을 위한 알맞은 체계"를 담은 편지를 흐루쇼프에게 보냈다. 그는 흐루쇼프에게 10월 22일 대국민 연설에서 IL-28폭격기를 공격무기로 간주한다고 언급한 것을 설명하고, 이것도 자신이 모든 공격 무기를 언급한 흐루쇼프와의 타협에 포함된다고 밝혔다. 그는 흐루쇼프에게 더 이상 조건을 부가하지 않을 것을 보장했다. "미사일과 장비 이외에 하나의 무기만 목록에 있습니다. 그것은 그 관련 장비를 포함한 경폭격기입니다"라고 케네디는 썼다. "이 무기는 실제로 우리의 큰 관심사입니다."[2]

흐루쇼프는 덫에 걸렸다고 느꼈을 것이 틀림없었다. 탄도미사일을 해체한 상태에서 미국은 아직 해상검역을 철회한다는 약속을 지키지 않았고, 쿠바를 침공하지 않는다는 약속도 UN 안전보장이사회에서 공식화되지 않았다. 흐루쇼프는 쿠바 모험에서 보여줄 결과가 아무것도 없었지만, 미국과의 관계도 쿠바와의 관계도 모두 엉망이었다. 터키에서 미사일을 철수시킨다는 미국의 또 하나의 약속은 더욱이 비밀로 간직되어, 이제 더 먼 얘기처럼 보였다.

쿠바 타협 전체가 IL-28폭격기의 철수에 달려 있다는 케네디의 주장이 제기되고, 카스트로와 쿠바인들의 반란에 직면한 흐루쇼프는 잠시 생각할 여유를 가져야 했다. 최소한 당분간 흐루쇼프는 폭격기도 원했지만, 전술핵무기도 원했다. 미국이 아직 그 존재를 파악하지 못한 전술핵무기를 장착한 루나미사일은 쿠바에 여전히 남아 있었다. 흐루쇼프의 명령을 받은 말리놉스키는 쿠바에 있는 플리예프에게 이렇게 지시했다. "'루나' FKR[크루즈미사일]에 장착된 탄두와 IL-28 항공기에 대해서는 아직 철수가 논의되지 않았다. 이 무기들은 귀관의 지휘하에 쿠바에 남아 있어야 한다."[3]

케네디의 새 요구에 어떻게 대응할 것인가를 놓고 토요일인 11월 10일 정치국 회의가 열렸다. 케네디가 쿠바에서 탄도미사일을 발견한 다음 계속 뒷걸음친 흐루쇼프는 10월 28일 맺은 타협을 확실하게 만들기 위해 더 뒤로 물러났다. "우리는 전체 지도부와 군부의 회의에 앞서 이 문제를 논의하였습니다. 그 자리에 참석한 사람 전원은 다음과 같이 행동하는 것이 합리적이라는 데 만장일치로 동의하였습니다. 우리는 모든 IL-28기를 쿠바에서 철수하는 데 동의하였습니다"라고 다음 날 흐루쇼프는 미코얀에게 썼다. 흐루쇼프에게 이 선택은 당연한 귀결이었다. "만일 폭격기를 쿠바에 남겨두면 미사일 철수를 조건으로 한 우리의 의무 수행을 훼손할 것입니다. […] 만일 미사일을 철수하면서 IL-28기를 철수하면 불침공 합의를 얻을 것입니다." 흐루쇼프는 후자를 선택했다. 이제 핵심 문제는 이 새로운 양보를 어떻게 쿠바에 제시할 것인가였다.[4]

일요일인 11월 11일 흐루쇼프는 미코얀에게 외교적 지시라기보다는 의식의 흐름을 따라간 듯 횡설수설하는 장문의 편지를 보냈다. 흐루쇼프는 지금 쿠바의 이익이나 세계 혁명의 추구보다 소련의 이익과 체면에 훨씬 관심이 많았다. "쿠바에서 IL-28기를 제거하면 우리는 무엇을 얻고, 무엇을 잃을까요?"라고 그는 이미 오래 시달리고 있던 쿠바 특사 미코얀에게 물었다. "큰 손실은 없습니다. 다만 쿠바의 도덕적 손실만 있을 겁니다"라고 미코얀은 답했다. 이제 그는 소련의 이익을 쿠바의 이익과 분명히 구별했다. "우리의 친구들에게서 그런 양해를 얻는 것이 얼마나 힘든 일일지 상상하고도 남습니다"라고 흐루쇼프는 미코얀에게 동정적인 어투로 말한 다음 다시 자세를 바꿔 또 다른 압박을 가했다. "그러나 바로 그런 것에 정치인의 예술이 있습니다. 난관을 만났을 때 그런 난관을 극복하는 능력을 보여주는 것 말입니다."[5]

11월 2일 미코얀이 뉴욕을 출발하기 전 애들레이 스티븐슨이 소련 측에 전달한 '공격 무기' 목록이 이제 미코얀의 발목을 잡고 있었다. "내가 출발하기 30분 전 이 도둑놈들(스티븐슨 말입니다)이 쿠즈네초프 동지에게 편지를 보내 자신들이 일부 무기를 거론하는 것을 잊었다고 알려 왔습니다"라고 며칠 뒤 미코얀은 당시 받은 충격을 회상하며 카스트로에게 말했다. 그는 소련 외교관들에게 목록을 문제 삼지 말도록 지시했다. 케네디와 흐루쇼프 사이의 교신에서는 미사일만 언급되었다. 그러나 이제, 미코얀이 뉴욕을 떠나면서 문제가 사라진 게 아니라 그저 더 높은 수위로 넘어간 것뿐이라는 사실이 드러났다.[6]

흐루쇼프는 카스트로가 쿠바 영토에서 사찰을 허용하도록 설득하리라는 희망을 포기했다. 이제 그는 폭격기 문제를 미국과 합의하고 미국이 중립지역에서 소련 선박을 검열하는 것을 협의하려 했다. 그러나 그는 미코얀이 카스트로가 폭격기를 제거하는 것에 동의하도록 만들기를 원했다. 흐루쇼프는 미코얀이 아바나에서 기적을 만들기를 기대했다. "수신 확인. 전문 읽음. 고려하겠음. 나는 IL-28기에 대해 명시된 지시가 완전히 옳다고 생각함"이라고 늘 충성스러운 미코얀은 답했다. 그는 그렇게 하는 것 외에 자신에게 다른 선택이 없다고 생각했다. 그가 외교적으로 '명시된'이라고 부른 그 결정은 이미 정해진 것이었다. 미코얀은 모스크바에 있을 때는 정책 결정 과정에 영향을 미칠 수 있었지만, 지금 쿠바에서는, 더군다나 흐루쇼프가 모든 정치국원들이 이미 만장일치로 동의했다고 말한 상황에서는, 그저 주어진 세일즈맨 임무를 수행하는 고위급 메신저에 지나지 않았다.

미코얀은 11월 12일 카스트로와 개인 면담을 하는 자리에서 이 나쁜 소식을 알렸다. 그가 카스트로를 설득하는 데 사용한 논리는 폭격기를 철수하는 것이 미국과의 타협을 확정 짓는 데 도움을 준다는 것이었다. 카스트로는 어쩌면 놀랐을 수도 있고, 어쩌면 의기양양했을 수도 있다. 왜냐하면 미국과 협상하는 것이 미끄러운 언덕을 오르는 것과 같으리라고 그가 이미 예언했기 때문이다. 어쨌건 그는 미코얀의 논리를 받아들이지 않았다. "소련이 어떤 입장을 취하든, 폭격기를 철수하건 말건 상관없이, 미국은 사찰을 계속 주장할 것이고, 바로 그것 때문에 쿠바는 이런 거래를 받아들일 수 없습니다. 미국은 봉쇄를 유지할 것입니다"라고 그는 소련 특사에게 말했다. 백전노장의 미코얀은 즉각적인 답을 요구하지 않았다. 실제로 그는 카스트로에게 문제를 좀 더 검토하고 동료들과 논의해보도록 부추겼다.[7]

쿠바인들이 미코얀에게 답을 준 것은, 다음 날인 11월 13일, 아바나의 미코얀의 숙소에서 열린 회의에서였고, 이것은 그를 통해 흐루쇼프에게 전달되었다. 카스트로는 회의 초반 미코얀이 폭격기에 대한 자신과 소련 정부의 입장을 전하기 위해 한담하듯이 하는 말을 중간에 가로막은 후, "우리는 기본적으로 전략미사일 철수에 반대한 것과 마찬가지로 IL-28폭격기가 쿠바에서 철수하는 것을 반대합니다"라고 말을 시작했다. 그런 다음 쿠바가 반대하는 이유를 설명했다. "이러한 조치는 우리에게 어려운 상황을 만듭니다. 어떤 종류의 무기를 가질 것인지, 또 어떤 합의를 할 것인지, 우리 스스로 결정할 수 있는 주권적 권리를 훼손합니다."

카스트로는 소련이 하고자 하는 일을 자신이 중단시킬 수 없다는 것을 잘 알았다. 그의 새 전략은 무기 철수에 대한 대가로 가능한 한 많은 양보를 미국으로부터 끌어내는 것이었다. "우리의 입장은 다음과 같습니다"라고 그는 미코얀에게 말했다. "해상봉쇄 철회와 쿠바 영공 침해 중단을 IL-28폭격기 철수와 연계시키기를 원합니다." 그런 다음 그는 위협으로 말을 맺었다. "이 요구 조건이 충족되지 않으면 우리는 동의할 수 없습니다."[8]

봉쇄 철회를 조건으로 폭격기를 철수한다는 안은 처음부터 소련의 입장이었지만, 쿠바 영공 비행 금지는 예민한 제안이었다. 미국은 카스트로가 반대하는 지상 사찰의 대안으로 이것을 주장하고 있었다. 미코얀은 11월 1일 뉴욕에서 가진 스티븐슨 대사와의 회동에서 영공 침범에 대해 항의했다. 그는 폭격기 철수를 조건으로 영공 침범을 중지하라고 미국을 설득할 방법이 없다는 것을 알았다. 그럼에도 카스트로는 영공 비행 중단에 대해 단호했다. "미국은 아주 무례합니다. 미군기는 쿠바 영토에 급강하 비행을 하며 우리 군기지와 부대 100미터 상공을 비행합니다. 이것은 우리 국민들의 사기에 악영향을 끼치고, 그들을 분노하게 만듭니다. 지금 적들이 모든 것을 알고 있다는 것이 우리의 입장입니다"라고 그는 주장했다.

미코얀이 해상봉쇄를 중지시킬 필요성을 요구하자 카스트로는 단도직입적으로 물었다. "이 입장은 우리 영공 침범 중지에 대한 요청을 포함하는 것인가요?" 미코얀은 영공 침범 문제를 폭격기 철수와 연계시키기를 거부했다. 그는 카스트로에게 말했다. "우리는 이러한 비행이 불법적이라는 것을 잘 압니다. 우리는 당신들의 항의를 UN에 전달할 것입니다. 이것은 미국 측에 엄중한 경고가 될 것입니다." 한마디로 그의 답은 '포함하지 않는다'는 것이었다.[9]

카스트로는 모욕을 느꼈다. 다음 날인 11월 14일 미코얀과의 회동은 없었고, 15일도 회동 계획이 없었다. 소련 정치국의 최고위급 인사는 워싱턴, 모스크바, 아바나 간의 긴장이 고조되는 분위기 속에서 아무것도 할 수 있는 일이 없고, 만날 사람도 없는 상태에서 가만히 있어야 했다. 미코얀은 불안했고 뭔가 해야겠다는 강박을 느꼈다. 그는 알렉세예프 대사에게 11월 16일 소련대사관 만찬에 쿠바 지도부를 초청해줄 것을 요청했다. 미코얀이 놀라게 카스트로는 이 초청을 받아들였다. 더욱 놀라운 것은 아주 다정한 태도를 보였다는 점이다. 카스트로는 자기보다 훨씬 체구가 작은 소련 친구 미코얀을 껴안았다. 사실 그는 미코얀에게 깜짝 '선물'을 가지고 왔다. 그는 아바나의 쿠바군 방공포대를 방문하고 난 후에 대사관에 도착한 것이었다. 그곳에서 그는 저공비행하는 미 공군기에 사격을 재개하도록 명령을 내렸다.

실제 명령은 카스트로가 미코얀의 만찬에 참석한 다음 날인 11월 17일 서명되었다. 이 명령에는 11월 18일 오전 6시부터 침범하는 적군기에 사격을 가하도록 지시되었다. 소련군이 U-2기를 격추시킨 10월 27일 이후 첫 사격 재개 명령이었다. 또한 카스트로는 우 탄트에게 쿠바 영토 내에서 어떤 형태로든 사찰을 수행하는 것에 반대하고 미국의 영공 침범을 항의하는 긴 편지를 보냈다.

카스트로가 취한 행동을 알게 된 미코얀은 항의했다. 왜 자신에게 통보하지 않았는가? 카스트로는 완강하다기보다 반항적으로 대응했다. 이들은 우 탄트에게 보내는 편지에 대해 이미 논의했었고, 그는 이미 하달된 명령을 취소할 수 없다고 말했다. 미코얀은 만찬에 동석한 체 게바라와 다른 쿠바 지도자들에게 미군기가 격추되면 미국은 쿠바를 침공하지 않겠다고 약속할 리 없다고 설득을 시도했지만, 뜻대로 되지 않았다. 카스트로의 명령이 하달된 상태에서, 모든 사람이 고비를 넘겼다고 생각했던, 쿠바에서 군사적 충돌이 일어날 가능성이 더 강한 힘을 갖고 돌아왔다.[10]

11월 12일 아나톨리 도브리닌은 로버트 케네디에게 크렘린에서 온 지시 전문을 전달했다. 예의 긴 편지에서 흐루쇼프는 폭격기 문제에 대해 터키 미사일 해결과 같은 방식을 제안했다. 그는 앞으로 폭격기가 철수할 것이라는 구두 약속을 케네디에게 전달했다. 흐루쇼프는 이렇게 썼다. "우리는 쿠바에 이 비행기들을 항구적으로 주둔시킬 의도가 없습니다. 우리는 이 문제에 어려움이 있습니다. 그래서 우리는 지금은 아니라도 앞으로 IL-28기를 모든 관련 인력, 장비와 함께 철수할 것이라고 신사적으로 약속하는 바입니다."[11]

도브리닌으로부터 흐루쇼프의 전문과 함께 미국 의회 선거에서 성공을 거둔 데 대한 축하 인사를 전달받은 로버트 케네디는 흐루쇼프의 제안에 대해 회의적 태도를 보였다. 그는 소련 측이 폭격기를 철수하는 시한을 공개적으로 발표하기를 원했다. 이런 발표가 나온 다음에 해상봉쇄가 철회될 수 있었다. 도브리닌은 그런 해결 방식은 공개적인 것을 싫어하는 흐루쇼프가 고려할 수 없는 방식이라고 반론을 제기했다. 로버트는 그의 말을 잘 이해했다. 그는 백악관으로 가서 그의 형과 상의하고 돌아오겠다고 말했고, 한 시간 반 뒤 소련대사관으로 돌아왔다. 그 시간 도브리닌은 워싱턴에 공연하러 온 볼쇼이 발레단을 위한 리셉션을 진행하고 있었다. 로버트는 케네디 대통령이 흐루쇼프에게 전하는 구두 메시지를 전달했다. 소련이 30일 내 폭격기를 철수하겠다고 약속하면 미국이 봉쇄 철회를 발표하겠다는 메시지였다. 로베트 케네디는 이전에 도브리닌을 방문했을 때보다 훨씬 마음이 편했다. 대사와 대화를 마친 그는 볼쇼이 발레단 리셉션에 참여해, 유명한 프리마돈나인 마야 플리세츠카야Maia Plisetskaia가 자신과 생일이 같다는 것을 알고 그녀에게 키스까지 했다.[12]

흐루쇼프는 11월 14일 케네디의 새로운 제안을 논의하기 위해 정치국 회의를 개최한 후 같은 날 케네디에게 발송할 편지를 구술했다. "30일 안에 IL-28기를 철수하는 문제는 아무런 복잡한 문제를 제기하지 않습니다"라고 긍정적 내용으로 편지를 시작한 흐루쇼프는 거의 단숨에 부정적으로 어조를 바꾸었다. "그러나 이 기간이 충분하지 않을 수도 있습니다"라고 그는 철수 완료까지 2~3개월을 요구했다. 이보다 더 중요한 것은, 봉쇄 철회뿐 아니라 쿠바 영공 비행 중지와 불침공 약속까지 요구한 것이었다. "우리가 이 모든 것을 이루고 이것이 공표되면, 우리나라가 IL-28기 철수를 위한 시간문제를 해결할 좀 더 우호적인 환경이 조성될 것입니다"라고 쓰면서 흐루쇼프는 자신의 요구보다 카스트로의 요구를 더 내세웠다.

도브리닌은 흐루쇼프의 편지를 전달하기 위해 다시 한번 로버트 케네디를 만났다. 케네디는 이 답신에 대한 자신의 불만을 감추지 않았다. "대통령은 이 답신을 받으면 실망할 것입니다"라고 그는 도브리닌에게 말했다. 존 케네디는 실제로 실망했다. "IL-28폭격기는 여전히 쿠바에 있고, 이것은 서반구 국민 모두에게 큰 우려를 낳고 있습니다"라고 케네디는 답신을 보냈다. "귀측에서 수행할 세 가지 일, 즉 IL-28기 철수, 사찰 주선, 무기 반입 금지 보장이 아직 실행되지 않고 있습니다." 케네디는 현안이 해결되면 불침공 약속에 대한 낙관적 협상을 할 수 있다는 건설적인 어조로 편지를 마무리했다. "첫 단계는 폭격기를 철수하고 봉쇄를 철회하는 것입니다. 두 조치가 긴장의 원인이 되고 있습니다. 그러는 사이 다른 문제에 대한 논의를 계속할 수 있습니다." 이 편지는 다음과 같은 경고와 함께 같은 날 도브리닌에게 전달되었다. "이 사안은 전환점에 다다랐습니다. 만일 진전이 이루어지지 않는다면, 우리는 다시 점증하는 긴장 상황으로 곧 되돌아갈지도 모릅니다."[13]

요구하고 위협한 것은 또다시 케네디였지, 흐루쇼프가 아니었다. 이전에는 의제와 사건 추이의 속도를 후퇴할 때조차 흐루쇼프가 주로 정했다면, 이제 주도권을 잡고 쇼를 펼치는 것은 케네디였다. 케네디와 참모들은 승자독식 무드에 사로잡혔고, 더 이상 흐루쇼프가 쿠바를 놓고 핵전쟁을 일으킬 가능성이 없다고 보고 새로운 양보를 요구했다. 10월 20일 케네디는 참모들에게 쿠바에 있는 소련 폭격기를 안고 살아야 하리라고 말했었다. 그러나 이제 그런 관용은 불필요하다는 확신이 있었다.

케네디로부터 점점 압력을 받고, 날이 갈수록 핵무기를 사용할 의지가 없어지는 가운데 흐루쇼프는, 한편으로 카스트로와 세계 혁명에 대한 자신의 당찬 꿈과 다른 한편으로 미국과의 전쟁을 원하지 않는 자국의 이익 사이에서 선택해야 했다. 흐루쇼프가 10월 28일 케네디의 타협안을 받아들였을 때 그는 두 가지 모두를 충족시킬 수 있을 것으로 생각했다. 그러나 지금 혁명가 흐루쇼프는 국가지도자 흐루쇼프를 상대해야 했고, 하나를 희생하고 다른 하나를 선택해야만 했다.

11월 15일 우 탄트 사무총장에게 보내는 편지에 처음 나타난, 쿠바 영공을 침범하는 미군기에 사격을 가하겠다는 카스트로의 위협은 상황을 다시 전쟁의 벼랑 끝으로 몰고 갔다. 이 편지 내용을 들은 애들레이 스티븐슨은 즉시 UN에 나와 있는 최고위 소련 외교관인 바실리 쿠즈네초프 차관에게 "이것은 예측할 수 없는 결과를 가져올 아주 심각한 사안입니다"라고 항의했다. 그는 쿠즈네초프에게 "항공 정찰은 소련이 쿠바에 대한 사찰을 보장하지 않는 상황에서 이를 대신하는 유일한 수단입니다"라고 말했다. 쿠즈네초프는 자신과 소련의 입장을 카스트로의 행동에서 최대한 분리시키려고 노력하면서 "영공 침범에 대한 이제까지의 소련의 입장에 덧붙여 말할 것은 없습니다"라고 응대했다.[14]

다음 날인 11월 16일 흐루쇼프는 악화되는 쿠바 상황을 논의하기 위해 다시 정치국 회의를 소집했다. 공식 의제는 봉쇄를 철회하는 조건으로 소련 폭격기를 철수시키라는 케네디의 요구에 대한 소련 측의 대응을 논하는 것이었지만, 실제 논의의 초점은 케네디가 아니라 카스트로였다. 흐루쇼프가 먼저 말을 하고, 다음으로 국제문제 책임자인 그로미코 외무장관이 발언한 다음, 국내문제와 경제를 담당하는 레오니트 브레즈네프, 알렉세이 코시긴, 프롤 코즐로프가 발언했다. 그런 다음 이념 담당자인 미하일 수슬로프와 보리스 포노마료프Boris Ponomarev가 발언했다. 당과 정부를 책임지고 있는 세 집단 모두 한 생각이었다. 그것은 카스트로의 행동이 '비이성적이고 신경에 거슬린다'는 것이었다.

"이것을 우리의 교훈으로 삼읍시다"라고 적힌 것은 아마도 흐루쇼프의 발언에서 나온 듯하다. "입장을 분명히 밝힙시다. 그들이 우리에게 협조하든지 아니면 우리 군대를 내보냅시다." 며칠 전만 해도 카스트로의 미성숙, 감정성, 독특함의 표출에 대해 고려되었던, 쿠바에서 소련군이 철수한다는 계획은 이제, 만일 카스트로가 소련의 정책에 반기를 든다면 정당한 선택지라고 소련 지도부는 간주했다. 이들은 더 이상 운신의 여지가 없다고 생각했다. 카스트로를 한 번 더 만나겠다는 미코얀의 요청에 대해 논의한 정치국 위원들은 대화가 어떻게 진행되는가에 상관없이 폭격기를 철수하는 것은 이미 결정된 사항일 뿐만 아니라 미국에도 이미 통보되었다는 것을 미코얀에게 알리기로 했다.[15]

흐루쇼프는 직접 미코얀에게 보내는 훈령을 구술했다. 미국의 영공 침범을 중지시키고, 미 공군기에 사격을 가하겠다는 쿠바의 최후통첩은 전쟁을 유발할 것이다. "그런 방식으로 행동하는 것은 무력 충돌을 야기할 수 있습니다. 그런 노선을 유지하면 충돌이 발생하게 마련이고, 무엇으로도 정당화할 수 없으며, 그렇게 할 근거도 없습니다." 흐루쇼프는 미코얀에게 소련 측의 최후통첩에 가까운 이 메시지를 카스트로에게 전달하라고 지시했다. "만일 쿠바 지도부가 이 문제에 대해 우리에게 협조할 생각이 없고, 사태를 해결하고 우리와 함께 전쟁에 끌려 들어가는 걸 피하는 데 도움 되는 조치를 취하지 않는다면, 우리가 내리는 결론은 우리가 쿠바에 있는 것이 우리 친구들에게 도움이 되지 않는다는 것입니다"라고 흐루쇼프는 구술했다. 그는 "그 친구들도 공개적으로 의견을 내놓게 하십시오. 그러면 우리도 스스로 결론을 내릴 것입니다"라고 말을 맺었다.

메시지는 분명했다. 만일 카스트로가 그의 명령을 번복하지 않고, 쿠바 병사들이 실제로 미 공군기에 사격을 가하면, 소련은 10월 28일 우발적으로 발생한 사건에서처럼 카스트로가 주도하는 것을 따라가지 않고 쿠바에서 소련군을 철수시킨다는 것이었다. 이렇게 되면 카스트로와 동지들은 단독으로 케네디와 맞서야 했다. 미국이 쿠바를 침공하지 않는다는 약속을 받아내는 것은 쿠바 위기를 해결하는 데 흐루쇼프의 핵심 목표였다. 흐루쇼프는 카스트로를 자신의 정책에 따르도록 만들기 위한 마지막 시도를 했다. 미코얀은 카스트로에게 세 가지 사찰 방법을 제시하라는 지시를 받았다. 하나는 UN을 통하는 것이고, 또 하나는 라틴아메리카 국가 대사들이 여기에 나서는 것이고, 세 번째는 10개 중립국 대표가 이를 수행하는 것이었다. 카스트로는 이미 이 세 가지 옵션을 모두 거부한 바 있었다. 그러나 정치국 회의가 끝난 후 참석자 중 한 사람이 흐루쇼프에게 이 안을 다시 꺼낼 것을 제안했다. 승산이 별로 없는 시도였다. 흐루쇼프는 미코얀에게 합의 가능성이 보이지 않으면 쿠바를 떠나고, 협상 진전 가능성이 있으면 남아 있으라고 지시했다.[16]

흐루쇼프는 케네디와의 교신을 잠시 멈췄다. 그는 미코얀이 카스트로로 하여금 봉쇄 철회의 대가로 폭격기의 철수뿐만 아니라, 미국의 불침공 약속을 받아내는 길을 여는 UN 사찰을 어떤 형태로든 받아들이도록 설득할 것이라고 기대하면서 시간을 끌었다. 쿠바에서 오는 보고를 보면 아직 협상을 벌일 시간이 있는 것으로 판단되었다. 미코얀은 11월 18일 흐루쇼프에게 카스트로가 사격 명령을 내린 것은 감정적 결정이었으며, 카스트로 스스로가 자신이 원하는 것은 미 공군기의 저공비행을 막는 것이라고 말했다고 보고했다. 카스트로는 고공비행에 대해서는 크게 반발하지 않았다. 미국이 11월 16일로 저공비행을 중단했기 때문에 미코얀은 군사적 충돌이나 전쟁의 즉각적 위험은 없다고 판단했다.[17]

미 공군기에 대한 사격 명령이 내려진 11월 18일 일요일은 방공포대의 사격 없이 지나갔다. 미 공군기의 저공비행도 더 이상 없었다. 카스트로는 U-2기의 영공 침투에 대해서는 할 수 있는 일이 없었다. 11월 15일 우 탄트에게 보낸 편지에서 카스트로는, 쿠바는 자국 영공을 침범하는 항공기를 "자국 방공화력으로" 격추할 것이라고 통보했다. 쿠바군의 한계는 곧 드러났다. 11월 17일 말리놉스키는 당 중앙위원회에 자신이 플리예프에게 "카스트로가 유사한 명령을 내렸어도, 쿠바 영공을 침범하는 미 항공기에 대해 소련군 무기로 공격하는 것을 금지"하도록 지시했다고 보고했다. 다음 날 그로미코는 소련군이 미 공군기에 사격하지 않는 이유를 묻는 쿠바 측의 질문에 대한 답을 이렇게 제시했다. "미국 항공기에 대해 사격하라는 결정은 우리의 승인을 얻지 못했다. 우리는 여기에 참여하는 것이 불가능하다고 생각한다. 이런 이유로 인해, 우리 장병들에게 미국 항공기에 사격을 가하지 말도록 지시를 내렸다."[18]

카스트로와 참모들이 11월 19일 오후 미코얀을 만났을 때, 카스트로는 미 공군의 영공 침투에 대해 여전히 화가 난 상태였다. "U-2기는 계속 우리 위를 날아다니고 있습니다"라고 그는 미코얀에게 말했다. "이자들은 마음대로 돌아다니고 있어요." 그러나 더 이상 폭격기 철수의 대가로 영공 침범 중지를 얻어내려고 하지 않았다. 그는 임박한 재앙의 조짐을 느꼈다, 카스트로는 자신의 뜻을 말한 건지, 쿠바 지도부 전체의 의견을 대변한 건지는 몰라도 미코얀에게 이렇게 말했다. "우리가 IL-28기 철수의 대가로 봉쇄 철회를 얻어낸다면, 그것은 중요한 진전입니다." 동료들과의 협의를 위해 두 시간 휴회를 요청한 후 저녁 9시경 카스트로는 미코얀의 숙소로 돌아와 쿠바 지도부 전체의 결정을 알렸다. 이들은 우 탄트에게 보내는 편지의 공식화에 대한 합의를 조건으로 폭격기의 철수에 동의하고, 우 탄트에게 보내는 편지 내용을 그날 밤 미코얀과 협의했다. 편지의 핵심 문장은 다음과 같았다. "만일 소련 정부가 협상의 장애 없는 진전과 위기 해결을 위해 이 폭격기들의 철수가 바람직하다고 생각한다면, 쿠바 혁명정부는 이 결정에 반대하지 않는다."[19]

11월 19일 저녁이 되자 카스트로는 폭격기를 둘러싼 전투에서 자신이 패배했음을 깨달았다. 그의 항의에도 불구하고 흐루쇼프는 미국과 타협을 해버린 것이다. 카스트로는 프로파간다 전쟁에서도 패배했다. 라틴아메리카 지도자들과 세계 언론은 쿠바가 핵전쟁을 막기 위한 두 강대국 사이의 합의에서 핵심 장애라고 생각했다. 그리고 카스트로가 점점 더 우려해야 하는 또 다른 이유가 있었다. 케네디의 대국민 연설이 임박했다고 미국 언론이 보도한 것이다. 카스트로는 케네디가 쿠바를 공격하고 모욕을 줄 것을 우려했다. "우리를 걸레처럼 만들어서" 쿠바인들의 사기를 땅에 떨어뜨리고, 이들이 지도자를 포기하도록 만들 수도 있었다. 카스트로는 케네디의 연설에 맞불을 놓기 위해 자신도 연설을 해야 한다는 생각을 하기 시작했다. 미코얀은 카스트로가 소련의 입장에 상반되는 어떠한 발언도 하지 않게 막으려고 했다. 그는 모스크바에 전문을 보내, 도브리닌이 이것에 대해 로버트 케네디에게 경고하고, 그를 통해 케네디 대통령이 카스트로를 공격하지 못하게 할 것을 요청했다. 이런 상황은 케네디와 흐루쇼프가 타협을 이루는 것을 방해할 것이 분명했다.[20]

카스트로는 케네디가 연설에서 무슨 말을 할지 걱정했지만, 기대에 부풀어 있었다. 쿠바에 모욕을 주는 공격을 두려워하면서, 그는 그 같은 공격을 소련에 가하기를 원했다. "나는 당신들이 이미 IL-28기를 철수하기로 결정했다고 생각합니다. 그러나 만일 케네디가 위협적이거나 오만한 발언을 하면, 소련은 불쾌하고 난감한 상황에 처하게 될 것입니다"라고 카스트로는 미코얀에게 말했다. 그는 미코얀에게 쿠바는 봉쇄를 인내할 준비가 되어 있다고 말했다. "우리는 봉쇄를 두려워하지 말아야 합니다. 그것은 혁명을 좌절시키지 못합니다." 미코얀은 카스트로의 혁명적 수사에 조금도 흔들리지 않았다. "나는 카스트로가 얼마나 피로한지 알았기에 그의 말에서 판단 실수를 지적할 필요가 없다고 생각했습니다"라고 미코얀은 모스크바에 보고했다. 그는 사안을 손에서 놓기로 하고 카스트로에게, 흐루쇼프가 그의 행동으로 돕지 못한다면 케네디가 그의 말로 폭격기를 보존하도록 도울지도 모른다는 희망의 빛을 남겨두기로 했다.[21]

미코얀의 보고는 모스크바 시각으로 11월 29일 오전 11시 40분 정치국 위원들에게 회람되었다. 그 시각 흐루쇼프는 이미 마음을 결정했다.

추수감사절

흐루쇼프가 시간을 끄는 동안, 케네디와 참모 대부분은 시간에 쫓기고 있다고 생각했다. 백악관은 오랫동안 기다려왔던 대통령의 대국민 연설이 11월 20일 있을 것이라고 발표했다. 이것은 쿠바 위기가 발발하고서 두 달을 넘기고 난 첫 연설이었다. 모든 이들이 대통령의 발언을 통해 다음에 무슨 일이 닥칠지 알고 싶어 했다. 위기가 해결된 것인가, 아니면 새롭고 더 위험한 위기가 나타나고 있는 것인가? 케네디는 위기가 해결되었다고 선언하기를 갈망했지만, 폭격기 문제에 대한 타협은 이루어지지 않았고, 흐루쇼프도 미국 측이 제시한 30일 시한에 대해 동의하지 않은 상태였다.

미 정부의 일부 인사들은 흐루쇼프에게 제안된 타협안이 케네디 쪽에서 일방적으로 양보한 것이라고 생각했다. CIA와 군부는 흐루쇼프가 30일 시한을 지킬 것인지의 여부를 떠나 케네디가 소련 측에 제안한 것에 대해 불만이 많았다. 11월 16일 엑스컴 회의에서 CIA 국장 존 매콘은 쿠바에 소련군이 계속 주둔하는 것에 대한 우려를 나타냈다. "그는 이것이 IL-28기보다 더 중요한 고려사항이라고 했다"라고 회의 요약록에 나온다. 매콘은 U-2기를 격추시킬 수 있는 SAM미사일과 이로 인해 쿠바에 다시 핵미사일이 반입될 가능성에 대해 특히 걱정이 많았다.

같은 날 케네디가 만난 합참 지휘관들도 같은 의견이었다. 이들은 쿠바에 남아 있는 SAM미사일뿐 아니라 미그 전투기에 대해서도 우려했다. 이들은 자신들의 해결 방법인 쿠바 침공을 다시 한번 내세웠다. 합참은 대통령에게 "군대는 침공 임무를 수행할 최적의 상태에 있습니다"라고 보고했다. 케네디가 베를린에 대해 심각하게 걱정하는 것을 아는 이들은 "우리는 쿠바에 대해 내려지는 명령을 행동으로 옮길 준비가 되어 있을 뿐 아니라 그러한 행동에 대한 소련의 어떠한 군사적 대응도 전 세계적으로 반격할 최적의 상

황에 있습니다"라고 보고했다.[1]

대통령 대국민 연설일 전날인 11월 19일 열린 엑스컴 회의에서 소련과의 타협을 낙관하는 관리들의 수는 극적으로 줄어들었다. 흐루쇼프는 미국이 제시한 30일 시한에 대해 침묵을 지키고 있었다. 이날 딘 러스크가 "우리는 아직 흐루쇼프로부터 아무 말도 듣지 못했습니다"라고 말한 것이 기록되었다. 러스크는 뉴욕에서 바실리 쿠즈네초프와 계속 협상을 진행하고 있다는 사실을 보고했지만, 쿠즈네초프는 크렘린이 종전의 입장을 바꾸었다는 시사를 전혀 하지 않았다. 그러나 예정된 기자회견 때문에 시간이 가장 중요한 요소가 되었고, 카스트로의 위협으로 미군기의 쿠바 영공 비행이 중단된 상태에서 미국은 쿠바에서 무슨 일이 일어나는지 캄캄할 따름이었다.

케네디는 U-2기의 고공 정찰비행은 재가했지만 저공비행 재개는 연기시켰다. "대통령은 저공 정찰을 내보내기를 주저했다"라고 로버트 케네디는 백악관 메모지에 휘갈겨 썼다. "핵심 문제는 이것이 소련-중국 충돌에 어떤 영향을 미치는가이다. 우리는 K[흐루쇼프]를 얼마나 밀어붙일 수 있는가?" 그러나 JFK는 저공 정찰비행을 무기한 연기할 수는 없었다. 그는 군부에 수요일인 11월 24일 저공비행을 재개할 준비를 하라고 명령했다. 흐루쇼프로부터 긍정적인 답이 없고, 저공 정찰비행기에 사격을 가하라는 카스트로의 명령이 살아 있는 상태에서 항공기와 조종사의 손실이 우려되었다. 케네디는 "격추에 대한 보복으로 군사 행동" 가능성을 검토했다. 합참의장인 테일러 장군은 "현 계획에 의하면 무장 정찰과 도발하는 지대공 지점에 대한 공격이 필요합니다"라고 지적했다. "우리는 모두 한 가지 선택으로 몰리고 있습니다"라고 케네디는 말했다. "IL-28기를 철수하고 우리가 고공 정찰 활동을 계속하거나, 아니면 소련이 폭격기 철수를 거부하는 것입니다. 그러면 우리는 목요일이나 금요일 새로운 대치 상태에 들어갈 것입니다."

국방부 차관보 폴 니체는 공격을 적극 선호했다. 그는 소련이 현재 쿠바와 겪고 있는 문제를 고려할 때, 그들은 미국이 쿠바 방공포대를 공격할 것을 원할 것이라고 했다. 국무차관보 조지 볼은 쿠바에 대한 좀 더 강력한 봉쇄를 선호했다. 그는 파리에서 열린 나토 평의회에 참석하고 난 인상을 "우리가 소련을 너무 쉽게 풀어주었고, 쿠바에서 소련군 기지를 제거하라는 요구를 하지 않았다는 반응이 대세"라고 전했다. "유럽 동맹국들은 우리가 일을 끝내는 것을 지원하고 있습니다. […] 다시 한번 봉쇄를 해서 소련에 압력을 가하는 것을 전혀 반대하지 않습니다"라고 그는 덧붙였다.

그러나 케네디는 회의적이었다. 그는 더 강력한 봉쇄는 "미군기의 격추나 IL-28폭격기 철수 거부에 맞는 대응"이라고 생각했다. "흐루쇼프가 어떻게 두 번 굴복할 수 있겠습니까?"라고 케네디는 물었다. 폴 니체는 무력 위협만이 원하는 결과를 가져온다고 보았다. 그는 "공산주의 교조에서 공산주의 국가는 적의 우월한 지위를 맞닥뜨려야 뒤로 물러납니다"라고 주장했다. 번디도 소련이라는 목표와 쿠바라는 목표를 구별해야 할 필요성을 내비치며 니체의 생각에 동의하는 듯했다. "우리가 쿠바를 공격한다고 해서 소련에 적대적인 행동을 하는 것은 아닙니다"라며 국가안보보좌관은 분명히 공격을 선호하는 발언을 했다.

이들은 마치 10월 27~28일의 케네디-흐루쇼프 협상이 없었다는 듯, 다시 출발점으로 돌아왔다. 위기가 발생했던 초기처럼 케네디 대통령은 비둘기파보다 매파 편을 들었다. "그는 우리의 IL-28폭격기 철수 요구에 대해 소련이 아무 반응을 보이지 않을 때 사용할 성명을 준비하라고 지시했다" 라고 그날의 회의 초록에 적혔다. "우리는 카스트로가 지상 사찰을 거부했기 때문에 우리의 공중 정찰 지속 필요성을 강조해야 한다. 우리는 OAS가 공중 정찰 활동을 지속할 권리를 다시 행사할 수 있게 해야 한다."[2]

과거와 마찬가지로 존 케네디는 흐루쇼프와의 교신을 유지하기 위해 동생을 이용했다. 도브리닌을 통했던 소통라인은 더 이상 효과적이지 않았다. 11월 18일 로버트가 도브리닌에게 케네디 대통령이 답신을 기다리고 있다는 사실을 상기시켰지만 아무 연락도 오지 않았다. 11월 18일 로버트는 또 다른 소련 접촉선인 군사정보장교 게오르기 볼샤코프를 만나러 갔다. 그가 전달한 메시지는 짧고 분명했다. 케네디는 동부기준시간으로 11월 20일 오후 6시 기자회견 시작 전에 흐루쇼프의 답신이 필요하다. 폭격기들이 제거되지 않으면 저공 정찰비행이 재개될 예정이다. 과거와 마찬가지로 로버트 케네디는 엄포를 놓는 게 아니었다.[3]

모스크바에서 흐루쇼프는 미코얀이 쿠바에서 기적을 만들어내기를 더는 기다릴 수 없다고 결정했다. 카스트로가 이미 폭격기 문제에 대해 뜻을 굽혔다는 것을 모르는 상태에서 그는 케네디에게 그의 조건을 받아들인다는 편지를 보냈다. 이것은 대통령이 기자회견장에 들어가기 몇 시간 전에 도브리닌을 통해 로버트 케네디에게 전달되었다.

늘 그렇듯 길고 장황한 편지에서 두 가지 핵심 문장은 이러했다. "우리는 쿠바에서 IL-28기도 철수할 준비가 되었다는 것을 표명합니다. 나는 귀하에게 우리가 한 달 또는 이보다 짧은 기간 안에 이 폭격기들을 제거하려고 한다는 것을 통보합니다. 이 비행기들의 제거 시한은 우리에게 원칙적인 문제는 아닙니다." 흐루쇼프는 정찰비행의 중단이나 쿠바에 대한 불침공 보장을 더 이상 주장하지 않고, 이 문제들은 미래의 협상 대상으로 비축했다. 봉쇄 철회에 대해서 흐루쇼프는 이렇게 썼다. "내 통신이 수령되자마자 귀하가 격리를 즉시 해제하고, 귀측의 해군과 다른 군부대들이 카리브해에서 철수하는 내용의 지시를 내리기를 바란다는 것이 우리의 희망임을 표명합니다."[4]

미국 측은 인지하지 못했지만, 케네디에게 보내는 흐루쇼프의 편지에는 흐루쇼프가 쓰거나 구술하지 않은 두 단락이 들어가 있었다. 이것은 모스크바의 지시를 받은 도브리닌이 추가했거나, 편지가 이미 작성되어 워싱턴의 소련대사관에 전송된 후 모스크바의 누군가가 추가했을 가능성이 높다. 추가된 부분의 핵심 문장은 다음과 같다. "N. S. 흐루쇼프는 케네디 대통령이 기자회견에서 상황을 악화시키는 요소를 담지 않고, 쿠바인들의 민족주의 감정을 해치는 발언을 하지 않는 것이 좋을 것이라고 믿습니다."

이 점을 추가해야 한다는 갑작스러운 생각은 미코얀에게서 나왔다. 그는 드디어 카스트로가 폭격기의 철수를 받아들이도록 설득했지만, 몇 시간 차이로 배를 놓친 상태였다. 그는 11월 19일 밤늦게 이 동의를 얻어냈는데, 이 시간은 모스크바에서는 이른 새벽이었다. 그 시간에 그의 보고는 이미 정치국원들에게 배포되었지만, 흐루쇼프의 편지는 이미 워싱턴의 소련대사관에 발송된 상태였다. 이들이 할 수 있는 일은 케네디의 연설에서 카스트로가 우려하는 점을 고려하도록 편지 내용을 일부 수정하는 것이었다.[5]

케네디와 참모들이 인지하지 못했지만, 흐루쇼프가 보낸 편지에는 최소한 한 가지 오류가 있었다. 그것은 "모든 핵무기가 쿠바에서 반출되었다"라는 부분이었다. 탄도미사일만 고려한다면 이 문장은 맞지만, IL-28기의 핵폭탄과 전술핵무기는 여전히 쿠바에 남아 있었다. 미국 측은 이것에 대해 전혀 알지 못했지만, 흐루쇼프는 더 이상 핵무기를 가지고 장난하지 않기로 한 것으로 보인다. 흐루쇼프가 케네디에게 편지를 보낸 11월 20일 말리놉스키 원수는 쿠바에 있는 플리예프 장군에게 이렇게 명령했다. "루나 핵탄두를 탑재한 미사일과 FKR[크루즈미사일]은 쿠바에 그대로 잔류한다. 6기의 핵폭탄, 루나의 12탄두, FKR 80개의 탄두는 아트카르스크호에 선적해 소련으로 운송하라."[6]

흐루쇼프는 깔끔하게 처리하고자 했다. 모든 것은 잘 통제되고 있었다. 그러나 카스트로가 다시 한번 훼방을 놓았다. 11월 22일 미코얀은 흐루쇼프에게, 쿠바 지도부가 UN 대표 카를로스 레추가Carlos Lechuga에게 자신들이 전술핵무기를 가지고 있다는 것을 알리려 한다고 보고했다. 쿠바 지도부는 모든 핵무기를 쿠바에서 철수하려는 소련의 계획을 막으려고 소련대사 알렉세예프에게 자신들이 하려는 일을 알린 것이다. 미코얀은 흐루쇼프에게 이러한 쿠바인들의 행동을 막으라고 촉구했다. 그는 핵무기를 타국에 넘겨주는 것을 금한다는, 실제 존재하지 않는 소련의 법규를 인용하라고 조언했다.

흐루쇼프는 이에 적극 협조했다. 그는 쿠바 지도부가 이 지시를 취소하기를 바랐다. "미국 측이 현실과 동떨어진 정보를 얻게 되면 일이 심각하게 타격받을 수 있습니다"라고 그는 미코얀에게 보내는 편지에 썼다. 흐루쇼프는 단지 또 하나의 당혹스러운 상황 정도가 아니라, 케네디에게 거짓말을 했다고 의심받는 극히 위험한 상황에 부딪혔다. 쿠바 영토에 아직 전술핵무기가 남아 있다는 것은 타협을 무산시키고, 전 세계를 새로운 더 심각한 위기로 몰아넣을 수 있었다.[7]

같은 날 미코얀은 케네디의 발표 이후 행동을 논의하기 위해 카스트로를 만났다. 카스트로는 불만이 많았고, 이것을 소련의 나이 든 고위 관리 앞에서 굳이 감추려 하지 않았다. "봉쇄가 철회된 것이 기분 나쁩니까?"라고 미코얀은 물었다. 카스트로는 이렇게 되받아쳤다. "봉쇄가 철회된 것이 나쁜 일은 아닙니다. 나쁜 일은 우리가 IL-28기를 잃었다는 것이죠." 그런 다음 카스트로는 소련이 미국에 전술핵무기까지 철수한다는 약속은 하지 않겠다는 보장을 받고자 했다. 미코얀은 그런 약속을 거절하면서, 미국 측은 쿠바에 그런 무기가 있는 것이나 이 무기를 플리예프 장군이 통제하고 있다는 것을 알지 못한다고 말했다. 카스트로가 전술핵무기를 다른 국가들에 양도하는 것에 대해 묻자, 미코얀은 실제로 존재하지 않는 양도 금지법을 인용했다. 그러고서 쿠바에 소련 기지가 없다는 것을 이유로 들며 핵무기를 소련 지휘하에 남겨두자는 카스트로의 제안을 거절했다. 그것은 관타나모 미군 기지를 폐쇄하려고 노력 중인 카스트로에게 상징적으로 중요한 사안을 건드리는 것이었다.[8]

두 사람의 논의는 다른 주제로 넘어갔지만, 회의 시작 때와 마찬가지로 카스트로는 계속 불만을 표출했다. 그러나 미코얀은 위기 시작 때부터 반드시 해야 할 일이라고 염두에 두었던 것을 해냈다. 핵무기를 카스트로의 손에서 빼앗는 것은 물론 쿠바에서도 빼내는 것. 이번에 그는 흐루쇼프의 전적인 지원을 받았다. 흐루쇼프는 드디어 소련의 이익을, 세계 혁명의 공산주의 유토피아의 이익보다 위에 놓기로 결심했다.

예정된 대로 11월 20일 오후 6시 케네디는 사람들로 가득 찬 국무부 기자회견장에 나타났다. 그는 흐루쇼프가 IL-28폭격기를 30일 이내에 철수시키기로 합의했다는 새로운 정보와 함께 연설을 시작했다.

"나는 오늘 오후 국방장관에게 봉쇄를 해제하도록 지시했습니다"라고 케네디는 선언했다. "오늘까지 우리가 입수한 증거에 의하면 쿠바 내의 모든 공격 미사일 기지가 해체되었습니다. 미사일과 관련 장비들은 소련 선박에 선적되었습니다. 소련 측이 우리에게 알린 쿠바에 반입한 미사일 숫자는 우리의 정보와 거의 일치하며, 쿠바를 출발하는 이 선박들에 대한 우리의 해상 검열로 모든 미사일이 제거되었음을 확인했습니다. 이에 부가해 소련 정부는 모든 핵무기가 쿠바에서 철수되고, 어떠한 공격 무기도 재반입되지 않을 것이라고 언명했습니다."

케네디는 쿠바에 대한 국제적 사찰 방법이 확립될 때까지 쿠바에 대한 불침공 공식 약속을 유보하겠다는 연설문 초안 부분을 생략했다. 케네디는 추수감사절을 불과 이틀 남긴 시점에 연설하고 있었고, 그는 자신의 연설을 근사한 말로 마무리할 충분한 이유가 있었다. "추수감사절 주간에 우리가 불과 4주 전에 어떤 상황에 처해 있었는지를 회상하면 감사해야 할 이유가 너무도 많습니다." 위기는 끝난 것처럼 보였다. 케네디는 위기를 견뎌냈고, 흐루쇼프는 뒤로 물러났다.[9]

모스크바에서 흐루쇼프는 쿠바에서 일어난 일을 자신과 소련의 승리로 만들기 위해 안간힘을 쓰고 있었다. "우리는 미국과 교신한 결과 미국 대통령으로부터 침공하지 않겠다는 약속을 받아냈습니다"라고 흐루쇼프는 11월 23일 공산당 최고 의사결정기구인 중앙위원회 전체회의에서 선언했다. "그렇다면 우리도 우리의 미사일과 IL-28기들을 철수하겠다는 언명을 하는 것이 가능하다고 판단했습니다. 이것이 양보였습니까? 맞습니다. 우리는 양보했습니다. 미국 측에서도 양보가 있었습니까? 그들도 침공하지 않겠다는 약속을 공개적으로 했습니까? 미국은 그렇게 했습니다. 그러면 누가 양보하고, 누가 양보하지 않은 것이 되겠습니까?"[10]

호루쇼프는 호의적인 청중 앞에서 연설하고 있었다. "우리 병사들은 미사일 두 발을 쏘아서 U-2기를 격추시켰습니다. 그것이 우리가 치른 대가의 전부였습니다. 아주 괜찮은 성과였습니다"라고 말하자 청중들은 긴 박수로 화답했다. 그런 다음 "우리가 그러한 결과를 가지고 장래에도 양보를 하도록 신이 도와주시기를"이라고 한 말도 박수를 받았다. 그러나 그는 공산주의 진영의 주 적인 중국의 비판에 반격을 가할 필요도 있었다. 그의 말은 소련 언론에는 보도되지 않았지만, 국내와 국외 청중 모두를 대상으로 한 것이었다. 그가 중국의 주장에 반격을 가할 때 방어적 자세를 취한 것은 분명했다. "잘난 체하는 친구들 중 일부는 제국주의자들을 믿어서는 안 된다고 말합니다. 대단한 발견입니다! 그러면 어떻게 해야 하나요? 제국주의자를 죽여버려야 합니까? 죽여버리십시오! 남을 훈계하기 좋아하는 이 잘난 체하는 친구들은 자기들 나라에서 자본주의 쓰레기의 냄새를 맡았고, 자신들의 영토에서 마카오를 용인했습니다. […] 포르투갈 쓰레기를요. 그들은 별채를 세웠고, 홍콩에서 밤을 보냈습니다. 그것도 사라져야죠!"[11]

청중의 대다수를 구성하는 당 서기들과 산업체 책임자들은 웃음과 박수로 흐루쇼프의 허세와 농담을 받아들였다. 그는 실제로 웅변 능력이 있고, 재미있는 연설가였다. 그러나 이들은 그가 말하는 것과 그의 정책의 차이에 대해서 어떤 생각을 하건, 지도자를 반대하거나 그가 취한 행동에 의구심을 제기할 수 없었다. 지도자에 대한 불충성의 표현이나 의심받을 만한 일은 스탈린 치하에서는 생명을 앗아갔고, 흐루쇼프 시대에는 직책을 담보로 했다. 그렇다 하더라도 흐루쇼프가 소련과 세계를 핵전쟁의 벼랑까지 몰고 간 무모함과 결과적으로 군부에게 안긴 모욕에 대해서는 불만이 쌓여갔다.

2년 후인 1964년 10월 동일한 당 중앙위원들이 흐루쇼프를 권좌에서 쫓아내는 투표를 할 때도 이들은 같은 열정을 가지고 박수를 쳤다. 정치국원들이 국내외에서 흐루쇼프가 보인 오만함, 모험주의, 오류를 쏟아내자 당 중앙위원들은 이를 열렬히 지지했다. 정치국에서 흐루쇼프 부하들의 누적된 불만을 대표해 쏟아내도록 선택된 부수상 알렉산드르 셸레핀은 쿠바를 외교 정책 실패의 사례로 특별히 지목했다.

쿠바 위기 동안 내내 침묵을 지키며 감히 흐루쇼프를 비판할 엄두를 내지 못했던 부수상 드미트리 폴랸스키Dmitrii Poliansky도 핵전쟁의 벼랑 끝으로 몰고 간 흐루쇼프에 대한 자신과 동료들의 불만을 거침없이 토해냈다. "흐루쇼프 동지는 한 연설에서 만일 미국이 쿠바를 건드리면, 우리는 미국을 공격할 것이라고 말했습니다. 그는 우리 미사일을 쿠바로 보내야 한다고 주장했습니다. 이것은 엄청난 위기를 불러일으켜 전 세계를 핵전쟁의 벼랑 끝으로 가게 했고, 이러한 위험한 모험을 조직한 본인이 결국 크게 겁을 먹었습니다. 다른 방도가 없던 우리는 미국이 우리 선박을 검열하는 수치스러운 상황을 포함해 미국이 제시한 모든 요구와 조건을 받아들여야만 했습니다. 미국의 요구에 따라 미사일과 모든 병력을 쿠바에서 철수했습니다. […] 그러나 잘 알다시피 흐루쇼프 동지는 카리브해에서의 패배를 승리로 내세웠습니다."[12]

폴랸스키는 쿠바 모험이 당, 소련 국가, 군대의 위신과 국제적 평판은 물론 소련-쿠바 관계를 크게 훼손시켰다고 주장했다. 당과 국가의 국제적 체면과 쿠바-소련 관계의 악화가 소련 체제의 고위층만 알고 있는 일이었다면, 군대가 겪은 모욕은 대서양을 횡단해 본국 기지로 귀환한 수천 명의 소련 장교와 병사들이 겪은 일이었다.

미사일, 장비, 병사들을 싣고 쿠바를 떠난 소련 선박들은 미 항공기의 추적을 받았고, 전에 쿠바를 향해 갈 때는 철저하게 숨겼던 미사일을 해치를 열어 보여주어야 했다. 이것은 패배한 군대의 후퇴였고, 많은 병사들은 자신들의 지도자에게 배신당했다고 생각했다.

"러시아 군대나 소련 군대는 적군이 무기 운반을 검열하도록 허용하는 이러한 모욕을 당한 적이 없습니다"라고 쿠바 위기 당시 흐루쇼프의 오른팔이나 다름없었던 로디온 말리놉스키는, 1964년 흐루쇼프가 해임되자 이렇게 총참모부에서 발언했다. 아나스타스 미코얀은 말리놉스키를 자신의 네메시스로 생각했다. 그는 흐루쇼프가 쿠바 대실패를 시도하도록 만든 매파였다. 그러나 고위 지휘관들 앞에서 연설하는 동안 말리놉스키는 이들 대다수가 느낀 감정을 자신이 표현하고 있다고 생각했다.[13]

니키타 흐루쇼프는 자신의 목표를 달성했다. 그는 미국의 있을지도 모를 공격으로부터 쿠바를 구했고, 쿠바를 계속 공산주의 국가로 남게 했고, 중공 캠프로 가는 것을 막았다. 그는 장거리미사일에서 미국의 우위를 상쇄하기 위해 쿠바에 미사일을 배치하려 한 뜻은 이루지 못했지만, 케네디로 하여금 터키에 배치된 중거리미사일을 철수하도록 만들었다. 자신의 언명과 선언을 빼면 흐루쇼프는 성취한 것에 대한 인정을 받지 못했다. 그의 모험주의로 인해 모두—미국, 쿠바, 소련—가 함께 치른 대가는 그가 주장하는 성공을 옹호하기에 너무 컸다고 판명되었다.

존 F. 케네디와 니키타 흐루쇼프는 핵전쟁을 유발할 수 있을 뻔한, 상상 가능한 거의 모든 실수와 모든 단계들을 거친 후에 간신히 핵전쟁을 피했다. 그러나 그들이 그토록 능수능란하게 만들어놓은 함정에 스스로 빠지지 않은 이유는, 자신들이 핵전쟁에서 승리할 수 있다고 믿지도 않았고, 그 같은 승리를 위해 대가를 치를 준비도 되어 있지 않았기 때문이었다. 만일 두 지도자가 핵무기에 대해 좀 더 무신경한 태도를 가졌더라면 쿠바 위기의 결과가 어떠했을지 상상하는 것은 쉬운 일이 아니다.

이 책에 서술된 사건들이 종결된 지 얼마 지나지 않아 두 사람 모두 정치 무대에서 사라졌다. 쿠바 미사일 위기의 공식 종결 1년 후인 1963년 11월 22일 케네디는 외국이 아닌 미국 댈러스 여행 중에 암살당했다. 이 비극적 죽음을 "평화의 이상과 소련-미국 협력을 소중하게 생각하는 모든 사람에게 거대한 충격"이라고 말한 흐루쇼프도 1964년 10월 14일 외국 군대가 아니라, 이전에 자신에게 아부하던 부하들에 의해 권좌에서 제거되었다. 이 날은 미국 U-2기가 쿠바에서 소련 미사일을 발견한 지 2년이 지난 시점이었다.[1]

세계의 눈에 승자가 되었건, 패자가 되었건, 두 지도자는 쿠바 미사일 위기의 공포와 준엄한 교훈에만 한정되지 않는 지속적이고 보편적인 유산을 남겨놓았다. 1963년 8월 부분적 핵실험 금지조약을 서명한 케네디와 흐루쇼프는 핵실험으로 인한 방사능 낙진을 극적으로 줄임으로써 두 번째로 세계를 구했다. 방사능이 이 지구상의 생명을 얼마나 위협하는지 우리는 잘 알게 되었다. 만일 인류가 새로운 핵 시대에서 살아남고 앞으로 3천만~4천만 년을 더 살아남을 정도로 운이 좋다면 얼음 핵, 산호와 바위를 연구하는 미래의 지질학자들은 케네디와 흐루쇼프가 조약을 서명한 시간을 정확히 집어낼 수 있을 것이다.

이것은 지질학자들이 수행한 연구가 제시하는 것이다. 탄소-14, 플루토늄-239, 요오드-129(이들의 반감기는 각각 6천 년, 2만 4천 년, 1천6백만 년에 가깝다)의 성층은 한 가지 사실을 가리킬 것이다. 즉 1950년대와 1960년대에 일련의 핵폭발 충격이 지구를 요동시켰다는 것이다. 그 기간의 방사능 동위원소 층이 너무 높아 오늘날의 지질학자들은 이것들을 '골든 스파이크 golden spike'라고 부른다. 이것은 지구의 역사에서 새 시대가 시작되었음을 보여주는 전 지구적 비율 변화로 만들어진 지질적 지표이다. '골든 스파이크' 시기의 시작은 1950년대 초반, 특히 마셜군도에서 이뤄진 미국 수소폭탄의 '캐슬 브라보' 실험이 진행된 1954년이었다. 당시 이 실험은 통제를 벗어나 수소탄 제조자들이 예측한 것의 2.5배인 TNT 15메가톤의 폭발을 일으켰다. 이것은 나가사키나 히로시마에 투하된 원자폭탄보다 1천 배 강한 폭발력이었다. 1961년 소련은 북극해의 열도인 노바야 제믈랴에서 58메가톤의 위력을 가진 '차르 봄바'를 폭발시켰다. 이것의 폭발력은 미리 계산된 수치에서 '단지' 8메가톤을 초과했다.[2]

1963년 조약은 핵무기와 통제 감축에 관한 이후의 협상의 문을 열어놓았다. 1972년 5월부터 1993년 1월까지 20년이 조금 넘는 기간 동안 미국의 대통령인 리처드 닉슨, 지미 카터, 로널드 레이건, 조지 H. W. 부시, 그리고 소련과 러시아 최고지도자인 레오니트 브레즈네프, 미하일 고르바초프, 보리스 옐친 사이에서 미사일 능력을 제한할 뿐만 아니라 실제로 감축하는 수많은 협정을 체결했으며, 핵무기의 경우 자그마치 80퍼센트를 감축했다. 불행히도, 쿠바 미사일 위기로 극적으로 촉발된 핵무기 통제 시대는 이제 끝나가고 있어, 우리는 세계를 안전하게 유지해온 이전의 조약들이 철회되는 것을 목격하고 있다. 특히 우려되는 상황은 2019년 미국과 러시아가, 냉전 시대 말기인 1987년 레이건 대통령과 고르바초프가 서명한 '중거리핵전

력조약'에서 탈퇴한 것이다. 양측은 2019년 8월 2일 이 조약에서 최종 탈퇴를 선언했다.[3]

미국과 러시아가 이 조약을 탈퇴하면서 우리는 구형 미사일들과 핵폭격기들이 새롭고, 더욱 정교하고, 더 작은 것들로 대체되는 핵 재무장의 새 시대에 들어서고 있다. 이것은 전술핵무기가 전장에서 사용될 수 있음을 시사하며, 바로 이 사용이 냉전의 양측 모두에게 군사 원칙의 핵심이었던 1960년대로 세계를 되밀치고 있다. 베를린 장벽의 붕괴, 냉전의 종식, 소련의 해체 이래 세계에서 일어난 극적인 변화들에도 불구하고 우리는 여전히 두 핵초강대국인 미국, 그리고 소련의 핵무기고를 그대로 물려받은 러시아를 가지고 있다. 두 나라의 관계는 해가 갈수록 점점 더 긴장이 고조되고 있다.

오늘날의 모스크바-워싱턴 관계는 냉전이 최고조에 달했을 때의 관계와 유사한 점이 많다. 소련과 그 영토 및 국제적 지위의 상실 이후 이제 러시아는 수정주의 세력이 되었고, 탈식민지화 시대에 세계의 세력 균형을 변화시키려 했던 1950년대와 1960년대 초반의 모습과 비슷하다. 마찬가지로 이념 역시 핵무기 벼랑끝전술 시대인 현재에도 완전히 사라지지 않았다. 미국은 민주주의의 진출과 방어에 여전히 관심을 갖고 있고, 러시아는 더 이상 공산국가는 아니지만, 공산주의 팽창 목표를, 자칭 보수 가치의 방어와 전제 정권의 지원이라는 사명으로 대체했다. 핵 강대국 사이의 문화적 차이도 여전히 존재하여, 상대방의 의도를 오독할 무수한 기회들을 빚어내고 있다.[4]

그러나 우리는 또한, 오래된 위협으로 돌아가는 것뿐만 아니라 새로운 위협이 현재 상황을 훨씬 더 불안정하고 위험하게 만드는 현실에 처해 있다. 핵무기와 미사일 기술의 전례 없는 확산은 핵공격을 개시할 수 있는 국가의 숫자를 크게 늘려놓았다. 북한을 통치하는 정권처럼 극도로 빈곤하지만 단호한 정권들도 핵무기로 강대국을 위협할 수 있다. 라이벌 국가인 인도와 파키스탄 모두 핵전력을 보유하고 있고, 이란의 핵기술 획득은 비공식 핵

보유국인 이스라엘은 물론이고 비핵소유국인 지역 맹주 사우디아라비아에 심각한 우려를 야기하고 있다. 사이버전쟁도 최근 상황을 1960년대보다 훨씬 위험하게 만들고 있다. 이로 인해 핵폭탄을 날리지 않고도 한 국가가 다른 국가의 핵무기고 통제권을 확보하는 것이 가능해졌다.[5]

대체로 동일하게 지속되는 상황은, 핵무기 통제권이 소수의 개인의 손에 들어가 있고, 세계의 나머지 사람들은 이들의 지도력과 정치력, 올바른 판단, 과감함에 의지하고 있다는 사실이다. 쿠바 위기 동안 세상을 구원한 것은 두 지도자들이 핵전쟁을 이길 수 없는 것으로 생각했다는 사실이다. 이제 이 상황은, 오래된 무기 통제 조약들을 폐기하고, 핵무기 경쟁을 갱신하고, 새로운 기술이 극도로 정확한 핵타격을 가능하게 만들면서 변하고 있다. 이러한 요인들로 인해 핵무기 사용에 대한 심리적 장벽이 낮아지고, 핵대치는 더 개연성 있는 것이 되었다.

무엇을 해야 하는가? 포퓰리스트와 민족주의 정치가들이 무책임한 발언과 행동을 중단하고, 수정주의 독재자가 현재 상황의 수호자로 탈바꿈하고, 다양한 정치적 성향의 지도자들이 전문가들의 조언에 귀 기울이기 시작하고, 이 전문가들이 자신의 정치적, 문화적 편견에서 완전히 벗어나기를 희망한다는 것은 가망 없는 명제이다. 국제정치의 규제 없는 고속도로에서 핵 '운전자들' 숫자가 무서울 정도로 집요하게 증가하고 있는 세계에서 우리는 그런 희망에 의존할 수 없다. 핵타격으로 공격당하고 절멸될 수 있다는 두려움도 마찬가지로 증가하고 있다. 이러한 두려움은 선제공격을 촉발해 결국 예측 불가능한 결과를 초래할 수 있다. 상호확증파괴라는 오래된 전략은 핵전쟁에 대한 두려움이 지배할 때만 작동한다. 그러나 그러한 두려움은 대탄도미사일조약 탈퇴, 핵실험, 냉전 종식, 아울러 전술핵무기가 더 큰 전쟁을 일으키지 않고 사용될 수 있다는 확신 강화로 약화되었다.

오늘날 우리는 쿠바 미사일 위기 직전의 한 시기와 닮은 시대로 되돌아왔다. 처칠이 1950년대에 한 말을 사용하면, 일반적으로 인정된 '공포의 균형'이 없고, 다양한 국가들이 자신들의 핵무기 저장소를 개선하고 증가시키려고 경쟁하던 시절 말이다. 이때가 핵무기 역사에서 가장 위험한 순간이었다. 핵무기 대하소설에서 극도로 불안정했던 또 하나의 시기인 레이건 시대로 돌아가면, 미합중국은 소련보다 훨씬 많은 비용을 지출했다. 미국은 소련을 다시 한번 앞지를 수 있었지만, 중국은 어떻게 할 것가? 워싱턴은 베이징에서 돈을 빌리지 않고 그렇게 할 수 있는가? 이것은 수사적 질문이다.

핵전쟁을 피하기 위해서 우리는 핵무기가 과거에 속하고, 더 이상 우리와 상관이 없고, 거의 저절로 무대 뒤로 사라질 것이라는 믿음에서 우리 스스로 벗어나야 한다. 그 믿음은 최근까지 학술과 정치 집단에서 지배적인 탈-냉전 관점이었다. 우리는 다시 협상테이블로 돌아가, 쿠바 미사일 위기의 결과로 시작된 핵군축 과정을 재개해야 한다. 우리는 지도자들을 정신 차리게 만들기 위해서 그 수준의 또 다른 위기를 기다릴 순 없다. 왜냐하면 다음 위기는 이전 것보다 훨씬 더 나쁜 것이 될 것이기 때문이다.

냉전이 최고에 이르렀을 때 공적 토론은 군비 통제를 정치적 의제로 만들었다. 정부 단독으로 그렇게 할 수는 없었다. 그래서 시민으로서 우리는 핵무기 역사와 핵무기가 제기한 위험에 대해 다시 공부해야 한다. 그래야 새로운 군비 통제가 협상될 수 있을 것이다. 선출된 정치인들은 궁극적으로 유권자들의 말에 귀 기울인다. 민주 정치 참여자로서 우리는, 정치인들이 유권자들의 뜻에 따라 행동하도록 만들기 위해 과거의 잊힌 교훈을 다시 배워야 한다. 과거를 돌아보는 것은 앞으로 나가는 데 필수불가결한 전제조건이다.

감사의 말

나는 모든 저자들의 즐거운 의무를 수행하게 된 것을 기쁘게 생각하며, 이 책을 위한 내 연구와 저술을 도와준 이들에게 감사의 인사를 전한다. 먼저 2018년 가을 연구학기를 허락해준 하버드대학교 역사학과와 내가 이 학기를 우크라이나에서 보내도록 지원해준 풀브라이트 프로그램에 사의를 표한다. 나는 이 연구학기의 일부를 이 책을 쓰는 데 활용했다.

이 책에 이용한 1차 자료와 추가 자료들에 대해 나는 우크라이나 정보부 문서고의 안드리이 코후트와 마리아 파노바에게 감사를 표한다. 두 사람은 아직 활용되지 않은 쿠바 미사일 위기에 대한 KGB 자료를 참고할 수 있게 해주었다. 우크라이나 외무부의 문서고에 소장된, 이제까지 기밀자료로 분류된 자료들의 해제 작업을 시작한 스비틀라나 콥툰에게도 감사한다. 존 F. 케네디 도서관과 박물관의 찰스 보르소스는 소중한 조언과 더불어 이 책에 실린 사진들을 제공했다. 페이시즈 오브 데모크라시 이니셔티브Faces of Democracy Initiatives의 아르히포프 가족과 스벤 릴리엔스트룀은 쿠바 위기의 핵심 인물인 바실리 아르히포프 선장의 사진을 내게 제공했다.

원고 자체에 대해 말한다면, 이 책의 초고를 편집해준, 이전에 앨버타대학에 근무했던 미로슬라브 유르케비치와 초고를 읽고 아주 유용한 조언을 해준 하버드대학의 동료 프레드 로그발에게 감사를 전한다. 또한 나를 독려해준 프레드 로그발과 메리 서로티에게 감사한다. 세라 샬펀트와 그녀의 팀은 나를 와일리에이전시에 따뜻이 맞아주었고 이 책이 뛰어난 집을 찾을 수 있도록 도와주었다. W. W. 노턴 & 컴퍼니는 쿠바 미사일 위기와 관련 핵심 인물들에 대한 책을 세계에서 제일 많이 출간한 출판사이다. 노턴의 존

글루스맨, 헬렌 토매이즈, 낸시 그린에게 그들의 안내와 지원에, 그리고 대단히 유용하면서도 지나치지 않게 글을 편집해준 데 대해 감사한다.

하버드대학에서 지난 몇 년간 강의한 '냉전의 역사'와 '냉전 중 정상회담' 과목을 수강한 나의 학생들에게도 감사를 표한다. 그들의 질문 중 많은 것들이 대답으로 이끌어져 이 책의 페이지에 할애되었다. 내가 봉직하는 하버드대학 우크라이나연구소의 행정소장인 티미스 홀로윈스키와 연구소의 '엑스컴' 동료인 팀 콜턴, 조지 그라보비츠, 마이클 플라이어, 테리 마틴에게 그들의 학문적 지원에 감사한다. 우리의 작은 엑스컴을 주재하면서 1962년 엑스컴이 실제로 어떻게 기능했는지에 대해 소중한 혜안을 얻을 수 있었다.

이전의 책에서와 같이 이 책은 나의 배우자인 올레나의 한결같은 지원 없이는 완성되지 못했을 것이다. 그녀에게 마음 깊은 곳으로부터 감사를 전한다.

에피그래프

1. John F. Kennedy, Address before the General Assembly of the United Nations, September 25, 1961, John F. Kennedy Presidential Library and Museum, https://www.jfklibrary.org/archives/other-resources/john-f-kennedy-speeches/united-nations-19610925.
2. Nikita Khrushchev quoted in Norman Cousins, *Improbable Triumvirate: John F. Kennedy, Pope John, Nikita Khrushchev* (New York, 1972), 46.

들어가는 말

1. Nicole Tam, "A moment of panic in paradise. Some University students frantically looked for shelter fearing ballistic missile attack," *Ka Leo*, January 22, 2018, http://www.manoanow.org/kaleo/news/a-moment-of-panic-in-paradise/article_ab93266c-ff27-11e7-94fa-7342ef31d879.html; "False alert of ballistic missile threat to Hawaii sent by human error," Xinhua, January 14, 2018, http://www.xinhuanet.com/english/2018-01/14/c_136894618.htm.
2. Matt Stevens, "Trump and Kim Jong-un, and the Names They've Called Each Other," *New York Times*, March 9, 2018, https://www.nytimes.com/2018/03/09/world/asia/trump-kim-jong-un.html; David E. Sanger and William J. Broad, "Iran Challenges Trump, Announcing End of Nuclear Restrictions," *New York Times*, January 14, 2020, https://www.nytimes.com/2020/01/05/world/middleeast/trump-iran-nuclear-agreement.html.
3. "John Bolton: North Korea standoff comparable to Cuban Missile Crisis," Fox News, August 11, 2017, https://www.foxnews.com/politics/john-bolton-north-korea-standoff-comparable-to-cuban-missile-crisis; "Panetta: North Korea 'most serious crisis' involving nukes since Cuba," CNN, August 12, 2017, https://edition.cnn.com/2017/08/11/politics/leon-panetta-nuclear-war/index.html; Andrew Osborn, "Putin to U.S.: I'm ready for another Cuban Missilestyle crisis if you want one," Reuters, February 21, 2019, https://www.reuters.com/article/us-russia-putin/putin-to-u-s-im-ready-for-another-cuban-missile-style-crisis-if-you-want-one-idUSKCN1QA1A3; Ray Sanchez, "Putin boasts military might with animation of Florida nuke strike," CNN, March 2, 2019, https://www.cnn.com/2018/03/01/europe/putin-nuclear-missile-video-florida/index.html; Fred Kaplan, "The People around Trump Are Totally Unqualified to Stop the Iran Crisis," Slate, January 6, 2020, https://slate.com/news-and-politics/2020/01/trump-team-iran-crisis-pompeo-esper.html; Larry Provost, "Trump Acted as Great as JFK in Missile Crisis," *Townhall*, January 9, 2020, https://townhall.com/columnists/larryprovost/2020/01/09/trump-acted-as-great-as-jfk-in-missile-

crisis-n2559201.

4. Robert F. Kennedy, *Thirteen Days: A Memoir of the Cuban Missile Crisis*, with a new foreword by Arthur Schlesinger Jr. (New York, 1999); cf. Sheldon M. Stern, *The Cuban Missile Crisis in American Memory: Myths versus Reality* (Stanford, CA, 2012), 32–39, 68–98, 148–54.
5. *The Kennedy Tapes: Inside the White House during the Cuban Missile Crisis*, ed. Ernest R. May and Philip D. Zelikow, concise ed. (New York and London, 2002); Graham Allison and Philip Zelikow, *Essence of Decision: Explaining the Cuban Missile Crisis*, 2nd ed. (New York, 1999); Aleksandr Fursenko and Timothy Naftali, *"One Hell of a Gamble": Khrushchev, Castro and Kennedy, 1958–1964* (New York and London, 1997); Michael Dobbs, *One Minute to Midnight: Kennedy, Khrushchev and Castro on the Brink of Nuclear War* (New York, 2008); Tomás Diez Acosta, *October 1962: The "Missile" Crisis as Seen from Cuba* (New York, 2002).
6. Barbara Tuchman, *The Guns of August* (New York, 2012; first ed. 1962).
7. Robert Kennedy, *Thirteen Days*, 97–98; Barbara Tuchman, *The March of Folly: From Troy to Vietnam* (New York, 1984).
8. C. Todd Lopez, "U.S. Withdraws from Intermediate-Range Nuclear Forces Treaty," August 2, 2019, US Department of Defense, https://www.defense.gov/explore/story/Article/1924779/us-withdraws-from-intermediate-range-nuclear-forces-treaty/; David E. Sanger and Andrew E. Kramer, "U.S. Officials Suspect New Nuclear Missile in Explosion That Killed 7 Russians," *New York Times*, August 12, 2019, https://www.nytimes.com/2019/08/12/world/europe/russia-nuclear-accident-putin.html.
9. Simon Craine and Noel Ryan, *"Protection from the Cold": Cold War Protection in Preparedness for Nuclear War* (Sheffield, UK, 2010), 12; Joseph M. Siracusa, *Nuclear Weapons: A Very Short Introduction* (Oxford, 2015), 60–61, 107; Paul Bracken, *The Second Nuclear Age: Strategy, Danger, and the New Power Politics* (New York, 2012), 49–50.

프롤로그

1. Juan O. Tamayo, "Secret Nukes: The Untold story of the Cuban Missile Crisis," *Miami Herald*, October 13, 2012, http://www.cubademocraCIAyvida.org/web/print.asp?artID=18987; James G. Blight, Bruce J. Allyn, and David A. Welch, with the assistance of David Lewis, foreword by Jorge I. Dominguez, *Cuba on the Brink: Castro, the Missile Crisis, and the Soviet Collapse* (New York, 1993), 40, 56–65, 258–60; Don Oberdorfer, "Cuban Missile Crisis More Volatile Than Thought," *Washington Post*, January 14, 1992, https://www.washingtonpost.com/archive/politics/1992/01/14/cuban-missile-crisis-more-volatile-than-thought/359ba0c1-1e6b-48b5-a0f2-82ceafb4262f/?utm_term=.235cb732df89.
2. Arthur Schlesinger Jr., "Four Days with Fidel: A Havana Diary," *New York Review*

of Books, March 25, 1992, https://www.nybooks.com/articles/1992/03/26/four-days-with-fidel-a-havana-diary/.

3. Blight et al., *Cuba on the Brink*, 40; Martin Tolchin, "U.S. Underestimated Soviet Force in Cuba During '62 Missile Crisis," *New York Times*, January 15, 1992, https://www.nytimes.com/1992/01/15/world/us-underestimated-soviet-force-in-cuba-during-62-missile-crisis.html.

1 네메시스

견습대통령

1. "The Inauguration of John F. Kennedy, the 35th President of the United States," The Movietone Production, 1961, https://www.youtube.com/watch?v=syWo_gzGSoY.
2. Cited in John Burnside, *The Music of Time: Poetry in the Twentieth Century* (Princeton and Oxford, 2020), 251.
3. "For John F. Kennedy Inauguration" by Robert Frost, John F. Kennedy Presidential Library and Museum, https://www.jfklibrary.org/learn/about-jfk/life-of-john-f-kennedy/fast-facts-john-f-kennedy/for-john-f-kennedys-inauguration-by-robert-frost-UNdelivered-poem; "Poets and Power: Robert Frost's Inaugural Reading," Poets.org: From the Academy of American Poets, https://web.archive.org/web/20140112072836/; http://www.poets.org/viewmedia.php/prmMID/20540#sthash.TVpwYYIc.dpuf; Arthur M. Schlesinger Jr., *A Thousand Days: John F. Kennedy in the White House* (Boston, 1965), 1–3.
4. "Ask Not What Your Country Can Do for You...," Elementary School Curriculum Resources, John F. Kennedy Presidential Library and Museum, https://www.jfklibrary.org/learn/education/teachers/curricular-resources/elementary-school-curricular-resources/ask-not-what-your-country-can-do-for-you.
5. "Inaugural Address of President John F. Kennedy, Washington, DC, January 20, 1961," John F. Kennedy Presidential Library and Museum, https://www.jfklibrary.org/archives/other-resources/john-f-kennedy-speeches/inaugural-address-19610120.
6. Clifford L. Staten, *The History of Cuba* (New York, 2003), 11–44; Jay Sexton, *The Monroe Doctrine: Empire and Nation in 19th-Century America* (New York, 2011), 85–122.
7. Louis Pérez, *Cuba Under the Platt Amendment, 1902–1934* (Pittsburgh, 1986).
8. Staten, *The History of Cuba*, 45–70.
9. Aviva Chomsky, *A History of the Cuban Revolution* (Chichester, West Sussex, UK, 2015), 28–44; Staten, *The History of Cuba*, 71–106; Schlesinger, *A Thousand Days*, 215–23.
10. Maurice Halperin, *The Rise and Decline of Fidel Castro: An Essay in*

Contemporary History (Berkeley, Los Angeles, and London, 1972), 46–48; Stephen G. Rabe, *Eisenhower and Latin America: The Foreign Policy of Anticommunism* (Chapel Hill and London, 1988), 117–25.

11. Memorandum Prepared in the Central Intelligence Agency, Washington, January 26, 1961, Cuba, *Foreign Relations of the United States (FRUS)*, 1961–1963, vol. 10, *Cuba, January 1961–September 1962*, no. 27, https://history.state.gov/historicaldocuments/frus1961-63v10/d27.

12. Memorandum for Discussion on Cuba, Washington, January 28, 1961, *FRUS, 1961–1963*, vol. 10, *Cuba, January 1961–September 1962*, no. 30, https://history.state.gov/historicaldocuments/frus1961-63v10/d30.

13. Memorandum of Meeting with President Kennedy, Washington, February 8, 1961, *FRUS, 1961–1963*, vol. 10, *Cuba, January 1961–September* 1962, no. 40, https://history.state.gov/historicaldocuments/frus1961-63v10/d40; Paper Prepared in the Central Intelligence Agency, Washington, March 11, 1961, Proposed Operation against Cuba, *FRUS, 1961–1963*, vol. 10, *Cuba, January 1961–September 1962*, no. 58, https://history.state.gov/historicaldocuments/frus1961-63v10/d58.

14. Paper Prepared in the Central Intelligence Agency, Washington, March 15, 1961, Revised Cuban Operation, *FRUS, 1961–1963*, vol. 10, *Cuba, January 1961–September 1962*, no. 61, https://history.state.gov/historicaldocuments/frus1961-63v10/d61; Schlesinger, *A Thousand Days,* 223–68.

15. Jim Rasenberger, *The Brilliant Disaster: JFK, Castro, and America's Doomed Invasion of Cuba's Bay of Pigs* (New York, 2011), 180–88.

16. "Bay of Pigs. Forty Years After. Chronology," National Security Archive, https://nsarchive2.gwu.edu/bayofpigs/chron.html; Rasenberger, *The Brilliant Disaster,* 189–206.

17. "The Bay of Pigs Invasion," Central Intelligence Agency, https://www.ciagov/news-information/featured-story-archive/2016-featured-story-archive/the-bay-of-pigs-invasion.html; Rasenberger, *The Brilliant Disaster*, 207–59.

18. Richard Bissell Jr. with Jonathan E. Lewis and Frances T. Pudlo, *Reflections of a Cold Warrior: From Yalta to the Bay of Pigs* (New Haven and London, 1996), 184–204; *Operation ZAPATA: The Ultrasensitive Report and Testimony of the Board of Inquiry on the Bay of Pigs*, introduction by Luis Aguilar (Frederick, MD, 1981), 20–21.

19. Peter Wyden, *Bay of Pigs: The Untold Story* (New York, 1979), 277–78; Rasenberger, *The Brilliant Disaster,* 260–312.

20. Rasenberger, *The Brilliant Disaster*, 313–18; "The Bay of Pigs Invasion," Central Intelligence Agency; "Bay of Pigs. Forty Years After. Chronology," National Security Archive.

21. Evan Thomas, *The Very Best Men: Four Who Dared: The Early Years of the CIA* (New York, 2006), 261–72.

게임의 주도자

1. William Taubman, *Khrushchev: The Man and His Era* (New York, 2003).
2. Aleksandr Feklisov, *Priznanie razvedchika* (Moscow, 1999), 376.
3. Sergei Rogoza and Boris Achkasov, *Zasekrechennye voiny, 1950–2000* (Moscow, 2004), 195.
4. Fursenko and Naftali, "One Hell of a Gamble," 81–82. Cf. idem, *Adskaia igra: Sekretnaia istoriia karibskogo krizisa, 1958–1964* (Moscow, 1999), 85.
5. Larry Tart and Robert Keefe, *The Price of Vigilance: Attacks on American Surveillance Flights* (New York, 2001), 100–12; Andrew Glass, "JFK Holds First Televised News Conference," January 25, 1961, *Politico*, January 25, 2018, https://www.politico.com/story/2018/01/25/jfk-holds-first-televised-news-conference-jan-25-1961-355093; Frederick Kempe, *Berlin 1961: Kennedy, Khrushchev and the Most Dangerous Place on Earth* (New York, 2011), 73–75.
6. Andrei Sakharov, *Vospominaniia* (Moscow, 1990), 288.
7. Memorandum of Conversation, Vienna, June 3, 1961, in *FRUS, 1961–1963*, vol. 5. *Soviet Union*, no. 83.
8. Telegram from the Department of State to Secretary of State Rusk at Geneva, Washington, May 16, 1961, in *FRUS*, vol. 6, *Kennedy-Khrushchev Exchanges*, no. 15.
9. David Reynolds, *Six Summits That Shaped the Twentieth Century* (New York, 2007), 185–94.
10. Roger G. Miller, *To Save a City: The Berlin Airlift, 1948–1949* (College Station, TX, 2000), 14–18, 36–86; Daniel F. Harrington, *Berlin on the Brink: The Blockade, the Airlift, and the Early Cold War* (Lexington, KY, 2012).
11. Kempe, Berlin 1961, 22–24; Richard Millington, *State, Society and Memories of the Uprising of 17 June 1953 in the GDR* (New York, 2014); Christian F. Ostermann and Malcolm Byrne, eds., *Uprising in East Germany, 1953* (Budapest, 2001).
12. Vladislav Zubok and Constantine Pleshakov, *Inside the Kremlin's Cold War: From Stalin to Khrushchev* (Cambridge, MA, 1997), 194–200.
13. Kempe, *Berlin 1961*, 25–38.
14. Memorandum of Conversation, Vienna, June 3, 1961, in *FRUS, 1961–1963*, vol. 5, *Soviet Union*, no. 83, https://history.state.gov/historicaldocuments/frus1961-63v05/d83.
15. Memorandum of Conversation, Vienna, June 4, 1961, in *FRUS, 1961–1963*, vol. 5, *Soviet Union*, no. 87, https://history.state.gov/historicaldocuments/ frus1961-63v05/d87; Kempe, *Berlin, 1961*, 241–45; "Research Starters: Worldwide Deaths in World War II," The National World War II Museum, New Orleans, https://www.nationalww2museum.org/students-teachers/student-resources/research-starters/research-starters-worldwide-deaths-world-war.
16. Memorandum of Conversation, Vienna, 3:15 p.m., June 4, 1961, in *FRUS, 1961–*

1963, vol. 5, *Soviet Union,* no. 89, https://history.state.gov/historicaldocuments/frus1961-63v05/d89; Schlesinger, *A Thousand Days,* 358–74; Reynolds, *Six Summits*, 210.

17. Becky Little, "JFK Was Completely UNprepared for His Summit with Khrushchev," *History,* https://www.history.com/news/kennedy-krushchev-vienna-summit-meeting-1961.
18. Michael R. Beschloss, *The Crisis Years: Kennedy and Khruschev, 1960–1963* (New York, 1991), 224–28; Reynolds, *Six Summits,* 210–13; Taubman, *Khrushchev,* 495–96.
19. Richard Reeves, *President Kennedy: Profile in Power* (New York, 1993), 175.
20. "Radio and Television Report to the American People on the Berlin Crisis, July 25, 1961," JFK Presidential Library and Museum, https://www.jfklibrary.org/archives/other-resources/john-f-kennedy-speeches/berlin-crisis-19610725; "Legislative Summary: Defense and Military, 1961," JFK Presidential Library and Museum, https://www.jfklibrary.org/archives/other-resources/legislative-summary/defense-military.
21. Taubman, *Khrushchev,* 501.
22. Andrei Sakharov, *Memoirs* (New York, 1992), 217.
23. Hope M. Harrison, *Driving the Soviets Up the Wall: Soviet-East German Relations, 1953–1961* (Princeton, NJ, 2003), 139–223; "Berlin Wall and Migration," The Business of Migration, https://www.business-of-migration.com/migration-processes/other-regions/berlin-wall-and-migration/.
24. Taubman, *Khrushchev,* 503–6.
25. August 1961, *Chronik der Mauer*, http://www.chronik-der-mauer.de/en/chronicle/_year1961/_month8/?language=en&month=8&moc=1&year=1961&openid=180144&filter=1&dokument=0&audio=0&video=0&foto=0.
26. Letter from Chairman Khrushchev to President Kennedy, Moscow, September 29, 1961, *FRUS, 1961–1963*, vol. 6, *Kennedy-Khrushchev Exchanges,* no. 21; letter from President Kennedy to Chairman *Khrushchev,* Hyannis Port, October 16, 1961, *FRUS, 1961–1963*, vol. 6, *Kennedy- Khrushchev Exchanges,* no. 22.
27. Zubok and Pleshakov, *Inside the Kremlin's Cold War,* 256–57; Kempe, *Berlin, 1961*, 470–79.
28. Theodore Voorhees, *The Silent Guns of Two Octobers: Kennedy and Khrushchev Play the Double Game* (Ann Arbor, 2020), 42–45.

2 붉은 도박

공산주의의 승리

1. *Materialy XXII s"ezda KPSS* (Moscow, 1961); Arkadii Minakov, *Konservatizm v Rossii i mire*, pt. 2 (Voronezh, 2004), 232.

2. "Tsar Bomba," Atomic Heritage Foundation, https://www.atomicheritage.org/history/tsar-bomba; Vitaly I. Khalturin, Tatiana G. Rautian, Paul G. Richards, and William S. Leith, "A Review of Nuclear Testing by the Soviet Union at Novaya Zemlya, 1955–1990," *Science and Global Security* 13, no. 1 (2002): 18–19.
3. Aleksandr Emelianenkov, *Arkhipelag Sredmash* (Moscow, 2000), 71.
4. Jeremy Friedman, *Shadow Cold War: The Sino-Soviet Competition for the Third World* (Chapel Hill, NC, 2015); "Current Intelligence Staff Study. The New Stage of the Sino-Soviet Dispute (October 1961–January 1962)," Central Intelligence Agency, https://www.cia.gov/library/readingroom/docs/esau-16.pdf.
5. "Doklad tovarishcha N. S. Khrushcheva," *Izvestiia*, October 18, 1961; "Vystuplenie tovarishcha Blas Roka," *Izvestiia*, October 23, 1961.
6. Peter Shearman, *The Soviet Union and Cuba* (London, 1987), 6; Fidel Castro, "May Day Celebration (1961): Cuba Is a Socialist Nation," Castro Internet Archive, https://www.marxists.org/history/cuba/archive/castro/1961/05/01.htm.
7. Fursenko and Naftali, *"One Hell of a Gamble,"* 139–40.
8. *Fidel Castro Speaks on Marxism-Leninism*, December 2, 1961 (New York, 1962), http://www.walterlippmann.com/fc-12-02-1961.html.
9. "Na poroge novogo goda," *Izvestiia*, December 30, 1961.
10. *Khrushchev Remembers*, with introduction, commentary, and notes by Edward Crankshaw. Trans. and ed. Strobe Talbott (Boston, 1971), 544–45.
11. Fursenko and Naftali, *"One Hell of a Gamble,"* 146.
12. Fursenko and Naftali, *"One Hell of a Gamble,"* 162.
13. Fursenko and Naftali, *"One Hell of a Gamble,"* 163–65; "Fidel Castro Denounces Bureaucracy and Sectarianism," March 26, 1962 (New York, 1962), http://www.walterlippmann.com/fc-03-26-1962.html.
14. "Fidel Castro Denounces Bureaucracy and Sectarianism," March 26, 1962, http://www.walterlippmann.com/fc-03-26-1962.html; Maurice Halperin, *The Rise and Decline of Fidel Castro: An Essay in Contemporary History* (Berkeley, Los Angeles, and London, 1972), 145–48.
15. Fursenko and Naftali, *"One Hell of a Gamble,"* 169; "Splochenie sil Kubinskoi revoliutsii," *Pravda*, April 11, 1962.
16. "Alexei Adzhubei's Account of His Visit to Washington to the Central Committee of the Communist Party of the Soviet Union," March 12, 1962, History and Public Policy Program Digital Archive, Archive of the President of the Russian Federation (APRF), Moscow, Special declassification, April 2002; translated by Adam Mayle (National Security Archive), http://digitalarchive.wilsoncenter.org/document/115124.
17. Fursenko and Naftali, *"One Hell of a Gamble,"* 170.
18. "Zapiska zamestitelia predsedatelia Goskomiteta Soveta Ministrov SSSR po vneshnim ėkonomicheskim sviaziam I. V. Arkhipova," May 7, 1962, *Khrushchev. K 120-letiiu so dnia rozhdeniia*, http://liders.rusarchives.ru/hruschev/docs/

zapiska-zamestitelya-predsedatelya-goskomiteta-soveta-ministrov-sssr-po-vneshnim-ekonomicheskim; Proekt rasporiazheniia Soveta ministrov SSSR o spisanii zadolzhennosti s Kuby: May 1962, http://liders.rusarchives.ru/hruschev/docs/proekt-rasporyazheniya-soveta-ministrov-sssr-o-spisanii-sovetskim-soyuzom-zadolzhennosti-s-kuby.

19. Aleksandr Alekseev, "Kak ėto bylo," in *Nikita Sergeevich Khrushchev: Materialy k biografii* (Moscow, 1989), 67. Cf. Fursenko and Naftali, *"One Hell of a Gamble,"* 172–75.

20. Fursenko and Naftali, *"One Hell of a Gamble,"* 175; "Postanovlenie Prezidiuma TsK KPSS ob utverzhdenii pis'ma N. S. Khrushcheva F. Kastro," *Khrushchev. K 120-letiiu so dnia rozhdeniia*, http://liders.rusarchives.ru/hruschev/docs/postanovlenie-prezidiuma-tsk-kpcc-ob-utverzhdenii-pisma-ns-khrushcheva-f-kastro-ob-okazanii-pom.

21. Fursenko and Naftali, *"One Hell of a Gamble,"* 170; Nikita Khrushchev, "Tovarichshu Fideliu Kastro Rus," *Izvestiia*, April 19, 1962.

로켓맨

1. Ivaila Vylkova, "Serdtse za sedtse, vernost' za vernost'," *Ogonek*, May 27, 1962.
2. "Rech' N. S. Khrushcheva na mitinge v sele Osnova," *Izvestiia*, May 20, 1962.
3. *Khrushchev Remembers*, 545–46.
4. Andrew Glass, "U.S. Resumes Testing Bombs in the Atmosphere, April 25, 1961," *Politico*, April 24, 2017, https://www.politico.com/story/2017/04/25/us-resumes-testing-bombs-in-the-atmosphere-april-25-1961-237478; "Nekotorye napravleniia v amerikanskoi propagande v sviazi s vozobnovleniem Soedinennymi Shtatami Ameriki iadernykh ispytanii v atmosfere," Archives of the Ministry of Foreign Affairs of Ukraine (Kyiv), fond 7, opys 11, no. 641, ark. 7.
5. "Postanovlenie TsK KPSS i Soveta ministrov SSSR 'O vazhneishikh razrabotkakh mezhkontinental'nykh ballisticheskikh i global'nykh raket i nositelei kosmicheskikh ob'ektov,' April 16, 1962, in *Sovetskaia kosmicheskaia initsiativa v gosudarstvennykh dokumentakh, 1946–1964* gg., ed. Iu. M. Baturin (Moscow, 2008), http://www.coldwar.ru/arms_race/iniciativa/o-vazhneyshih-razrabotkah.php.
6. "Minuteman Missile," National Historic Site, http://npshistory.com/publications/mimi/srs/history.htm; Gretchen Heefner, *The Missile Next Door: The Minuteman in the American Heartland* (Cambridge, MA, 2012).
7. Sergei *Khrushchev, Nikita Khrushchev: krizisy i rakety* (Moscow, 1994), 154; "Moskalenko, Kirill Semenovich," *Generals DK*, http://www.generals.dk/general/Moskalenko/Kirill_Semenovich/Soviet_Union.html; Taubman, *Khrushchev*, 253–56, 320, 362.
8. Ekaterina Sazhneva, "Katastrofa na Baikonure: pochemu pogibli 124 cheloveka vo glave s marshalom?" *Moskovskii komsomolets*, October 29, 2015,

https://www.mk.ru/incident/2015/10/29/katastrofa-na-baykonure-pochemu-pogibli-124-cheloveka-vo-glave-s-marshalom.html; Aleksandr Zhelezniakov, "Baikonurskaia tragediia," *Ėntsiklopediia Kosmonavtika*, http://www.cosmoworld.ru/spaceencyclopedia/index.shtml?bay24.html.

9. Sergei Khrushchev, *Nikita Khrushchev: krizisy i rakety*, 159; "Mezhkontinental'naia ballisticheskaia raketa R-16," https://web.archive.org/web/20020117180901/; http://rau-rostov.narod.ru/01/rvsn-mbr/R-16.htm.
10. Sergei Khrushchev, *Nikita Khrushchev: krizisy i rakety*, 159.
11. "R-7," *Encyclopedia Astronautica*, http://www.astronautix.com/r/r-7.html; Steven J. Zaloga, *The Kremlin's Nuclear Sword: The Rise and Fall of Russia's Strategic Nuclear Forces, 1945–2000* (Washington, DC, 2002), chap. 3; Sergei Khrushchev, *Nikita Khrushchev: krizisy i rakety*, 159.
12. "Postanovlenie TsK KPSS i Soveta ministrov SSSR 'O vazhneishikh razrabotkakh mezhkontinental'nykh ballisticheskikh i global'nykh raket i nositelei kosmicheskikh ob'ektov,' April 16, 1962; Zaloga, *The Kremlin's Nuclear Sword*, chap. 3; Anton Trofimov, "Kak gensek Khrushchev vybral samuiu massovuiu raketu RVSN," *Voennoe obozrenie*, March 30, 2017, https://topwar.ru/112160-ur-100-kak-gensek-hruschev-vybral-samuyu-massovuyu-raketu-rvsn.html; Fedor Novoselov, "Proton ot Chelomeia," *Nezavisimoe voennoe obozrenie*, July 9, 2004, http://nvo.ng.ru/history/2004-07-09/5_chelomey.html; V. Petrakov and I. Afanas'ev, "Strasti po Protonu," *Aviatsiia i kosmonavtika*, no. 4 (1993), http://www.astronaut.ru/bookcase/article/article42.htm?reload_coolmenus; "Moskalenko, Kirill Semenovich," *Generals DK*.
13. Taubman, *Khrushchev*, 537; Nikita Khrushchev, *Vremia, liudi, vlast'. Vospominaniia* (Moscow, 1999), 1: 651.
14. Fursenko and Naftali, *"One Hell of a Gamble,"* 176–77.
15. "Rech' tov. N. S. Khrushcheva [na mitinge v Sofii, 19 maia 1962]," *Izvestiia*, May 20, 1962, 3.
16. "Rech' tov. N. S. Khrushcheva v Varne," *Izvestiia*, May 17, 1962, 2.
17. Ed Kyle, "King of Gods: The Jupiter Missile Story," *Space Launch Report* (August 14, 2011); Nur Bilge Criss, "Strategic Nuclear Missiles in Turkey: The Jupiter Affair, 1959–1963," *Journal of Strategic Studies* 20, no. 3 (1997): 97–122, https://www.tandfonline.com/doi/abs/10.1080/01402399708437689?journalCode=fjss20; "Kratkoe soderzhanie politicheskogo otcheta posol'stva SSSR v Turtsii za 1961 g.," Archives of the Ministry of Foreign Affairs of Ukraine (Kyiv), fond 7, opys 11, no. 635, ark. 67, 72.
18. Sergei Khrushchev, *Nikita Khrushchev: krizisy i rakety*, 173; *Khrushchev Remembers*, 546; Taubman, *Khrushchev*, 541; Beschloss, *The Crisis Years*, 380–93.
19. Zaloga, *The Kremlin's Nuclear Sword*, chap. 3; "R-12," *Encyclopedia Astronautica*, http://www.astronautix.com/r/r-12.html; "R-14," *Encyclopedia*

Astronautica, http://www.astronautix.com/r/r-14u.html.

20. Andrei Gromyko, *Pamiatnoe. Novye gorizonty* (Moscow, 2015), 523–24.

핵경쟁으로

1. *Khrushchev Remembers,* 547–48.
2. "Central Committee of the CommUNist Party of the Soviet Union Presidium Protocol 32," May 21, 1962, History and Public Policy Program Digital Archive, RGANI, F. 3, Op. 16, D. 947, Ll. 15–16, trans. and ed. Mark Kramer, with assistance from Timothy Naftali, http://digitalarchive.wilsoncenter.org/document/115065. Cf. *Prezidium TsK KPSS, 1954–1964*, ed. Aleksandr Fursenko (Moscow, 2003), 556; Fursenko and Naftali, *"One Hell of a Gamble,"* 180; Sergo Mikoyan, *The Soviet Cuban Missile Crisis: Castro, Mikoyan, Kennedy, Khrushchev, and the Missiles of November* (Cold War International History Project) (Stanford, CA, 2014), 93.
3. Cited in Mikoyan, *The Soviet Missile Cuban Crisis*, 91–93.
4. Mikoyan, *The Soviet Cuban Missile Crisis*, 92; Prezidium TsK KPSS, 1954–1964, 556.
5. John Erickson, "Rodion Yakovlevich Malinovsky," in Harold Shukman, ed., *Stalin's Generals* (New York, 1993); "Malinovskii, R. Ya," in A. N. Kutsenko, *Marshaly i admiraly flota Sovetskogo Soiuza. Forma, nagrady, oruzhie* (Kyiv, 2007), 232–41; "Biriuzov, Sergei Semenovich," *Geroi strany,* http://www.warheroes.ru/hero/hero.asp?Hero_id=717.
6. Priscilla Roberts, ed., *Cuban Missile Crisis: The Essential Reference Guide* (Santa Barbara, CA, 2012), 72–74; Anatolii Gribkov, "Karibskii krizis," Voenno-istoricheskii zhurnal, 1992, no. 10: 41.
7. R. Malinovsky and M. Zakharov, "Memorandum on Deployment of Soviet Forces to Cuba," May 24, 1962, in Raymond L. Garthoff, "New Evidence on the Cuban Missile Crisis: Khrushchev, Nuclear Weapons, and the Cuban Missile Crisis," *Cold War International History Project*, Bulletin 11 (Winter 1998), 251–62, here 254–56, https://www.wilsoncenter.org/sites/default/files/CWIHP_Bulletin_11.pdf.
8. *Prezidium TsK KPSS, 1954–1964*, 556.
9. S. P. Ivanov, "UNtitled notes on the back of the May 24 Memorandum to Khrushchev," in Garthoff, "New Evidence on the Cuban Missile Crisis," 256–57; *Prezidium TsK KPSS, 1954–1964*, 556.
10. Mikoyan, *The Soviet Missile Cuban Crisis*, 96–97.
11. Gribkov, "Karibskii krizis," 45; Fursenko and Naftali, *"One Hell of a Gamble,"* 179–80.
12. Gribkov, "Karibskii krizis," 45; Mikoyan, *The Soviet Missile Cuban Crisis*, 97.
13. A. I. Alekseev, "Karibskii krizis: kak ėto bylo," in *Otkryvaia novye stranitsy... Mezhdunarodnye voprosy: sobytiia i liudi*, comp. N. V. Popov (Moscow, 1989), 157–72, here 160.

14. Alekseev, "Karibskii krizis: kak ėto bylo," 160; Gribkov, "Karibskii krizis," 42.
15. Alekseev, "Karibskii krizis: kak ėto bylo," 160.
16. Fursenko and Naftali, *"One Hell of a Gamble,"* 181–82.
17. Acosta, *October 1962*, 100.
18. Fursenko and Naftali, *"One Hell of a Gamble,"* 187; Fidel Castro in Carlos Lechuga, *Cuba and the Missile Crisis*, trans. Mary Todd (Melbourne and New York, 2001), 24.
19. Castro in Lechuga, *Cuba and the Missile Crisis*, 24; Alekseev, "Karibskii krizis: kak ėto bylo," 161.
20. Alekseev, "Karibskii krizis: kak ėto bylo," 161; Castro in Lechuga, *Cuba and the Missile Crisis*, 24.
21. Alekseev, "Karibskii krizis: kak ėto bylo," 161.
22. Castro in Lechuga, *Cuba and the Missile Crisis*, 25; Acosta, *October 1962*, 101–3.
23. Acosta, *October 1962*, 103.
24. Anatolii Gribkov, "Karibskii krizis," *Voenno-istoricheskii zhurnal*, 1992, no. 11: 37.
25. "Central Committee of the Communist Party of the Soviet Union Presidium Protocol, no. 35, June 10, 1962," trans. and ed. Mark Kramer, with assistance from Timothy Naftali, *Cold War International History Project* (CWIHP), http://digitalarchive.wilsoncenter.org/document/115066; Mikoyan, *The Soviet Missile Cuban Crisis*, 97; Fursenko and Naftali, *"One Hell of a Gamble,"* 189.

아나디르 작전

1. Leonid Garbuz, "Zamestitel' komanduiushchego gruppy sovetskikh voisk na Kube vspominaet," *Strategicheskaia operatsiia "Anadyr'." Kak ėto bylo*, Memuarno-spravochnoe izdanie, ed. V. I. Esin (Moscow, 2000), 80–89, here 80–82.
2. Acosta, *October 1962*, 103–4.
3. V. I. Esin, "Uchastie raketnykh voisk strategicheskogo naznacheniia v operatsii "Anadyr'," in *Strategicheskaia operatsiia "Anadyr',"* 55–64, here 56; A. M. Burlov, "Vospominaniia glavnogo inzhenera raketnogo polka," in *Strategicheskaia operatsiia "Anadyr',"* 99–108, here 100.
4. Igor Kurennoi, cited in Igor' Prokopenko, *Iadernyi shchit Rossii: kto pobedit v Tret'ei mirovoi voine?* (Moscow, 2016), 107–8.
5. "R. Malinovsky and M. Zakharov, 'Memorandum on Deployment of Soviet Forces to Cuba,' " May 24, 1962, in Garthoff, "New Evidence on the Cuban Missile Crisis," 254.
6. Andrei Grigor'ev and Igor' Podgurskii, "Dostoinyi syn otechesTVa. Iz vospominanii polkovnika N. I. Antipova o general-maiore Igore Demianoviche Statsenko," *Krasnaia zvezda*, October 3, 2008, http://old.

redstar.ru/2008/10/03_10/6_01.html; A. I. Gribkov, "Razrabotka zamysla i osushchesTVlenie operatsii "Anadyr'," in *Strategicheskaia operatsiia "Anadyr',"* 26–53, here 41.

7. V. Nikitchenko, Chairman, Committee of State Security attached to the Council of Ministers of the Ukrainian SSR, to N. V. Podgorny, First Secretary, Central Committee of the Communist Party of Ukraine, "Spetsial'noe soobshchenie," February 15, 1962, in the Archive of Security Service of Ukraine (henceforth: SBU Archives), fond 16, opys 11, no. 2, vol. 1, fols. 39–40; "General maior Kobzar Dmitrii Aleksandrovich," Kto est' kto v RVSN, http://rvsn.ruzhany.info/names/kobzarj_d_a.html.
8. "43-ia Krasnoznamennaia raketnaia armiia," in Raketnye voiska strategicheskogo naznacheniia. Spravochnik, https://rvsn.info/army/army_43.html; "43-ia gvardeiskaia raketnaia Smolenskaia ordenov Suvorova i Kutuzova diviziia," in *Raketnye voiska strategicheskogo naznacheniia*.
9. "Interview with General Leonid Garbuz by Sherry Jones," in *Mikoyan's "Mission Impossible" in Cuba: New Soviet Evidence on the Cuban Missile Crisis*, National Security Archive Electronic Briefing Book No. 400, https://nsarchive2.gwu.edu/NSAEBB/NSAEBB400/docs/Interview%20with%20General%20Garbuz.pdf.
10. Khrushchev, *Vremia, liudi, vlast'*, 2: 510.
11. "Pliev Issa Aleksandrovich. Biografiia," *Ėntsiklopediia*, Minoborony Rossii, http://encyclopedia.mil.ru/encyclopedia/heroes/USSR/more.htm?id=11904755@morfHeroes; "Legendy armii. Issa Pliev," https://www.youtube.com/watch?v=9gGZGM2mHL8
12. Petr Siuda, "Novocherkassk, 1–3 iiunia 1962, zabastovka i rasstrel," *Voennoe obozrenie*, June 4, 2012, https://topwar.ru/15007-novocherkassk-1962.html; V. A. Kozlov, *Neizvestnyĭ SSSR: protivostoianie naroda i vlasti, 1953–1985* (Moscow, 2005), 333–45.
13. Aleksandr Solzhenitsyn, *Sobranie sochinenii*, vol. 6: *Arkhipelag Gulag*, chaps. 5–7 (Moscow, 2000), 547; Tatiana Bocharova, *Novocherkassk: krovavyi polden'* (Rostov na Donu, 2002), 73; Urusbii Batyrov, *Gordost' Osetii: Issa Pliev, Georgii Khetagurov, Khadzhi-Umar Mamsurov* (Moscow, 2005), 97–99.
14. Acosta, *October 1962*, 107–10; Khrushchev, *Vremia, liudi, vlast'*, 2: 510.
15. Gribkov, "Razrabotka zamysla i osushchestvlenie operatsii "Anadyr'," in *Strategicheskaia operatsiia "Anadyr',"* 32–33. Cf. Gribkov, ≪Karibskii krizis," *Voenno- istoricheskii zhurnal*, 1992, no. 11: 35; "51-ia raketnaia diviziia," in *Raketnye voiska strategicheskogo naznacheniia*, https://rvsn.info/divisions/div_051.html; Esin, "Uchastie raketnykh voisk strategicheskogo naznacheniia v operatsii "Anadyr'," 56.
16. "Tochno po raspisaniiu," *Izvestiia,* July 11, 1962, 5; *40 let grazhdanskomu vozdushnomu flotu. Sbornik statei* (Moscow, 1963); Acosta, *October 1962*, 110.
17. Burlov, "Vospominaniia glavnogo inzhenera raketnogo polka," in

Strategicheskaia operatsiia "Anadyr'," 99–108, here 100.

18. Burlov, "Vospominaniia glavnogo inzhenera raketnogo polka," 100; Gribkov, "Razrabotka zamysla i osushchestvlenie operatsii "Anadyr'," 41.
19. Burlov, "Vospominaniia glavnogo inzhenera raketnogo polka," 100–102.
20. "Interview with General Leonid Garbuz by Sherry Jones," 3.
21. Igor' Statsenko, "Doklad komandira 51-i raketnoi divizii o deistviiakh soediineniia v period s 12 iiulia po 1 dekabria 1962 goda na o. Kuba," in *Raketnye voiska strategicheskogo naznacheniia. Spravochnik. Dokumenty*, https://rvsn.info/library/docs/doc_1_1001.html; Gribkov, "Razrabotka zamysla i osushchestvlenie operatsii "Anadyr'," 33.
22. Esin, "Uchastie raketnykh voisk strategicheskogo naznacheniia v operatsii "Anadyr'," 58; Statsenko, "Doklad komandira 51-i raketnoi divizii o deistviiakh soediineniia v period s 12 iiulia po 1 dekabria 1962 goda na o. Kuba."
23. Khrushchev, *Vremia, liudi, vlast'*, 2: 512.
24. Gribkov, "Razrabotka zamysla i osushchestvlenie operatsii "Anadyr'," 33; Fursenko and Naftali, *"One Hell of a Gamble,"* 192; Acosta, *October 1962*, 109.

공해

1. Aleksandr Rogozin, "Sovetskii flot v voinakh i konfliktakh kholodnoi voiny," chap. 2: "SSSR v stroitel'stve VMS Kuby," http://alerozin.narod.ru/CubaNavy/CubaNavySoviet-2.htm; "Klass 'Sergei Borkin,' " *FleetPhoto*, https://fleetphoto.ru/projects/3306/; Robert Alden, "Israel Is Accused in U.N. of Sinking a Soviet Ship," *New York Times*, October 13, 1973; Iu. M. Vorontsov, ed., *SSSR i blizhnevostochnoe uregulirovanie, 1967–1988. Dokumenty i materialy* (Moscow, 1989), 175.
2. *Morskoi transport SSSR: k 60-letiiu otrasli* (Moscow, 1984), 209; Vladimir Alekseev, *Russkie i sovetskie moriaki na Sredizemnom more* (Moscow, 1976), 219; Rogozin, "Sovetskii flot," chap. 2, sec. 8: "Sovetskie suda, uchastvovavshie v perebroske voisk v khode operatsii 'Anadyr', " http://alerozin.narod.ru/Cuba62/Cuba1962-8.htm; "Nachal'niku upravleniia KGB pri Sovete ministrov USSR po Odesskoi oblasti general-maioru tov. Kuvarzinu. Raport. Starshii operupolnomochennyi KGB pri SM SSSR po Krasnodarskomu kraiu kapitan Zozulia," September 21, 1962, SBU Archives, fond 1, opys 1, no. 1532, fols. 112, 119.
3. Zozulia, "Raport," September 21, 1962, SBU Archives, fond 1, opys 1, no. 1532, fols. 115, 116.
4. Aleksei Lashkov, "Sovetskie VVS i PVO na Kube v period i posle Karibskogo krizisa," *Avia Panorama*, 2012, no. 9, https://www.aviapanorama.ru/2012/09/sovetskie-vvs-i-pvo-na-kube-v-period-i-posle-karibskogo-krizisa-2/.
5. "Klass 'Omsk,' " *FleetPhoto*, http://f leetphoto.ru/projects/2374/.
6. Ivan Sidorov, "Vypolniaia internatsional'nyi dolg," in *Strategicheskaia operatsiia*

"Anadyr'," 125–33, here 125.

7. Esin, "Uchastie voisk strategicheskogo naznacheniia v operatsii 'Anadyr'," in *Strategicheskaia operatsiia "Anadyr'*," 55–64, here 58–61; Sidorov, "Vypolniaia internatsional'nyi dolg," 126.
8. Aleksandr Voropaev, "Otshumeli pesni nashego polka, pt. 1: 1960–1963," http://cubanos.ru/texts/txt035.
9. Sidorov, "Vypolniaia internatsional'nyi dolg," 127.
10. Esin, "Uchastie voisk strategicheskogo naznacheniia v operatsii "Anadyr'," 60; Sidorov, "Vypolniaia internatsional'nyi dolg," 127; Valentin Polkovnikov, "Startovyi divizion raketnogo polka na Kube," in *Strategicheskaia operatsiia "Anadyr'*," 148–60, here 151.
11. Dmitrii Iazov, *Karibskii krizis. 50 let spustia* (Moscow, 2015), 196–97; idem, Udary sud'by. *Vospominaniia soldata i marshala* (Moscow, 2014), 118–20; "Pobeda," ShipStamps.co.uk, https://shipstamps.co.uk/forum/viewtopic.php?t=12834; Arkadii Shorokhov, "Motostrelkovye voiska na Kube," in *Strategicheskaia operatsiia "Anadyr'*," 142–47.
12. Iazov, Karibskii krizis, 196–97, idem; *Udary sud'by*, 129–35.
13. Iazov, *Udary sud'by*, 131–32.
14. Captain Fedorov, "Raport," September 20, 1962, SBU Archives, fond 1, opys 1, no. 1532, fols. 87–96, here fol. 88; Senior Lieutenant Sennikov, "Raport," September 18, 1962, SBU Archives, fond 1, opys 1, no. 1532, fols. 37–44, here fol. 41; Senior Lieutenant Nechitailo, "Raport, po spetsreisu parokhoda 'Nikolai Burdenko,' " September 22, 1962, SBU Archives, fond 1, opys 1, no. 1532, fols. 155–64, here fol. 160.
15. Aleksei Butskii, "Rabota Glavnogo shtaba RVSN v period podgotovki i provedeniia operatsii "Anadyr'," in *Strategicheskaia operatsiia "Anadyr'*," 65–70, here 66; Major Morozov, "Raport," September 29, 1962, SBU Archives, fond 1, opys 1, no. 1532, fols. 121–128, here fol. 124; Captain Fedorov, "Raport," September 20, 1962, SBU Archives, fond 1, opys 1, no. 1532, fols. 87–96, here fol. 88; Major Verbov, "Raport po reisu teplokhoda 'Admiral Nakhimov,' " September 8, 1962, SBU Archives, fond 1, opys 1, no. 1532, fols. 34–35.
16. Captain Fedorov, "Raport," September 20, 1962, SBU Archives, fond 1, opys 1, no. 1532, fols. 87–96, here fol. 88; Senior Lieutenant Sennikov, "Raport," September 18, 1962, SBU Archives, fond 1, opys 1, no. 1532, fols. 37–44, here fol. 41.
17. Senior Lieutenant Topilsky, "Raport o spetsreise teplokhoda 'Dolmatovo,' " September 25, 1962, SBU Archives, fond 1, opys 1, no. 1532, fol. 98–105, here fol. 102.
18. Senior Lieutenant Sennikov, "Raport," September 18, 1962, SBU Archives, fond 1, opys 1, no. 1532, fols. 1-8 37–44, here fol. 39.
19. Major Morozov, "Raport," September 29, 1962, SBU Archives, fond 1, opys 1,

no. 1532, fols. 121–128, here fols. 125, 126, 128.

20. Zozulia, "Raport," September 21, 1962, SBU Archives, fond 1, opys 1, no. 1532, fol. 113; Major Morozov, "Raport," September 29, 1962, SBU Archives, fond 1, opys 1, no. 1532, fols. 125–128.

21. "Nachal'niku upravleniia KGB pri Sovete ministrov USSSR po Odesskoi oblasti general-maioru tov. Kuvarzinu. Raport. Starshii operupolnomochennyi KGB pri SM SSSR po Krasnodarskomu kraiu kapitan Zozulia," September 21, 1962, SBU Archives, fond 1, opys 1, no. 1532, fols. 116–117; Major Morozov, "Raport," September 29, 1962, SBU Archives, fond 1, opys 1, no. 1532, fols. 121; Captain Zozulia, "Raport," September 29, 1962, SBU Archives, fond 1, opys 1, no. 1532, fols, 116–117.

22. Fursenko and Naftali, *"One Hell of a Gamble,"* 193–94; Fedor Ladygin and Vladimir Lota, GRU i Karibskii krizis (Moscow, 2012), 62–63.

3 결정의 고뇌

베를린의 포로

1. Lyman B. Kirkpatrick, "Memorandum for the Director, 'Action Generated by DCI Cables Concerning Cuban Low-Level Photography of Offensive Weapons,' " [n/d], in *CIA Documents on the Missile Crisis, 1962*, ed. Mary McAuliffe (Washington, DC, 1992), no. 12, 39–44, here 39, https://www.CIA.gov/library/center-for-the-study-of-intelligence/csi-publications/books-and-monographs/Cuban%20Missile%20Crisis1962.pdf.
2. For a photo of the SAM construction site at La Coloma, taken on August 29, 1962, see The Cuban Missile Crisis 1962: The Photographs, National Security Archive, https://nsarchive2.gwu.edu/nsa/cuba_mis_cri/4.jpg; Ray S. Cline, "Memorandum for Acting Director of Central Intelligence, 'Recent Soviet Military Activities in Cuba,' " September 3, 1962, in *CIA Documents on the Missile Crisis, 1962*, no. 11, 34–37.
3. "Speech by Senator Keating, 'Soviet Activities in Cuba,' " August 31, 1962, History and Public Policy Program Digital Archive, 87th Congress, 2nd session, *Congressional Record* 108, pt. 14 (August 31, 1962), 18358–18361, http://digitalarchive.wilsoncenter.org/document/134658.
4. "Speech by Senator Keating, 'Soviet Activities in Cuba,'" August 31, 1962; Thomas G. Paterson, "The Historian as Detective: Senator Kenneth Keating, the Missiles in Cuba, and His Mysterious Sources," *Diplomatic History* 11, no. 1 (1987): 67–71.
5. Kirkpatrick, "Memorandum for the Director, 'Action Generated by DCI Cables Concerning Cuban Low-Level Photography of Offensive Weapons.' "
6. Barbara Leaming, *Jack Kennedy: The Education of a Statesman* (New York,

2006), 394; William A. Tidwell, "Memorandum for the Record, 'Instructions Concerning the Handling of Certain Information Concerning Cuba,'" September 1, 1962, in *CIA Documents on the Missile Crisis, 1962*, no. 10, 33.

7. Robert Dallek, *Camelot's Court: Inside the Kennedy White House* (New York, 2013).
8. "Letter from President Kennedy to Chairman Khrushchev," Washington, July 17, 1962, *FRUS, 1961–1963*, vol. 6, *Kennedy-Khrushchev Exchanges*, no. 51, Fursenko and Naftali, *"One Hell of a Gamble,"* 193-94.; Dobbs, *One Minute to Midnight*, 226–27.
9. "Message from Chairman Khrushchev to President Kennedy," *FRUS, 1961–1963*, vol. 15, *Berlin Crisis, 1962–1963*, no. 73, https://history.state.gov/historicaldocuments/frus1961-63v15/d73; "Editorial note," *FRUS*, vol. 15, no. 63, https://history.state.gov/historicaldocuments/frus1961-63v15/d63; "Memorandum from the President's Special Assistant for National Security Affairs (Bundy) to President Kennedy," Washington, July 20, 1962, *FRUS*, vol. 15, no. 80, https://history.state.gov/historicaldocuments/frus1961-63v15/d80; "Telegram from the Embassy in the Soviet Union to the Department of State," Moscow, July 25, 1962, *FRUS*, vol. 15, no. 87, https://history.state.gov/historicaldocuments/frus1961-63v15/d87; Leaming, *Jack Kennedy*, 390–91.
10. Hope Harrison, *Ulbricht and the Concrete "Rose": New Archival Evidence in the Dynamics of Soviet-East German Relations and the Berlin Crisis, 1958–61*, Cold War International History Project Working Papers Series, no. 5 (Washington, DC, May 1993), https://www.wilsoncenter.org/sites/default/files/ACFB81.pdf; A. M. Betmakaev, "Na puti k vostochnogermanskoi identichnosti: V. Ul'brikht i otnosheniia mezhdu GDR i SSSR v 1949–1964 gg.," in *Amerikanskje issledovaniia v Sibiri*, vyp. 7 (Tomsk, 2003), http://hist.asu.ru/aes/gdr/btmkv.htm.
11. Taubman, *Khrushchev*, 540; V. M. Zubok, *Khrushchev and the Berlin Crisis (1958–1962)*, Cold War International History Project Working Papers Series, no. 6 (Washington, DC, May 1993), https://www.wilsoncenter.org/sites/default/files/ACFB7D.pdf; V. V. Mar'ina, "Iz istorii kholodnoi voiny, 1954–1964 gg. Dokumenty cheshskikh arkhivov," Document no. 3: "Chast' zapisi besedy chlenov chekhoslovatskoi delegatsii s N. S. Khrushchevym, posviashchennaia situatsii v GDR," June 8, 1962, *Novaia i noveshaia istoriia*, 2003, nos. 1–3: 139–59, here 153, https://dlib-eastview-com.ezp-prod1.hul.harvard.edu/browse/doc/4746660.
12. Dobbs, *One Minute to Midnight*, 215; "Memorandum from Secretary of State Rusk to President Kennedy," Washington, August 2, 1962, *FRUS*, vol. 15, no. 91, https://history.state.gov/historicaldocuments/frus1961-63v15/d91.
13. "East Germans Kill Man Trying to Cross Berlin Wall," This Day in History: August 17, 1962, *History*, https://www.history.com/this-day-in-history/east-

germans-kill-man-trying-to-cross-berlin-wall; "Current Intelligence Weekly Review," Washington, August 24, 1962, *FRUS, 1961–1963*, vol. 5, *Soviet Union*, no. 226, https://history.state.gov/historicaldocuments/frus1961-63v05/d226; Fursenko and Naftali, *"One Hell of a Gamble,"* 202–3.

14. National Intelligence estimate, number 85-2-65, The Situation and Prospects in Cuba, August 1, 1962, in *CIA Documents on the Missile Crisis, 1962*, no. 3: 9–12, here 10–11; John McCone, Memorandum, "Soviet MRBM on Cuba," October 31, 1962, in *CIA Documents on the Missile Crisis, 1962*, no. 4: 13–17, here 13; "Memorandum from the President's Military Representative (Taylor) to President Kennedy," Washington, August 17, 1962, *FRUS, 1961–1963*, vol. 10, *Cuba, January 1961–September 1962*, no. 380, https://history.state.gov/historicaldocuments/frus1961-63v10/d380.

15. Leaming, *Jack Kennedy*, 391; [McCone,] Memorandum on Cuba, August 20, 1962, in *CIA Documents on the Missile Crisis, 1962*, no. 5: 19–20; John McCone, Memorandum for the File, "Discussion in Secretary Rusk's Office at 12 O'clock," August 21, 1962, in *CIA Documents on the Missile Crisis, 1962*, no. 6: 21–23.

16. McCone, Memorandum for the File, "Discussion in Secretary Rusk's Office at 12 O'clock," August 21, 1962, no. 6: 22; Memorandum for the File, Washington, August 21, 1962, "Discussion in Secretary Rusk's Office at 12 O'clock, August 21, 1962," *FRUS, 1961–1963*, vol. 10, *Cuba, January 1961–September 1962*, no. 382, https://history.state.gov/historicaldocuments/frus1961-63v10/d382.

17. McCone, Memorandum for the File, "Discussion in Secretary Rusk's Office at 12 O'clock," August 21, 1962, no. 6: 21–23; McCone, "Memorandum on the Meeting with the President at 6:00 p.m. on August 22, 1962," in *CIA Documents on the Missile Crisis, 1962*, no. 7: 25–26; August 1962," President Kennedy's Schedule, *History Central*, https://www.historycentral.com/JFK/Calendar/August1962.html.

18. McCone, Memorandum for the File, "Discussion in Secretary Rusk's Office at 12 O'clock," August 21, 1962, no. 6: 22; Memorandum for the File, Washington, August 21, 1962, "Discussion in Secretary Rusk's Office at 12 O'clock," August 21, 1962, *FRUS, 1961–1963*, vol. 10, *Cuba, January 1961–September 1962*, no. 382, https://history.state.gov/historicaldocuments/frus1961-63v10/d382; Schedules, President's daily, January 1961–August 1962, John F. Kennedy Presidential Library and Museum, Archives, https://www.jfklibrary.org/Asset-Viewer/Archives/JFKPOF-140-041.aspx; "National Security Action Memorandum," no. 181, August 23, 1962, *Federation of American Scientists*, Intelligence Resource Program, National Security Action Memorandums (NSAM) [Kennedy Administration, 1961–63], https://fas.org/irp/offdocs/nSAM-jf k/nSAM181.htm.

19. President's News Conference, August 29, 1962, *The American Presidency*

Project, http://www.presidency.ucsb.edu/ws/index.php?pid=8839.

20. August 1962, President Kennedy's Schedule, *HistoryCentral*, https://www.HistoryCentral.com/JFK/Calendar/August1962.html; *The Kennedy Tapes*, 5.
21. U.S., Department of State, Bulletin, vol. 67, no. 1213 (September 24, 1962), 450. (Read to news correspondents on September 4, by Pierre Salinger, White House Press Secretary.) For earlier versions of the statement, see John F. Kennedy Presidential Library and Museum, Papers of Robert F. Kennedy, Attorney General Papers, Attorney General's Confidential File 6-4-1: Cuba: Cuban Crisis, 1962: *Kennedy-Khrushchev Letters*, 1962: September–November, 107–38.
22. *The Kennedy Tapes*, 12–17.

제보

1. For Nikita Khrushchev's itinerary in the summer of 1962, see the appendix to his Vospominaniia: *Vremia, liudi, vlast'* (Moscow, 2016), vol. 2, "N. S. Khruschev. Khronologiia 1953–1964. Sostavlena po ofitsial'nym publikatsiiam. 1962 god."
2. "Torzhestvennaia vstrecha v Moskve," *Pravda*, August 19, 1962, 1; "Vo imia druzhby i solidarnosti," *Izvestiia*, September 3, 1962, 1–2; "Bratskaia pomoshch' revoliutsionnoi Kube. K prebyvaniiu v SSSR delegatsii Natsional'nogo rukovodstva Ob'edinennykh revoliutsionnykh organizatsii Kuby," *Pravda*, September 3, 1962, 1; Fursenko and Naftali, *"One Hell of a Gamble,"* 196–97; Blight et al., *On the Brink*, 334.
3. "Informal Communication from Chairman Khrushchev to President Kennedy, Moscow, September 4, 1962," *FRUS, 1961–1963*, vol. 6, *Kennedy-Khrushchev Exchanges*, no. 53, https://history.state.gov/historicaldocuments/frus1961-63v06/d53; John F. Kennedy, Joint Statement with Prime Minister Macmillan on Nuclear Testing, August 27, 1962, *American Presidency Project*, http://www.presidency.ucsb.edu/ws/index.php?pid=8834.
4. Fred Coleman, *The Decline and Fall of the Soviet Empire: Forty Years That Shook the World from Stalin to Yeltsin* (New York, 1996), 6.
5. "Priem N. S. Khrushchevym Stiuarta L. Iudolla," *Pravda*, September 7, 1962, 1; "Telegram from the Embassy in the Soviet Union to the Department of State," *FRUS, 1961–1963*, vol. 5, *Soviet Union*, no. 236, https://history.state.gov/historicaldocuments/frus1961-63v05/d236.
6. "Memorandum of Conversation between Secretary of the Interior Udall and Chairman Khrushchev," Pitsunda, Georgia, *Soviet Union*, September 6, 1962, 1 p.m.," *FRUS, 1961–1963*, vol. 15, *Berlin Crisis, 1962–1963*, no. 112, https://history.state.gov/historicaldocuments/frus1961-63v15/d112.
7. Editorial Note, *FRUS, 1961–1963*, vol. 10, *Cuba, January 1961–September 1962*, no. 416, https://history.state.gov/historicaldocuments/frus1961-63v10/d416; Fursenko and Naftali, *"One Hell of a Gamble,"* 208–9; "Telegram from

Soviet Ambassador to Cuba Alekseev to the USSR MFA, September 11, 1962," in Raymond L. Garthoff, "Russian Foreign Ministry Documents on the Cuban Missile Crisis," Cold War International History Project, *Bulletin*, no. 5, pt. 2: The Cuban Missile Crisis (Spring 1995), 65, https://www.wilsoncenter.org/sites/default/files/CWIHPBulletin5_p2.pdf.

8. Fursenko and Naftali, *"One Hell of a Gamble,"* 208–9; "Telegram from the Embassy in the Soviet Union to the Department of State," *FRUS, 1961–1963*, vol. 5, *Soviet Union*, no. 236, https://history.state.gov/historicaldocuments/frus1961-63v05/d236; "Priem N. S. Khrushchevym Stiuarta L. Iudolla," *Pravda*, September 7, 1962, 1; "Memorandum of Conversation between Castro and Mikoyan," November 4, 1962, History and Public Policy Program Digital Archive, Russian Foreign Ministry archives, obtained and translated by NHK television, copy provided by Philip Brenner, trans. Aleksandr Zaemsky, slightly revised, https://digitalarchive.wilsoncenter.org/document/110961.
9. "Minutes of Conversation between the Delegations of the CPCz and the CPSU, The Kremlin (excerpt)," October 30, 1962, History and Public Policy Program Digital Archive, National Archive, Archive of the CC CPCz (Prague); File: "Antonín Novotný, Kuba," Box 193, https://digitalarchive.wilsoncenter.org/document/115219.
10. "Memorandum from R. Malinovsky to N. S. Khrushchev on the Possibility of Reinforcing Cuba by Air, 6 September 1962," in Aleksandr Fursenko and Timothy Naftali, "The Pitsunda Decision: Khrushchev and Nuclear Weapons," *CWIHP Bulletin* 10: 223–27, here 226, https://www.wilsoncenter.org/sites/default/files/CWIHPBulletin10_p6.pdf.
11. Fursenko and Naftali, *"One Hell of a Gamble,"* 206–13; idem, "The Pitsunda Decision," 223–27, https://www.wilsoncenter.org/sites/default/files/CWIHPBulletin10_p6.pdf.
12. "Memorandum from R. Malinovsky and M. Zakharov to the Chief of the 12th Main Directorate of the Ministry of Defense," in "New Evidence on Tactical Nuclear Weapons - 59 Days in Cuba," document no. 6, National Security Archive Electronic Briefing Book No. 449, ed. Svetlana Savranskaya and Thomas Blanton with Anna Melyakova, https://nsarchive2.gwu.edu/NSAEBB/NSAEBB449/; "Memorandum from R. Malinovsky and M. Zakharov to Commander of Group of Soviet Forces in Cuba, 8 September 1962," in "New Evidence on Tactical Nuclear Weapons - 59 Days in Cuba," document no. 6, National Security Archive Electronic Briefing Book No. 449, document no. 5, https://nsarchive2.gwu.edu/NSAEBB/NSAEBB449/docs/; cf. Fursenko and Naftali, "The Pitsunda Decision," 226–27, https://www.wilsoncenter.org/sites/default/files/CWIHPBulletin10_p6.pdf, 227.
13. "[Draft] Memorandum from R. Malinovsky and M. Zakharov to Commander of Group of Soviet Forces in Cuba on Pre-delegation of Launch Authority, 8

September 1962," in "New Evidence on Tactical Nuclear Weapons - 59 Days in Cuba," document no. 6, National Security Archive Electronic Briefing Book No. 449, document no. 7, https://nsarchive2.gwu.edu/NSAEBB/NSAEBB449/docs/.

14. Seymour Topping, "Kennedy Assailed. Moscow Asserts Bid to Call Reserves Aggressive Step," *New York Times*, September 12, 1962, 1, 16, https://www.mtholyoke.edu/acad/intrel/cuba.htm.

15. "Message from Chairman Khrushchev to President Kennedy," Moscow, September 28, 1962, *FRUS, 1961-1963*, vol. 6, *Kennedy-Khrushchev Exchanges,* no. 56, https://history.state.gov/historicaldocuments/frus1961-63v06/d56.

16. *The Kennedy Tapes*, 20-29; "Message from President Kennedy to Chairman Khrushchev," Washington, October 8, 1962, *FRUS, 1961-1963*, vol. 6, *Kennedy-Khrushchev Exchanges,* no. 59, https://history.state.gov/historicaldocuments/*frus*1961-63v06/d59.

17. "United States Reaffirms Policy on Prevention of Aggressive Actions on Cuba," Department of State Bulletin, vol. 47, no. 1213 (September 24, 1962), 450, https://teachingamericanhistory.org/library/document/statement-on-cuba/.

신혼여행

1. "John A. McCone and Mrs. Pigott Marry in Seattle; Director of C.I.A. Weds University Regent at Sacred Heart Villa," *New York Times*, August 30, 1962; David Robarge, *John McCone as Director of Central Intelligence, 1961-1965* (Washington, DC, 2005), 106.

2. Lyman B. Kirkpatrick, Memorandum for the Director, "Action Generated by DCI Cables Concerning Cuban Low-Level Photography and Offensive Weapons," in *CIA Documents on the Cuban Missile Crisis, 1962*, ed. Mary S. McAuliffe (Washington, DC, 1992), 39-44, here 41-42; McCone to Carter and Elder, September 10, 1962, *CIA Documents*, 59; McCone to Carter, September 16, 1962, *CIA Documents*, 78-79; Editorial Note in *FRUS, 1961-1963*, vol. 10, *Cuba, January 1961-September 1962*, no. 420, https://history.state.gov/historicaldocuments/frus1961-63v10/d420.

3. M. Mikhailov, "Snova U-2, snova naglaia provokatsiia," *Izvestiia,* September 5, 1962, 1; "Memorandum of Conversation Between Secretary of the Interior Udall and Chairman Khrushchev," Pitsunda, Georgia, *Soviet Union,* September 6, 1962, 1 p.m.," *FRUS, 1961-1963*, vol. 15, *Berlin Crisis, 1962-1963*, no. 112, https://history.state.gov/historicaldocuments/frus1961-63v15/d112; Gregory W. Pedlow and Donald E. Welzenbach, *The CIA and the U-2 Program, 1954-1974* (Washington, DC, 1998), 229.

4. Lyman B. Kirkpatrick, Memorandum for the Director, "White House Meeting on September 10, 1962, on Cuban Overflights," in *CIA Documents on the Cuban Missile Crisis, 1962*, 61-62.

5. "Memorandum Prepared in the Central Intelligence Agency for the Executive

Director," Washington, September 10, 1962, *FRUS, 1961–1963*, vol. 10, *Cuba, January 1961–September 1962*, no. 421, https://history.state.gov/historicaldocuments/frus1961-63v10/d421.

6. "Memorandum Prepared in the Central Intelligence Agency for the Executive Director," Washington, September 10, 1962; Kirkpatrick, Memorandum for the Director, "White House Meeting on September 10, 1962, on Cuban Overflights," 62.
7. Pedlow and Welzenbach, *The CIA and the U-2 Program*, 205–6.
8. "Special National Intelligence Estimate," Washington, September 19, 1962, *FRUS, 1961–1963*, vol. 10, *Cuba, January 1961–September 1962*, no. 433, https://history.state.gov/historicaldocuments/frus1961-63v10/d433.
9. "Special National Intelligence Estimate," Washington, September 19, 1962.
10. "R. Malinovsky and M. Zakharov, 'Memorandum on Deployment of Soviet Forces to Cuba, 24 May 1962,'" in Garthoff, "New Evidence on the Cuban Missile Crisis," 254–55; "Timetable of Soviet Military Buildup in Cuba, July–October 1962," in *CIA Documents on the Cuban Missile Crisis, 1962*, 7.
11. E. N. Evdokimov, "Karibskii krizis. Operatsiia Anadyr'," Sait veteranov GSVSK, http://www.gsvsk.ru/content/0/read103.html.
12. "Tokarenko, Mikhail Kuz'mich," Geroi strany, http://www.warheroes.ru/hero/hero.asp?Hero_id=6786; Anatolii Dmitriev, *Voenno-strategicheskaia operatsiia Anadyr' polveka spustia v vospominaniiakh ee uchastnikov* (Bishkek, 2014), pt. 2, 47.
13. Ivan Sidorov, "Vypolniaia internatsional'nyi dolg," in *Strategicheskaia operatsiia "Anadyr'." Kak ėto bylo*. Memuarno-spravochnoe izdanie, ed. V. I. Esin (Moscow, 2000), 125–33, here 127; Statsenko, "Doklad komandira 51-i raketnoi divizii o deistviiakh soedineniia v period s 12 iiulia po 1 dekabria 1962 goda na o. Kuba."
14. Sidorov, "Vypolniaia internatsional'nyi dolg," 127; A. I. Gribkov, "Razrabotka zamysla i osushchestvlenie operatsii 'Anadyr'," in *Strategicheskaia operatsiia "Anadyr',"* 26–53, here 41.
15. Statsenko, "Doklad komandira 51-i raketnoi divizii."
16. "Memorandum from R. Malinovsky and M. Zakharov to Commander of Group of Soviet Forces in Cuba, 8 September 1962," in "New Evidence on Tactical Nuclear Weapons-59 Daysin Cuba," documentno. 6, National Security Archive Electronic Briefing Book No. 449, document no. 5, https://nsarchive2.gwu.edu/NSAEBB/NSAEBB449/docs/; V. I. Esin, "Uchastie raketnykh voisk strategicheskogo naznacheniia v operatsii 'Anadyr'," in *Strategicheskaia operatsiia "Anadyr',"* 55–64, here 61.
17. Statsenko, "Doklad komandira 51-i raketnoi divizii."
18. Sidorov, "Vypolniaia internatsional'nyi dolg," 128.
19. Gribkov, "Razrabotka zamysla," 41.

20. Sidorov, "Vypolniaia internatsional'nyi dolg," 131.
21. Fursenko and Naftali, *"One Hell of a Gamble,"* 217.
22. Robarge, *John McCone*, 107.
23. Robarge, *John McCone*, 107; Servando Gonzalez, *The Nuclear Deception: Nikita Khrushchev and the Cuban Missile Crisis* (Oakland, CA, 2002), 139.
24. *"October 1962* - President Kennedy's Schedule," History Central, https://www.*HistoryCentral*.com/JFK/Calendar/October1962.html; Pedlow and Welzenbach, *The CIA and the U-2 Program*, 205–7.
25. "14 *October 1962*," in *This Day in Aviation. Important Dates in Aviation History*, https://www.thisdayinaviation.com/tag/4080th-strategic-reconnaissance-wing/; *Dino Brugioni's "Eyeball to Eyeball: The Inside Story of The Cuban Missile Crisis*," ed. Robert F. McCort (New York, 1991), 182; Fursenko and Naftali, *"One Hell of a Gamble,"* 221–22.

"모두 없애버려라"

1. Peter Braestrup, "Colorful Ceremony Greets Ben Bella at the White House," *New York Times*, October 15, 1962, 1, 3; "White House Residents Watch Welcome for Ben Bella," *New York Times*, October 15, 1962, 3.
2. Warren W. Unna, "Kennedy-Ben Bella Talk Is 'Fine'," *Washington Post*, October 16, 1962, A1; Jeffrey James Byrne, "Our Own Special Brand of Socialism: Algeria and the Contest of Modernities in the 1960s," *Diplomatic History* 33, no. 3 (June 2009): 427–47; Fursenko and Naftali, *"One Hell of a Gamble,"* 221–22.
3. Tom Wicker, "Eisenhower Calls President Weak on Foreign Policy," *New York Times*, October 16, 1962, 1, 30.
4. Wicker, "Eisenhower Calls President Weak on Foreign Policy."
5. Reeves, *President Kennedy*, 368.
6. Dobbs, *One Minute to Midnight*, 6; Taubman, *Khrushchev*, 556; "Informal Communication from Chairman Khrushchev to President Kennedy, Moscow, September 4, 1962," https://history.state.gov/historicaldocuments/frus1961-63v06/d53; "John F. Kennedy, Joint Statement with Prime Minister Macmillan on Nuclear Testing. August 27, 1962," http://www.presidency.ucsb.edu/ws/index.php?pid=8834; Ted (Theodore) Sorensen, "Memorandum for the Files, September 6, 1962," https://history.state.gov/historicaldocuments/frus1961-63v10/d415; Anatoly Dobrynin, *In Confidence. Moscow's Ambassador to America's Six Cold War Presidents (1962–1986)* (New York, 1995), 67–68.
7. Kenneth P. O'Donnell and David F. Powers with Joe McCarthy, *"Johnny, We Hardly Knew Ye!" Memories of John Fitzgerald Kennedy* (New York, 1976), 359.
8. "Meeting on the Cuban Missile Crisis, 11:50 A.M.," *The Kennedy Tapes*, 32–72; Robarge, *John McCone as Director of Central Intelligence*, 110.
9. "Meeting on the Cuban Missile Crisis, 11:50 A.M.," 32–33; Bruce Lambert, "Arthur Lundahl, 77, C.I.A. Aide Who Found Missile Sites in Cuba," *New York Times*,

June 26, 1992; interview with Dino Brugioni, "Oral Histories of the Cuban Missile Crisis," George Washington University National Security Archive (1998), https://web.archive.org/web/20071010134841/; http://www.gwu.edu/~nsarchiv/coldwar/interviews/episode-10/brugioni1.html.

10. "Meeting on the Cuban Missile Crisis, 11:50 A.M.," 32–35; "Hon. Sidney N. Graybeal," Smithsonian National Air and Space Museum, https://airandspace.si.edu/support/wall-of-honor/hon-sidney-n-graybeal.
11. "Meeting on the Cuban Missile Crisis, 11:50 A.M.," 36–38.
12. "Meeting on the Cuban Missile Crisis, 11:50 A.M.," 44–45.
13. Kempe, *Berlin 1961*, 256. Cf. Reeves, *President Kennedy*, 172.
14. "Meeting on the Cuban Missile Crisis, 11:50 A.M.," 47.
15. "Meeting on the Cuban Missile Crisis, 11:50 A.M.," 50; Sheldon M. Stern, *The Week the World Stood Still: Inside the Secret Cuban Missile* Crisis (Stanford, CA, 2005), 43–44.
16. "Meeting on the Cuban Missile Crisis, 11:50 A.M.," 53; "Crown Prince of Libya Starts Washington Visit," *New York Times*, October 17, 1962, 22.
17. Graham T. Allison, *Essence of Decision: Explaining the Cuban Missile Crisis* (New York, 1991), 202; Ernest R. May and Philip D. Zelikow, Commentary in *The Kennedy Tapes*, 53–54.
18. "Meeting on the Cuban Missile Crisis, 6:30 P.M.," in *The Kennedy Tapes*, 60–62; "Maxwell Davenport Taylor, 1 *October 1962*–1 July 1964," in *The Chairmanship of the Joint Chiefs of Staff, 1949–2012* (Washington, DC, 2012), 107–12.
19. "Meeting on the Cuban Missile Crisis, 6:30 P.M.," 67.
20. "Meeting on the Cuban Missile Crisis, 11:50 A.M.," 38; "Meeting on the Cuban Missile Crisis, 6:30 P.M.," 57; Fursenko and Naftali, *"One Hell of a Gamble,"* 226.
21. "Meeting on the Cuban Missile Crisis, 6:30 P.M.," 58.
22. "Meeting on the Cuban Missile Crisis, 6:30 P.M.," 58–60.
23. "Meeting on the Cuban Missile Crisis, 6:30 P.M.," 70–71.
24. "Meeting on the Cuban Missile Crisis, 6:30 P.M.," 62.
25. "Meeting on the Cuban Missile Crisis, 6:30 P.M.," 66.
26. "RFK Notes Taken at First Meeting on Cuba, 10/16/62," 31, Papers of Robert F. Kennedy, Attorney General Papers, Attorney General's Confidential File 6-2-10: Cuba: Executive committee meetings: RFK notes and memos, 1962: October–December (2 of 2 folders). RFKAG-215-012. John F. Kennedy Presidential Library and Museum; Stern, *The Week the World Stood Still*, 53–54.

검역

1. Marjorie Hunter, "President Cuts His Trip Short, Flies to Capital," *New York Times*, October 21, 1962, 1; Pierre Salinger, *John Kennedy, Commander in Chief:*

A Profile in Leadership (New York, 1997), 116.

2. Salinger, *John Kennedy, Commander in Chief*, 116; Robert Kennedy, *Thirteen Days*, 37.
3. Dobbs, *One Minute to Midnight*, 25–26.
4. "Meeting on the Cuban Missile Crisis, 11:10 A.M., Thursday, October 18, 1962," *The Kennedy Tapes*, 76–77; John A. McCone, "Memorandum for the File," October 19, 1962, *FRUS, 1961–1963*, vol. 11, *Cuban Missile Crisis and Aftermath*, no. 28, https://history.state.gov/historicaldocuments/frus1961-63v11/d28.
5. John A. McCone, "Memorandum for the File," October 17, 1962, *FRUS, 1961–1963*, vol. 11, *Cuban Missile Crisis and Aftermath*, no. 23, https://history.state.gov/historicaldocuments/frus1961-63v11/d23.
6. "Meeting on the Cuban Missile Crisis, 11:10 AM, Thursday, October 18, 1962," *The Kennedy Tapes*, 79–82.
7. "Meeting on the Cuban Missile Crisis, 11:10 A.M., Thursday, October 18, 1962," *The Kennedy Tapes*, 92.
8. Fursenko and Naftali, *"One Hell of a Gamble,"* 229; McCone, "Memorandum for Discussion," October 17, 1962, *FRUS, 1961–1963*, vol. 11, *Cuban Missile Crisis and Aftermath*, no. 26.
9. "Memorandum of Conversation, Subject: Cuba, October 18, 1962," *FRUS, 1961–1963*, vol. 11, *Cuban Missile Crisis and Aftermath*, no. 29, https://history.state.gov/historicaldocuments/frus1961-63v11/d29; Robert Kennedy, *Thirteen Days*, 32–33; Andrei Gromyko, *Memories: From Stalin to Gorbachev*, trans. Harold Shukman (London, 1989), 226–32; Gromyko, Pamiatnoe, 528.
10. Dobrynin, *In Confidence*, 77; Fursenko and Naftali, *"One Hell of a Gamble,"* 232.
11. "Meeting on the Cuban Missile Crisis, 11:10 A.M., Thursday, October 18, 1962," *The Kennedy Tapes*, 93; "Kennedy Summarizes a Late-Night Meeting, Thursday, October 18, 1962," *The Kennedy Tapes*, 107–8.
12. "Meeting on the Cuban Missile Crisis, 11:10 AM, Thursday, October 18, 1962," *The Kennedy Tapes*, 84, 86.
13. "Meeting on the Cuban Missile Crisis, 11:10 A.M., Thursday, October 18, 1962," *The Kennedy Tapes*, 86, 88; "Kennedy Summarizes a Late-Night Meeting," 108.
14. "Meeting with the Joint Chiefs of Staff, 9:45 A.M., Friday, October 19, 1962," *The Kennedy Tapes*, 111–12.
15. "Meeting with the Joint Chiefs of Staff," 113–17.
16. Friday, October 19, 1962, JFK Appointment Books, September–October 1962, John F. Kennedy Presidential Library and Museum, https://jfklibrary.libguides.com/ld.php?content_id=26058008; "Meeting with the Joint Chiefs of Staff," 123.
17. "Meeting on the Cuban Missile Crisis, 6:30 P.M., Tuesday, October 16, 1962," 66.
18. Dobbs, *One Minute to Midnight*, 31.

19. "National Security Council Meeting, 2:30 PM, October 20, 1962," *The Kennedy Tapes*, 126–27.
20. Stern, *The Week the World Stood Still*, 72–74.
21. "National Security Council Meeting, 2:30 PM, October 20, 1962," *The Kennedy Tapes*, 126–27; Dobbs, *One Minute to Midnight*, 31.
22. "National Security Council Meeting, 2:30 PM, October 20, 1962," *The Kennedy Tapes*, 134.
23. "Conversation with Dwight Eisenhower, 10:40 a.m., October 22, 1962," *The Kennedy Tapes*, 142–46; "October 22, 1962: President Kennedy and Former President Eisenhower Discuss the Cuban Missile Crisis," Miller Center, University of Virginia, https://vimeo.com/237227689.
24. "Tentative Agenda for off-the-record NSC meeting, October 21, 1962, 2:30 pm," in Papers of Robert F. Kennedy, Attorney General Papers, Attorney General's Confidential File. 6-2-4: Cuba: Executive committee meetings: RFK notes and memos, October 22, 1962, RFKAG-215-005, John F. Kennedy Presidential Library and Museum; John F. Kennedy, "Radio and Television Report to the American People on the Soviet Arms Buildup in Cuba," The White House, October 22, 1962, John F. Kennedy Presidential Library and Museum, https://microsites.jfklibrary.org/cmc/oct22/doc5.html.

4 진실의 순간

모스크바의 밤

1. Fursenko and Naftali, *"One Hell of a Gamble,"* 238–39.
2. "Top Aides Confer. U.S. Forces Maneuver off Puerto Rico—Link Is Denied," *New York Times*, October 22, 1962, 1, 16.
3. "Opasnye i bezotvetstvennye deistviia. Sekretnye soveshchaniia v Vashingtone. Kennedi otmeniaet poezdku po strane. Vblizi Kuby kontsentriruiutsia amerikanskie voiska," *Pravda*, October 23, 1962, 1; "Sosredotochenie amerikanskikh vooruzhennykh sil v Karibskom more," *Pravda*, October 23, 1962, 3.
4. Dobbs, *One Minute to Midnight*, 32; Sergo Mikoyan, *The Soviet Cuban Missile Crisis*, 156; Sergo Mikoian, *Anatomiia Karibskogo krizisa* (Moscow, 2006), 252, https://history.wikireading.ru/326580.
5. "Central Committee of the Communist Party of the Soviet Union Presidium Protocol 60," October 23, 1962, History and Public Policy Program Digital Archive, RGANI, f. 3, op. 16, d. 947, l. 36–41, trans. and ed. Mark Kramer, with assistance from Timothy Naftali, https://digitalarchive.wilsoncenter.org/document/115076; Anastas Mikoian, "Diktovka o poezdke na Kubu," January 19, 1963, in Aleksandr Lukashin and Mariia Aleksashina, "My voobshche ne

khotim nikuda brosat' rakety, my za mir...," *Rodina*, January 1, 2017, https://rg.ru/2017/04/24/rodina-karibskij-krizis.html.

6. Anastas Mikoian, "Diktovka o poezdke na Kubu," January 19, 1963; Sergo Mikoyan, *The Soviet Cuban Missile Crisis*, 156. Cf. Sergo Mikoian, Anatomiia Karibskogo krizisa, 252.
7. "Central Committee of the Communist Party of the Soviet Union Presidium Protocol 60," October 23, 1962.
8. "Central Committee of the Communist Party of the Soviet Union Presidium Protocol 60," October 23, 1962; cf. *Prezidium TsK KPSS, 1954–1964*, ed. Aleksandr Fursenko (Moscow, 2003), vol. 1, protocol no. 60, 617.
9. Sergo Mikoyan, *The Soviet Cuban Missile Crisis*, 148.
10. Anastas Mikoian, "Diktovka o poezdke na Kubu," January 19, 1963; Sergo Mikoyan, *The Soviet Cuban Missile Crisis*, 157; cf. Sergo Mikoian, *Anatomiia Karibskogo krizisa*, 252.
11. "Central Committee of the Communist Party of the Soviet Union Presidium Protocol 60," October 23, 1962; cf. *Prezidium TsK KPSS, 1954–1964*, ed. Aleksandr Fursenko (Moscow, 2003), vol. 1, protocol no. 60, 617.
12. Dobbs, *One Minute to Midnight*, 112.
13. Dobrynin, *In Confidence*, 78; "Letter from President Kennedy to Chairman Khrushchev," *FRUS, 1961–1963*, vol. 6, *Kennedy-Khrushchev Exchanges*, no. 60, https://history.state.gov/historicaldocuments/frus1961-63v06/d60.
14. Dean Rusk and Richard Rusk, *As I Saw It* (New York, 1990), 235; "Telegram from Soviet Ambassador to the USA Dobrynin to the USSR MFA," October 22, 1962, History and Public Policy Program Digital Archive, AVP RF, copy courtesy of NSA, trans. Vladislav M. Zubok, https://digitalarchive.wilsoncenter.org/document/111791.
15. Dobbs, *One Minute to Midnight*, 42; Anastas Mikoian, "Diktovka o poezdke na Kubu," January 19, 1963; Sergo Mikoian, *Anatomiia Karibskogo krizisa*, 252.
16. "Central Committee of the Communist Party of the Soviet Union Presidium Protocol 60," October 23, 1962; cf. *Prezidium TsK KPSS, 1954–1964*, ed. Aleksandr Fursenko (Moscow, 2003), vol. 1, protocol no. 60, 617; Anastas Mikoian, "Diktovka o poezdke na Kubu," January 19, 1963; *Khrushchev Remembers*, 497; Dobbs, *One Minute to Midnight*, 45.
17. "Telegram from TROSTNIK (Soviet Defense Minister Rodion Malinovsky) to PAVLOV (General Issa Pliev)," October 22, 1962, History and Public Policy Program Digital Archive, Archive of the President of the Russian Federation, Special Declassification, April 2002, trans. Svetlana Savranskaya, https://digitalarchive.wilsoncenter.org/document/117316; "Telegram from TROSTNIK (Soviet Defense Minister Rodion Malinovsky) to PAVLOV (General Issa Pliev)," October 23, 1962, History and Public Policy Program Digital Archive, Archive of the President of the Russian Federation, Special Declassification, April

2002, trans. Svetlana Savranskaya, https://digitalarchive.wilsoncenter.org/document/117323.

18. Anastas Mikoian, "Diktovka o poezdke na Kubu," January 19, 1963, https://rg.ru/2017/04/24/rodina-karibskij-krizis.html; "Central Committee of the Communist Party of the Soviet Union Presidium Protocol 60," October 23, 1962; cf. *Prezidium TsK KPSS, 1954–1964*, ed. Aleksandr Fursenko (Moscow, 2003), vol. 1, protocol no. 60, 617.
19. "Central Committee of the Communist Party of the Soviet Union Presidium Protocol 60," October 23, 1962; cf. *Prezidium TsK KPSS, 1954–1964*, ed. Aleksandr Fursenko (Moscow, 2003), vol. 1, protocol no. 60, 617.
20. Anastas Mikoian, "Diktovka o poezdke na Kubu," January 19, 1963, https://rg.ru/2017/04/24/rodina-karibskij-krizis.html.
21. "Central Committee of the Communist Party of the Soviet Union Presidium Protocol 60," October 23, 1962; "Telegram from the Embassy in the Soviet Union to the Department of State Moscow," October 23, 1962, 5 p.m., *FRUS, 1961–1963*, vol. 6, *Kennedy-Khrushchev Exchanges*, no. 61, https://history.state.gov/historicaldocuments/frus1961-63v06/d61.

어둠 속의 깜박임

1. Robert Kennedy, "Memorandum for the President from the Attorney General," October 24, 1962, in John F. Kennedy Presidential Library and Museum, Papers of Robert F. Kennedy, Attorney General Papers, Attorney General's Confidential File 6-4-1: Cuba: Cuban Crisis, 1962: *Kennedy-Khrushchev Letters*, 1962: September–November, 34–37, 54–57; cf. Robert Kennedy, *Thirteen Days*, 50–51; "Telegram from Soviet Ambassador to the USA Dobrynin to the USSR MFA," October 24, 1962, History and Public Policy Program Digital Archive, AVP RF, copy courtesy of NSA; transl. Mark H. Doctoroff, https://digitalarchive.wilsoncenter.org/document/111625. Cf. Dobrynin, *In Confidence*, 74, 81–82.
2. Robert Kennedy, *Thirteen Days*, 45–46; "Executive Committee Meeting of the National Security Council, Tuesday, October 23, 1962, 10:00 A.M.," *The Kennedy Tapes*, 195–96.
3. "Executive Committee Meeting of the National Security Council, Tuesday, October 23, 1962, 10:00 A.M.," *The Kennedy Tapes*, 194–95, 202.
4. Robert Kennedy, *Thirteen Days*, 46–47; "Executive Committee Meeting of the National Security Council, Tuesday, October 23, 1962, 10:00 A.M.," *The Kennedy Tapes*, 196–204.
5. Robert Kennedy, *Thirteen Days*, 45; "Executive Committee Meeting of the National Security Council, Tuesday, October 23, 1962, 6:00 P.M.," *The Kennedy Tapes*, 207.
6. "Executive Committee Meeting of the National Security Council, Tuesday, October 23, 1962, 6:00 P.M.," *The Kennedy Tapes*, 208–13.

7. Executive Committee Meeting of the National Security Council, Tuesday, October 23, 1962, 6:00 P.M., 208–14; "Telegram from the Department of State to the Embassy in the Soviet Union," Washington, October 23, 1962, 6:51 p.m., in *FRUS, 1961–1963*, vol. 6, *Kennedy-Khrushchev Exchanges,* no. 62, https://history.state.gov/historicaldocuments/frus1961-63v06/d62.
8. "Executive Committee Meeting of the National Security Council, Tuesday, October 23, 1962, 6:00 P.M.," *The Kennedy Tapes*, 213–16; Robert Kennedy, *Thirteen Days*, 47–48.
9. "Discussion between President Kennedy and Robert Kennedy, Tuesday, October 23, 1962, 7:10 P.M.," *The Kennedy Tapes*, 219–21.
10. Robert Kennedy, *Thirteen Days*, 49. Cf. Robert Kennedy, "Draft, 10.24.62," 1962, in John F. Kennedy Presidential Library and Museum, Papers of Robert F. Kennedy, Attorney General Papers, Attorney General's Confidential File 6-4-1: Cuba: Cuban Crisis, 1962: *Kennedy-Khrushchev Letters*, 1962: September–November, 53.
11. Raport, Starshii upolnomochennyi 20go otdela KGB pri SM Azerbaidzhanskoi SSR maior Badalov nachal'niku upravleniia KGB USSR po Odesskoi oblasti general-maioru tov. Kuvarzinu A. I., Odessa, 31 oktiabria 1962 g., 5 pp, here 1–2, in SBU Archives, fond 1, opys 1, no. 1532: KGB USSR, 7-i otdel, 2-go upravle- niia, Kontrol'no nabliudatel'noe delo no. 702. Po Azovsko-Chernomorskomu basseinu, vol. 8, January 1, 1962– December 31, 1962, fols. 332–36.
12. Raport, Starshii upolnomochennyi apparata upolnomochennogo UKGB pri SM UkSSR po Donetskoi oblasti maior Protasov nachal'niku upravleniia KGB USSR po Odesskoi oblasti general-maioru tov. Kuvarzinu A. I., Odessa, 25 noiabria, 1962 g., 13 pp., here 4–5, in SBU Archives, fond 1, opys 1, no. 1532, fols. 339–50.
13. Fursenko and Naftali, *"One Hell of a Gamble,"* 247, 254–55. On Soviet plans for the departure of the *Aleksandrovsk, Indigirka*, and other ships, see "Report from General Zakharov and Admiral Fokin to the Defense Council and Premier Khrushchev on Initial Plans for Soviet Navy Activities in Support of Operation Anadyr, September 18, 1962," in "The Submarines of October: U.S. and Soviet Naval Encounters During the Cuban Missile Crisis," in *National Security Archive Electronic Briefing Book* No. 75, ed. William Burr and Thomas S. Blanton, October 31, 2002, https://nsarchive2.gwu.edu/NSAEBB/NSAEBB75/asw-I-1.pdf; "Report from General Zakharov and Admiral Fokin to the Presidium, Central Committee, Communist Party of the *Soviet Union,* September 25, 1962," in "The Submarines of October: U.S. and Soviet Naval Encounters During the Cuban Missile Crisis," https://nsarchive2.gwu.edu/NSAEBB/NSAEBB75/asw-I-2.pdf; "Telegram from the Department of State to the Embassy in the Soviet Union," October 23, 1962.

14. "Executive Committee Meeting of the National Security Council, Wednesday, October 24, 1962, 10:00 A.M.," *The Kennedy Tapes*, 227.
15. "Raport, Starshii upolnomochennyi 2-go otdela UKGB pri SM USSR po Kirovogradskoi oblasti kapitan Gnida nachal'niku upravleniia KGB USSR po Odesskoi oblasti general-maioru tov. Kuvarzinu A. I., Odessa, 14 noiabria 1962 g.," 8 pp., here 4–5, in SBU Archives, fond 1, opys 1, no. 1532, fols. 325–30.
16. Aleksandr Rogozin, "Sovetskii flot v voinakh i konfliktakh kholodnoi voiny," chap. 2: "SSSR v stroitel'stve VMS Kuby," http://alerozin.narod.ru/CubaNavy/CubaNavySoviet-2.htm.
17. "Executive Committee Meeting of the National Security Council, Wednesday, October 24, 1962, 10:00 A.M.," *The Kennedy Tapes*, 227–30.
18. Robert F. Kennedy, "Notes Taken at Meetings on the Cuban Crisis. Found at Home on October 30, 1962," Papers of Robert F. Kennedy, Attorney General Papers, Attorney General's Confidential File 6-2-10: Cuba: Executive committee meetings: RFK notes and memos, 1962: October–December (2 of 2 folders), RFKAG-215-012, John F. Kennedy Presidential Library and Museum; "Executive Committee Meeting of the National Security Council, Wednesday, October 24, 1962, 10:00 A.M.," *The Kennedy Tapes*, 230–31; Robert Kennedy, *Thirteen Days*, 54.
19. Robert Kennedy, *Thirteen Days*, 53–54.
20 "Executive Committee Meeting of the National Security Council, Wednesday, October 24, 1962, 10:00 A.M.," *The Kennedy Tapes*, 231–33.
21. Dobbs, *One Minute to Midnight*, 88–89.
22. Kapitan Gnida, "Raport," November 14, 1962, 4–5, fols. 325–30 [4719–24].
23. Arkadii Khasin, "Kapitan Golubenko," *Vecherniaia Odessa*, February 24, 2015, http://vo.od.ua/rubrics/odessa-gody-i-sudby/32520.php.

나무칼

1. Ion Mihai Pacepa, *Programmed to Kill: Lee Harvey Oswald, the Soviet KGB and the Kennedy Assassination* (Lanham, MD, 2007), 184–85.
2. Khrushchev, *Vremia, liudi, vlast'*, 2: 518; Gromyko, *Pamiatnoe*, 489.
3. "V Bol'shom teatre SSSR," *Pravda*, October 24, 1962, 2; David G. Winter, "Khrushchev Visits the Bolshoi: [More Than] a Footnote to the Cuban Missile Crisis, Peace and Conflict," *Journal of Peace Psychology* 19 (2013), no. 3: 222–39.
4. Pacepa, *Programmed to Kill*, 185; Liu Yong, "Romania and Sino-Soviet Relations Moving Towards Split, 1960–1965," *Arhivele Totalitarismului* 22 (2014), nos. 82/83: 65–80.
5. G. M. Kornienko, *Kholodnaia voina. Svidetel'stvo ee uchastnika* (Moscow, 2001), 124; Dobrynin, *In Confidence*, 83.
6. Pacepa, *Programmed to Kill*, 185; "Rumynskaia pravitel'stvennaia delegatsiia

otbyla na rodinu," *Izvestiia,* October 25, 1962, 1; *Pravda*, October 25, 1962, 2.

7. "Priem N. S. Khrushchevym Vil'iama E. Noksa," *Pravda*, October 25, 1.
8. Memorandum from Roger Hilsman to Rusk, October 26; Khrushchev's conversation with W. E. Knox, President of Westinghouse Electrical International, in Moscow on October 24. Secret. 2 pp. Kennedy Library, NSF, Cuba, General, vol. 6(A), 10/26-27/62, *FRUS, 1961-1963*, *American Republics; Cuba 1961-1962; Cuban Missile Crisis and Aftermath*, vols. 10/11/12, Microfiche Supplement, no. 419, https://history.state.gov/historicaldocuments/frus1961-63v10-12mSupp/d419; Dobbs, *One Minute to Midnight*, 85.
9. "Letter from Chairman Khrushchev to President Kennedy, Moscow, October 24, 1962," *FRUS, 1961-1963*, vol. 6, *Kennedy-Khrushchev Exchanges,* no. 63, https://history.state.gov/historicaldocuments/frus1961-63v06/d63; Fursenko and Naftali, *"One Hell of a Gamble,"* 254-55.
10. Georgii Bol'shakov, "Goriachaia liniia: Kak deistvoval sekretnyi kanal sviazi Dzhon Kennedi-Nikita Khrushchev," *Novoe vremia*, 1989, nos. 4-6; Georgii Bol'shakov, "Karibskii krizis: Kak ėto bylo," *Komsomol'skaia Pravda*, February 4, 1989, 3; Fursenko and Naftali, *"One Hell of a Gamble,"* 109-14, 197; Taubman, *Khrushchev,* 556.
11. "Proekt Postanovleniia TsK KPSS o konfidentsial'nom poslanii N. S. Khrushcheva prezidentu SShA Dzhonu Kennedi," October 25, 1962, Arkhiv prezidenta Rossiiskoi Federatsii, fond 3, op. 65, no. 904, fols. 131-40, in Rossiiskii gosudarstvennyi arkhiv sotsial'no-politicheskoi istorii, "Khrushchev. K 120-letiiu so dnia rozhdeniia," http://liders.rusarchives.ru/hruschev/docs/proekt-postanovleniya-tsk-kpss-o-konfidentsialnom-poslanii-ns-khrushcheva-prezidentu-ssha-dzhon.
12. Nikolai Dorizo, "Solntse prorvet blokadu," *Izvestiia,* October 25, 1962, 1.
13. Telegram from the Department of State to the Embassy in the *Soviet Union,* Washington, October 25, 1962, 1:59 a.m., *FRUS, 1961-1963*, vol. 6, *Kennedy-Khrushchev Exchanges,* no. 64, https://history.state.gov/historicaldocuments/frus1961-63v06/d64.
14. Dobbs, *One Minute to Midnight*, 94-95.
15. Scott D. Sagan, *The Limits of Safety: Organizations, Accidents, and Nuclear Weapons* (Princeton, NJ, 1993), 68-69.
16. Kornienko, *Kholodnaia voina*, 129; Fursenko and Naftali, *"One Hell of a Gamble,"* 262; cf. Fursenko and Naftali, *Adskaia igra*, 386; Ladygin and Lota, *GRU i Karibskii krizis*, 112-13.
17. Sagan, *The Limits of Safety*, 67.
18. "Central Committee of the Communist Party of the Soviet Union Presidium Protocol 61," October 25, 1962; The Diary of Anatoly S. Chernyaev, 1976. Donated by A.S. Chernyaev to The National Security Archive. Translated by Anna Melyakova, 2, https://nsarchive2.gwu.edu//NSAEBB/NSAEBB550-

Chernyaev-Diary-1976-gives-close-up-view-of-Soviet-system/Anatoly%20 Chernyaev%20Diary,%201976.pdf; *Prezidium TsK KPSS, 1954–1964: Chernovye protokol'nye zapisi zasedanii. Stenogrammy* (Moscow, 2004), 621.

19. "Telegram from TROSTNIK (Soviet Defense Minister Rodion Malinovsky) to PAVLOV (General Issa Pliev)," October 25, 1962, History and Public Policy Program Digital Archive, Archive of the President of the Russian Federation, Special Declassification, April 2002. Trans. Svetlana Savranskaya, https://digitalarchive.wilsoncenter.org/document/117324.
20. "Excerpts from Debate on Cuba in the Security Council. Valerian A. Zorin, Soviet Union," *New York Times*, October 26, 1962, 16.
21. "Excerpts from Debate on Cuba in the Security Council. Stevenson-Zorin Exchange," *New York Times*, October 26, 1962, 16; Porter McKeever, Adlai Stevenson: *His Life and Legacy* (New York, 1989), 527.
22. Arnold H. Lubasch, "Stevenson Dares Russian to Deny Missiles Charge: Khrushchev Indicates Support for a Meeting with Kennedy," photo caption: "Stevenson Shows Photos of Cuban Bases," *New York Times*, October 26, 1962, 1; "Telegram from the Soviet Representative to the United Nations, Valerian Zorin, to the USSR MFA," October 25, 1962, History and Public Policy Program Digital Archive, AVP RF, copy courtesy of NSA, trans. Mark H. Doctoroff, http://digitalarchive.wilsoncenter.org/document/111833; Reeves, *President Kennedy*, 406.

미국인들이 쳐들어온다!

1. "Cable from Soviet Ambassador to the US Dobrynin to USSR Foreign Ministry (1)," October 25, 1962, History and Public Policy Program Digital Archive, Archive of Foreign Policy, Russian Federation (AVP RF), Moscow; copy obtained by NHK (Japanese Television), provided to CWIHP, and on file at National Security Archive, Washington, DC, trans. Vladimir Zaemsky, https://digitalarchive.wilsoncenter.org/document/111918; Fursenko and Naftali, *"One Hell of a Gamble,"* 257–61.
2. Kornienko, *Kholodnaia voina*, 129.
3. Telegram from the Embassy in the Soviet Union to the Department of State, Moscow, October 26, 1962, 7 p.m., *FRUS, 1961–1963*, vol. 6, *Kennedy-Khrushchev Exchanges,* n. 65, https://history.state.gov/historicaldocuments/frus1961-63v06/d65.
4. Telegram from the Embassy in the Soviet Union to the Department of State, Moscow, October 26, 1962.
5. Acosta, *October 1962*, 157–61; "Fidel Castro's 23 October Interview, Havana, in Spanish to the Americas 0135 GMT 24 *October 1962*," Castro Speech Data Base, LANIC: Latin American Information Center, http://lanic.utexas.edu/project/castro/db/1962/19621024.html.

6. "Shifrotelegramma ot Alekseeva iz Gavanny o besede s Fidelem Kastro i Dortikosom," October 26, 1962, National Security Archive. George Washington University, Rosiiskie programmy Arkhiva natsional'noi bezopasnosti, Karibskii krizis: dokumenty, https://nsarchive2.gwu.edu/rus/CubanMissileCrisis.html; https://nsarchive2.gwu.edu/rus/text_files/CMCrisis/22.PDF; Fursenko and Naftali, *"One Hell of a Gamble,"* 268.
7. "Cable no. 323 from the Czechoslovak Embassy in Havana (Pavlíček)," October 25, 1962, History and Public Policy Program Digital Archive, National Archive, Archive of the CC CPCz (Prague), File: "Antonín Novotný, Kuba," Box 122, https://digitalarchive.wilsoncenter.org/document/115197; "Telegram from the Brazilian Embassy in Havana (Bastian Pinto), 6 p.m., Friday, October 26, 1962," History and Public Policy Program Digital Archive, "ANEXO Secreto—600.(24h)—SITUAÇÃO POLITICA—OUTUBRO DE 1962//," Ministry of External Relations Archives, Brasilia, Brazil, trans. from Portuguese by James G. Hershberg, https://digitalarchive.wilsoncenter.org/document/115303.
8. Fursenko and Naftali, *"One Hell of a Gamble,"* 268; Dobbs, *One Minute to Midnight*, 157; Jonathan Colman, *Cuban Missile Crisis: Origins, Course and Aftermath* (Edinburgh, 2016), 153.
9. Acosta, *October 1962*, 170-71; Fursenko and Naftali, *"One Hell of a Gamble,"* 268-69.
10. "Ciphered Telegram from Soviet Ambassador to Cuba Aleksandr Alekseev," October 27, 1962, History and Public Policy Program Digital Archive, obtained and translated by National Security Archive for the October 2002 conference in Havana on the 40th Anniversary of the Cuban Missile Crisis, https://digitalarchive.wilsoncenter.org/document/115063; "Interview with Alexander Alekseyev [Soviet Ambassador to Cuba]," in "Interviews with Soviet Veterans of the Cuban Missile Crisis," "Mikoyan's "Mission Impossible," in *Cuba: New Soviet Evidence on the Cuban Missile Crisis*, National Security Archive Electronic Briefing Book No. 400, eds. Svetlana Savranskaya, Anna Melyakova, and Amanda Conrad, https://nsarchive2.gwu.edu//NSAEBB/NSAEBB400/docs/Interview%20with%20Alekseev.pdf, 16; Fursenko and Naftali, *"One Hell of a Gamble,"* 272.
11. "Telegram from Fidel Castro to N. S. Khrushchev," October 26, 1962, History and Public Policy Program Digital Archive, Archive of Foreign Policy, Russian Federation (AVP RF), https://digitalarchive.wilsoncenter.org/document/114501.
12. "Interview with Alexander Alekseyev [Soviet Ambassador to Cuba]," 17; "Ciphered Telegram from Soviet Ambassador to Cuba Aleksandr Alekseev," October 27, 1962, History and Public Policy Program Digital Archive, obtained and translated by National Security Archive for the October 2002 conference in Havana on the 40th Anniversary of the Cuban Missile Crisis, https://digitalarchive.wilsoncenter.org/document/115063; Fursenko and Naftali, *"One*

Hell of a Gamble," 273.

13. "Telegramma t. Pavlova iz Gavanny ot 26 oktiabria 1962 g.," in "Vypiska iz protokola no. 62 zasedaniia Prezidiuma TsK KPSS ot 27 oktiabria 1962 goda," National Security Archive. George Washington University, Rossiiskie programmy Arkhiva natsional'noi bezopasnosti, Karibskii krizis: Dokumenty, https://nsarchive2.gwu.edu/rus/CubanMissileCrisis.html; Direktivy Prezidiuma TsK KPSS Plievu v oTVet na ego shriftotelegrammu, https://nsarchive2.gwu.edu/rus/text_files/CMCrisis/23.PDF; cf. S Ia. Lavrenov and I. M. Popov, *Sovetskii Soiuz v lokal'nykh voinakh i konfliktakh* (Moscow, 2003), 258.
14. "Telegram from TROSTNIK (Soviet Defense Minister Rodion Malinovsky) to PAVLOV (General Issa Pliev)," October 27, 1962, History and Public Policy Program Digital Archive, Archive of the President of the Russian Federation, Special Declassification, April 2002, trans. Svetlana Savranskaya, https://digitalarchive.wilsoncenter.org/document/117326; "Telegram from TROSTNIK (Soviet Defense Minister Rodion Malinovsky) to PAVLOV (General Issa Pliev)," October 27, 1962, History and Public Policy Program Digital Archive, Archive of the President of the Russian Federation, Special Declassification, April 2002, trans. Svetlana Savranskaya, https://digitalarchive.wilsoncenter.org/document/117325; "Telegram from TROSTNIK (Soviet Defense Minister Rodion Malinovsky) to PAVLOV (General Issa Pliev)," October 27, 1962, History and Public Policy Program Digital Archive, Archive of the President of the Russian Federation, Special Declassification, April 2002, trans. Svetlana Savranskaya, https://digitalarchive.wilsoncenter.org/document/117327.
15. "Central Committee of the Communist Party of the Soviet Union Presidium Protocol 62," October 27, 1962, History and Public Policy Program Digital Archive, RGANI, F. 3, Op. 16, D. 947, L. 43-44, trans. and ed. Mark Kramer, with assistance from Timothy Naftali, https://digitalarchive.wilsoncenter.org/document/115085.
16. "Central Committee of the Communist Party of the Soviet Union Presidium Protocol 62," October 27, 1962; "Telegramma t. Pavlova iz Gavanny ot 26 oktiabria 1962 g.," https://nsarchive2.gwu.edu/rus/text_files/CMCrisis/23.PDF; "Memorandum of Conversation between Castro and Mikoyan," November 4, 1962, History and Public Policy Program Digital Archive, Russian Foreign Ministry archives, obtained and translated by NHK television, copy provided by Philip Brenner; trans. Aleksandr Zaemsky, slightly revised, https://digitalarchive.wilsoncenter.org/document/110961.
17. "Memorandum of Conversation between Castro and Mikoyan," November 4, 1962, History and Public Policy Program Digital Archive, Russian Foreign Ministry archives, obtained and translated by NHK television, copy provided by Philip Brenner; trans. Aleksandr Zaemsky, slightly revised, https://digitalarchive.wilsoncenter.org/document/110961.

18. Letter from Chairman Khrushchev to President Kennedy, Moscow, October 27, 1962, *FRUS, 1961-1963*, vol. 6, *Kennedy-Khrushchev Exchanges*, no. 66, https://history.state.gov/historicaldocuments/frus1961-63v06/d66.
19. "Central Committee of the Communist Party of the Soviet Union Presidium Protocol 62," October 27, 1962.

5 검은 토요일

터키라는 수렁

1. "Executive Committee Meeting of the National Security Council, Saturday, October 27, 1962, 10:05 a.m.," *The Kennedy Tapes*, 303.
2. Leaming, *Jack Kennedy*, 204-4.
3. "Executive Committee Meeting of the National Security Council, Saturday, October 27, 1962, 10:05 a.m.," *The Kennedy Tapes*, 306.
4. "Meeting on the Cuban Missile Crisis, Tuesday, October 16, 1962, 11:50 a.m.," *The Kennedy Tapes*, 41-42.
5. Philip Nash, *The Other Missiles of October: Eisenhower, Kennedy, and the Jupiters, 1957-1963* (Chapel Hill, NC, 1997), 5-90.
6. "Meeting on the Cuban Missile Crisis, Tuesday, October 16, 1962, 6:30 p.m.," *The Kennedy Tapes*, 67.
7. "Meeting on the Cuban Missile Crisis," Thursday, October 18, 1962, 11:10 a.m.," *The Kennedy Tapes*, 95.
8. "Meeting on Diplomatic Plans, Monday, October 22, 1962, 11:00 a.m.," *The Kennedy Tapes*, 147-48.
9. Stern, *The Week the World Stood Still*, 78-79; Ernest R. May and Philip D. Zelikow, "Editorial Notes," *The Kennedy Tapes*, 140-41.
10. Walter Lippmann, "Today and Tomorrow," *Washington Post*, October 25, 1962; Thomas Risse-Kappen, *Cooperation Among Democracies: The European Influence on U.S. Foreign Policy* (Princeton, NJ, 1995), 165-67; "Cable from Soviet Ambassador to the US Dobrynin to Soviet Foreign Ministry (2)," October 25, 1962, History and Public Policy Program Digital Archive, Archive of Foreign Policy, Russian Federation (AVP RF), Moscow; copy obtained by NHK (Japanese Television), provided to CWIHP, and on file at National Security Archive, Washington, DC, trans. Vladimir Zaemsky, http://digitalarchive.wilsoncenter.org/document/110449; "Memorandum of Conversation between Castro and Mikoyan," November 4, 1962, History and Public Policy Program Digital Archive, Russian Foreign Ministry Archives, obtained and translated by NHK television, copy provided by Philip Brenner, trans. Aleksandr Zaemsky, slightly revised, https://digitalarchive.wilsoncenter.org/ document/110961.
11. "Executive Committee Meeting of the National Security Council, Saturday,

October 27, 1962, 10:05 a.m.," *The Kennedy Tapes*, 307.

12. Executive Committee Meeting of the National Security Council, Saturday, October 27, 1962, 10:05 A.M., *The Kennedy Tapes*, 307–8.
13. Executive Committee Meeting of the National Security Council, Saturday, October 27, 1962, 10:05 A.M., *The Kennedy Tapes*, 308.
14. Executive Committee Meeting of the National Security Council, Saturday, October 27, 1962, 10:05 A.M., *The Kennedy Tapes*, 308–10, 321.
15. Walter S. Poole, *History of the Joint Chiefs of Staff: The Joint Chiefs of Staff and National Policy*, vol. 8: 1961–1964 (Washington, DC, 2011), 180, https://www.jcs.mil/Portals/36/Documents/History/Policy/Policy_V008.pdf.
16. "Press Release, Office of the White House Press Secretary, October 27, 1962," in *The Cuban Crisis of 1962: Selected Documents and Chronology*, ed. David L. Larson (Boston, 1963), 158.

통제권 상실

1. Stephanie Ritter, AFGSC History Office, "SAC during the 13 Days of the Cuban Missile Crisis," Air Force Global Strike Command, October 19, 2012, https://www.afgsc.af.mil/News/Article-Display/Article/454741/sac-during-the-13-days-of-the-cuban-missile-crisis/.
2. "Memorandum from the President's Special Assistant for Science and Technology (Wiesner) to the President's Deputy Special Assistant for National Security Affairs (Kaysen)," Washington, September 25, 1962, Subject: Cuban Blockade Contingency Planning, *FRUS, 1961–1963*, vol. 10, *Cuba, January 1961–September 1962*, no. 439, https://history.state.gov/historicaldocuments/*frus*1961-63v10/d439.
3. "Notes from Transcripts of JCS Meetings," October 27, 1962, *FRUS, 1961–1963, American Republics*; Cuba 1961–1962; *Cuban Missile Crisis and Aftermath*, vols. 10/11/12, Microfiche Supplement, 21–22, https://static.history.state.gov/frus/frus1961-63v10-12mSupp/pdf/d428.pdf; Poole, *History of the Joint Chiefs of Staff*, 180.
4. Dobbs, *One Minute to Midnight*, 268–70; Robert Dallek, "JFK vs the Military," *The Atlantic*, August 2013, https://www.theatlantic.com/magazine/archive/2013/08/jfk-vs-the-military/309496/.
5. Dobbs, *One Minute to Midnight*, 258–65, 268–72, 288–89; cf. idem, "Lost in Enemy Airspace," *Vanity Fair*, June 1, 2008, https://www.vanityfair.com/news/2008/06/missile_crisis_excerpt200806; Amy Shira Teitel, "How the Aurora Borealis Nearly Started World War III," Discover, March 2103, http://blogs.discovermagazine.com/crux/2013/03/11/how-the-aurora-borealis-nearly-started-world-war-iii/#.XCk6zFxKjIV.
6. Nikolai Yakubovich, *Pervye sverkhzvukovye istrebiteli MIG 17 i MIG 19* (Moscow, 2014), 50.

7. David Donald, *Century Jets: USAF Frontline Fighters of the Cold War* (London, 2003), 68–70.
8. Dobbs, *One Minute to Midnight*, 258–65, 268–72, 288–89; cf. idem, "Lost in Enemy Airspace"; Teitel, "How the Aurora Borealis Nearly Started World War III."
9. "Executive Committee Meeting of the National Executive Council, Saturday, October 27, 1962, 4:00 p.m.," *The Kennedy Tapes*, 238, 326, 330, 338, 352.
10. For an earlier draft of Kennedy's letter to *Khrushchev*, see "The Handwritten Notes on White House Paper. Not Dated," 6–10, Papers of Robert F. Kennedy, Attorney General Papers, Attorney General's Confidential File 6-2-3: Cuba: Executive committee meetings: RFK notes and memos, October 16, 1962, RFKAG-215-004. John F. Kennedy Presidential Library and Museum; "Executive Committee Meeting of the National Executive Council, Saturday, October 27, 1962, 4:00 p.m.," *The Kennedy Tapes*, 348, 350.
11. "Executive Committee Meeting of the National Executive Council," Saturday, October 27, 1962, 4:00 p.m., *The Kennedy Tapes*, 327, 353–56.
12. "Executive Committee Meeting of the National Executive Council," Saturday, October 27, 1962, 4:00 p.m., 356–57.
13. Dobbs, *One Minute to Midnight*, 230–31.
14. "Executive Committee Meeting of the National Executive Council, Saturday, October 27, 1962, 4:00 p.m.," *The Kennedy Tapes*, 356–57.

"목표물 명중"

1. Michael Dobbs, "The Photographs That Prevented World War III," *Smithsonian*, October 2012, https://www.smithsonianmag.com/history/the-photographs-that-prevented-world-war-iii-36910430/; "VFP-62 Operations over Cuba," Light Photographic Squadron 62, http://www.vfp62.com/index.html; William B. Ecker and Kenneth V. Jack, *Blue Moon over Cuba: Aerial Reconnaissance during the Cuban Missile Crisis. General Aviation* (Oxford, 2012).
2. Sergei Isaev, "Kamen' pretknoveniia. 759 mtab na Kube vo vremia Karibskogo krizisa 1962 goda," VVS Rossii: Liudi i samolety, http://www.airforce.ru/content/holodnaya-voina/1552-759-mtab-na-kube-vo-vremya-karibskogo-krizisa-1962-goda/.
3. Leonid Garbuz, "Zamestitel' komanduiushchego gruppy sovetskikh voisk na Kube vspominaet," *Strategicheskaia operatsiia "Anadyr'." Kak ėto bylo. Memuarno-spravochnoe izdanie*, ed. V. I. Esin (Moscow, 2000), 80–89, here 84; Dobbs, *One Minute to Midnight*, 238.
4. "Interview with General Leonid Garbuz by Sherry Jones," "Cuban Missile Crisis: What the World Didn't Know," produced by Sherry Jones for Peter Jennings Reporting, ABC News (Washington Media AssoCIAtes, 1992), in "Mikoyan's 'Mission Impossible' in Cuba: New Soviet Evidence on the Cuban Missile Crisis,"

National Security Archive Electronic Briefing Book No. 400, October 2012, eds. Svetlana Savranskaya, Anna Melyakova, and Amanda Conrad, https://nsarchive2.gwu.edu/NSAEBB/NSAEBB400/docs/Interview%20with%20General%20Garbuz.pdf; Fursenko and Naftali, *"One Hell of a Gamble,"* 271.

5. "Telegramma t. Pavlova iz Gavanny ot 26 oktiabria 1962 g.," in "Vypiska iz protokola no. 62 zasedaniia Prezidiuma TsK KPSS ot 27 oktiabria 1962 goda," National Security Archive. George Washington University, Rossiiskie programmy Arkhiva natsional'noi bezopasnosti, Karibskii krizis: Dokumenty, https://nsarchive2.gwu.edu/rus/CubanMissileCrisis.html; Anatolii Dokuchaev, "A Kennedi podozreval Khrushcheva...," *Nezavisimoe voennoe obozrenie*, August 18, 2000, http://nvo.ng.ru/notes/2000-08-18/8_kennedy.html.
6. "Telegram from TROSTNIK (Soviet Defense Minister Rodion Malinovsky) to PAVLOV (General Issa Pliev)," October 22, 1962, History and Public Policy Program Digital Archive, Archive of the President of the Russian Federation, Special Declassification, April 2002, trans. Svetlana Savranskaya, https://digitalarchive.wilsoncenter.org/document/117316.
7. Viktor Esin, "Uchastie raketnykh voisk strategicheskogo naznacheniia v operatsii "Anadyr'," in *Strategicheskaia operatsiia "Anadyr',"* 55–64, here 61.
8. Iazov, *Udary sud'by*, 137–40; idem. *Karibskii krizis*, 220–22.
9. Aleksandr Voropaev, "Otshumeli pesni nashego polka...," pt. 1 (1960–1963), "Sovetskii chelovek na Kube, Karibskii krizis," http://cubanos.ru/texts/ txt035.
10. Statsenko, "Doklad komandira 51-i raketnoi divizii o deistviiakh soediineniia v period s 12 iiulia po 1 dekabria 1962 goda na o. Kuba"; Ivan Sidorov, "Vypolniaia internatsional'nyi dolg," in *Strategicheskaia operatsiia "Anadyr'."Kak ėto bylo. Memuarno-spravochnoe izdanie*, ed. V. I. Esin (Moscow, 2000), 125–33, here 131–32; Esin, "Uchastie raketnykh voisk strategicheskogo naznacheniia v operatsii "Anadyr'," 61–62.
11. Dokuchaev, "A Kennedi podozreval Khrushcheva...."
12. Dobbs, *One Minute to Midnight*, 230–31, 236–37.
13. Dokuchaev, "A Kennedi podozreval Khrushcheva...."
14. Dokuchaev, "A Kennedi podozreval Khrushcheva...."
15. "Grechko, Stepan Naumovich," http://encyclopedia.mil.ru/encyclopedia/dictionary/details_rvsn.htm?id=12914@morfDictionary; Aleksandr Kochukov, "Beriia, vstat'! Vy arestovany," *Krasnaia Zvezda*, June 28, 2003, http://old.redstar.ru/2003/06/28_06/5_01.html.
16. "Interview with General Leonid Garbuz by Sherry Jones," 13; Garbuz, "Zamestitel' komanduiushchego gruppy sovetskikh voisk na Kube vspominaet," 85.
17. Dokuchaev, "A Kennedi podozreval Khrushcheva...."
18. Artem Lokalov and Anna Romanova, "Aleksei Riapenko: Ia sbil U-2 i menia stali kachat'," *Rodina*, October 1, 2017, https://rg.ru/2017/10/16/rodina-aleksej-

riapenko.html.

19. Gennadii Tolshchin, "Zhivut vo mne vospominaniia. Ili operatsiia "Anadyr' " glazami soldata," "Sovetskii chelovek na Kube, Karibskii krizis," http://cubanos.ru/texts/txt054.

20. Fursenko and Naftali, *"One Hell of a Gamble,"* 278; "Interview with General Leonid Garbuz by Sherry Jones," 13.

비밀 회동

1. Robert Kennedy, *Thirteen Days*, 73.
2. "Executive Committee Meeting of the National Executive Council, Saturday, October 27, 1962, 4:00 p.m.," *The Kennedy Tapes*, 356–57.
3. "Executive Committee Meeting of the National Executive Council," Saturday, October 27, 1962, 4:00 p.m., 334–36.
4. "Executive Committee Meeting of the National Executive Council," Saturday, October 27, 1962, 4:00 p.m., 364–82; "Notes from Transcripts of JCS Meetings," October 27, 1962, 23. *FRUS, 1961–1963, American Republics; Cuba 1961–1962; Cuban Missile Crisis and Aftermath*, vols. 10/11/12, Microfiche Supplement, 23.
5. Robert Kennedy, *Thirteen Days*, 80–81.
6. "Notes from Transcripts of JCS Meetings," October 27, 1962.
7. "RFK Notes. Executive Committee Meeting. No dates," Papers of Robert F. Kennedy, Attorney General Papers, Attorney General's Confidential File 6-2-10: Cuba: Executive committee meetings: RFK notes and memos, 1962: October–December (1 of 2 folders), 1–4, RFKAG-215-011, John F. Kennedy Presidential Library and Museum; Robert Kennedy, *Thirteen Days*, 77–80; cf. "Telegram from the Department of State to the Embassy in the Soviet Union," Washington, October 27, 1962, 8:05 p.m, *FRUS, 1961–1963*, vol. 6, *Kennedy-Khrushchev Exchanges*, no. 67, https://history.state.gov/historicaldocuments/frus1961-63v06/d67.
8. Robert Kennedy, *Thirteen Days*, 81; McGeorge Bundy, *Danger and Survival: Choices about the Bomb in the First Fifty Years* (New York, 1988), 432; Jim Hershberg, "Anatomy of a Controversy: Anatoly F. Dobrynin's Meeting with Robert F. Kennedy, Saturday, October 27, 1962," *Cold War International History Project Electronic Bulletin* 5 (Spring 1995): 75–80.
9. "Cable received from U.S. Ambassador to Turkey Raymond Hare to State Department regarding Turkish missiles, October 26, 1962," Declassified Documents, *The Cuban Missile Crisis, 1962: A National Security Archive Documents Reader*, ed. Laurence Chang and Peter Kornbluh, https://nsarchive2.gwu.edu/nsa/cuba_mis_cri/19621026hare.pdf.
10. Bundy, *Danger and Survival*, 432.
11. Rusk and Rusk, *As I Saw It*, 238–40; cf. Ted Sorensen comments in *Back to the Brink: Proceedings of the Moscow Conference on the Cuban Missile Crisis,*

January 27-28, 1989, ed. Bruce J. Allyn, James G. Blight, and David A. Welch (Lanham, MD, 1992), 92-93.
12. Robert Kennedy, *Thirteen Days*, 81-82.
13. Dobrynin, *In Confidence*, 87; "Dobrynin's Cable to the Soviet Foreign Ministry, October 27, 1962," in Hershberg, "Anatomy of a Controversy: Anatoly F. Dobrynin's Meeting with Robert F. Kennedy," 79-80, https://nsarchive2.gwu.edu/nsa/cuba_mis_cri/moment.htm.
14. Hershberg, "Anatomy of a Controversy: Anatoly F. Dobrynin's Meeting with Robert F. Kennedy"; Dobrynin, *In Confidence*, 87.
15. Hershberg, "Anatomy of a Controversy: Anatoly F. Dobrynin's Meeting with Robert F. Kennedy," 79-80; cf. "Dobrynin Cable to the USSR Foreign Ministry, 27 *October 1962*," Declassified Documents, *The Cuban Missile Crisis, 1962 A National Security Archive Documents Reader*, https://nsarchive2.gwu.edu/nsa/cuba_mis_cri/621027%20Dobrynin%20Cable%20to%20USSR.pdf.
16. Robert Kennedy, "Memorandum to the Secretary of State from Attorney General, October 23, 1962," 3, Declassified Documents, *The Cuban Missile Crisis, 1962: A National Security Archive Documents Reader*, https://nsarchive2.gwu.edu/nsa/cuba_mis_cri/621030%20Memorandum%20for%20Sec.%20of%20State.pdf.
17. Dobbs, *One Minute to Midnight*, 309-10; Leaming, *Jack Kennedy*, 406-7.
18. O'Donnell and Powers, "*Johnny, We Hardly Knew Ye*," 283, 394.
19. "Executive Committee Meeting of the National Security Council, Saturday, October 29, 1962, 9:00 PM," *The Kennedy Tapes*, 391-401; Rusk and Rusk, *As I Saw It*, 240-41; An *International History of the Cuban Missile Crisis: A 50-Year Retrospective*, ed. David Gioe, Len Scott, and Christopher Andrew (London and New York, 2014), 202-3; Beschloss, *The Crisis Years*, 537-38.
20. O'Donnell and Powers, "*Johnny, We Hardly Knew Ye*," 395; Mimi Alford, *Once Upon a Secret: My Affair with President John F. Kennedy and Its Aftermath* (New York, 2013), 93-94.
21. The Flag Plot "Office Log" for October 27; Cuban Missile Crisis Day by Day: From the Pentagon's "Sensitive Records," National Security Archive, https://nsarchive2.gwu.edu/NSAEBB/NSAEBB398/docs/doc%2014E%20office%20log.pdf; Opnav [Chief of Naval Operations], "24 Hour Resume of Events 270000 to 280000," with "Intercept Items of Immediate Interest," and "Items of Significant Items [sic]" attached, n.d., Top Secret, Cuban Missile Crisis Day by Day: From the Pentagon's "Sensitive Records," National Security Archive, https://nsarchive2.gwu.edu/NSAEBB/NSAEBB398/docs/doc%2014F%20 chronology.pdf.

버뮤다 삼각지대

1. Norman Polmar and Kenneth J. More, *Cold War Submarines: The Design and*

Construction of U.S. and Soviet Submarines (Dulles, VA, 2003), 201–6, 218–19; "Pr. 641 Foxtrot," *Military Russia: Otechestvennaia voennaia tekhnika*, http://militaryrussia.ru/blog/topic-206.html.

2. Gary Slaughter, "A Soviet Nuclear Torpedo, an American Destroyer, and the Cuban Missile Crisis," *Task & Purpose*, September 4, 2016, https://taskandpurpose.com/cuban-missile-crisis-nuclear-torpedo; cf. Gary Slaughter and Joanne Slaughter, *The Journey of an Inquiring Mind: From Scholar, Naval Officer, and Entrepreneur to Novelist* (Nashville, 2019), 171–80.
3. "Memoriia: Vasilii Arkhipov," *Polit.ru*, January 30, 2016, http://www.submarines.narod.ru/Substory/6_658_19.html; https://polit.ru/news/2016/01/30/arhipov/.
4. "Report from General Zakharov and Admiral Fokin to the Defense Council and Premier Khrushchev on Initial Plans for Soviet Navy Activities in Support of Operation Anadyr, 18 September 1962," *The Submarines of October: U.S. and Soviet Naval Encounters during the Cuban Missile Crisis*, National Security Archive Electronic Briefing Book No. 75, ed. William Burr and Thomas S. Blanton, October 31, 2002, https://nsarchive2.gwu.edu/NSAEBB/NSAEBB75/asw-I-1.pdf; "Report from General Zakharov and Admiral Fokin to the Presidium, Central Committee, Communist Party of the *Soviet Union,* on the Progress of Operation Anadyr, 25 September 1962," *The Submarines of October*, https://nsarchive2.gwu.edu/NSAEBB/NSAEBB75/asw-I-2.pdf.
5. Polmar and More, *Cold War Submarines*, 201–6; "Pr. 641 Foxtrot," *Military Russia: Otechestvennaia voennaia tekhnika*, http://militaryrussia.ru/blog/topic-206.html.
6. Riurik Ketov, in Nikolai Cherkashin, *Povsednevnaia zhizn' rossiiskikh podvodnikov* (Moscow, 2000), 146; cf. idem, "The Cuban Missile Crisis as Seen Through a Periscope," *Journal of Strategic Studies* 28, no. 2 (2005): 217–31; Aleksei Dubivko, "V puchinakh Bermudskogo treugol'nika," in A. V. Batarshev, A. F. Dubivko, and V. S. Liubimov, *Rossiiskie podvodniki v Kholodnoi voine 1962 goda* (St. Petersburg, 2011), 13–62, here 20–23; Svetlana V. Savranskaya, "New Sources on the Role of Soviet Submarines in the Cuban Missile Crisis," *Journal of Strategic Studies* 28, no. 2 (2005): 233–59, here 240.
7. Dubivko, "V puchinakh Bermudskogo treugol'nika," 23–24; Viktor Mikhailov, "Vospominaniia byvshego komandira rulevoi gruppy shturmanskoi boevoi chasti podvodnoi lodki B-59," https://flot.com/blog/historyofNVMU/5705.php?print=Y.
8. Jeremy Robinson-Leon and William Burr, "Chronology of Submarine Contact during the Cuban Missile Crisis, October 1, 1962–November 14, 1962," Submarines of October, https://nsarchive2.gwu.edu/NSAEBB/NSAEBB75/subchron.htm.
9. Anastas Mikoian, "Diktovka o poezdke na Kubu," January 19, 1963, in Aleksandr Lukashin and Mariia Aleksashina, "My voobshche ne khotim nikuda brosit' rakety, my za mir...," *Rodina,* January 1, 2017.

10. Robinson-Leon and Burr, "Chronology of Submarine Contact during the Cuban Missile Crisis, October 1, 1962–November 14, 1962."
11. "Executive Committee Meeting of the National Security Council," Wednesday, October 24, 1962, 10:00 a.m.," *The Kennedy Tapes*, 228–31.
12. Robinson-Leon and Burr, "Chronology of Submarine Contact during the Cuban Missile Crisis, October 1, 1962–November 14, 1962."
13. Robinson-Leon and Burr, "Chronology of Submarine Contact during the Cuban Missile Crisis, October 1, 1962–November 14, 1962"; Mikhailov, "Vospominaniia byvshego komandira rulevoi gruppy shturmanskoi boevoi chasti podvodnoi lodki B-59."
14. Robinson-Leon and Burr, "Chronology of Submarine Contact during the Cuban Missile Crisis, October 1, 1962–November 14, 1962"; "U.S. Navy, Charts/Deck Logs of Anti-Submarine Warfare Operations Related to USSR Submarine B-59, October 1962," *The Cuban Missile Crisis of 1962*. National Security Archive, Declassified Documents, https://nsarchive2.gwu.edu/nsa/cuba_mis_cri/621000%20Charts-deck%20logs.pdf.
15. Vadim Orlov, "Iz vospominanii komandira gruppy OSNAZ podvodnoi lodki B-59," in *Karibskii krizis. Protivostoianie. Sbornik vospominanii uchastnikov sobytii 1962* g., ed. V. V. Naumov (St. Petersburg, 2012).
16. Orlov, "Iz vospominanii komandira gruppy OSNAZ podvodnoi lodki B-59."
17. Anatolii Leonenko, "Vospominaniia byvshego komandira BCh-3 podvodnoi lodki B-59," in *Karibskii krizis, Protivostoianie*, https://flot.com/blog/historyofNVMU/5708.php?print=Y.
18. Gary Slaughter, "A Soviet Nuclear Torpedo, an American Destroyer, and the Cuban Missile Crisis."
19. Leonenko, "Vospominaniia byvshego komandira BCh-3 podvodnoi lodki B-59"; Mikhailov, "Vospominaniia byvshego komandira rulevoi gruppy shturmanskoi boevoi chasti podvodnoi lodki B-59."
20. "Executive Committee Meeting of the National Security Council, Saturday, October 27, 1962, 4:00 p.m.," *The Kennedy Tapes*, 372–73.
21. Slaughter, "A Soviet Nuclear Torpedo, an American Destroyer, and the Cuban Missile Crisis"; Leonenko, "Vospominaniia byvshego komandira BCh-3 podvodnoi lodki B-59."
22. Slaughter, "A Soviet Nuclear Torpedo, an American Destroyer, and the Cuban Missile Crisis."
23. "RussiannucleartorpedoesT-15andT-5," EncyclopediaofSafety, http://survincity.com/2012/02/russian-nuclear-torpedoes-t-15-and-t-5/; SAMuel Glasstone and Philip Dolan, *The Effects of Nuclear Weapons* (Washington, DC, 1977), 248–50.
24. John F. Kennedy, "Radio and Television Report to the American People on the Soviet Arms Buildup in Cuba," The White House, October 22, 1962, John

F. Kennedy Presidential Library and Museum, https://microsites.jfklibrary.org/cmc/oct22/doc5.html.

6 부활

일요일의 공포

1. Oleg Gerchikov, "Kalendarnaia revoliutsiia. Kak bol'sheviki vveli grigorianskoe letoischislenie," *Argumenty i Fakty*, no. 4 (January 24, 2018), http://www.aif.ru/society/history/kalendarnaya_revolyuciya_kak_bolsheviki_vveli_grigorianskoe_letoischislenie.
2. "Prezidentu SShA D. Kennedi, kopiia i. o. general'nogo sekretaria OON U Tanu," *Pravda*, October 28, 1962, 1; "Mudroe predlozhenie sovetskogo prem'era," ibid.
3. "Govoriat leningradtsy," *Pravda*, October 28, 1962, 1.
4. Fursenko and Naftali, *"One Hell of a Gamble,"* 283.
5. "Memorandum from S. P. Ivanov and R. Malinovsky to N. S. Khrushchev," October 28, 1962, History and Public Policy Program Digital Archive, Library of Congress, Manuscript Division, Dmitriĭ Antonovich Volkogonov papers, 1887–1995, mm97083838, reprinted in *Cold War International History Bulletin* 11, trans. Raymond Garthoff, https://digitalarchive.wilsoncenter.org/document/111757.
6. "Memorandum from S. P. Ivanov and R. Malinovsky to N. S. Khrushchev," October 28, 1962; "Telegram from TROSTNIK (Soviet Defense Minister Rodion Malinovsky) to PAVLOV (General Issa Pliev)," October 28, 1962, History and Public Policy Program Digital Archive, Archive of the President of the Russian Federation, Special Declassification, April 2002, trans. Svetlana Savranskaya, https://digitalarchive.wilsoncenter.org/document/117329.
7. Oleg Troianovskii, *Cherez gody i rasstoianiia: Istoriia odnoi sem'i* (Moscow, 1997), 249, "Letter from Khrushchev to Fidel Castro," October 28, 1962, History and Public Policy Program Digital Archive, Archive of Foreign Policy, Russian Federation (AVP RF), https://digitalarchive.wilsoncenter.org/document/114504.
8. Khrushchev, *Vremia, liudi, vlast'*, 2: 518.
9. "Telegram from the Department of State to the Embassy in the Soviet Union," Washington, October 27, 1962, 8:05 p.m, *FRUS, 1961–1963*, vol. 6, *Kennedy-Khrushchev Exchanges*, no. 67, https://history.state.gov/historicaldocuments/frus1961-63v06/d67.
10. "War and Peace in the Nuclear Age: At the Brink; Interview with John Scali, 1986," Open Vault from WGBH, http://openvault.wgbh.org/catalog/V_9F236717EB2649008E00E863CAAF296A; Aleksandr Feklisov, *Za okeanom i na ostrove: Zapiski razvedchika* (Moscow, 2001), 227–28; Fursenko and Naftali, *"One Hell of a Gamble,"* 264–65, 269–71.

11. Anatolii Dobrynin, *Sugubo doveritel'no: Posol v Vashingtone pri shesti prezidentakh SShA, 1962–1986* (Moscow, 1996), 74–75; Dobrynin, *In Confidence*, 88–89; Dobbs, *One Minute to Midnight*, 321–22; Fred Weir, "Vladimir Putin Joins Pajama Workforce, Decides to Work from Home," *Christian Science Monitor*, October 18, 2012.
12. Troianovskii, *Cherez gody i rasstoianiia*, 250.
13. Boris Ponomarev, quoted in Fursenko and Naftali, *Adskaia igra*, 124; *The Diary of Anatoly S. Chernyaev*, 2.
14. Boris Ponomarev, quoted in Fursenko and Naftali, *Adskaia igra*, 424; "Central Committee of the Communist Party of the Soviet Union Presidium Protocol 63," October 28, 1962, History and Public Policy Program Digital Archive, RGANI, F. 3, Op. 16, D. 947, L. 45-46v, trans. and ed. Mark Kramer, with assistance from Timothy Naftali, https://digitalarchive.wilsoncenter.org/document/115092.
15. Troianovskii, *Cherez gody i rasstoianiia*, 251.
16. *Khrushchev, Vremia, liudi, vlast'*, 2: 519.
17. Troianovskii, *Cherez gody i rasstoianiia: Istoriia odnoi sem'i*, 251; Sergei *Khrushchev, Nikita Khrushchev and the Creation of a Superpower* (University Park, PA, 2000), 630.
18. Dobrynin, *Sugubo doveritel'no*, 75; Dobrynin, *In Confidence*, 89; Fursenko and Naftali, *Bezumnyi risk: Sekretnaia istoriia kubinskogo raketnogo krizisa 1962 g.* (Moscow, 2006), 283.
19. "Poslanie Pervogo sekretaria TsK KPSS Nikity Sergeevicha Khrushcheva, prezidentu Soedinennykh Shtatov Ameriki, Dzhonu F. Kennedi," *Pravda*, October 29, 1962, 1; cf. *1000(0) kliuchevykh dokumentov po sovetskoi i rossiiskoi istori*i, https://www.1000dokumente.de/index.html?c=dokument_ru&dokument=0038_kub&object=translation&l=ru; cf. "Letter from Chairman Khrushchev to President Kennedy," Moscow, October 28, 1962, *FRUS, 1961–1963*, vol. 6, *Kennedy-Khrushchev Exchanges*, no. 68, https://history.state.gov/historicaldocuments/frus1961-63v06/d68.
20. "Poslanie Pervogo sekretaria TsK KPSS Nikity Sergeevicha Khrushcheva"; "Letter from Chairman Khrushchev to President Kennedy," Moscow, October 28, 1962.
21. "Letter from Chairman Khrushchev to President Kennedy," Moscow, October 28, 1962, *FRUS, 1961–1963*, vol. 6, *Kennedy-Khrushchev Exchanges*, no. 70, https://history.state.gov/historicaldocuments/frus1961-63v06/d70.
22. Khrushchev, *Vremia, liudi, vlast'*, 2: 520–21.
23. "Letter from Khrushchev to Fidel Castro," October 28, 1962, History and Public Policy Program Digital Archive, Archive of Foreign Policy, Russian Federation (AVP RF), https://digitalarchive.wilsoncenter.org/document/114504.
24. "Central Committee of the Communist Party of the Soviet Union Presidium Protocol 63"; cf. *Prezidium TsK KPSS, 1954–1964: Postanovleniia*, 388; "Soviet Foreign Minister Gromyko's Instructions to the USSR Representative at the

United Nations," October 28, 1962, History and Public Policy Program Digital Archive, AVP RF, copy courtesy of NSA; trans. Mark H. Doctoroff, https://digitalarchive.wilsoncenter.org/document/111845.

25. "Telegram from TROSTNIK (Soviet Defense Minister Rodion Malinovsky) to PAVLOV (General Issa Pliev)," October 28, 1962, https://digitalarchive.wilsoncenter.org/document/117329; "Telegram from TROSTNIK (Soviet Defense Minister Rodion Malinovsky) to PAVLOV (General Issa Pliev)," October 28, 1962, History and Public Policy Program Digital Archive, Archive of the President of the Russian Federation, Special Declassification, April 2002, trans. Svetlana Savranskaya, https://digitalarchive.wilsoncenter.org/ document/117330.

26. Troianovskii, *Cherez gody i rasstoianiia*, 252.

승자와 패자

1. Dobbs, *One Minute to Midnight*, 334; O'Donnell and Powers, *"Johnny, We Hardly Knew Ye,"* 341.

2. "War and Peace in the Nuclear Age: At the Brink; Interview with John Scali, 1986," OpenVault from WGBH, http://openvault.wgbh.org/catalog/V_9F236717EB2649008E00E863CAAF296A.

3. "Notes Taken from Transcripts of Meetings of the Joint Chiefs of Staff, October–November 1962, Dealing with the Cuban Crisis," October 27, 1962, *FRUS, 1961–1963*, American Republics; Cuba 1961–1962; *Cuban Missile Crisis and Aftermath*, vols. 10/11/12, Microfiche Supplement, 24–25, https://static.history.state.gov/frus/frus1961-63v10-12mSupp/pdf/d441.pdf.

4. "Executive Committee Meeting of the National Security Council, SUNday, October 28, 1962, 11:05 a.m.," *The Kennedy Tapes*, 404; "Summary Record of the Tenth Meeting of the Executive Committee of the National Security Council, Washington, October 28, 1962, 11:10 a.m.", *FRUS, 1961–1963*, vol. 11, *Cuban Missile Crisis and Aftermath*, no. 103, https://history.state.gov/historicaldocuments/frus1961-63v11/d103; Ted Sorensen, *Counselor: A Life at the Edge of History* (New York, 2009), 9.

5. "National Security Council Meeting, Saturday, October 20, 1962, 2:30 p.m.," *The Kennedy Tapes*, 131; "Executive Committee Meeting of the National Security Council, Sunday, October 28, 1962, 11:05 a.m.," *The Kennedy Tapes*, 404–5; "Summary Record of the Tenth Meeting of the Executive Committee of the National Security Council, Washington, October 28, 1962, 11:10 a.m.," *Frus, 1961–1963*, vol. 11, *Cuban Missile Crisis and Aftermath*, no. 103, https://history.state.gov/historicaldocuments/fruS1961-63v11/d103.

6. "Telegram from the Department of State to the Embassy in the Soviet Union, Washington, October 28, 1962, 5:03 p.m.," *FRUS, 1961–1963*, vol. 6, *Kennedy-Khrushchev Exchanges*, no. 69, https://history.state.gov/historicaldocuments/frus1961-63v06/d69.

7. Robert Kennedy, *Thirteen Days*, 83–84.
8. "Telegram from Soviet Ambassador to the USA Dobrynin to USSR MFA, October 28, 1962," History and Public Policy Program Digital Archive, AVP RF, copy courtesy of NSA, trans. Mark H. Doctoroff, https://digitalarchive.wilsoncenter.org/document/111852; Dobrynin, *In Confidence*, 89.
9. Robert Kennedy, *Thirteen Days*, 84.
10. "Conversations with Dwight Eisenhower, Harry Truman and Herbert Hoover, Sunday, October 28, 1962, 12:08 p.m.," *The Kennedy Tapes*, 405–7.
11. "Conversations with Dwight Eisenhower, Harry Truman and Herbert Hoover, Sunday, October 28, 1962, 12:08 p.m.," *The Kennedy Tapes*, 407–9.
12. Dobrynin, *In Confidence*, 90; "Letter from Chairman Khrushchev to President Kennedy, Moscow, October 28, 1962," *FRUS, 1961–1963*, vol. 6, *Kennedy-Khrushchev Exchanges*, no. 70, https://history.state.gov/historicaldocuments/frus1961-63v06/d70; cf. Fursenko and Naftali, *Adskaia igra*. 426.
13. "Telegram from Soviet Ambassador to the US Dobrynin to the USSR Foreign Ministry, October 30, 1962," History and Public Policy Program Digital Archive, Archive of Foreign Policy, Russian Federation (AVP RF), Moscow; copy obtained by NHK (Japanese Television), provided to CWIHP, and on file at National Security Archive, Washington, DC, trans. John Henriksen, Harvard University, https://digitalarchive.wilsoncenter.org/document/112633; Dobrynin, *In Confidence*, 90.
14. "Pribytie v Moskvu t. A. Novotnogo," *Pravda*, October 30, 1962, 1; "Priem v TsK KPSS," *Pravda*, October 31, 1962, 1.
15. "Minutes of Conversation between the Delegations of the CPCz and the CPSU, The Kremlin (excerpt), October 30, 1962," History and Public Policy Program Digital Archive, National Archive, Archive of the CC CPCz, (Prague); File: "Antonín Novotný, Kuba," Box 193, https://digitalarchive.wilsoncenter.org/document/115219.
16. "Mudrost' i muzhestvo v bor'be za mir. Vse progressivnoe chelovechestvo privetstvuet miroliubuvye deistviia sovetskogo pravitel'stva," *Pravda*, October 31, 1962, 1; "Telegram from Brazilian Embassy in Washington (Campos), 2 p.m., Sunday, October 28, 1962," History and Public Policy Program Digital Archive, Ministry of External Relations Archives, Brasilia, Brazil (copy courtesy of Roberto Baptista Junior, University of Brasilia), trans. James G. Hershberg, https://digitalarchive.wilsoncenter.org/document/115314.
17. Seymour Topping, "Russian Accedes: Tells President Work on Bases Is Halted—Invites Talks," *New York Times*, October 29, 1962, 1, 16; "Telegram from Brazilian Embassy in Washington (Campos), 2 p.m., Sunday, October 28, 1962."
18. Topping, "Russian Accedes: Tells President Work on Bases Is Halted—Invites Talks"; "Overseas Reaction to the Cuban Situation as of 3:00 pm, October 29, 1962, 2–3, 16, 22, Papers of Robert F. Kennedy, Attorney General Papers,

Attorney General's Confidential File 6-9: Cuba: Cuban Crisis, 1962: USIA.

19. "Llewellyn E. Thompson to the Secretary of State, Memorandum of Conversation—Yurii Zhukov and Mr. Bolshakov—Ambassador Thompson, Wednesday, October 31, 1962, 2:00 p.m.," *FRUS, 1961–1963, American Republics; Cuba 1961–1962; Cuban Missile Crisis and Aftermath*, vols. 10/11/12, Microfiche Supplement, https://static.history.state.gov/frus/frus1961-63v10-12mSupp/pdf/d468.pdf; "[Memorandum of Conversation], The Secretary, Hervé Alphand, Ambassador of France, and William R. Tyler, Assistant Secretary of State for European Affairs, Subject: Cuba, October 28, 1962," *FRUS, 1961–1963, American Republics; Cuba 1961–1962; Cuban Missile Crisis and Aftermath*, vols. 10/11/12, Microfiche Supplement, https://static.history.state.gov/frus/frus1961-63v10-12mSupp/pdf/d446.pdf.

20. James Reston, "The President's View. Kennedy Rejects Thesis That Outcome on Cuba Shows 'Tough Line' Is Best," *New York Times*, October 29, 1962, 1, 17; Arthur Schlesinger Jr., "Memorandum for the President: Post Mortem on Cuba, October 29, 1962," *FRUS, 1961–1963*, American Republics; Cuba 1961–1962; *Cuban Missile Crisis and Aftermath*, vols. 10/11/12, Microfiche Supplement, https://static.history.state.gov/frus/frus1961-63v10-12mSupp/pdf/d457.pdf.

분노

1. Fidel Castro's remarks at the Havana Conference, January 1992, in Blight, et al., *Cuba on the Brink*, 214.
2. Fidel Castro's remarks at the Havana Conference, January 1992, 214; Dobbs, *One Minute to Midnight*, 335–36.
3. "Notes of Conversation between A. I. Mikoyan and Fidel Castro," November 3, 1962, History and Public Policy Program Digital Archive, Russian Foreign Ministry Archives, obtained and translated by NHK television, copy provided by Philip Brenner, trans. Vladimir Zaemsky, https://digitalarchive.wilsoncenter.org/document/110955; "Memorandum of Conversation between Castro and Mikoyan," November 4, 1962, History and Public Policy Program Digital Archive, Russian Foreign Ministry Archives, obtained and translated by NHK television, copy provided by Philip Brenner, trans. Aleksandr Zaemsky, slightly revised, https://digitalarchive.wilsoncenter.org/document/110961.
4. Louis Pérez, *Cuba Under the Platt Amendment, 1902–1934* (Pittsburgh, 1986).
5. Secretary of State to White House, Bundy, October 26, 1962, in "Notes on Cuba Crisis," October 26, 1962, 25–27, in Papers of Robert F. Kennedy, Attorney General Papers, Attorney General's Confidential File 6-2-7: Cuba: Executive committee meetings: RFK notes and memos, October 26, 1962, RFKAG-215-008, John F. Kennedy Presidential Library and Museum.
6. Dobbs, *One Minute to Midnight*, 336.

7. "Letter from Khrushchev to Fidel Castro," October 28, 1962, History and Public Policy Program Digital Archive, Archive of Foreign Policy, Russian Federation (AVP RF), https://digitalarchive.wilsoncenter.org/document/114504.
8. "Cable from USSR Ambassador to Cuba Alekseev to Soviet Ministry of Foreign Affairs," October 28, 1962, History and Public Policy Program Digital Archive, Archive of Foreign Policy, Russian Federation (AVP RF), Moscow; copy obtained by NHK (Japanese Television), provided to CWIHP, and on file at National Security Archive, Washington, DC, trans. Vladimir Zaemsky, https://digitalarchive.wilsoncenter.org/document/111985.
9. Fidel Castro's remarks at the Havana Conference, January 1992, in Blight, et al., *Cuba on the Brink*, 214–15; David Coleman, "Castro's Five Points," Research: History in Pieces, https://historyinpieces.com/research/castro-five-points.
10. "Telegram from Yugoslav Embassy in Havana (Vidaković) to Yugoslav Foreign Ministry," October 28, 1962, History and Public Policy Program Digital Archive, Archive of the Ministry of Foreign Affairs (AMIP), Belgrade, Serbia, PA (Confidential Archive) 1962, Kuba, folder F-67. Obtained by Svetozar Rajak and Ljubomir Dimić, trans. Radina Vučetić-Mladenović, https://digitalarchive.wilsoncenter.org/document/115468; "Telegram from Polish Embassy in Havana (Jeleń)," October 28, 1962, History and Public Policy Program Digital Archive, Szyfrogramy from Hawana 1962, 6/77 w-82 t-1264, Polish Foreign Ministry Archive (AMSZ), Warsaw. Obtained by James G. Hershberg (George Washington University), trans. Margaret K. Gnoinska (Troy University), https://digitalarchive.wilsoncenter.org/document/115766.
11. "Letter from Fidel Castro to Khrushchev," October 28, 1962, History and Public Policy Program Digital Archive, Archive of Foreign Policy, Russian Federation (AVP RF), https://digitalarchive.wilsoncenter.org/document/114503; Acosta, *October 1962*, 279.
12. "Ukazanie sovposlu na Kube dlia besedy s F. Kastro," October 28, 1962, in *Karibskii krizis, dokumenty*, Rossiiskie programmy Arkhiva natsional'noi bezopasnosti, National Security Archive, George Washington University, https://nsarchive2.gwu.edu/rus/text_files/CMCrisis/30.PDF; Alekseev, "Shifrotelegramma," October 29, 1962, https://nsarchive2.gwu.edu/rus/text_files/CMCrisis/33.PDF.
13. Alekseev, "Shifrotelegramma," October 29, 1962, in *Karibskii krizis, dokumenty*, Rossiiskie programmy Arkhiva natsional'noi bezopasnosti, National Security Archive, George Washington University, https://nsarchive2.gwu.edu/rus/text_files/CMCrisis/33.PDF.
14. Khrushchev, *Vremia, ludi, vlast'*, 2: 522.
15. "Letter from Khrushchev to Castro," October 30, 1962, JFK, Primary Source, *American Experience*, https://www.pbs.org/wgbh/americanexperience/features/jfk-defendcuba/.

16. "Letter from Castro to Khrushchev," October 31, 1962, History of Cuba, http://www.historyofcuba.com/history/Crisis/Cltr-4.htm.
17. A. Walter Dorn and Robert Pauk, "50 Years Ago: The Cuban Missile Crisis and Its Underappreciated Hero," *Bulletin of the Atomic Scientists*, October 11, 2012, https://thebulletin.org/2012/10/50-years-ago-the-cuban-missile-crisis-and-its-underappreciated-hero/.
18. "Soviet Foreign Minister Gromyko's Instructions to the USSR Representative at the United Nations," October 28, 1962, History and Public Policy Program Digital Archive, AVP RF, copy courtesy of NSA, trans. Mark H. Doctoroff, https://digitalarchive.wilsoncenter.org/document/111845; "Telegram from Soviet Delegate to the UN Zorin to USSR Foreign Ministry on Meeting with Cuban Delegate to the UN Garcia-Inchaustegui," October 28, 1962, History and Public Policy Program Digital Archive, Archive of Foreign Policy, Russian Federation (AVP RF), Moscow; copy obtained by NHK (Japanese Television), provided to CWIHP, and on file at National Security Archive, Washington, DC, trans. John Henriksen, Harvard University, https://digitalarchive.wilsoncenter.org/document/111977; "U Thant's Message to Khrushchev," October 28, 1962, History and Public Policy Program Digital Archive, Archive of Foreign Policy, Russian Federation (AVP RF), https://digitalarchive.wilsoncenter.org/document/114505.
19. Lechuga, *Cuba and the Missile Crisis*, 100.
20. "Our Five Points Are Minimum Conditions to Guarantee Peace," Discussions with UN Secretary-General U Thant, October 30–31, 1962, in Acosta, *October 1962*, 262–63, 265.
21. "Our Five Points are Minimum Conditions to Guarantee Peace," Discussions with UN Secretary-General U Thant, October 30-31, 1962, in Acosta, *October 1962*, 272–73, 275.
22. "Telegram from Deputy Foreign Minister Kuznetsov to Soviet Foreign Ministry (1) On the Second Meeting with U Thant on October 29, 1962," October 30, 1962, History and Public Policy Program Digital Archive, Archive of Foreign Policy, Russian Federation (AVP RF), Moscow; copy obtained by NHK (Japanese Television), provided to CWIHP, and on file at National Security Archive, Washington, DC, trans. John Henriksen, Harvard University, https://digitalarchive.wilsoncenter.org/document/112636.
23. "Cable from Soviet Foreign Minister Gromyko to USSR Ambassador to Cuba A. I. Alekseev," October 31, 1962, History and Public Policy Program Digital Archive, Archive of Foreign Policy, Russian Federation (AVP RF), Moscow; copy obtained by NHK (Japanese Television), provided to CWIHP, and on file at National Security Archive, Washington, DC; trans. Vladimir Zaemsky, https://digitalarchive.wilsoncenter.org/document/110461.
24. "Report of Major-General Igor Demyanovich Statsenko, Commander of the

51st Missile Division, about the Actions of the Division from 07.12.62 through 12.01.1962," The Documents, no. 1, p. 13, National Security Archive Electronic Briefing Book No. 449, ed. Svetlana Savranskaya and Thomas Blanton with Anna Melyakova, https://nsarchive2.gwu.edu/NSAEBB/NSAEBB449/docs/Doc%201%20Igor%20Statsenko%20After-action%20report.pdf; Anatolii Gribkov, "Karibskii krizis," *Voenno-istoricheskii zhurnal*, 1993, no. 1: 5, http://archive.redstar.ru/index.php/news-menu/vesti/v-voennyh-okrugah/iz-zapadnogo-voennogo-okruga/item/5959-operatsiya-anadyir.

25. "Memorandum of Telephone Conversation between Secretary of State Rusk and the Permanent Representative to the United Nations (Stevenson)," *FRUS, 1961-1963*, vol. 11, *Cuban Missile Crisis and Aftermath*, no. 124.
26. "Telegram from Alekseev to USSR Foreign Ministry," October 31, 1962, History and Public Policy Program Digital Archive, Archive of Foreign Policy, Russian Federation (AVP RF), Moscow; copy obtained by NHK (Japanese Television), provided to CWIHP, and on file at National Security Archive, Washington, DC, trans. John Henriksen, Harvard University, https://digitalarchive.wilsoncenter.org/document/112641; "Report of Major-General Igor Demyanovich Statsenko," 13; Gribkov, "Karibskii krizis," 5.
27. Fidel Castro's broadcast, October 31, 1962, United Nations Archives, https://search.archives.un.org/uploads/r/united-nations-archives/e/8/0/e80a7439b558c1781c4d73157d944d9d0075f0540caf75804e730b138f29ef78/S-0872-0003-10-00001.pdf.

7 해결

미션 임파서블

1. Khrushchev, *Vremia, liudi, vlast'*, 2: 522; *Khrushchev Remembers,* 554.
2. Anastas Mikoian, "Diktovka A. Mikoiana o poezdke na Kubu," January 19, 1962, in "My voobshche ne khotim nikuda brosat' rakety. My za mir," *Rodina*, January 1, 2017; Taubman, *Khrushchev,* 580.
3. *Khrushchev Remembers,* 554.
4. "Cable of V. V. Kuznetsov on 1 November 1962 Conversation between CPSU CC Politburo Member A. I. Mikoyan and Acting UN Secretary General U Thant," November 2, 1962, History and Public Policy Program Digital Archive, AVPRF, obtained by NHK, provided to CWIHP, copy on file at National Security Archive, trans. Vladislav M. Zubok (National Security Archive), https://digitalarchive.wilsoncenter.org/document/110033.
5. "Telegram from the Mission to the United Nations to the Department of State," *FRUS, 1961-1963*, vol. 11, *Cuban Missile Crisis and Aftermath*, no. 133, https://history.state.gov/historicaldocuments/frus1961-63v11/d133; "Soviet Record of

1 November 1962 Dinner Conversation between CPSU CC Politburo Member A. I. Mikoyan and White House envoy John McCloy and US Ambassador to the UN Adlai Stevenson," November 1, 1962, History and Public Policy Program Digital Archive, AVP RF, obtained by NHK, provided to CWIHP, copy on file at National Security Archive, trans. Vladislav M. Zubok (National Security Archive), https://digitalarchive.wilsoncenter.org/document/112645; "Telegram from USSR Foreign Minister Gromyko to Soviet Mission in New York, for A. I. Mikoyan," November 1, 1962, History and Public Policy Program Digital Archive, AVP RF; copy obtained by NHK, provided to CWIHP, and on file at National Security Archive, Washington, DC, trans. John Henriksen, Harvard University, https://digitalarchive.wilsoncenter.org/document/112651.

6. "Mikoyan Cable to Central Committee of the CPSU about His Conversation with US Permanent Representative to the UN Stevenson," November 1, 1962, History and Public Policy Program Digital Archive, Archive of Foreign Policy, Russian Federation (AVP RF).
7. "Memorandum of Conversation between Castro and Mikoyan," November 5, 1962, History and Public Policy Program Digital Archive, Russian Foreign Ministry Archives, obtained and translated by NHK Television, copy provided by Philip Brenner, trans. by Aleksandr Zaemsky, slightly revised, https://digitalarchive.wilsoncenter.org/document/110980; cf. "Zapis' besedy Mikoiana s Fidelem Kastro et al.," November 5, 1962, 7-8, in *Karibskii krizis, dokumenty*, Rossiiskie programmy Arkhiva natsional'noi bezopasnosti, National Security Archive, George Washington University, https://nsarchive2.gwu.edu/rus/text_files/CMCrisis/40.PDF.
8. "Ciphered Telegram from Anastas Mikoyan to CC CPSU," November 6, 1962, History and Public Policy Program Digital Archive, Archive of the President of the Russian Federation (APRF), Special Declassification, April 2002, trans. Svetlana Savranskaya and Andrea Hendrickson, https://digitalarchive.wilsoncenter.org/document/117334.
9. "Notes of Conversation between A. I. Mikoyan and Fidel Castro," November 3, 1962, History and Public Policy Program Digital Archive, Russian Foreign Ministry Archives, obtained and translated by NHK television, copy provided by Philip Brenner, trans. Vladimir Zaemsky; Sergo Mikoyan, *The Soviet Cuban Missile Crisis*, 192.
10. Sergo Mikoyan, *The Soviet Cuban Missile Crisis*, 193; Fursenko and Naftali, *"One Hell of a Gamble,"* 295.
11. "Meeting of the Secretary of the Communist Party of Cuba with Mikoyan in the Presidential Palace," November 4, 1962, History and Public Policy Program Digital Archive, Institute of History, Cuba, obtained and provided by Philip Brenner (American University), trans. from Spanish by Carlos Osorio (National Security Archive), https://digitalarchive.wilsoncenter.org/document/110879;

"Memorandum of Conversation between Castro and Mikoyan," November 4, 1962, History and Public Policy Program Digital Archive, Russian Foreign Ministry Archives, obtained and translated by NHK television, copy provided by Philip Brenner, trans. Aleksandr Zaemsky, slightly revised, https://digitalarchive.wilsoncenter.org/document/110961.

12. "Ciphered Telegram from Anastas Mikoyan to CC CPSU," November 6, 1962, History and Public Policy Program Digital Archive, Archive of the President of the Russian Federation (APRF), Special Declassification, April 2002, trans. Svetlana Savranskaya and Andrea Hendrickson, https://digitalarchive.wilsoncenter.org/document/117334; "Memorandum of Conversation between Castro and Mikoyan," November 5, 1962, History and Public Policy Program Digital Archive, Russian Foreign Ministry Archives, obtained and translated by NHK television, copy provided by Philip Brenner, trans. by Aleksandr Zaemsky, slightly revised, https://digitalarchive.wilsoncenter.org/document/110980.

13. "Ciphered Telegram from Anastas Mikoyan to CC CPSU," November 6, 1962, History and Public Policy Program Digital Archive, Archive of the President of the Russian Federation (APRF), Special Declassification, April 2002, trans. Svetlana Savranskaya and Andrea Hendrickson, https://digitalarchive.wilsoncenter.org/document/117334; "Zapis' besedy Mikoiana s Fidelem Kastro et al.," November 5, 1962, 12, https://nsarchive2.gwu.edu/rus/text_files/CMCrisis/40.PDF; cf. Anastas Mikoian, "Shifrotelegramma," November 6, 1962, 13-14, in *Karibskii krizis, dokumenty*, Rossiiskie programmy Arkhiva natsional'noi bezopasnosti, National Security Archive, George Washington University, https://nsarchive2.gwu.edu/rus/text_files/CMCrisis/42.PDF.

14. Anatolii Gribkov, "Razrabotka zamysla i osushchestvlenie operatsii 'Anadyr'," in *Strategicheskaia operatsiia "Anadyr',"* 26-53, here 51.

15 Aleksei Kosygin, "45-ia godovshchina Velikoi Oktiabrskoi sotsialisticheskoi revoliutsii," *Pravda*, November 7, 1962, 1-3.

16. Gribkov, "Razrabotka zamysla i osushchestvlenie operatsii 'Anadyr'," 51; Fursenko and Naftali, *"One Hell of a Gamble,"* 297-98.

17. "Raport. St. Oper-upolnomochennyi 2-go otdela UKGB pri SM SSSR po Iaroslavskoi oblasti starshii leitenant Goncharov," November 2, 1962, in SBU Archives, fond 1, opys 1, no. 1532, fol. 12/363/4757; Valentin Polkovnikov, "Startovyi divizion raketnogo polka na Kube," in *Strategicheskaia operatsiia "Anadyr',"* 148-60, here 159.

18. Rafael Zakirov, "V dni Karibskogo krizisa," in *Strategicheskaia operatsiia "Anadyr',"* 179-85, here 184; "Raport. Starshii upolnomochennyi apparata upolnomochennogo UKGB pri SM UkSSR po Donetskoi oblasti maior Protasov," Odessa, 25 noiabria 1962 g., in SBU Archives, fond 1, opys 1, no. 1532, fol. 345; Ivan Sidorov, "Vypolniaia internatsional'nyi dolg," in *Strategicheskaia operatsiia "Anadyr'."* Kak ėto bylo. Memuarno-spravochnoe izdanie, ed. V. I. Esin (Moscow,

2000), 125–33, here 132.

19. Polkovnikov, "Startovyi divizion raketnogo polka na Kube," 159.
20. Statsenko, "Doklad komandira 51-i raketnoi divizii o deistviiakh soedineniia v period s 12 iiulia po 1 dekabria 1962 goda na o. Kuba."
21. "Telegram from TROSTNIK (Soviet Defense Minister Rodion Malinovsky) to PAVLOV (General Issa Pliev)," October 27, 1962, History and Public Policy Program Digital Archive, Archive of the President of the Russian Federation, Special Declassification, April 2002, trans. Svetlana Savranskaya, https://digitalarchive.wilsoncenter.org/document/117327; "Telegram from TROSTNIK (Soviet Defense Minister Rodion Malinovsky) to PAVLOV (General Issa Pliev)," October 28, 1962, History and Public Policy Program Digital Archive, Archive of the President of the Russian Federation, Special Declassification, April 2002, trans. Svetlana Savranskaya, https://digitalarchive.wilsoncenter.org/document/117329; "Telegram from TROSTNIK (Soviet Defense Minister Rodion Malinovsky) to PAVLOV (General Issa Pliev)," October 30, 1962, History and Public Policy Program Digital Archive, Archive of the President of the Russian Federation, Special Declassification, April 2002, trans. Svetlana Savranskaya, https://digitalarchive.wilsoncenter.org/document/117331.
22. Ivan Shyshchenko, "Raketnyi pokhod na Kubu," in *Strategicheskaia operatsiia "Anadyr'."* Kak ėto bylo. Memuarno-spravochnoe izdanie, ed. V. I. Esin (Moscow, 2000), 134–41, here 140.
23. Shyshchenko, "Raketnyi pokhod na Kubu," 140; "Raport. Starshii upolnomochennyi apparata upolnomochennogo UKGB pri SM UkSSR po Donetskoi oblasti maior Protasov," Odessa, 25 noiabria 1962 g., in SBU Archives, fond 1, opys 1, no. 1532, fols. 341, 345.
24. "Raport. Starshii upolnomochennyi apparata upolnomochennogo UKGB pri SM UkSSR po Donetskoi oblasti maior Protasov," fols. 346, 347.
25. "Raport. Starshii upolnomochennyi apparata upolnomochennogo UKGB pri SM UkSSR po Donetskoi oblasti maior Protasov," fols. 347, 348.
26. "Telegram from USSR Foreign Ministry to Soviet Deputy Foreign Minister V. V. Kuznetsov," October 31, 1962, History and Public Policy Program Digital Archive, Archive of Foreign Policy, Russian Federation (AVP RF), Moscow, copy obtained by NHK (Japanese Television), provided to CWIHP, and on file at National Security Archive, Washington, DC, trans. John Henriksen, Harvard University, https://digitalarchive.wilsoncenter.org/ document/112642; "Telegram from USSR Foreign Minister A. Gromyko to Deputy Foreign Minister Kuznetsov at the Soviet Mission in New York," November 1, 1962, History and Public Policy Program Digital Archive, AVP RF, copy obtained by NHK, provided to CWIHP, and on file at National Security Archive, Washington, DC, trans. John Henriksen, Harvard University, https://digitalarchive.wilsoncenter.org/document/112650.

27. "Telegram from the Department of State to the Mission to the United Nations, Washington," October 31, 1962, 12:46 p.m., *FRUS, 1961–1963*, vol. 11, *Cuban Missile Crisis and Aftermath*, no. 125, https://history.state.gov/historicaldocuments/frus1961-63v11/d125; "Telegram from A. I. Mikoyan in New York to CC CPSU (2)," November 2, 1962, History and Public Policy Program Digital Archive, AVP RF, copy obtained by NHK, provided to CWIHP, and on file at National Security Archive, Washington, DC, trans. John Henriksen, Harvard University, https://digitalarchive.wilsoncenter.org/document/110425.
28. "Telegram from Soviet envoy in New York V. V. Kuznetsov to USSR Foreign Ministry," November 7, 1962, History and Public Policy Program Digital Archive, AVP RF, copy obtained by NHK, provided to CWIHP, and on file at National Security Archive, trans. John Henriksen, Harvard University, https://digitalarchive.wilsoncenter.org/document/110440; "Raport. St. Operupolnomochennyi 2-go otdela UKGB pri SM SSSR po Iaroslavskoi oblasti starshii leitenant Goncharov," November 2, 1962, in SBU Archives, fond 1, opys 1, no. 1532, fol. 365.
29. Aleksandr Rogozin, "Sovetskii flot v voinakh i konfliktakh kholodnoi voiny," chap. 2, "SSSR v stroitel'stve VMS Kuby," http://alerozin.narod.ru/CubaNavy/CubaNavySoviet-2.htm.
30. Statsenko, "Doklad komandira 51-i raketnoi divizii o deistviiakh soedineniia v period s 12 iiulia po 1 dekabria 1962 goda na o. Kuba"; "Nachal'niku upravleniia KGB pri Sovete ministrov USSR po Odesskoi oblasti generalmaioru tov. Kuvarzinu. Raport. Starshii upolnomochennyi 2-go otdela UKGB pri SM SSSR po Iaroslavskoi oblasti starshii leitenant Goncharov," November 28, 1962, SBU Archives, fond 1, no. 1532, fols. 352–369, here fol. 365; "Nachal'niku upravleniia KGB pri Sovete ministrov USSR po Odesskoi oblasti general-maioru tov. Kuvarzinu. Raport. Starshii upolnomochennyi 2-go otdela UKGB pri SM Adzharskoi SSR kapitan Dzhaparidze, December 8, 1962," SBU Archives, fond 1, opys 1, no. 1532, fols. 383–389, here fols. 386–387.
31. Statsenko, "Doklad komandira 51-i raketnoi divizii o deistviiakh soediineniia v period s 12 iiulia po 1 dekabria 1962 goda na o. Kuba"; Sidorov, "Vypolniaia internatsional'nyi dolg," 132–33; Rogozin, "Sovetskii flot v voinakh i konfliktakh kholodnoi voiny," chap. 2, "SSSR v stroitel'stve VMS Kuby; "Sovetskii Soiuz v lokal'nykh voinakh I konfliktakh," 280; "Telegram from TROSTNIK (Soviet Defense Minister Rodion Malinovsky) to PAVLOV (General Issa Pliev)," November 20, 1962, History and Public Policy Program Digital Archive, Archive of the President of the Russian Federation, Special Declassification, April 2002, trans. Svetlana Savranskaya, https://digitalarchive.wilsoncenter.org/document/117337.

바리케이드로 돌아가다

1. Rhodes Cook, "The Midterm Election of '62: A Real 'October Surprise,' " Sabato's Crystal Ball, University of Virginia Center for Politics, September 30, 2010, http://www.centerforpolitics.org/crystalball/articles/frc2010093001/.
2. "Letter from President Kennedy to Chairman Khrushchev," Washington, November 6, 1962, *FRUS, 1961-1963*, vol. 6, *Kennedy-Khrushchev Exchanges*, no. 74, https://history.state.gov/historicaldocuments/frus1961-63v06/d74; Beschloss, *The Crisis Years*, 555-57.
3. "Telegram from TROSTNIK (Soviet Defense Minister Rodion Malinovsky) to PAVLOV (General Issa Pliev)," November 5, 1962, History and Public Policy Program Digital Archive, Archive of the President of the Russian Federation, Special Declassification, April 2002, trans. Svetlana Savranskaya, https://digitalarchive.wilsoncenter.org/document/117333.
4. "Telegram from Nikita Khrushchev to Anastas Mikoyan," November 11, 1962, History and Public Policy Program Digital Archive, From the personal papers of Dr. Sergo A. Mikoyan, donated to the National Security Archive, trans. Svetlana Savranskaya for the National Security Archive, https://digitalarchive.wilsoncenter.org/document/11509.
5. "Telegram from Nikita Khrushchev to Anastas Mikoyan," November 11, 1962, History and Public Policy Program Digital Archive, From the personal papers of Dr. Sergo A. Mikoyan, donated to the National Security Archive, trans. Svetlana Savranskaya for the National Security Archive, https://digitalarchive.wilsoncenter.org/document/115098.
6. "Memorandum of Conversation between Castro and Mikoyan," November 5, 1962; cf. "Zapis' besedy Mikoiana s Fidelem Kastro et al.," November 5, 1962, 7-8, https://nsarchive2.gwu.edu/rus/text_files/CMCrisis/40.PDF; Raymond Garthoff, *Reflections on the Cuban Missile Crisis: Revised to Include New Revelations from Soviet and Cuban Sources* (Washington, DC, 1989), 108.
7. Nikita *Khrushchev*, "Telegram to Mikoian, November 11, 1962," in *Karibskii krizis, dokumenty*, Rossiiskie programmy Arkhiva ntasionalnoi bezopasnosti, National Security Archive, George Washington University, https://nsarchive2.gwu.edu/rus/text_files/CMCrisis/46.PDF; Fursenko and Naftali, *"One Hell of a Gamble,"* 302-3.
8. "Record of Conversation between Mikoyan and Fidel Castro, Havana," November 13, 1962, History and Public Policy Program Digital Archive, From the personal papers of Dr. Sergo A. Mikoyan, donated to the National Security Archive, trans. Anna Melyakova for the National Security Archive, https://digitalarchive.wilsoncenter.org/document/115099.
9. "Record of Conversation between Mikoyan and Fidel Castro, Havana," November 13, 1962, https://digitalarchive.wilsoncenter.org/document/115099.
10. Fursenko and Naftali, *"One Hell of a Gamble,"* 305-6; "Cuban Military

Order Authorizing Anti-Aircraft Fire," November 17, 1962, in *Karibskii krizis, dokumenty*, Rossiiskie programmy Arkhiva natsional'noi bezopasnosti, National Security Archive, George Washington University, https://nsarchive2.gwu.edu/nsa/cuba_mis_cri/621117%20Authorizing%20Anti-aircraft%20Fire.pdf; *American Foreign Policy: Current Documents 1962* (Washington, DC, 1966), 459–60.

11. "Letter from President Kennedy to Chairman Khrushchev," Washington, November 6, 1962, *FRUS, 1961–1963*, vol. 6, *Kennedy-Khrushchev Exchanges*, no. 74, https://history.state.gov/historicaldocuments/frus1961-63v06/d74; "Letter from Chairman Khrushchev to President Kennedy," Moscow, Undated, *FRUS, 1961–1963*, vol. 6, *Kennedy-Khrushchev Exchanges*, no. 75, https://history.state.gov/historicaldocuments/frus1961-63v06/d75.
12. "Telegram from Soviet Ambassador to the USA A. F. Dobrynin to USSR Foreign Ministry," November 12, 1962, History and Public Policy Program Digital Archive, AVP RF, copy obtained by NHK, provided to CWIHP, and on file at National Security Archive, trans. J. Henriksen, https://digitalarchive.wilsoncenter.org/document/110442; "Editorial Note," *FRUS, 1961–1963*, vol. 6, *Kennedy-Khrushchev Exchanges*, no. 76, https://history.state.gov/historicaldocuments/frus1961-63v06/d76.
13. "Message from Chairman Khrushchev to President Kennedy," Moscow, November 14, 1962, *FRUS, 1961–1963*, vol. 6, *Kennedy-Khrushchev Exchanges*, no. 77, https://history.state.gov/historicaldocuments/frus1961-63v06/d77; "Telegram from Soviet Ambassador to the USA A. F. Dobrynin to USSR Foreign Ministry," November 14, 1962, History and Public Policy Program Digital Archive, AVP RF, copy obtained by NHK, provided to CWIHP, and on file at National Security Archive, trans. John Henriksen, https://digitalarchive.wilsoncenter.org/document/110443; "Message from President Kennedy to Chairman Khrushchev," Washington, November 15, 1962, *FRUS, 1961–1963*, vol. 6, *Kennedy-Khrushchev Exchanges*, no. 78, https://history.state.gov/historicaldocuments/frus1961-63v06/d78; "Memorandum from the President's Special Assistant for National Security Affairs (Bundy) to the Executive Committee of the National Security Council," Washington, November 16, 1962, *FRUS, 1961–1963*, vol. 11, *Cuban Missile Crisis and Aftermath*, no. 184, https://history.state.gov/historicaldocuments/frus1961-63v11/d184.
14. "Telegram from the Mission to the United Nations to the Department of State," New York, November 15, 1962, midnight, *FRUS, 1961–1963*, vol. 11, *Cuban Missile Crisis and Aftermath*, no. 183, https://history.state.gov/historicaldocuments/frus1961-63v11/d183.
15. "Central Committee of the Communist Party of the Soviet Union Presidium Protocol 66," November 16, 1962, History and Public Policy Program Digital Archive, RGANI, F. 3, Op. 16, D. 947, L. 49, trans. and ed. Mark Kramer, with assistance from Timothy Naftali, https://digitalarchive.wilsoncenter.org/

document/115093.

16. "Excerpt from Protocol No. 66 of Session of CC CPSU Presidium, 'Instructions to Comrade A. I. Mikoyan,'" November 16, 1962, History and Public Policy Program Digital Archive, Personal Archive of Dr. Sergo A. Mikoyan, trans. Svetlana Savranskaya, https://digitalarchive.wilsoncenter.org/document/117335; cf. Nikita Khrushchev, "Ob ukazaniiakh tovarishchu Mikoianu," 10 pp., in *Karibskii krizis, dokumenty*, Rossiiskie programmy Arkhiva natsional'noi bezopasnosti, National Security Archive, George Washington University, https://nsarchive2.gwu.edu/rus/text_files/CMCrisis/47.PDF.

17. "Anastas Mikoian Nikite Khrushchevu," November 18, 1962, 3 pp., in *Karibskii krizis, dokumenty*, Rossiiskie programmy Arkhiva natsional'noi bezopasnosti, National Security Archive, George Washington University, https://nsarchive2.gwu.edu/rus/text_files/CMCrisis/50.PDF.

18. "Rodion Malinovsky and MaTVei Zakharov to the Central Committee," November 17, 1962, in *Karibskii krizis, dokumenty*, Rossiiskie programmy Arkhiva natsional'noi bezopasnosti, National Security Archive, George Washington University, https://nsarchive2.gwu.edu/rus/text_files/CMCrisis/48.PDF; "Telegram from Soviet Foreign Minister A. A. Gromyko to A. I. Mikoyan," November 18, 1962, History and Public Policy Program Digital Archive, AVP RF; copy obtained by NHK, provided to CWIHP, and on file at National Security Archive, Washington, DC, trans. John Henriksen, Harvard University, https://digitalarchive.wilsoncenter.org/document/110445; "Anastas Mikoian Nikite Khrushchevu," November 18, 1962, 3 pp., in *Karibskii krizis, dokumenty*, Rossiiskie programmy Arkhiva natsional'noi bezopasnosti, National Security Archive, George Washington University, https://nsarchive2.gwu.edu/rus/text_files/CMCrisis/50.PDF; "Anastas Mikoian to Nikita Khrushchev," November 19, 1962, 4 pp., in *Karibskii krizis, dokumenty*, Rossiiskie programmy Arkhiva natsional'noi bezopasnosti, National Security Archive, George Washington University, https://nsarchive2.gwu.edu/rus/text_files/ CMCrisis/52.PDF.

19. "Zapis' besedy tovarishcha Anastasa Ivanovicha Mikoiana s tovarishchami Fidelem Kastro, Osval'do Dortikosom et al.," November 19, 1962, https://nsarchive2.gwu.edu/rus/text_files/CMCrisis/51.PDF; "Anastas Mikoian to Nikita Khrushchev," November 19, 1962; "Anastas Mikoian to the Central Committee," November 20, 1962, in *Karibskii krizis, dokumenty*, Rossiiskie programmy Arkhiva natsional'noi bezopasnosti, National Security Archive, George Washington University, https://nsarchive2.gwu.edu/rus/text_files/ CMCrisis/53.PDF; "Text of Communication Dated 19 November 1962 from Prime Minister Fidel Castro of Cuba to Acting Secretary-General U Thant," Press Release SG/1379, 20 11 1962, 2, https://search.archives.un.org/uploads/r/united-nations-archives/7/e/e/7ee400f4f307d5d29bf66c5d1d0dcfdb5aa620d4117d73a7fea0eaa93d4964d3/S-0872-0002-06-00001.pdf.

20. Acosta, *October 1962*, 188-90; "Anastas Mikoian to Nikita Khrushchev," November 19, 1962, 2-4, http://nsarchive2.gwu.edu/rus/text_files/CMCrisis/52.PDF.
21. "Zapis' besedy tovarishcha Anastasa Ivanovicha Mikoiana s tovarishchami Fidelem Kastro, Osval'do Dortikosom et al.," November 19, 1962; "Anastas Mikoian to Nikita Khrushchev," November 19, 1962; "Anastas Mikoian to the Central Committee," November 20, 1962.

추수감사절

1. "Summary Record of the 26th Meeting of the Executive Committee of the National Security Council," Washington, November 16, 1962, 11 a.m., *FRUS, 1961-1963*, vol. 11, *Cuban Missile Crisis and Aftermath*, no. 185, https://history.state.gov/historicaldocuments/frus1961-63v11/d185; "Memorandum from the Joint Chiefs of Staff to President Kennedy," Washington, November 16, 1962. *FRUS, 1961-1963*, vol. 11, *Cuban Missile Crisis and Aftermath*, no. 186, https://history.state.gov/historicaldocuments/frus1961-63v11/d186; "Paper Prepared for the Chairman of the Joint Chiefs of Staff (Taylor) for a Meeting with President Kennedy," Washington, November 16, 1962, *FRUS, 1961-1963*, vol. 11, *Cuban Missile Crisis and Aftermath*, no. 187, https://history.state.gov/historicaldocuments/frus1961-63v11/d187; "Memorandum of a Conference with President Kennedy," Washington, November 16, 1962, 4 p.m., *FRUS, 1961-1963*, vol. 11, *Cuban Missile Crisis and Aftermath*, no. 188, https://history.state.gov/historicaldocuments/frus1961-63v11/d188.
2. "RFK Notes. Executive Committee Meetings." Papers of Robert F. Kennedy, Attorney General Papers, Attorney General's Confidential File 6-2-10: Cuba: Executive committee meetings: RFK notes and memos, 1962: October-December (1 of 2 folders), 29, RFKAG-215-011, John F. Kennedy Presidential Library and Museum; "Summary Record of the 27th Meeting of the Executive Committee of the National Security Council," Washington, November 19, 1962, 10 a.m., *FRUS, 1961-1963*, vol. 11, *Cuban Missile Crisis and Aftermath*, no. 192, https://history.state.gov/historicaldocuments/frus1961-63v11/d192.
3. Fursenko and Naftali, *"One Hell of a Gamble,"* 307; "Editorial Note," *FRUS, 1961-1963*, vol. 11, *Cuban Missile Crisis and Aftermath*, no. 194, https://history.state.gov/historicaldocuments/frus1961-63v11/d194; cf. Arthur M. Schlesinger Jr., *Robert Kennedy and His Times* (Boston and New York, 1978), 550.
4. "Message from Chairman Khrushchev to President Kennedy," Moscow, November 20, 1962, *FRUS, 1961-1963*, vol. 11, *Cuban Missile Crisis and Aftermath*, no. 196, https://history.state.gov/historicaldocuments/frus1961-63v11/d196.
5. "Message from Chairman Khrushchev to President Kennedy," Moscow, November 20, 1962.

6. Message from Chairman Khrushchev to President Kennedy, Moscow, November 20, 1962, *FRUS, 1961–1963*, vol. 11, *Cuban Missile Crisis and Aftermath*, no. 196, https://history.state.gov/historicaldocuments/frus1961-63v11/d196; "Telegram from TROSTNIK (Soviet Defense Minister Rodion Malinovsky) to PAVLOV (General Issa Pliev)," November 20, 1962, History and Public Policy Program Digital Archive, Archive of the President of the Russian Federation, Special Declassification, April 2002, trans. by Svetlana Savranskaya, https://digitalarchive.wilsoncenter.org/document/117337.
7. "On Additional Instructions to comrade A. I. Mikoian on the Cuban Issue, November 22, 1962," The Cuban Missile Crisis 1962: The 40th Anniversary, Documents, National Security Archive, George Washington University, https://nsarchive2.gwu.edu/nsa/cuba_mis_cri/621122%20CPSU%20Instructions%20to%20Mikoyan.pdf; cf. Mikoyan's report to the Central Committee on the Cuban instruction to Lechuga and Khrushchev's and Gromyko's instructions to him in that regard, in Sergo Mikoyan, *The Soviet Cuban Missile Crisis*, Documents nos. 35 and 36, 478–80.
8. "Memorandum of A. I. Mikoyan's Conversation with Comrades F. Castro, O. Dorticós, E. Guevara, E. Aragonés, and C. R. Rodríguez," in Sergo Mikoyan, *The Soviet Cuban Missile Crisis*, Document no. 37, 481–88.
9. John Fitzgerald Kennedy, President Kennedy's Statement on Cuba, November 20, 1962, American History, http://www.let.rug.nl/usa/presidents/john-fitzgerald-kennedy/president-kennedys-statement-on-cuba-november-20-1962.php. Cf. *"Third Draft," 11.20.62*, in John F. Kennedy Presidential Library and Museum, Papers of Robert F. Kennedy, Attorney General Papers, Attorney General's Confidential File 6-4-1: Cuba: Cuban Crisis, 1962: *Kennedy-Khrushchev Letters*, 1962: September–November, 24–27; Robert Kennedy, *Thirteen Days*, Documents, 172–74; President John F. Kennedy's 45th News Conference–November 20, 1962, https://www.youtube.com/watch?v=e7dB0AkhvgM.
10. "Ia vam ėkspromptom dolozhil," Iz zakliuchitel'nogo slova N. S. Khrushcheva na plenume TsK KPSS 23 noiabria 1962 goda," Stenogramma, *Ogonek*, October 22, 2012, https://www.kommersant.ru/doc/2049584.
11. "Ia vam ėkspromptom dolozhil," Iz zakliuchitel'nogo slova N. S. Khrushcheva na plenume TsK KPSS 23 noiabria 1962 goda," Stenogramma, *Ogonek*, October 22, 2012, https://www.kommersant.ru/doc/2049584.
12. Dmitrii Poliansky's address in *Nikita Khrushchev, 1964: Stenogrammy plenuma i drugie dokumenty*, comp. Andrei Artizov et al. (Moscow, 2007), 198, https://on-island.net/History/1964.htm.
13. Aleksei Butskii, "Rabota Glavnogo shtaba RVSN v period podgotovki i provedeniia operatsii "Anadyr'," in *Strategicheskaia operatsiia "Anadyr',"* 65–70, here 70.

에필로그

1. "Khrushchev calls Kennedy death 'a heavy blow,'" UPI, November 23, 1963, https://www.UPI.com/Archives/1963/11/23/Khrushchev-calls-Kennedy-death-a-heavy-blow/3503214243588/.
2. Simon L. Lewis and Mark A. Maslin, *The Human Planet: How We Created the Anthropocene* (London, 2018), 257–58; Odd Arne Westad, *The Cold War: A World History* (New York, 2017), 224–25, 303; Joseph M. Siracusa, *Nuclear Weapons: A Very Short Introduction* (Oxford, 2015), 39–79.
3. Thomas Graham Jr. and Damien J. LaVera, *Cornerstones of Security: Arms Control Treaties in the Nuclear Era* (Seattle and London, 2002); Ishaan Tharoor, "Trump Embraces a New Nuclear Arms Race," *Washington Post*, February 4, 2019, https://www.washingtonpost.com/world/2019/02/04/trump-embraces-new-nuclear-arms-race/?utm_term=.634a16c21ba1; "U.S. Withdrawal from the INF Treaty on August 2, 2019," Press Statement, Michael R. Pompeo, Secretary of State, August 2, 2019, https://www.state.gov/u-s-withdrawal-from-the-inf-treaty-on-august-2-2019/; " 'Destructive U.S.': Russia Reacts to INF Treaty Withdrawal," *Moscow Times*, August 2, 2019, https://www.themoscowtimes.com/2019/08/02/destructive-us-russia-reacts-to-inf-treaty-withdrawal-a66680.
4. Max Fisher, "The Cuban Missile Misunderstanding: How cultural misreadings almost led to global annihilation," *Washington Post*, October 16, 2012.
5. Paul Bracken, *The Second Nuclear Age: Strategy, Danger, and the New Power Politics* (New York, 2012), 93–214.

찾아보기

ㄷ

ㄹ

ㅁ

ㅂ

ㅅ

ㅇ

ㅌ

ㅍ

ㅎ